November 18–23, 2014
João Pessoa, Brazil

I0054754

Association for Computing Machinery

Advancing Computing as a Science & Profession

WebMedia'14

Proceedings of the 20th Brazilian Symposium on
Multimedia and the Web

Sponsored by:
Brazilian Computer Society

In-cooperation with:
ACM SIGMM & ACM SIGWEB

Association for Computing Machinery

Advancing Computing as a Science & Profession

The Association for Computing Machinery
2 Penn Plaza, Suite 701
New York, New York 10121-0701

Notice to Past Authors of ACM-Published Articles

ACM intends to create a complete electronic archive of all articles and/or other material previously published by ACM. If you have written a work that has been previously published by ACM in any journal or conference proceedings prior to 1978, or any SIG Newsletter at any time, and you do NOT want this work to appear in the ACM Digital Library, please inform permissions@acm.org, stating the title of the work, the author(s), and where and when published.

ISBN: 978-1-4503-3230-9 (Digital)

ISBN: 978-1-4503-3389-4 (Print)

Additional copies may be ordered prepaid from:

ACM Order Department
PO Box 30777
New York, NY 10087-0777, USA

Phone: 1-800-342-6626 (USA and Canada)
+1-212-626-0500 (Global)
Fax: +1-212-944-1318
E-mail: acmhelp@acm.org
Hours of Operation: 8:30 am – 4:30 pm ET

Printed in the USA

WebMedia'14 Welcome

We are delighted to welcome you to the 20th Brazilian Symposium on Multimedia and the Web - WebMedia'14. WebMedia'14 is an annual symposium sponsored by the Brazilian Computer Society (SBC) and is the most important forum for researchers and professionals in the Multimedia, Hypermedia and Web areas in Brazil. WebMedia's 20th edition is held from November 18th to November 21st, 2014, in João Pessoa, capital of Paraíba - Brazil.

WebMedia'14 is organized by the Digital Video Applications Lab (LAVID) from the Federal University of Paraíba (UFPB) and has many other sponsors and supporters including CGI.br, NIC.br, CAPES, CNPq and CYTED also listed elsewhere in these proceedings.

The central feature of the symposium, which continues this year as in every year since its inception, is its outstanding Technical Program. Notably, this year's conference includes special Technical Program activities recognizing the 20th anniversary of WebMedia. The symposium's technical program is composed by technical sessions, short courses, panels, workshops (Thesis and Dissertation Workshop, Tools and Applications Workshop and Undergraduate Research Workshop), as well as keynote speakers invited talks.

WebMedia'14 proceedings include 25 full papers and 12 short papers. These papers were selected from 86 full paper submissions and 30 short paper submissions, for acceptance rates of 29% and 40%, respectively. The Symposium's Program Committee worked very hard to select papers that will be presented and published from among many submissions of excellent quality. We thank all the submitting authors for their research efforts and for their submissions and congratulate those who had their work accepted.

In addition to the Technical Program, this year's symposium features a diverse range of activities including Panels and Keynote Speakers. Additionally, a wide array of Workshops brings focus on new topics for investigation. Finally, the symposium provides an invited performance to stimulate artists and researchers alike to meet and discover the frontiers of multimedia artistic communication!

This year celebrates the 20th Anniversary of WebMedia, which was first initiated in 1995. To mark this auspicious occasion, the conference features a 20th Anniversary Award and a 20th Anniversary Invited Talk. These two events reflect on major milestones and achievements in multimedia as well as discuss promising ideas and directions for the future during the WebMedia'14!

Raoni Kulesza
WebMedia'14
General Chair

Tatiana Tavares,
Fernando Trinta,
Alessandra Macedo,
Celso Santos
WebMedia'14
Program Co-Chairs

Table of Contents

WebMedia'14 Symposium Organization

General Chair:	Raoni Kulesza
Program Chair:	Tatiana Tavares
Organized by:	Digital Video Applications Lab (LAVID) from the Federal University of Paraíba (UFPB)
Sponsor:	Brazilian Computer Society (SBC)
Supporters:	CGI.br, NIC.br, CAPES, CNPq and CYTED
Co-sponsors:	ACM (in-cooperation)
	ACM SIGMM
	ACM SIGWeb

Vulnerability in the Information Age:
What Browsers Reveal

Brunna Albuquerque
albuquerque.brunna@gmail.com

Carlos Filipe C. Regis
carlosfilipe17@gmail.com

Josilene Aires Moreira
josilene@ci.ufpb.br

Universidade Federal da Paraíba – Centro de Informática
CEP 58059-900 - João Pessoa - PB

ABSTRACT

The exponential growth in the use of web services and applications has increased the amount of personal information registered on websites and databases worldwide. Consequently, users are more exposed to vulnerability flaws and more subject to the impact of leaking this information. This article investigates how personal information is handled by three popular browsers: Internet Explorer, Mozilla Firefox and Google Chrome, by analyzing data collected in shared research laboratories. Through the analysis of data stored by browsers on a shared computer laboratory, we found a large number of cookies with important personal information, showing that these browsers can reveal more than the users would like.

Descrição de Categorias e Assunto

C.2.0 [**Computer-Communication Networks**]: General – *data communications, security and protection.*

Palavras-Chave

Browser security; Privacy; Cookies.

1. INTRODUÇÃO

A oferta de serviços e aplicações online tem crescido de forma exponencial nos últimos anos e, com ela, também a quantidade de informações pessoais armazenadas na rede. Para ter acesso a diversas aplicações e serviços tais como e-mails, redes sociais, comércio eletrônico, compartilhamento de vídeos e muitos outros, é comumente necessário que o usuário preencha inicialmente um cadastro pessoal.

Este cadastro frequentemente contém diversos dados importantes e muitas vezes sigilosos, que possibilitam a identificação inequívoca daquele usuário. Entretanto, o que grande parte dos usuários não sabem é como podem estar expostos ao preencher estas informações na rede.

Estudos recentes indicam que as redes sociais permitem o vazamento de informações para terceiros, através de aplicações acessíveis a partir das redes sociais. O grande problema é o vazamento destas informações pois, muitas vezes, através de cookies, os dados pessoais dos usuários ficam armazenados e disponíveis, permitindo que um usuário seja identificado inequivocamente.

Não são apenas dados de um usuário qualquer, mas sim dados que, quando combinados, identificam um usuário específico, através das suas informações mais confidenciais. Esta categoria de informação que, individualmente ou em conjunto, permite que a identidade de um determinado usuário seja conhecida e rastreada é definida como "*Personally identifiable information*" (PII) [8] [10]. Cresce, desse modo, a preocupação com a vulnerabilidade e o impacto do vazamento destas informações.

Por outro lado, entender o comportamento dos usuários nos sites de aplicações e nas redes sociais online, suas preferências e os dados que o identificam pode ser útil para outros fins, como para anúncios publicitários, por exemplo. A publicidade online é uma indústria que cresce rapidamente [2] [13]. Neste contexto, os provedores de serviço de internet extraem informações relacionadas à navegação web dos usuários, que lhes permitam aplicar os chamados anúncios direcionados ao comportamento, ou seja, os anúncios enviados para os usuários são escolhidos dependendo dos padrões de navegação anteriores e preferências desses usuários.

Esta quebra de sigilo dos dados gerados pelas atividades desenvolvidas no decorrer da navegação pelas páginas web fomenta questões de segurança e privacidade. O simples ato de navegar na Web, clicar em um "curtir" (*like*) de uma determinada página, acessar um site usando as credenciais do Facebook ou de outra rede social, permitem que os dados de um usuário fiquem armazenados em algum lugar da rede. Em grande parte, este armazenamento de dados dos usuários é possível através do uso de *cookies*.

Este estudo propõe uma análise da vulnerabilidade e do potencial vazamento de informações pessoais identificáveis a partir de navegadores utilizados para acesso a redes sociais e outros serviços populares na Web. A análise baseia-se num estudo de caso utilizando dados de computadores de laboratórios de Informática de uso público do Centro de Informática da Universidade Federal da Paraíba (UFPB). Rastreando os cookies gravados nos navegadores, identificamos e analisamos os mais frequentes, os servidores a que pertencem e seu provável conteúdo. Investigamos ainda os tipos de dados armazenados localmente em formulários, os quais possibilitam a identificação de endereços completos, entre outros.

2. PRIVACIDADE E VULNERABILIDADE

A maioria dos navegadores modernos tem como opção padrão (*default*) de privacidade a memorização de dados pessoais, como histórico de navegação, downloads efetuados, dados fornecidos às páginas e campos de pesquisa. Parte destes dados são armazenados localmente nos computadores dos usuários, nos cookies ou em outros arquivos criados durante a navegação.

Uma série de recursos de controle como controle de privacidade, controle de cookies e controle de objetos têm sido implementados para prover maior privacidade aos usuários de navegadores. Uma das funcionalidades adicionadas recentemente pelos quatro principais navegadores (Internet Explorer, Firefox, Chrome e Safari) foi o modo de navegação privada, a qual assegura que os rastros provenientes dos sites visitados não sejam registrados nos computadores dos usuários. Porém, mesmo navegando em modo anônimo, alguns dados ainda ficam registrados. Estudos para avaliar a eficácia desses recursos de controle de privacidade, incluindo numerosos *add-ons* (por exemplo, *CookieSafe* para controles de cookies no Firefox, e *AdBlock Plus* para banners publicitários no Firefox) apontam que existem falhas de vulnerabilidade e também vazamento de informações [1].

Uma outra maneira pela qual os navegadores usam as informações dos usuários é conhecida como *browser fingerprinting*. Esta técnica permite que os usuários sejam identificados unicamente através das suas características de navegação. Como cada usuário navega de uma determinada maneira e desenvolve determinados hábitos, o seu perfil de navegação representa uma espécie de impressão digital a qual, uma vez conhecida, permite que o mesmo usuário seja identificado sempre que navegar. Pesquisas afirmam que torna-se difícil evitar o tipo de rastreamento e identificação provida pelos navegadores [4].

2.1 Cookies

Cookies são conjuntos de dados trocados entre o navegador e o servidor, armazenados em arquivos no computador do usuário. São muito úteis, por exemplo, quando o usuário acessa um site constantemente e este verifica os dados de *login* a cada acesso, buscando-os nos arquivos armazenados previamente no computador, a fim de tornar a navegação mais agradável. O site então armazena no servidor um arquivo correspondente ao cookie armazenado no computador, possibilitando o rastreamento e a manutenção de informações sobre os movimentos do usuário e quaisquer informações que são fornecidas durante a visita. Essa correspondência entre o arquivo no computador e o arquivo no servidor é feita por meio do que chamamos de *ID tags*. Estas são chaves que permitem que o arquivo do site desencripte os dados carregados pelo cookie, podendo ser acessadas tanto pelo servidor criador do cookie, quanto por sites parceiros que sejam detentores deste mecanismo.

2.1.1 Cookies no Internet Explorer

No Internet Explorer, os cookies são armazenados em diversos arquivos, armazenados localmente no computador do usuário após a navegação, não sendo assim, difícil obter acesso a eles. Geralmente, para cada usuário registrado no computador é criada uma pasta separada com seus próprios cookies.

Os cookies do IE são armazenados como pares chave/valor (*key/value*). Alguns cookies apresentam vários pares chave/valor, outros, apenas um. Cada par é associado com trechos de informações que o cookie apresenta, além de também conter períodos de validade distintos para cada trecho de informações. A

chave é escolhida pelo servidor Web, e pode dar indícios do objetivo e do uso dos dados que o cookie armazena. Alguns softwares permitem visualizar atributos relevantes como a data da criação, a data de validade e o tempo de vida dos cookies, permitindo compreender em parte o seu objetivo.

2.1.2 Cookies no Google Chrome

Os cookies no Google Chrome possuem atributos como nome, valor, proprietário (ou terceiros que têm acesso ao cookie), data de criação, data de validade e *secure*, que tem a mesma função do atributo *secure* do IE. Outros atributos armazenados são:

- *httponly*, um atributo de sessão usado na transmissão de *requests* HTTP ou HTTPS, sendo habilitado quando 1, e desabilitado quando 0. Restringe também o acesso a outras APIs (geralmente que não sejam HTTP), mas não elimina a ameaça de roubo de informações através de XSS [3];

- *persistent*, que irá durar mesmo que a sessão seja encerrada, e seus dados serão enviados para o servidor durante o intervalo de tempo definido toda vez que o usuário for acessá-lo. São chamados também de cookies de rastreamento;

- *has_expires*, um booleano que define que a data de validade do cookie só é válida quando seu valor for 1.

2.1.3 Cookies no Mozilla Firefox

Quanto à estrutura dos cookies no Firefox, alguns atributos apresentam-se idênticos (*name, value*) ou similares aos do IE e aos do Chrome, como o *lastAccessed* (similar ao *last_access_utc* do Chrome, que apresenta o horário do último acesso do usuário ao site), *isSecure* (similar ao *secure* do IE e do Chrome), *isHttpOnly* (similar ao *httponly* do Chrome).

Tanto no Firefox como no IE é possível identificar o nome do servidor que criou os cookies, identificado pelo atributo *host*. Os atributos dos cookies do Firefox são semelhantes aos dos outros navegadores, mas ele apresenta o atributo *id*, um inteiro de 16 dígitos cuja função é identificar unicamente o cookie. Os cookies no Firefox não apresentam o atributo da data de criação, apresentando em seu lugar o atributo *lastAccessed*. Como a maioria dos cookies analisados geralmente foram acessados uma única vez, utilizamos esse atributo para calcular o seu tempo de vida, juntamente com o atributo *expiry*.

2.2 Outros Arquivos

No Firefox os dados de preenchimento de formulários podem ser acessados através do arquivo *formHistory*, que contém os valores para os campos digitados nas páginas web, e os dados de login no arquivo *Login Data*. Os arquivos no Firefox que guardam informações de login armazenam no campo *host* o endereço do domínio, o identificador de usuário e sua senha encriptada. Já no Chrome os arquivos *signons* e *Archived History* guardam informações, como nome de usuário em serviços e aplicações *Web* e campos de formulários das páginas acessadas.

3. METODOLOGIA

A análise foi realizada em um conjunto de 14 computadores de dois laboratórios de informática situado em uma Universidade Federal e utilizado por alunos do curso de Ciência da Computação. Cada aluno realiza o login através da conta aluno e senha aluno e a senha é conhecida por todos. Dessa forma, à medida que os alunos vão usando os computadores para acessar sites e serviços Web, os seus dados vão permanecendo registrados nos navegadores. Existem três navegadores instalados: Internet Explorer, Firefox e Chrome. Em uma determinada data, foram coletados todos os cookies e demais dados armazenados nos navegadores destes computadores. A partir dessa coleta, foi possível analisar e classificar os dados, estudando seu comportamento, tempo de vida e função, entre outros.

Foram coletados 535 registros no Internet Explorer, 2473 no Firefox e 5322 no Chrome. A análise dos dados dos diferentes navegadores foi realizada através das ferramentas *SQLite Database Browser*, software para ler os arquivos gravados pelo Chrome e Firefox, e *Karen's Cookie Viewer*, para o Internet Explorer. Outros arquivos além dos cookies foram explorados, como por exemplo, os arquivos *signons* e *formhistory* no Firefox, e *Login Data* e *Archived History* no Google Chrome.

4. RESULTADOS

4.1 Tempo de Vida

Cada navegador tem suas próprias configurações em relação ao modo de armazenamento de cada cookie e a sua persistência. No Firefox, por exemplo, pode-se escolher entre armazenar os cookies até eles expirarem, remover os cookies quando o navegador for fechado ou perguntar ao usuário se ele deseja armazenar o cookie, quando solicitado [11]. Nos resultados apresentados foram analisados apenas os cookies que permaneceram armazenados no computador do usuário após o encerramento da navegação.

Os cookies possuem atributos que apresentam o momento de sua criação, o momento do último acesso do usuário e o momento em que irá expirar. A partir destes campos, pudemos calcular seu tempo de vida, por meio de consultas SQL feitas na ferramenta *SQLite Database Browser* e no campo *Lifetime* da ferramenta *Karen's Cookie Viewer*. As consultas foram simples, apenas subtraindo o campo *creation_utc* do campo *expires_utc* e fazendo algumas conversões de data/hora.

O tempo de vida dos cookies varia muito, e a partir dos atributos de data de criação, data de validade e/ou tempo de vida dos cookies, pudemos agrupá-los em períodos de tempo. Os cookies armazenados pelos três principais navegadores apresentam comportamento similar (Figura 1). O Internet Explorer, no intervalo de 1 dia a 1 semana, apresenta, uma quantidade maior de cookies do que o Firefox e o Chrome. A maioria deles tem uma duração entre 6 meses e 5 anos, em todos os navegadores.

Entre os cookies que apresentam um tempo de vida médio, isto é, de 6 meses a 5 anos, encontramos, com as maiores ocorrências em todos os navegadores:

- *_utma*, pertencente ao Google Analytics, armazena o identificador do domínio ao qual pertence, um id único do visitante, *timestamps* da primeira visita, da visita anterior, da visita atual e o número total de visitas;
- *_utmz*, também pertencente ao Google Analytics, armazena a origem do usuário: se veio de um mecanismo de busca (se sim, armazena também a palavra de busca usada), um link, ou de nenhuma página anterior [7];
- *uid*, pertencente ao domínio addthis.com, armazena uma quantidade de caracteres randômica, designada para identificar unicamente um usuário num site.

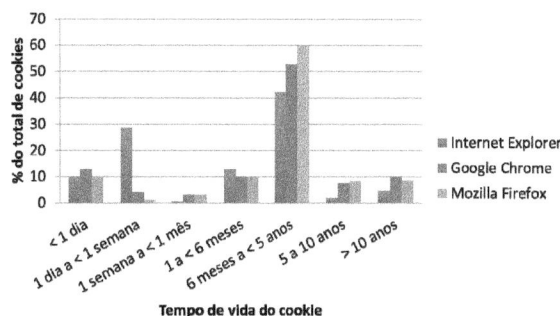

Figura 1. Tempo de vida dos cookies em cada navegador.

Já entre os cookies que apresentam um tempo de vida longo, ou seja, mais de 10 anos, encontramos os seguintes, com as maiores ocorrências em todos os navegadores:

- *PREF*, pertencente ao domínio google.com, armazena, segundo [6], as preferências dos usuários, como idioma e filtros de pesquisa, além de ser amplamente utilizado pelo Google+ para identificar o usuário;

- *WT_FPC*, pertencente ao domínio xbox.com, armazena o endereço IP do visitante, data da última visita, e o timestamp do início da sessão mais recente [9];

- *hostid*, pertencente ao domínio 4shared.com, armazena um valor que auxilia a autenticação de transações na web.

4.2 Popularidade dos Cookies

Analisando as tabelas de cookies agregadas nos três diferentes navegadores obtivemos como resultado o número dos cookies mais conhecidos de redes sociais online e serviços web populares. A quantidade de ocorrências mais frequentes dos cookies conhecidos nos dados coletados está disposta na Figura 2.

Podemos ver uma predominância dos cookies *_utmz* e *_utmb* (ambos do Google Analytics) e *x-src* (relativo ao botão compartilhar do Facebook), embora o *_utmb* não apareça no IE, e o *x-src* apareça apenas no Firefox. Podemos ver também ocorrências do *uid*, do domínio *addthis.com*, que descreve o identificador único do perfil do seu usuário, e o *PREF*, utilizado pelo domínio *google.com* e ampla gama de produtos Google, como o Google+. Identificamos também vários cookies que só apareceram no IE: *_utma* (do Google Analytics), *ident*, *sorn-soft.com* e *parkinglot* (estes de origens desconhecidas).

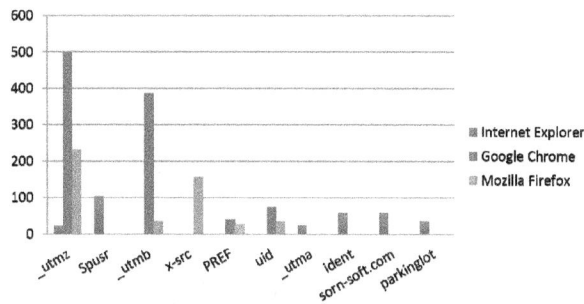

Figura 2. Cookies mais populares: IE, Chrome e Firefox.

4.3 Cookies nas Redes Sociais

Através da pesquisa por *hostnames* de redes sociais online específicas, foram obtidos os cookies populares nestas redes e serviços web mais populares.

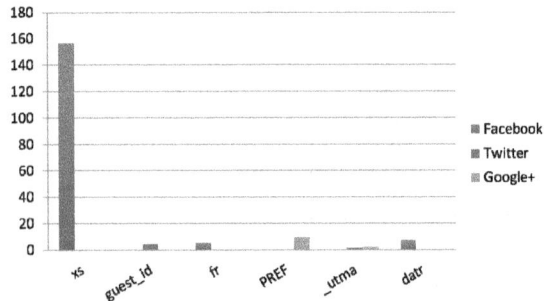

Figura 3. Cookies de serviços web mais conhecidos (Firefox).

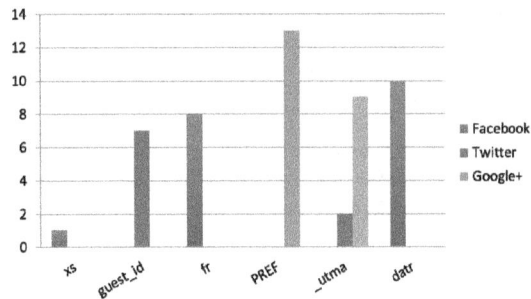

Figura 4. Cookies de serviços web mais conhecidos (Chrome).

O cookie *xs* (ou *x-src*), que é relacionado ao botão curtir do Facebook, é encontrado em número bastante superior no Firefox Na Figura 4 percebe-se que foram encontrados os cookies ligados ao identificador único de usuário para quase todos os computadores (*guest_id* do Twitter, *datr* do Facebook e *PREF* do Google+). Isto significa que as informações pessoais identificáveis foram retidas pelos serviços web em quase todos os computadores estudados.

No IE foi encontrado apenas o cookie *_utma*, que faz parte da coleção já descrita e que pode ser encontrado tanto no Twitter quanto no Google+.

5. COMENTÁRIOS FINAIS

A utilização de navegadores para acessar a Internet tornou-se uma prática comum, seja através da utilização de serviços, seja nas redes de relacionamento ou no uso de correio eletrônico. Entretanto, parte da nossa vida digital acaba por revelar detalhes pessoais importantes, quando nos registramos em sites, fornecemos nosso CPF para cadastros em lojas online, informamos nosso endereço para envio de livros, ou mesmo percorremos páginas "curtindo" as nossas preferências.

Este artigo mostra, a partir da análise de dados de laboratórios de alunos, como a simples navegação pode armazenar e revelar para terceiros informações importantes dos usuários. Informamos também o que pode ser armazenado no computador, correndo riscos de vazamento. Atributos como tempo de vida, segurança de conexões e criptografia de dados foram exibidos e a partir de sua análise, pudemos relacioná-los com a importância da configuração dos navegadores, da utilização frequente de conexões seguras e da limpeza de dados do computador.

Como muitas informações são extremamente pessoais, como CPF, números de contas e outros, o usuário precisa ficar atento à sua navegação: examinar *plugins*, *add-ons*, extensões, links, *scripts*, e formulários evitando o vazamento de suas informações. Deve evitar o modo padrão dos navegadores e o preenchimento automático de formulários além de estar atento às opções de salvar dados (senhas, na sua grande maioria) e às propagandas. Desse modo, pode reduzir a possibilidade de vazamento de informações e preservar a sua privacidade.

6. REFERÊNCIAS

[1] Aggarwal, G., Bursztein, E., Jackson, C., and Boneh, D. An Analysis of Private Browsing Modes in Modern Browsers. In USENIX Security'10 Proceedings of the 19th USENIX conference on Security, USA, Washington, DC, EUA, 2010.

[2] Backes, M., Kate, A., Maffei, M., Pecina, K. ObliviAd: Provably Secure and Practical Online Behavioral Advertising. In Security and Privacy (SP), 2012 IEEE Symposium on, São Francisco, CA, EUA, 2012.

[3] Böttiger, A. HTTP-Only cookies – Brought to you by Internet Explorer 6. Novembro 2011. http://bottiger.org/wrote/5-HTTP-Only-cookies-Brought-to-you-by-Internet-Explorer-6.

[4] Broenink, R. Using Browser Properties for Fingerprinting Purposes. 16th biennial Twente Student Conference on IT, Enschede, Holanda, 2012.

[5] Chaabane, A, Kaafar, M. A., and Boreli, R. Big Friend is Watching You: Analyzing Online Social Networks Tracking Capabilities. In: WOSN '12 Proceedings of the 2012 ACM Workshop on online social networks, Finlândia, 2012.

[6] Fleischer, P. Cookies: expiring sooner to improve privacy. Novembro, 2007. http://googleblog.blogspot.com.br/2007/07/cookies-expiring-sooner-to-improve.html.

[7] Helpful. Utma, utmb, utmz cookies. Novembro, 2012. http://helpful.knobs-dials.com/index.php/Utma,_utmb,_utmz_cookies.

[8] Krishnamurthy, B., and Wills, C. E. On the Leakage of Personally Identifiable Information Via Online Social Networks. In ACM SIGCOMM Computer Communication Review, Publishing Press, p.112-117, 2009.

[9] Lexus. Cookie Policy. Novembro, 2012. http://www.lexus.co.uk/cookie-policy.tmex#/Footer.

[10] McCallister, E., Grance, T., Scarfone, K. Guide to Protecting the Confidentiality of Personally Identifiable Information. NIST Special Publication 800-122, 2010.

[11] Mozilla. Cookies – Português. Novembro, 2012. http://support.mozilla.org/pt-PT/kb/Cookies%20-%20Portugu%C3%AAs.

[12] Roosendaal, A. Facebook tracks and traces everyone: Like this!. In Tilburg Law School Legal Studies Research Paper Series No. 03/2011.

[13] Whoriskey, P. Every click you make. Washington Post, April, 2008. http://www.washingtonpost.com/wp-dyn/content/article/2008/04/03/AR2008040304052.html.

[14] Xu, H., Crossler, R. E., and Bélanger, F. A Value Sensitive Design Investigation of Privacy Enhancing Tools in Web Browsers. Decision Support Systems, 54(1), 424-433, 2012.

Designing iDTV Applications through Interactive Storyboards

Eduardo Cruz Araújo
Lab. TeleMídia – DI – PUC-Rio
Rua Marquês de São Vicente, 225
Rio de Janeiro/RJ – 22453-900 - Brasil
edcaraujo@telemidia.puc-rio.br

Luiz Fernando G. Soares
Lab. TeleMídia – DI – PUC-Rio
Rua Marquês de São Vicente, 225
Rio de Janeiro/RJ – 22453-900 - Brasil
lfgs@telemidia.puc-rio.br

ABSTRACT

This paper presents an authoring tool focused on the design of interactive narratives, named ISB Designer. Based on techniques used by film and animation producers, the tool does not rule out paradigms they are used to. One of its main advantages is to allow the design of audiovisual content together with its points of adaptation and intervention, thus helping in the detection and correction of narrative inconsistencies. Another ISB Designer differential is the possibility of designing applications for presentations on multiple screens. Unlike other tools, the ISB Designer focuses on the design and prototyping phase of applications, as a means of producing higher quality interactive narratives, for then automatically generate the final application, in a post-project stage.

RESUMO

Este artigo apresenta uma ferramenta de autoria com o foco no projeto de narrativas interativas, denominada ISB Designer. Apoiando-se em técnicas utilizadas por profissionais de cinema, animação e de produção televisiva, a ferramenta não os afasta de paradigmas de autoria já conhecidos. Um dos principais diferenciais da ferramenta é permitir o projeto do conteúdo audiovisual em conjunto com os pontos de adaptação e intervenção, ajudando assim na detecção e na correção de incoerências na narrativa. Outro diferencial é a possiblidade de projetar aplicações com suporte a múltiplas telas. Ao contrário de outras ferramentas, a ISB Designer foca nas fases de projeto e prototipação das aplicações, como um meio de produzir narrativas interativas de maior qualidade, para então gerar automaticamente a aplicação final, em uma etapa de pós-projeto da ferramenta.

Categories and Subject Descriptors

H.5.2 [**Information Interfaces and Presentation**]: User Interfaces--prototyping, graphical user interfaces; I.7.2 [**Document and Text Processing**]: Document Preparation---hypertext/hypermedia.

General Terms

Design; Experimentation; Human Factors.

Keywords

Authoring Tool; Interactive Storyboard; Interactive Narrative; NCL.

1. INTRODUÇÃO

Ferramentas de autoria de aplicações hipermídia procuram apresentar níveis de abstração diferentes, na tentativa de adaptarem o processo de criação a um ou vários perfis de autores. Atualmente, existe uma quantidade considerável de ferramentas que auxiliam o desenvolvimento de aplicações hipermídia, em especial para vídeo digital interativo. Porém, são poucas as ferramentas que demonstram uma preocupação com a etapa de projeto e prototipação dessas aplicações, o que reflete diretamente na qualidade e no tipo de conteúdo produzido.

Se nos concentrarmos nas aplicações hipermídia que têm por base um vídeo principal, podemos diferenciar dois grandes grupos: aplicações que possuem conteúdo adicional, mas sem qualquer relação de sincronismo com o vídeo principal; e aplicações cujo conteúdo adicional é temporalmente relacionado ao vídeo principal. Se tomarmos hoje como exemplo a TV digital brasileira, a grande maioria das aplicações se restringe ao primeiro caso [1]. Ursu et al. [2] definem essas aplicações como *pseudo* interativas, pelo fato da interatividade ser menos atuante com relação ao conteúdo principal.

Aplicações do segundo tipo exigem um planejamento e comprometimento muito maior da equipe de produção. Por conta da interação sincronizada com o conteúdo principal, até mesmo os tamanhos das cenas devem ser planejados com cuidado (e.g., cenas muito curtas podem interferir no tempo em que o telespectador tem para interagir). Um caso particular desse tipo de aplicação são as narrativas interativas, nas quais manter a coerência com a interação é ainda mais complexo. Nelas, o telespectador tem o poder de mudar o fluxo da narrativa, exigindo que os pontos de interação sejam pensados desde o esboço inicial da aplicação, assegurando que a história faça sentido, independente da escolha, ou ação, do usuário final. Essa dificuldade contribui bastante para o aumento do custo e a consequente escassez desse tipo de aplicação.

Voltado para esse último tipo de aplicações, este artigo apresenta uma ferramenta de autoria para auxiliar o produtor de conteúdo no projeto conjunto da interatividade e do conteúdo audiovisual relacionado. A ferramenta procura atender aos requisitos dos profissionais de cinema, animação e de produção televisiva, no sentido de não os afastar de paradigmas de autoria por eles já conhecidos, e também demonstrando preocupação com a etapa de projeto e prototipação das aplicações.

De modo geral, esses profissionais estão habituados a criar planos e protótipos antes de se comprometerem com a produção [3]. Várias técnicas de prototipação são por eles utilizadas, como: *scripts*, *storyboards, flipbooks, drawing, screenshot, animatics* etc. [4]. Na tentativa de não distanciar-se dos processos e técnicas de conhecimento desses profissionais, a ferramenta proposta neste trabalho, denominada ISB Designer (*Interactive StoryBoard Designer*), utiliza como base do seu modelo de autoria a técnica de storyboard, por ser uma das mais populares.

Embora o foco principal do trabalho esteja na etapa de projeto, a geração da aplicação final também é contemplada. Assim, a ferramenta deve saber lidar com todo o conteúdo audiovisual produzido a partir dos esboços da fase de projeto, além de se preocupar com detalhes específicos da etapa final, como a codificação, os retoques no posicionamento, os ajustes na duração dos objetos etc.

É importante lembrar que a satisfação do usuário final está diretamente relacionada com a qualidade e coerência do conteúdo produzido, seja ele interativo ou não. Assim, a interatividade não deve violar a coerência do conteúdo principal e, ao mesmo tempo, deve facilitar a variação e adaptação do mesmo [5].

O restante do artigo está organizado da seguinte forma: a Seção 2 discute os trabalhos relacionados. A Seção 3 apresenta o modelo conceitual e as diversas visões da ISB Designer. A Seção 4 descreve as avaliações realizadas durante a fase de projeto da ferramenta. A Seção 5 discute detalhes da implementação. Finalmente, a Seção 6 é destinada às considerações finais.

2. TRABALHOS RELACIONADOS

Por envolver várias fases do processo de criação de aplicações interativas, este trabalho buscou trabalhos relacionados com diferentes objetivos. Assim, foram analisadas ferramentas com o foco no esboço, na criação de *storytelling* interativo e na autoria de documentos multimídia.

As ferramentas de esboço (*sketch-based*) são aquelas interessadas em representar e comunicar ideias através de uma abstração próxima ao lápis e papel. Para o ISB Designer, essas ferramentas são importantes, já que até os dias hoje os storyboards de lápis e papel (e ferramentas digitais que emulam tal abstração) continuam sendo largamente utilizados.

Ferramentas para o esboço da interface de visualização [6][7][3] caracterizam-se pela possibilidade de interagir com o protótipo em tempo de projeto. Próximo ao realizado na ISB Designer, a ferramenta DEMAIS [3] permite projetar aplicações multimídia através de storyboards. A partir desses storyboards, é possível incorporar objetos de mídia (conteúdos de mídia agregados às suas propriedades de exibição) e esboçar relacionamentos temporais ou interativos. A ferramenta permite inclusive definir relacionamentos entre objetos de storyboards diferentes. No entanto, ao contrário da ISB Designer, a DEMAIS não permite a prototipação de objetos de mídia contínua (e.g. vídeo, áudio etc.). Nela, os objetos de mídia contínua devem ser importados para o ambiente de esboço, sobre os quais os relacionamentos com outros objetos podem ser projetados. Isso disso dificulta o projeto de narrativas interativas, visto que o conteúdo do vídeo principal não pode ser projetado em conjunto com a interatividade.

Outras ferramentas realizam inferências mais complexas sobre os esboços, como suas concretizações automáticas em objetos finais [8][9], e a sugestão de objetos a partir de padrões identificados nos desenhos [10]. Apoiado nas sugestões de objetos, Ma et al. [10] propõe uma abordagem para autoria de vídeos. Nela, os vídeos são criados a partir de outros vídeos disponíveis em um repositório, cada um deles anotados através de esboços. Assim, ao projetar os keyframes de um vídeo, os esboços são buscados no repositório, para a recuperação dos vídeos relacionados a eles. Enquanto o autor esboça os *keyframes*, sugestões complementares de outros esboços são recomendadas, para agilizar a autoria do vídeo. Por focar-se exclusivamente na criação do vídeo principal, é difícil realizar uma comparação de [8], [9] e [10] que seja justa com a ISB Designer. No entanto, a abordagem discutida em [10] permitiu levantar requisitos interessantes, como a anotação dos *keyframes* e a possibilidade de recuperação dos mesmos, visando o reúso e/ou agilização do processo de autoria.

Ferramentas de *storytelling* interativos ou de vídeo interativo não-linear caracterizam-se por apresentar abstrações para lidar com as estruturas complexas das narrativas interativas. A motivação para análise dessas ferramentas parte dessas abstrações e de como elas auxiliam aos usuários.

De modo geral, boa parte das ferramentas de *storytelling* interativo [11][12][13][2] utilizam a estrutura de grafo para manipulação das narrativas interativas. Avaliações com o usuário mostram que a representação em grafo é altamente recomendada para criação de histórias interativas [11]. Porém, para narrativas interativas complexas, manipular a estrutura de grafo pode se tornar uma tarefa difícil. Assim, ferramentas como StoryTec [11] e SIVA Producer [13] apresentam várias semânticas de *zoom* com o objetivo de oferecer uma melhor visão sobre a estrutura de grafo.

A autoria com o foco na estrutura da narrativa interativa vai ao encontro da necessidade de se destacar o desenvolvimento do conteúdo principal discutida no ISB Designer. Assim, pelo menos para o público alvo deste trabalho, uma ferramenta com o foco na estrutura, como as mencionadas, deve oferecer essa estrutura como um recurso auxiliar, tornando mais fácil a especificação dos relacionamentos em função do conteúdo principal e não o contrário.

Com relação às ferramentas de autoria de documentos multimídia, o ShapeShifting TV [2] é um dos trabalhos mais próximo da ISB Designer. Partindo de motivações semelhantes, o paradigma ShapeShifting TV está interessado na criação de narrativas interativas para TV. Dentre outras visões do seu ambiente de autoria, destaca-se a visão para edição de ontologias e anotações de objetos de mídia. Isso porque ShapeShifting TV, que permite estabelecer relacionamentos semânticos entres os objetos de mídia, além da possibilidade de definir os próprios objetos de mídia por meio de ontologias, faz com que os objetos de mídia sejam recuperados, de fato, somente em tempo de execução.

A principal dificuldade com relação ao ShapeShifting TV é o comprometimento precoce do usuário, que necessita especificar uma grande quantidade de informações ainda no estágio inicial do projeto das aplicações. Até mesmo para a autoria de um exemplo simples (com poucas interações e poucos objetos de mídia), a ferramenta exige do usuário informações de metadados. Tal comprometimento precoce limita as possibilidades de se explorar ideias variadas ainda na fase de projeto, especialmente com relação ao conteúdo dos objetos de mídia.

Para outras ferramentas analisadas [14][15][16][17], a crítica se assemelha à da ferramenta DEMAIS. Para a maioria dessas ferramentas, os objetos de mídia são simplesmente importados, e não planejados. Assim, a produção de aplicações com uma interatividade mais elaborada é limitada. No entanto, ferramentas extensíveis, como o NCL Composer [17], podem ser utilizadas para resolver o problema integrando abstrações que lidem com esse planejamento.

3. ISB DESIGNER

Entre as técnicas de prototipação para o planejamento do conteúdo audiovisual, storyboard é uma das mais populares, dado sua flexibilidade e facilidade na organização das ideias ao longo do desenvolvimento de um projeto. Em parte, essa facilidade deve-se ao caráter linear que está inserido na própria definição do storyboard [18]. No entanto, no cenário de aplicações hipermídia a não linearidade se faz presente.

3.1 Modelo Conceitual

Além do caráter sequencial, comum aos storyboards lineares, um storyboard para aplicações hipermídia deve também lidar com outros conceitos, como *adaptação*, *intervenção* e *distribuição*, que abrangem características típicas das narrativas interativas a serem desenvolvidas no ambiente. A adaptação permite que uma narrativa siga por diferentes caminhos a partir da avaliação de uma determinada característica (idade, sexo, localização do usuário etc.). A intervenção permite que o usuário final navegue por caminhos alternativos a partir da interação direta com a narrativa. Na distribuição, ao contrário da adaptação e intervenção, não são definidos caminhos alternativos, mas meios alternativos e/ou complementares de exibição do conteúdo. Assim, parte da narrativa pode ser apresentada na tela principal e outra em um dispositivo secundário (celular, *tablet*, *notebook* etc.). Um storyboard que considere todos esses conceitos será, neste artigo, denominado de *storyboard interativo* (ou *não-linear*).

Para os profissionais acostumados a trabalhar com storyboards lineares, lidar diretamente com os novos conceitos apresentados acima pode não ser natural. Assim, é preciso que essas características sejam inseridas de forma não intrusiva no ambiente de produção pré-estabelecido. Por essa razão, a abordagem adotada neste trabalho é manter o foco sempre na parte linear da narrativa interativa: não só pelo conteúdo linear (o vídeo principal) ser o mais relevante, mas também para que os produtores de conteúdo possam se manter o mais próximo possível do modelo que já é utilizado há anos por eles.

Mesmo antes do primeiro esboço da ferramenta, procurou-se analisar se essa abordagem (manter o usuário com foco na parte linear da narrativa interativa) era de fato adequada, e se as características do storyboard interativo eram bem recebidas pelo público alvo, conforme discutido na Seção 4. Por meio dessa análise inicial, foi possível seguir com segurança para a definição do modelo interno da ferramenta e dos primeiros esboços de sua interface.

Foram definidas cinco entidades para o modelo interno da ferramenta: sequência, dimensão, elo, painel e objeto. As *sequências* representam a parte linear da narrativa. Dentro de uma sequência não ocorrem eventos relacionados aos conceitos de adaptação, distribuição ou intervenção. Uma sequência pode ser seguida por apenas uma, ou mais sequências. A especificação de novas sequências está relacionada não somente com a definição de caminhos alternativos, mas também com a organização e o reúso dessas sequências.

Sequências são compostas por uma ou mais *dimensões*. As dimensões estão diretamente relacionadas com o conceito de distribuição da narrativa. Cada dimensão, por exemplo, pode ser associada a um dispositivo de exibição: tela principal ou dispositivo(s) secundário(s).

Dimensões são formadas por um conjunto de *painéis*. Cada painel é representado por um quadro-chave (*keyframe*) de uma sequência de quadros em uma dada dimensão. Painéis são dispostos sequencialmente e possuem uma duração e uma descrição. Cada painel contém um conjunto de *objetos*, que representam os objetos de mídia a serem exibidos.

A navegação entre as sequências é definida por meio de *elos*, que podem ser de três tipos: sequencial, interativo ou adaptativo. Elos do tipo sequencial conectam duas sequências sem nenhuma condição associada a eles. Normalmente, tais elos são utilizados para definir o caminho natural da narrativa, ou seja, o caminho que não espera por uma avaliação ou interação. Elos do tipo interativo têm uma condição de interação a eles associada. Durante a execução da aplicação, a narrativa só seguirá por aquele caminho caso o telespectador interaja. Elos adaptativos têm uma condição de avaliação a eles associada. A narrativa só seguirá pelo caminho determinado por elos adaptativos caso a avaliação de sua condição seja positiva.

Em resumo, o modelo interno do storyboard interativo é então definido pelo conjunto de sequências e elos que o compõe.

3.2 Visões

ISB Designer define três tipos de visões: a de esboço, a de autoria e a de narrativa. A visão de esboço é a principal. Ela tem como foco o planejamento e a prototipação da narrativa. Nela, como o próprio nome diz, o autor trabalha no nível de esboço, o que possibilita uma flexibilidade maior na modelagem da narrativa interativa. A visão de autoria trabalha com o conteúdo produzido a partir dos esboços e é onde o autor realiza os últimos ajustes antes de gerar a aplicação final. A visão de narrativa é uma visão auxiliar, que permite uma navegação mais direta entre as sequências que compõem a narrativa interativa.

De modo geral, apesar do propósito da ferramenta ser projetar aplicações não-lineares, as visões da ISB Designer procuram pôr em destaque sempre a parte linear (sequências) das narrativas interativas. É importante ressaltar que antes da implementação da ferramenta foram desenvolvidos protótipos de baixa fidelidade [19], a partir dos quais foram avaliadas a interface e a usabilidade da ferramenta, como também discutido na Seção 4. A descrição desses protótipos, para cada visão, é apresentada a seguir.

3.2.1 Visão de Esboço

A Figura 1 apresenta a visão de esboço. A visão exibe uma única sequência da narrativa interativa, permitindo navegar para as sequências seguintes através dos elos (Figura 1h). Em cada painel da sequência (Figura 1a) o autor pode especificar livremente as regiões (Figura 1i) em que os objetos serão apresentados, definindo, assim, o leiaute de cada um dos quadros-chave na narrativa. Abaixo de cada painel (Figura 1b) o autor pode realizar anotações, descrevendo detalhes sobre o leiaute, atores, tomada de câmera etc.

O último painel de cada sequência permite adicionar um novo painel através do botão de "mais" (Figura 1c). É também possível exibir outras opções interagindo com outro botão (Figura 1d), que permitirá: adicionar uma nova sequência (Figura 1e), adicionar uma sequência distribuída (Figura 1f) ou reusar uma sequência (Figura 1g). Sempre que uma nova sequência é criada, um elo é adicionado (Figura 1h) para permitir a navegação para a sequência recém-criada. Todo elo criado a partir da visão de esboço é do tipo sequencial.

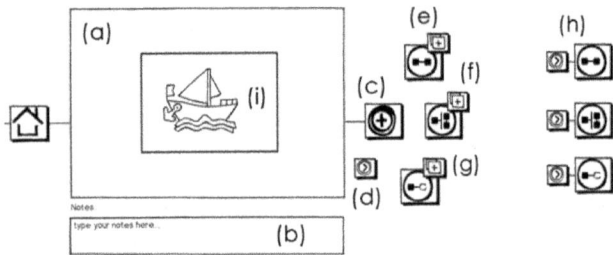

Figura 1 – Protótipo da visão de esboço

A Figura 2 mostra a visão de esboço na edição de uma sequência distribuída, em que o autor pode projetar o conteúdo que será apresentado em cada um dos meios de exibição, ou seja, em cada dimensão. Não há limites para a quantidade de dimensões. Sempre que um novo painel é adicionado na dimensão principal (Figura 2a), um novo painel é também adicionado às dimensões secundárias (Figura 2b), possibilitando estabelecer uma relação semântica maior entre os conteúdos das diferentes dimensões.

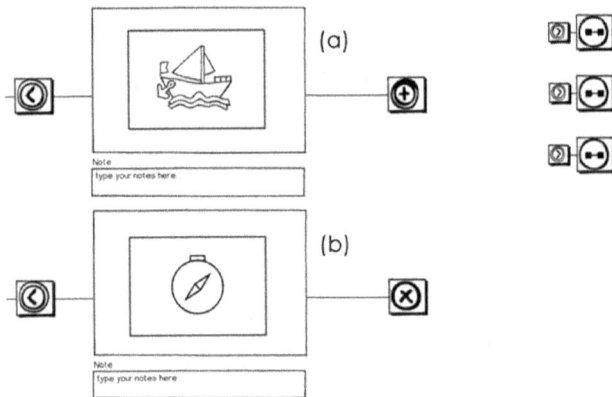

Figura 2 – Protótipo da visão de esboço com múltiplas dimensões

3.2.2 Visão de Autoria

Na visão de autoria (Figura 3), o autor define os detalhes específicos da aplicação final. A duração de cada painel é o primeiro deles (Figura 3a); a especificação dos tipos de elos outro. Conforme mencionado na Subseção 3.1, os elos podem ser de três tipos: sequencial (Figura 3b), determinando o caminho natural; adaptativo (Figura 3c), especificando uma avaliação de uma determinada variável; ou do tipo interativo (Figura 3d), que espera pela interação do usuário. É também na visão de autoria que os objetos de mídias produzidos podem ser incorporados, substituindo as regiões especificadas na visão de esboço.

Tanto na visão de esboço quanto na de autoria, sempre que um novo objeto é adicionado em um painel, esse objeto é também adicionado nos painéis subsequentes (tanto nos painéis da mesma sequência quanto nos das próximas sequências). Isso evita que o autor tenha que inserir o mesmo objeto em cada um deles. De forma semelhante, remover um objeto de um painel resulta na remoção de suas referências nos próximos painéis.

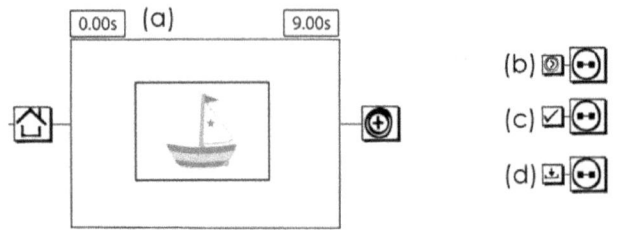

Figura 3 – Protótipo da visão de autoria

3.2.3 Visão de Narrativa

A visão auxiliar de narrativa (Figura 4) apresenta a estrutura da narrativa em termos de suas sequências. Através da estrutura, o usuário pode navegar diretamente entre sequências e ter uma ideia geral da organização da narrativa e das condições associadas aos caminhos que ligam as sequências (elos).

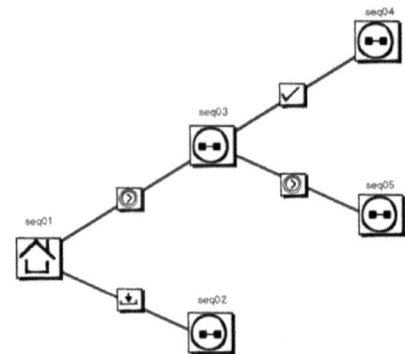

Figura 4 – Protótipo da visão de narrativa

4. AVALIAÇÃO FORMATIVA

Uma avaliação formativa possibilita verificar problemas de interação e de interface durante o processo de *design* de uma ferramenta, ou seja, antes mesmo do sistema estar pronto e, muitas vezes, sem qualquer comprometimento com uma implementação. Ela tem por objetivo oferecer um *software* de melhor qualidade e reduzir o custo de alteração do mesmo. Assim, para melhorar o *design* da ferramenta, vários cenários e os protótipos apresentados na seção anterior foram desenvolvidos, possibilitando a influência do usuário autor durante o projeto da ISB Designer, desde as etapas iniciais de seu projeto.

4.1 Descrição do estudo

Duas fases de avaliação foram realizadas: a primeira interessada em avaliar os conceitos de adaptação, intervenção e distribuição no projeto de narrativas interativas; e a segunda interessada na usabilidade da ferramenta proposta.

Optou-se por investigar primeiramente os conceitos relacionados ao storyboard interativo, pois representam a base do modelo de autoria da ferramenta. Para avançar no desenvolvimento da ISB Designer foi preciso ter certeza que as características do storyboard interativo pudessem de fato ser adotadas pelo usuário alvo. Para facilitar a comunicação com os usuários, foram desenvolvidos modelos de storyboards interativos[1], adaptando suas características aos modelos de storyboard linear. A avaliação inicial consistiu em discutir o desenvolvimento de narrativas interativas a partir de modelos de storyboard linear, para só então apresentar aos usuários os modelos de storyboard interativo. Nessa etapa foi possível verificar se os conceitos apresentados atendiam às expectativas de como projetar narrativas interativas.

Na avaliação de usabilidade da ferramenta foram desenvolvidos protótipos de baixa fidelidade (Figura 5). A criação desses protótipos baseou-se na técnica de *prototipação em papel*. Através dessa técnica foi possível alterar de forma rápida e flexível os protótipos, inclusive durante as avaliações, permitindo que as sugestões dos usuários pudessem ser testadas quase que imediatamente. Os protótipos em papel refletem os modelos discutidos na Seção 3. A Figura 5 apresenta exemplos dos protótipos em papel usados durante uma das sessões de avaliação.

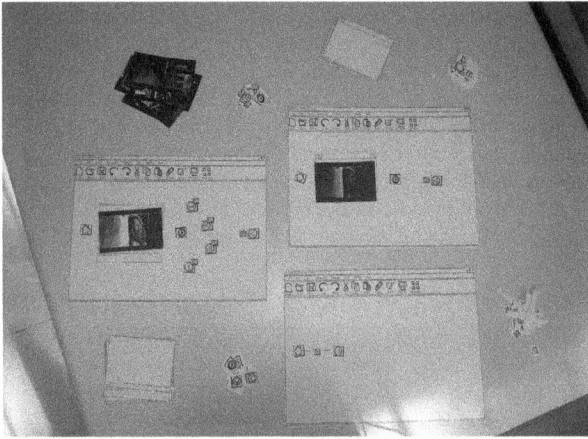

Figura 5 – Exemplos de protótipos de baixa fidelidade utilizados em uma das sessões de avaliação

Foram definidas duas aplicações a serem projetadas. A primeira, um *slideshow* de fotos, teve como propósito familiarizar o usuário com a interface. A segunda foi baseada no filme interativo de horror denominado *Last Call*[2]. Nesse filme, o telespectador deve tomar várias decisões pelo personagem protagonista, criando o enredo e o resultado final da trama, a ser exibida na tela principal e nos dispositivos de áudio dos telespectadores. Para não tornar a avaliação muito extensa, utilizou-se somente parte do filme, com apenas um ponto de decisão, onde o usuário (autor) deve especificar dois caminhos pelos quais a narrativa interativa pode seguir, conforme escolha do usuário final (telespectador).

4.2 Participantes
Foram selecionados participantes de dois grupos, todos profissionais da área de cinema, animação e de produção televisiva, com pouca ou nenhuma experiência em programação, mas familiarizados com técnicas de storyboard para prototipação de conteúdo.

Do primeiro (Grupo A), participaram quatro membros do Núcleo de Arte Digital e Animação da PUC-Rio, todos com experiência de

mais de 3 anos na produção de animação e prototipação por storyboard, tendo atuado no mínimo em 5 projetos profissionais e outros 7 acadêmicos. O segundo (Grupo B) foi constituído por três membros do CEDID (Centro Experimental de Conteúdos Interativos Digitais): dois profissionais com experiência em filmagem, edição de vídeo e linguagens de programação, e um profissional em designer gráfico. Todos os membros com experiência de no mínimo 9 projetos somente na instituição. Ao contrário dos participantes do primeiro grupo, esses profissionais tinham conhecimento na área de TV digital.

4.3 Análise e Resultados
A primeira fase de avaliação apresentou resultados satisfatórios em ambos os grupos. Na verdade, esboçar uma narrativa interativa a partir dos modelos apresentados pareceu ser *"natural"* (termo utilizado por um dos participantes do Grupo A). Para o Grupo A, o conceito de distribuição nos modelos pareceu ser uma novidade. Em geral, conforme reportado pelos participantes, conteúdos para outros dispositivos só são projetados depois do principal estar pronto e, normalmente, de forma completamente independente.

Ainda na avaliação dos conceitos, um participante do Grupo B sentiu-se à vontade inclusive para classificar as aplicações criadas a partir dos modelos de storyboard interativo. Aplicações envolvendo os conceitos de adaptação e intervenção foram classificadas como *"aplicações com interatividade protagonista"*, salientando à importância do telespectador, que agora tinha o poder de interferir, diretamente ou a partir de suas preferências, no vídeo principal. Com relação às aplicações que envolvem o conceito de distribuição, o mesmo participante as classificou como de *"interatividade protagonista convergente"* ou *"interatividade protagonista de segundo plano"*. Dessa vez, referindo-se à possibilidade do telespectador interagir e consumir o conteúdo por meio de dispositivos diferentes.

Para ambos os grupos, os conceitos apresentados não pareceram confundir ou interferir no processo de *design* já conhecidos. Na verdade, abriu-se espaço para explorarem novas possibilidades. O principal problema, apontado por ambos os grupos, ficou por conta da organização do projeto. No storyboard linear, normalmente a organização é realizada numerando-se as páginas e/ou os painéis. No caso do storyboard interativo, porém, a organização é realizada numerando-se as sequências que, por sua vez, possuem uma numeração de páginas e/ou os painéis. Assim, ficou a impressão que, em projetos grandes, seria fácil de se perder. Na verdade, o problema deixou claro a necessidade de um recurso para facilitar a organização e navegação no conteúdo. Isso resultou na prototipação da visão de narrativa que, a princípio, não tinha sido planejada.

Com o resultado positivo da primeira avaliação, foi possível seguir para definição do modelo interno e dos protótipos de baixa fidelidade, apresentados na Seção 3.

Na segunda fase de avaliação, várias sugestões foram dadas pelos grupos. No entanto, um dos principais problemas foi identificado enquanto observava-se a interação dos usuários com os protótipos de baixa fidelidade. Quase todos os participantes, salvo um do Grupo B, adicionou uma nova sequência (Figura 1e), quando tentava adicionar um painel (Figura 1c). Ainda outro problema foi identificado, quando nenhum dos participantes conseguiu associar a representação do botão de reúso (Figura 1g) com sua função. Ao errar adicionando uma nova sequência em vez de um painel, alguns tentaram adicionar o painel através do botão de reúso. Como consequência, ao termino da avaliação criticaram o botão de "mais" (Figura 1c), que *"passa muito mais a ideia de listar opções do que*

[1] Disponível em: http://www.telemidia.puc-rio.br/~edcaraujo/isbdesigner/doku.php?id=documentation:models

[2] Detalhes disponíveis em: http://www.youtube.com/watch?v= 386VGKucWDo

a de adicionar um novo painel" (participante do Grupo A), exigindo modificações comentadas a seguir.

A partir de entrevistas após as avaliações, outros detalhes também puderam ser levantados. Participantes do Grupo A chamaram a atenção para a necessidade de se definir aspectos técnicos da produção (sinopse, público alvo, financiador, tamanho do *canvas*, esquema de cores etc.) antes mesmo de qualquer esboço. Um dos participantes do Grupo A sugeriu definir várias sequências em paralelo de modo que pudesse testar várias opções de leiaute, inclusive com a intenção de apresentar essas opções ao cliente. Outro participante do Grupo A se mostrou bastante preocupado com o código gerado e a possibilidade de cópia. Segundo ele, *"se o código gerado for muito sujo, porém eficiente...parabéns!"*. Outro participante do Grupo A se identificou bastante com a ferramenta por ser *"bem visual, sem muitos menus e caixas cheias de opções"* e completou: *"uma interface mais limpa é importante nessa fase...quanto mais próximo do papel e caneta, melhor..."*, se referindo à visão de esboço.

Participantes do Grupo B mostraram bastante insatisfação com a quantidade de interação para inserir uma mídia, realizada até então através de menus contextuais. Um dos participantes, construindo outro exemplo através do protótipo, sugeriu que o reúso pudesse ser realizado referenciando um painel específico de uma sequência, e não apenas à sequência como um todo. Em seguida se deu conta que caso existisse a funcionalidade de quebrar uma sequência em duas, referenciar um painel específico não seria tão necessário. Ambas as funcionalidades são interessantes e não tinham sidas pensadas durante a criação dos protótipos.

Por fim, um dos participantes do Grupo B chamou a atenção para a necessidade de se visualizar o fluxo básico da narrativa, o que ele chamou de *"versão do diretor"*. A ferramenta deveria destacar o fluxo que não há nenhuma adaptação ou intervenção.

A reformulação da interface procurou atender a análise levantada. Primeiro, refazendo os componentes para adição de sequência e painéis. A Figura 6 apresenta a nova visão de esboço com algumas dessas modificações. Nela, o botão de "mais" (Figura 6a) mostra as opções dos tipos de componentes que podem ser adicionados. A primeira opção (Figura 6b) adiciona um novo painel. A representação é a mesma de antes para criar uma nova sequência (Figura 1e). Em seguida estão as opções de adicionar uma nova sequência (Figura 6c), adicionar uma sequência distribuída (Figura 6d) e reusar uma sequência previamente especificada (Figura 6e). Para agilizar a inserção de novas mídias, propôs-se fazê-la através de *drag-n-drop* diretamente nas regiões especificadas. Outro detalhe acrescentado é a possibilidade de se fazer reúso tanto para sequências quanto para painéis.

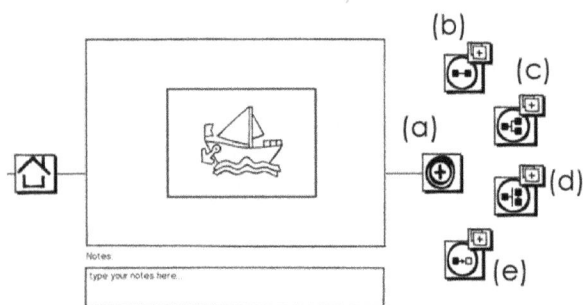

Figura 6 – Reformulação do protótipo da visão de esboço

5. IMPLEMENTAÇÃO

Um protótipo da ISB Designer foi desenvolvido com o *framework* Qt [20]: uma aplicação multiplataforma e um *framework* para criação de interfaces gráficas com APIs para C++.

Na implementação foram definidos dois pontos de extensão, tendo em vista a necessidade de agregar novas funcionalidades no futuro, através das **APIs[3] de visão e de controle**. A API de visão permite que novas visões sejam facilmente integráveis à ferramenta. Na API de controle são definidas interfaces de acesso à estrutura interna da ferramenta, possibilitando que a ISB Designer possa ser integrada em outras ferramentas (como um *plugin*, por exemplo), tirando proveito das funcionalidades nelas desenvolvidas e vice-versa.

A implementação da cada uma das visões (a partir da API de visão) considerou os resultados obtidos através da análise formativa (Seção 4). Na Figura 7, é possível observar a implementação da visão de esboço (baseada no protótipo da Figura 6). Nessa figura, observa-se as regiões em que cada objeto será apresentado dentro de cada um dos painéis. A ferramenta permite que as regiões sejam específicas sem muitos detalhes, ou com uma imagem esboço do que virá a ser aquele conteúdo no final. Esse esboço, juntamente com as anotações abaixo de cada painel, auxilia o autor durante o projeto do leiaute e da estrutura da narrativa, além orientar os *designers*, equipe de filmagem etc., durante a produção do conteúdo final. Na implementação atual é possível inserir regiões referentes a objetos de vídeo, texto, imagem, áudio e *script*.

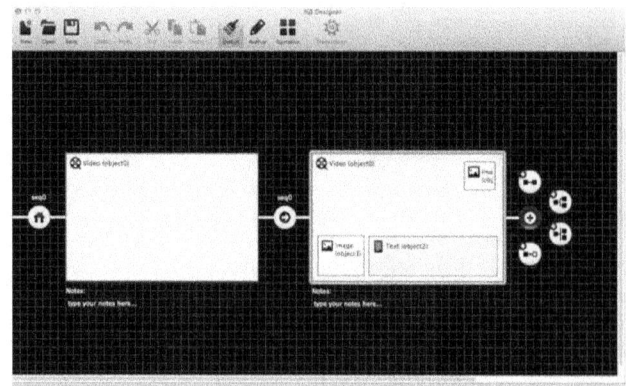

Figura 7 - Visão de esboço da ISB Designer

A manipulação dos objetos ocorre de forma direta e através de *menus* contextuais, que permitem: exibir a janela de propriedades, arranjar (sobrepor) os objetos (*zIndex*), associar um esboço do conteúdo etc. Um detalhe é a presença, entre os painéis, do identificador da sequência em projeto, permitindo ao autor se localizar enquanto navega entre as sequências.

Na visão de autoria (Figura 8) o autor se compromete ainda mais com a criação da narrativa. Nela, ele deve associar o conteúdo produzido a cada uma das regiões, especificar a duração dos painéis e definir os tipos de cada um dos elos. Como mencionado, a associação do conteúdo pode ser realizada através de *drag-n-drop* dos objetos de mídia diretamente nas regiões. Todo painel, a princípio, possui uma duração de 5s, cabendo ao autor ajustar esses valores para garantir a coerência da narrativa. Acessando as propriedades dos elos, a partir de um *menu* contextual, o autor pode especificar as condições e seus tipos.

---

[3] Detalhes disponíveis em: http://www.telemidia.puc-rio.br/~edcaraujo/isbdesigner/doku.php?id=development:apis

Com relação aos elos do tipo adaptativo e interativo, eles podem ser configurados para disparar de forma imediata ou esperar o fim de duração do painel. Isso permite ao autor lidar com possíveis inconsistências geradas a partir da interação ou da adaptação da narrativa interativa. Por exemplo, caso um elo de interação seja configurado para disparar de forma imediata, a história avançará para o próximo trecho antes mesmo do fim do trecho atual, podendo o telespectador perder cenas importante e ter alterado o tempo de duração total da narrativa interativa. Cabe ao autor saber lidar com esses detalhes, para não comprometer a experiência do telespectador.

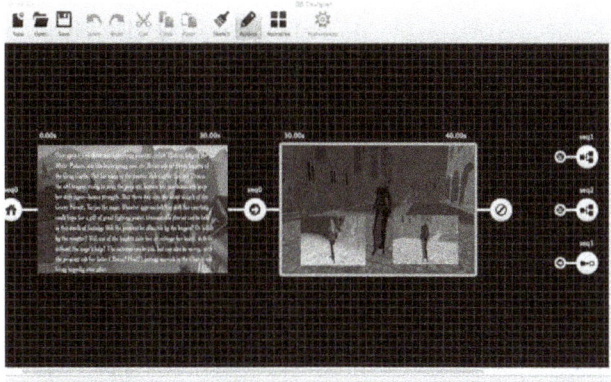

Figura 8 - Visão de autoria da ISB Designer

A Figura 9 apresenta a visão de narrativa. Nela é possível observar a estrutura da narrativa em termos de sequências. A visão apresenta a estrutura como uma árvore. Na versão atual, ela é utilizada somente para navegação, não sendo possível criar, apagar ou editar as sequências.

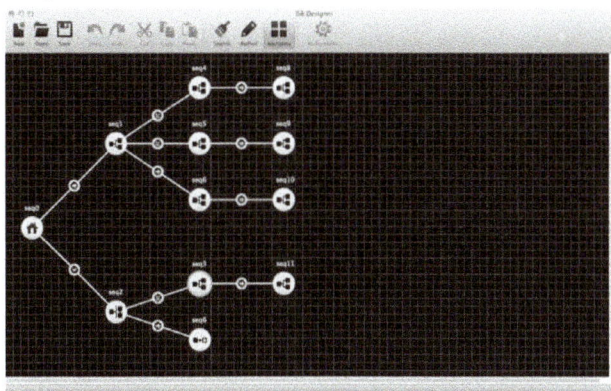

Figura 9 – Visão de narrativa da ISB Designer

Uma vez pronta, a narrativa pode ser salva e exportada. Porém, mesmo que somente o esboço da narrativa tenha sido especificado através da visão de esboço, a ISB Designer é capaz de gerar uma aplicação funcional. Nesse caso, a ferramenta associa um conjunto de imagens padrões para cada uma das regiões, assume a duração de 5s para os painéis e associa uma condição de intervenção a cada um dos elos, utilizando as teclas numéricas, quando existe a possibilidade de navegar para mais de uma sequência a partir de uma outra. Assim, mesmo no início do projeto, é possível ter alguma codificação funcional, que ajude nas reuniões com a equipe de produção, e que possibilite uma avaliação antecipada do projeto junto ao usuário final (telespectador).

Na versão atual, a ferramenta permite exportar o projeto para NCL (Nested Context Language). Para testar a API de controle, desenvolveu-se um *plug-in* da ISB Designer para o NCL Composer

(Figura 10) [17]: uma ferramenta de autoria multiplataforma e extensível para aplicações NCL. A integração da ferramenta com NCL Composer traz alguns benefícios, como: a pré-visualização da narrativa, a preparação da mesma para transmissão e, caso seja necessário, a possibilidade de reestruturar o código gerado a partir de visões mais próximas (semanticamente) da linguagem.

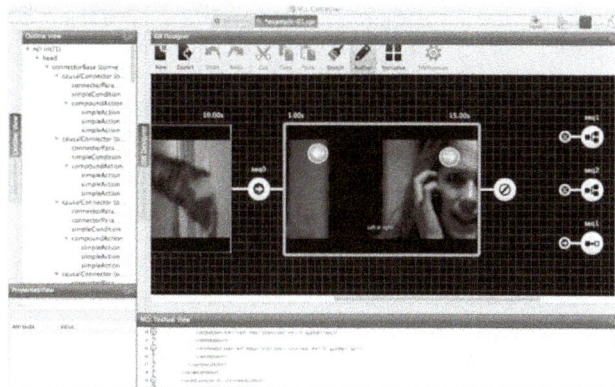

Figura 10 – *Plug-in* da ISB Designer para o NCL Composer

Na versão corrente, a integração entre as duas ferramentas não se dá de forma completa. A tradução entre os modelos ocorre em apenas em um sentido: ISB Designer → NCL Composer. Assim, ainda não é possível que mudanças realizadas nos outros *plug-ins* do NCL Composer reflitam no *plug-in* da ISB Designer.

5.1 Testes

Para avaliar a implementação foram desenvolvidas duas aplicações[4]. É importante ressaltar que elas não foram desenvolvidas pelo público alvo (profissionais de cinema, animação e de conteúdo audiovisual) e sim pela equipe de desenvolvimento, uma vez que, nessa fase, a intenção era apenas depurar as funcionalidades, especialmente a sincronização entre as visões.

A primeira aplicação é uma adaptação do filme interativo *Last Call*, o mesmo utilizado na avaliação formativa discutida na Seção 4. A Figura 10 apresenta parte da aplicação desenvolvida a partir do *plug-in* da ISB Designer para o NCL Composer. Essa aplicação, apesar de simples, permitiu avaliar o sincronismo entre as visões e os conversores da ferramenta para linguagem NCL.

A segunda aplicação é baseada em um conto de fadas gerado a partir do *Logtell* [21]: um sistema de *storytelling* interativo capaz de gerar enredos automaticamente, baseados em uma especificação lógica de um gênero literário. A aplicação, intitulada *The Dragon, The Princess, The Swords: A Tale of Villainy and Heroism*, baseia-se em um conto de fadas envolvendo personagens como princesa, heróis e vilões. Nela é possível decidir ações sobre os personagens (andar, lutar, raptar etc.) e, assim, adaptar o enredo segundo as decisões do telespectador. A aplicação desenvolvida como teste é uma versão reduzida da original. Na versão desenvolvida são especificados somente dois pontos de intervenção. Um em que o telespectador decide se a princesa deve ou não sair do castelo, e outro em que é possível escolher se cavaleiro deve ou não lutar. Um detalhe especial da narrativa é que, independente da decisão no primeiro ponto de intervenção (o destino da princesa), o telespectador deve também escolher o destino do cavaleiro. Essa característica abre espaço para o reúso de sequências, uma vez que

---

[4] Detalhes disponíveis em: http://www.telemidia.puc-rio.br/~edcaraujo/isbdesigner/doku.php?id=videos

mesmo a princesa tendo destinos diferentes, deve-se decidir se o cavaleiro lutará ou não. A Figura 8 apresenta parte da aplicação em criação por meio da ISB Designer.

A partir dos testes foram identificados e corrigidos alguns problemas, como a perda de informações durante a persistência dos dados, e entre as mensagens das visões; e outros mais complexos, como a especificação do controle de foco. Para ISB Designer, especificar a mudança de foco exige a criação de uma nova sequência para cada opção, ou seja, trata a mudança de foco como uma intervenção na narrativa. Isso torna a criação de *menus* uma tarefa complexa. Porém, quanto ao reúso de sequências e a navegação entre as sequências, não foram detectados problemas.

6. CONCLUSÃO

A partir de uma definição própria de storyboard interativo, este trabalho apresentou a ferramenta ISB Designer como uma solução para criação de narrativas interativas por profissionais de cinema, animação e de conteúdo audiovisual. Para isso, ao contrário de outras ferramentas, a ISB Designer centra na fase de projeto e prototipação das aplicações como um meio de produzir narrativas interativas de maior qualidade. Embora focada no projeto, a ferramenta permite evoluir dos esboços iniciais até a geração da aplicação final, sem exigir qualquer conhecimento da linguagem de programação de destino. Do nosso conhecimento, a ISB Designer é uma das poucas ferramentas que permite a criação de aplicações com exibição distribuída em múltiplos dispositivos através de uma abstração próxima do resultado final.

Problemas mais complexos, como a definição do foco, foram deixados para ser resolvidos em versões futuras. Para isso é preciso distinguir os tipos de interação e provavelmente criar uma nova visão. Essa visão permitiria focar em um único painel, onde seriam definidas interações que caracterizariam a mudança de foco.

Ainda que o processo de *design* da ferramenta tenha sido acompanhado pelo usuário, se faz necessário também algum tipo de avaliação com o protótipo funcional da ferramenta, preferencialmente com um número maior de participantes. Esse é um dos trabalhos futuros que já começamos a desenvolver.

Por fim, todo o conteúdo relacionado à ISB Designer está publicado no seu site oficial[5], incluindo seu código-fonte, distribuído como software livre, sob licença GLP.

7. REFERÊNCIAS

[1] Soares, L.F.G. 2013. Interatividade na TV Digital Aberta Brasileira. Lumina, Vl.7, No. 2; pp. 1-17. Dezembro de 2013. ISSN 1981- 4070.

[2] Ursu, Marian F. et al. 2008. ShapeShifting TV: interactive screen media narratives. ACM Transactions on Multimedia Computing, Communications, and Applications

[3] Bailey, Brain P.; Konstan, Joseph A.; Carlis, JohnV. 2001. DEMAIS: Designing Multimedia Applications with Interactive Storyboards. ACM Multimedia – MM'01.

[4] Curtis, Gayle; Vertelney, Laurie. Storyboards and Sketch Prototypes for Rapid Interface Visualization. 1990. Tutorial 33. CHI '90, April 2, 1990.

[5] Camanho, Marcelo M. et al. 2009. A Model for Interactive TV Storytelling. VIII Brazilian Symposium on Games and Digital Entertainment.

[6] Landay, James A. 1996. SILK: Sketching Interfaces Like Krazy. Conference on Human Factors in Computing Systems - CHI'96, 1996.

[7] J. Lin, M. W. Newman, J. I. Hong, and J. A. Landay. 2000 DENIM: Finding a tighter fit between tools and practice for web site design. Proc. ACM CHI'00, 2000, pp. 510–517.

[8] C. X. Ma, Y. J. Liu, H. Y. Yang, D. X. Teng, H. A.Wang, and G. Z. Dai. 2011. KnitSketch: A sketch pad for conceptual design of 2D garment patterns. IEEE Trans. Autom. Sci. Eng., vol. 8, no. 2, pp. 431–437. 2011.

[9] Lee, Bongshin; Kazi, Rubaiat Habib and Greg Smith. 2012. SketchStory: Telling More Engaging Stories with Data through Freeform Sketching. IEEE Trans. on Visualization and Computer Graphics, vol. 19, no. 12, December 2012.

[10] Ma, Cui-Xia; Liu, Yong-Jin; Wang, Hong-An; Teng , Dong-Xing and Dai, Guo-Zhong. 2012. Sketch-Based Annotation and Visualization in Video Authoring. IEEE Trans. on Multimedia, vol. 14, no. 4, August 2012.

[11] Gobel, Stefan; Salvatore, Luca; Konrad, Robert. 2008. StoryTec: A Digital Storytelling Platform for Authoring and Experiencing of Interactive and Non-linear Stories. International Conference on Automated Solutions for Cross Media Content and Multi-channel Distribution.

[12] Skorupski, James; Mateas, Michal. 2010. Novice-friendly Authoring of Plan-based Interactive Storyboards. Artificial Intelligence and Interactive Digital Entertainment – AIIDE'10, 2010.

[13] Meixner, Britta; Matusik , Katarzyna; Grill, Christoph; Kosch, Harald; 2012. Towards an easy to use authoring tool for interactive non-linear video. Multimedia Tools Applications (2014) 70:1251–1276.

[14] Encarnação, H. T.; Barbosa, S. D. J. 2010. NCLite: Exporando o Conceito de Cenas Interativas em Ferramentas de Autoria para TV digital. Dissertação de Mestrado, Julho de 2010.

[15] Deltour, R.; Roisin, C. 2006. The LimSee3 multimedia authoring model. DocEng'06, 2006.

[16] Icareus iTV Suite Author. Website. Acessado em 24/06/2014, URL: http://www.icareus.com.

[17] Azevedo, Roberto G. A.; Araújo, Eduardo C.; Lima, B. S.; Soares, L. F. G.; Moreno, Marcelo F. 2012. Composer: meeting non-functional aspects of hypermedia authoring environment. Multimedia Tools and Applications.

[18] Wikipedia (Storyboard). Website. Acessado em 24/06/2014. URL: http://pt.wikipedia.org/wiki/Storyboard.

[19] Snyder, C. 2003. Paper Prototyping. Morgan Kaufmann Publishers.

[20] QT: Cross-platform application and UI framework. Website. Acessado em 24/06/2014. URL: http://qt.digia.com/.

[21] The logtell project. Website. Acessado em 25/06/2014. URL: http://www.icad.puc-rio.br/~logtell/.

---

[5] http://www.telemidia.puc-rio.br/~edcaraujo/isbdesigner/

Modeling and Inference Based on the Semantics of Monitoring of Human Vital Signs

Alexsandro Beserra Bastos
Hospital das Clínicas
Universidade Federal de Goiás
Goiânia-GO
alexbeserrab@gmail.com

Iwens Gervásio Sene Júnior
Instituto de Informática
Universidade Federal de Goiás
Goiânia-GO
iwens@inf.ufg.br

Renato de Freitas Bulcão-Neto
Instituto de Informática
Universidade Federal de Goiás
Goiânia-GO
renato@inf.ufg.br

ABSTRACT

This paper contributes with a knowledge representation model of the human vital sign monitoring activity based on Semantic Web specifications for ontologies and Horn-like rules. The proposed model is founded in interviews with intensive care units professionals, medical and nursing literature, and the reuse of existing ontologies. As a result, this work contributes with an ontology describing vital signs, actors and temporal information involved in monitoring, a set of requirements underlying to that model, and dozens of Horn-like rules describing alarms and the respective abnormal values for each vital sign.

Categories and Subject Descriptors

I.2.4 [**Knowledge Representation Formalisms and Methods**]: Representation languages.

General Terms

Design; Documentation; Languages; Standardization.

Keywords

Semantic Web; OWL; SWRL; vital sign; monitoring.

1. INTRODUÇÃO

Unidades de Terapia Intensiva (UTIs) possuem um aparelho, parametrizado com informações do paciente para monitoramento de seus sinais vitais, chamado monitor multiparamétrico. A maioria desses aparelhos não armazena o histórico de leituras de sinais vitais do paciente e, em função disso, em instantes de tempo pré-definidos, profissionais de enfermagem as registram manualmente em fichas impressas. Portanto, para analisar sinais vitais coletados, médicos recorrer comumente às anotações dessas fichas, sujeitas a erros de registro e de interpretação desses dados.

Além disso, os disparos de alarmes, sonoros e/ou luminosos, produzidos por monitores multiparamétricos ocorrem quando há desvios de normalidades dos sinais do paciente, ou problemas técnicos, como a desconexão acidental de sensores ligados a este.

Nesse ínterim, a pesquisa descrita neste artigo está inserida no desenvolvimento de uma infraestrutura computacional que possa realizar as mesmas funções de um monitor multiparamétrico, incluindo: (i) a manutenção do histórico de aferições de sinais

vitais por paciente para posteriores consultas da equipe de Saúde; (ii) a dedução dos estados de pacientes segundo aferições de cada sinal vital individual; e (iii) a produção de alarmes relacionados aos estados de pacientes em que os sinais vitais não seguem valores considerados normais para a população em geral, ou para um indivíduo em particular.

Para que essa infraestrutura possa realizar as funções supracitadas, os autores desenvolveram um modelo de representação de conhecimento de Monitoramento de Sinais Vitais Humanos (*MSVH*), apoiado no potencial de expressividade e formalidade de especificações recentes de ontologias e regras da Web Semântica.

Este artigo descreve o processo de desenvolvimento do modelo *MSVH*, que inclui um estudo sobre sinais vitais com profissionais de Saúde e a construção e a validação do modelo em si. Ao construir o modelo *MSVH*, pode-se contribuir não apenas para o desenvolvimento da infraestrutura descrita, mas também de aplicações relacionadas a monitoramento de sinais vitais.

2. DESENVOLVIMENTO DO MODELO

2.1 Delimitação do escopo

Para a construção do modelo *MSVH* foram realizadas reuniões com profissionais da área da Saúde intensivistas de um Hospital Universitário de grande porte de um estado brasileiro, aos quais também foram aplicados questionários elaborados pelos autores deste trabalho. Também foram consultadas literaturas de Medicina [7] e Enfermagem [8], indicadas por esses mesmos profissionais.

Decorrente desse estudo foram produzidas 40 questões de competência (ou requisitos) às quais o modelo proposto deveria responder. A elaboração desses requisitos é um dos passos iniciais da metodologia *Ontology Development 101* para a construção de modelos ontológicos [6]. São apresentados a seguir 5 dos 40 requisitos para a construção do modelo proposto:

1. Que sinais humanos são consensualmente classificados na literatura médica e de enfermagem como vitais?

2. Que faixas de valores consensuais para cada sinal vital significam normalidade ou anormalidade?

3. É possível determinar faixas de valores personalizados para cada sinal vital de um paciente?

4. Quais as medições de sinal vital de um paciente em um dado período de tempo?

5. Em que instante de tempo um paciente teve uma medição de sinal vital fora da normalidade?

Para responder ao requisito 1, os profissionais consultados concluem que os sinais vitais mais utilizados são: frequências de pulso e respiratória, pressão arterial, temperatura corpórea e saturação de oxigênio no sangue. Foram coletados, para cada sinal vital, os valores de referência populacional, considerando um paciente adulto [3, 7, 8], respondendo também ao requisito 2.

Para responder ao requisito 3, constatou-se que, com exceção da temperatura corpórea, as faixas de valores de sinais vitais podem variar de um paciente para outro. Por exemplo, um alarme não deveria ser emitido se um paciente pré-hipertenso tiver leituras contínuas de 140 mmHg e 90 mmHg, respectivamente, para pressão arterial sistólica e diastólica, já que essas leituras são consideradas aceitáveis para pacientes pré-hipertensos.

Os requisitos 4 e 5 reforçam que a ontologia deve registrar no tempo cada medição de sínal para posterior consulta. Como já explicado anteriormente, essa consulta é feita de forma manual em uma ficha para cada paciente, já que monitores multiparamétricos, em geral, não registram históricos de medições de sinais.

2.2 Construção do modelo MSVH

Após a definição dos requisitos para a construção do modelo proposto, considerou-se a reutilização de ontologias existentes, como sugere a metodologia utilizada [6]. Foram escolhidas para integrarem-se ao modelo as ontologias do modelo *SeCoM* (*Semantic Context Model*) [10] e a *VSO* (*Vital Sign Ontology*) [4].

O modelo *SeCoM* é uma proposta de modelo ontológico genérico para construção de aplicações de computação ubíqua, cujas ontologias estão dispostas em duas camadas. Na camada superior estão definidos conceitos gerais para as dimensões de identidade (ontologia *Actor*), localização (*Space* e *Spatial Event*), tempo (*Time* e *Temporal Event*) e atividade (*Activity*). A camada inferior representa especializações desses conceitos gerais e as instâncias para um domínio específico [10].

A ontologia *VSO*, por sua vez, foi escolhida porque já representa 4 dos 5 sinais do modelo *MSVH*: pressão arterial, temperatura corpórea e frequências de pulso e respiratória. Além disso, a *VSO* fornece um vocabulário estruturado e controlado para descrever medições de sinais vitais e as estruturas anatômicas envolvidas nos procedimentos de medição [4].

O passo seguinte à análise e seleção das ontologias para reúso foi a construção da ontologia para monitoramento de sinais vitais humanos (ou *MSVH*), para a qual utilizou-se a linguagem OWL2, com o apoio da ferramenta Protégé.

Em geral, as principais contribuições das ontologias *SeCoM* para com o modelo *MSVH* incluem os conceitos de ator (ex: pacientes), localidade (ex: sala de UTI), tempo (ex: instante de cada sinal vital aferido) e atividade (ex: monitoramento em si). Isto é, os conceitos de *MSVH* são especializações dos conceitos gerais descritos nas ontologias do modelo *SeCoM*. Já da ontologia *VSO*, foram reusados, conceitos vinculados à hierarquia de classes de sinais vitais, classes que armazenam aferições de sinais e relações com estruturas anatômicas envolvidas em medições de sinais.

2.2.1.1 Classe vso:'vital sign'
Descreve sinais vitais genéricos e especializa-se em 5 subclasses, uma para cada sinal, incluindo saturação de oxigênio, como resultado do estudo feito pelos autores descrito na Seção 2.1.

Um exemplo de subclasse herdada da *VSO* é a *'blood pressure'*, que modela o conjunto de indivíduos do sinal pressão arterial. A classe *vso:'Anatomical entity'*, importada da *VSO*, descreve a estrutura do corpo humano na qual é coletada a medida do sinal vital, por exemplo, a cavidade axilar para medição de temperatura.

2.2.1.2 Classe VitalSignsMonitoring
VitalSignsMonitoring é uma extensão da classe *sActivity:Activity*, importada da ontologia *Activity* do modelo *SeCoM*. Assim, *VitalSignsMonitoring* herda atributos e relacionamentos espaço-temporais, permitindo descrever uma atividade de monitoramento de sinais vitais quanto a localização e tempo.

Como em situações reais de monitoramento é possível monitorar um ou mais tipos de sinais vitais, foram criadas subclasses de *VitalSignsMonitoring* para representar as atividades de monitoramento de cada sinal, como mostra a Figura 1.

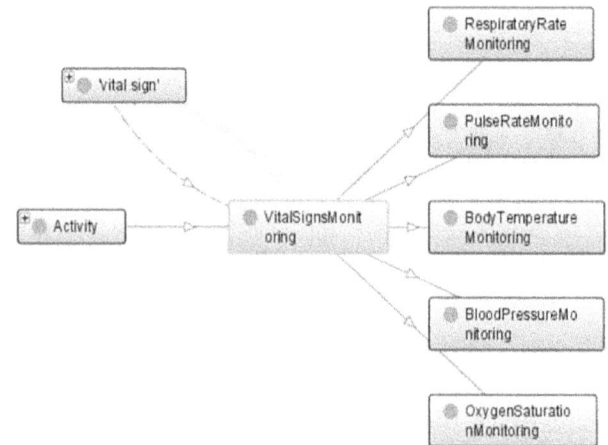

Figura 1. Hierarquia de classes de *VitalSignsMonitoring* e sua relação com *vso:'vital sign'* e *Activity* do modelo *SeCoM*.

2.2.1.3 Classe vso:'measurement datum'
Para cada modelagem de medição de sinal vital os autores criaram subclasses que descrevem os estados relativos aos valores de referência da área de Saúde. Para isso, herda-se a classe *vso:'measurement datum'* da *VSO*, que armazena a medição e a unidade de medida de um sinal vital genérico por meio dos atributos *valueMeasurement* e *unitMeasurement*.

Assim, criou-se uma hierarquia de classes para as classificações de cada sinal, como mostra a Figura 2 para o sinal pressão arterial.

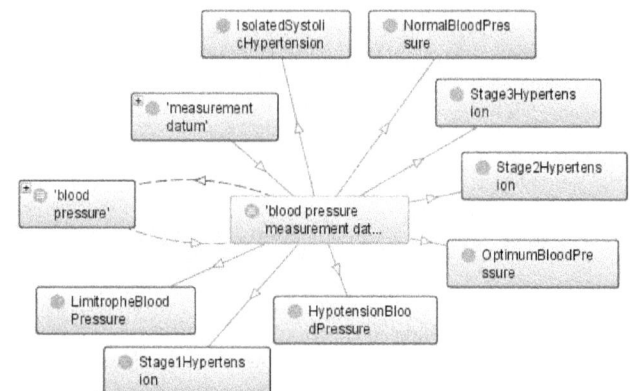

Figura 2. A classe *'blood pressure measurement datum'* descreve medições de pressão arterial via propriedades herdadas de atributos genéricos de *vso:'measurement datum'*.

Cada subclasse de *'blood pressure measurement datum'*, na Figura 2, representa as medições dentro do intervalo de valores de cada categoria de classificação da pressão arterial. Por exemplo, uma medição de pressão sistólica e diastólica entre 140 a 149 mmHg e 90 a 99 mmHg, respectivamente, faz com que ela seja classificada como indivíduo de *Stage1Hypertension*.

2.2.1.4 Classe ParameterizedVitalSign

Foi criada a classe *ParameterizedVitalSign* visando a representar valores de referência individualizados, i.e., valores parametrizados para pacientes que apresentam medições aceitáveis em faixas de valores considerados anormais na classificação do sinal. A Figura 3 apresenta a hierarquia de classes de *ParameterizedVitalSign*.

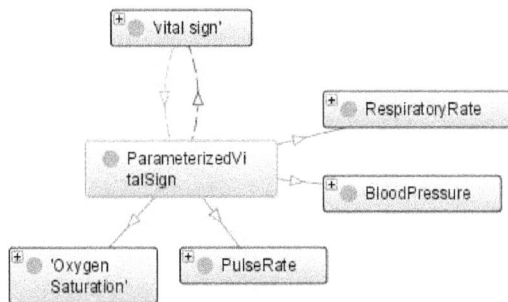

Figura 3. A classe *ParameterizedVitalSign* possui as propriedades *maxValue*, *minValue* e *unitParameterizedValue* para descrever a faixa de valores aceitável para um paciente.

Por meio do relacionamento *isParameterizedValueOfPulseRate*, com a subclasse *'pulse rate'* de *vso:'vital sign'*, por exemplo, é possível individualizar o valor de referência de frequência de pulso para um paciente. Para isso, deverão ser atribuídos valores para as propriedades *maxValuePulseRate*, *minValuePulseRate* e *unitParameterizedValuePulseRate* da subclasse *PulseRate*, como subpropriedades daquelas de *ParameterizedVitalSign*.

Por não ter valores parametrizáveis aceitáveis acima ou abaixo de seus valores de referência de normalidade, a temperatura corpórea é o único sinal que não requer valor parametrizado, razão pela qual não foi incluída uma subclasse para esse sinal na Figura 3.

2.2.1.5 Classe Alarm

A classe *Alarm* representa os estados de um paciente em que existem medições consideradas anormais dentro de uma classificação por sinal vital pela comunidade da Saúde. Para isso, foram criadas subclasses de alarmes relacionados a cada sinal vital, como *BloodPressureAlarm*, *BodyTemperatureAlarm* e *OxygenSaturationAlarm*, que descrevem apenas os estados clínicos em que os correspondentes sinais vitais isoladamente apresentam desvios da normalidade.

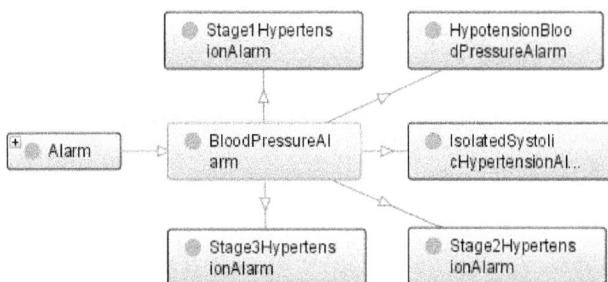

Figura 4. Hierarquia de classes de alarmes para o sinal vital pressão arterial.

No caso da subclasse *BloodPressureAlarm*, por exemplo, esta possui uma hierarquia de classes (vide Figura 4) que representam as categorias da tabela de classificação da pressão arterial cujos intervalos de valores se encontram fora da faixa de normalidade. Com valores de pressão sistólica e diastólica entre 160 a 179

mmHg e 100 a 109 mmHg, respectivamente, essa medição é classificada como indivíduo de *Stage2HypertensionAlarm*.

2.3 Inclusão de regras no formato de *Horn*

Cada situação de um paciente, normal ou anormal para condições de alarmes, é descrita por meio de regras SWRL (*Semantic Web Rule Language*), uma linguagem para construção de regras no formato de *Horn*, que estende a semântica da linguagem OWL2. Foram assim criadas 80 regras SWRL para representar os estados possíveis de um paciente segundo cada classificação de sinal vital, inclusive considerando medições com valores parametrizados.

Os predicados que compõem uma regra podem fazer parte da sintaxe da linguagem SWRL (ex: *nonNegativeInteger [ ]*) mas, em geral, esses predicados estão definidos na ontologia *MSVH*, como é o caso dos predicados *Stage2HypertensionAlarm* e *Stage2Hypertension* inferidos na regra a seguir, situação esta descrita na Figura 4. Perceba que duas situações são inferidas como consequentes da regra: que as medições aferidas tratam uma situação de Hipertensão Nível 2, bem como o alarme semântico correspondente a essa situação.

'blood pressure'(?bp), 'blood pressure measurement datum'(?bpd), isBloodPressureMeasurement (?bpd,?bp), isParameterizedValue(?bp,?pv), equal(?pv, false), valueDiastolicBloodPressure(?bpd,?td), valueSystolicBloodPressure(?bpd,?ts), nonNegativeInteger[>= 160,<= 179](?ts), nonNegativeInteger[>= 100,<= 109](?td) → Stage2Hypertension(?bpd), Stage2HypertensionAlarm(?bpd)

Segue um outro exemplo de regra SWRL, porém para inferir uma situação classificada como normal (e que não produz alarmes) de um paciente, segundo a aferição de saturação de oxigênio. Se a medição desse sinal é maior que 95%, infere-se normalidade, com a classe *NormalOxygenSaturation* como consequente da regra.

'oxygen saturation measurement datum'(?osd), isParameterizedValue(?osd,?pv), equal(?pv, false), nonNegativeInteger[>= 95](?t), valueOxygenSaturation(?osd,?t) → NormalOxygenSaturation(?osd)

Caso sejam tratadas aferições mínima e máxima personalizadas de saturação de oxigênio, e não a classificação populacional, a regra SWRL seria como se segue. Neste caso, se a aferição de saturação de oxigênio do paciente estiver entre 85 e 90%, infere-se o estado de *Hipoxemia* e um alarme para esse estado é também criado.

'oxygen saturation measurement datum'(?osd), isParameterizedValue(?osd,?pv), equal(?pv, true), 'Oxygen Saturation'(?ios), minValueOxygenSaturation(?ios, ?vminos), nonNegativeInteger[>= 85](?vminos), maxValueOxygenSaturation (?ios, ?vmaxos), nonNegativeInteger[<= 90](?vmaxos) → Hypoxemia(?osd), HypoxemiaAlarm(?osd)

Observe que o valor do predicado *isParameterizedValue*, diferentemente das outras regras SWRL apresentadas, tem o valor de *true* para indicar que serão utilizados valores parametrizados para o paciente em questão para o sinal de saturação de oxigênio.

Para realizar inferências sobre a semântica do *MSVH* foi utilizado o raciocinador Pellet, integrado ao editor Protégé, por meio do qual validou-se a consistência das regras, bem como se as mesmas atendem às questões de competência elaboradas na Seção 2.1.

3. VALIDAÇÃO DO MODELO *MSVH*

A validação do conhecimento representado na ontologia e nas regras do modelo *MSVH* foi feita por meio da construção de consultas na linguagem SPARQL, para cada uma das 40 questões de competência discutidas na Seção 2.1.

As consultas foram criadas e validadas no Protégé, após a criação de indivíduos vinculados ao *MSVH*. Segue a consulta SPARQL relacionada à questão "Quais são as medições de temperatura de um dado paciente em um período de tempo específico?".

```
1 SELECT ?pessoa ?valor ?unidade
2 WHERE {
      ?monitoring   acti:hasParticipant ?pessoa .
      ?pessoa       var:hasRole        var:patient .
      ?monitoring   var:hasTemperatureMonitoring ?axiliary .
      ?monitoring   tEvent:startDateTime ?date .
      ?temperature  var:isTemperatureMeasurement ?axiliary .
      ?temperature  var:valueTemperature ?valor .
      ?temperature  var:unitTemperature ?unidade .
      ?date time:instantCalendarClockDataType ?filtro .
3 FILTER(?filtro >= "2014-02-19T10:00:00"^^xsd:dateTime
      && ?filtro <= "2014-02-19T11:00:00"^^xsd:dateTime) }
```

A linha 1 representa as variáveis que armazenarão o resultado da consulta, neste caso, a identificação do paciente e os valores de medição e unidade da temperatura corpórea. A linha 2 descreve o conjunto de triplas que deverá fazer o casamento com as triplas de dados instanciados do modelo *MSVH*. Na linha 3, é aplicado um filtro sobre um período de tempo definido em uma suposta aplicação, i.e., entre 10 e 11 da manhã de 19 de fevereiro de 2014.

Essa consulta então retornará pacientes e respectivas temperaturas que apresentam medições registradas no intervalo de tempo citado. Por razões de espaço, não serão incluídas as consultas SPARQL das demais questões de competência do modelo [1].

4. TRABALHOS RELACIONADOS

Diferentemente do modelo *MSVH*, os trabalhos [2, 9] exploram raciocínio probabilístico, dado o grau de incerteza de se inferir o estado clínico de um paciente correlacionando sinais vitais diferentes. Os demais trabalhos, assim como as regras do modelo *MSVH*, trabalham com sinais vitais tomados individualmente.

Em [5] o foco é a interoperabilidade semântica obtida com sua ontologia mediante a heterogeneidade de formatos de ECG. Comparativamente, o modelo *MSVH* também descreve sinais vitais sob as perspectivas de pacientes (ex: diferentes perfis de atores em uma sessão de monitoramento) e de médicos (ex: parametrização de sinais). Ao invés de desenvolver aplicações ou construir consultas para avaliar a adequação de ontologias, em [5] foram mapeados conceitos de sua ontologia de referência com conceitos de diferentes formatos de dados de ECG, metodologia esta que poderia ser aplicada para outros domínios inclusive.

De todos os trabalhos apresentados, a proposta do *MSVH* se aproxima mais à da ontologia *VSO* [4], que originalmente não inclui saturação de oxigênio. Profissionais da saúde consultados consideram esse sinal essencial para análise de quadro clínico, o que é evidenciado, inclusive, por outros trabalhos, como em [9]. Comparativamente à *VSO*, o modelo *MSVH* trabalha também com a possibilidade de parametrização de sinais vitais por paciente e com classificação dos diferentes estados clínicos por sinal vital e dos alarmes associados aos estados fora da normalidade.

5. CONSIDERAÇÕES FINAIS

Este trabalho contribui com o modelo *MSVH* composto de ontologias e regras para representar a atividade de monitoramento de sinais vitais humanos. Esse modelo permite inferir a situação de um paciente segundo aferições individuais de seus sinais vitais, incluindo a inferência de alarmes. Esse tipo de inferência pode ser útil para alertar equipes de saúde quando ocorrerem desvios de normalidades nos sinais de um paciente.

Além das vantagens de reúso, compartilhamento e semântica explícita do modelo *MSVH*, este trabalho também contribui com 40 questões de competência para a construção desse modelo, bem como 80 regras SWRL para descrição de estados de um paciente segundo aferições independentes de seus sinais vitais.

Encontra-se em estágio intermediário o desenvolvimento de uma infraestrutura de serviços para aplicações de tempo-real com semântica explícita, que serão construídas sobre o modelo *MSVH*.

6. AGRADECIMENTOS

Apoio financeiro do CNPq ao projeto n. 481402/2011-0.

7. REFERÊNCIAS

[1] Bastos, A.B. 2013. *Uma abordagem ontológica baseada em informações de contexto para representação de conhecimento de monitoramento de sinais vitais humanos.* Dissertação de Mestrado. Instituto de Informática da UFG.

[2] Copetti, A., Leite, J.C.B., Loques, O., and Neves, M.F. 2013. A decision-making mechanism for context inference in pervasive healthcare environments. *Decision Support Systems.* 55, 1, 528-537.

[3] de Cardiologia, S.B., de Hipertensão, S.B., and de Nefrologia, S.B. 2010. VI Diretrizes Brasileiras de Hipertensão. *Arq. Bras. Cardiol.* 95, 1, 1-51.

[4] Goldfain, A., Smith, B., Arabandi, S., Brochhausen, M., and Hogan, W.R. 2011. Vital sign ontology. *Workshop on Bio-Ontologies, ISMB,* Vienna, 71-74.

[5] Gonçalves, B., Guizzardi, G., and Pereira Filho, J.G. 2011. Using an ECG reference ontology for semantic interoperability of ECG data. *Journal of Biomedical Informatics.* 44, 1, 126-136.

[6] Noy, N.F. and McGuinness, D.L. 2001. *Ontology development 101: A guide to creating your first ontology.* Stanford Knowledge Systems Laboratory TR KSL-01-05.

[7] Porto, C.C. and Porto, A.L. 2009. *Semiologia Médica.* Guanabara Koogan, Rio de Janeiro.

[8] Potter, P.A., Perry, A.G., Hall, A.A., and Stockert, P.A. 2013. *Fundamentos de Enfermagem.* Elsevier.

[9] Sizilio, G.R.A., Neto, A.D.D., Valentim, R.A.M., Guerreiro, A.M.G., and Leite, C.R.M. 2011. A fuzzy model for processing and monitoring vital signs in ICU patients. *BioMedical Engineering Online.* 10, 1.

[10] Sousa, J.P.P., Carrapatoso, E., Fonseca, B., Pimentel, M.G.C., and Bulcão Neto, R.F. 2009. Composition of context-aware mobile services using a semantic context model. *Int. Journal of Advances in Software.* 2, 1, 275-287.

A Characterization of Access Profiles and Navigation in E-Commerce – A Tourism Application

Ruhan Bidart
UFMG, Belo Horizonte/Brasil
ruhanbidart@dcc.ufmg.br

Adriano Pereira
UFMG, Belo Horizonte/Brasil
adrianoc@dcc.ufmg.br

Jussara Almeida
UFMG, Belo Horizonte/Brasil
jussara@dcc.ufmg.br

ABSTRACT

Currently, it has been observed an increasing popularization of e-commerce. Thus, in areas such as tourism, online retailers are dealing with different challenges such as performance, scalability and personalization. In this context, it is fundamental to understand the characteristics of the user requests, and the access patterns of users on these systems. In this work we analyze the workload of a tourism Web system, which has on average six thousand unique daily access. We present a characterization of users sessions, their requests, and their navigation profile. As results we identify the distinct user profiles and we understand the navigation and access patterns of these users and we define a methodology of profiles and workload characterization that can be used in any other type of system, not only in tourism applications.

Categories and Subject Descriptors

H.3.5 [**Online Information Services**]: Web-based services

Keywords

E-Commerce; Web tourism; user profile; characterization

1. INTRODUÇÃO

O mercado de *e-commerce* de produtos de turismo tem crescido muito nos últimos anos. Este mercado tem ilustrado como o *e-commerce* pode modificar a estrutura de uma indústria, criando novas oportunidades de negócio [12]. Em 2010, 20% dos produtos de turismo foram vendidos pela Web no Brasil e esse número está em uma crescente, segundo o relatório de 2011 do World Travel & Tourism Council.

Por conta desse crescimento, surgiram vários desafios. Dentre eles, destaca-se o desempenho e escalabilidade dos servidores e a personalização de conteúdo. Para que esses desafios possam ser resolvidos é fundamental entender as características das requisições e o padrão de acesso dos usuários. Apesar de haver esforços no entendimento do mercado de turismo e sua tendência à utilização de *e-commerce*, não foram encontrados trabalhos que pretendam compreender os perfis e o

comportamento dos usuários desses sistemas. Este trabalho visa preencher essa lacuna, a partir da análise de logs de acesso de um sistema de comércio eletrônico para turismo. Este sistema recebe acessos de 6.000 usuários únicos por dia, em média. Os logs analisados foram coletados durante o período de 10/03/2013 a 17/03/2013, e contêm um total de 332.923 requisições. Além disso, é importante ressaltar que a metodologia proposta, embora aplicada a um sistema *Web* de turismo, pode ser utilizada para caracterização de sistemas dos mais diversos domínios.

Realizou-se então a caracterização da carga de trabalho de sessões. O entendimento das sessões de um sistema é um artefato crucial para que se possa compreender o comportamento e o perfil de seus usuários, que podem ser usados para tarefas importante no contexto da Web 2.0, como em sistemas de recomendação de produtos [7].

O restante deste artigo está organizado da seguinte forma. A seção 2 descreve trabalhos relacionados. A seção 3 apresenta estatísticas acerca da carga de trabalho do serviço Web de turismo. A seção 4 explica a caracterização das sessões dos usuários. Na seção 5 uma análise do perfil de navegação dos usuários é apresentada. Finalmente, a seção 6 oferece conclusões e direções para trabalhos futuros.

2. TRABALHOS RELACIONADOS

Existem vários trabalhos relacionados à caracterização de carga de servidores Web. Estes trabalhos caracterizam carga de vários tipos, tais como servidores Web [3], *e-commerce* [10], blogs [9] e sistemas de compartilhamento de vídeos [4]. Destaca-se [11] por analisar a carga de trabalho de um sistema de locação de veículos, ou seja, um sistema de *e-commerce* de produto de turismo. No entanto, o trabalho só considera a caracterização do ponto de vista de requisições e não do ponto de vista de sessões.

Existem alguns trabalhos relacionados à caracterização de perfis de usuários em sistemas Web. A caracterização de sessões desenvolvida por [2] foi importante para este trabalho uma vez que as sessões são a base para se definir o comportamento de um usuário. Também encontramos a caracterização de perfis de usuários em outros tipos de sistemas e utilizando técnicas diversas, tais como compartilhamento de vídeos utilizando caracterização de sessões [5] e educacional utilizando classificação dinâmica dos visitantes de acordo com seu padrão de acesso [13].Em especial destaca-se [8] por fornecer a metodologia que foi utilizada para o desenvolvimento da caracterização e identificação de perfis de navegação dos usuários neste trabalho. A metodologia proposta possui como recurso o *Customer*

Behavior Model Graph (CBMG), que foi utilizado para que fossem derivados os perfis e o comportamento de navegação dos usuários. No trabalho [6] esta técnica é utilizada para caracterizar os padrões de acesso e navegação em uma aplicação de rede social, o Orkut.

Diferentemente desses esforços, o trabalho visa não apenas caracterizar e entender as requisições recebidas por um sistema de *e-commerce* de turismo, mas pretende-se também compreender o comportamento e os perfis dos usuários que utilizam esse tipo de sistema, por meio de uma metodologia que possa ser adaptada para outros tipos de sistemas. Não foram encontrados trabalhos no país que trabalhem esses três aspectos, com o adicional de ser aplicado em dados reais de um portal de turismo.

3. CARGA DE TRABALHO

O estudo tomou como base a carga de trabalho proveniente de um cliente da plataforma Emitir [1]. Os logs coletados são de um período de uma semana, 03/10/2013 a 17/03/2013, e contabilizam um total de 332.923 requisições provenientes de 14.815 *IPs* diferentes.

Cada registro corresponde a uma requisição enviada pelo usuário ao servidor de páginas dinâmicas, uma vez que arquivos estáticos mais acessados são requisitados apenas uma vez por dia e cacheados por um servidor de proxy reverso. As informações disponíveis para cada requisição são as seguintes: o *IP* responsável pela requisição, a data do momento em que a requisição chegou ao servidor, a *URI* requisitada pelo cliente, o código de resposta HTTP, o tamanho da requisição em *bytes*, a *URL* de onde se originou a requisição do visitante, ou seja, em qual página o visitante estava antes de chegar à página referente à esta requisição e o navegador/sistema operacional sistema operacional utilizados para se fazer a requisição. É importante ressaltar que as máquinas de busca assinam este último campo quando acessam *Web sites*, o que possibilita sua identificação posterior.

Grupo	Tipo de Requisição	Porcentagem
1:Home	Acessos feitos diretamente à página principal do site	36,86%
2:Browse	Navegação em capas de seções, páginas de contato, atendimento e outras	27,56%
3:Search	Pesquisas feitas por um produto	21,99%
4:Detail	Visualização de detalhamento de de um produto	0,12%
5:Buy	Realização de uma compra	7,52%
6:Admin	Tarefas administrativas como aprovação de pedidos, cancelamento, validação de dados de um cliente	5,95%

Table 1: Tipos de Requisições

Como o sistema possui diversos tipos de requisições distintas, procurou-se criar uma união dessas requisições a partir de seu significado para o sistema. Assim, agrupamos essas requisições em 6 grupos, de modo que o comportamento do visitante possa ser compreendido em sua essência. Esse agrupamento foi feito conforme a Tabela 1.

As requisições do grupo 1 são de acessos à capa do portal. As requisições do grupo 2 são feitas por meio de navegação em capas de seções, em páginas de informações da empresa fornecedora e páginas de informaçes gerais. O grupo 3 reúne requisições de pesquisas por determinado tipo de produto por meio dos formulários de busca do sistema ou por cliques em promoções. O quarto grupo corresponde a requisições de detalhamentos de produtos. O grupo 5 é composto por

requisições de compra, e o grupo 6 agrupa as requisições relacionadas à tarefas administrativas do sistema, onde o fornecedor de produtos controla os pedidos, transações financeiras, reservas e outros aspectos específicos de um sistema de *e-commerce*. Note que os grupos não são específicos para sistemas de turismo, mas sim genéricos.

4. CARACTERIZAÇÃO - ESTUDO DE CASO

Uma sessão é uma sequência de requisições feitas por um único usuário durante determinado período de tempo [8]. Dado que o sistema em análise não apresenta registro explícito de operações de *login* e *logout* torna-se necessário adotar alguma estratégia de inferência. A estratégia adotada, previamente usada em [8], consiste em analisar as distribuições do período de inatividade entre requisições sucessivas de um mesmo usuário em busca de um limiar para o tempo entre requisições dentro de uma mesma sessão. Duas requisições consecutivas de um mesmo usuário são consideradas pertencentes à uma mesma sessão se o tempo entre elas for inferior a esse limiar, denominado tempo de expiração de sessão [4]. Um tempo de inatividade superior ao limiar delimita o término de uma sessão e o início da próxima (caso exista). A escolha correta do tempo de expiração de sessões é crucial para que não se cometam erros ao definir o comportamento de um usuário. Um usuário pode ser identificado como sendo um conjunto de requisições feitas por um mesmo *IP*.

A metodologia descrita em [8] foi utilizada para avaliar o tempo de expiração adequado para o sistema. A Figura 1(a) mostra o número total de sessões para diferentes valores de tempo de expiração. Pode-se perceber que tempos de expiração menores geram um número elevado de sessões. À medida que o tempo de expiração aumenta, o número de sessões reduz continuamente, chegando a um ponto de estabilidade. A estabilidade ocorre por volta de 15 minutos, indicando que esse é um limiar adequado para ser utilizado como tempo de expiração da sessão.

A fim de confirmar esse valor, foi analisada a distribuição de probabilidade acumulada (CDF) do número de sessões por usuário para vários valores de tempo de expiração de sessão (Figura 1(b)). A diferença entre as distribuições para os diferentes valores de tempo de expiração é maior para os valores menores, tornando-se mais consistente a partir de 15 minutos. Assim, foi adotado 15 minutos como tempo de expiração das sessões para as análises, obtendo um total de 23.447 sessões na carga de trabalho.

5. PERFIL DE NAVEGAÇÃO DO USUÁRIO

Para modelar os perfis de usuários, primeiramente foram diferenciadas as requisições feitas por máquinas de busca daquelas feitas por humanos. Para esta segmentação, foi utilizado o campo *agente* dos logs, onde foram identificadas 12 máquinas de busca (robôs) diferentes. O grupo de requisições feitas por robôs foi denominado Grupo 1.

Como segunda etapa, foram identificadas, da base de requisições feitas por humanos, outros perfis nos quais havia particular interesse: as sessões que geraram compra (Grupo 2) e as sessões de usuários administrativos (Grupo 3). A primeira segmentação foi feita porque a compreensão do comportamento de usuários compradores leva à identificação do que vem a ser um processo de compra de usuários reais e, por conseguinte, leva a inferir várias características importantes dos processos de compra dentro da plataforma. A

(a) Tempo de Expiração das Sessões

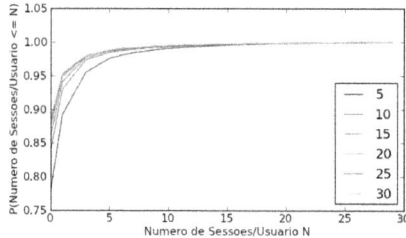

(b) Número de Sessões por Usuário

Figure 1: Definição de Sessões

Grupo	Denominação	Porcentagem
1	Robôs	11,10%
2	Compradores	0,35%
3	Administradores	1,67%
4	Exploradores	24,47%
5	Pesquisadores	27,87%
6	Evasores	24,56%
7	Evasores oriundos de Marketing	9,98%

Table 2: Tipos de Requisições

segunda porque sabe-se que, naturalmente, administradores de sistemas possuem um comportamento diferente dos usuários comuns, uma vez que acessam diversas funções específicas que exigem privilégios de acesso. Às requisições que não foram classificadas em nenhum perfil até agora demos o nome de *Não Compram*. Para compreender o comportamento dos usuários dos três perfis até agora identificados, calculou-se, para todas as sessões de cada usuário pertencente a esse grupo, um grafo probabilístico direcionado, onde os nós representam os tipos de requisições que o sistema possui (Tabela 1) e as arestas apresentam a probabilidade de navegação de um tipo de requisição para outro. Essa técnica é chamada Customer Behavior Model Graph (CBMG) [8]. Em um CBMG o vértice *inicial* representa a primeira e o vértice *final* a última requisição das sessões dos usuários.

Como o CBMG gerado para o grupo *Não compram* não se demonstrou interpretável (grupo este que totalizava 86,89% dos usuários), foi aplicada uma técnica de agrupamento visando identificar características similares entre os grupos de sessões dos usuários por meio de seus atributos. Utilizou-se o algoritmo X-Means, que possui a vantagem de estimar heuristicamente o número de grupos k a partir dos dados do próprio conjunto avaliado. A análise indicou mais 4 grupos que foram denominados grupo 4, 5, 6 e 7.

Com o objetivo de compreender o comportamento dos usuários dentro de cada um dos 7 perfis segmentados, foi construído um CBMG para cada perfil. Ao analisar cada um dos grafos direcionados que foram gerados para os perfis, pôde-se compreender o comportamento dos usuários em cada um deles e, por fim, dar uma denominação aos grupos, conforme a Tabela 2 (para outros sistemas denominação dos grupos precisa ser feita manualmente, por um conhecedor do sistema). A Tabela 2 apresenta os grupos de usuários que foram identificados e a fração dos usuários em cada grupo.

O perfil do Grupo 1 é constituído por máquinas de busca (*robôs*) que acessam o sistema. Os robôs possuem um comportamento bem característico, acessando, em sua grande maioria, a função *home* (94%). O Grupo 2 (Figura 2) é con-

stituído das sessões onde houve uma requisição de compra e tem por característica o uso dessa função. O terceiro grupo agrupa os *administradores* do sistema e sua principal característica é que são sessões que acessam a função *admin*. O Grupo 4, ou grupo dos *exploradores*, tem seu comportamento descrito pela Figura 3 onde se percebe um grande uso de *browse* e pouco uso de *search/detail*. O quinto grupo (Figura 4), grupo dos *pesquisadores*, constitui-se de sessões que se caracterizam pelo uso da função *search*. O grupo dos *evasores*, Grupo 6, é demonstrado pela Figura 5 onde se percebe que a maior parte dos usuários desse grupo acessam a capa do sistema e deixam o portal. Por fim o Grupo 7 (Figura 6), denominado *evasores oriundos de marketing*, agrupa os usuários que têm por principal característica chegar ao sistema pela função *browse*, voltar para a *home* e sair do portal. Essa última denominação foi dada porque os usuários que chegam no sistema pela função *browse* são provenientes de divulgações feitas em redes sociais.

Como pode-se perceber pela análise dos perfis encontrados, conseguimos isolar diferentes perfis, mostrando os padrões de comportamento dos usuários do sistema. A análise do CBMG ainda permite verificar outras informações, como por exemplo as páginas que tendem a levar o usuário à evasão do portal, o que demonstra o grande potencial que essa técnica possui na avaliação de perfis.

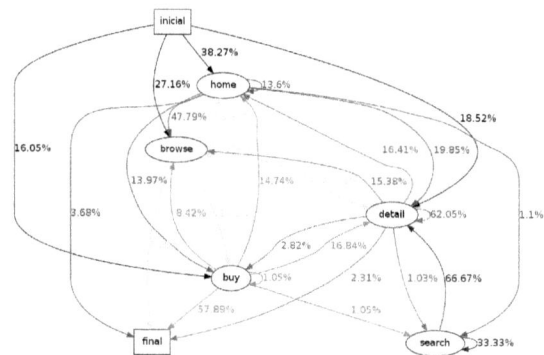

Figure 2: Grupo 2 - Compradores

6. CONCLUSÃO

Neste trabalho foram utilizados dados reais para caracterizar os perfis de usuários que acessam um servidor de *e-commerce* de turismo. Como resultados temos a definição de um tempo de sessão para esse tipo de sistema e os perfis e padrões de navegação que foram caracterizados e analisados em profundidade. O conhecimento do tempo de sessão possibilita que análises relacionadas ao comportamento dos usuários sejam feitas, enquanto o conhecimento dos perfis de usuários permite que novas políticas de personalização e recomendação sejam desenvolvidas.

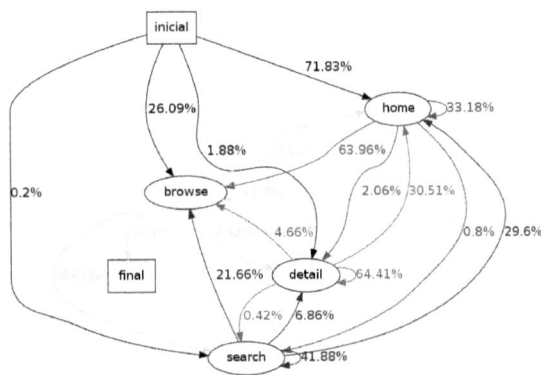

Figure 3: Grupo 4 - Exploradores

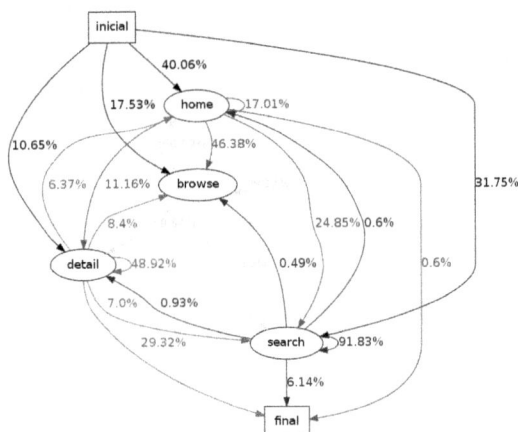

Figure 4: Grupo 5 - Pesquisadores

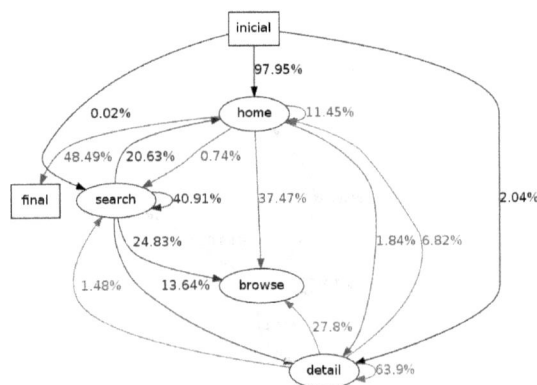

Figure 5: Grupo 6 - Evasores

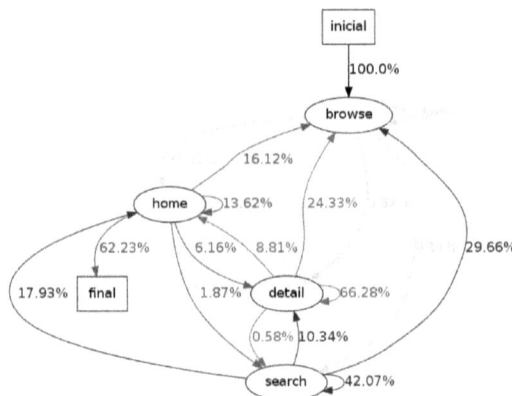

Figure 6: Grupo 7 - Evasores oriundos de Marketing

Embora a análise tenha sido feita em um sistema de turismo, a metodologia proposta pode ser aplicada a qualquer outro tipo de sistema e assim figura como principal contribuição deste trabalho. Como trabalhos futuros planeja-se utilizar os perfis identificados como entrada para um sistema de recomendação de produtos turísticos.

Agradecimentos

Este trabalho foi parcialmente patrocinado pelo Instituto Nacional de Ciência e Tecnologia para a Web (CNPq no. 573871/2008-6), CAPES, CNPq, Finep, e Fapemig.

7. REFERENCES

[1] Emitir shop: Plataforma de e-commerce para turismo. http://www.2xt.com.br/solucoes-emitir/shop/.

[2] M. Arlitt. Characterizing web user sessions. SIGMETRICS Perform. Eval. Rev, 28:2000, 2000.

[3] M. F. Arlitt and C. L. Williamson. Internet web servers: workload characterization and performance implications. IEEE/ACM Trans. Netw., 1997.

[4] F. Benevenuto, A. Pereira, T. Rodrigues, V. Almeida, J. Almeida, and M. Gonçalves. Avaliação do perfil de acesso e navegação de usuários em ambientes web de compartilhamento de vídeos. Webmedia, 2009.

[5] P. Gill, M. Arlitt, Z. Li, and A. Mahanti. Characterizing user sessions on youtube.

[6] K. C. Gonçalves, H. T. Marques-Neto, and J. M. de Almeida. Caracterização de padrões de acesso de usuários do orkut. Webmedia, 2010.

[7] Q. Li and B. M. Kim. Constructing user profiles for collaborative recommender system. In APWeb, 2004.

[8] D. A. Menascé, V. A. F. Almeida, R. Fonseca, and M. A. Mendes. A methodology for workload characterization of e-commerce sites. In Proceedings of the 1st ACM conference on Electronic commerce, EC '99, pages 119–128, New York, NY, USA, 1999. ACM.

[9] A. Pereira, L. Silva, and W. Meira. Evaluating the impact of reactivity on the performance of web applications. In Performance, Computing, and Communications Conference. 25th IEEE IPCCC 2006., pages 8 pp.–432, 2006.

[10] U. Vallamsetty, K. Kant, and P. Mohapatra. Characterization of e-commerce traffic. Electronic Commerce Research, 3:2003, 2002.

[11] Q. Wang, H. K. Edwards, D. Makaroff, and R. Thompson. Workload characterization for an e-commerce web site. In Proceedings of the 2003 Conf. of the centre for advanced studies on collaborative research, pages 313–327, 2002.

[12] H. Werthner and F. Ricci. E-commerce and tourism. Commun. ACM, 47(12):101–105, Dec. 2004.

[13] T. W. Yan, M. Jacobsen, H. Garcia-Molina, and U. Dayal. From user access patterns to dynamic hypertext linking. Comput. Netw. ISDN Syst., 28(7-11):1007–1014, May 1996.

MovieMatcher: A Heuristic to Match Movies Based on Metadata from Different Data Sources

Fernando Santos de Mattos Brito, Josilene Aires Moreira
Universidade Federal da Paraíba
Cidade Universitária - João Pessoa - PB - Brasil - CEP: 58051-900
+55 (83) 3216-7093
fernando@lavid.ufpb.br, josilene@ci.ufpb.br

ABSTRACT

With the advent of Web 2.0 and the behavior change which it brought, there are millions of users worldwide contributing to different databases with various forms of data, such as movie ratings, for example. Moreover, the same real-world object (a song, a band or a movie) can be modeled using different ontologies or represented in different ways within the same ontology. Thus, the same film is often described by different attributes in different databases, making it difficult to perform an automatic mapping between those databases. We propose MovieMatcher, which is a heuristic that matches films across different databases using their metadata. After performing 2 experiments with the attempt to match 500 films to IMDb and Rotten Tomatoes databases, MovieMatcher had a success rate of 97.4% and 94.1%, in contrast to an alternative, simpler approach (title exact matching), which had a success rate of 80.8% and 81.9%, respectively.

Categories and Subject Descriptors

H.2.5 [**Database Management**]: Heterogeneous Databases; I.2.8 [**Artificial Intelligence**]: Problem Solving, Control Methods, and Search—*heuristic methods*

Keywords

Record Linkage; Movie Linkage; Duplicate Detection; Movie Duplicate Detection

1. INTRODUÇÃO

1.1 Conceitos

A *Web 2.0* pode ser definida como a segunda fase da evolução da *web*, com um viés mais colaborativo [1]. Uma nova geração de aplicativos *web* passou a possibilitar a criação de novos serviços que reusam o conteúdo e as informações de um ou mais diferentes aplicativos, chamados de *web mashups* [2]. Muitos *mashups* tem como principal objetivo simplesmente agregar informações de diferentes fontes a respeito de

um mesmo recurso (*ex:* um produto, um filme, uma banda musical).

Achar o mesmo recurso em diferentes base de dados nem sempre é uma tarefa trivial, pois este pode ser representado de diferentes formas ou descrito por diferentes atributos. Pesquisadores se referem a esta tarefa como casamento ou mapeamento (em inglês, *matching* ou *mapping*) [3], e o termo ligação de registros (do inglês, *record linkage*) também é utilizado [4]. Um típico exemplo é na integração de diferentes bancos de dados.

1.2 Motivação

Em relatório divulgado em dezembro de 2013 pela *Needham Insights*, estima-se que em 2012, 90% dos domicílios nos Estados Unidos consumiam algum tipo de serviço de TV à cabo e que em média tais serviços ofereciam cerca de 180 canais diferentes [5].

Na expectativa de ajudar o espectador a escolher quais filmes assistir, podemos desenvolver uma ferramenta que obtem a grade de programação dos principais canais de filmes das TVs à cabo no Brasil e realiza um *mashup* com informações disponíveis em um aplicativo *web* onde um grande número de usuários avaliam filmes. Desta forma, seria possível montar um *rank* dos melhores filmes que irão passar em um dia ou em um determinado período do dia, de acordo com a avaliação dos usuários.

Uma peça fundamental deste *mashup* é a capacidade de fazer o casamento entre um dado filme obtido na grade de programação de um canal e o mesmo filme no serviço que possui as avaliações dos usuários.

2. O PROBLEMA

Dado diferentes instâncias M' de representações de filmes através de metadados, definiremos uma função de similaridade

$$MatchPair(M'_0, M'_1) \rightarrow \{0; 1\} \qquad (1)$$

onde 1 significa que M'_0 e M'_1 se referem a um mesmo filme M e 0 significa que ambos se referem à filmes diferentes.

Por questões de conveniência e praticidade, definiremos também a função

$$Match(M'_0, L) \rightarrow \{\varnothing; M'_m\} \qquad (2)$$

bastante semelhante com a função $MatchPair(M'_0, M')$ anterior, onde $L = [M'_1, M'_2, ..., M'_n]$. Esta nova função retorna, caso exista, um elemento M'_m da lista L que corresponda ao mesmo filme de M'_0. Caso contrário, a função retorna $\varnothing$. $Match(M'_0, L)$ usa $MatchPair(M'_0, M')$ para cada elemento M' de L e, caso algum par tenha como resultado 1, o elemento é retonando e a função termina sua execução.

Na prática, obtemos M_0' de uma fonte de informação B_0 e estamos procurando seu correspondente M' em uma outra base de dados B_1. No escopo deste artigo, B_1 é uma base de dados de um serviço *web* e se encontra disponível apenas através da função

$$Search(s) \rightarrow L \qquad (3)$$

que efetua uma busca na base de dados a partir da *string* s e retorna uma lista L de representações de filmes M' ordenada por relevância.

Uma forma simples de resolver o problema é presumir que a função $Search(s)$ é boa o suficiente e faz o melhor uso possível de s, fazendo com que o primeiro elemento da lista L represente de fato o filme que estamos procurando (solução ingênua). Entretanto, esta solução está sujeita a diversas falhas, como em filmes com o mesmo nome, filmes com numerais no nome representado de diferentes maneiras (1 e I), filmes com subtítulo, filmes com erros de ortografia e com diferentes usos de pontuação.

3. MOVIEMATCHER

3.1 Descrição

O MovieMatcher é uma heurística que, se utilizando de algumas regras e condições, procura identificar se duas representações de filmes (através de metadados) se referem na verdade a um mesmo filme.

A primeira etapa do MovieMatcher é verificar se há casamento no título dos filmes. Um casamento de título de filmes é definido como sendo a igualdade das *strings*, ignorando maiúsculas, minúsculas e acentos.

Caso este casamento não ocorra, há uma verificação de casamento dos diretores. O casamento se dá se houver pelo menos um diretor em comum. O nome dos diretores também é comparado através da igualdade das *strings*, ignorando maiúsculas, minúsculas e acentos. Havendo casamento no título do filme ou nos diretores do filme, prossegue-se para a verificação do ano de lançamento.

Na etapa de verificação de casamento do ano de lançamento, os anos são normalizados para inteiros com 4 dígitos (99 se transforma em 1999) e há uma tolerância de 2 anos para mais ou para menos. Havendo o casamento de ano de lançamento, consideramos que esta instância atual de L é o casamento de filme que estamos procurando. Caso contrário, repetimos o processo com a próxima instância de L.

O algoritmo termina sua execução quando encontramos um casamento entre filmes ou caso não haja mais filmes em L.

3.2 Exemplo

Vamos supor que a partir de uma base de dados B_0 obtivemos uma representação de filme:

$$M_0' = \{\text{'Chicago'}, 1927, \text{'Frank Urson'}\}$$

e que as representações são compostas por uma terna com título, ano de lançamento e diretor.

Queremos encontrar uma representação para este mesmo filme em B_1. Como definido na Seção 2, esta base de dados se encontra acessível apenas através da função de busca $Search(s)$. Como resultado da busca temos, usando esta

função (exemplo real de uso da API do IMDb):

$$Search(\text{'Chicago'}) \rightarrow$$
$$[\{\text{'Chicago'}, 2002, \text{'Rob Marshall'}\},$$
$$\{\text{'In Old Chicago'}, 1937, \text{'Henry King'}\},$$
$$\{\text{'Chicago'}, 1927, \text{'Frank Urson'}\},$$
$$\{\text{'The Chicago 8'}, 2011, \text{'Pinchas Perry'}\}, ...]$$

Utilizando a heurística do MovieMatcher, para a primeira instância em L, obtemos casamento no título do filme, porém não há casamento no ano de lançamento. Seguimos para a próxima instância, onde não há casamento nem no título do filme, nem no diretor. Mais uma vez, seguimos para a próxima instância. Nesta, obtemos casamento no título e no ano de lançamento, o que resulta em um casamento de instâncias de filmes.

Através do método ingênuo, obteríamos um resultado indesejado, já que o primeiro filme seria retornado por ter o mesmo título, mesmo não sendo o filme que procuramos. Neste exemplo, utilizando o MovieMatcher obtemos o resultado que queríamos.

4. METODOLOGIA DE EXPERIMENTOS

Nossa hipótese é que o MovieMatcher faz, na maioria das vezes, o mapeamento de filmes baseado em metadados oriundos de diferentes fontes de informação de forma mais eficaz que a solução ingênua, descrita anteriormente. Para validarmos tal hipótese, realizamos experimentos comparando os dois métodos, lado a lado.

4.1 Dados

Optamos por realizar experimentos usando dados reais, ao invés de dados sintéticos, pois há dados disponíveis de forma abundante na *Internet*. Utilizamos o portal Hagah[1], que disponibiliza gratuitamente a grade de programação dos canais oferecidos pela empresa de TV à cabo NET.

Obtivemos metadados de 500 filmes a partir do portal Hagah através de um *web scrapper* escrito por nós. O critério de escolha dos filmes foi: os 500 filmes mais recentes exibidos a partir do dia 01/01/2014 de todos os canais que compõem as rede Telecine e HBO. Como bases de dados alvo, utilizamos o portais de filmes IMDb[2] e Rotten Tomatoes[3], duas das maiores base de dados comerciais de filmes . Nosso objetivo foi, a partir dos metadados de um filme obtido no Hagah, encontrar o mesmo filme no IMDb e no Rotten Tomatoes.

4.2 Experimento

De forma manual, procuramos individualmente no IMDb e no Rotten Tomatoes cada um dos 500 filmes obtidos no Hagah. Em seguida, dado os metadados de um filme obtido no Hagah e sua correspondência esperada, obtida manualmente nas outras duas base de dados, verificamos se a solução ingênua e se o MovieMatcher foram capazes de encontrar, de forma automática, essas correspondências esperadas.

---

[1]URL de acesso do guia de programação disponibilizado pelo portal Hagah: http://www.hagah.com.br/programacao-tv/jsp/default.jsp

[2]URL de acesso do portal IMDb: http://www.imdb.com

[3]URL de acesso do portal Rotten Tomatoes: http://www.rottentomatoes.com

4.3 Métricas

Podemos também interpretar $Match(M_0', L)$ como sendo um classificador binário que classifica se há (ou não) um M_m' adequado em L. Para quantificar os resultados, tomamos como base as seguintes métricas já aceitas pela comunidade científica na área de recuperação de dados e aprendizado de máquina, em especial no uso de classificadores binários [6].

- **Verdadeiro-positivo (VP)**: A função retornou M_m' e este também se refere a M.

- **Falso-positivo (FP)**: A função retornou M_m' mas este **não** se refere a M.

- **Verdadeiro-negativo (VN)**: A função retornou $\varnothing$ e de fato a base de dados B_1 não possui nenhuma representação de M.

- **Falso-negativo (FN)**: A função retornou $\varnothing$ mas a base de dados B_1 **possui** uma representação de M.

A partir destes valores, podemos calcular a taxa de precisão (*precision rate*) e a taxa de recuperação (*recall rate*) [6].

$$\text{PRECISÃO} = \frac{\text{VP}}{(\text{VP} + \text{FP})} \qquad (4)$$

$$\text{RECUPERAÇÃO} = \frac{\text{VP}}{(\text{VP} + \text{FN})} \qquad (5)$$

No contexto deste artigo, a taxa de precisão representa o número de filmes relevantes dentre todos os resultados retornados e a taxa de recuperação a porcentagem de filmes relevantes retornados dentre todos os filmes relevantes disponíveis.

5. RESULTADOS

O resultado das métricas se encontram nas Tabelas 1 e 2. Iremos falar sobre cada métrica e realizar uma curta interpretação dos números, expondo os fatores que acreditamos terem levado a esses resultados. Vamos nos referir ao

	Solução ingênua	MovieMatcher
Verdadeiro-positivo	76,6% (383)	97,4% (487)
Falso-positivo	5,2% (26)	0,0% (0)
Verdadeiro-negativo	0,0% (0)	0,0% (0)
Falso-negativo	18,2% (91)	2,6% (13)
Precisão	93,6%	100,0%
Recuperação	80,8%	97,4%

Tabela 1: Métricas do experimento 1 (base de dados do IMDb).

	Solução ingênua	MovieMatcher
Verdadeiro-positivo	77,6% (388)	92,2% (461)
Falso-positivo	3,4% (17)	0,0 % (0)
Verdadeiro-negativo	1,8% (9)	2,0% (10)
Falso-negativo	17,2% (86)	5,8% (29)
Precisão	95,8%	100,0%
Recuperação	81,9%	94,1%

Tabela 2: Métricas do experimento 2 (base de dados do Rotten Tomatoes).

experimento realizado com a base de dados do IMDb como **experimento 1** e ao experimento com a base de dados do Rotten Tomatoes (RT) como **experimento 2**.

5.1 Verdadeiro-positivos

No **experimento 1**, dentre os 500 filmes selecionados para o experimento, o MovieMatcher foi capaz de fazer o casamento corretamente (verdadeiro-positivo) 97,4% das vezes, enquanto que o método ingênuo conseguiu obter 76,6% de êxito. Já no **experimento 2**, o MovieMatcher obteve 92,2% e a abordagem ingênua 77,6%.

A taxa de sucesso depende não só da técnica utilizada nos casamentos, mas também da qualidade da função de busca $Search(s)$. Uma função de busca não muito eficaz afeta negativamente o resultado de ambas as técnicas. Nos nossos experimentos, a função de busca do IMDb se mostrou superior a do RT. Em alguns casos, mesmo quando utilizamos um título de filme que continha um erro ortográfico como entrada para a função, a primeira foi capaz de trazer o resultado correto na lista de resultados, enquanto que a segunda não. Isso explica em parte o motivo do desempenho inferior do MovieMatcher no **experimento 2** em comparação com o **experimento 1**.

5.2 Falso-positivos

A nossa heurística não obteve nenhum falso-positivo em ambos os experimentos, em contraste com a solução ingênua, que obteve 26 (5,2%) na base de dados do IMDb e 17 (3,4%) na base de dados do RT.

Realizamos uma análise mais detalhada e descobrimos que na base de dados do IMDb, dos 500 filmes, 103 possuiam filmes homônimos. Em 77 casos, a função de busca retornou como primeiro resultado o filme que realmente estávamos procurando (verdadeiro-positivo), mas em 26 casos ela retornou um filme diferente, porém com o mesmo título do filme que procurávamos. Em outras palavras, podemos considerar que o número de falso-positivos da abordagem ingênua no **experimento 1** seria 0 no melhor caso e 103 no pior, a depender se o primeiro resultado da função de busca foi o filme correto ou um filme diferente com o mesmo título.

5.3 Verdadeiro-negativos

No **experimento 1**, ambos os métodos obtiveram 0 ocorrências de verdadeiro-negativos. Isto pode ser explicado pelo fato de que todos os 500 filmes extraídos do portal Hagah possuiam uma representação na base de dados do IMDb.

A base de dados do Rotten Tomatoes não se mostrou tão completa quanto a do IMDb. Dos 500 filmes, 10 não estavam presentes nela. O MovieMatcher foi capaz de identificar corretamente que estes 10 filmes não estavam presentes na base de dados alvo, enquanto que a abordagem ingênua classificou erroneamente um filme, obtendo 9 verdadeiro-negativos.

5.4 Falso-negativos

Com a base de dados do IMDb, o método ingênuo obteve uma taxa de 18,2% falso-negativos (91 filmes), enquanto que o MovieMatcher obteve 2,6% (13 filmes). Na base de dados do Rotten Tomatoes, os resultados foram 17,2% (86 filmes) e 5,8% (29 filmes), respectivamente.

5.5 Precisão e recuperação

O método ingênuo obteve 93,6% e 95,8% de precisão nos experimentos. Em outras palavras, podemos dizer que de todos os casamentos de filmes que o método ingênuo realizou, cerca de 94% e 96% estavam corretos. O `MovieMatcher`, por não possuir nenhum falso-positivo, obteve 100% de precisão em ambos os experimentos.

Uma das motivações que levaram a criação da heurística `MovieMatcher` foi aumentar não só a taxa de precisão, mas principalmente a taxa de recuperação. Queremos não só obter resultados precisos, mas também o maior número de resultados possível. A taxa de recuperação leva justamente em conta os pareamento de filmes que deveriam ter sido retornados, mas que o método classificou como não existente em na base de dados destino. A solução ingênua obteve 80,8% e 81,9%, e a heurística proposta 97,4% e 94,1%.

6. TRABALHOS RELACIONADOS

O problema abordado neste artigo recebe vários nomes dependendo do contexto em que ele é aplicado. Os termos ligação de registros (do inglês, *record linkage*) ou detecção de duplicados (*duplicate detection*) são utilizado normalmente em base de dados comuns, enquanto que no contexto de ontologias o termo mais utilizado é casamento a nível de instâncias. Independente do termo utilizado, a área de pesquisa tem se mostrado bastante ativa. Os livros *An Introduction to Duplicate Detection*, *Ontology Matching* e *Data Matching* são boas fontes de definições e pesquisas relevantes na área [7, 8, 9, 10]. No domínio de filmes, encontramos os artigos [11, 12].

7. COMENTÁRIOS E TRABALHOS FUTUROS

O presente artigo presume que uma das base de dados utilizadas para fazer o casamento é acessível apenas através da função $Search(s)$. Essa restrição dificulta bastante a comparação com outras abordagens mais genéricas de casamento de instâncias, pois estas presumem um acesso completo a base de dados através de alguma linguagem de consulta.

Uma possível melhoria seria na tentativa de generalizar o `MovieMatcher` para que o mesmo leve em consideração outros atributos caso o ano do filme ou o nome dos diretores não estejam disponíveis. Uma contribuição adicional seria no que diz respeito a base de dados utilizada nos experimentos. Uma opção seria realizar os experimentos também com dados sintéticos, introduzindo erros seguindo a metodologia proposta por [12].

Adicionalmente, poderiamos testar a heurística com ainda mais bases de dados para obter uma maior significância estatística e levar em conta outras métricas, como a comparação do tempo de execução e da quantidade de acessos a serviços externos.

8. CONCLUSÃO

Neste artigo, apresentamos o conceito de ligação de registros e motivamos o problema de encontrar um mesmo filme em diferentes base de dados. Listamos alguns casos onde uma solução ingênua para o problema pode apresentar resultados não satisfatórios e propomos uma heurística para realizar tal mapeamento baseado em diferentes metadados do filme. Por último, descrevemos uma metodologia de experimentos, realizamos dois experimentos com 500 filmes reais para avaliar a heurística proposta e apresentamos os resultados obtidos. Em ambos os experimentos, o `MovieMatcher` (heurística proposta) obteve resultados superiores ao que consideramos uma abordagem ingênua.

A solução proposta está sendo usada pelos autores deste artigo em um programa que atualiza diariamente, de forma automática, um perfil no `Twitter` com filmes que possuem notas altas no `IMDb` e que irão ser transmitidos em canais da TV à cabo. O perfil no `Twitter` pode ser acessado pelo endereço `www.twitter.com/OQueVaiPassar`.

Na falta da adoção em massa de um identificador unico para filmes, similar ao que temos hoje com o *International Standard Book Number (ISBN)* para livros, encontrar filmes duplicados em base de dados heterogêneas continuará a ser uma tarefa passiva de erros. Entretanto, consideramos que o `MovieMatcher` desempenha seu papel, aumentando a taxa de acerto neste mapeamento, e que ele pode servir de base para sistemas mais complexos.

9. REFERENCES

[1] S. Murugesan, "Understanding Web 2.0," *IT professional*, vol. 9, no. 4, pp. 34–41, 2007.

[2] J. Yu, B. Benatallah, F. Casati, and F. Daniel, "Understanding Mashup Development," *IEEE Internet Computing*, vol. 12, pp. 44–52, Sept. 2008.

[3] P. Shvaiko, "A classification of schema-based matching approaches," in *ISWC'04*, no. August, 2004.

[4] A. Elmagarmid, P. Ipeirotis, and V. Verykios, "Duplicate Record Detection: A Survey," *IEEE Transactions on Knowledge and Data Engineering*, vol. 19, pp. 1–16, Jan. 2007.

[5] L. Martin and D. Medina, "Needham Insights Insights Martin ' s Meditations Valuing Consumers ' TV Choices," Tech. Rep. 917, 2013.

[6] J. Davis and M. Goadrich, "The relationship between Precision-Recall and ROC curves," *Proceedings of the 23rd international conference on Machine learning - ICML '06*, pp. 233–240, 2006.

[7] F. Naumann and M. Herschel, *An Introduction to Duplicate Detection*. Morgan and Claypool Publishers, 2010.

[8] J. Euzenat and P. Shvaiko, *Ontology matching*. Heidelberg (DE): Springer-Verlag, 2nd ed., 2013.

[9] P. Christen, *Data Matching - Concepts and Techniques for Record Linkage, Entity Resolution, and Duplicate Detection*. Springer, 2012.

[10] S. Homoceanu, J. Kalo, and W. Balke, "Putting Instance Matching to the Test: Is Instance Matching Ready for Reliable Data Linking?," in *Foundations of Intelligent Systems*, pp. 274–284, Springer International Publishing, 2014.

[11] O. Hassanzadeh and M. Consens, "Linked movie data base," *LDOW*, 2009.

[12] A. Ferrara, D. Lorusso, S. Montanelli, and G. Varese, "Towards a Benchmark for Instance Matching," in *The 7th International Semantic Web Conference*, p. 37, 2008.

ImQET: Objective Stereoscopic Image Quality Evaluation Tool

José Vinícius de Miranda Cardoso
Federal University of Campina Grande
Institute for Advanced Studies in Communications
Campina Grande, Brazil
josevinicius@iecom.org.br

Carlos Danilo Miranda Regis
Federal Institute of Education, Science, and Technology of Paraíba
João Pessoa, Brazil
regis.danilo@ieee.org

Marcelo Sampaio de Alencar
Federal University of Campina Grande
Institute for Advanced Studies in Communications
Campina Grande, Brazil
malencar@iecom.org.br

ABSTRACT

This paper describes an application for full-reference stereoscopic image quality assessment called ImQET. The application was developed using Mono framework and C# programming language. ImQET is independent of platform and provides a friendly Graphical User Interface (GUI). The stereoscopic image signals used in the application are based in a two-view model. ImQET has objective image quality algorithms such as PSNR, SSIM, and PW-SSIM and also incorporates a recently published technique for stereoscopic image quality assessment called Disparity Weighting (DW). Numerical results corresponding to the performance of the objective measurements, which were obtained using the proposed application, are presented. ImQET can be used by academia and industry for standardization and development of objective algorithms and evaluation of impairments in stereoscopic image signals caused by processing techniques.

Categories and Subject Descriptors

D.2.8 [**Software Engineering**]: Metrics—*complexity measures, performance measures*

General Terms

Algorithms; Measurement.

Keywords

Stereoscopic Image; Image Quality Assessment; Objective Algorithms

1. INTRODUCTION

The diversity of the digital multimedia content available in a wide range of services requires the use of different schemes to distribute multimedia signals over a variety of digital

transmission technologies. Furthermore, multimedia streams must be adjusted to fulfill requirements of applications such as IPTV, mobile TV, digital broadcasting, video on demand, and video surveillance. This adjustment is performed according to parameters that have a significant impact on consumer electronics for instance bandwidth, bit-rate, storage space, and power consumption.

The visualization of stereoscopic images requires a significant storage space and processing capacity from the devices. Moreover, power consumption is a critical parameter for mobile devices. In addition, compression, transmission, coding and other commonly used techniques, which are used to accommodate multimedia signals, cause impairments that degrade the quality of content. In this sense, Image Quality Assessment (IQA) plays an important role for industry because IQA is largely used to establish the performance of image processing systems [1].

There are two approaches to image quality assessment: subjective and objective. Subjective assessment involves psychovisual experiments with humans, providing adequate accuracy. The complete methodologies of the subjective experiments of stereoscopic image signals are described in Recommendation ITU BT.2021-0 [2].

On the other hand, objective assessment is a fast and low cost alternative to time-consuming subjective evaluation. In fact, objective algorithms are computational models that use statistical characteristics of the image combined with features of the Human Visual System (HVS) in order to estimate a quality score.

Moreover, the assessment of stereoscopic image signals must regard with the depth. Recently, the disparity has been used as a depth estimation in the development of objective algorithms [3,4]. In addition, challenges in objective stereoscopic image quality assessment have encouraged the development of research in the subject [5,6].

Therefore, this paper presents a platform independent application with a GUI for objective stereoscopic IQA, called ImQET. It has been implemented using the Mono framework [7] and C# programming language. ImQET provides important objective algorithms. The performance of the objective algorithms was verified using the subjective results provided by IRCCyN-IVC 3D Images Quality database [8]. Statistical metrics were used to compare the performance of the objective algorithms. The confidence intervals for the Pearson correlation coefficient are also presented.

This paper is organized as follows. Section 2 briefly discusses related applications. A review of the objective algorithms is presented in Section 3. Section 4 discusses the ImQET application. Numerical results that validate the performance of the objective algorithms are discussed in Section 5. Section 6 presents conclusions and suggestions for future work.

2. RELATED WORKS

An application that implements image and video quality algorithms has a significant impact in the academia and the industry, enhancing and develop new image quality algorithms, determining the performance of image processing techniques, and as well as improving the researchers productivity.

An image quality toolbox for MATLAB has been implemented by Sprljan [9]. This toolbox does not present a GUI-based approach and the objective algorithms provided are limited to error sensitivity, such as the Mean Square Error (MSE), the Peak Signal-to-Noise Ratio (PSNR), the Normalised Absolute Error (NAE) and the Average Difference (AD).

Gaubatz [10] provides a MATLAB package for image quality assessment. This application is command-line based, so the usage is not intuitive. It implements image quality algorithms such as MSE, PSNR, SSIM, VIF (Visual Index Fidelity), and other algorithms based in the Human Visual System (HVS).

A MATLAB-based framework for 2D image and video quality assessment has been implemented by Murthy and Karam [11]. This framework provides a GUI-based approach and has various objective image and video quality algorithms, full-reference, reduced-reference and no-reference, and supports different image and video formats. It includes also an interface for subjective evaluation, generation of simulated impairments, and correlation analysis between subjective and objective measures.

Nevertheless, MATLAB is a high-cost application, requiring a large amount of storage space and a robust hardware specification, being impracticable to analyze stereoscopic image signals in mobile devices scenario and real-time applications.

Recently, Ucar et al. [12] proposed the Video Tester – a framework for video quality assessment over IP networks. It was implemented using Python programming language and performs parameter extraction at packet, bitstream, and picture level of the video processing and transmission, in order to gather information. The Video Tester is a Linux application and depends of Open Source Computer Vision Library (OpenCV), GStreamer, Matplotlib and other libraries, that is not optimized for multi-platform compatibility.

3. OBJECTIVE QUALITY ASSESSMENT ALGORITHMS

3.1 Notation

Let $V = \{v_L(x, y), v_R(x, y)\}$ be a stereoscopic image signal, in which the scalar functions v_L and v_R correspond to the left and right views, respectively; such that $\{(x, y) \in \mathbb{Z}^2 : 1 \leq x \leq X; 1 \leq y \leq Y$, in which X and Y represent the number of lines and columns, respectively.

Let F and H be the stereoscopic reference image signal

and the image signal under test, respectively. A full-reference objective algorithm for stereoscopic image quality assessment is a function G, such that its image ($G(F, H)$) represents the quality of H with respect to F.

The following definition is used in this paper

$$G(F, H) := \frac{G(f_L, h_L) + G(f_R, h_R)}{2}, \qquad (1)$$

since the importance of the left and right views is the same.

3.2 Peak Signal-to-Noise Ratio

Let $f(x, y)$ and $h(x, y)$ be scalar functions that represent 2D image signals. The Mean Square Error (MSE) between the signals is computed as

$$MSE(f, h) = \frac{\sum_{x=1}^{X} \sum_{y=1}^{Y} [f(x, y) - h(x, y)]^2}{X \cdot Y}. \qquad (2)$$

The Peak Signal-to-Noise Ratio (PSNR) is computed as

$$PSNR(f, h) = 20 \cdot \log_{10} \left[\frac{MAX}{\sqrt{MSE(f, h)}} \right] dB, \qquad (3)$$

in which $MAX = 2^b - 1$, b is the number of bits used in the quantization of the gray value scale, in this paper $b = 8$, and $MSE(f, h)$ is the Mean Square Error between f and h.

3.3 Structural Similarity Index

The Structural SIMilarity (SSIM) [13] is a full-reference approach to image quality assessment based on the assumption that the HVS is highly adapted to recognize structural information in the visual environment and, therefore, the changes in the structural information provide a good approximation to the quality perceived by the human visual system.

The $SSIM(f, h)$ is computed as a product of three measures over the luminance plane: luminance comparison $l(f, h)$, the contrast comparison $c(f, h)$ and the structural comparison $s(f, h)$:

$$l = \frac{2\mu_f \mu_h + C_1}{\mu_f^2 + \mu_h^2 + C_1}, c = \frac{2\sigma_f \sigma_h + C_2}{\sigma_f^2 + \sigma_h^2 + C_2}, s = \frac{\sigma_{fh} + C_3}{\sigma_f \sigma_h + C_3} \quad (4)$$

in which μ is the sample mean, σ is the sample standard deviation, σ_{fh} is the covariance, $C_1 = (0.01 \cdot 255)^2$, $C_2 = (0.03 \cdot 255)^2$ and $C_3 = \frac{C_2}{2}$.

The structural similarity index is described as

$$SSIM(f, h) = [l(f, h)]^\alpha \cdot [c(f, h)]^\beta \cdot [s(f, h)]^\gamma, \qquad (5)$$

in which usually $\alpha = \beta = \gamma = 1$.

In practice the SSIM is computed for an 8×8 sliding squared window or for an 11×11 Gaussian-circular window. The first approach is used in this paper. Then, for two images which are subdivided into J windows, the SSIM is computed as

$$SSIM(f, h) = \frac{1}{J} \sum_{j=1}^{J} SSIM(f_j, h_j), \qquad (6)$$

in which f_j is the image signal observed in the j-th window.

3.4 Perceptual Weighted Structural Similarity Index

Regis et al. [14] proposed a technique called Perceptual Weighting (PW), which combines the local Spatial Perceptual Information (SI), as a visual attention estimator, with the SSIM, since experiments indicate that the quality perceived by the HVS is more sensitive in areas of intense visual attention [15].

The PW technique uses the local spatial perceptual information to weigh the most visually important regions. This weighting is obtained as follows: compute the magnitude of the gradient vectors in the original image by means of the Sobel masks, then generate a perceptual map in which the pixel values are the magnitude of the gradient vectors. The frame is partitioned into 8×8 pixels windows, and the SI in each window is computed as

$$SI(f_j) = \sqrt{\frac{1}{K-1} \sum_{k=1}^{K} (\mu_j - |\nabla f_j(k)|)^2}, \quad (7)$$

in which μ_j represents the sample average of the perceptual map in the j-th window, $K = 64$ is the number of gradient vectors in the j-th window and $|\nabla f_j(k)|$ is the magnitude of the k-th gradient vector in the j-th window. The frames are uniformly partitioned into squares of 8×8 pixels.

The Perceptual Weighted Structural Similarity Index (PW–SSIM) is computed as

$$PW\text{--}SSIM(f,h) = \frac{\sum_{j=1}^{J} SSIM(f_j, h_j) \cdot SI(f_j)}{\sum_{j=1}^{J} SI(f_j)}. \quad (8)$$

3.5 Disparity Weighting Technique

The disparity, that is present in a stereoscopic image signal, is an information related to the sense of the stereo perception [3]. This information is computed as the difference between two corresponding pixels in the left and right views. Indeed, as is well know, the disparity should be considered in the development of objective algorithms, to improve the correlation between the objective prediction and the subjective scores.

The disparity map is computed as

$$D(F(x,y)) := |f_L(x,y) - f_R(x,y)|, \quad \forall \ (x,y). \quad (9)$$

Regis *et al.* [4] included the disparity information into objective algorithms by means of a weighted average of the objective measurements with the values contained in the disparity map. This approach was implemented into three objective algorithms, PSNR, SSIM and PW-SSIM, producing the DPSNR, DSSIM and DPW–SSIM.

The $DMSE_L$, i.e., DMSE for the left view, is computed as

$$DMSE_L(F,H) =$$
$$\frac{\sum_{x=1}^{X} \sum_{y=1}^{Y} [f_L(x,y) - h_L(x,y)]^2 \cdot D(F(x,y))}{\sum_{x=1}^{X} \sum_{y=1}^{Y} D(F(x,y))} \quad (10)$$

and the $DPSNR_L$ is computed as

$$DPSNR_L(F,H) = 20 \cdot \log_{10} \left[\frac{MAX}{\sqrt{DMSE_L(F,H)}} \right]. \quad (11)$$

The DMSE and the DPSNR for the right view ($DMSE_R$ and $DPSNR_R$) are computed in the same manner. Then the overall DPSNR is the average of the $DPSNR_L$ and $DPSNR_R$.

The DSSIM is computed as

$$DSSIM(F,H) = \frac{\sum_{j=1}^{J} SSIM(F_j, H_j) \cdot D(F_j)}{\sum_{j=1}^{J} D(F_j)}, \quad (12)$$

in which $D(F_j)$ is the average disparity in the j-th window. The DPW–SSIM is computed as

$$DPW\text{--}SSIM(F,H) =$$
$$\frac{\sum_{j=1}^{J} SSIM(F_j, H_j) \cdot [SI(F_j) \cdot D(F_j)]}{\sum_{j=1}^{J} [SI(F_j) \cdot D(F_j)]}. \quad (13)$$

4. PROPOSED APPLICATION

This paper presents a platform independent application with a user-friendly GUI for objective stereoscopic image quality assessment. The application was developed using C# programming language with Mono 3.0.4. The package Gtk# 2.12 was used to develop the GUI.

The Mono Project [7] is an open development initiative to provide an open-source implementation (Unix version) of Microsoft .NET Framework. It includes a compiler to C# programming language and allows the development of cross-platform applications. The C# programming language allows the object-oriented design to efficiently implement various quality assessment methods using a single framework.

While the MATLAB is time-consuming and requires large computational resources, being impracticable for mobile devices, mainly due its large processing time, the C#, on the other hand, is appropriate for mobile devices, because it executes quickly, even in scenarios of limited computing resources. Figure 1 depicts the proposed application running in GNU/Linux OpenSUSE 12.3.

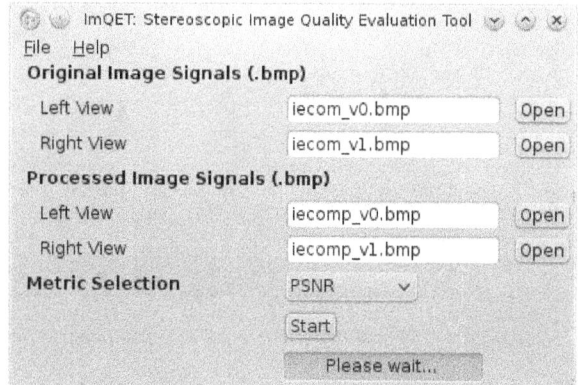

Figure 1: ImQET main window.

The application requires that the user indicates some input parameters, including: image signals and metric selection.

1. *Image signals*: The application supports image signals in BMP, GIF, EXIF, JPG, PNG and TIFF file formats.

2. *Metric selection*: The available metrics are those discussed in the previous section, namely: PSNR, SSIM, PW-SSIM, DPSNR, DSSIM and DPW-SSIM.

5. SIMULATION RESULTS

The database IVC 3D Images [3] was used to validate the performance of the objective algorithms. It has six reference stereoscopic images and 45 distorted stereoscopic images (under test) impaired with JPEG2000 (23 samples) and Gaussian filter blurring (22 samples). Figure 3 depicts the

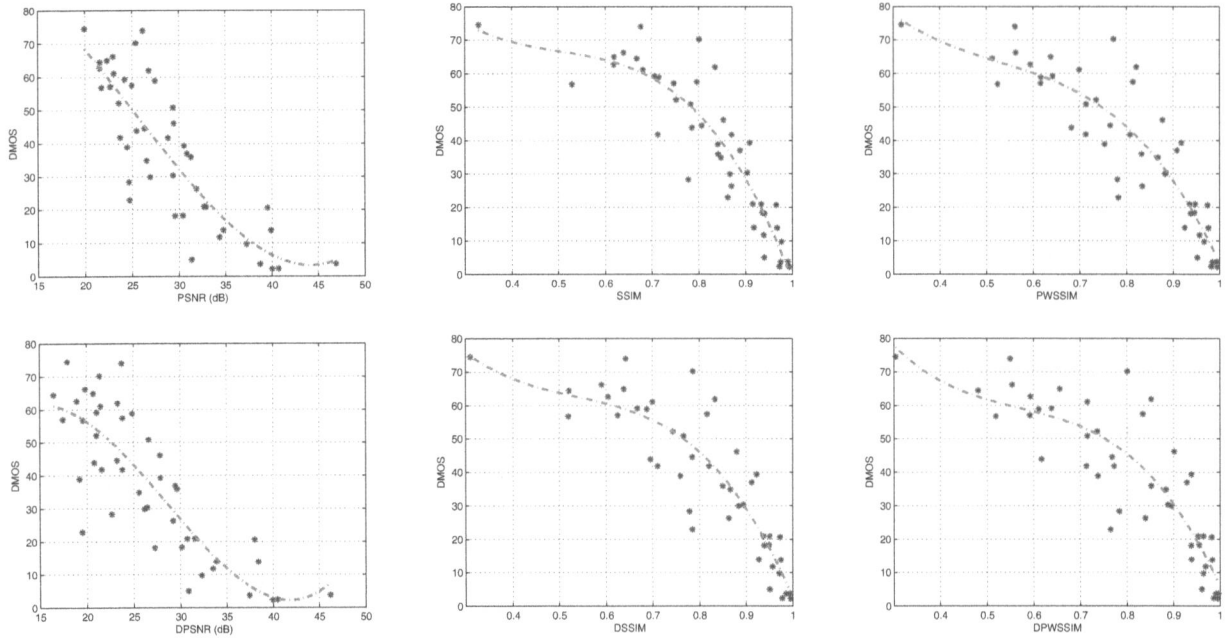

Figure 2: Scatter plots of subjective scores (DMOS) versus model prediction. Each sample point represents a 3D test image sample.

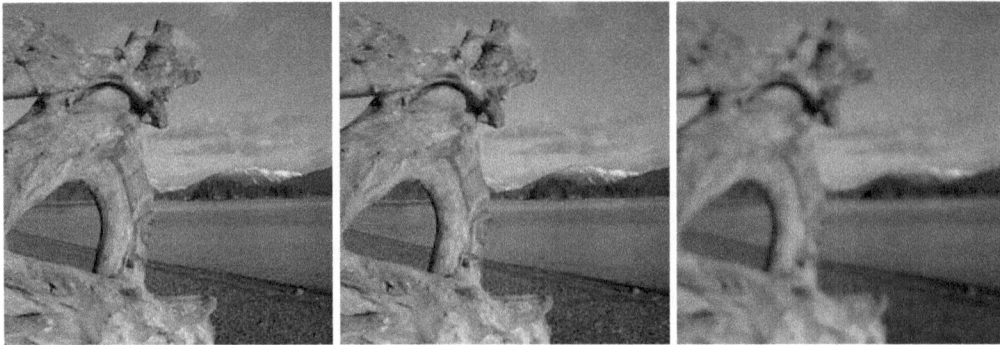

Figure 3: Samples of the left view image signal available in IRCCyN-IVC 3D Images Quality database [8].

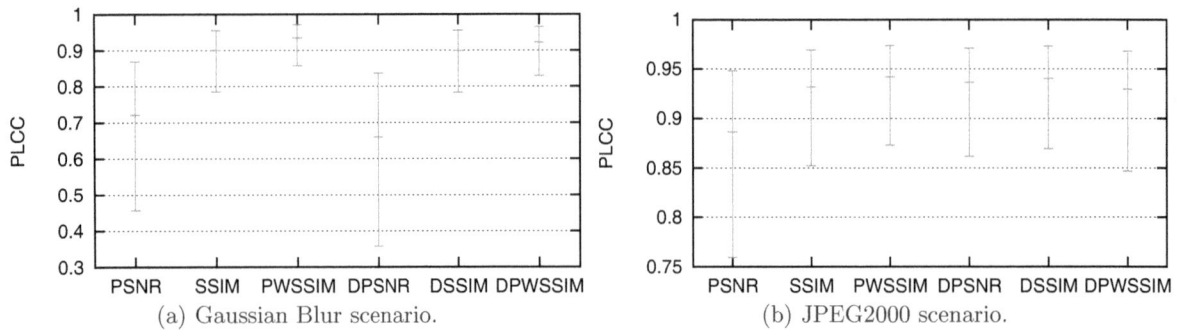

(a) Gaussian Blur scenario.　　　　　　　　　(b) JPEG2000 scenario.

Figure 4: The 95% confidence intervals for the PLCC.

effect of Gaussian filter and JPEG2000 coding. More information about this database can be found in [8].

The statistical metrics used to compare the performance of the objective algorithms were: Pearson Linear Correlation Coefficient (PLCC), Spearman Rank-Order Correlation Coefficient (SROCC), Kendall Rank-Order Correlation Coefficient (KROCC) and Root Mean Square Error (RMSE).

The statistical metrics were computed after performing

Table 1: Performance measures of the objective algorithms.

(a) Gaussian Filter (Blurring)

Algorithm	PLCC	SROCC	KROCC	RMSE
PSNR	0.721291	0.681536	0.523810	12.277652
SSIM	0.900654	0.885940	0.731602	7.702653
PW–SSIM	**0.935241**	**0.925466**	**0.774892**	**6.275231**
DPSNR	0.659928	0.542631	0.411255	13.318116
DSSIM	0.899835	0.889328	0.731602	7.732653
DPW–SSIM	**0.922374**	**0.906268**	**0.748918**	**6.847554**

(b) JPEG2000

Algorithm	PLCC	SROCC	KROCC	RMSE
PSNR	0.886200	0.881423	0.715415	10.039589
SSIM	0.931910	**0.941700**	**0.794466**	7.859319
PW–SSIM	**0.941902**	0.935771	**0.770751**	**7.278520**
DPSNR	0.936412	0.922925	**0.770751**	7.603929
DSSIM	**0.940245**	**0.938735**	0.731602	**7.378456**
DPW–SSIM	0.929352	0.924901	0.754941	8.000304

a non-linear regression on the objective image quality assessment algorithmic measurements, using a four parameter monotonic cubic polynomial function to fit the objective prediction to the subjective quality scores. The function is the following,

$$\text{DMOS}_l^{(p)} = \beta_1 + \beta_2 \cdot Q_l + \beta_3 \cdot Q_l^2 + \beta_4 \cdot Q_l^3, \quad (14)$$

in which Q_l represents the quality that an objective algorithm predicts for the l-th image signal in the IRCCyN-IVC Quality Database and $\text{DMOS}_l^{(p)}$ is the fitted objective score. The β coefficients are determined using a simple non-linear least squares optimization.

The results of the statistical measures, which compare the performance of the objective algorithms, are presented in Table 1, the two best results are shown in boldface. It is noted that the inclusion of the disparity weighting technique enhances the performance of the objective algorithms in the JPEG2000 scenario. The DPSNR presents an increase of 5.67%, 4.71% and 7.73% for PLCC, SROCC and KROCC, respectively, and a decrease of 24.6% for RMSE, in relation to the performance presented by PSNR.

For images impaired with blurring caused by the Gaussian filter, the perceptual weighting technique presents the best results. The PWSSIM presents an increase of 3.84%, 4.46% and 5.92% for PLCC, SROCC and KROCC, respectively, and a decrease of 18.5% for RMSE, in relation to the performance presented by SSIM. Figure 2 depicts the trend between the set of subjective scores and the set of objective results.

5.1 Confidence Interval for Populational Correlation Coefficient ρ

Figure 4 shows a 95% confidence interval for ρ for the Gaussian blur and JPEG2000 scenarios. The Z Fisher's transformation was applied to r to produce the confidence interval.

The Z Fisher's transformation is given by

$$Z = \frac{1}{2} \log_e \left(\frac{1+r}{1-r} \right) = \text{arctanh}(r), \quad (15)$$

in which r is the sample correlation coefficient (PLCC). Indeed, Z follows approximately the Normal distribution $N(\mu_Z, \sigma_Z)$ with

$$\mu_Z = \text{arctanh}(\rho_0), \quad \sigma_Z^2 = \frac{1}{\mathcal{N}_s - 3}. \quad (16)$$

For $\alpha = 0.05$, i.e., an interval with 95% of confidence, $z_{0.95} = 1.96$, the confidence interval for this random variable is defined as

$$\text{IC}(z, 0.95) = (Z - 1.96 \cdot \sigma_Z, Z + 1.96 \cdot \sigma_Z). \quad (17)$$

The inverse of the Z Fisher's transformation is

$$r = \frac{e^{2z} - 1}{e^{2z} + 1} = \tanh(z), \quad (18)$$

and the confidence interval in terms of r is defined as,

$$\text{IC}(r, 0.95) =$$
$$\left(\frac{e^{2 \cdot (Z - 1.96 \cdot \sigma_Z)} - 1}{e^{2 \cdot (Z - 1.96 \cdot \sigma_Z)} + 1}, \frac{e^{2 \cdot (Z + 1.96 \cdot \sigma_Z)} - 1}{e^{2 \cdot (Z + 1.96 \cdot \sigma_Z)} + 1} \right). \quad (19)$$

6. CONCLUSIONS

An application that computes image quality plays an important role for the development and standardization of new objective image quality prediction models. A platform independent application with GUI for objective stereoscopic image quality assessment was presented.

The main contributions of the application are: it is developed for stereoscopic image quality assessment, it is platform independent, it computes the image quality quickly, it presents a GUI and it is not based on proprietary architectures such as MATLAB.

ImQET is able to evaluate stereoscopic image signals in a two-view model for any spatial resolutions with reliable objective algorithms specifically developed for stereoscopic image quality assessment. The results suggest a significant increase in the performance of objective algorithms for image signals subjects to blurring and JPEG2000 coding scenarios. For future works, the authors will purpose to aggregate a statistical analysis tool in the application.

7. REFERENCES

[1] K. Seshadrinathan, R. Soundararajan, A. C. Bovik, and L. K. Cormack. Study of Subjective and Objective Quality Assessment of Video. *IEEE Transactions on Image Processing*, pages 1427–1441, 2010.

[2] International Telecommunication Union. Subjective methods for the assessment of stereoscopic 3DTV systems. Technical report, ITU-T, 2012.

[3] A. Benoit, P. Le Callet, P. Campisi, and R. Cousseau. Quality Assessment of Stereoscopic Images. *EURASIP Journal on Image and Video Processing*, (1):659024, 2008.

[4] C. D. M. Regis, J. V. M. Cardoso, I. P. Oliveira, and M. S. Alencar. Objective Estimation of 3D Video Quality: A Disparity-based Weighting Strategy. In *Proceedings of IEEE International Symposium on Broadband Multimedia Systems and Broadcasting (BMSB'13)*, 2013.

[5] J. Han, T. Jiang, and S. Ma. Stereoscopic Video Quality Assessment Model Based on Spatial-temporal

Structural Information. In *IEEE Visual Communications and Image Processing (VCIP)*, 2012.

[6] L. Jin, A. Boev, A. Gotchev, and K. Egiazarian. 3D-DCT Based Perceptual Quality Assessment of Stereo Video. In *18th IEEE International Conference on Image Processing (ICIP)*, 2011.

[7] Xamarin. The Mono Project. http://www.mono-project.com/Main_Page, 2013.

[8] IRCCyN. IVC 3D Images Dataset. http://www.irccyn.ec-nantes.fr/spip.php?article876, 2013.

[9] N. Sprljan. MATLAB XYZ Toolbox, 2012. http://www.sprljan.com/nikola/matlab.

[10] M. Gaubatz. MeTriX MuX Visual Quality Assessment Package. http://foulard.ece.cornell.edu/gaubatz/metrix_mux/, 2007.

[11] A. V. Murthy and L. J. Karam. A MATLAB-based Framework for Image and Video Quality Evaluation. In *Second International Workshop on Quality of Multimedia Experience (QoMEX)*, 2010.

[12] I. Ucar, J. Navarro-Ortiz, P. Ameigeiras, and J. M. Lopez-Soler. Video Tester – A Multiple-metric Framework for Video Quality Assessment Over IP Networks. In *IEEE International Symposium on Broadband Multimedia Systems and Broadcasting (BMSB)*, 2012. http://code.google.com/p/video-tester/.

[13] Z. Wang, A. C. Bovik, H. R. Sheikh, and E. P. Simoncelli. Image Quality assessment: From Error Visibility to Structural Similarity. *IEEE Transactions on Image Processing*, 13(4):600 –612, April 2004.

[14] C. D. M. Regis, J. V. M. Cardoso, I. P. Oliveira, and M. S. Alencar. Performance of the Objective Video Quality Metrics with Perceptual Weighting Considering First and Second Order Differential Operators. In *Proceedings of the 18th Brazilian Symposium on Multimedia and the Web*, WebMedia '12. ACM, 2012.

[15] C. D. M. Regis, J. V. M. Cardoso, and M. S. Alencar. Effect of Visual Attention Areas on the Objective Video Quality Assessment. In *Proceedings of the 18th Brazilian Symposium on Multimedia and the Web*, WebMedia '12. ACM, 2012.

Enhancing Redundancy in Wireless Visual Sensor Networks for Target Coverage

Daniel G. Costa
Department of Technology
State University of Feira de Santana
danielgcosta@uefs.br

Ivanovitch Silva
Digital Metropole Institute
Federal University of Rio
Grande do Norte
ivan@imd.ufrn.br

Luiz Affonso Guedes
Department of Computing and
Automation
Federal University of Rio
Grande do Norte
affonso@dca.ufrn.br

Paulo Portugal
INESC TEC
University of Porto
pportugal@fe.up.pt

Francisco Vasques
Department of Mechanicals
University of Porto
vasques@fe.up.pt

ABSTRACT

Wireless visual sensor networks provide valuable information for many monitoring and control applications. Sometimes, a set of targets need to be monitored by deployed visual sensors. For those networks, however, some active visual sources may fail, potentially degrading the application monitoring quality when targets become uncovered. Moreover, some applications may need different perspectives of the same target. As visual sensors will be used to monitor a set of targets, a high level of monitoring redundancy may be required and an effective way to achieve it is assuring that targets are being concurrently viewed by more than one visual sensor. We propose a centralized greedy algorithm to enhance redundancy in wireless visual sensor networks when visual sensors with adjustable orientations are deployed. Additionally, as some targets may be more critical for the application, we propose a priority-based configuration of the sensors' poses in order to find an optimized configuration for the visual sensors.

Categories and Subject Descriptors

C.3 [**Special-Purpose and Application-Based Systems**]: Real-time and embedded systems.

General Terms

Performance, Design, Experimentation.

Keywords

Sensing redundancy; Visual coverage; Availability; Wireless visual sensor networks

WebMedia '14, November 18 - 21 2014, João Pessoa, Brazil.
Copyright 2014 ACM 978-1-4503-3230-9/14/11...$15.00.
http://dx.doi.org/10.1145/2664551.2664558.

1. INTRODUCTION

Wireless Visual Sensor Networks (WVSN) have changed the way information in the form of still images and video streams are retrieved from a large variety of monitoring scenarios. In fact, visual sensing significantly enhances the perception of the monitored field and there are a wide range of potential applications in both civilian and military areas that benefit from the use of camera-enabled sensor nodes [2, 4]. Applications as surveillance, tracking, weather forecasting, home automation, industrial control, public security, among many others, can benefit from the use of low-cost battery-operated visual sensors deployed for innovative monitoring through ad hoc multihop wireless networks.

Many monitoring applications based on wireless visual sensor networks may have a high level of criticality. For such applications, losses of transmitted data or reduction on the visual coverage area may severely impact the overall monitoring quality [11]. Hardware or coverage failures will typically affect the application availability, reducing the quality of retrieved data or turning ineffective the current monitoring application. On the other hand, some applications may require multiple views of the same target, as, for example, in facial recognition applications [3] and localization algorithms [15]. For all these scenarios, targets should be simultaneously viewed by two or more visual sensors.

Generally, visual sensors will perform one of three types of coverage: area coverage, point coverage or barrier coverage [10, 6]. In area coverage, we are concerned with monitoring of one or more areas of the monitored field. The point coverage approach is focused on monitoring of a set of targets. At last, the barrier coverage creates a conceptual barrier that avoids undetected penetration. We are concerned in this paper with the target coverage problem by WVSN.

Usually, redundancy may be obtained with massive deployment or deterministic positioning of sensor nodes [19]. But the achieved level of redundancy after massive deployment may be insufficient and deterministic deployment of sensor nodes may be unfeasible, requiring random deployment approaches [19]. As sensors' orientations after random deployment can not be predicted, some algorithms should be employed for optimized sensing coverage. When visual sensors with adjustable orientations are deployed, some algorithms may be employed to allow dynamic configurations of the viewed area, potentially achieving optimized configurations. Some algorithms in the literature propose valuable approaches for optimal sensors configurations [10, 1, 8, 9].

A common optimization issue in wireless visual sensor networks is the maximization of sensing coverage with the minimum number of visual sensors [1]. In fact, this is a NP-hard problem that has been handled by distributed and centralized approaches [18]. On the other hand, we are concerned herein with the maximization of sensing redundancy with the maximum number of sensors, that we define as the Redundancy Enhancement Problem (REP). To the best of our knowledge, this problem has not been addressed before.

In this context, we propose the Centralized Priority Greedy Algorithm (CPGA) to automatically compute the orientations of visual sensors in order to enhance redundant viewing over a set of known targets. The proposed algorithm considers the relevancies of the targets for the monitoring functions of the applications, maximizing redundancy for most relevant targets. Although greedy approaches may not achieve an optimal configuration, when compared, for example, with distributed Integer Linear Programming (ILP) approaches, greedy algorithms have low complexity and they are more suitable for large scale networks [18].

The remainder of this paper is organized as follows. Section 2 presents some related works. Fundamental concepts related to target viewing are presented in Section 3. Section 4 brings the proposed optimization algorithm. Initial numerical results are presented in Section 5, followed by conclusions and references.

2. RELATED WORKS

Directional sensing coverage in WVSN has been largely investigated in the last years. Among the challenging issues, coverage maximization may directly impact the overall quality of monitoring and control applications, and many works have been concerned with this research area.

Deterministic deployment of visual sensors may be considered for optimal coverage. A central problem is to find the static positions of sensors so that every point can be viewed by at least one sensor [17]. In fact, this is a NP-hard problem in 3D modeling, fostering the development of approximated algorithms. For random deployment, sensors' orientations may not efficiently cover a set of targets. However, visual sensing can be adjusted when adjustable cameras are embedded in sensors. In this context, a common problem is the maximum coverage of targets with minimum number of sensors [19, 18]. This problem has been investigated by many works, with different results in terms of efficiency and computational costs.

The work in [1] proposes a mechanism that computes the minimum number of nodes that can view all targets in the monitored field. The idea is to select a number of sensors that can be turned off to improve the network lifetime: when sensors run out of energy, they can be replaced by inactive sensor nodes. In [18] authors compare different algorithms for coverage maximization, also proposing new centralized and distributed algorithms. That work assumes that the number of visual sensors are insufficient to cover all targets. In such case, authors in [18] argue that greedy algorithms may perform better for large scale networks, while distributed approaches achieve better results in small net-

works. In fact, coverage maximization with a minimum number of randomly deployed visual sensors is also a NP-hard problem. The work in [5] also considers the random deployment of sensors with changeable orientations. The directions of the sensors are organized into non-disjoint subsets (cover sets), allowing sensors to participate in multiple covering sets that may be active or not. For these works, cameras can only pan to change their orientations, but other works have been also concerned with optimizations for cameras that can pan, tilt and zoom [14].

Some papers have investigated other issues that also influence our work. In [16] authors propose a metric to measure the coverage quality of wireless visual sensor networks. The proposed metric computes the probability of a randomly deployed network to be K-Coverage. In a K-Coverage network, every point is covered by at least K sensors, thus indicating a level of redundancy. In [3] it is proposed a metric to compute the coverage quality for target coverage, which is based on node clustering. In [12], authors propose the selection of redundant nodes for different types of visual monitoring. Two sensors may be selected as redundant nodes depending on a minimum level of coverage overlapping and maximum angle between sensors' orientations, differently impacting visual monitoring applications.

Many research works have proposed other valuable optimizations for wireless visual sensor networks, enhancing the performance of the visual monitoring tasks, sensor deployment, data transmission, reliability, timeliness and availability [2, 4, 7]. For this last one, many research efforts have been devoted to provide higher availability levels for critical monitoring applications, but the particularities of wireless visual sensor networks turn availability enhancement into a challenging task [11].

We compute herein the optimal configuration of visual sensors that maximize visual sensing redundancy over a set of targets, when there are more deployed sensors than targets, in a different way of [17, 19, 18, 5]. Moreover, we compute the orientations of visual sensors when targets have different relevancies for the monitoring functions of the applications. Redundancy enhancement in WVSN is a relevant aspect for many applications and the proposed greedy algorithm is a important step in this direction.

3. VISUAL TARGET COVERAGE

Different applications may have different perceptions of monitoring quality. But for some applications the basic idea for monitoring quality enhancement is the maximization of the coverage redundancy over the desired targets. When critical monitoring applications are considered, availability will be of major concern. As some visual sensors may fail along the network lifetime, some targets may get uncovered, compromising the application effectiveness. For other types of applications, redundancy may be required to assure multiple perspectives of the same targets. Whatever the case, we may want to increase the number of visual sensors that concurrently view a set of targets.

We assume a 2D modelling of a monitored field sizing MxN, where V visual sensors are deployed. Each visual sensors v, $v = 0, ..., V$, is equipped with an unique camera that can pan to change its orientation. For simplicity, we consider that deployed visual sensors are homogeneous, but the proposed modelling can also be employed for heterogenous networks.

In next subsections we cover the main topics concerning target coverage in wireless visual sensor networks, which are relevant when addressing visual sensing redundancy.

3.1 Field of View

We define a formulation for sensors' viewing over the monitored field, which will be necessary when addressing redundancy enhancement. This formulation was designed based on some recent works [11, 1, 3].

The low-power and low-resolution camera embedded in resource-constrained sensors will have a viewing angle θ, an orientation α and a sensing radius R (approximation of the depth of view), defining a Field of View (FoV) [10]. In order to simplify mathematical modeling, without loss of generality, we can define the FoV of a visual sensor as the sector of a circumference, which can be approximated by an isosceles triangle. Such triangle is composed of three vertices, A, B and C, where vertex A, (A_x, A_y), is assumed as the current position of sensor v, (x_v, y_v).

Figure 1 shows a graphical representation of the FoV of any visual sensor v.

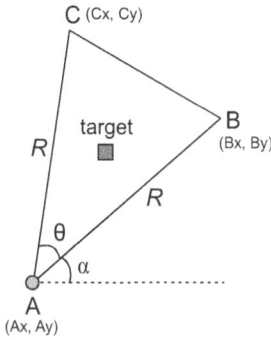

Figure 1: Field of View. A target is being viewed by the visual sensor.

The field of view of any visual sensor v, FoV_v, can be computed using trigonometry, as expressed in (1).

$$FoV_v = \frac{R^2.sin(\theta)}{2} \qquad (1)$$

In short, we may say that any target is being viewed by a sensor if it is inside the defined FoV. But there are many ways to make such verification, as will be discussed latter.

3.2 Defining targets

Conceptually, a target is any static or moving object or person that is of interest for the monitoring or control functions of the applications. Any monitoring field will have a finite number of targets, T, where any target t, $t=0, ..., T$, may have any polygonal form. For simplicity we assume that any target t is small enough to be represented by an single pair of Cartesian coordinates, (x_t, y_t), but we could even consider any effective size of the targets with additional computational overhead.

For the proposed approach, we consider that targets are static and that they are already positioned in the monitored field. For each target t we define a priority index, P_t. In fact, different targets may have different relevancies for the applications. In industrial environments, some engines may be more critical and thus they must be monitored with higher

quality and fault tolerance. For intrusion detection, critical spots may be processed as targets that should be covered with higher quality. In such examples, the value of P_t will be used to reflect the monitoring priority of target t.

Hence, the monitoring priority of each target will be represented by an integer number ranging from 1 to 5, where 5 is the highest level while 1 is the lowest. In fact, targets for different applications may have different monitoring priorities, depending on the application monitoring requirements. And all targets may have the exact same value of P_t when applications do not differentiate the targets. The proposed redundancy maximization algorithm will find a near-optimal configuration of visual sensors that maximize redundancy while requiring low computational and communication costs. How targets' priorities will be defined is out of the scope of this paper.

3.3 Target viewing

Visual sensors can view an area of the monitored field, according to characteristics as viewing angle and depth of view. For a group of visual monitoring applications, visual sensors will be deployed to cover a set of known targets, supporting general-purpose monitoring applications. Thus, the monitoring quality will depend on the effectiveness of the network to view the targets defined by applications.

When addressing availability for target coverage, we want to assure that all targets are being covered by at least one visual source node. The same may also happen when applications need different perspectives of the same target. For these scenarios, we must define a mechanism to check if the considered targets are being covered by visual sensors. After that, we can verify the level of visual sensing redundancy for each covered target.

We define the Target Viewing Test (TVT) as a computational approach to determine if a particular target t is being viewed by a visual sensor v. Actually, there are many ways to identify if a target is being viewed. In [1, 18] authors present a mechanism based on vectors (targets vectors and orientations vectors). In a different way, we employ principles of trigonometry to check targets viewing, but any mechanism could be employed with no prejudice to the proposed algorithm.

Initially, we need to check if the Euclidean distance between the considered visual sensor v and the target t is less than R_v. After that, a target t is viewed by a visual sensor v if and only if the point (x_t, y_t) is completely inside the FoV of sensor v. In the case targets are defined as polygons with arbitrary forms, all vertices of the defined form must be inside the sensors' FoV.

In order to identify if a target is being viewed by a visual sensor, we need to find all vertices of the FoV triangle, as expressed in (2).

$$\begin{aligned}
Bx &= Ax + R.cos(\alpha) \\
By &= Ay + R.sin(\alpha) \\
Cx &= Ax + R.cos((\alpha + \theta)mod2\pi) \\
Cy &= Ay + R.sin((\alpha + \theta)mod2\pi)
\end{aligned} \qquad (2)$$

As said before, we can say that any target is viewed by a sensor just checking if the targets positions are inside the considered FoV. A practical way to perform such computing is presented in (3): for the targets positions (one or more vertices), we compute three triangles using the vertices of the sensor's FoV, as presented in Figure 2.

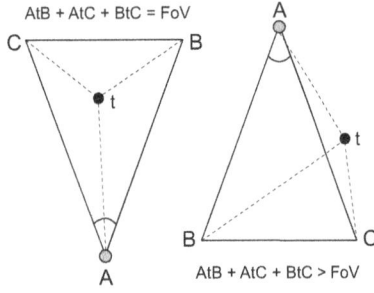

Figure 2: Examples of how to check if a target is inside the FoV.

The formulation in (3) computes the three triangles created when checking if the target is being properly viewed.

$$\begin{aligned}
\triangle A_v t B_v &= (Ax_v.(By_v - y_t) + Bx_v.(y_t - Ay_v) \\
&\quad + x_t.(Ay_v - By_v)) \\
\triangle A_v t C_v &= (Ax_v.(y_t - Cy_v) + x_t.(Cy_v - Ay_v) \\
&\quad + Cx_v.(Ay_v - y_t)) \\
\triangle B_v t C_v &= (x_t.(By_v - Cy_v) + Bx_v.(Cy_v - y_t) \\
&\quad + Cx_v.(y_t - By_v))
\end{aligned} \quad (3)$$

The sum of all computed triangles must be equal to the area of the sensor's FoV, if the position of the considered target is inside the FoV triangle. This equality is formulated in (4).

$$(\triangle A_v t B_v + \triangle A_v t C_v + \triangle B_v t C_v) = FoV_v \quad (4)$$

3.4 Visual sensing redundancy

Two or more sensors' FoV overlap when the defined triangles intersect, resulting in an area that is being concurrently viewed by all those sensors. In such way, if a target is inside the overlapped area, we can say that those sensors are viewing the same target and that they may eventually be assumed as redundant.

Actually, redundancy depends on many aspects that are centered in the application monitoring requirements [11]. And overlapping may define different configurations for redundancy, indicating, for example, minimum percentage of FoV overlapping and maximum angle among sensors' orientations. Nevertheless, redundancy may be simply defined by any configuration of FoV overlapping for some target monitoring applications, as, for example, in intrusion detection systems or infrared visual monitoring. In fact, the proposed algorithm aims to enhance redundancy for applications where visual sensing redundancy is defined by any configuration of FoV overlapping.

FoV overlapping between visual sensors will be computed considering the vertices of sensors' FoV, where overlapping is defined by the intersection of the considered FoV triangles [11, 3]. For target coverage, overlapping can be easily computed just checking if visual sensors can completely view the same target.

3.5 Sensors adjustment

Generally, sensors may be equipped with adjustable cameras that can change orientations, make axis rotation and

zoom, allowing dynamic adjustment of the sensors' FoV. We consider a scope of applications where the deployed sensors are static but they may only change orientations, mainly due to cost restrictions. As visual sensors will have pan capabilities, the network coverage may be adjusted for higher efficiency, according to the application monitoring requirements.

Following a similar approach of [1], we expect that visual sensors may take one of a finite set of disjoint orientations. This assumption is aimed at making this problem tractable. In such way, a visual sensor v may assume one of O_v mutually disjoint orientations. The optimization problem is then to find a near-optimal configurations of the visual sensors orientations.

A visual schema of sensors adjustment is presented in Figure 3. In that example, a visual sensor v with $\theta = \pi/4$ can assume 8 different orientations.

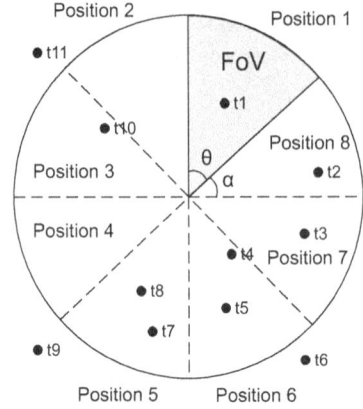

Figure 3: Visual sensors adjustment.

The mathematical formulation to compute O_v is presented in (5).

$$O_v = \lceil 2\pi/\alpha \rceil \quad (5)$$

4. PROPOSED APPROACH

Visual sensing redundancy may be desired for a relevant group of applications, fostering the development of optimization solutions. Although optimal configurations may be sometimes desired, the involved computational costs may be prohibitive for resource-constrained wireless sensor networks, especially when hundreds or thousands of sensors are deployed. In such way, near-optimal solutions have been proposed for coverage maximization [1, 18]. We also propose herein a near-optimal optimization approach, but we are focused on redundancy maximization, which has not been properly investigated for the wireless visual sensor network context.

For the considered problem of redundancy maximization, we assume some fundamental concepts:

- Visual sensors are homogenous and static;
- Visual sensors can change their orientations;
- Visual sensors are randomly deployed;
- Targets are deterministic positioned and they are static;

- Targets are viewed with no occlusion;

We propose a centralized prioritized greedy algorithm, CPGA, to compute near-optimal configurations for redundancy maximization, considering a finite number of randomly deployed visual sensors (V) and targets (T), as expressed in Algorithm 1. In the proposed algorithm, DS represents the list of deployed visual sensors and $Targets$ is the list of targets.

The proposed greedy heuristics compute the set of deployed visual sensors with the optimized orientations (CS). The computed optimized orientations can be transmitted to the visual source nodes using any transmission mechanism, preferably in initial stages of the network operation. We assume a 2D modeling for simplicity, but 3D modeling could be considered since the additional complexity is properly handled [17].

The proposed algorithm initially tries to find, for each visual sensor, the best orientation that cover most targets that are not viewed by any visual sensor. When targets are already viewed, then the priorities of the targets are considered when selecting the best orientation.

Greedy algorithms for coverage optimizations provides reasonable results with lower computational costs, when compared with more complex distributed ILP approaches. Moreover, greedy algorithms may be more suitable for large-scale networks [1, 18]. Actually, we are most concerned with an effective near-optimal approach to compute redundancy maximization in large wireless visual sensor networks, with low computational and communication costs.

In order to better assess the results of the proposed algorithm, a basic metric for sensing redundancy can be designed. In [13] authors propose the K-Coverage metric, indicating that every point in the considered monitored field is viewed by at least K scalar sensors. On the other hand, the Directional K-coverage problem in visual sensor networks are addressed in [16]. Based on these concepts, we propose the P:K-Target metric, indicating that each target with priority P will be viewed by at least K visual sensors. In such way, for example, a 3:4-Target network indicates that all targets with priority 3 are being concurrently viewed by at least 4 visual sensors. We will use this metric when assessing the performance of the proposed algorithm.

5. NUMERICAL ANALYSES

The availability of wireless visual sensor networks will typically be impacted by the percentage of redundant nodes that can view the targets. For some applications, the redundancy level will also impact the overall monitoring quality. For such cases, the proposed algorithm may bring significant results.

When designing WVSN applications, some parameters as the number of deployed sensors, number of targets, viewing angle and sensing radius may influence the resulted redundancy. We implemented the proposed algorithm in order to assess the achieved redundancy in different configurations.

Figure 4 presents an graphical representation of a simulation of a wireless visual sensor network for target coverage, where the red dots are the targets. That network is composed of 64 visual sensors deployed to cover 25 targets, where each visual sensor has $\theta = 60°$ and $R = 30m$. Note that Figure 4 represents an initial configuration where 12 targets are not viewed by any visual sensor.

Algorithm 1 CPGA for Redundancy Maximization

1: **procedure** CPGA($DS, Targets$)
2:    $CS[]$ ▷ (Configured visual sensors)
3:    **for** $i \leftarrow 1$ to V **do**
4:      $v \leftarrow DS.get(i)$
5:      $newOrient \leftarrow checkViewing(v, Targets)$
6:      $v.changeOrientation(newOrient)$
7:      $CS.add(v)$
8:    **end for**
9:    **return** CS
10: **end procedure**
11:
12: **procedure** CHECKVIEWING($v, Targets$)
13:    $\alpha \leftarrow v.getAngle()$
14:    $Ov \leftarrow \lceil 2\pi/\alpha \rceil$
15:    $totalNotViewed \leftarrow 0$
16:    $totalPriorities \leftarrow 0$
17:    $orientation \leftarrow 0$
18:    $targetsViewed[]$ ▷ (Auxiliary list of targets)
19:    **for** $j \leftarrow 1$ to Ov **do**
20:      $priorities \leftarrow 0$
21:      $notviewed \leftarrow 0$
22:      $consideredTargets[]$
23:      **for** $t \leftarrow 1$ to T **do**
24:        $target \leftarrow Targets.get(t)$
25:        **if** $v.TVT(v, (\alpha * j)mod2\pi, target)$ **then**
26:          **if** $target.isNotViewed()$ **then**
27:            $notviewed \leftarrow notviewed + 1$
28:          **end if**
29:          $priorities \leftarrow priorities + target.getPt()$
30:          $consideredTargets.add(target)$
31:        **end if**
32:      **end for**
33:      **if** $notviewed > totalNotViewed$ **then**
34:        $totalNotViewed \leftarrow notviewed$
35:        $orientation \leftarrow (\alpha * j)mod2\pi$
36:        $targetsViewed \leftarrow consideredTargets$
37:      **else if** $notviewed = totalNotViewed$ **then**
38:        **if** $priorities \geq totalPriorities$ **then**
39:          $totalPriorities \leftarrow priorities$
40:          $orientation \leftarrow (\alpha * j)mod2\pi$
41:          $targetsViewed \leftarrow consideredTargets$
42:        **end if**
43:      **end if**
44:    **end for**
45:    **for** $t \leftarrow 1$ to $targetsViewed.size()$ **do**
46:      $target \leftarrow targetsViewed.get(t)$
47:      $target.setViewed()$ ▷ (Mark as viewed)
48:    **end for**
49:    **return** $orientation$
50: **end procedure**

When the proposed algorithm is employed, the orientation of some visual sensor is altered to enhance the overall number of visual sensing redundancy, also reducing the number of targets that are not viewed. Figure 5 graphically presents the result after the use of the proposed algorithm

We want also to relate some parameters of visual sensors to the effective monitoring capability of the network. In Figure 6 we relate the total number of targets viewing with the parameters of sensing radius and viewing angle. For that experiment, visual sensors are uniformly deployed in a grid-

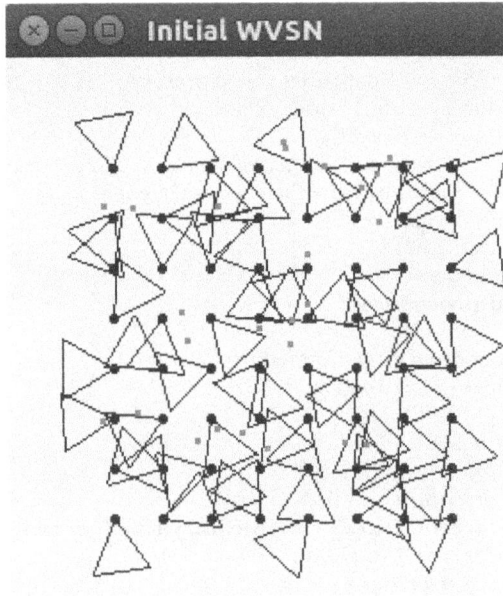

Figure 4: A WVSN for target coverage.

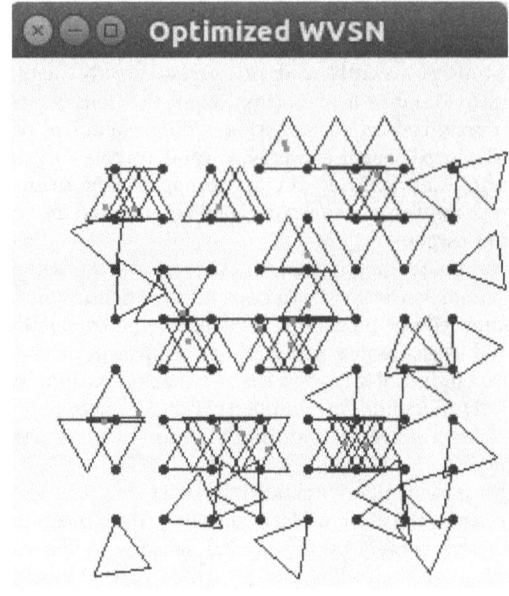

Figure 5: The WVSN after optimization.

like structure, where neighbor nodes are spaced by $15m$. The monitored field is $200m$ x $200m$ and 25 randomly positioned targets with random priorities are considered. The results are computed considering visual sensors with random orientation, viewing angle (θ) ranging from $45°$ to $150°$ and sensing radius (R) ranging from $3m$ to $24m$. As there is a randomness to handle, we consider the average results after 10 consecutive tests.

When employing the proposed algorithm, the total number of targets views is increased. And such increasing depends on the sensing radius of the visual sensors and their viewing angle, but there is some thresholds. In fact, these analyses are valuable when planning WVSN applications.

The results for a similar verification is presented in Figure 7, but now presenting the gains of target viewing over the initial configuration. The presented results are also the average results after 10 consecutive tests, since visual sensors orientations, targets positioning and priorities are randomly established.

Actually, for higher values of θ, visual sensors will have lower possibilities for rotation (Ov), what may lead to worst results (but still achieving a better configuration than initial deployment). In a initial verification, we can then expect that the value of θ should ideally be between $45°$ and $60°$.

In the previously presented verifications, we considered an uniform deployment of visual sensors where neighbor sensors are separately by $15m$. In Figure 8 we considered different tests where the space between neighbor nodes ranges from $4m$ to $13m$, for $\theta = 60°$ and $R = 20m$. The presented results shows the average value for the 3:K-Target metric, indicating that every target with $P_t = 3$ will be viewed by at least K visual sensors. For this specific test, we considered 20 targets, where all targets have $P_t = 3$.

As expected, the proposed optimization algorithm increases the average views over the targets, even for networks with high density of visual sensors (initial configuration).

Figure 9 presents the results for the same scenario, but now considering targets with random priorities. As expected,

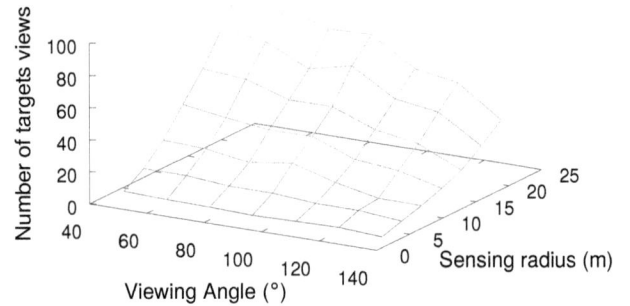

Figure 6: Number of targets views.

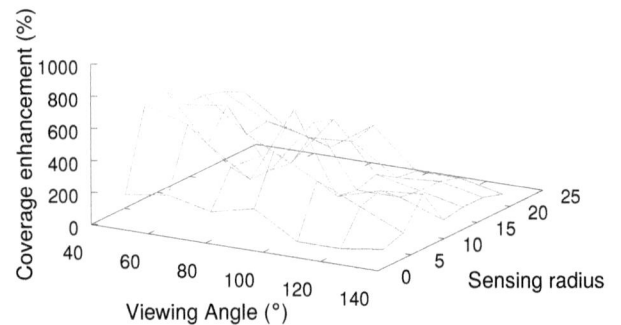

Figure 7: Percentage of targets views over the initial configurations.

it will be easier to achieve higher values of 3:K-Target when there are fewer targets with $P_t = 3$.

Finally, Figure 10 presents the 5:K-Target for different number of targets, for $\theta = 60°$, $R = 20m$ and the distance between neighbor nodes of $20m$. The priority for all targets is fixed in 5.

The results discussed in this section are a strong indication of how the network sensing redundancy can be enhanced

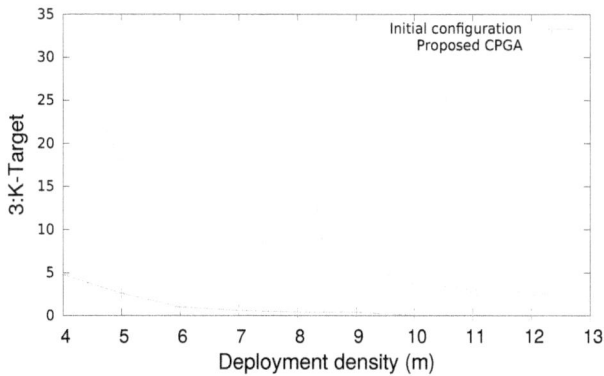

Figure 8: 3:K-Target for all targets with $P_t = 3$.

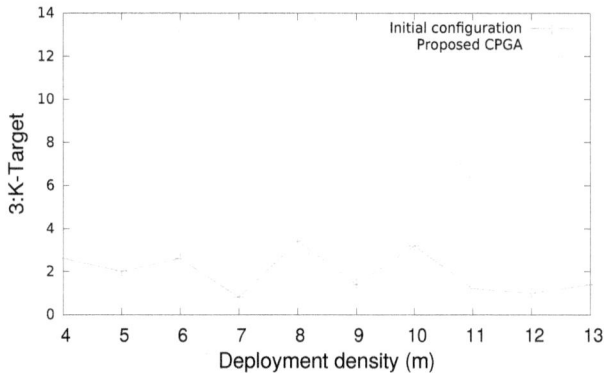

Figure 9: 3:K-Target for targets with random priorities.

when employing the proposed algorithm. In fact, as this algorithm is expected to be executed at the sink side, computational costs are not of major concern, but future works will assess complexity and execution performance. As this particular problem of redundancy maximization has not been properly investigated, the proposed algorithm is a valuable resource for real-world applications and future researches.

6. CONCLUSIONS

Wireless visual sensor networks are a valuable resource for a large variety of monitoring and control applications. In these networks, coverage optimization has been a largely investigated topic, with valuable contributions in last years. However, availability and redundancy maximization has not been properly investigated, and many relevant issues remain unaddressed.

Critical monitoring and control applications may typically require a high level of redundant and active visual sensors. And such requirement may also apply for some applications that demand different perspective of the same targets. These applications foster new research efforts to address the problem of coverage maximization, which has not been properly investigated. This paper brings then a relevant contribution to this research field, opening discussions and developments in this area.

The proposed centralized priority greedy algorithm for coverage maximization is a initial step to solve the stated

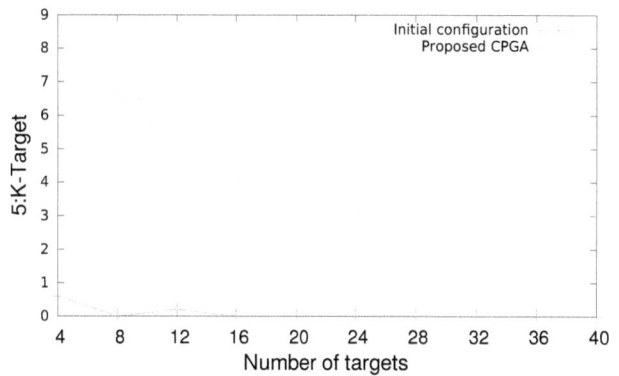

Figure 10: 5:K-Target for different number of targets.

problem, but many algorithms should still be proposed. Although we expect that greedy approaches will perform better for large scale networks, other approaches may bring interesting results for other scenarios. In such way, future works will be concerned with the proposing of new optimization algorithms, considering centralized and distributed algorithms. Doing so, performance comparisons considering different approaches and scenarios will be performed, strongly contributing to this area. Moreover, verifications in testbeds should be performed, assessing the computational costs and processing time required for each approach.

7. ACKNOWLEDGMENTS

The authors would like to acknowledge the support of the Brazilian research agency CNPq (grant 482548/2013-4), that partially funded this work.

8. REFERENCES

[1] J. Ai and A. A. Abouzeid. Coverage by directional sensors in randomly deployed wireless sensors networks. *Journal of Combinatorial Optimization*, 11:21–41, 2006.

[2] I. Akyildiz, T. Melodia, and K. Chowdhury. A survey on wireless multimedia sensor networks. *Computer Networks*, 51:921–960, 2007.

[3] M. Alaei and J. M. Barcelo-Ordinas. Node clustering based on overlapping fovs for wireless multimedia sensor networks. In *IEEE Wireless Communications and Network Conference*, 2010.

[4] I. Almalkawi, M. Zapata, J. Al-Karaki, and J. Morillo-Pozo. Wireless multimedia sensor networks: current trends and future directions. *Sensors*, 10:6662–6717, 2010.

[5] Y. Cai, W. Lou, M. Li, and X.-Y. Li. Target-oriented scheduling in directional sensor networks. In *IEEE Infocom*, 2007.

[6] M. Cardei and J. Wu. Energy-efficient coverage problems in wireless ad hoc sensor networks. *Computer Communications*, 29:413–420, 2006.

[7] Y. Charfi, B. Canada, N. Wakamiya, and M. Murata. Challenging issues in visual sensor networks. *IEEE Wireless Communications*, 16:44–49, 2009.

[8] K.-Y. Chow, K.-S. Lui, and E. Y. Lam. Achieving 360 angle coverage with minimum transmission cost in visual sensor networks. In *Proceedings of IEEE Wireless Communications and Networking Conference*, 2007.

[9] K.-Y. Chow, K.-S. Lui, and E. Y. Lam. Maximizing angle coverage in visual sensor networks. In *IEEE International Conference on Communications*, 2007.

[10] D. Costa and L. Guedes. The coverage problem in video-based wireless sensor networks: a survey. *Sensors*, 10:8215–8247, 2010.

[11] D. Costa, I. Silva, L. Guedes, F. Vasques, and P. Portugal. Availability issues in wireless visual sensor networks. *Sensors*, 14:2795–2821, 2014.

[12] D. Costa, I. Silva, L. Guedes, F. Vasques, and P. Portugal. Selecting redundant nodes when addressing availability in wireless visual sensor networks. In *IEEE Conference on Industrial Informatics*, 2014.

[13] C.-F. Huang and Y.-C. Tseng. The coverage problem in a wireless sensor network. In *Proceedings of ACM International Workshop on Wireless Sensor Networks and Applications*, 2003.

[14] A. Kansal, W. Kaiser, G. Pottie, M. Srivastava, and G. Sukhatme. Reconfiguration methods for mobile sensor networks. *ACM Transactions on Sensor Networks*, 3(4):22, 2007.

[15] H. Lee and H. Aghajan. Vision-enabled node localization in wireless sensor networks. In *Conference on Cognitive Systems with Interactive Sensors*, 2006.

[16] L. Liu, H. Ma, and X. Zhang. On directional k-coverage analysis of randomly deployed camera sensor networks. In *Proceedings of IEEE International Conference on Communications*, 2008.

[17] M. Marengoni, B. Draper, A. Handson, and R. Sitaraman. A system to place observers on a polyhedral terrain in a polynomial time. *Image and Vision Computing*, 18:773–780, 1996.

[18] V. Munishmar and N. Abu-Ghazaleh. Coverage algorithms for visual sensor networks. *ACM Transactions on Sensor Networks*, 9(4):34, 2013.

[19] Y. Osais, M. St-Hilaire, and F. Yu. Directional sensor placement with optimal sensing ranging, field of view and orientation. *Mobile Networks and Applications*, 15:216–225, 2010.

Catalog of Templates: An Approach for Documenting Families of Hypermedia Documents

Rodrigo Costa Mesquita Santos[1], Carlos de Salles Soares Neto[2], Luiz Fernando Gomes Soares[1]

[1]Pontifícia Universidade Católica do Rio de Janeiro
Departamento de Informática – PUC-Rio
Rua Marquês de São Vicente, 225
22453-900 Rio de Janeiro, RJ, Brasil
+55 21 3527 1500 Ext: 3503

[2]Universidade Federal do Maranhão
Departamento de Informática – UFMA
Av. dos Portugueses, Bacanga
São Luís/MA – 65080-040 – Brasil
+55 98 3301 8224

rodrigocosta@telemidia.puc-rio.br, csalles@deinf.ufma.br, lfgs@inf.puc-rio.br

ABSTRACT

Two actors are identified in template-oriented authoring: the template author and the application author. Classifying hypermedia templates, aiming to support application authors in searching for suitable templates, in inferring on their semantic and in knowing how to fill them to generate applications is the focus of this paper. In doing so, it can be said that the proposed catalog somehow mediates the communication between template and application authors, favoring reuse and reducing the cognitive load; thereby facilitating application authoring. As an example of use, an indexing and storage apparatus, associated with a template authoring tool, and a search plug-in coupled with an application authoring tool are presented.

Categories and Subject Descriptors

H.3.1 [Content Analysis and Indexing]: Indexing methods

General Terms

Documentation, Design, Theory.

Keywords

Templates; documentation; repository; hypermedia authoring; program visualization; Template Authoring Method.

1. INTRODUÇÃO

A autoria de aplicações hipermídia pode ser dividida em pelo menos dois estágios: a fase inicial de concepção, em que os autores definem conceitualmente, em um nível mais abstrato, o *workflow* da apresentação; e a fase posterior de especificação, em que a aplicação é de fato codificada utilizando alguma linguagem de programação ou alguma ferramenta de autoria de mais alto nível de abstração.

Tomando como estudos de caso aplicações *web* e de TV interativa, pode-se facilmente perceber a ocorrência de diversos comportamentos recorrentes nessas aplicações hipermídia. Desenvolvedores tendem a reusar arquétipos, previamente especificados em outras aplicações, para originarem novas aplicações, modificando apenas o conteúdo das mídias que são apresentadas [1].

O reúso pode-se dar sem qualquer apoio das ferramentas de autoria, mas um artifício comumente empregado para facilitar o desenvolvimento é a utilização de templates. Templates podem ser entendidos como documentos que especificam certos comportamentos recorrentes, possivelmente algumas restrições, porém não determinam necessariamente todos os objetos que compõem a apresentação final. Também podem ser vistos como documentos incompletos que possuem lacunas a serem preenchidas respeitando as restrições especificadas. De forma sucinta, como definido em [1], templates descrevem a semântica de apresentação de uma família de documentos com estrutura similar e bem caracterizada.

Linguagens hipermídia em geral não favorecem a especificação de famílias de documentos, mas apenas de documentos que são uma instância de uma determinada família ou, no máximo, instâncias inacabadas de uma aplicação. No entanto, algumas linguagens de domínio específico apoiam a especificação de famílias de aplicações. Alguns exemplos de tais linguagens são TAL [1], XTemplate [2], Luar [3], SMIL Timesheets [4] e XTiger [5].

Quando se lança mão do uso de templates na autoria de aplicações, duas classes de autores podem ser identificadas: o primeiro, especializado na especificação de famílias de documentos, e o segundo, especializado em utilizar templates para criação de uma aplicação final. É importante salientar o nível de especialização de cada um dos autores. O primeiro autor é tipicamente mais especializado, capaz de reconhecer comportamentos recorrentes em aplicações hipermídia e especificá-los na forma de famílias de documentos. O segundo autor, por sua vez, não necessariamente é tão especializado quanto o primeiro. Ele deve ser capaz de escolher um template e preencher suas lacunas, gerando uma aplicação final. Geralmente ferramentas de autoria com abstrações gráficas guiam o trabalho do segundo autor na criação dessas aplicações.

Em geral, o nível especialização diferente dos dois tipos de autores faz com que os vocabulários por eles utilizados sejam também diferentes, às vezes até mesmo incompatíveis. Como consequência, pode não ser trivial para um autor de aplicações entender a semântica especificada em um template hipermídia, identificar suas lacunas ou, tampouco, inferir como preenche-las [1]. Por vezes é necessário que esse autor investigue o código fonte dos templates para inferir seu uso, o que não é trivial para não especialistas.

É nesse contexto que o catálogo de templates proposto neste trabalho é inserido, com foco na definição de uma documentação (metadados) que suporte a indexação e busca por famílias de documentos mesmo publicadas em diferentes repositórios. Catalogar famílias de documentos, para dar suporte ao autor de aplicações na busca por templates adequados e na inferência de suas semânticas é, portanto, o foco de nosso trabalho. Pode-se dizer que o catálogo de templates aqui proposto, de certa forma, medeia a comunicação entre os autores de templates e os de aplicações. Nossa proposta tanto permite que autores de templates publiquem as famílias de documentos especificadas, quanto facilita a busca e instanciação de aplicações a partir desses templates, pelos autores finais.

O objetivo principal deste trabalho é isolar cada autor em seu próprio nível de abstração. Quando um autor de aplicações menos especializado precisa analisar o código fonte dos templates para tentar identificar suas lacunas, suas restrições ou inferir sua semântica, é possível que uma considerável sobrecarga cognitiva seja dispendida. Esse problema agrava-se quando há diferentes bases para templates especificados em diferentes linguagens. Nossa proposta foca-se principalmente no autor final, tornando mais viável a busca por templates adequados, favorecendo o reúso na autoria e diminuindo a sobrecarga cognitiva mencionada, facilitando a autoria de aplicações.

O restante deste artigo está organizado como a seguir. A Seção 2 introduz o método de autoria orientado a templates. Na Seção 3, são discutidos os principais trabalhos relacionados, comparando-os com a proposta deste artigo. A Seção 4 descreve o catálogo de templates proposto, com destaque para o formato de documentação utilizado. A Seção 5 apresenta uma proposta de visualização gráfica de templates de composição baseados no paradigma de causalidade. Um exemplo de uso da proposta do catálogo de templates é apresentada na Seção 6. Por fim, a Seção 7 é reservada para as conclusões e trabalhos futuros.

2. MÉTODO DE AUTORIA ORIENTADO A TEMPLATES

Em [1] Soares et al. definem o método de autoria orientado a templates para guiar usuários na autoria de aplicações hipermídia. Para melhor ilustrar o conceito, a Figura 1 apresenta o fluxo de trabalho proposto. Primeiramente, o *autor de templates* identifica comportamentos recorrentes em aplicações hipermídia e os modela na forma de templates, utilizando alguma linguagem para esse propósito. Após essa primeira etapa, o *autor de aplicações* busca um template, que atenda às suas necessidades, e completa suas lacunas por meio de um documento de preenchimento. Um processador de templates, de posse da especificação do template e do documento de preenchimento gera uma aplicação final codificada em uma linguagem alvo. A aplicação gerada pode-se dizer parte da família de documentos especificada pelo template.

Idealmente, o autor de documentos deveria ser capaz de identificar as lacunas de um template, suas restrições e conseguir instanciá-lo sem ter que analisar seu código fonte. No entanto, recorrentemente observa-se que templates são especificados e publicados sem que haja uma preocupação em facilitar seu entendimento por autores menos especializados. Considerando a diversidade de linguagens de templates e de ferramentas de autoria, encontrar um template que satisfaça a necessidade de um determinado usuário sem o emprego de uma ferramenta que o suporte pode não ser uma tarefa trivial. Em geral, na ausência de uma documentação eficaz, os autores de aplicações precisam analisar o código fonte dos templates para identificar suas lacunas e restrições antes de instanciá-lo.

Pode-se dizer que a comunicação entre os autores de templates e os de aplicações é prejudicada pela falta de informações adicionais (metadados) sobre as famílias de documentos. Esse é um grande problema relacionado ao método de orientado a templates: a necessidade de mediar a comunicação entre os dois atores, favorecendo a realização das tarefas de busca e instanciação dos templates.

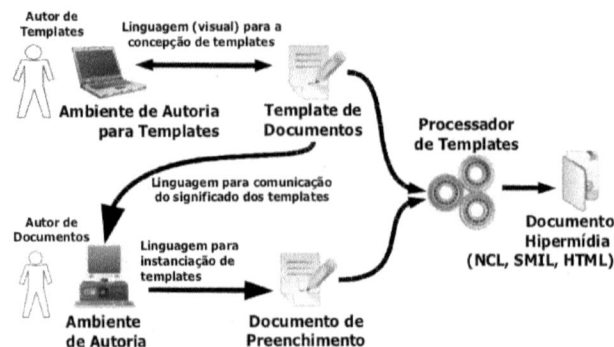

Figura 1. Autoria Orientada a Templates.

3. TRABALHOS RELACIONADOS

O uso de templates na autoria de aplicações hipermídia é uma tendência que pode ser percebida ao se analisar diversas ferramentas de autoria que fazem uso desse artifício. Silva e Muchaluat-Saade propõe em [6] a ferramenta NEXT – *NCL Editor supporting XTemplate* que faz uso de templates de composição escritos em XTemplate para a autoria de documentos NCL. Em [7], por outro lado, é proposta a ferramenta EDITEC para a criação de templates de composição especificados em XTemplate. Em [1], Soares et al. propõe TAL (*Template Authoring Language*) na autoria de aplicações NCL. O modelo de templates hipermídia da ferramenta LimSee3 é descrito em [8], na criação de documentos SMIL. Aplicações *web* podem ser geradas a partir de templates XTiger utilizando a biblioteca javascript AXEL [9]. Em [10] os autores propõem uma ferramenta de autoria orientada a templates que faz uma separação clara entre a especificação do projeto de interface e a especificação da lógica da apresentação.

Além desses trabalhos citados, há vários outros na literatura que empregam templates na autoria. No entanto, poucos trabalhos preocupam-se em criar artifícios focados nos problemas de busca, indexação e entendimento dos templates especificados.

Na NEXT, por exemplo, os únicos mecanismos que auxiliam na escolha de um template é uma descrição em linguagem natural e uma visualização gráfica do *layout*, sendo difícil inferir com maior precisão a semântica de apresentação especificada no template. O LimSee3 e a biblioteca AXEL utilizam uma abordagem WYSIWYG para o preenchimento dos templates, contudo, um autor de aplicações precisa abrir os vários templates disponíveis até encontrar o que melhor satisfaz as suas necessidades. Nenhum dos autores dessas duas últimas ferramentas e nem os autores do trabalho [10] citam a implementação de qualquer suporte que facilite a busca por templates. O EDITEC auxilia na autoria de templates, mas não trata do problema de como documentá-los. Em TAL, os autores da linguagem apenas salientam a necessidade de criação de um repositório (ou base) a ser consultado pelos autores de aplicações a fim de buscar templates. Os autores não se aprofundam em definir como possivelmente deve ser um repositório de templates, ou mesmo quais funcionalidades ele deve ter para ser eficaz.

A preocupação em criar artifícios com o objetivo de transmitir a semântica de trechos de código fonte de programas de computador sem a necessidade de sua inspeção é um problema antigo e bem conhecido. Uma das primeiras soluções propostas para esse problema foi a utilização de fluxogramas. Goldstine e von Neumann [11], em 1947, demonstraram a utilidade de se empregar fluxogramas para representar procedimentos bem definidos. Embora fluxogramas representem bem códigos imperativos, o mesmo não pode ser afirmado para códigos fonte declarativos – tipicamente, linguagens de especificação de templates seguem o paradigma declarativo. Para representar programas declarativos (em especial aplicações hipermídias), muitas vezes uma solução de domínio específico é mais indicada. Bulterman e Hardman [12] discutem algumas abstrações gráficas especializadas na representação de documentos hipermídia.

Outra forma de documentação bastante utilizada são os comentários escritos em linguagem natural, de forma não estruturada e embutidos no código fonte. Existem alguns inconvenientes no uso de comentários em códigos fonte como forma de comunicação entre diferentes programadores. Em primeiro lugar, é preciso considerar que a linguagem natural é tipicamente ambígua, podendo levar a interpretações errôneas em sua interpretação. Entre outros fatores, essa ambiguidade pode ser consequência tanto da diferença no nível de especialização dos diferentes usuários, quanto da qualidade da escrita do comentário (ou mesmo uma junção de ambas as possibilidades). Um segundo inconveniente dessa abordagem é que ela exige que o código fonte necessariamente seja inspecionado para visualizar a documentação.

Encontrar um determinado trecho de código que se está interessado ou mesmo trechos relacionados a outros, além de ser uma tarefa potencialmente cansativa e demorada, pode ocasionar uma quebra no raciocínio, desviando a atenção e reduzindo a produtividade. Esse cenário de certa forma assemelha-se com o problema atacado neste trabalho, em que há de um lado um usuário mais especialista que cria templates e de outro usuários menos especialistas que os instanciam. Acredita-se que a abordagem proposta reduz em diversos casos a necessidade de análise do código fonte dos templates a fim de compreendê-los e identificar suas lacunas.

É possível também identificar várias ferramentas que fazem uso da estruturação de comentários para a geração de documentação externa (e muitas vezes navegável). Geradores de documentação como o Javadoc[1], por exemplo, geram uma documentação, em geral HTML, de APIs (*Application Programming Interface*) em códigos cujos comentários seguem uma determinada sintaxe predefinida. A forma mais estruturada que as informações são apresentadas pelos geradores de documentação tende a facilitar seu entendimento, em comparação à leitura de comentários no código escritos de forma não estruturada. Outra vantagem dessa abordagem é a possibilidade de encontrar mais rapidamente informações relacionadas a um dado trecho de código (no caso da documentação ser navegável). Para linguagens imperativas, essa abordagem de documentação tem sido bastante utilizada, porém para linguagens declarativas não há um padrão utilizado para documentação de códigos. Um inconveniente dessa abordagem é a mesclagem em um único documento de pelo menos duas linguagens com propósitos completamente diferentes, a linguagem de programação e a linguagem de documentação, o que leva ao não isolamento dos aspectos tratados em um documento. Outro problema menor é a dificuldade de visualização do código, obrigando, em diversos casos, os autores finais a fazerem uso mais extensivo da barra de rolagem (em uma ferramenta de autoria, isso pode ser contornado com mecanismos de *folding*).

---

[1]http://www.oracle.com/technetwork/java/javase/documentation/javadoc-137458.html

Em [3], os autores discutem o fluxo de trabalho de um sistema que possui um repositório para armazenar templates especificados em Luar. É possível adicionar uma descrição aos templates armazenados, além de imagens e vídeos de como utilizá-lo. Apesar dos autores afirmarem ser possível categorizar os templates, nenhuma discussão é feita sobre quais os critérios possíveis de categorização. A única forma de documentar os templates é por meio da descrição em linguagem natural. De forma semelhante, uma ferramenta que possibilita a autoria de telejornais interativos baseados em templates é apresentada em [13]. Os autores criaram um repositório para armazenar os templates disponíveis, que são documentados unicamente por palavras-chave (*tags*), sendo esse também o único mecanismo de busca disponível.

O trabalho identificado na literatura que mais se aproxima com o catálogo de templates proposto neste artigo é a base de templates descrita (brevemente) em [2]. Essa base consiste de um arquivo XML contendo a localização dos metadados de cada um dos templates nela presentes. Os metadados são compostos de uma descrição sucinta do template, bem como de todos os componentes de seu vocabulário. A principal diferença com relação ao trabalho corrente é que em [2] os metadados sobre templates são bastante simples, limitando-se a descrever a intenção do template e o seu vocabulário. O trabalho aqui proposto busca uma descrição de mais alto nível, contendo alguns pontos além dos encontrados em [2], como por exemplo, categorização, instruções de preenchimento e restrições definidas.

Documentar códigos fonte invariavelmente ocasiona um *overhead* para os autores. Por outro lado, há diversos trabalhos na literatura que defendem seu uso como forma de criar softwares de mais fácil manutenção e uso [5]. Em [14] Berners-Lee defende a ideia de que a documentação de código em estruturas bem definidas é uma forma de tornar possível a extração automática de informação por máquinas de busca. Uma alternativa para diminuir esse *overhead* é criar ferramentas que automatizem parte da tarefa de documentação e que deem suporte aos autores para documentar as partes não automatizadas. No nosso trabalho, foi implementada uma ferramenta de autoria TAL integrada ao catálogo de templates que oferece tais funcionalidades, sendo possível ao autor de templates alterar as informações geradas automaticamente.

4. CATÁLOGO DE TEMPLATES

O catálogo de templates é um documento que guarda informações de armazenamento e os metadados de um conjunto de templates. Os templates podem tanto estar armazenados em uma base local quanto em uma base remota. Cada template presente no catálogo possui uma documentação que o descreve, sendo que essa documentação exerce um papel fundamental na busca por famílias de documentos.

A Figura 2 ilustra a arquitetura proposta. Em nossa arquitetura há duas operações fundamentais: a indexação e a busca por templates. Enquanto a indexação diz respeito a atualização do catálogo sempre que um template é adicionado, editado ou removido de um repositório, a busca envolve a consulta nos metadados para retornar os templates que satisfazem a determinados critérios de seleção. Assim, quando um autor publica um template especificado, a ferramenta de indexação (indexador) é acionada para atualizar o catálogo, armazenando tanto a localização do template quanto os metadados informados pelo autor. Por outro lado, quando um autor de aplicações busca um template, a máquina de busca é responsável por fazer a consulta e retornar os resultados. Os acessos tanto ao indexador quanto à máquina de busca são feitos utilizando APIs REST.

Vale ressaltar que a documentação de templates proposta é independente de qualquer linguagem de especificação de famílias de documentos. Para fins ilustrativos, foi desenvolvida uma ferramenta de autoria TAL que faz uso da API REST do indexador para publicar os templates criados. Note que qualquer outra ferramenta de autoria de templates poderia ter sido estendida e integrada ao indexador.

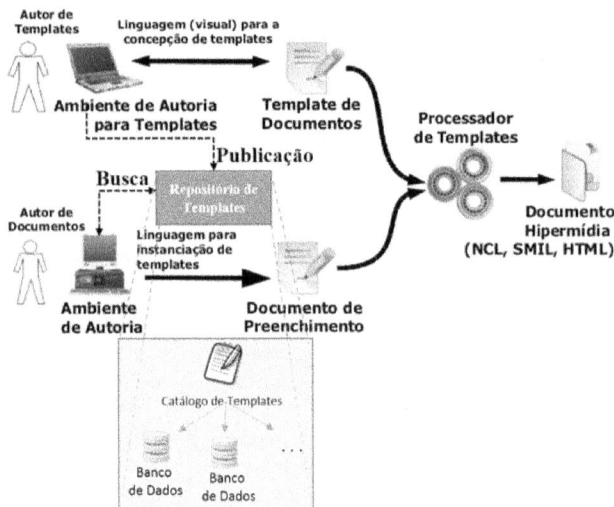

Figura 2. Método de autoria orientado a templates utilizando o Catálogo de Templates.

4.1 Documentação

A estratégia para documentar templates utilizada é semelhante àquela utilizada em [15] para catalogar padrões de projetos. Cada família de documentos é descrita de acordo com uma estrutura de tópicos, sendo cada tópico referente a uma característica específica dos templates.

Fazendo um estudo de linguagens de especificação de templates, da forma como os autores os descrevem (alguns exemplos podem ser encontrados em [1], [2], [5], [16]) e também de como alguns repositórios organizam seus metadados, os tópicos apresentados na Listagem 1 são os aspectos que devem estar presentes na descrição de templates.

Tópico 1: Identificador	**Tópico 5**: Relacionamentos
Tópico 2: Descrição	**Tópico 6**: Instruções de preenchimento
Tópico 3: *Tags*	
Tópico 4: Categoria	**Tópico 7**: Restrições

Listagem 1. Tópicos para documentação de templates.

Ferramentas de autoria podem inferir automaticamente o identificador, os relacionamentos e as restrições dos templates (obviamente, quando a linguagem de especificação em uso possuir tais conceitos). Para o preenchimento dos outros tópicos, é preciso que o autor de templates forneça essas informações.

O **identificador** identifica o template no catálogo, tendo a função de ser a chave primária de cada um deles. A **descrição** consiste de uma explanação subjetiva em linguagem natural feita pelo autor do template. Perceba que se os templates fossem documentados utilizando unicamente esse tópico (como ocorre em [2], [3] e [6]),

a comunicação entre os atores do método dependeria unicamente da clareza dessa descrição. Sabe-se, porém, que a linguagem natural é ambígua, podendo levar facilmente a interpretações errôneas a respeito do que está de fato especificado no template, além de ser de difícil utilização por mecanismos de busca.

As **tags** podem vistas como sendo a definição de palavras chave relacionadas aos templates. Elas são úteis, por exemplo, para identificar templates que satisfaçam a um determinado critério de busca. De acordo com [17], *tags* são um dos melhores atributos de um repositório para suportar operações de classificação automática, busca e recomendação de conteúdo. Um exemplo é o repositório de vídeos Youtube, em que tanto a busca quanto a sugestão de vídeos relacionados são baseados, entre outros parâmetros, nas *tags* informadas pelos usuários no instante da publicação dos vídeos.

Como descrito em [1], um dos benefícios do uso de templates é a possibilidade de agrupar famílias de documentos em **categorias,** de forma a favorecer operações de busca. Baseado nesse conceito, é estabelecido que o catálogo deve categorizar os templates seguindo algum critério. Estabelecer categorias ortogonais para famílias de documentos é uma tarefa complexa, uma vez que templates podem tanto modelar um comportamento bem específico, (e.g., a apresentação de componentes sequencialmente), quanto uma aplicação inteira, especificando relacionamentos complexos. Esse problema complica ainda mais quando consideramos que templates podem ser especificados a partir de outros templates (a linguagem TAL, por exemplo, permite que um template estenda outro).

Quatro categorias são inicialmente propostas neste trabalho: narrativa interativa, *add-ons*, *widgets* e contêineres temporais. Ressalta-se que é preciso uma análise subjetiva dos autores para a decisão da categoria que um template pertence. Uma alternativa a esse julgamento subjetivo é a utilização de anotações semânticas no template, de forma a fazer com que a inferência de sua categoria seja mais direta.

Templates de narrativa interativa são relatos de fatos, de acontecimentos, cuja evolução pode ser influenciada em tempo real pelo usuário que assiste ao relato. Apresentações em que usuários podem escolher entre finais alternativos são exemplos de aplicações que podem ser modeladas com templates de narrativa interativa.

A categoria *add-on* (ou enriquecimento) agrupa templates que enriquecem a exibição de um conteúdo sem desviar o fluxo da narrativa principal. Há dois tipos de templates *add-on*: síncronos e assíncronos.

Templates *add-on* síncronos possuem ao menos uma mídia principal sobre a qual âncoras temporais/são definidas, estabelecendo instantes de interação e sincronismo. Geralmente a mídia principal é uma mídia contínua (áudio ou vídeo), que apresenta uma narrativa que pode ser enriquecida com conteúdo adicional. Apresentações em que em um dado momento do vídeo uma propaganda é sincronizada são exemplos de aplicações que podem ser modeladas com templates *add-ons* síncronos.

Templates *add-on* assíncronos são templates cujas interações e sincronismos estão desassociados de âncoras temporais/espaciais de uma mídia principal. Geralmente são templates projetados para enriquecer a apresentação com algum conteúdo, porém sua apresentação é independente do tempo de apresentação desse conteúdo. Exemplos de aplicações que podem ser instanciadas com templates *add-on* assíncronos são apresentações cuja interatividade está sempre disponível aos usuários, sem que tal interação influencie na apresentação principal. Um exemplo seria uma aplicação que exibe os resultados dos jogos de um campeonato ao selecionar um botão do controle durante a exibição de uma partida.

Templates de *widgets* são aqueles que, em geral, são projetados para gerarem partes de aplicações e não aplicações completas. Geralmente implementam um conjunto pequeno e específico de funcionalidades. Alguns exemplos dessas funcionalidades são menus, *slide shows* e enquetes. Perceba que um template *add-on* (síncrono ou assíncrono) pode ser modelado incluindo diversos templates *widgets*, favorecendo assim o reúso de templates.

Por fim, é possível criar templates que especificam apenas algumas poucas relações de sincronismo (e. g., templates equivalentes aos contêineres temporais <seq> ou <par> da linguagem SMIL [4], ou mesmo correspondentes aos operadores de Allen [18]). Note que essas famílias de documentos especificam relacionamentos bem específicos e, em geral, não dão origem a uma aplicação completa. Templates que apresentam essas características são categorizados como sendo contêineres temporais. É possível que diversos templates dessa categoria sejam combinados para gerar uma aplicação final.

Voltando à descrição dos tópicos, os **relacionamentos** de um template especificam sua semântica de apresentação (i.e., definem o comportamento dos objetos durante a execução das aplicações instanciadas). Note que o entendimento correto dos relacionamentos definidos é de fundamental importância na escolha de um template a ser instanciado. O uso de linguagem natural nesse tópico poderia comprometer esse entendimento (devido a possíveis ambiguidades). Em nossa implementação, o catálogo expressa os relacionamentos dos templates utilizando o paradigma de causalidade (esse ponto é retomado na próxima seção).

As **instruções de preenchimento** ajudam no preenchimento das lacunas dos templates, respeitando suas restrições. Uma possibilidade de expressá-las é utilizando uma linguagem que permita a especificação de um "guia" (e.g., *wizard*) que instrua os autores de aplicações a como criar um documento final partindo de um template. Em [19] é proposta a linguagem XWizard para a especificação de *wizards*, sendo que o uso dessa linguagem neste tópico constitui-se uma possível abordagem para guiar o preenchimento dos templates.

Por fim, o tópico **restrições**, é destinado a descrever todas as restrições definidas nos templates. É importante que o autor de aplicações conheça essas restrições, para a correta instanciação do template, uma vez que elas definem quando um documento de preenchimento é válido ou não para um dado template.

Cada template indexado no catálogo possui um arquivo de metadados que armazena a descrição de cada um dos tópicos apresentados na Listagem 1. Outra forma de interpretar essa documentação é visualizá-la como sendo uma "ficha catalográfica" dos templates. Note que, nos tópicos levantados da documentação, há claramente informações com diferentes níveis de abstração. Enquanto tópicos, como relacionamentos e restrições, apresentam informações mais próximas do código fonte dos templates, tópicos, como descrição, *tags* e instruções de preenchimento, são mais próximas do autor de aplicações. Essa diferença no nível de abstração permite a implementação de mecanismos de busca diferentes. Por exemplo, é possível implementar desde buscas simples que considerem apenas a descrição ou as *tags,* até buscas mais elaboradas, que considerem o número de restrições ou de componentes especificados no vocabulário do template.

4.2 Estruturas Internas

O catálogo é representado como um índice XML. Cada entrada nesse índice é composta basicamente por um ponteiro para a localização do template, e um ponteiro para sua documentação. Para tornar algumas operações de busca mais eficientes, o índice também guarda as *tags* dos templates. Essa estratégia agiliza operações de busca por palavras chave e por templates relacionados. A Listagem 2 ilustra parte do catálogo. Note que, nesse exemplo, o template cujo identificador é "sequential" está indexado. O arquivo que armazena seus metadados é referenciado pelo atributo *metadata*, e sua localização (nesse exemplo, o template está armazenado localmente) é indicada pelo atributo *location*.

```xml
<catalog id="templateBase" ... >
    <category name="temporal container">
        <template id="sequential"
            metadata="file://templateBase/sequential.xml"
            location="file://templateBase/sequential.tal">
            <tag>seq</tag>
            <tag>smil</tag>
        </template>
    </category>
</catalog>
```

Listagem 2. Trecho do catálogo.

Os metadados são armazenados em um arquivo XML. A Listagem 3 apresenta o documento que armazena os metadados do template "sequential". Note que os relacionamentos, nos metadados, são expressos utilizando o paradigma de causalidade. Ainda que algumas linguagens de especificação de templates possam não ser baseadas nesse paradigma, sua expressividade permite que tipos diferentes de relacionamentos sejam pelo menos aproximados. Como exemplo, os operadores temporais de Allen podem ser aproximados por sentenças causais. Em [20] há uma descrição completa sobre o formato de armazenamento dos metadados.

```xml
<templateDocumentation category="Temporal Container"
            templateId="sequential">
    <description>Modela a exibição sequencial de
    componentes do tipo 'seq'. Implementação em TAL do
    container temporal 'seq' de SMIL.</description>
    <tags>
        <tag>seq</tag>
        <tag>smil</tag>
    </tags>
    <vocabulary>
        <component name="seq">Componentes que serão
        exibidos sequencialmente.</component>
        <link>
            <condition cardinality="i" component="seq"
                        condition="onEnd"/>
            <action action="start" cardinality="i+1"
                        component="seq"/>
        </link>
    </vocabulary>
    <restrictions>
        <restriction test="#seq>1" type="assert">It must be at
        least two SEQ element.</restriction>
    </restrictions>
    <wizard>file://seq/seqWizard.wiz</wizard>
</templateDocumentation>
```

Listagem 3. Metadados do template "sequential".

A máquina de busca opera tanto no índice quanto nos arquivos de metadados. Buscas por identificador, palavras chave e categoria são resolvidas consultando apenas o índice. Buscas mais refinadas, que envolvem a análise dos outros tópicos da documentação, exigem que os metadados também sejam analisados. Todas as operações de busca têm como retorno a documentação dos templates.

Note que a documentação exerce um papel fundamental na nossa proposição. Ela isola cada autor do método em seu próprio nível de abstração e é utilizada como artefato mediador da comunicação entre eles, sendo promovida a uma entidade de primeira classe no repositório.

5. NOTAÇÃO GRÁFICA

Para facilitar o entendimento dos relacionamentos dos templates uma notação gráfica pode ser utilizada para representá-los. Nossa proposta reutiliza e adapta uma notação para representar graficamente relacionamentos causais. A Figura 3 apresenta o arcabouço da notação proposta. Os componentes que fazem parte do relacionamento são denotados por elipses, sendo que os que exercem papéis de condição estão à esquerda e os que exercem papéis de ação estão à direita. Dentro das elipses há a identificação dos componentes do vocabulário que integram o relacionamento. O índice, discutido adiante, particulariza um componente (ou grupo de componente) definido no documento de preenchimento.

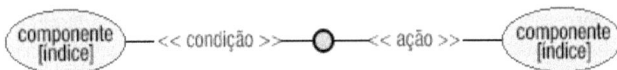

Figura 3. Arcabouço da notação visual proposta de um relacionamento causal.

Em um relacionamento causal, cada componente pode exercer um papel de condição (*onBegin, onEnd, onAbort, onPause, onResume* ou *onSelection*) ou de ação (*start, stop, abort, pause, resume, set*). Para representar o papel que cada componente exerce em um relacionamento, a notação gráfica proposta reutiliza os ícones definidos em [21].

Para ilustrar o uso do arcabouço apresentado na Figura 3, considere o template "sequential" especificado em TAL [1] na Listagem 4. Esse template define em seu vocabulário um tipo de componente chamado *seq* e estabelece um único relacionamento causal: quando um determinado objeto do tipo *seq* (seq[i]) encerrar sua apresentação, o próximo objeto *seq* (seq[i+1]) do documento de preenchimento iniciará.

A Figura 4 ilustra a representação do relacionamento da Listagem 4, de acordo com a notação proposta. Como o componente *seq* está ligado tanto ao papel de condição (*onEnd*) quanto ao de ação (*start*), as elipses à esquerda e à direita se remetem a ele. Os papéis de condição e ação são representados pelos respectivos ícones definidos em [21].

```
<tal:template id="sequential">
    <tal:component id="seq" selects="*[class~=seq]"/>
    <tal:link id="loopVideos">
        <tal:forEach instance="seq" iterator="i">
            onEnd seq[i] then
            start seq[i+1] end
        </tal:forEach>
    </tal:link>
</tal:template>
```

Listagem 4. Template sequential especificado em TAL.

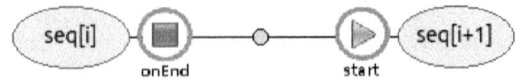

Figura 4. Notação gráfica de um relacionamento do tipo
onEnd ... then start ... .

Note que o vocabulário dos templates estabelece conjuntos de determinados componentes (estabelece tipos e não instâncias). Assim, a menos que explicitamente limitado, um autor de aplicações pode estabelecer tantos objetos quanto queira para qualquer um dos tipos de componentes definidos no vocabulário. Na Figura 4, a notação [i] foi utilizada para representar qualquer instância de um objeto do tipo *seq*. A notação [i + 1] foi utilizada para representar o próximo objeto do tipo *seq* que sucede a instância [i]. Essa identificação dos componentes em um relacionamento é consoante com a utilizada pela linguagem TAL. A Tabela 1 apresenta parte da notação auxiliar utilizada nos índices da notação para representar objetos específicos dos conjuntos de componentes definidos. Essa notação auxiliar foi em parte inspirada na notação descrita em [7].

Tabela 1. Notação Auxiliar.

Notação	Descrição
[i]	Representa o objeto da posição **i** de um conjunto de elementos, onde **i** é incrementado a cada iteração até referenciar todas as posições possíveis do conjunto. Se **i** aparece tanto à esquerda quanto à direita como índice de um mesmo componente, então a semântica representada indica que a mesma instância do objeto ligado à condição será também ligada à ação.
[{n}]	Representa um objeto específico de um conjunto de elementos. Exemplo: [1] representa o primeiro, [2] representa o segundo e assim por diante, até o último, representado por [#]. Se **{n}** aparece tanto à esquerda quanto à direita como índice de um mesmo componente, então a semântica representada indica que a mesma instância do objeto ligado à condição será também ligada à ação.
[i + {k}] ou [{n} + {k}]	É utilizado em conjunto com a notação [i] ou [{n}] para representar o {i + k}-ésimo ou {n+k}-ésimo objeto do conjunto. Exemplo: [i+1] representa o próximo objeto à posição [i].
*	Representa todos os objetos do conjunto.

6. EXEMPLO DE USO

Um exemplo prático do uso de nossa proposta ajuda a ilustrar os resultados práticos obtidos com seu emprego.

Considere que um autor de templates tenha especificado uma família de documentos, mais uma vez em TAL, que modela um *quiz*. Suponha também que o autor de templates deseje publicar essa família de documentos para permitir que autores de aplicações a utilizem. A publicação desse template, se documentado em um catálogo especializado, aumenta a possibilidade dele ser de fato utilizado na instanciação de aplicações.

Em um cenário ideal, a fase de publicação de famílias de documentos é integrada ao ambiente de autoria de templates. Quando isso é possível, a publicação acaba por se tornar uma etapa posterior e natural à própria especificação de templates. Tendo em vista esse conceito, um protótipo de uma ferramenta de autoria de templates TAL foi desenvolvido visando demonstrar a viabilidade da integração da fase de desenvolvimento com a fase de publicação de templates no catálogo. Esse protótipo, nomeado TAL Eclipse, foi implementado como um plugin textual da IDE Eclipse. No instante da publicação, o TAL Eclipse gera um *wizard* para que o autor informe os metadados, apresentados na Listagem 1, que não podem ser automaticamente extraídos do código fonte. A Figura 5 ilustra uma tela do *wizard* gerado pelo TAL Eclipse para preenchimento dos metadados de um template.

Figura 5. *Wizard* **gerado pelo TAL Eclipse para preenchimento dos metadados de um template.**

Após a publicação, o indexador atualiza o catálogo de acordo com os metadados fornecidos pelo autor, disponibilizando-o para eventuais operações de busca e recuperação.

Suponha agora que um autor de aplicações esteja interessado em criar uma aplicação NCL que contenha um *quiz*. Caso esse autor utilize o template discutido, ele precisará apenas criar um documento de preenchimento para esse template. Em [20] é discutido um exemplo de um documento de preenchimento para um template *quiz* que possui 34 linhas de código, enquanto que o documento final gerado possui 78. Note que o documento final possui mais que o dobro de linhas de código que o documento de preenchimento. No entanto, para que o autor de aplicações possa chegar ao ponto de apenas especificar o documento de preenchimento, é necessário que ele encontre o template e o entenda. A ausência de técnicas que o auxiliem nessas tarefas levaria o autor de aplicações a necessariamente ter que conhecer os conceitos da linguagem TAL, para inspecionar o código fonte, entender o que está especificado e saber quais são as lacunas do template para poder instanciá-lo. Alternativamente, uma máquina de busca pode ser utilizada para consultar o catálogo de templates e recuperar os metadados de forma a auxiliar nas tarefas de busca e entendimento dos templates.

Para demonstrar a viabilidade de integração do catálogo, agora com ferramentas de autoria de aplicações, foi projetada uma extensão à ferramenta de autoria NCL Composer [22]. A extensão permite a criação de aplicações baseadas em templates e oferece opções de buscas no catálogo. Sempre que uma consulta é feita, a ferramenta NCL Composer exibe os metadados dos templates de forma estruturada em uma interface gráfica. A notação discutida na Seção 5 é utilizada para a representação dos relacionamentos.

Considere que o autor de documentos esteja utilizando o NCL Composer com a extensão implementada. Ao criar um novo projeto baseado em templates e realizar uma consulta por *tags* tendo como parâmetro de busca a palavra "*quiz*", a máquina de busca retornaria o template discutido e apresentaria sua documentação, conforme ilustra a Figura 6.

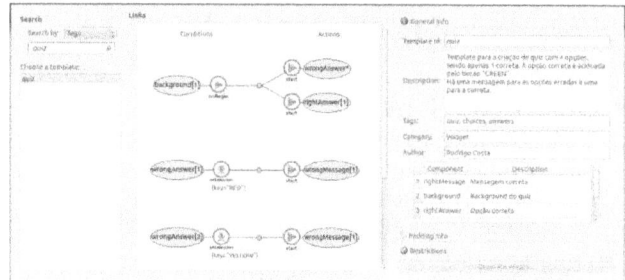

Figura 6. Interface do NCL Composer exibindo os metadados de um template.

Por fim, um *wizard* instruiria o autor no preenchimento das lacunas do template, conforme discutido em [19]. Perceba que o autor de documentos não precisa inspecionar o código fonte do template, apenas analisar os metadados apresentados e preencher o *wizard*. O catálogo então media a comunicação entre os autores do método, cumprindo seu objetivo primordial.

7. CONCLUSÕES

A comunicação entre os atores do método de autoria orientado a templates é um problema de difícil solução. A proposta descrita neste trabalho constitui-se como uma contribuição visando a mediação da comunicação entre tais atores. Acredita-se que o uso dessa proposta pode tornar mais natural a instanciação do método, já que a documentação é descrita em um nível de abstração mais próximo do autor de aplicações.

A facilidade de integração do indexador do catálogo com ferramentas de especificação de templates comprova a viabilidade de concatenar as fases de codificação e de publicação de famílias de documentos em uma mesma ferramenta. Por outro lado, a facilidade em realizar buscas apenas consultando URLs (fazendo uso de *Web Services* REST) torna direta a integração do catálogo com ambientes de autoria de aplicações.

O uso da linguagem natural para descrever parte da documentação justifica-se pela sua proximidade junto a usuários menos especialistas. Investigar a utilização de ontologias para descrição de alguns dos tópicos definidos no catálogo, no entanto, pode ser identificado como trabalho futuro, uma vez que tal descrição pode facilitar o entendimento da documentação também por máquinas, favorecendo ainda mais a implementação de mecanismos de buscas. Mais ainda, a escolha de uma boa ontologia para a descrição do template pode levar a uma forma automatizada de preencher os outros tópicos da documentação. Outro trabalho futuro é investigar a utilização de técnicas de aprendizagem de máquina para auxiliar na inferência automática da categoria dos templates.

Por fim, um estudo de usabilidade junto a usuários que não conhecem linguagens de especificação de famílias de documentos é identificado como outro trabalho futuro da proposta deste trabalho.

Concluindo, resumidamente, a principal contribuição deste trabalho é dar suporte à instanciação do método de autoria orientada a templates mantendo o isolamento de cada um dos autores em seu próprio nível de abstração, sendo o catálogo o artefato que medeia a comunicação entre ambos.

8. AGRADECIMENTOS

Os autores agradecem à Coordenação de Aperfeiçoamento de Pessoal de Nível Superior (CAPES) e ao Conselho Nacional de Desenvolvimento Científico e Tecnológico (CNPq) pelo financiamento desta pesquisa.

9. REFERÊNCIA

[1] SOARES NETO, C. S.; SOARES, L. F. G.; DE SOUZA, C. S. TAL—Template Authoring Language. **Journal of the Brazilian Computer Society**, v. 18, n. 3, p. 185-199 , September 2012. ISSN 10.1007/s13173-012-0073-7.

[2] DOS SANTOS, J. A. F.; MUCHALUAT-SAADE, D. C. XTemplate 3.0: spatio-temporal semantics and structure reuse for hypermedia compositions. **Multimedia Tools and Applications**, p. 1-29, Janeiro 2011. ISSN DOI 10.1007/s11042-011-0732-2.

[3] BEZERRA, D. H. D. et al. **Luar:** a language for agile development of NCL templates and documents. In Proceedings of the 18th Brazilian symposium on Multimedia and the web (WebMedia '12). São Paulo, Brazil: ACM. 2012. p. 395-402.

[4] W3C. **SMIL Timesheets 1.0.** [S.l.]. 2008.

[5] VANOIRBEEK, C. et al. A lightweight framework for authoring XML multimedia content on the web. **Multimedia Tools and Applications**, v. 70, n. 2, p. 1229-1250, May 2014. DOI 10.1007/s11042-012-1159-0.

[6] SILVA, J. V.; MUCHALUAT-SAADE, D. C. **NEXT – Graphical Editor for Authoring NCL Documents Supporting Composite Templates**. In Proceedings of the 18th Brazilian symposium on Multimedia and the web (WebMedia'12). São Paulo, Brazil: ACM. 2012. p. 387-394.

[7] DAMASCENO, J. R.; DOS SANTOS, J. A. F.; MUCHALUAT-SAADE, D. C. **EDITEC**: Editor Gráfico de Templates de Composição para Facilitar a Autoria de Programas para TV Digital Interativa. In Proceedings of the 16th Brazilian Symposium on Multimedia and the Web (WebMedia'10). Belo Horizonte: [s.n.]. 5-8 Outubro 2010.

[8] DELTOUR, R.; ROISIN, C. **The LimSee3 Multimedia Authoring Model**. In Proceedings of the 2006 ACM symposium on Document engineering (DocEng '06). Amsterdam, The Netherlands.: ACM. 2006. p. 173-175.

[9] SIRE, S. et al. **Authoring XML all the time, everywhere and by everyone**. In Proceedings of XML Prague 2010. Prague, Czech Republic: [s.n.]. 2010. p. 125–149.

[10] FERREIRA, T. P.; KULESZA, R.; SOUZA FILHO, G. L. **Uma Ferramenta de Autoria para Aplicações NCL e NCLua:** uma Abordagem Orientada a Templates e com Suporte a Serviços Web. In Proceedings of the 18th Brazilian symposium on Multimedia and the web (WebMedia '12). São Paulo: ACM. 2012. p. 9-12.

[11] GOLDSTINE, H. H.; VON NEUMANN, J. **Planning and coding of problems for an electronic computing instrument**. New Jersey: Institute for Advanced Study Princeton, v. II, 1947.

[12] BULTERMAN, D. C. A.; HARDMAN, L. Structured Multimedia Authoring. **Journal ACM Transactions on Multimedia Computing, Communications, and Applications** , 1, n. 1, February 2005. p. 89--109. DOI: 10.1145/1047936.1047943.

[13] SOUSA, M. F.; TAVARES, T. A.; BEZERRA, E. P. **iTVnews:** Uma Ferramenta para Construção de Aplicações Telejornalísticas em TVDI. In Proceedings of the 17th Brazilian Symposium on Multimedia and the Web (WebMedia'11). Florianópolis, Brazil: ACM. 2011.

[14] BERNERS-LEE, T. What the Semantic Web can represent., 1998. Disponivel em: <http://www.w3.org/DesignIssues/RDFnot.html>.

[15] GAMMA, E. **Design Patterns:** Elements of Reusable Object-Oriented Software. 1ª. ed. [S.l.]: Addison-Wesley, 1996.

[16] SOARES NETO, C. S.; PINTO, H. F.; SOARES, L. F. G. **TAL processor for hypermedia applications.** Proceedings of the 2012 ACM symposium on Document engineering (DonEng'12). Paris: [s.n.]. 2012. p. 69–78. DOI: 10.1145/2361354.2361369

[17] MARTINS, E. F. et al. **Measuring and Addressing the Impact of Cold Start on Associative Tag Recommenders**. In Proceedings of the 19th Brazilian symposium on Multimedia and the web (WebMedia '13). Salvador, Brazil: ACM. 2013. p. 325-332. DOI: 10.1145/2526188.2526189

[18] ALLEN, J. F. Maintaining Knowledge about temporal intervals. **Communications of the ACM**, v. 26, p. 832-843, 1983. DOI: 10.1145/182.358434

[19] AZEVEDO, R. G. A. et al. **Multimedia authoring based on templates and semi-automatic generated wizards**. In Proceedings of the 2013 ACM symposium on Document engineering (DocEng'13). Florence, Italy: ACM. 2013. p. 205-214. DOI: 10.1145/2494266.2494283

[20] SANTOS, R. C. M. **Catálogo de Templates: Repositório para documentação e armazenamento de famílias de documentos**. Dissertação de Mestrado. UFMA. São Luís, p. 145. 2013.

[21] GUIMARÃES, R. L.; SOARES NETO, C. S.; SOARES, L. F. G. A Visual Approach for Modeling Spatiotemporal Relations. **The ACM Symposium on Document Engineering (DocEng'08)**, São Paulo, 16-19 Setembro 2008.

[22] LIMA, B. S. et al. **Composer:** Ambiente de Autoria Extensível, Adaptável e Multiplataforma. In Proceedings of the 16th Brazilian Symposium on Multimedia and the Web (WebMedia'10). Belo Horizonte: [s.n.]. 2010. p. 5-8.

Ensemble Learning in Recommender Systems: Combining Multiple User Interactions for Ranking Personalization

Arthur Fortes and Marcelo Manzato
Institute of Mathematics and Computer Science
University of São Paulo
São Carlos, SP, Brazil
{fortes,mmanzato}@icmc.usp.br

ABSTRACT

In this paper, we propose a technique that uses multimodal interactions of users to generate a more accurate list of recommendations optimized for the user . Our approach is a response to the actual scenario on the Web which allows users to interact with the content in different ways, and thus, more information about his preferences can be obtained to improve recommendation. The proposal consists of an ensemble learning technique that combines rankings generated by unimodal recommenders based on particular interaction types. By using a combination of different types of feedback from users, we are able to provide better recommendations, as shown by our experimental evaluation.

Categories and Subject Descriptors

H.3.1 [**Information Systems**]: Information storage and retrieval—*Content analysis and Indexing*; I.2.6 [**Computing Methodologies**]: Artificial Intelligence—*Learning*

General Terms

Algorithms; Ensemble Learning

Keywords

Recommender Systems; Ensemble Learning; Mutimodals Interecations

1. INTRODUCTION

As the exponential growth of information generated on the World Wide Web, Information Filtering techniques like Recommender Systems have become more and more important and popular. Recommender systems consist of a specific type of information filtering technique that attempts to suggest information items (movies, books, music, news, Web pages, images, etc.) that are likely to interest the users. Typically, recommender systems are based on Collaborative Filtering, which is a technique that automatically predicts

the interest of an active user by collecting rating information from other similar users or items [12].

The traditional recommendation engines consist in acquiring the preferences of users through profiling techniques based on explicit feedback, implicit feedback and hybrid approaches. The approaches based on explicit information collect explicit data provided by users, such as filling out forms or classification of content. This approach is generally considered more accurate, considering that it is provided directly by users, but require a great effort from them [9]. On the other hand, approaches that capture implicit information indirectly collect user interactions during browsing, such as browsing history and mouse movement. This is a more abundant source of information because they are gathered automatically by the system; however, an analysis of user's behavior must be accomplished to infer positive or negative preferences. Hybrid approach, in turn, is the combination of the two types of feedback to obtain a larger and more accurate amount of information.

In order to obtain such interests, profiling mechanisms have been developed, which consist of acquiring, representing and maintaining pieces of information relevant (and/or irrelevant) to the user. In the particular case of obtaining user's preferences, the three most known techniques are based on explicit feedback, implicit feedback and hybrid approaches. Implicit information is collected indirectly during user navigation with the system while visiting a page, mouse movement and clicks on various links of interest. Regarding explicit feedback, the data is intentionally provided, i.e., the user expresses himself in some direct way (e.g. filling in forms or rating a content). This type of information is considered more reliable, since the user is who provides the topics of interests, but the cost of this procedure is the effort of the individual, who is not always willing to cooperate with the system [1]. Finally, the hybrid approach consists of applying the implicit and explicit feedback together, in order to obtain a greater number of user information [9].

However, the performance can be significantly improved, if ensemble methods are used. An ensemble method combines the predictions of different algorithms (or blending) to obtain a final prediction. The most basic blending method is to compute the final prediction simply as the mean over all the predictions in the ensemble [1]. Better results can be obtained if the final prediction is given by a linear combination of the ensemble predictions. In this case, the combination weights have to be determined by some optimization procedure, in general by regularized linear and logistic regressions. Though, not all available ensemble methods are practical for large-scale recommender systems because the massive amount of data leads to vast time and memory consumption.

In this paper, we propose a framework to unify different types of feedback from users using an ensemble learning approach. First, each interaction type is used to learn individuals models; and then, the results of each model is combined using a linear regression algorithm based on a Bayesian optimization criterion. We provide an experimental evaluation of our algorithm with the HetRec2011 Last fm 2k [3] dataset, simulating and inferring a number of interaction paradigms: the user's browsing history and whether he tagged a content or not.

This paper is structured as follows: in Section 2 we depict the related work; Section 3 we give an overview of the notations that we will use during the paper; Section 4 presents the ensemble algorithms developed previously based on heuristics; Section 5 provides a description of the Bayesian Optimization approach, which is explored in this work; in Section 6 we present our proposal in details; Section 7 describes the evaluation executed in the system; and finally, in Section 8 we present the final remarks and future works.

2. RELATED WORK

In this section, we review some work related to our proposal. First, we depict approaches related to multimodal recommender systems, and then, we provide a review of ensemble-based recommender systems.

2.1 Multimodal Interactions

With the increasing number of interactions between users and content, several studies have emerged in order to work with the integration of these interactions, so that more information about the users preferences are gathered by the systems. The work proposed by [14] developed a recommendation system for on line video based on explicit and implicit feedback, plus feedback from relevant information provided by the user. The video used was composed of multimedia content and related information (such as query, title, tags, etc.). The project aimed to combine these types of interactions with the information provided by users in order to generate a more precise rank of relevant items. In order to automatically adjust the system, it was implemented a set of adjustment heuristic given new user interactions.

The SVD++ algorithm proposed by [9] uses explicit and implicit information from users to improve the prediction of ratings. As explicit information, the algorithm uses the ratings assigned by users to items, and as implicit information, it simulates the rental history by considering which items users rated, regardless of how they rated these items. As limitation, the SVD++ algorithm uses a stochastic gradient descent to train the model, which requires the observed ratings from users. Thus, it is impossible to infer preferences for those users who provided only implicit feedback.

In recent research, Domingues et al. [4] developed a multimodal system facing music recommendation, which combines the use (web access) and content (i.e. audio features and textual tags). Part of interactions was done in real time with real users in a commercial music site from the very Long Tail. Combining the data from the system led to better results than content-based systems, leading the system to have greater user acceptance rate, higher rate of user activity and greater user loyalty and usage.

The approach proposed in this paper differs from the aforementioned works because it adopts a post-processing step to analyze the rankings created separately by different algorithms. The advantage of this approach is that it is easier to extend the model to other types of interactions and recommenders.

2.2 Ensemble Approach

Ensemble is a machine learning approach that uses a combination of similar models in order to improve the results obtained by a single model. In fact, several recent studies, such as [8], demonstrate the effectiveness of an ensemble of several individual and simpler techniques, and show that ensemble-based methods outperform any single, more complex algorithm.

In [1] it is proposed a systematic framework for applying ensemble methods to CF methods. They employ automatic methods for generating an ensemble of collaborative filtering models based on a single collaborative filtering algorithm (homogeneous ensemble). They demonstrated the effectiveness of this framework by applying several ensemble methods to various base CF methods.

In the recent work of [12], they discussed the development of a hybrid multi-strategy book recommendation system using Linked Open Data. Their approach builds on training individual base recommenders and using global popularity scores as generic recommenders. The results of the individual recommenders are combined using ensemble method and rank aggregation. They showed that their approach delivers very good results in different recommendation settings and also allows for incorporating diversity of recommendations. However, their work is limited to the type of interactions chosen by the authors.

Our proposal can be considered an ensemble-based technique, as it combines multiple rankings in a post-processing step. However, our approach differs from the related work in the sense that we analyze multiple interaction paradigms from the user in order to generate a more accurate personalized ranking. Our contribution, thus, can be considered a multimodal recommender system based on multiple user feedback types, but it also uses an ensemble learning technique to generate recommendations.

3. NOTATION

Following the same notation in [11], we use special indexing letters to distinguish users and items: a user is indicated as u and an item is referred as i, j; and r_{ui} is used to refer to either explicit or implicit feedback from a user u to an item i. In the first case, it is an integer provided by the user indicating how much he liked the content; in the second, it is just a boolean indicating whether the user consumed or visited the content or not. The prediction of the system about the preference of user u to item i is represented by $\hat{r}_{ui}$, which is a floating point value guessed by the recommender algorithm. The set of pairs (u, i) for which r_{ui} is known are represented by the set $K = \{(u, i) | r_{ui} \text{ is known}\}$.

Additional sets used in this paper are: $N(u)$ to indicate the set of items for which user u provided an implicit feedback, and $\bar{N}(u)$ to indicate the set of items that are unknown to user u. The learning rate of the algorithm is represented with the variable α and Λ represents constants used for regularization, and are defined by cross-validation.

Particularly in this paper, we define $R(u, tags)$, $R(u, history)$ and $R(u, ratings)$ the rankings generated to user u for the interactions: tags, history navigation and ratings respectively. In addition, concerning theses interactions, we define $r_{u,i}^{tags}$, $r_{u,i}^{history}$ and $r_{u,i}^{ratings}$ to represent the scores of pair (u, i) in each ranking.

Thus, the concept of ranking and scores are related to each other: each unimodal algorithm will generate a score (weight) which is a floating point representing how much a user likes an item using a particular interaction. These scores are then sorted in decreasing order forming the ranking of items where the first is the most relevant to that user's preferences. In this way, for each user and interaction (tagging and navigation), we will have a ranking. For instance, $R(u, tagging)$ contains a list of (u, i) pairs with corresponding scores generated by a unimodal algorithm based on tagging interaction of user u.

4. ENSEMBLE ALGORITHMS BASED ON HEURISTICS

The idea of using multiple interactions from users in recommendation systems by mean of ensembling methods has been explored in two previous work of ours. In spite of their promising results, they were based on a set of heuristics, which works better on a restricted domain.

In the first work [5], we propose a robust framework capable of generating recommendations based on multimodal user interactions, whenever they are available or not. The system consists of a post-processing step which combines rankings generated by different unimodal recommenders exploiting individual interaction types. We used two algorithms: SVD++ and BPR MF which generate rankings based on a variety of feedback types. In this approach, the algorithm prioritizes those items that appear more than once in the $R(u, partial)$ and the items on which the user has assigned tags. This heuristic is supported by the fact the higher the frequency of the item in $R(u, tags)$, $R(u, history)$ and $R(u, ratings)$, the more this item is closer to the user's preferences (the user has interacted with this content in different ways). In addition, it was found that a higher importance for the parameter β achieved better results; it is because tagging a resource requires more effort from the user than simply accessing an item or giving a rating; consequently, it is inferred that item captured better his attention than others.

We defined in the second work [6], $R(u, tags)$, $R(u, history)$ and $R(u, ratings)$ the rankings generated to user u for the interactions: tagging, history navigation and ratings, respectively. In addition, concerning these interactions, we define $r_{u,i}^{tags}$, $r_{u,i}^{history}$ and $r_{u,i}^{ratings}$ to represent the scores of pair (u, i) in each ranking. After generating the unimodal rankings, our algorithm processes these rankings as illustrated in Algorithm 1. First, a partial ranking $R(u, partial)$ is created containing the (u, i) pairs which occur in all rankings. Then, the average scores of each ranking is computed. Following, for each interaction type and each (u, i) pair in $R(u, partial)$, we test whether the score $s(u, i, .)$ is greater than the corresponding average score. If all scores satisfy the condition, we set the final score $\hat{r}_{u,i}$ for that user and item pair as the highest score among the rankings. Finally, these values

are sorted in descending order resulting in the final ranking which will be recommended at top N.

Input: $R(u, tags)$, $R(u, history)$, $R(u, ratings)$
Output: Final Rank $R'(u, final)$
$R(u, partial) \leftarrow$
$R(u, tags) \cap R(u, history) \cap R(u, ratings)$
Compute $avg_{R(u,tags)}$, $avg_{R(u,history)}$ and
$avg_{R(u,ratings)}$
for $(u, i) \in R(u, partial)$ **do**
    if $r_{u,i}^{tags} \geq avg_{R(u,tags)}$ & $r_{u,i}^{history} \geq avg_{R(u,history)}$ &
    $r_{u,i}^{ratings} \geq avg_{R(u,ratings)}$ **then**
        $\hat{r}_{u,i} \leftarrow max(r_{u,i}^{tags}, r_{u,i}^{history}, r_{u,i}^{ratings})$
    end
    Aggregate $\hat{r}_{u,i}$ into $R(u, final)$
end
$R'(u, final) \leftarrow sort\_desc(R(u, final))$

Algorithm 1: Heuristic-based Ensemble Algorithm

---

5. BAYESIAN PERSONALIZED RANKING

As previously exposed, the previous ensembling approaches combine multiple rankings generated by unimodal recommenders using a set of heuristics which were defined based on the considered domains and set of available feedback types. In this way, although we have generated better results when compared to unimodal recommenders, it is difficult to extend the algorithms to different types of interactions, or to be generic enough to any application domain. In this way, we propose an ensembling method whose parameters are learned based on observed data, i.e., the behavior of each user along with his interaction with the system.

In order to make our method generic enough to be used with any type of feedback (including only implicit information), our ensembling framework is learned using a Bayesian Optimization Criterion as defined by [11]. Thus, in this section such procedure is described prior to presenting our proposal.

5.1 BPR Optimization Criterion

The BPR MF approach [11] consists of providing personalized ranking of items to a user according only to implicit feedback (e.g. navigation, clicks, etc.). An important characteristic of this type of feedback is that we only know the positive observations; the non-observed user-item pairs can be either an actual negative feedback or simply the fact that the user does not know about the item's existence.

In this scenario, Rendle et al. [11] discuss a problem that happens when training an item recommendation model based only on such positive/negative data. Because the observed entries are positive and the rest are negative, the model will be fitted to provide positive scores only for those observed items. The remaining elements, including those which may be of interest to the user, will be classified by the model as negative scores, in which the ranking cannot be optimized as the predictions will be around zero.

Considering this problem, the authors have proposed a generic method for learning models for personalized ranking [11]. Instead of training the model using only the user-item pairs, they also consider the relative order between a pair of items, according to the user's preferences. It is inferred that if an item i has been viewed by user u and j has not ($i \in N(u)$ and $j \in \bar{N}(u)$), then $i >_u j$, which means that he prefers i over j. Figure 1 presents an example of this method. It is important to mention that when i and j are unknown to the user, or equivalently, both are known, then it is impossible to infer any conclusion about their relative importance to the user.

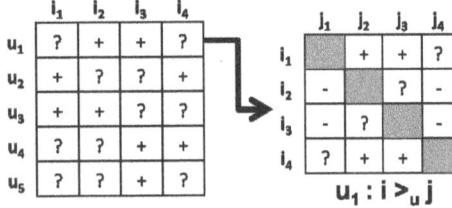

Figure 1: The left-hand side table represents the observed data K. The Rendle et al. approach creates a user-specific pairwise relation $i >_u j$ between two items. In the table on the right-hand side, the plus signal indicates that user u has more interest in item i than j; the minus signal indicates he prefers item j over i; and the interrogation mark indicates that no conclusion can be inferred between both items.

To estimate whether a user prefers an item over another, Rendle et al. proposed a Bayesian analysis using the likelihood function for $p(i >_u j|\Theta)$ and the prior probability for the model parameter $p(\Theta)$. The final optimization criterion, BPR-Opt, is defined as:

$$\text{BPR-Opt} := \sum_{(u,i,j) \in D_K} \ln \sigma(\hat{s}_{uij}) - \Lambda_\Theta ||\Theta||^2 , \quad (1)$$

where $\hat{s}_{uij} := \hat{r}_{ui} - \hat{r}_{uj}$ and $D_K = \{(u,i,j)|i \in N(u) \ \& \ j \in \bar{N}(u)\}$. The symbol Θ represents the parameters of the model, Λ_Θ is a regularization constant, and σ is the logistic function, defined as: $\sigma(x) = 1/(1 + e^{-x})$.

5.2 BPR Learning Algorithm

For learning the model, the authors also proposed a variation of the stochastic gradient descent technique, denominated Learn BPR, which randomly samples from D_K to adjust Θ. Algorithm 2 shows an overview of the algorithm, where α is the learning rate.

Input: D_K
Output: Learned parameters Θ
Initialize Θ with random values
for $count = 1,...,\#Iter$ **do**
  draw (u,i,j) from D_K
  $\hat{s}_{uij} \leftarrow \hat{r}_{ui} - \hat{r}_{uj}$
  $\Theta \leftarrow \Theta + \alpha \left(\frac{e^{-\hat{s}_{uij}}}{1+e^{-\hat{s}_{uij}}} \cdot \frac{\partial}{\partial \Theta} \hat{s}_{uij} - \Lambda_\Theta \Theta \right)$
end

Algorithm 2: Learning through Learn BPR.

In this paper, we have defined the BPR approach to consider the prediction rule $\hat{r}_{ui}$ as the simple factorization model as defined in:

$$\hat{r}_{ui} = b_{ui} + p_u^T q_i, \quad (2)$$

where the baseline b_{ui} is defined as $b_{ui} = \mu + b_u + b_i$. In this way, we compute the partial derivatives in relation to $\hat{s}_{uij}$:

$$\frac{\partial}{\partial \Theta} \hat{s}_{uij} = \begin{cases} 1 & \text{if } \Theta = b_i, \\ -1 & \text{if } \Theta = b_j, \\ q_i - q_j & \text{if } \Theta = p_u, \\ p_u & \text{if } \Theta = q_i, \\ -p_u & \text{if } \Theta = q_j, \\ 0 & \text{otherwise,} \end{cases} \quad (3)$$

which is then applied to Algorithm 2 to learn the set of parameters Θ. The use of this prediction rule together with the BPR Learning algorithm is also known as BPR MF [11].

6. PROPOSED METHOD

The previous section described the operation of the BPR algorithm, responsible for rendering implicit feedback and build an accurate representation of the user in order to optimize results in ranks of recommended items. However, in its original form, this model can not process and combine more than one type of interaction. On the other hand, its learning procedure can be used to adjust the parameters of a ensembling learning model. In this way, the combination of assigning tags and user history during navigation, for example, can be made to improve the final recommendation for a user. Consequently, each interaction type is used by a different instance of BPR MF, which, in term, is learned using Algorithm 2. After that, the merging procedure of all rankings is accomplished by the ensembling model, whose related parameters are learned using Algorithm 2 again.

In summary, we adopted the BPR MF and Learn BPR algorithms described in Section 5, which generate rankings based on a variety of feedback types and learn weights to consider different types of interaction. Figure 2 illustrates the overall scheme.

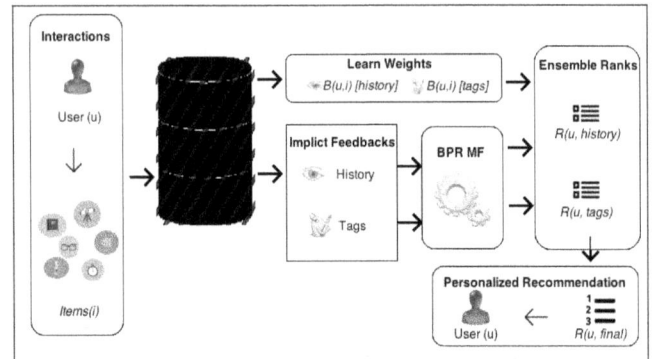

Figure 2: Schematic visualization of the proposed system.

Particularly in this paper, we adopted different types of implicit feedback, although we plan to integrate explicit information in future works. As implicit feedback, we considered two types: i) whether a user assigned a tag or not to an item; and ii) his navigation history. As shown in Figure 2, both implicit feedback types are used by the BPR MF algorithm to generate a personalized ranking for each user.

As illustrated in Figure 2, two rankings will be generated for each user, where each of them was computed based on a particular feedback. Those rankings are then processed by an ensemble method which will apply a set of heuristics based on the interaction activity of the user. The equation which computes the weight of each pair (u, i), represented by $r_{u,i}^{final}$, is defined as:

$$r_{u,i}^{final} = \beta_{history}.r_{u,i}^{history} + \beta_{tags}.r_{u,i}^{tags}, \qquad (4)$$

where $\beta_{history}$ and β_{tags} are generated weights learned from Learn BPR to weigh each type of interaction.

At this point, it is worth mentioning that our proposal has two phases of training, where firstly the BPR MF parameters of each interaction type are learned from Learn BPR; and secondly, after we have these individual models adjusted for each interaction, we apply the merging procedure (Equation 4), whose parameters $\beta_{history}$ and β_{tags} are learned using another training sample inputted to Learn BPR. In other words, the parameters set θ has different elements depending on the phase of the algorithm: in the beging, it is set to $\theta = \{b_u, b_i, q_u, q_i\}$, where we have two instances, one for each interaction type; and then, $\theta = \{\beta_{history}, \beta_{tags}\}$ for the ensemble model.

In following subsections, we describe all procedures in more details.

6.1 Learning Weights

Given the input of user interactions, in this step, weights are learned for each of them, through the Learn BPR algorithm seen in Section 5. Using the Algorithm 2, we train individually each instance of BPR MF using particular samples of the dataset consisting of users interactions of that type. This is accomplished by the natural strategy of BPR, where in a particular interaction, we randomly select a pair of items i and j for a user u, where $i \in N(u)$ and $i \in \bar{N}(u)$. After that, the models $r_{u,i}^{history}$ and $r_{u,i}^{tags}$ (both defined by Equation 2) are then merged using Equation 4.

In order to train the ensemble parameters $\beta_{history}$ and β_{tags}, we use the Learn BPR, as previously explained. Indeed, the adjustment is accomplished by the following equation:

$$\beta_\theta \leftarrow \beta_\theta + \alpha \left(\frac{e^{-\hat{s}_{uij}}}{1 + e^{-\hat{s}_{uij}}} . \frac{\partial}{\partial \beta_\theta} \hat{s}_{uij} - \Lambda_{\beta_\theta} \beta_\Theta \right), \quad (5)$$

where θ represents the type of interaction (history or tags), α is the learning rate, Λ_{β_θ} the variable convergence and $\hat{s}_{uij} = \hat{s}_{ui} - \hat{s}_{uj}$. Thus, each pair (u, i) of each type of interaction will have an equivalent weight β. In this way, we have:

$$\frac{\partial}{\partial \beta_\theta} \hat{s}_{uij} = \begin{cases} r_{u,i}^{history} - r_{u,j}^{history} & \text{if } \beta_\theta = \beta_{history}, \\ r_{u,i}^{tags} - r_{u,j}^{tags} & \text{if } \beta_\theta = \beta_{tags}, \end{cases} \quad (6)$$

6.2 Ensemble Ranks

The step of combining ranks consists of aggregating the weights of ranks generated by BPR MF for each type of interaction. For each user belonging to the dataset, the scores are computed to each item of their interactions: browsing history and tags. These scores, in turn, are weighted with the ensemble parameters ($\beta_{history}$ and β_{tags}), responsible for giving relevance to the type of interaction the user chooses

in relation to that item. Thus, items in which users had more affinity assigning tags will be more relevant than the other type of interaction and otherwise. Finally, these values are sorted in descending order resulting in the final ranking which will be recommended at top N. This process can be seen in the Algorithm 3.

Input: $interaction_{(history)}, interaction_{(tags)}$
Output: Final Rank $R'(u, final)$
for $u \in users$ **do**
    for $i \in items$ **do**
        Compute $r_{u,i}^{history}, r_{u,i}^{tags}$
        Compute $\beta_{tags}, \beta_{history}$
        Compute $\hat{r}_{u,i}^{final}$
        Aggregate $\hat{r}_{u,i}^{final}$ into $R(u, final)$
    end
end
$R'(u, final) \leftarrow sort\_desc(R(u, final))$

Algorithm 3: Proposed algorithm.

---

7. EVALUATION

The evaluation presented in this paper aims to compare our approach with the unimodal method described in Section 5 and described in Section 4, which ensemble the ranks through heuristics. The BPR MF implementation used in our work is available in the MyMediaLite library [7]. We generated the recommendations for all users and individual feedback types, and then, implemented as a separate module the ranking combination strategy and the evaluation methodology.

7.1 Dataset

The evaluation of the system was based on the HetRec2011 Last fm 2k [3], consisting of 92,834 user-listened artist relations, 186,479 interactions tags applied by 1,892 users to 17,632 artists. As feedback types, we considered: i) whether a user tagged an item or not; and ii) the history of visited items, which is simulated by boolean values (visited or not) generated by the ratings and tagging activities.

In this paper, we adopted the same methodology used by the research community with regard to recommender systems evaluation. We divide the base into two sets, 80% for training and 20% for testing, where the training set is used to run the isolated algorithms and train matrices p and q; and test set is used to make *All but One protocol* and the rest serves to predict weights for each pair of algorithms (simulate the real-time interaction from the user).

7.2 Constants

The involved constants used in this evaluation are defined according to Table 1. The details of their utilization can be found in Section 6.

7.3 Methodology

In order to evaluate the proposal in this paper, we adapted the All But One [2] protocol for the construction of the ground truth and 10-fold-cross-validation. Given the data set, randomly we divided into the same 10 subsets and for each sample we use $n - 1$, these subsets of data for training and the rest for testing. The training set t_r was used to test

Table 1: Constants used in the evaluation.

Constant	Value	Note
α_{tags}	0.05	
$\alpha_{history}$	0.05	
Λ_{tags}	$0.0025\|R(i)\|^{-\frac{1}{2}}$	$R(i)$ is the number of items i in set Train.
$\Lambda_{history}$	$0.0025\|R(i)\|^{-\frac{1}{2}}$	

the proposed assembly and test system T_e randomly split an item for each user to create the truth set H. That done, the remaining items form the set of observable O, used to test the unimodal algorithms. To assess the outcomes of the systems we use evaluation metrics Precision and Mean Average Precision (MAP) [13]. Then, we compute Precision and Mean Average Precision as follows:

Precision calculates the percentage of recommended items that are relevant. This metric is calculated by comparing, for each user in the test set T_e, the set of recommendations R that the system makes, given the set of observables O, against the set H:

$$Precision(T_e) = \frac{1}{|T_e|} \sum_{j=1}^{|T_e|} \frac{|R_j \cap H_j|}{|R_j|}. \quad (7)$$

Mean Average Precision computes the precision considering the respective position in the ordered list of recommended items. With this metric, we obtain a single value accuracy score for a set of test users T_e:

$$MAP(T_e) = \frac{1}{|T_e|} \sum_{j=1}^{|T_e|} AveP(R_j, H_j), \quad (8)$$

where the average precision (AveP) is given by

$$AveP(R_j, H_j) = \frac{1}{|H_j|} \sum_{r=1}^{|H_j|} [Prec(R_j, r) \times \delta(R_j(r), H_j)], \quad (9)$$

where $Prec(R_j, r)$ is the precision for all recommended items up to rank r and $\delta(R_j(r), H_j) = 1$, iff the predicted item at rank r is a relevant item $(R_j(r) \in H_j)$ or zero otherwise.

In this work we used Precision@N and MAP@N, where N took values of $1, 3, 5$ and 10 in the ranks returned by the system. For each configuration and measure, the 10-fold values are summarized by using mean and standard deviation. In order to compare the results in statistical form, we apply the two-sided paired t-test with a 95% confidence level [10].

7.4 Results

Tables 2 and 3 show the results of this evaluation, together with the standard deviation. We note that the proposed method achieved statistically better results than the baselines, as proven by the t-student analysis ($p < 0.05$). Figures 3 and 4 illustrate the algorithms' performance in Top@N vs. MAP and Top@N vs. Precision graphs.

From Figures 3 and 4 we note that MAP has a tendency for higher values as the number of returned items increases; and precision the opposite. This can be explained because

MAP only considers the relevant items and their positions in the ranking. Thus, as more items are returned, the number of relevant items is also increased. In case of precision, in turn, as it is a set-based measure (the order of items is irrelevant), the more items are filtered to the user, the more false positives may also be returned, affecting, consequently, the precision measure.

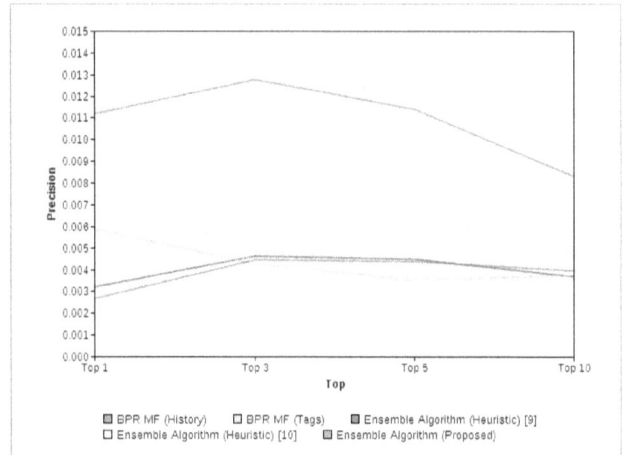

Figure 3: Graph comparing the Precision.

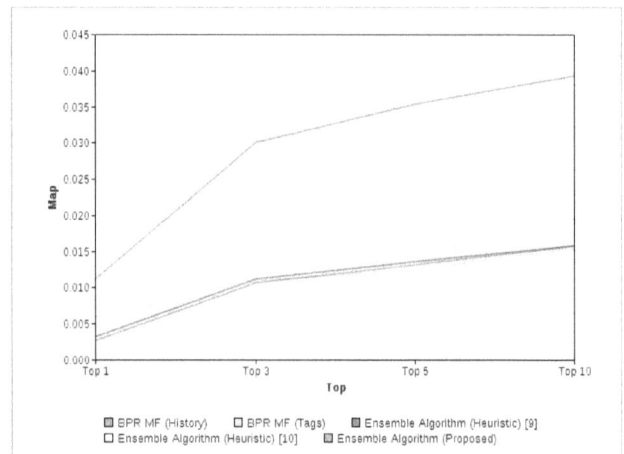

Figure 4: Graph comparing the MAP.

We note that by combining all two types of feedback (tagging and history) using the proposed ensembling algorithm with BPR for learning the weights, we achieved the best results for all top N recommendations. This is because the algorithm is able to learn, according to the input data, the preferences of each user for each type of interaction.

The overall results obtained and described in paper are small because of the evaluation protocol used in the experiments. The All But One hides one item from each user in the test set and considers it as the ground truth. As we are recommending top N items, the precision and MAP will decrease because the system thinks there are N relevant items, although the protocol has set only the hided item as relevant. In this way, it is important to rely only on the differences among the approaches, and we managed to increase the results of our proposal when compared to the baselines.

Table 2: Comparative Precision table.

		Top 1	Top 3	Top 5	Top 10
BPR MF (History)	Precision	0.002658	0.00443	0.004359	0.003934
	Standard deviation	0.000012	0.000037	0.000108	0.000055
BPR MF (Tags)	Precision	0.005848	0.004253	0.003509	0.003721
	Standard deviation	0.000142	0.000122	0.000087	0.000105
Ensemble Algorithm (Heuristic) [5]	Precision	0.00319	0.004607	0.004466	0.003668
	Standard deviation	0.000032	0.000187	0,000098	0.000131
Ensemble Algorithm (Heuristic) [6]	Precision	0.007443	0.004962	0.004041	0.003243
	Standard deviation	0.000217	0.000320	0.000063	0.000081
Ensemble Algorithm (Proposed)	Precision	**0.011164**	**0.012759**	**0.011377**	**0.008293**
	Standard deviation	0.000098	0.000123	0.000027	0.000032

Table 3: Comparative MAP table.

		Top 1	Top 3	Top 5	Top 10
BPR MF (History)	MAP	0.002658	0.010633	0.013114	0.015704
	Standard deviation	0.000121	0,000064	0,000169	0,000201
BPR MF (Tags)	MAP	0.005848	0.010898	0.012449	0.015395
	Standard deviation	0.000143	0.000529	0.000287	0.000458
Ensemble Algorithm (Heuristic) [5]	MAP	0.00319	0.011164	0.013557	0.015749
	Standard deviation	0,000245	0,000318	0,000266	0,000374
Ensemble Algorithm (Heuristic) [6]	MAP	0.007443	0.013557	0.015019	0.016827
	Standard deviation	0,000497	0,000123	0,000075	0,000192
Ensemble Algorithm (Proposed))	MAP	**0.011164**	**0.030037**	**0.035309**	**0.039275**
	Standard deviation	0,000428	0,000137	0,000065	0,000236

8. FINAL REMARKS

This paper proposed an ensenbling approach to unify different types of feedback from users when consuming content in order to provide better recommendations. The advantage is that more information about the interests of the user can be obtained when analyzing multimodal interactions. In contrast to existing approaches which are limited to one or a small subset of user feedback, resulting in inaccurate representation of users' preferences, the proposed model incorporates the feature of using various types of interactions, but still taking advantage of state-of-the-art algorithms which are based on unimodal feedback.

We depicted an evaluation of the proposed method, comparing it against four baselines approaches. The experiments were executed with the HetRec2011 Last fm 2k dataset, and the results show the effectiveness of combining various types of interactions in a single model for recommendation using ensemble learning. In fact, our learning procedure is accomplished by means of BPR, which is a generic framework that allows fast optimization of ranks by analyzing a triple os user, observed item and unknown item. In this paper, in particular, we explore this idea to combine different types of implicit feedback.

In future works, we intend to consider other types of interaction and context information of users and items, and also other recommenders with better accuracy for a single feedback type. We intend to test our new algorithm in databases that contain three types of interactions to make a comparative study of results.

9. REFERENCES

[1] A. Bar, L. Rokach, G. Shani, B. Shapira, and A. Schclar. Improving simple collaborative filtering models using ensemble methods. In Z.-H. Zhou, F. Roli, and J. Kittler, editors, *Multiple Classifier Systems*, volume 7872 of *Lecture Notes in Computer Science*, pages 1–12. Springer Berlin Heidelberg, 2013.

[2] J. S. Breese, D. Heckerman, and C. Kadie. Empirical analysis of predictive algorithms for collaborative filtering. In *Proceedings of the Fourteenth Conference on Uncertainty in Artificial Intelligence*, UAI'98, pages 43–52, San Francisco, CA, USA, 1998. Morgan Kaufmann Publishers Inc.

[3] I. Cantador, P. Brusilovsky, and T. Kuflik. 2nd workshop on information heterogeneity and fusion in recommender systems (hetrec 2011). In *Proceedings of the 5th ACM conference on Recommender systems*, RecSys 2011, New York, NY, USA, 2011. ACM.

[4] M. Domingues, F. Gouyon, A. Jorge, J. Leal, J. Vinagre, L. Lemos, and M. Sordo. Combining usage and content in an online recommendation system for music in the long tail. *International Journal of Multimedia Information Retrieval*, 2(1):3–13, 2013.

[5] A. Fortes, M. Domingues, S. Rezende, and M. Manzato. Improving personalized ranking in recommender systems with multimodal interactions. *Web Conference Intelligence - WIC*, 2014.

[6] A. Fortes and M. Manzato. Multimodal interactions in recommender systems: An ensembling approach. *Brazilian Conference on Intelligent Systems - BRACIS*, 2014.

[7] Z. Gantner, S. Rendle, C. Freudenthaler, and L. Schmidt-Thieme. Mymedialite: A free recommender system library. In *Proceedings of the Fifth ACM Conference on Recommender Systems*, RecSys '11, pages 305–308, New York, NY, USA, 2011. ACM.

[8] M. Jahrer, A. Töscher, and R. Legenstein. Combining predictions for accurate recommender systems. In *Proceedings of the 16th ACM SIGKDD International Conference on Knowledge Discovery and Data Mining*, KDD '10, pages 693–702, New York, NY, USA, 2010. ACM.

[9] Y. Koren. Factorization meets the neighborhood: A multifaceted collaborative filtering model. In *Proceedings of the 14th ACM SIGKDD International Conference on Knowledge Discovery and Data Mining*, KDD '08, pages 426–434, New York, NY, USA, 2008. ACM.

[10] T. M. Mitchell. *Machine Learning.* McGraw-Hill, Inc., New York, NY, USA, 1 edition, 1997.

[11] S. Rendle, C. Freudenthaler, Z. Gantner, and L. Schmidt-Thieme. Bpr: Bayesian personalized ranking from implicit feedback. *CoRR*, abs/1205.2618, 2012.

[12] P. Ristoski, E. L. Mencia, and H. Paulheim1. A hybrid multi-strategy recommender system using linked open data. *ESWC*, 2014.

[13] E. M. Voorhees and D. K. Harman. *TREC: Experiment and Evaluation in Information Retrieval (Digital Libraries and Electronic Publishing).* The MIT Press, 2005.

[14] B. Yang, T. Mei, X.-S. Hua, L. Yang, S.-Q. Yang, and M. Li. Online video recommendation based on multimodal fusion and relevance feedback. In *Proceedings of the 6th ACM International Conference on Image and Video Retrieval*, CIVR '07, pages 73–80, New York, NY, USA, 2007. ACM.

Generating Recommendations Based on Robust Term Extraction from Users' Reviews

Rafael D'Addio, Merley Conrado, Solange Resende, Marcelo Manzato
Institute of Mathematics and Computer Science
University of São Paulo
São Carlos, SP, Brazil
{rdaddio, merleyc, solange, mmanzato}@icmc.usp.br

ABSTRACT

In this paper, we propose a technique to automatically describe items based on users' reviews in order to be used by recommender systems. For that, we extract items' features using a robust term extraction method that applies transductive semi-supervised learning to automatically identify aspects that represent the different subjects of the reviews. Then, we apply sentiment analysis in a sentence level to indicate the polarities, yielding a consensus of users regarding the features of items. Our approach is evaluated using a collaborative filtering method, and comparisons using structured metadata as baselines show promising results.

Categories and Subject Descriptors

H.3.1 [**Information Storage and Retrieval**]: Content Analysis and Indexing, —*indexing methods, linguistic processing*

General Terms

Algorithm

Keywords

Recommender systems; term extraction; sentiment analysis;

1. INTRODUCTION

Recommender Systems were created to help users to deal with the information overload existent on the Web. It automatically captures the users' preferences, and output a list of items which will probably be liked by the user. In order to such generate recommendations, there are two main mechanisms reported in the literature [1, 14]: content-based and collaborative filtering (CF).

Regarding the content-based approach, there are two well-known problems: i) the extraction of relevant items' metadata; and ii) the over-specialization problem. In the first case, describing content is a time-consuming and error-prone

task; in the second, over-specialization occurs when the user does not receive new and/or diverse content because his/her profile is restricted to descriptions of similar items [1].

To overcome these problems, there is a growing effort to consider unstructured data produced by users [12]. Users' reviews are a great source of information that can help consumers deciding if it is worth to use a particular product. Nevertheless, a set of challenges has to be dealt with when using unstructured content, especially when provided by users [2]: the reviews may have noise, such as misspelling, false information, and personal opinions. In addition, the texts need to be processed by natural language processing (NLP) routines in order to extract and organize only relevant information about a subject.

In this paper, we propose a method that relies on users' reviews to automatically describe items in such a way to be used by recommender algorithms. Since reviews may have partial information, we model the user's preferences on the consensus of different users' opinions about the content aspects. For that, we use a robust term extraction method that applies transductive semi-supervised learning to automatically identify terms that represent the subject of the reviews. The extracted terms correspond to the features of the recommender system's items. These features are used to create a representation of items that contains the overall sentiment of the users about each feature. Finally, this representation is used in a CF approach based on k nearest neighbors. The main advantage of our approach is that a user may receive recommendations related to items similar to those he already like, while receiving novel and interesting suggestions, where the similarity is dictated by the common opinion regarding the quality of features related to the items.

This paper is organized as follows: Section 2 presents some of the related works found in the literature; Sections 3 and 4 detail our proposed approach; Section 5 presents our results and Section 6 gives our conclusions and future work.

2. RELATED WORK

Earlier attempts in content-based filtering focused on describing items by using structured metadata, e.g., genres of movies. Recent studies explore the use of unstructured information by applying the natural language processing and information retrieval techniques in textual datasets [12]. There are contributions that extract feelings related a feature of an item by using reviews in a content-based scenario in order to generate recommendations [11, 13]. Other contributions generate recommendations by using textual information in a collaborative filtering context [10, 7].

In order to improve the result of recommendation systems, it would be useful to use a set of terms that well represent the domain in question. In the natural language processing (NLP) area the task that identifies them is called "term extraction" [3, 6, 4]. Normally, extraction is performed using basic knowledge of the words, such as to consider as terms the most frequent words in a textual dataset or consider only the nouns as terms. Recently, studies are applying the machine learning (ML) techniques to extract terms, since they are able to learn how to automatically recognize a term [5, 6, 19]. The most recent contributions [5, 6] applied transductive semi-supervised learning to extract terms using a wide range of word knowledge: linguistic, statistical and hybrid.

Our proposed approach differs from the aforementioned contributions since we use a robust term extraction technique to produce a feature set from user's reviews. For that, we applied the term extraction of [5] because it is possible to characterize the words using a greater amount of features. We expect that in this way it is possible to identify more terms of the domain in question. In addition, our recommender is a collaborative filtering approach that uses these terms and sentiment analysis to solely describe items.

3. TEXT INFORMATION EXTRACTION

We propose an approach for creating items' representations for a collaborative filtering scenario using text reviews. For that, we use NLP techniques to produce a vector-based representation where each position reflects a feature of an item (e.g., plot, direction), and its score is the overall level of appraisal (positive, negative or neutral) of users. We use a robust term extraction technique, and we apply a sentence-level sentiment analysis approach for each of those terms.

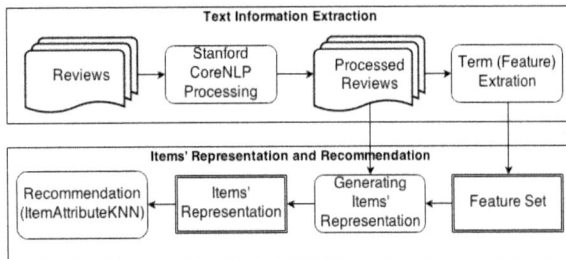

Figure 1: Architecture of the proposed system.

Figure 1 illustrates the steps which compose our proposed approach. The first step, depicted in this section, is to process the reviews set through a NLP tool, called Stanford CoreNLP[1], and to infer a feature set by performing, afterwards, a robust term extraction technique. We use the Stanford CoreNLP parser [16] to generate a structured representation of the reviews which will be used by the term extraction technique. The next steps are to produce a items' representation by giving scores to those features and to perform recommendation through those representations. These steps are detailed in Section 4.

In particular, we restricted our technique to the movies domain, since there are several datasets and a vast amount of information available. However, the technique can be easily extended to other domains and applications.

We combined two different sources of information in order to produce a set of items' descriptions: the MovieLens 100K[2] dataset and the Internet Movie Database[3] (IMDb). The IMDb is a Web site that contains structured and unstructured information about movies. Structured descriptions consist of genres, actors, directors and writers. With respect to unstructured data, the first 10 reviews for each of the 1,682 movies of the MovieLens dataset were gathered.

In this work, we applied the TLATE method [5] (*Transductive Learning for Automatic Term Extraction*) to extract terms that will represent the users' reviews. Originally, it uses transductive semi-supervised learning to classify words in terms or non-terms of a specific domain by spreading the labels using labeled and unlabeled data. One advantage in applying TLATE is the possibility of using at the same time linguistic, statistical, and hybrid knowledge, which improves the term extraction if compared with standard extraction normally found in the literature. An example of standard extraction is to consider the n most frequent words in users' reviews (statistical knowledge). Another advantage is TLATE extracts terms automatically instead of choosing manual or semi-automatically the n value, which would add a human cost and its subjectivity [6].

TLATE is divided in four steps: (i) textual preprocessing, (ii) feature extraction, (iii) filtering, and (iv) transductive classification. The step of preprocessing aims to standardize the data and remove what does not help in identifying terms. For that, we annotated the users' reviews using the Stanford parser [16]; stemmed the words using the Porter algorithm; converted all letters to lower case; and removed stop words.

The feature extraction step aims to characterize each word that was not removed using features in order to help classifying it in term or non-term. The 24 used features range from simple statistical and linguistic knowledge to more sophisticated hybrid knowledge. All these features are more detailed in [5].

The filtering step of TLATE aims to remove words that have less chance to be terms. We tested two different filters: (i) filter_DF, which removes the words that occur only in one document in the database because those are not representative of the dataset, and (ii) filter_DF_N that also deletes those that are not nouns, since normally terms are nouns. Therefore, two word sets were independently generated and they were the inputs of the transductive classification step. We represented each word set in a mutual KNN network [15, 20] and tested $k = \{7, 57\}$. To calculate the similarity between words, we used the Euclidean distance [18].

This network is given to a transductive learning algorithm aiming to classify the words into terms or non-terms. The label spreading of words was performed using the LLGC algorithm [20] with the regularization parameter (μ) as 0.9. From the reviews, we selected 16 words labeled as terms and 16 as non-terms. LLGC learned from the information of these labeled words and the remaining unlabeled words how to perform the classification. Let $\mathcal{C} = \{c_0, c_1\}$ be the class labels where 0 corresponds to non-term and 1 to term. LLGC calculates weights (between 0 and 1) of the object for each class (term and non-term). In each iteration of the algorithm the weight can be changed because it is influenced by the weight of its neighboring objects. Finally, LLGC pro-

[1]http://nlp.stanford.edu/software/corenlp.shtml

[2]http://movielens.umn.edu/
[3]http://www.imdb.com/

duced a list of words classified as terms for each the word set given by filter_DF and filter_DF_N. The word list generated from filter_DF has 27,229 words and LLGC considered 362 words as terms when using $k = 7$ and 16,118 when $k = 57$. The filter_DF_N selected 12,815 words and LLGC considered 313 words as terms when using $k = 7$ and 8433 when $k = 57$.

4. ITEMS' REPRESENTATION AND RECOMMENDATION

In the previous section, we depicted the initial phase of our approach. We were able to generate terms that summarize the topics detailed in the reviews, and they can be seen as the features that each item may or not contain. The next step, described in this section, is to assign scores to those features, generate the items' representation and, finally, produce recommendations through them. Those scores are produced by applying sentiment analysis in sentences that relate to the terms, capturing, in this way, the average sentiment of users towards specific features of an item. We use a sentence-level sentiment analysis algorithm [17] since most features are nouns with an neutral sentiment score, and also, because this algorithm can deal with negation sentences.

4.1 Generating Items' Representation

For this work, we adopt a vector-based approach to represent items. Each item has a vector whose positions refer to features extracted from raw text. Instead of having complete words as terms, we opted to use stems as features since they can comprise a set of words and hence describe a whole idea. For example, the stem **direct** can refer to **direction**, **director**, the verb **direct**, among others, which all represent the same topic: the direction part of a movie. The scores in each position are an average of sentiments provided by users toward these features.

We computed the sentiment of each sentence in each document using the Stanford CoreNLP sentiment analysis tool. This tool may classify a sentence in five different sentiment levels, namely: "Very Negative", "Negative", "Neutral", "Positive", and "Very Positive". We converted this classification into a $\{-2, +2\}$ rating system, in order to facilitate the score computation, and performed an average of the sentiment ratings of the sentences related to a feature of an item to compute its score. Lower values indicate a collective depreciation of a feature, while higher values show appreciation. A zero value indicates that either it's a neutral sentiment or an item simply does not have that feature.

A drawback of our recommender algorithm is that it accepts only binary matrices in the form of indexes for the item descriptions. Given that, our sentiment vectors needed to be converted to this format. We split a feature into two positions, one regarding the positive aspect, and the other regarding the negative. Features that have a positive score have their positive portion set to 1 and their negative portion set to 0, while features that have a negative score have their positive portion as 0 and their negative portion as 1.

4.2 The Recommendation Algorithm

In order to evaluate our approach, we used a collaborative filtering algorithm based on k nearest neighbors that computes the correlation among items using their attribute vectors. We adopted the MyMediaLite Recommender System Library[4] [9], whose algorithm's implementation is called *ItemAttributeKNN*.

The ItemAttributeKNN does not compute the correlation among items using rating vectors [8]. Instead, the similarity is accomplished by measuring the distance among Boolean vectors that represent the presence or absence of each item attribute. For this work, we used the cosine measure since the distance is based on the angle between two instance's vectors instead of the its absolute distance.

5. EXPERIMENTAL EVALUATION

We compare the items' description approach proposed in this paper with structured metadata obtained from Movie-Lens and IMDb as described in Section 3, namely: actors, directors, genres, and writers. These metadata are represented in the form of binary vectors where the value 1 means that an item has that feature and the value 0 otherwise. In our experiments, we adopted the precision at 10 and MAP measures, with 10-fold cross-validation and two-sided paired t-test with a 95% confidence level.

Table 1 presents the results for prec@10 and MAP for these baseline matrices.

Table 1: Obtained results using only structured metadata.

	prec@10	MAP		prec@10	MAP
Actors	0.01862	0.02598	Genres	0.03622	0.0336
Directors	0.03818	0.03476	Writers	0.02905	0.03232

In our approach, we constructed four sets of features by applying the techniques described in Section 3: two sets were produced after applying the transductive classification (TLATE) with $k = 7$ and $k = 57$ in the filter_DF, and the other two were produced after applying the same classification algorithm in the filter_DF_N. Table 2 summarizes the obtained results.

Table 2: Obtained results using different sets of features.

	k (TLATE)	# features	prec@10	MAP
Filter_DF	7	362	0,03752	0,03069
	57	16,118	0,05922	0,04626
Filter_DF_N	7	313	0,03904	0,03223
	57	8,433	0,05991	0,04764

As observed, the features generated after applying the filter_DF_N produce better results for the recommender system. Despite the difference is small, the filter_DF_N produced a much smaller word set, allowing the classification algorithm to perform faster. Figure 2 compares the filter_DF_N results with used baselines. As observed, the $k = 57$ yields the best results, surpassing in almost twice the precision of the baselines. We highlighted that when $k = 7$ the algorithm achieves an average result with a very small set o features. The structured metadata vectors tend to have many features and hence are very sparse. E.g., the "Actors" vectors have around 44,000 features, and a small portion of that is used as casting in a single movie. Having that in mind, it is still preferable to use the $k = 7$ set of features, reducing the computational cost.

---

[4]http://mymedialite.net/

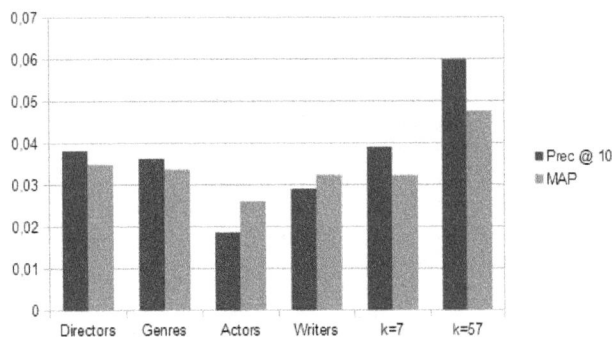

Figure 2: The filter_DF_N *vs.* baseline results.

Regarding the statistical analysis for the precision at 10 metric, the largest term set is statistically superior than the baselines, while the smallest set is statistically superior than most of the structured metadata matrices, being similar only to the Directors matrix. Regarding the MAP measure, the largest term set is statistically superior than the baselines, while the smallest set is only statistically superior than the Actor matrix.

6. CONCLUSIONS AND FUTURE WORK

The approach presented in this paper outperforms the baseline, but there is room for improvement. For example, initially, the recommendation algorithm could not support float or numeric values, therefore, we performed a binarization of the vectors. Because of that, much of the information was lost, e.g., how much a feature is positive or negative for an item. Considering this fact, as future work, we intend to improve our algorithm in order to allow it to receive multivalued vectors as weights for each feature. Moreover, the evaluation was performed with a relatively small set of reviews, where some of the items did not have enough reviews to be well described. Additionally, we intend to gather more reviews from different Web sources.

7. ACKNOWLEDGMENTS

The authors would like to thank the financial support from FAPESP (process numbers 2013/10756-5, 2009/16142-3, and 2013/22547-1).

8. REFERENCES

[1] G. Adomavicius and A. Tuzhilin. Toward the Next Generation of Recommender Systems: A Survey of the State-of-the-Art and Possible Extensions. *IEEE Transactions on Knowledge and Data Engineering*, 17(6):734–749, 2005.

[2] C. Aggarwal and C. Zhai. A survey of text clustering algorithms. In C. C. Aggarwal and C. Zhai, editors, *Mining Text Data*, pages 77–128. Springer US, 2012.

[3] M. T. Cabré and R. E. J. Vivaldi. Automatic term detection: a review of current systems. In D. Bourigault, C. Jacquemin, and M.-C. L'Homme, editors, *Recent Advances in Computational Terminology*, pages 53–88, Amsterdam/Philadelphia, 2001. John Benjamins.

[4] M. S. Conrado, A. Di Felippo, T. S. Pardo, and S. O. Rezende. A survey of automatic term extraction for brazilian portuguese. *Journal of the Brazilian Computer Society*, 20(1):12, 2014.

[5] M. S. Conrado, R. G. Rossi, T. A. S. Pardo, and S. O. Rezende. Applying transductive learning for automatic term extraction: The case of the ecology domain. In *Proceedings of the IEEE 2nd INT CNF on Informatics and Applications (ICIA)*, pages 264–269, Lodz, Poland, 2013.

[6] M. S. Conrado-Laguna. *Extração automática de termos simples baseada em aprendizado de máquina.* PhD thesis, University of Sao Paulo (ICMC-USP), SP, Brazil, 2014.

[7] R. D'Addio and M. Manzato. A Collaborative Filtering Approach based on User's Reviews. In *Brazilian Conference on Intelligent Systems and Encontro Nacional de Inteligência Artificial e Computacional 2014 (BRACIS/ENIAC 2014)*, 2014 (to appear).

[8] C. Desrosiers and G. Karypis. A comprehensive survey of neighborhood-based recommendation methods. In F. Ricci, L. Rokach, B. Shapira, and P. B. Kantor, editors, *Recommender Systems Handbook*, pages 107–144. Springer US, 2011.

[9] Z. Gantner, S. Rendle, C. Freudenthaler, and L. Schmidt-Thieme. MyMediaLite: A free recommender system library. In *PROC of the 5th ACM CNF on Recommender Systems (RecSys)*, 2011.

[10] G. Ganu, Y. Kakodkar, and A. Marian. Improving the quality of predictions using textual information in online user reviews. *Inf. Syst.*, 38(1):1–15, Mar. 2013.

[11] H. Kim, K. Han, M. Yi, J. Cho, and J. Hong. Moviemine: personalized movie content search by utilizing user comments. *IEEE Transactions on Consumer Electronics*, 58(4):1416–1424, 2012.

[12] P. Lops, M. de Gemmis, and G. Semeraro. Content-based recommender systems: State of the art and trends. In F. Ricci, L. Rokach, B. Shapira, and P. B. Kantor, editors, *Recommender Systems Handbook*, pages 73–105. Springer US, 2011.

[13] R. Qumsiyeh and Y.-K. Ng. Predicting the ratings of multimedia items for making personalized recommendations. In *PROC of the 35th Annual INT ACM CNF on Research and Development in Information Retrieval (SIGIR)*, pages 475–484, New York, NY, USA, 2012.

[14] F. Ricci, L. Rokach, and B. Shapira. Introduction to recommender systems handbook. In F. Ricci, L. Rokach, B. Shapira, and P. B. Kantor, editors, *Recommender Systems Handbook*, pages 1–35. Springer US, 2011.

[15] R. G. Rossi, A. A. Lopes, and S. O. Rezende. A parameter-free label propagation algorithm using bipartite heterogeneous networks for text classification. In *PROC of ACM - Symposium on Applied Computing (SAC)*. ACM, 2014.

[16] R. Socher, J. Bauer, C. D. Manning, and A. Y. Ng. Parsing with compositional vector grammars. In *PROC of the ACL CNF*, 2013.

[17] R. Socher, A. Perelygin, J. Wu, J. Chuang, C. D. Manning, A. Y. Ng, and C. Potts. Recursive deep models for semantic compositionality over a sentiment treebank. In *PROC of the CNF on Empirical Methods in Natural Language Processing*, pages 1631–1642, Stroudsburg, PA, October 2013. Association for Computational Linguistics.

[18] P.-N. Tan, M. Steinbach, and V. Kumar. *Introduction to Data Mining.* Pearson Education, 2 edition, 2014.

[19] Z. Zhang, J. Iria, C. Brewster, and F. Ciravegna. A comparative evaluation of term recognition algorithms. In N. Calzolari, K. Choukri, B. Maegaard, J. Mariani, J. Odjik, S. Piperidis, and D. Tapias, editors, *Proc 6th on INT CNF on Language Resources and Evaluation (LREC)*, pages 2108–2113, Marrakech, Morocco, 2008. ELRA.

[20] D. Zhou, O. Bousquet, T. N. Lal, J. Weston, and B. Schölkopf. Learning with local and global consistency. In *Advances in Neural Information Processing Systems (NIPS)*, volume 16, 2004.

Cacuriá: Authoring Tool for Multimedia Learning Objects

André Luiz de Brandão Damasceno [1], Rosendy Jess Galabo [1], Carlos Salles Soares Neto [1,2]

[1] Laboratory of Advanced Web Systems – UFMA
Av. dos Portugueses, Campus do Bacanga
São Luís/MA – 65080-805 – Brasil
andre@laws.deinf.ufma.br, rj@fgalabo.com, csalles@deinf.ufma.br

[2] Departamento de Informática – UFMA
Av. dos Portugueses, Campus do Bacanga
São Luís/MA – 65080-805 – Brasil

ABSTRACT

The application of multimedia resources during classes is becoming increasingly usual, making the learning process more participatory and interactive. Learning Objects (LOs) are entities, digital or not, that can be used, reused or referenced during teaching process. The multimedia authoring of LOs is still a complex and time-consuming process. The purpose of this paper is to present the process of participatory design used in the development of Cacuriá, a tool that allows teachers and tutors to create and share videos enriched with interactive multimedia contents. Cacuriá interface was developed using Participatory Design techniques, including focus group, Card Sorting and Paper Prototyping followed by an enhancement of the interface design. This paper also describes implementation architecture of Cacuriá. Finally, a case study was conducted to present a possibility of OAs creation using the Cacuriá Tool without requiring the user to previously knowing programming concepts.

RESUMO

O uso de recursos multimídia durante as aulas é cada vez mais comum, tornando o processo de aprendizagem mais participativo e interativo. Objetos de aprendizagem (OAs) são entidades, digitais ou não, que podem ser utilizadas, reutilizadas ou referenciadas durante o ensino. A autoria multimídia de OAs ainda é um processo complexo e demorado. O objetivo deste trabalho é apresentar o processo de design participativo usado na construção da Cacuriá, uma ferramenta que permite a professores e tutores a criação e compartilhamento de vídeos enriquecidos com conteúdo multimídia interativo. A interface do Cacuriá foi desenvolvida usando técnicas de design participativo, incluindo Grupo de Foco, *Card Sorting* e Prototipagem em Papel seguidas de um aprimoramento do design de interface. O artigo descreve, também, a arquitetura de implementação da ferramenta Cacuriá. Por último, um estudo de caso foi conduzido para apresentação de uma possibilidade de construção de OAs utilizando a ferramenta Cacuriá sem exigir que o usuário conheça conceitos prévios de programação.

Categories and Subject Descriptors

D.2.2 [**Design Tools and Techniques**]: Evolutionary prototyping, Modules and interfaces, User interfaces

General Terms

Documentation, Design, Experimentation, Human Factors.

Keywords

Authoring Multimedia; Learning Objects; Participatory Design.

1. INTRODUÇÃO

Cada vez mais professores e alunos utilizam tecnologias que visam aprimorar o processo de ensino e aprendizagem. Essa tendência tem modificado consideravelmente o ensino e hoje é lugar comum o uso de materiais de apoio como slides, vídeos ou jogos tanto no ensino presencial, quanto no ensino à distância. Um recurso multimídia recorrente nesse contexto é o emprego de objetos de aprendizagem ou OAs.

Objetos de aprendizagem são definidos como qualquer entidade, digital ou não, que pode ser utilizada, reutilizada ou referenciada durante o aprendizado ou treinamento apoiado por computador [6] [7]. A principal função desses objetos é atuar como recurso didático, englobando determinado conteúdo de uma disciplina e podendo utilizar recursos multimídia como imagem, texto, vídeo e áudio sincronizados entre si. Alguns estudos mostram que OAs facilitam e melhoram a qualidade do ensino [2], da mesma forma que também proporcionam aos tutores diversas ferramentas facilitadoras.

Geralmente é necessária uma equipe de profissionais de diferentes áreas de conhecimento para o planejamento e elaboração de OAs, o que pode resultar em maior tempo de desenvolvimento e acarretar num alto custo de produção. Programadores são necessários para codificarem OAs complexos. Designers ajudam a estabelecer uma identidade visual entre diferentes OAs. Pedagogos traçam e medem objetivos didáticos. No centro dessa equipe está o professor conteudista, aquele que detém o conhecimento do assunto.

É inevitável a comparação entre o cenário atual de desenvolvimento de OAs com os primórdios da autoria na Web e sua evolução. No início da Web, as páginas eram desenvolvidas necessariamente por programadores ou profissionais com conhecimento específico em linguagens de marcação. Com a popularização da Web, nasceu a profissão de webdesigner, cujo foco específico era o projeto e implementação de páginas.

Nos tempos recentes há dados que apontam que grande parte do conteúdo da Web [17] é feito por não-programadores. Isso engloba, por exemplo, blogues que podem ser criados e gerenciados pelo próprio jornalista, sem necessidade de conhecimento algum de programação. Envolve, também, a criação de perfis em redes sociais com texto, vídeos, fotos, e toda sorte de conteúdo multimídia, o que é feito por usuários sem conhecimento profissional específico ou mesmo treinamento formal. Seguramente o processo de transferência da autoria de conteúdo na Web saindo das mãos de programadores para o próprio usuário final é um dos diversos fatores que ajudam a explicar a explosão global em seu uso [17].

Ainda em termos de comparação, em certos casos continua havendo a necessidade de uma equipe multidisciplinar para a criação de páginas Web. Isso ocorre, por exemplo, em páginas de grandes corporações, em portais de conteúdo e mesmo em páginas de busca. O mesmo cenário seria bem-vindo na autoria de OAs, quando na maioria absoluta dos casos o professor conteudista poderia sozinho criar o OA fazendo uso de uma ferramenta de autoria de alto nível. A intenção, no entanto, não é a de tornar dispensável ou de substituir a equipe multidisciplinar.

O objetivo deste trabalho é apresentar a ferramenta de autoria Cacuriá. Através dessa ferramenta, o professor tem a possibilidade de construir OAs baseados em vídeos para Web e TV Digital Interativa, sem a necessidade de conhecimentos prévios de programação. Na ferramenta Cacuriá, o professor faz o sincronismo temporal de OAs os organizando na metáfora de cenas, onde cada vídeo que compõe seu OA é referenciado em uma cena própria. Esse trabalho também descreve o processo de desenvolvimento da ferramenta Cacuriá usando técnicas de Design Participativo.

O artigo está organizado como segue. A Seção 2 descreve a metodologia de desenvolvimento da ferramenta. A Seção 3 apresenta os resultados da metodologia utilizada, incluindo a discussão de trabalhos relacionados. A Seção 4 descreve ferramenta Cacuriá. A Seção 5 fornece as considerações finais.

2. METODOLOGIA

O desenvolvimento da ferramenta de autoria multimídia Cacuriá utilizou uma iteração no ciclo de vida para o design de interação com uma abordagem de Design Participativo (DP) [4], visando uma melhor experiência para o usuário no produto final.

O design de interação, diferente da engenharia de requisitos, consiste em direcionar o desenvolvimento de produtos interativos na perspectiva do usuário e não na engenharia, visando ao mesmo tempo, uma melhor utilização, usabilidade e experiências agradáveis ao produto projetado [16].

Conforme pode ser visto na Figura 1 [16], há quatro atividades no ciclo de vida do design de interação: identificar necessidades e requisitos; desenvolver designs; construir versões interativas; avaliar o design. Essas atividades ocorrem de forma iterativa, ou seja, de forma cíclica.

Tendo como foco a perspectiva do usuário, o design participativo, sendo uma abordagem que envolve ativamente os usuários no processo de design, auxilia no alcance de uma boa usabilidade, pois o produto final segue o modelo sugerido pelos próprios usuários da ferramenta. O emprego do design participativo reduziu o esforço de desenvolvimento e a quantidade de iterações no ciclo de vida do design de interação da ferramenta de autoria multimídia Cacuriá.

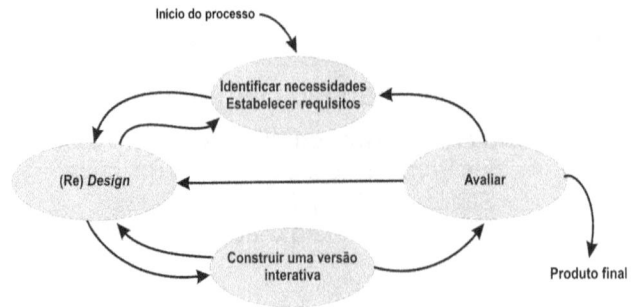

Figura 1: Ciclo de vida para o design de interação. Fonte: [16]

As técnicas de DP utilizadas na elaboração da ferramenta foram Grupo de Foco e o *Card Sorting*, utilizadas para levantar os requisitos da ferramenta, e a Prototipagem em Papel para esclarecer os requisitos obtidos. Em seguida, uma análise de similares foi feita em um conjunto de ferramentas de autoria de OAs com o intuito de avaliar se elas podem ou não cumprir todos os requisitos levantados nas técnicas de DP, como também para melhor compreensão das soluções utilizadas nessas ferramentas existentes. Por sua vez, a proposta conceitual obtida através das técnicas de DP foi refinada para o design e implementação da interface da ferramenta. Por último, com a ferramenta já implementada, são apresentadas algumas possibilidades de criação de OAs. A Figura 2 apresenta a metodologia elaborada com base no ciclo de vida do design de interação.

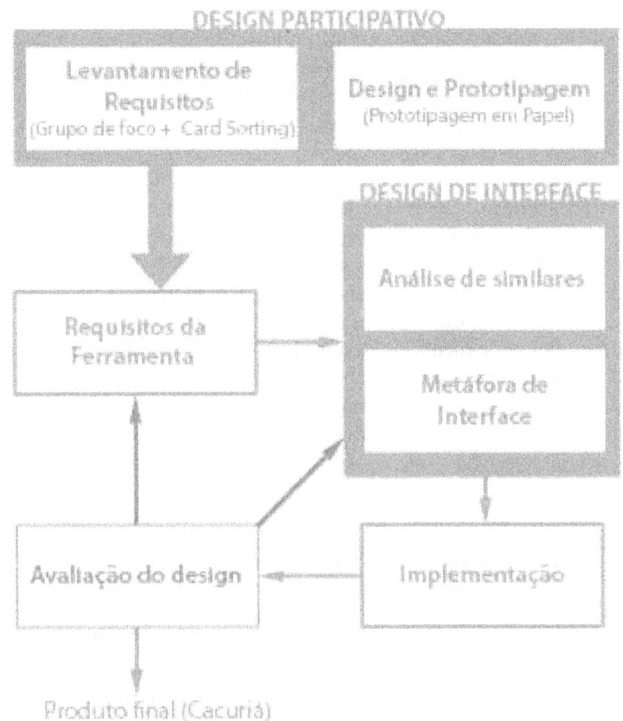

Figura 2: Metodologia da pesquisa.

2.1 Design Participativo

O Design Participativo consistiu de três técnicas: o Grupo de Foco e o *Card Sorting*, realizadas em uma sessão para o levantamento de requisitos; e a Prototipagem de Papel para avaliar conceitos e esclarecer requisitos.

A seleção da amostra para o desenvolvimento do Design Participativo foi formada por *stakeholders* da ferramenta de autoria, ou seja, as partes interessadas e o público alvo. Dessa forma, a amostra selecionada para essa etapa foi não probabilística, consistindo de 18 participantes sendo eles estudantes universitários, mestrandos e professores agrupados de forma heterogênea em duas sessões de 9 participantes cada. Os *stakeholders* foram compostos por 3 estudantes da graduação em Design, 5 estudantes de mestrado em Design, 1 estudante do mestrado em Ciência da Computação, 2 professores do ensino médio, 1 pedagogo e 6 estudantes da graduação em Ciência da Computação.

2.1.1   Levantamento de Requisitos

Conforme mencionado anteriormente, o levantamento de requisitos para ferramenta de autoria consistiu de duas técnicas de design participativo: o Grupo de Foco e o *Card Sorting*.

Grupo de Foco é uma técnica qualitativa que extrai sentimentos, crenças e opiniões sobre o objeto estudado durante uma pesquisa através de uma entrevista coletiva. Trata-se de uma discussão conduzida por um moderador por meio de um roteiro de tópicos preestabelecido [4] [5]. O objetivo do grupo de foco não é obter o consenso de ideias, mas coletar uma quantidade de opiniões sobre determinado tópico. Os resultados obtidos não são transformados em porcentagens ou estatísticas e não devem ser generalizados para uma população [4]. A Figura 3 ilustra como foi executada a técnica, mantendo os participantes anônimos.

Figura 3: Sessão da técnica de Grupo de Foco.

Já o *Card Sorting* é uma técnica em que consiste escrever tópicos em pequenos cartões que são distribuídos a um grupo de usuários que deverão categorizá-los de maneira que faça sentido. Essa técnica permite uma melhor compreensão do que os usuários pensam sobre conceitos e os seus modelos mentais [4].

As sessões foram iniciadas com uma apresentação do que são OAs para nivelar o conhecimento do grupo. Em seguida, os participantes foram questionados sobre características de um bom OA, e o que uma ferramenta de autoria deve conter para a criação de OAs. No final da dinâmica, conforme pode ser visto na Figura 4, os participantes informaram e agruparam por meio de *post-it* as principais características que uma ferramenta de autoria deve possuir. O roteiro de perguntas e as etapas de execução das técnicas foram as mesmas para cada um dos dois grupos.

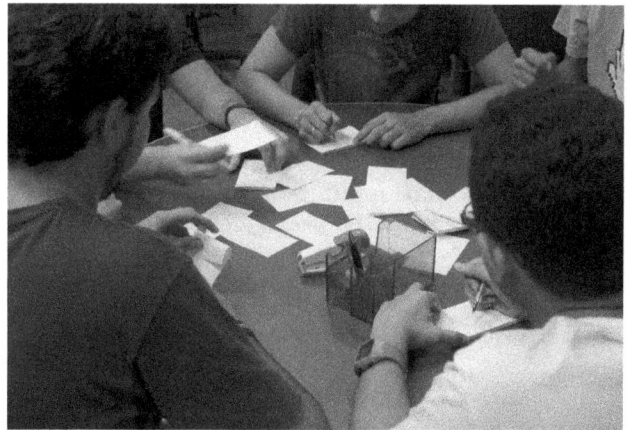

Figura 4: Sessão da técnica de *Card Sorting*.

2.1.2   Design e Prototipagem

A etapa seguinte para o desenvolvimento do design e prototipagem foi a utilização da técnica de Prototipagem em Papel. Um protótipo é uma representação limitada de um design e tem por finalidade a realização de testes para avaliação de interfaces. Esse tipo de prototipagem é considerado de baixa-precisão, por utilizar materiais como papel e cartolina. Contudo, tende a ser simples e de rápida produção, além de ajudar a identificar problemas antes da implementação [4].

Nessa etapa, os participantes foram divididos em 2 grupos de 9 pessoas, os mesmos que contribuíram com a pesquisa na etapa anterior. Cada grupo ficou responsável por criar a interface de uma ferramenta de autoria de OA, baseando-se nos requisitos obtidos nas técnicas de Grupo de Foco e *Card Sorting*, conforme podemos ver na Figura 5. Após essa etapa ter sido concluída, um integrante da equipe apresentou a ferramenta, o seu objetivo e quais os tipos de OA a mesma cria. Em seguida foi demonstrado o processo de criação de um OA, exibindo as formas de interação e as respostas da interface.

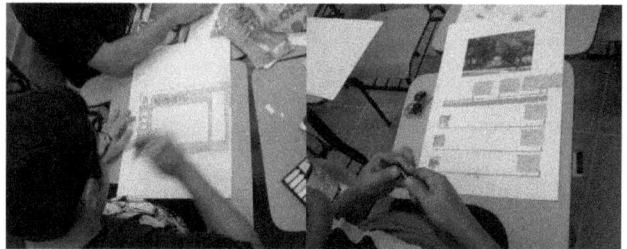

Figura 5: Aplicação da técnica de Prototipagem em Papel.

2.2   Design de Interface

O design da interface foi criado com base nos conceitos identificados nas soluções obtidas no DP e com a análise de similares realizada.

2.2.1   Análise de Similares

Essa técnica consiste em um levantamento bibliográfico sobre ferramentas de autoria de OAs. Cada ferramenta foi brevemente descrita e em seguida foi feita um comparativo com os resultados obtidos no Design Participativo.

O objetivo de analisar tais ferramentas de autoria de OAs similares é identificar soluções existentes e estabelecer uma maior consistência na proposta da ferramenta. Adicionalmente, essa etapa visa investigar se já não há uma ferramenta existente que atenda aos requisitos coletados.

2.2.2 Metáfora de Interface
A metáfora de interface da ferramenta levou em consideração os conceitos obtidos na prototipagem de papel, como forma de solucionar os requisitos desejados para a ferramenta. Essa etapa também foi baseada nas interfaces e funcionalidades utilizadas por outras ferramentas coletadas na análise de similares.

3. RESULTADOS OBTIDOS
Através da metodologia descrita neste artigo, foram obtidos requisitos para uma ferramenta de autoria de OAs. Outro resultado é a concepção de uma metáfora de interface baseada em cenas, a qual é utilizada como base da interface da versão alfa do Cacuriá.

3.1 Design Participativo
Conforme mencionado anteriormente, as técnicas utilizadas nessa etapa conduziram ao estabelecimento de um conjunto de requisitos identificados pelos próprios usuários e que devem ser levados em consideração no design de uma ferramenta de autoria.

3.1.1 Levantamento de Requisitos
Observou-se que o roteiro desenvolvido para o Grupo de Foco tornou as discussões fluidas e dinâmicas. A maioria dos participantes já possuía certo conhecimento sobre OAs e faziam uso deles para ensinar ou para estudar.

Seguindo o roteiro elaborado para a sessão de Grupo de Foco, os participantes começaram falando sobre o que entendiam a respeito de OAs e quais os modelos de objetos de aprendizagem que eles utilizam no seu processo ensino e aprendizagem. A maioria ressaltou que a utilização de vídeo e a possibilidade de interação do aluno, tornaria o OA mais rico e aumentaria o foco do aluno na exibição do conteúdo. Um ponto interessante levantado pelo primeiro grupo foi o de criação de um repositório de OAs, na qual os professores pudessem referenciar o conteúdo e reutilizar em AVAs (Ambientes Virtuais de Aprendizagem). Contudo, para os voluntários, a ideia do compartilhamento de OAs em um repositório deve levar em consideração a questão dos direitos autorais do conteúdo.

Quanto as perguntas relacionadas à ferramenta de autoria de OA, foi unânime a ideia de que o usuário da ferramenta não deve precisar de conhecimento em programação para a construção do OA. Ambos os grupos levantaram como requisito uma ferramenta minimalista, com poucos botões e fácil de usar. Além disso, foi tido como importante o suporte à adição de mídias como imagem, texto, pdf e etc. Por último, o segundo grupo levantou a importância de que a ferramenta deve ser confiável e sem interrupções de erros, para que o usuário tenha uma boa experiência e se sinta motivado em criar conteúdo na ferramenta.

O Grupo de Foco permitiu que a discussão fosse melhor desenvolvida no *Card Sorting*. A partir dos comentários dados pelos participantes na técnica, foi organizado um quadro geral sobre as especificações que uma ferramenta de autoria deve conter, conforme é apresentado na Tabela 1.

Tabela 1. Classificação dos resultados do *Card Sorting*.

Interação	Interatividade (Contribui para o aprendizado?); Interação (Aluno X Professor); Interação (Aluno X Aluno).
Ubiquidade	Versão *Mobile*; Versão *Desktop*; Contextos Diferentes (Sala de Aula x EAD); Estudar em qualquer lugar.
Engajamento	Curva de Aprendizado (período de adaptação); Escolher o momento de estudar; Abandono; Comprometimento; Aceitação e Desistência; Desinteresse do Aluno; Desmotivação do Aluno; Revisão dos Conteúdos; Estratégia para atrair e envolver.
Ética	Disponibilidade do conteúdo da aula.
Confiabilidade	Poucas falhas; Sem interrupções de erros.
Usabilidade	Estética Minimalista; Menos Botões; Fácil de Usar; Simples; Com uma Biblioteca de mídias com a funcionalidade *drag and drop*; Área de Trabalho Intuitiva; Linha do Tempo; Dinâmica; Ferramenta de Edição Simples.
Recursos	Power Point; Vídeos; 3D; Texto; *Slides*; Quiz; Imagens; Tutorial; Animação; Referências; Filmes e Documentários.
Funcionalidade	Remover; Baixar Conteúdo; Tipo; Ferramenta de Criação e Edição; Inserir Imagem; Cortar; Controle do Volume do Audio; Definir Início e Fim; Redimensionar; Adicionar Legenda; Ferramenta de Navegação; *links* para URLs; Recurso de Gravação; Lista de Imagens Relacionadas, Ferramenta de Vídeo; Ferramenta de Texto.

3.1.2 Design e Prototipagem
Alguns resultados interessantes foram obtidos com o uso da técnica. A prototipagem rápida mostrou que o procedimento de criação de interfaces foi prático de ser produzido com os materiais fornecidos, assim como foram criados, montados e desmontados com simplicidade. Os erros encontrados na metáfora de interfaces foram facilmente corrigidos pelos próprios participantes da técnica, economizando tempo e assim a interface pode ser repensada e novamente testada. Na fase de demonstração da ferramenta, os grupos apresentaram boas ideias de funcionalidades e sugestões de interfaces fáceis de serem entendidas. Como resultados, foram obtidos alguns conceitos de uma ferramenta viável para ser implementada e que são descritos a seguir.

Os dois grupos apresentaram interfaces minimalistas. Ambos descreveram o uso do vídeo como a principal mídia e a etapa inicial da produção do OA. Outro ponto em comum das interfaces foi o uso da visão temporal e da visão espacial. A ideia da visão espacial é a de facilitar a manipulação do posicionamento e dimensionamento das mídias. Entretanto, a visão temporal apresentada por eles teve algumas particularidades. O primeiro grupo fez o uso da ideia de um "seletor de *slides*" na qual cada *slide* possui um vídeo principal e a linha temporal fazia referência ao tempo do vídeo. Já o segundo grupo trata a linha temporal como única, ou seja, uma linha temporal fazendo referência a todos os vídeos do OA. Vale ressaltar também o uso de marcadores na linha temporal, na qual eles descrevem tais marcadores como pontos de sincronismo. A diferença é que o primeiro grupo apresentou esses pontos de sincronismo como uma relação de início e término das mídias (áudio, texto e imagem), e o segundo já aponta a marcação do início de outro vídeo.

O primeiro grupo apresentou também a ideia da visão de biblioteca. O objetivo dessa visão é permitir ao autor adicionar as mídias a serem utilizadas no OA e "arrastarem" para a visão espacial, fazendo o uso da funcionalidade de *drag and drop*. Esse grupo também adicionou a sua interface a ideia de complementos. A função dos complementos é de permitir ao autor adicionar um conteúdo complementar ao assunto, como: *quiz*; links para URLs; e menu.

Em resumo, é possível perceber que ambos os grupos acreditam que a ferramenta deve ter poucos botões, ser de fácil uso e com suporte à inclusão de diferentes formatos de mídia (imagem, àudio e texto). A maioria dos usuários que faziam uso de ferramentas de edição de vídeo, apontaram como importante o uso de uma visão temporal para ter um melhor controle do sincronismo das mídias em relação ao vídeo. A técnica também facilitou com que alguns requisitos coletados na fase anterior, fossem melhor compreendidos. Além disso, foram observadas as expectativas do usuário quanto ao funcionamento de uma ferramenta de autoria multimídia para criação de OAs.

3.2 Design de Interface

O design de interface da ferramenta de OAs proposto foi realizado com auxílio de uma análise de similares e o desenvolvimento de uma metáfora para a interface baseada nos resultados obtidos nas técnicas de DP.

3.2.1 Análise de Similares

Foram encontradas diversas ferramentas de autoria para a produção de OAs. Pode-se citar como principais: CourseLab (CL) [8]; DITV-Learning (DL) [12]; eXe Learning (EL) [9]; HotPotatoes (HP) [10]; Microsoft LCDS (ML) [11]; MARKER (MK) [13]. A maioria dessas ferramentas segue como modelo de referência o SCORM (*Sharable Content Object Reference Model*), que é um conjunto de especificações que define um modelo de agregação de conteúdo, de sequenciamento e execução para objetos de aprendizagem baseados na Web [1].

O CourseLab [8] é um software com interface semelhante ao Microsoft PowerPoint. Utiliza a abordagem WYSIWYG (*What You See Is What You Get*) a fim de facilitar a criação de OAs pelo usuário. A ferramenta suporta diversos formatos de arquivo como vídeo, áudio, texto, *applet* Java, *flash*, entre outros. Ela também permite a programação de ações entre objetos, como por exemplo, ao clicar em determinada animação, a ferramenta gera ações como informar um texto na tela. Contudo ela não permite a edição do HTML dos objetos de aprendizagem. A ferramenta permite também a criação de atividades interativas como: única e múltipla escolha; verdadeiro e falso; ordenação de itens; preenchimento de lacunas nas frases; e correspondência de itens. Além disso, seu conteúdo pode ser executado em AVAs como Moodle, ATutor, Oracle iLearning e etc.

O DITV-Learning [12] é uma ferramenta para automatizar a criação de OAs para a TVDI por educadores que possuam pouco conhecimento em informática. A ferramenta é uma aplicação *desktop* que suporta arquivos do tipo vídeo, áudio, imagem e texto. O DITV-Learning permite aos usuários criarem perguntas após o vídeo principal, indicando acertos e erros (*quiz*), conteúdo em forma de slides (bônus) e complementos que podem ser acionados de forma interativa durante a aplicação (extra). O OA gerado pela ferramenta é exibido somente em dispositivos com o *middleware* Ginga NCL.

O eXe Learning [9] é uma Ferramenta Web destinado para a criação de OAs em HTML, que também pode ser utilizado em AVAs. A ferramenta disponibiliza aos usuários recursos interativos como texto de leitura, questões de múltipla escolha, questões de verdadeiro ou falso, applet Java, vídeos do youtube e artigos WikiBooks. Na ferramenta de autoria há sete templates editáveis, um OA que descreve como utilizar a ferramenta, criação de iDevices, além de ser permitida a edição do HTML dos OAs.

O Hot Potatoes [10] é uma ferramenta *desktop* destinada para a produção de exercícios interativos em AVAs, sendo reconhecido automaticamente pelo Moodle. Ele é composto por 5 tipos de atividades interativas: *quiz*; preenchimento de lacunas; correspondência; palavras cruzadas; e ordenação de palavras no texto. Ao criar uma atividade é possível inserir perguntas e respostas, porém não é possível utilizar animações. Seus recursos são disponíveis para uma única página, porém a ferramenta permite agrupar diversas atividades em um único pacote.

O LCDS [11] é a ferramenta *desktop* da Microsoft para criação de OAs. A ferramenta suporta arquivos do tipo texto, imagens e vídeo e ainda conta com templates para autoria de OAs. Ela permite a produção em sequência de páginas, porém não permite a alteração do tamanho das páginas. O OA em formato HTML gerado pelo LCDS não é passível de edição e nem produzido no formato SCORM. A ferramenta também disponibiliza ao usuário um manual do software na língua inglesa.

O MARKER [13] é uma ferramenta *desktop* que, como o DITV-Learning, é destinada para autoria de OAs para a TVDI que possuam *middleware* Ginga NCL embarcado. Ela permite ao usuário criar marcações no vídeo principal e em seguida selecionar a mídia a ser inserida nos marcadores, como forma de implantar um momento de interação. O MARKER suporta arquivos do tipo vídeo, imagem, áudio e texto.

Conforme podemos ver na Tabela 2, todas as ferramentas têm como objetivo a produção de OAs sem que o usuário necessariamente possua conhecimento em programação. Contudo, nenhuma delas atende todos os requisitos obtidos na pesquisa. Isso requer a criação de uma nova ferramenta que torne praticável todos esses requisitos.

Tabela 2. Comparação de Trabalhos Relacionados.

	CL	DL	EL	HP	ML	MK
Vídeos Interativos como OA	x	x			x	x
OA Compatíveis com Dispositivos Móveis	x					
Multiplataforma		x	x	x		x
Estética Minimalista		x			x	x
Manipulação do Conteúdo Multimídia (WYSIWYG)	x					
Criação de OA não-linear	x		x		x	x
Linha do Tempo	x					x
Usuário sem Conhecimentos em Programação	x	x	x	x	x	x

3.2.2 Metáfora da Interface

A metáfora encontrada para o desenvolvimento da interface da ferramenta é composta por 6 visões para manipulação das mídias conforme podemos observar na Figura 6. Visão de Menu (1) é usado para adição de mídias e cenas, remoção de cenas, visualização do projeto e publicação do OA. Visão de Cenas (2) é usado para visualização das cenas e indicar qual a cena em foco. Visão de Leiaute (3) é usado para visualização do posicionamento e dimensionamento da mídia de acordo com tempo. Visão Temporal (4) é usado para executar e manipular o tempo da cena. Visão de Propriedades (5) é usado para visualização e edição das propriedades da mídia em foco. Visão da Biblioteca (6) é usado para listar as mídias da cena atual.

Figura 6: Interface do Cacuriá.

A abordagem utilizada na ferramenta é WYSIWYG (*What You See Is What You Get*), em que o conteúdo visto e que está sendo modificado é idêntico à aplicação final gerada pela ferramenta. Assim, o uso dessa ferramenta não exige dos usuários conhecimentos prévios sobre detalhes da linguagem de especificação para desenvolver aplicações interativas. Isso se mostra particularmente útil aos usuários comuns, sem conhecimentos específicos de programação, que estejam interessados em produzir OAs. Pode ser também usado pelo usuário casual, que não quer ou não pode desprender tempo a aprender uma linguagem ou tecnologia somente para esse propósito.

A abstração utilizada pela ferramenta para criação dos OAs é chamada de Cena. Cada cena é composta por um vídeo principal e outros tipos de mídia (imagem, texto, formas) sincronizadas com o vídeo. Podem haver também links entre as cenas que são acionadas por botões, tornando o conteúdo interativo e não linear. O Cacuriá conta também com o uso de Templates de Cenas, onde já estão pré-definidas as interações entre as mídias da cena e deixando que o usuário fique apenas com a tarefa de escolha das mídias que serão usadas nesse template. Além disso, existe a possibilidade de adição de Complementos como *quiz* e marcadores temporais, para deixar o conteúdo ainda mais interativo.

4. IMPLEMENTAÇÃO

O Cacuriá[1] é uma ferramenta de autoria destinada à criação de OAs para a TVDI e Web. Ele é desenvolvido em linguagem de

---

[1] Cacuriá é o nome de uma dança típica dos festejos juninos do Maranhão. A ferramenta recebeu esse nome buscando agregar traços da cultura local do seu desenvolvimento.

programação C++, com a utilização do framework Qt [3]. Esse framework permite a criação de aplicativos multiplataforma utilizando a abordagem "escreva uma vez, compile em qualquer lugar" [3], que viabiliza a instalação da ferramenta em diferentes sistemas operacionais.

Para o armazenamento de toda a informação contida na ferramenta, foi criado uma classe chamada Document. A função dessa classe é garantir apenas um ponto de acesso global de informação para as outras classes do sistema. Essa classe foi modelada aplicando o padrão de projeto Singleton. A arquitetura do código foi projetada através de visões que trazem formas diferentes de manipulação do Document. Quando o usuário interage com uma determinada visão, as outras visões são atualizadas através de um sinal emitido pelo Document conforme podemos ver na Figura 7.

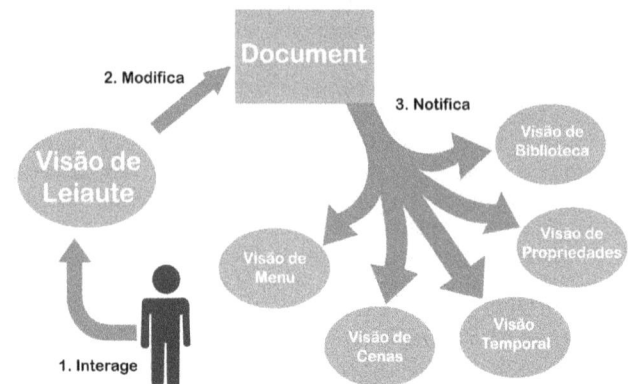

Figura 7: Comunicação entre o *Document* e as Visões.

Outra funcionalidade importante da ferramenta Cacuriá é que ela exporta as aplicações interativas para NCL (*Nested Context Language*) [14] ou para HTML 5 [15]. NCL é a linguagem de programação adotada pela ISDB-Tb (*International Services for Digital Broadcast, Terrestial Brazilian*) para especificação de aplicações interativas na parte declarativa de seu middleware Ginga, assim como o ITU-T (*International Telecommunication Union*) a definiu como recomendação para serviços IPTV. HTML 5 é a linguagem de programação que possibilita que o OA seja exibido na Web e em AVAs que permitem adição desse tipo de conteúdo.

4.1 Estudo de Caso

Para exemplificar o processo de desenvolvimento de um OA, são descritas as etapas de autoria de uma videoaula interativa de Algoritmos de Ordenação usando a ferramenta Cacuriá. Como pode ser visto na Figura 8, esse OA é composto por três partes. O OA começa com um vídeo de introdução em que o professor explica sobre a importância de algoritmos de ordenação. Ao final desse vídeo, o professor convida o aluno a escolher sobre obter mais informações a respeito de dois algoritmos de ordenação diferentes (Insertsort e Quicksort), os quais compõem as outras duas partes do OA.

O OA sobre Algoritmos de Ordenação é usado para ilustrar diversos recursos da ferramenta de autoria Cacuriá. O sincronismo temporal com o vídeo ocorre na exibição das imagens "ALGORITMOS INSERTSORT" e "ALGORITMOS

QUICKSORT", que só aparecem nos segundos finais do vídeo de introdução. A autoria não-linear, por sua vez, é caracterizada pela escolha de qual assunto o aluno deseja assistir, o que personaliza sua experiência de usar esse OA.

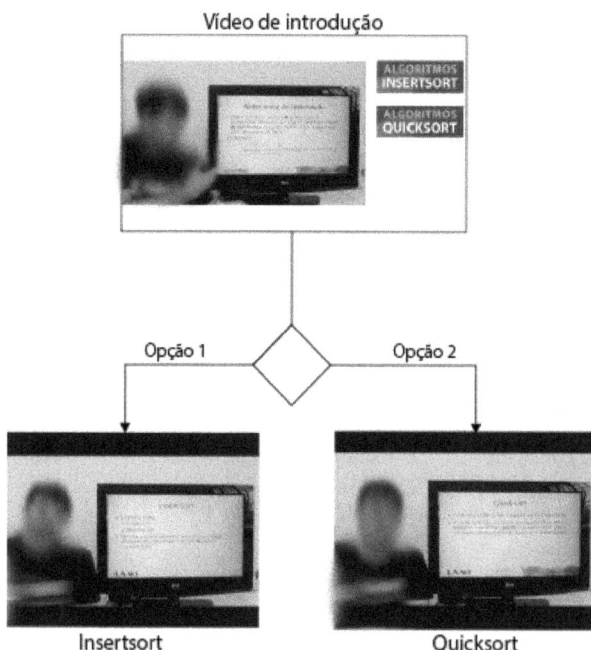

Figura 8: OA de Algoritmos de Ordenação.

Ao iniciar o Cacuriá, a primeira ação a ser tomada é clicar no botão vídeo, situado na Visão de Menu, e selecionar o vídeo principal da primeira cena. O vídeo é adicionado na Visão da Biblioteca, seu primeiro *frame* é apresentado na Visão de Leiaute e a linha temporal da cena, exibida na Visão Temporal, recebe o tempo total do vídeo. Vale ressaltar que o sincronismo temporal da cena é diretamente relacionado com o tempo do vídeo. Assim toda a mídia adicionada à cena é executada no instante de tempo na qual ela foi adicionada.

Em um segundo passo, são adicionadas mais duas cenas, clicando na opção "adicionar cena" localizada na Visão de Menu. Feito isso, selecionamos a segunda cena exibida na Visão de Cenas e adicionado o vídeo sobre Insertsort. É repetido o mesmo processo de seleção de cena e inserido o vídeo sobre Quicksort na terceira cena. Depois volta-se para a primeira cena e apontada a linha temporal para os 40 segundos do vídeo. Adiciona-se as imagens "insertsort.png" e "quicksort.png", as posicionando à direita do vídeo. Após isso, é feita a ligação da primeira cena com a segunda e a terceira. Basta clicar nas imagens "insertsort.png" e "quicksort.png" e configurar na Visão de Propriedades a ancoragem com a segunda e a terceira cena, conforme mostra a Figura 9.

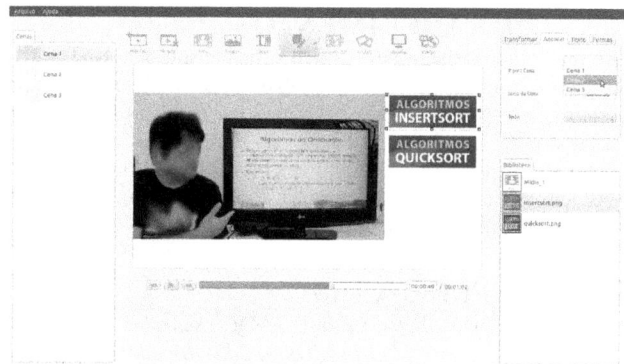

Figura 9: Interface do Cacuriá.

5. CONCLUSÃO

O presente trabalho apresenta o processo de desenvolvimento da ferramenta de autoria Cacuriá. A ferramenta tem como objetivo a criação de objetos de aprendizagem por educadores sem a necessidade de conhecimentos prévios de programação. Para isso, foi utilizada uma metodologia baseada em técnicas de Design Participativo e do ciclo de vida do Design de Interação que permitiram focar nas necessidades do usuário, coletando requisitos do público alvo da ferramenta conforme suas expectativas.

Vale ressaltar que o Cacuriá ainda não está em sua versão final, sendo ainda necessárias avaliações da abstração e da usabilidade da ferramenta, conforme indica o ciclo iterativo do design de interação. Apesar disso, o estudo de caso é promissor no sentido de apontar que já é possível criar objetos de aprendizagem com a ferramenta, mesmo ainda não havendo uma medida formal do grau de eficácia, eficiência e satisfação desse processo, o que é deixado como trabalho futuro.

Uma importante contribuição deste trabalho é o potencial para terceiros replicarem o processo metodológico descrito neste artigo quando no desenvolvimento de outras ferramentas de autoria. A proposta metodológica consiste na coleta de requisitos e construção do modelo mental dos usuários. Isso é feito iterativamente através do Design Participativo, no desenvolvimento de conceitos e implementação de protótipos, seguido de avaliações necessárias para o aprimoramento do produto final. Um aspecto importante é a posição do usuário da ferramenta no centro do processo de design.

A implementação da ferramenta de autoria Cacuriá ainda não atende completamente a mesma visão obtida na técnica de Grupos de Foco. Ainda se faz necessário certo trabalho futuro de implementação. A visão construída para a ferramenta Cacuriá é a de que ela se torne um ambiente integrado tanto para a autoria de OAs quanto para o compartilhamento deles com os alunos. Além disso, é interessante que seja possível para um professor publicar não apenas o resultado final de seu OA, mas possa também compartilhar e reusar o arquivo de projeto para que outros professores possam saber como foi construído o OA e tenham as liberdades de aprender, modificar e melhorar. Em suma, se faz necessária a integração com um portal de conteúdo para objetos de aprendizagem.

6. AGRADECIMENTOS

O trabalho apresentado neste artigo é financiado pela RNP e faz parte do Programa Grupo de Trabalho da RNP, em projetos geridos durante os ciclos de 2012/2013 e 2013/2014. Os autores gostariam de agradecer à equipe do laboratório LAWS que contribuíram para este trabalho, em particular Antônio Busson, Maurício Pessoa e Thacyla Sousa. Os autores também agradecem ao CNPq e FAPEMA pelo suporte.

7. REFERÊNCIAS

[1] Advanced Distributed Learning (ADL). *Sharable Content Object Reference Model (SCORM) 2004 4th edition*, 2009.

[2] Nugent, G., Soh, L. et al. 2005. *Design, development, and validation of a learning object for CS1*. In: SIGCSE, 2005.

[3] Blanchete, J. and Summerfield, M. *C++ GUI. Programming with Qt 4*. Prentice Hall, 2008.

[4] Santa Rosa, J. G. and Moraes, A. D. *Avaliação e Projeto no Design de Interfaces*. 2ab, Rio de Janeiro, 2010.

[5] Edmunds, H. *The focus group: Research handbook*. American Marketing Association, Chicago, 1999.

[6] IEEE Learning Technology Standards Committee (LTSC). Draft standard for learning object metadata. In *IEEE Standard 1484.12.1*, 2012.

[7] Wiley, D. A. 2000. Connecting learning objects to instructional design theory: A definition, a metaphor, and a taxonomy, in the instructional use of learning objects. *http://reusability.org/read/chapters/wiley.doc*.

[8] CourseLab. http://www.courselab.com. Acessado em Junho de 2014.

[9] eXeLearning. http://www.exelearning.org. Acessado em Junho de 2014.

[10] Hot Potatoes. http://hotpot.uvic.ca. Acessado em Junho de 2014.

[11] Microsoft LCDS. http://www.microsoft.com/learning/en-us/lcds-tool.aspx. Acessado em Junho de 2014.

[12] Neto, F. A. S., Bezerra, E. P. *DITV-Learning: Uma Ferramenta de Autoria à Criação de Objetos Digitais de Aprendizagem para Televisão Digital Interativa*. In 23º Simpósio Brasileiro de Informática na Educação - SBIE, 2012.

[13] Sousa, S. W. F., Bezerra, E. P., Soares, I. M., Brennand, E. G. G. *MARKER: A Tool for Building Interactive Applications for T-Learning*. In XIX Simposio Brasileiro de Sistemas Multimídia e Web - WebMedia 2013, n. 1-4, 2013.

[14] Soares, L. F. G., Moreno, M. F., Soares Neto, C. S., Moreno, M. F. 2010. Ginga-NCL: Declarative Middleware for Multimedia IPTV Services. In *IEEE Communications Magazine*, v. 48, p. 1-12, 2010.

[15] W3C. *HTML5: A vocabulary and associated APIs for HTML and XHTML*. http://www.w3.org/TR/html5/, 2011. World-Wide Web Consortium Working Draft

[16] Preece, J.; Rogers, Y.; Sharp, H. *Design de interação: além da interação homem-computador*. Porto Alegre: Bookman, 2005. 348p.

[17] Paternò, F. *End User Development: Survey of an Emerging Field for Empowering People*. ISRN Software Engineering, vol. 2013, Article ID 532659, 11 pages, 2013. DOI:10.1155/2013/532659.

Web of Things: Automatic Publishing and Configuration of Devices

Nailton V. de Andrade Jr
Ciência da Computação
Universidade Federal da Bahia
Salvador, Bahia, Brasil
nailtonjr@dcc.ufba.br

Daniel Borges Bastos
Ciência da Computação
Universidade Federal da Bahia
Salvador, Bahia, Brasil
danielbb@dcc.ufba.br

Cássio V. S. Prazeres
Ciência da Computação
Universidade Federal da Bahia
Salvador, Bahia, Brasil
prazeres@dcc.ufba.br

ABSTRACT

The Web of Things proposes to make devices available by using Web standards and protocols. Several different devices, which can be connected to the Web of Things, demand efforts to implement specific services to deploy each of such devices. For that reason, this paper presents an approach to automatically publish and configure devices as Web of Things resources. Our approach presents models that implement device functionalities and uses such models to automatically generate Web Services for devices. This paper also presents: i) dynamic discovery and configuration of devices when connecting to a local network by using Zeroconf protocol; ii) automatic generation of applications for publishing devices on the Web of Things.

Categories and Subject Descriptors

H.3.5 [**Information Storage and Retrieval**]: On-line Information Services—*Web-based services*

Keywords

Web of Things; Configuration; Publishing; Discovery

1. INTRODUÇÃO

Com a evolução da computação embarcada é cada vez mais comum a presença de dispositivos físicos cotidianos com a capacidade de se conectar à Internet, entre eles eletrodomésticos, sensores e atuadores, automóveis e muitos outros. Segundo Guinard [11], tais dispositivos, chamados de "Coisas Inteligentes" (*Smart Things*), são dispositivos e objetos que apresentam capacidade de comunicação e processamento.

A Internet das Coisas (*Internet of Things* ou IoT) tem por objetivo conectar esses dispositivos inteligentes à Internet utilizando o protocolo IP (*Internet Protocol*) [5]. Entretanto, a heterogeneidade dos dispositivos, em relação ao formato de mensagens, por exemplo, torna não trivial a comunicação com e entre esses dispositivos. Dessa forma, a

Web das Coisas (*Web of Things* ou WoT) visa estender a Web incorporando esses dispositivos à camada de aplicação utilizando o protocolo HTTP (*Hypertext Transfer Protocol*) da Internet.

A Web das Coisas será um ambiente onde todos os objetos físicos (eletrônicos ou não) do dia-a-dia, como edifícios, automóveis, mercadorias, matérias-primas, eletrodomésticos, sensores, dentre outros, se tornarão legíveis, identificáveis, endereçáveis e, ainda, controláveis utilizando serviços através da Web [11]. Isso permite a evolução de aplicações para a Web com uma vasta gama de novas oportunidades de negócio, tais como: suporte para a vida independente dos idosos [8], gestão eficiente de energia [1], gestão de ambientes inteligentes [19], gestão inteligente do tráfego [18], gestão de segurança pública e privada, gerenciamento eficiente de cadeias de suprimento e o monitoramento do meio ambiente [17], dentre outras.

Cicconi e Leibson [6] declararam que até o ano de 2015 cerca de 25 bilhões de dispositivos estejam conectados à Internet e que esse número deve crescer para 50 bilhões até o ano de 2020. Entretanto, nem todos os dispositivos são inteligentes, ou seja, existem dispositivos com recursos limitados, que não suportam o armazenamento e processamento de sistemas operacionais e aplicações inteligentes. Dessa forma, pensar na a Web das Coisas apenas para "coisas inteligentes" limitaria a sua abrangência e utilização.

A maioria dos dispositivos (mesmo os inteligentes) encontra-se atualmente desconectada da Web e mesmo da Internet, formando pequenas ilhas isoladas de softwares e interfaces proprietárias. Isso torna difícil a tarefa de integrar dispositivos a aplicações que poderiam ser reutilizadas para compor novos serviços [12]. Além disso, a grande diversidade de dispositivos, com diferentes formas de acesso e funcionalidades distintas, dificulta a sua disponibilização como recurso na Web.

Atualmente, para construir-se uma aplicação para a Web das Coisas, é necessário conhecimento específico de cada plataforma proprietária dos dispositivos envolvidos na aplicação. Segundo Guinard et al. [12], propostas de arquiteturas padronizadas, facilitam a integração dos dispositivos, entretanto, como não são totalmente compatíveis entre si, ainda necessitam da presença de especialistas. Dessa forma, essa diversidade e quantidade de coisas se conectando na Internet demanda soluções que possibilitem facilitar sua integração e, por conseguinte, disponibilização de suas funcionalidades como recurso na Web – tornando possível a Web das Coisas.

A realização da Internet das Coisas e, por consequência, da Web das Coisas está relacionada diretamente com soluções para a implantação do protocolo IP em dispositivos embarcados. É importante que exista um mecanismo para encontrar e recuperar informações de dispositivos conectados à rede através de um endereço IP. O conjunto de especificações Zeroconf (*Zero Configuration Networking*) oferece métodos para descoberta de serviços em uma rede local e permite estabelecer uma rede sem a necessidade de configuração manual [3].

Este trabalho propõe uma solução baseada em modelos para configuração e publicação automáticas na Web das Coisas. A solução proposta utiliza o protocolo Zeroconf para a descoberta e configuração de dispositivos que se anunciam ao se conectarem em uma rede local. No momento em que o dispositivo se conecta na rede, o mesmo é identificado, e uma aplicação é gerada e publicada em um barramento de serviços, de forma dinâmica e automatizada. Essa aplicação permitirá o acesso às funcionalidades do dispositivo na Web via protocolo HTTP.

Nesse contexto, este trabalho propõe a utilização de dois tipos de modelos para a geração automática das aplicações: i) modelos que agrupam dispositivos por suas funcionalidades; ii) modelos de acesso para cada classe de dispositivo. Assim, quando um dispositivo se conectar a uma rede, a aplicação, que representa as suas funcionalidades, é gerada automaticamente a partir de seus modelos.

Baseado nesses modelos e no protocolo Zeroconf, este trabalho estende o barramento de serviços com uma nova funcionalidade: *Detecter*, que é responsável por buscar e resolver serviços registrados na rede por dispositivos físicos que se comunicam utilizando os mecanismos do Zeroconf. Este trabalho também apresenta o serviço *Generator*, externo ao barramento, responsável por gerar as aplicações, a partir dos modelos de funcionalidades e de acesso aos dispositivos.

O restante deste artigo está organizado da seguinte forma. A Seção 2 apresenta uma proposta de arquitetura para a Web das Coisas e principais conceitos relacionados. Em seguida, a Seção 3 descreve a proposta deste trabalho, utilizada para tratar o problema de configuração e publicação automáticas de dispositivos na Web das Coisas. A Seção 4 apresenta os experimentos realizados e a avaliação resultante desses experimentos. Na Seção 5 tem-se a discussão dos trabalhos relacionados e por fim as considerações finais e trabalhos futuros são apresentados na Seção 6.

2. WEB DAS COISAS

Atualmente, é cada vez mais comum a presença de dispositivos do dia-a-dia com a capacidade de se conectar à Internet. Segundo Duquennoy et al. [9], a conexão desses dispositivos à Internet não se refere a nenhuma estrutura de rede ou tecnologia específica, mas apenas à ideia de interconectar objetos, assim como é feito com computadores na Internet. Dado que os componentes de hardware e software dos dispositivos são muito heterogêneos, torna-se um grande desafio integrar esses dispositivos sem uma linguagem comum compreendida por todos eles [12].

Segundo Guinard [11], a Web é um exemplo de que é possível, utilizando um conjunto relativamente simples de padrões, tecnologias e protocolos abertos (HTTP, SOAP, HTML, XML, JSON, etc.), construir, no topo de uma infraestrutura de hardware e software heterogêneos, um sistema flexível e que preserva a eficiência e a escalabilidade. Assim, uma vez que muitos dispositivos estão sendo conectados à Internet, é natural usar os mesmos padrões e protocolos da

Web como plataforma de integração. A utilização dos protocolos e padrões da Web para integrar dispositivos ou "coisas" do mundo real à Web foi denominada Web das Coisas.

A Web das Coisas permite que qualquer coisa seja utilizada como um recurso para a composição de aplicações Web projetadas para se relacionar com o mundo real. Com esse objetivo, padrões bem estabelecidos da Web podem ser reutilizados e adaptados. A arquitetura REST (*Representational State Transfer*) [10] preenche esses requisitos, uma vez que Serviços Web RESTful[1] utilizam os métodos do protocolo HTTP (GET, POST, PUT, DELETE) para aplicação dos princípios REST e URI's (*Uniform Resource Identifier*) para identificar e endereçar recursos unicamente.

Apesar de a Web prover protocolos e padrões que, por meio de serviços, permitem a troca de informações utilizando padrões como o XML (*extensible markup language*) e JSON (*Java Script Object Notation*), a grande variedade de coisas, dispositivos do dia-a-dia, que podem ser acessadas utilizando a Web das Coisas, possuem protocolos e formatos diferentes e muitas vezes proprietários [11]. Dessa forma, a Web das Coisas demanda uma infraestrutura capaz de gerenciar a configuração, publicação, descoberta, composição, utilização e compartilhamento desses dispositivos na Web.

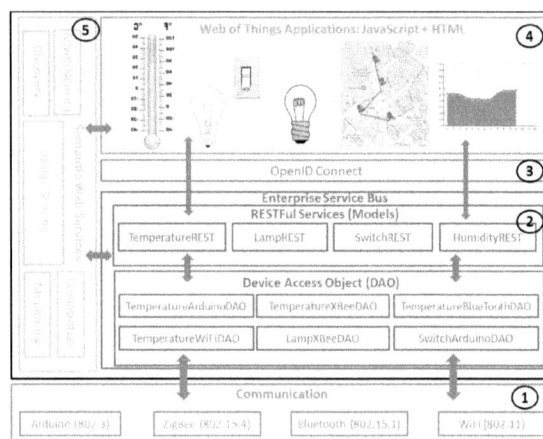

Figure 1: Arquitetura para a Web das Coisas.

A arquitetura apresentada na Figura 1 utiliza um barramento de serviços (*ESB - Enterprise Service Bus*) como infraestrutura base para configuração, publicação, descoberta, composição, monitoramento, utilização e compartilhamento para a Web das Coisas. Essa arquitetura pode ser dividida em 5 componentes maiores, que serão explicados a seguir: *Communication*; *Enterprise Service Bus*; *OpenID Connect*; *Web of Things Applications*; e *Semantic Web Services*.

Os resultados deste artigo, apresentados na Seção 3, estão diretamente relacionados aos componentes *Communication* e *Enterprise Service Bus*.

2.1 Communication

Conforme pode ser visto na Figura 1 (parte 1), "*Communication*" é o componente responsável por prover a comunicação com os dispositivos na rede. Nesse componente, deve ser possível descobrir, de forma automática, que um

---

[1]Serviços Web RESTful são serviços que utilizam padrões e protocolos da Web para implementar a arquitetura REST na Internet.

novo dispositivo se registrou na rede e descobrir, também automaticamente, qual o serviço provido pelo dispositivo.

Segundo Klauck and Kirsche [14], é importante que exista um mecanismo de descoberta, baseado no protocolo IP, e a habilidade de autoconfiguração para lidar com um grande número de coisas se conectando à Internet das Coisas. Neste trabalho, a solução utilizada (apresentada na Seção 3), para a descoberta automática e autoconfiguração, são os mecanismos do protocolo Zeroconf: *Multicast* DNS[2] (mDNS) e *DNS Service Discovery* (DNS-S).

Os dispositivos descobertos pelo componente "Communication" podem ser de dois tipos: burros e inteligentes. São considerados dispositivos burros, ou limitados, aqueles que não possuem capacidade de armazenamento e processamento: alguns sensores (por exemplo, temperatura e luminosidade) e atuadores (por exemplo, um semáforo de trânsito). Os dispositivos inteligentes, por sua vez, possuem poder de processamento e armazenamento, tal como tablets e smartphones.

Neste trabalho, estão sendo tratados apenas os dispositivos burros, que são descobertos, configurados e publicados no barramento – para posteriormente configurar suas permissões de compartilhamento (fora do escopo deste artigo).

Dispositivos inteligentes deverão decidir se querem participar do barramento. Por exemplo, um smartphone ou um tablet deve ter uma aplicação que: avisa ao seu proprietário que existe um barramento por perto; e pergunta se ele deseja disponibilizar acesso a algumas funcionalidades (por exemplo, GPS ou sensor de temperatura) do seu smartphone para outros usuários.

2.2 Enterprise Service Bus – ESB

Um barramento de serviços é middleware, com estilo arquitetural orientado a serviços, que visa fornecer recursos para facilitar a integração de aplicações por meio de serviços. Os principais componentes de um barramento de serviços são: ser um middleware orientado a mensagem, oferecer um container para serviços e fornecer uma camada de gerenciamento para configuração e monitoramento dos serviços e das mensagens.

Neste trabalho, uma vez que o componente "*Communication*" informou ao barramento de serviços (Figura 1, parte 2) que existe um novo dispositivo na rede e ainda qual é esse dispositivo, o barramento deve prover, automaticamente, uma forma desse dispositivo ser acessado na Web das Coisas – esse é o objetivo deste trabalho.

Para alcançar esse objetivo, são propostos neste artigo os modelos de acesso, baseados no protocolo de comunicação utilizado pelo dispositivo, para serem associados automaticamente aos dispositivos descobertos na rede. Esses modelos são chamados, conforme pode ser visto na Figura 1 (parte 2), de "Device Access Objects" (DAO), pois são componentes da arquitetura proposta responsáveis por se comunicar diretamente com os dispositivos físicos na rede.

Os DAOs são componentes altamente dependentes do dispositivo físico. Por exemplo, qualquer sensor de temperatura ZigBee[3] é acessado da mesma forma. Este trabalho utiliza um servidor de modelos que vai armazenar modelos de DAO para tipos de dispositivos conhecidos. Dessa forma, se o servidor de modelos já possui um DAO para um sensor de tem-

peratura ZigBee, esse DAO vai servir para acesso a qualquer sensor de temperatura desse tipo que se registar na rede.

O mesmo servidor de modelos também vai prover os modelos de serviços RESTful (ver Figura 1, parte 2) que, em conjunto com os DAOs, vão possibilitar a disponibilização dos dispositivos na Web das Coisas. Note que os modelos de serviços RESTful devem ser independentes do dispositivo físico e dependentes das funcionalidades do dispositivo – um sensor de temperatura, independentemente de fabricante ou protocolo de comunicação tem a função de prover a temperatura de um ambiente. Em outras palavras, os modelos de serviços RESTful devem refletir as funcionalidades do dispositivo, enquanto que os DAOs refletem os protocolos de comunicação com cada dispositivo.

Essa abordagem, utilizando modelos DAO e modelos RESTful, possibilita a automatização da configuração e da publicação dos dispositivos no barramento (descrito na Seção 3), uma vez que não será necessário esforço de programação para tornar um dispositivo acessível na Web das Coisas.

2.3 OpenID Connect

O componente "*OpenID Connect*" deverá implementar, utilizando o protocolo *OpenID Connect*, dois modelos de autenticação e autorização para a Web das Coisas. O primeiro modelo foi desenvolvido em um trabalho [7] dos autores deste artigo e permite autenticar e autorizar proprietários dos dispositivos a terem acesso a seus dispositivos na Web das Coisas. O segundo modelo, que é um dos trabalhos em andamento relacionados a este artigo, permite que usuários tenham acesso a dispositivos de terceiros. Ou seja, permite que proprietários de dispositivos compartilhem o acesso aos seus dispositivos com outras pessoas.

2.4 Web of Things Applications

O componente "*Web of Things Applications*", apresentado na parte 4 da Figura 1, tem por objetivo propor modelos de visualização dos dispositivos e dos seus serviços oferecidos, na Web. Esses modelos podem ser reutilizados em diversas aplicações para a Web das coisas. O desenvolvedor de aplicações pode ser o próprio usuário final, desde que existam modelos para diversos tipos de dispositivos.

2.5 Semantic Web Services

Os Serviços Web Semânticos (*Semantic Web Services*) têm o objetivo de automatizar tarefas como descoberta, composição, execução e monitoramento de Serviços Web. Na arquitetura da Figura 1, o componente "*Semantic Web Services*" (parte 5) implementa algoritmos e métodos, baseados na descrição semântica dos serviços, de descoberta e composição automáticas para estender o barramento de serviços com semântica (fora do escopo deste artigo).

3. CONFIGURAÇÃO E PUBLICAÇÃO AUTOMÁTICAS DE DISPOSITIVOS

A variedade de dispositivos com a capacidade de se conectarem à Internet vem se expandido ao longo do tempo e as previsões em termos de números de dispositivos conectados são impressionantes para os próximos anos [6]. Ao passo que essa grande quantidade de dispositivos oferece as mais diversas oportunidades para os desenvolvedores e pesquisadores, configura também um desafio no que diz respeito à realização da Web das Coisas: integrar esses dispositivos

---

[2]*Domain Name System*
[3]http://www.zigbee.org/

heterogêneos na camada de aplicação. Dessa forma, esta seção apresenta a proposta deste artigo para configuração e publicação automáticas de dispositivos na Web das Coisas.

3.1 Modelos de Acesso e de Funcionalidades

Guinard [11] afirma que para desenvolver uma aplicação na Web das Coisas é preciso ter conhecimento específico sobre a plataforma, em geral proprietária, do dispositivo que se deseja integrar à Web. Em uma rede com um número grande de dispositivos, a configuração e publicação automáticas são questões essenciais que demandam soluções criativas e eficazes. A diversidade de formas de acesso às funcionalidades dificulta o processo de disponibilização automática desses dispositivos como recursos na Web das Coisas.

A proposta apresentada neste trabalho tem o objetivo de automatizar a configuração e a publicação de dispositivos como recursos na Web. Nessa direção, este artigo apresenta modelos, aqui chamados de modelos de acesso e modelos de funcionalidades, que na arquitetura apresentada na Figura 1, da Seção 2 deste artigo, são chamados de *DAO* e *REST*, respectivamente. Esses modelos, que, em conjunto, possibilitam a geração automática das aplicações para integrar esses dispositivos na Web das Coisas, são armazenados num servidor de modelos.

Os dispositivos físicos podem ser classificados de acordo com as funcionalidades providas. Dessa forma, o modelo de funcionalidades é um modelo de Serviço Web RESTful que depende apenas das funcionalidades que ele tem a oferecer – não depende da implementação do dispositivo. Por exemplo, o modelo *RESTModel* de semáforos de trânsito, apresentado na Figura 2, representa as funcionalidades de todos os dispositivos capazes de funcionar como um semáforo de trânsito. Qualquer coisa do mundo real pode ser classificada em um modelo predefinido para a Web das Coisas. Assim, para um dispositivo se conectar à infraestrutura aqui utilizada é preciso que seu modelo funcional esteja inserido no servidor de modelos.

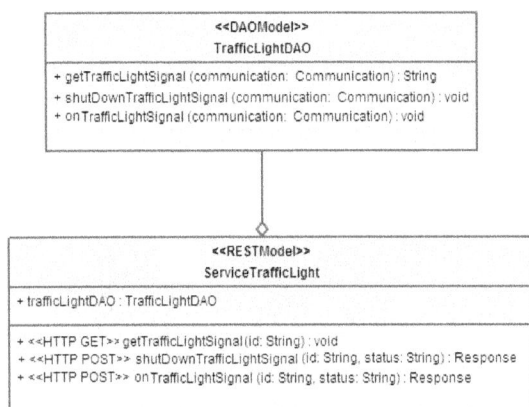

Figure 2: DAO e REST para semáforo de trânsito.

Além do modelo de funcionalidades, também é necessário que exista no servidor o modelo de acesso (DAO na na Figura 2), que tem por objetivo permitir a comunicação entre o dispositivo e o modelo de funcionalidades. É o modelo DAO que conhece os parâmetros de comunicação utilizados pelo dispositivo e sabe interpretar suas mensagens. Dessa forma, esse modelo é dependente da implementação do dispositivo

e suas informações devem ser fornecidas por quem o planejou. A proposta é que o modelo DAO funcione como um "driver" para o dispositivo funcionar na Web das Coisas, da mesma forma que, por exemplo, uma impressora possui um driver para funcionar na rede ou em um sistema operacional específico.

3.2 Configuração e Publicação Automáticas

A Figura 3 apresenta uma visão geral da solução proposta neste trabalho. Foram desenvolvidos dois serviços principais com o objetivo da configuração e publicação automáticas dos dispositivos que se conectarem à rede. Esses serviços (ver Figura 3) são: o serviço *Detecter*, que está implantado no barramento de serviços; e o serviço *Generator* que está implantado em um servidor externo, responsável por gerar aplicações baseadas nos modelos do dispositivo.

Ainda é possível perceber na Figura 3 um servidor de modelos, cujo objetivo é armazenar os modelos de funcionalidades e os modelos de acesso que serão requisitados pelo serviço *Generator*, e um banco de dados, que armazena as informações colhidas do dispositivo e também as informações a respeito da aplicação gerada.

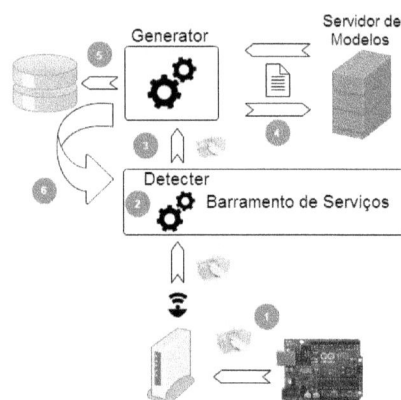

Figure 3: Visão geral da proposta.

A Figura 3 também fornece uma visão do fluxo seguido pelas aplicações no momento em que um novo dispositivo se conecta na rede. O Bonjour[4], utilizado neste trabalho, é uma implementação do protocolo Zeroconf e inclui, dentre outras coisas, a descoberta de serviços, o endereçamento e a resolução de nomes. Dessa forma, a utilização do Bonjour para descoberta de dispositivos evita a necessidade de configuração manual dos dispositivos, automatizando o processo de descoberta e resolução de serviços.

No passo 1 da Figura 3, o dispositivo se conecta na mesma rede em que o barramento de serviços está inserido. Nesse momento, o Bonjour implementado no dispositivo registra o serviço e se anuncia através de mensagens *multicast*. Uma vez tendo o dispositivo se anunciado, sua presença é percebida pelo serviço *Detecter* que também foi implementada utilizando API's baseadas no Bonjour. A função do serviço *Detecter* é perceber a entrada de novos dispositivos, ou seja, é responsável pela descoberta dos serviços como ilustrado no passo 2 da Figura 3.

Uma vez resolvido o dispositivo, o serviço *Detecter* colhe informações, como hostname, porta e informações extras

---

[4]http://www.apple.com/br/support/bonjour/

como o nome do modelo e a forma de comunicação do dispositivo. Com essas informações, o *Detecter* as envia para o serviço *Generator* (passo 3 da Figura 3), para que seja gerada uma nova aplicação. Tendo recebido o nome do modelo do dispositivo, é possível ao *Generator* requisitar ao servidor de modelos os arquivos necessários para construir a aplicação (passo 4 da Figura 3).

Por fim, o *Generator* salva as informações do dispositivo na base de dados (passo 5 da Figura 3), empacota e devolve a aplicação gerada (passo 6 da Figura 3) ao barramento de serviços, onde é implantada, tornando-a parte do barramento. Dessa forma, as funcionalidades do dispositivo estão publicadas na Web e podem ser acessadas via métodos HTTP contidos no modelo RESTful. A seguir, os serviços *Detecter* e *Generator* são descritos em detalhes.

3.2.1 Serviço *Detecter*

Para que ocorra a descoberta automática de dispositivos pela rede foi desenvolvido um serviço que: utiliza as funcionalidades do Zeroconf (via Bonjour); é executado no barramento de serviços; e monitora a rede e as alterações em sua topografia. O serviço que é responsável pela descoberta dinâmica e automática de dispositivos neste trabalho é chamado de *Detecter*, pois, suas responsabilidades são: detectar a entrada de novos dispositivos físicos na rede; colher suas informações; requisitar a geração de uma aplicação RESTful para este dispositivo; e, logo em seguida, implantar a aplicação gerada no barramento de serviços. A Figura 4 apresenta uma visão geral do serviço *Detecter*, que é dividido em três módulos principais: *Listener*, *Resolver* e *Manager*.

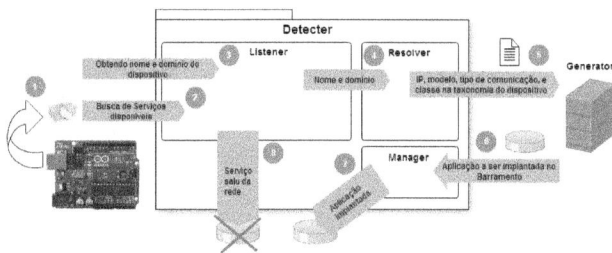

Figure 4: Visão geral do serviço *Detecter*.

O módulo *Listener* (ver Figura 4) é responsável pela busca de serviços disponíveis, assim, todo dispositivo físico que se conecte à rede será percebido nesse módulo do serviço (passos 1, 2 e 3 da Figura 4). Para possibilitar isso, o módulo *Listener* implementa os métodos do Bonjour: *serviceFound(...)* e *serviceLost(...)*, além do método *operationFailed(...)* da interface *BrowseListener*.

Ainda no serviço *Detecter*, o módulo *Resolver* (ver Figura 4) é responsável por resolver um serviço a partir do seu nome. Ou seja, uma vez que os serviços listados pelo *Listener* tenham sido determinados, seu nome e domínio devem ser passados para o *Resolver* (passo 4 da Figura 4), que implementa a interface *ResolveListener* em seus métodos *serviceResolved(...)* e *operationFailed(...)*. Para o DNS-SD, buscar serviços significa obter seus nomes e não endereços IP. Isso ocorre devido ao fato de que, em uma rede de conexão local ou DHCP, o IP de um dispositivo pode mudar com o tempo, de um dia para o outro, por exemplo. Dessa forma, as demais informações de um serviço, são obtidas,

após resolvê-lo a partir de seu nome de instância, e repassadas para o *Generator* (passo 5 da Figura 4).

Ainda na Figura 4, é possível observar o módulo *Manager*, que tem por objetivo receber a aplicação gerada pelo *Generator* (passo 6 da Figura 4), através de uma chamada ao método POST do protocolo HTTP direcionado ao método *deployApp(...)* e implantá-la no barramento de serviços por meio do método *saveToFile(...)*.

Para desenvolver o serviço *Detecter*, que foi implantado no barramento de serviços, foi utilizado o framework *Jersey* o que simplifica o desenvolvimento de Serviços Web RESTful. O Jersey também gera automaticamente a descrição WADL (*Web Application Description Language*) do serviço desenvolvido. Neste trabalho, o documento WADL reflete o modelo REST do dispositivo (ver Seção 3.1), ou seja, descreve todas as funcionalidades do dispositivo. Essas funcionalidades são descritas no documento WADL por meio da descrição de todos os métodos HTTP possíveis para o dispositivo em questão.

3.2.2 Serviço *Generator*

O serviço *Generator*, ilustrado na Figura 5, é o responsável pela geração da aplicação que vai ser utilizada no barramento para publicar o dispositivo como recurso na Web das Coisas.

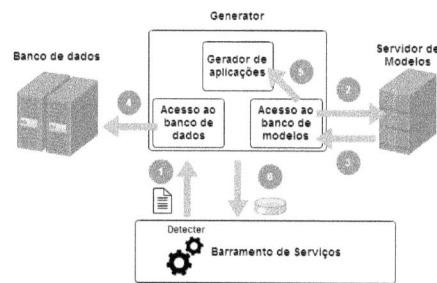

Figure 5: Visão geral do serviço *Generator*.

Para que o serviço *Generator* inicie a geração da aplicação, o serviço *Detecter* envia as informações através de uma chamada ao método POST do protocolo HTTP, cuja URI é mapeada no método *generateApp(...)* do *Generator*, tal como exibido no passo 1 da Figura 5.

Com essas informações, o serviço *Generator* requisita (passos 2 e 3 da Figura 5), por meio do método *requestModels(...)*, ao servidor de modelos, os arquivos dos modelos. Então, as informações do dispositivo são salvas na base de dados (passo 4 da Figura 5).

No passo 5 da Figura 5 ocorre de fato a geração da aplicação. Primeiro, a partir da escolha de uma porta randômica, o serviço *Generator* gera a URI que vai ser usada na aplicação e determina o nome da aplicação pelo padrão <domínio>_<porta>_service_<NomeModelo>. Alguns arquivos são comuns a todas as aplicações geradas, mas necessitam de certas modificações. Por exemplo, o documento WADL e o arquivo *application.properties*, que mantém certas definições que serão usadas pela aplicação gerada como, por exemplo, o tipo de comunicação. Dessa forma, o método *modifyWADL(...)* modifica o WADL, atribuindo, dentre outras coisas, a URI correta, e o método *savePropertiesFile(...)* modifica o arquivo *application.properties* para a aplicação em questão. Por fim, com todos os arquivos modificados, a aplicação é empacotada e enviada de volta ao barramento (passo 6 da Figura 5).

O serviço *Generator* também foi desenvolvido com o framework *Jersey*, porém, diferente do serviço *Detecter*, foi implantado no servidor *Apache Tomcat*, externo ao barramento de serviços.

4. AVALIAÇÃO

Antes de apresentar os resultados da avaliação na Seção 4.2, a Seção 4.1 apresenta a configuração do experimento realizado e a descrição do protótipo de um semáforo de trânsito (modelos DAO e RESTful), que foi utilizado nos testes realizados neste trabalho.

4.1 Configuração do Experimento

Para o experimento foi utilizado um computador com 8GB de memória RAM e um processador Intel Core i5. O Barramento de Serviços (Mule ESB) e o Servidor Web (Apache TomCat), onde se encontram os serviços Detecter e Generator, respectivamente, foram instanciados no mesmo computador. Para configurar a rede local foi utilizado um roteador *D-LINK DIR 600*. O tempo de execução das funções mais importantes foi medido através da API JAMon[5], que é uma API Java de código livre e desenvolvida para monitorar o desempenho de aplicações Java.

Para avaliar os serviços *Detecter* e *Generator* foi implementado um protótipo de um semáforo de trânsito, utilizando-se de uma placa Arduino UNO composta pelo chip ATImega328 com 32 Kbytes de memória flash programável e 2 Kbytes de memória RAM e um placa Ethernet para permitir conexão via rede. A implementação do semáforo, com 3 *led's* coloridos (verde, amarelo e vermelho), pode ser visualizada através do esquema da Figura 6.

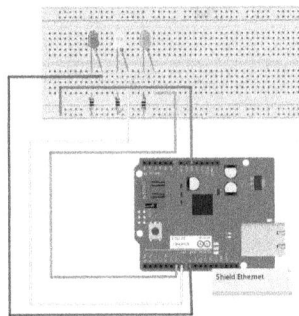

Figure 6: Protótipo Semáforo de Trânsito Arduino.

Conforme descrito na Seção 3.1 (Figura 2), o semáforo de trânsito é um atuador do tipo *TrafficLight* e seu modelo REST possui métodos GET e POST do protocolo HTTP. Esses métodos correspondem às funcionalidades: retornar o estado do semáforo, isto é, parado, siga ou atenção; ligar ou desligar o semáforo. As classes *TrafficLightDAO* e *ServiceTrafficLight* são, respectivamente, o modelo de acesso e o modelo REST de funcionalidades.

Para a aplicação ser gerada é necessário que os modelos do dispositivo estejam disponíveis no servidor de modelos. Qualquer modelo DAO é fornecido como um arquivo de biblioteca Java (.jar), sua classe deve ser nomeada no padrão

[5]http://jamonapi.sourceforge.net/

<NomeModelo>DAO. O modelo TrafficLightDAO do semáforo Arduino fornece os métodos para obter o seu estado, ligá-lo e desligá-lo. Observa-se que toda função recebe um parâmetro do tipo *Communication*, a classe *Communication* é uma *Factory* que instancia a comunicação de acordo com o tipo salvo no arquivo de propriedades da aplicação gerada, que para o semáforo será Ethernet. A Figura 7 apresenta a interface Web de acesso à aplicação que foi gerada automaticamente para o protótipo do semáforo de trânsito.

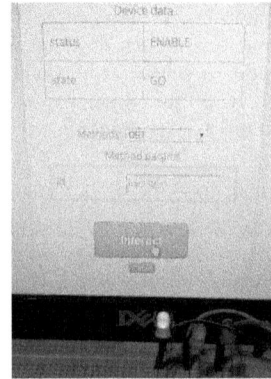

Figure 7: Aplicação gerada automaticamente.

Para que o protótipo do semáforo se registre e seja descoberto na rede, ele foi implementado utilizando o Boljour. Nesse protótipo, para implementar o Boljour no Arduino Ethernet foram utilizadas as bibliotecas *EthernetBonjour*, *EthernetDHCP* e *EthernetDNS* . Com essas bibliotecas, para registrar um serviço deve-se executar o método *addServiceRecord(...)* passando o nome do serviço, a porta do dispositivo em que o serviço está escutando na placa Arduino e o protocolo TCP/UDP de transporte. No caso do semáforo implementado, o nome do serviço registrado é *trafficLight_arduino._http*, comunicando-se através da porta 80 e usando o protocolo TCP.

4.2 Resultados da Avaliação

De acordo com a proposta deste trabalho, para que o dispositivo seja disponibilizado na Web das Coisas, duas etapas são necessárias: a configuração do serviço oferecido pelo dispositivo e a publicação da aplicação gerada.

A configuração é dividida em duas em duas etapas: a busca e a resolução. Neste trabalho, a busca é feita pela classe *Listener*, enquanto a resolução pela classe *Resolver*, ambas do serviço *Detecter*. No momento em que o dispositivo se conecta na rede, seu serviço é inscrito e uma mensagem mDNS é enviada, sendo percebida pelo *Listener* do *Detecter*. Uma vez que a busca depende da inscrição do dispositivo na rede e da mensagem mDSN enviada pelo próprio dispositivo, sendo o tempo de busca trivial, sua participação na performance total da solução é mínima, portanto não será avaliada. O mesmo pode ser dito em relação ao *Manager*, cuja funcionalidade é implantar a aplicação gerada no barramento de serviços.

Dessa forma, a performance da implementação é afetada principalmente pela resolução do serviço, realizada pela classe *Resolver* do serviço *Detecter*, instalado no barramento de serviços, e pela geração da aplicação no serviço *Generator*, hospedado no servidor *TomCat*. Essas duas etapas serão analisadas separadamente nas seções 4.2.1 e 4.2.2.

4.2.1 Resolução no *Detecter*

A classe *Resolver* (do serviço *Detecter*) é instanciada pela classe *Listener* assim que um novo serviço é percebido na rede. Nessa classe, uma chamada ao *DNSSD.resolve(...)* inicia a resolução do serviço, cujo nome e domínio foram recebidos. Dessa forma, foram medidos: o tempo de execução até que o método *serviceResolved(...)* seja disparado, denotando que o serviço foi resolvido com sucesso; e o tempo até que a mensagem tenha sido enviada pela chamada à função *callService(...)*. O tempo total da operação é a soma desses dois tempos.

Table 1: Tempo em ms de Execução Resolver.

Resolução	Preparação da Mensagem	Total
102,00	3,00	105,00
83,00	7,00	90,00
66,00	4,00	70,00
75,00	2,00	77,00
85,00	2,00	87,00
73,00	2,00	75,00
83,00	6,00	89,00
97,00	2,00	99,00
67,00	2,00	69,00
63,00	2,00	65,00
Média		
79,40	3,20	82,6

Foram realizadas 10 medições com o mesmo dispositivo semáforo Arduino, descrito anteriormente, para obter o tempo médio de execução, conforme Tabela 1. O tempo médio para a resolução do serviço é de 3,2 milissegundos, enquanto o tempo médio até o envio da mensagem com as informações é de 79,4 milissegundos. No total, a execução da classe *Resolver* leva em média 82.60 milissegundos. Esse tempo representa um tempo satisfatório para esse tipo de funcionalidade, uma vez que a descoberta dos dispositivos não deve impactar na infraestrutura da solução.

4.2.2 Geração de aplicação no *Generator*

O serviço *Generator* é responsável por gerar a aplicação que disponibiliza o dispositivo na Web das Coisas, a partir da requisição feita pelo serviço *Detecter*. Foram realizadas 10 medições para determinar o tempo médio de execução das funções do *Generator*. O tempo médio foi de 15.225,30 milissegundos, isto é, 15.2 segundos aproximadamente.

Table 2: Tempo em ms de Execução Generator.

Obter IP	Gerar Aplicação	Total
14.769,00	546,00	15.315,00
14.765,00	445,00	15.210,00
14.765,00	457,00	15.222,00
14.763,00	650,00	15.413,00
14.768,00	385,00	15.153,00
14.769,00	406,00	15.175,00
14.768,00	450,00	15.218,00
14.763,00	477,00	15.240,00
14.769,00	445,00	15.214,00
14.760,00	333,00	15.093,00
Média		
14.766,00	459,00	15.225,30

Conforme se observa na Tabela 2, a maior parte desse tempo se deve a execução do código que retorna o endereço IP a partir do *hostname* do dispositivo. O tempo médio gasto para se obter o endereço IP é 14.766,00 milissegundos, ou seja, 14.8 segundos aproximadamente, enquanto que o tempo médio do resto das operações para gerar a aplicação leva apenas 459,00 milissegundos – total de 15,2 segundos.

Uma vez que o tempo para se gerar uma aplicação não depende das características do dispositivo, ou seja, do número de funcionalidades oferecidas, o tempo de 15,2 segundos representa uma vantagem quando comparado ao tempo que uma pessoa levaria para desenvolver uma aplicação manual para qualquer dispositivo.

5. TRABALHOS RELACIONADOS

Os requisitos e as dificuldades de projeto para utilização do protocolo Zeroconf em dispositivos inteligentes foram descritos por Jara et al. [13]. De acordo com esse trabalho, os três principais requisitos tecnológicos para a Web das Coisas são flexibilidade, escalabilidade e ubiquidade. Os autores propõem como solução para esses requisitos um conjunto de diretrizes chamado de lmDNS (*light-weight* mDNS), baseado em DNS-SD e mDSN, de forma otimizada e leve, que basicamente visa reduzir e comprimir certas informações utilizando algoritmos de compressão conhecidos.

Brama et al. [2] desenvolveram uma arquitetura de nós de sensores customizável e modular, de forma que as necessidades de comunicação entre os dispositivos sejam atendidas por uma abordagem aprimorada da Interface Periférica Serial (*Serial Peripheral Interface* - SPI) chamada flexSPI. As características do SPI relativas ao baixo consumo de energia e alta largura de banda foram mantidas, enquanto novos recursos foram habilitados tais como diagnóstico de conexão, descoberta de dispositivos e sincronização.

Mitsug et al. [15] apresentam uma proposta para facilitar o desenvolvimento de aplicações do tipo *"smart home"*, compostas por dispositivos em uma rede de sensores. Os autores utilizam UPnP (*Universal Plug and Play*) e ONS (*Object Naming Service*) para automaticamente manter atualizada uma lista de dispositivos, e suas funcionalidades, que serão utilizados por desenvolvedores em aplicações.

Os três primeiros [13, 2, 15] trabalhos relacionados apresentam propostas de configuração automática de dispositivos.Nenhum deles integra a configuração automática a um barramento de serviços, de forma a estender as funcionalidades do barramento, que, neste trabalho, funciona como um gateway de objetos inteligentes para a Web das Coisas.

Choi et al. [4] apresentam uma proposta de configuração automática da interação entre dispositivos. Os autores utilizam de redes sociais para identificar relacionamentos entre dispositivos similares e prover interação entre eles. Para chegar ao ponto de identificar esses relacionamentos, os autores consideram que os dispositivos já estão publicados na Web das Coisas. Dessa forma, o trabalho de Choi et al. [4] pode ser complementar à proposta deste artigo, que visa automatizar a configuração e publicação dos dispositivos na Web das Coisas.

No que se refere ao gerenciamento de sensores e atuadores numa rede de sensores sem fio (WSN), Schor et al. [16] propuseram uma API, utilizando os princípios de arquitetura REST, para o monitoramento de edifícios inteligentes com o objetivo de reduzir o consumo de energia. Para tanto, os autores utilizaram a implementação do Zeroconf (também via Bonjour), que permite a descoberta dos serviços oferecidos pelos nós da rede. Os autores implementaram uma API

RESTful dentro dos dispositivos na rede, mesmo levando em consideração o uso de dispositivos com recursos limitados. Dessa forma, algumas técnicas com o objetivo de otimizar o uso dos dispositivos foram propostas. A solução final projetada consome 7.6 KBytes de RAM e ocupa 43 KBytes da ROM. Desse total, 0.7 Kbytes da RAM e 2Kbytes da ROM são usados pela API RESTful, o restante corresponde às implementações de protocolos de rede.

Quanto ao trabalho de Schor et al. [16], que mais se assemelha com o trabalho deste artigo, os autores implementam o serviço RESTful dentro do dispositivo, o que impede a utilização de dispositivos mais limitados. Por exemplo, o hardware utilizado no protótipo da Seção 4.1, possui 32 KB de memória FLASH (ROM) e 2 KB de RAM. A implementação, da parte que permite a comunicação Ethernet e o Bonjour no protótipo, ocupa cerca de 30 KB da ROM. Dessa forma, implementar o serviço RESTful dentro do dispositivo pode dificultar a utilização de dispositivos limitados. Além disso, a abordagem envolvendo modelos utilizada neste trabalho permite: que novos tipos de dispositivos sejam incluídos sem a necessidade de modificação na estrutura das aplicações; que os modelos sejam reutilizados em diversos dispositivos semelhantes.

6. CONSIDERAÇÕES FINAIS

A capacidade de configuração automática é importante em redes que possuem um grande número de sensores e atuadores conectados. Dadas as projeções sobre o crescimento no número de dispositivos se conectando à Internet nos próximos anos, fazem-se necessárias soluções que permitam a integração desses dispositivos na Web das Coisas.

Este trabalho propõe uma abordagem baseada no uso do protocolo Zeroconf e barramento de serviços para prover configuração e publicação automáticas de dispositivos como recursos na Web das Coisas.

Nessa direção, foram implementados dois serviços: i) o serviço Detecter que, através do Zeroconf, percebe a entrada de novos dispositivos na rede e coleta informações; ii) o serviço Generator, que gera a aplicação que disponibiliza as funcionalidades oferecidas pelo dispositivo em, implantando-a no barramento de serviços.

Para validar a proposta, um protótipo de um semáforo de trânsito foi desenvolvido, utilizando-se de led's que se alternam periodicamente, além de uso de bibliotecas específicas que permitem implementar as funcionalidades do Zeroconf, usando Ethernet, no dispositivo. O experimento realizado demonstrou o funcionamento da solução, tendo o semáforo sido disponibilizado para acesso via uma aplicação Web.

Um trabalho em andamento é a definição de uma metodologia para criação dos modelos, que permite a extensão dos modelos já existentes, podendo ser implementada como extensão em uma ferramenta de programação.

7. REFERENCES

[1] C. Beckel, W. Kleiminger, T. Staake, and S. Santini. Improving device-level electricity consumption breakdowns in private households using on/off events. *SIGBED*, 9(3):32–38, 2012.

[2] R. Brama, P. Tundo, A. Della Ducata, and A. Malvasi. An inter-device communication protocol for modular smart-objects. In *IEEE World Forum on Internet of Things*, pages 422–427, March 2014.

[3] S. Cheshire and M. Krochmal. Multicast DNS. Internet-draft, IETF Secretariat, Feb. 2011.

[4] J.-H. Choi, K. Kang, D. oh Kang, S. Yoo, and C. Bae. Towards zero-configuration in device collaboration using device sociality. In *IEEE World Forum on Internet of Things*, pages 417–421, March 2014.

[5] B. Christophe, M. Boussard, M. Lu, A. Pastor, and V. Toubiana. The web of things vision: Things as a service and interaction patterns. *Bell Labs Technical Journal*, 16(1):55–61, June 2011.

[6] J. Cocconi and S. Leibson. The internet of things. http://share.cisco.com/internet-of-things.html, January 2011.

[7] T. do Prado Filho, N. de Andrade Junior, F. de Farias, and C. Prazeres. Autenticacao e autorizacao para acesso a aplicacoes em um barramento de servicos para a web das coisas. In *III Workshop de Gestao de Identidades Digitais no SBSeg 2013*, pages 487–496, 2013.

[8] A. Dohr, R. Modre-Opsrian, M. Drobics, D. Hayn, and G. Schreier. The internet of things for ambient assisted living. In *Seventh International Conference on Information Technology: New Generations*, pages 804–809, April 2010.

[9] S. Duquennoy, G. Grimaud, and J.-J. Vandewalle. The web of things: Interconnecting devices with high usability and performance. In *International Conference on Embedded Software and Systems*, pages 323–330, May 2009.

[10] R. T. Fielding. *Architectural Styles and the Design of Network-based Software Architectures*. PhD thesis, University of California, 2000. AAI9980887.

[11] D. Guinard. *A Web of Things Application Architecture – Integrating the Real-World into the Web*. Ph.d., ETH Zurich, 2011.

[12] D. Guinard, V. Trifa, and E. Wilde. A resource oriented architecture for the web of things. In *First International Conference on the Internet of Things*, pages 1–8, Nov 2010.

[13] A. Jara, P. Martinez-Julia, and A. Skarmeta. Light-weight multicast dns and dns-sd (lmdns-sd): Ipv6-based resource and service discovery for the web of things. In *6th International Conference on Innovative Mobile and Internet Services in Ubiquitous Computing (IMIS)*, pages 731–738, July 2012.

[14] R. Klauck and M. Kirsche. Bonjour contiki: A case study of a dns-based discovery service for the internet of things. In *11th International Conference on Ad-hoc, Mobile, and Wireless Networks*, pages 316–329, 2012.

[15] J. Mitsugi, Y. Sato, M. Ozawa, and S. Suzuki. An integrated device and service discovery with upnp and ons to facilitate the composition of smart home applications. In *IEEE World Forum on Internet of Things*, pages 400–404, March 2014.

[16] L. Schor, P. Sommer, and R. Wattenhofer. Towards a zero-configuration wireless sensor network architecture for smart buildings. In *First ACM Workshop on Embedded Sensing Systems for Energy-Efficiency in Buildings*, pages 31–36, 2009.

[17] V. Tasic, T. Staake, T. Stiefmeier, V. Tiefenbeck, E. Fleisch, and G. Troster. Self-powered water meter for direct feedback. In *3rd International Conference on the Internet of Things*, pages 24–30, Oct 2012.

[18] C.-M. Vong, P.-K. Wong, Z.-Q. Ma, and K.-I. Wong. Application of rfid technology and the maximum spanning tree algorithm for solving vehicle emissions in cities on internet of things. In *IEEE World Forum on Internet of Things*, pages 347–352, March 2014.

[19] M. Weiss, A. Helfenstein, F. Mattern, and T. Staake. Leveraging smart meter data to recognize home appliances. In *IEEE International Conference on Pervasive Computing and Communications*, pages 190–197, March 2012.

Building Keyword-Indexed Virtual Libraries in a Logic Programming Environment

Edirlei Soares de Lima, Simone Diniz Junqueira Barbosa, Bruno Feijó, Antonio Luz Furtado
Department of Informatics – Pontifical Catholic University of Rio de Janeiro (PUC-RIO)
Rua Marquês de São Vicente, 225 – Rio de Janeiro – Brazil
{elima, simone, bfeijo, furtado}@inf.puc-rio.br

ABSTRACT

KW-GPS is a system to assist users intent on enjoying Web resources related to a domain-restricted collection of stories. In this system, each story is referenced in a virtual library in terms of the following data: (1) the URLs of resources associated with the story, which include but are not limited to plot-summaries, narrative texts, and videos; and (2) keywords of different classes, which serve as a multi-aspect index mechanism. Library items also include story templates, representing narrative motifs. Furthermore, a reduced version of the tool runs the basic rank-and-show process on mobile devices.

Categories and Subject Descriptors

H.3.5 [**Information Systems**]: Online Information Services – *Web-based services.*

General Terms

Documentation, Languages, Design, Experimentation.

Keywords

Virtual Libraries; Web Resources; Story Templates; Digital Entertainment; Detective Stories, Logic Programming.

1. INTRODUCTION

Most recommender systems are based on collaborative filtering algorithms and user models that predict the preferences of consumers from a large database of previous interactions with the system. For a user who is searching for specific aspects of a particular series of entertainment products, however, content-based recommender systems may prove to be more adequate in providing such assistance. Nevertheless, it is quite difficult to find Web or mobile services that follow a knowledge-based strategy of recommendation, which is essential to the digital entertainment industry. On the one hand, consumers may need guidance related to the content's structure of their favorite series. For instance, how to find a novel or a game in which a woman is the head of Scotland Yard? On the other hand, authors of digital entertainment may want to go beyond finding inspiration and start creating new stories from interesting combinations of existing ones that fit certain characteristics.

WebMedia'14, November 18 - 21 2014, João Pessoa, Brazil
Copyright 2014 ACM 978-1-4503-3230-9/14/11...$15.00
http://dx.doi.org/10.1145/2664551.2664553

In this paper we propose a simple but effective system, called **KW-GPS**, to assist users intent on enjoying Web resources related to a previously located domain-restricted collection of stories. Each story is referenced in a virtual library in terms of the following data: (1) the URLs of Web-residing resources associated with the story, which include, but are not limited to, plot-summaries, narrative texts, and videos (mostly trailers, due to copyright restrictions); and (2) keywords of different classes, which serve as a multi-aspect index mechanism. The system was initially applied to Agatha Christie's Poirot detective-stories [4] – hence its acronym, which stands for "**Ke**y**W**ord-based **G**uide to **P**oirot **S**tories", also reflecting the authors' effort towards a positioning system (i.e. a **GPS** device) to help users to navigate the Web.

The keywords are optionally structured as logical terms, admitting variables as parameters. Moreover this keyword-based structure allows performing other more hardworking processes, involving complex selections and the use of templates to explore similarity.

A logic-programming tool was developed to implement the system. The modular structure of the tool caters for the different roles of prospective users. Experts on logic programming may want to revise some of our design decisions and modify parts of the main program, thus playing, like we originally did, the role of **designers**. Experts on the domain on hand, not expected to be skilled programmers (though, even in their case, some knowledge of logic programming is desirable, to be able to formulate logic expressions), would act as **providers**, searching through the Web for stories and associated resources and choosing appropriate indexing keywords; theirs is the task of producing the domain-specification program, optionally with the help of the authoring module and of a separate tool. Finally a simplified rank-and-show facility, that hides the logic formalisms, and an interface for mobile devices were designed for those whose sole interest is to watch the stories, i.e. the end users (henceforward simply **users**).

The rest of the paper is organized as follows. Section 2 describes the **KW-GPS** system, through examples taken from the domain of Poirot stories (cf. the technical report[1] for details). Section 3 elaborates on criteria to formulate keyword repertoires. The mobile device interface is covered in section 4. Section 5 surveys related works. Concluding remarks are presented in section 6.

2. THE KW-GPS TOOL

2.1 The rank-and-show facility

The system operates on virtual library data previously located on the Web, pertaining to a given domain such as a set of Poirot stories. Two main sets of clauses represent, respectively, (1) the numbered *library entries*, giving the title of each story and the URLs of the associated resources; and (2) the *index entries*,

---

[1] ftp://ftp.inf.puc-rio.br/pub/docs/techreports/13_10_lima.pdf

consisting of keyword lists of different classes for each story (numbered as in the library entries). Three clauses precede them, the first to name the keyword classes, and the others to act as *conditioners* to the ranking process, as will be explained later.

Our choice of keyword classes was influenced by a seminal study by Todorov [31], wherein the highly-reputed literary theorist remarked that in a detective-story there actually coexist two narratives: that of the crime, and that of the investigation. One more class was added, due to Poirot's observation (in *Evil Under the Sun*) that: "Murder springs, nine times out of ten, out of the character and circumstances of the murdered person. Because the victim was the kind of person he or she was, therefore was he or she murdered!". We did *not* include a class about the criminal, because we felt we should leave out whatever might function as a "spoiler", ruining the author's effort to keep the suspense until the end. A small example follows (with the URLs in hyperlink format, for the reader's convenience):

```
/* domain My Poirot 1 */

kw_classes([victim, crime, investigation]).
thresholds(St, [V, C, I], T).
keyword_lists(St, [V, C, I]).

% LIBRARY

lib(1, 'Evil Under the Sun',
     [plot_summary: 'http://goo.gl/CMQtK',
      wiki: 'http://goo.gl/3AQvk',
      video: 'http://goo.gl/7RKxV1']).

lib(2, 'Cards on the Table',
     [plot_summary: 'http://goo.gl/mVmUO',
      wiki: 'http://goo.gl/JXQGy',
      video: 'http://goo.gl/QmykOh']).

lib(3, 'The Mysterious Affair at Styles',
     [plot_summary: 'http://goo.gl/40MRg',
      wiki: 'http://goo.gl/OEWHL',
      full_text: 'http://goo.gl/3qp1R ']).

lib(4, 'The Chocolate Box',
     [plot_summary: 'http://goo.gl/kDnVF',
      wiki: 'http://goo.gl/piaspM',
      video: 'http://goo.gl/BxRzPv']).

% KEYWORDS

kws(1, victim, [gender: female, marital_status: married,
              occupation: actress,
              character: credulous,
              swindled_by: 'younger man',
              age_bracket: 30, economic_status: rich]).
kws(1, crime, [action: murder, means: strangulation,
              place: beach, motive: 'financial gain',
              circumstance: 'holiday season',
              companion: (lover,'younger man')]).

kws(1, investigation, [clue: 'character of the victim',
              snag: 'time of death',
              tactic: 'break self-control']).

kws(2, victim, [gender: male, marital_status: single,
              occupation: 'art collector',
              character: bizarre, age_bracket: 40,
              economic_status: rich]).
kws(2, crime, [action: murder, means: stabbing,
              place: 'drawing room',
              motive: 'avoid accusation',
              circumstance: 'dinner party']).
kws(2, investigation, [clue: 'bridge scores',
              tactic: 'deceiving trick']).

kws(3, victim, [gender: female, marital_status: married,
              age_bracket: 70, character: credulous,
              economic_status: 'large fortune',
              attitude: autocratic,
              swindled_by: 'younger man',
              occupation: 'social work']).
kws(3, crime, [action: murder, means: poisoning,
              place: bedroom, motive: 'financial gain',
              circumstance: 'medical treatment',
              companion: (someone,'younger man')]).
kws(3, investigation, [clue: 'incriminating letter',
```

```
              tactic: 'expose evidence',
              snag: 'time of death']).

kws(4, victim, [gender: male, age_bracket: 30,
              character: evil,
              occupation: politician,
              economic_status: middle]).
kws(4, crime, [action: execution, means: poisoning,
              motive: 'moral reasons', place: study,
              circumstance: conversation]).
kws(4, investigation, [clue: chocolates,
              snag: 'mistaken suspect',
              tactic: confession]).
```

The ranking process is started by entering the rank(S) command, whose single parameter must be a variable to be instantiated at the end with a list of story numbers in decreasing order of total number of hits. The user is asked, for each keyword class, to choose from the respective set of keywords, which are taken from all the stories in the library and displayed on the screen. For the class victim, for example, these are:

```
1:age_bracket:30
2:age_bracket:40
3:age_bracket:70
4:character:autocratic
5:character:bizarre
6:character:credulous
7:character:evil
8:economic_status:large fortune
9:economic_status:middle
10:economic_status:rich
11:gender:female
12:gender:male
13:marital_status:married
14:marital_status:single
15:occupation:actress
16:occupation:art collector
17:occupation:politician
18:occupation:social work
19:swindled_by:younger man
choose for victim:
```

To choose, the user types the corresponding numbers, e.g. 7, 12 (for character:evil and gender:male), and presses the enter key. If the class is not at that moment an aspect of interest, the user simply presses the key without supplying any numbers. Hits are added-up for stories that possess the chosen keywords, but stories with no hits are not excluded. However the user has the option to prefix a number with either a '+' or a '-' sign, to indicate, respectively, that only stories *with* that keyword or only stories *without* it are acceptable. At the end, the output parameter variable is instantiated as mentioned before and, in addition, the result of the ranking process is shown in sentential form. With the choices 7, 12 for victim, 4, -11, 14 for crime, and 1, 3, 8 for investigation, one would have:

```
The Chocolate Box with 5 hits
Cards on the Table with 3 hits
The Mysterious Affair at Styles with 0 hits

S = [4, 2, 3]
```

Notice that -11, referring to means:strangulation, caused the exclusion of *Evil Under the Sun*. Also notice that a story with 0 hits was kept, which is, in general, useless. To remedy this inconvenience, the thresholds clause, shown before in a, so to speak, "neutral" format, can be rewritten so as to impose conditions, both on the total of hits and on the number of hits per class. The purpose of the other conditioning clause, keyword_lists, is to act as a *filter*, typically considering the permissible user's choices in a general context. For example, it can specify that if the user explicitly rejects stories with means:stabbing, then the even more gruesome stories with means:strangulation will also be excluded.

To activate the resources provided for their best-ranked stories, users have a show command, whose parameters designate the resource and the story-number. The line below will explore whatever is available for *The Chocolate Box*, a story in which Poirot, in his own opinion, acted with less than his usual genius:

```
:- has_resources(St, 'The Chocolate Box', R),
   forall(member(Ri, R), show(Ri, St)).
```

2.2 Other basic facilities

The `similar` command uses the keywords of a story to rank the others, consequently giving a measure of how close they are to it. Applying this command to *Evil Under the Sun* we learn that it has something in common with all the other stories, most notably with *The Mysterious Affair at Styles*:

```
?- similar(1,S).

The Mysterious Affair at Styles with 7 hits
Cards on the Table with 2 hits
The Chocolate Box with 1 hits

S = [3, 2, 4].
```

Users with a knowledge of the domain's specification have available a flexible `select` command to rank the stories on the basis of explicitly indicated keywords, covering one or more classes. For instance, the same result of the example of the preceding section would be obtained by entering the line:

```
?- select([[character:evil, gender:male],
       [circumstance:'dinner party',
        -means:strangulation,
        motive:'moral reasons'],
       [clue:'bridge scores',
        clue:chocolates,tactic:confession]], S).
```

Of course typing errors should be expected, which led us to introduce a checking device that performs a preliminary comparison of the indicated keywords against those figuring in the `kws` clauses. Automatic substitution will occur if one is found within a *Levenshtein distance* [25] less or equal to 2 from the misspelled keyword. In all such cases a message is displayed, such as:

```
cicunstance:dinner party not found for class {crime} -
similar: circumstance:dinner party
```

Automatic substitution will also happen in order to accommodate a number of related terms not included in the `kws` clauses, which, nevertheless, would spontaneously occur to persons familiar with the domain. Indeed we realized that cluttering the `kws` clauses with hypernyms, hyponyms, and other *related terms* would affect the intended user-friendliness of the `rank` command in a negative way, since most people would not like to choose from excessively long lists. A compromise solution was adopted, consisting of the addition to the domain specification of specific (as well as somewhat more general) `related_kw` clauses such as:

```
rel_kw(means:poisoning, means:arsenic).
rel_kw(K, K_rel) :- is_a(K_rel, K).
```

assuming that, to enable the second clause, appropriate `is_a` clauses are also provided. If the system can neither handle the user's indicated term as a misspelled or as a related reference to a registered keyword, the intractable term is not used in the selection and a warning message is issued.

Yet the most significant feature of the select command is its ability to deal with variables, optionally referred to in logical expressions following the '/' separator. The example below searches for stories with victims of both genders younger than 50, noting that whenever variables are involved, the selection list is displayed to reveal how they were instantiated upon the execution of the command – thereby performing a complementary query-answering task:

```
?- select([[age_bracket:A, gender:G], [], []]/(A < 50),
S).

1 - [[age_bracket:30, gender:female], [], []]
2 - [[age_bracket:40, gender:male], [], []]
4 - [[age_bracket:30, gender:male], [], []]

The Chocolate Box with 2 hits
Cards on the Table with 2 hits
Evil Under the Sun with 2 hits

S = [4, 2, 1].
```

In view of a thesis cogently exposed in [18] about categorization, we may consider that the two commands in this section, `select` and `similar`, complement each other in a nice way, given that human beings tend to classify things by just wondering to what other (prototypical) thing they resemble, rarely trying to verify systematically whether they have the properties postulated in scholarly taxonomies. Thus people would promptly categorize an animal as a bird if it looks like a robin, a bird *par excellence* after that author. Applying the notion to stories, instead of asking: "give me a story with such and such characteristics" (or "such keywords"), they would say: "give me a story like that one".

2.3 Templates and narrative motifs

The indicated similarity between *Evil Under the Sun* and *The Mysterious Affair at Styles* can be attributed to the presence of a common *narrative motif*, which we call the `Swindler motif`. The motif occurs in other Poirot stories, e.g. *Death in the Nile*.

Keyword classes composed of lists of property:value pairs, such as we have been using in the examples, can be treated as *frames*, a data structure fully compatible with the **Entity-Relationship** model and with **RDF** formalisms [8], which lends itself well to a method for handling narrative motifs. The method utilizes two operations on frames: *unification* and its dual, *most specific generalization* (**msg** for short) [17]. With msg, it is possible to combine two or more stories so as to create story *templates* to represent a common motif. Then, by unifying a template with frames with property:value pairs both common and not common with those in the template, one can instantiate and at the same time extend the narrative expressed by the motif. It is a known fact that evoking one or more motifs helps to compose new stories.

Besides the `Swindler` motif, a second motif, taking us to the far-removed domain of Elizabethan drama, will be included here, because Poirot himself explicitly brought it in to find the culprit in his last case (reported in the *Curtain* story). Several apparently unrelated crimes had been committed by different individuals, but all cases had one thing in common: the presence of a person, whom Poirot simply named "X", who had contact with each of the accused. The little Belgian solved the mystery and identified "X" through an analogy with Shakespeare's *Othello*. Accordingly, we expanded our library with *story templates* for both motifs:

```
lib_t(1,'Swindler motif',[]).

kws_t(1,victim, [gender: female, character: credulous,
                 economic_status: rich, swindled_by: X]).
kws_t(1,crime, [action: murder, motive: 'financial gain',
                companion: (Y,X)]).
kws_t(1,investigation, [snag: 'time of death',
                        swindled_by: X,companion: (Y,X),
                        culprit: X, accomplice: Y]).

lib_t(2,'Inducer motif',[]).
```

```
kws_t(2,victim, [kills: (B, A), victim_name:A]).
kws_t(2,crime, [kills: (B, A), loves: (B, A),
               tells: (C, B, infidel(A))]).
kws_t(2,investigation, [tells: (C, B, infidel(A)),
                        culprit: C]).
```

To be able to confirm that the templates match the two stories, we first rewrite the kws clauses of *Evil Under the Sun* and of *The Mysterious Affair at Styles*, giving the names of the participating characters, and adding culprit and accomplice terms with variable parameters to the investigation kws clauses:

```
kws(1, victim, [gender: female, marital_status: married,
               occupation: actress,
               character:credulous,
               swindled_by: 'Redfern', age_bracket: 30,
               economic_status: rich]).
kws(1, crime, [action: murder, means: strangulation,
              place: beach, motive: 'financial gain',
              circumstance: 'holiday season',
              companion: ('Christine', 'Redfern')]).
kws(1, investigation, [clue: 'character of the victim',
                      snag: 'time of death',
                      tactic: 'break self-control',
                      culprit: X, accomplice: Y]).

kws(3, victim, [gender: female, marital_status: married,
               age_bracket: 70, character: credulous,
               economic_status: 'large fortune',
               attitude: autocratic,
               swindled_by: 'Inglethorp',
               occupation: 'social work']).
kws(3, crime, [action: murder, means: poisoning,
              place: bedroom, motive: 'financial gain',
              circumstance: 'medical treatment',
              companion: (someone,'Inglethorp')]).

kws(3, investigation, [clue: 'chemical property',
                      tactic: 'expose evidence',
                      snag: 'time of death',
                      culprit: X, accomplice: Y]).
```

We are now in a position to introduce a command that uses frame-unification to find which stories incorporate a given motif. Its input parameter is the story template representing the motif, and the output parameter is the list of stories detected. Informally, what the command does is the inverse of the template-generating process: instead of generalizing and introducing variables when needed, it *specializes* by instantiating the variables with constants according to a pattern-matching discipline. So the execution of

```
:- similar_t(1,S).
```

denounces the criminals of the two stories (except that Poirot does not immediately disclose who is the "someone" – a certain Miss Howard – in the second story responsible for the snag involving the time of death, which served as an alibi to Mr. Inglethorp):

```
Evil Under the Sun - [[gender:female,
              marital_status:married,
              occupation:actress,
              character:credulous,
              swindled_by:Redfern,
              age_bracket:30, economic_status:rich],
              [action:murder, means:strangulation,
              place:beach, motive:financial gain,
              circumstance:holiday season,
              companion: (Christine, Redfern)],
              [clue:character of the victim,
              snag:time of death,
              tactic:break self-control,
              culprit:Redfern, accomplice:Christine]]

The Mysterious Affair at Styles - [[gender:female,
              marital_status:married, age_bracket:70,
              character:credulous,
              economic_status:large fortune,
              attitude:autocratic,
              swindled_by:Inglethorp,
              occupation:social work],
              [action:murder, means:poisoning,
              place:bedroom, motive:financial gain,
              circumstance:medical treatment,
              companion: (someone, Inglethorp)],
              [clue:chemical property,
```

```
              tactic:expose evidence,
              snag:time of death,
              culprit:Inglethorp,
              accomplice:someone]]

S = [1, 3].
```

Proceeding along the same line with the stories incorporating the Inducer motif, one obtains:

```
?- similar_t(2,S).

Curtain - [[victim_name:wife], [tells: (Norton, Riggs,
              infidel(wife)), loves: (Riggs, wife),
              kills: (Riggs, wife)],
              [culprit:Norton, executes: (Poirot, Norton)]]

Othello - [[victim_name:Desdemona], [loves: (Othello,
              Desdemona), tells: (Iago, Othello,
              infidel(Desdemona)), kills: (Othello,
              Desdemona),suicides:Othello],
              [culprit:Iago]]

S = [5, 6].
```

As anticipated, templates, as representation of literary motifs, also serve a more ambitious goal: helping to compose new stories. For this purpose, the select_t command is used, having as input parameter, like the select command of the previous section, explicit keyword lists covering all classes (though for some of them empty lists can be supplied). The command uses these terms to instantiate the kws_t clauses of the templates, its output parameter indicating which templates were successfully matched. Since the command employs frame-unification to achieve instantiation, properties not shared by the two operands, i.e. that do not figure either in the input or in the template, are kept. Thus the story that begins to emerge prolongs, so to speak, the narrative even beyond the motif expressed by the template.

The example introduces two characters unknown in the Poirot world, a man called Archie and his companion Miss Neele; it also adds the novel circumstance that the victim of the supposedly criminal action has disappeared (in itself a motif – see e.g. *The Disappearance of Mr. Davenheim*). The man's female companion performs another evil act: she accuses his wife, called Teresa, of infidelity, thereby reinforcing his murderous impulse. As a result, both templates are separately instantiated, and by virtue of the first template, a culprit and an accomplice are revealed:

```
?- select_t([[swindled_by:'Archie'],
        [companion:('Miss Neele','Archie'),
         tells:('Miss Neele','Archie',
         infidel('Teresa')),
         circumstance:'victim disappears'],[]],S).

Swindler motif - [[swindled_by:Archie, gender:female,
              character:credulous, economic_status:rich],
              [companion: (Miss Neele, Archie),
              tells: (Miss Neele,
              Archie,infidel(Teresa)),
              circumstance:victim disappears,
              action:murder,motive:financial gain],
              [snag:time of death,
              swindled_by:Archie, companion: (Miss Neele,
              Archie), culprit:Archie,
              accomplice:Miss Neele]]

Inducer motif - [[swindled_by:Archie, victim_name:Teresa,
              loves: (Archie, Teresa)],
              [companion: (Miss Neele, Archie),
              tells: (Miss Neele, Archie,infidel(Teresa)),
              circumstance:victim disappears,
              loves: (Archie,Teresa),
              kills: (Archie, Teresa)],
              [tells: (Miss Neele, Archie,infidel(Teresa)),
              culprit:Miss Neele]]

S = [1, 2].
```

Could a story combining the two motifs be composed? The trouble is that putting the two lines together would be rejected by the frame-unification discipline: a conflict arises regarding the identity of the main culprit. Solving conflicts, in order to be able to combine narrative lines, is a task that often requires much creativity; under the name of blending, it is extensively discussed in [6]. The predicate below (for details, cf. technical report cited before) illustrates one way to face the problem: to simply ask the user to make a choice wherever a property:value conflict arises:

```
?- select_blend([[swindled_by:'Archie'],
    [companion:('Miss Neele','Archie'),
     tells:('Miss Neele','Archie',infidel('Teresa')),
     circumstance:'victim disappears'],[]],S).

conflict with culprit:
1. Archie
2. Miss Neele
Your choice: 2

victim:
[swindled_by:Archie, gender:female, character:credulous,
 economic_status:rich, victim_name:Teresa,
 loves: (Archie, Teresa)]

crime:
[companion: (Miss Neele, Archie), tells: (Miss Neele,
 Archie, infidel(Teresa)),
 circumstance:victim disappears,
 action:murder, motive:financial gain,
 loves: (Archie, Teresa), kills: (Archie, Teresa)]

investigation:
[snag:time of death, swindled_by:Archie,
 companion: (Miss Neele, Archie), accomplice:Miss Neele,
 tells: (Miss Neele, Archie, infidel(Teresa)),
 culprit:Miss Neele]
```

Archie murders his wife for monetary gain, while still in love and feeling jealous for her. Mixed feelings are not uncommon, unwarranted as they may seem, but if Miss Neele is deemed the main culprit, would it make sense to also call her an accomplice? Nonetheless the example illustrates the notion that new stories can arise by combining two or more motifs, and extending the combination with further events. And, although this little story was surely never composed by Agatha Christie, we suspect that some such plot might well have crossed her imagination. (Why? – we leave that to the reader, as a Web-searching exercise).

2.4 A simple rank-and-show user interface

A reduced version of the **KW-GPS** tool, containing only the rank and the show facilities, is activated by double-clicking an icon, which may conveniently be placed on the monitor's screen. The user does not have to enter any command line, every move being menu-directed. The keyword lists are successively presented for each class, and the user chooses them as in section 2.1.

After the stories are ranked in decreasing order of total hits, the user is invited to indicate what resource should be activated. Suppose the *Cards on the Table* is chosen, and the user asks for its plot-summary. While the plot-summary remains open, other resources can be requested and can be visualized side-by-side if non-overlapping windows are adequately disposed (Figure 1).

When end is chosen to the activation of resources, the list of stories is displayed again. Suppose *The Chocolate Box* is then chosen and, from its resources, the Wikipedia entry is called for. Next, if the user twice replies end (to the choice of resources and to the choice of stories), these two recursive loops terminate, and the system backtracks to the outermost loop, asking whether the user wants to perform another selection, thereby starting again the whole process. If the answer is negative, a halt command is executed and the Prolog window vanishes from the screen. Thanks to this strictly menu-driven usage mode, the programming language formalisms stay hidden, so that the Prolog machinery becomes practically transparent to users.

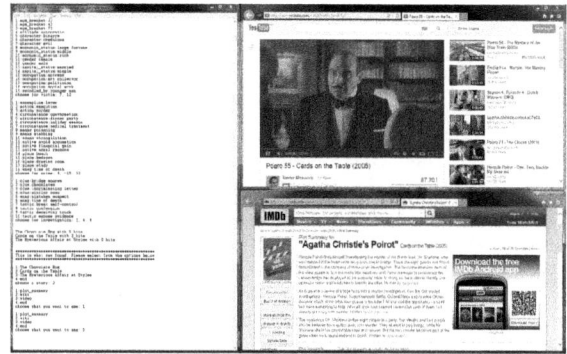

Figure 1. The simple rank-and-show user interface.

2.5 Installing a new domain

To create or redesign a domain, providers have an authoring module that requires only a minimum of familiarity with the notational details of Prolog. The first step is to write a text file specifying how the domain will be called, the names of the classes of keywords, and information about the stories that will constitute the library. The information entries for each story, numbered consecutively, indicate the title of the story and of the URLs of the included resources. The kws clauses are inserted by the module, which extracts them from Wikipedia or IMDB plot summaries, asking the user to indicate whether each keyword should be retained or rejected, and in the positive case in which class it should be placed. The user can test the adequacy of a keyword by asking for its **tf-idf** (term-frequency–inverse document-frequency) evaluation [32]. For the meaning of unknown terms, WordNet or DBpedia pages can be opened on demand.

In its present implementation, the module does not provide a general mechanism to locate the resources and retrieve their URLs. However we have separately developed another system, called **LOG-SNIP** (for details, cf. the technical report[2]), which captures the snippets of the resources found in the course of a Google search. To guide the search, a list containing keywords and directives of various kinds is specified, so as to define the domain of current interest. The captured snippets are kept in a Prolog file as frame-structured clauses, decomposed into four fields: name, date, url, info. A fifth kws field is added by extracting resource-specific keywords from the name and info fields. A facility is provided to transform the snippets clauses into the clausal notation required by **KW-GPS**: the lib clauses are created from the first four fields and the kws clauses from the fifth field (which keeps the extracted keywords). As keyword extractor our implementation now uses the **AlchemyAPI** service.[3]

The choice of truly representative keywords is critical. Although plot summaries should in principle be richer sources than snippets, they are contributed by different people, with unequal competence, who may often be misled by personal idiosyncrasies.

3. CONSIDERATIONS ON KEYWORD CHOICE

Keyword repertoires, either featuring ordinary words and phrases or more complex structures such as **property:value** pairs, can either be formed from what is found in the resources themselves (taken from snippets or from plot summaries, as indicated in the previous section) or be borrowed from an external source, such as:

---

[2] ftp://ftp.inf.puc-rio.br/pub/docs/techreports/14_01_lima.pdf

[3] http://www.alchemyapi.com/api/keyword-extraction/

a) terminology of the genre

b) traits of the audience

Option (a) is particularly attractive, since with a limited number of terms the stories can be meaningfully characterized, and neatly compared with each other. For folktales, one may take the 31 functions described in [27] or (some subset of) the many types and motifs of the index compilation in [1]; for drama in general, 36 situations have been identified in [26]. Story segments (scenes), named after a dramatic situation and with keyword classes indicating preconditions and postconditions, can be chained together to form branching plot sequences, furnishing to authors a suitable storyboard scheme. Even to characterize the "story" of sportive games there exist official lists of events, sometimes called *scouts*. The **Fédération Internationale de Volleyball (FIVB)**[4] shows in its site the statistics of each game, which can easily be represented in property:value format, where the properties are scouts including `attack`, `block`, `serve`, and the values (for each player and the totals for the two contending teams) are the number of points gained through each of these so-called skills.

For our Poirot examples we utilized, as seen, a number of properties, such as `motive`, `clue`, etc., commonly associated with the genre of detective stories. Surely several other properties in the same line could be added, taken both from studies on fictional works (e.g. the various phases of the crime and the investigation narratives, following Todorov's scheme [2]) and on criminal law (e.g. `mitigating and aggravating circumstances` [12]). When adding legal terms, however, one may find advisable to keep compatibility with the author's language, which is not always rigorously correct in this regard – for instance, in *Taken at the Flood*, Agatha Christie allows Poirot to discount as a mere accident what would still draw a verdict of involuntary manslaughter.

In line with option (b), the stereotype-based recommendation strategy reported in [28] offers a fascinating possibility, trying to guess, from the personalities of the users, which stories each user would be expected to like. A promising way to implement this notion is to provide for each story property:value keywords evaluating the story according to the traits of the **Big Five** [9] proposal, possibly with percentile intervals as values. Each prospective user might then go through one of the short tests available in the Web,[5] thus obtaining grades to be matched against the intervals estimated (roughly, to begin with, and later refined through usage [28]) for the stories in the virtual library. Another intriguing possibility is to revert the direction: consultants with a psychology background may, by inspecting a usage log, be able to evaluate each user's **Big Five** percentiles from the stories the user has accessed in an extended period of time.

4. THE RANK-AND- SHOW FACILITY IN MOBILE DEVICES

In order to run the rank-and-show process in mobile devices (tablets and cell-phones) we developed an **Android** application that provides a graphical user interface to the **KW-GPS** system (Figure 2). The mobile application is based on a client-server architecture, where the server hosts the **KW-GPS** system and provides access to its functions, and the client contains the mobile user interface that allows users to search and enjoy web resources provided by the system (as in the photo of Figure 3).

[4] http://www.fivb.org/

[5] http://www.ocf.berkeley.edu/~johnlab/bfi.php

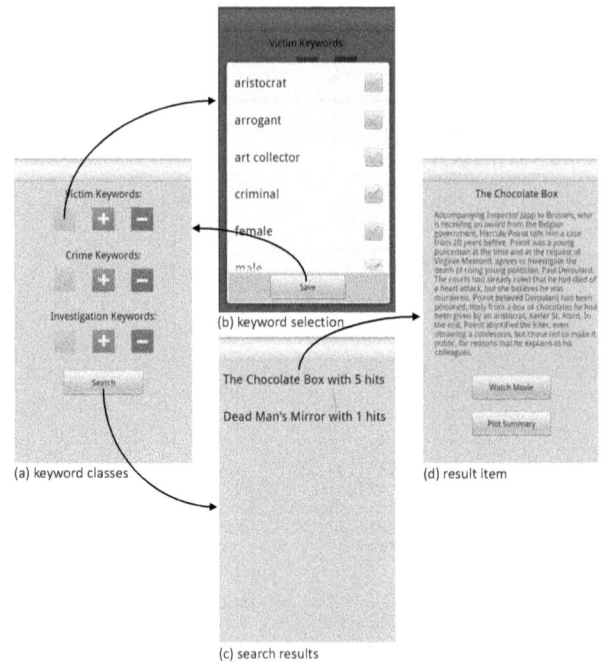

Figure 2. Graphical user interface of the mobile application.

In the mobile interface, keywords are organized and displayed in classes (`victim`, `crime` and `investigation`) (Figure 2a). Each class contains three types of keywords: optional (green button), required (blue button), and excluded (red button). When a keyword class and type are designated by the user, the respective list of keywords is displayed for selection (Figure 2b). After the intended keywords are selected, the server performs the rank-and-show process, and the results are shown in the mobile interface (Figure 2c). Looking at the resulting sequence, the user is then free to indicate one of the stories, not necessarily the best ranked, causing the corresponding web resources to be displayed (Figure 2d). The interface is automatically adjusted to the domain specified in the **KW-GPS** system. All the required information about keywords is retrieved from the server that hosts the **KW-GPS** system. In this way, keyword classes and lists are automatically created and labelled according to the specifics of the current domain. The communication between the mobile application and the **KW-GPS** server is performed through a TCP/IP connection.

In order to assess the mobile interface, we have conducted a user evaluation with 9 participants, 8 male and 1 female, aged 16 to 17. Seven of them had some knowledge of detective stories, and three knew about the detective stories of Poirot. All of the participants were frequent users of **Google Web Search**.

We asked the participants to utilize both our mobile application (S) and **Google Web Search** through the default **Android** web browser (G) to find a Poirot detective story to their taste. Our aim was therefore to compare our proposal with the most commonly used method of web search in mobile devices. In order to reduce learning effects, half of the participants used S first, and the other half used G first. On average, each session of S lasted 4.05 minutes (σ=0.86), and each session of G lasted 9.22 minutes (σ=1.48).

Figure 3. Using the mobile interface.

After using each version, the participants filled in a questionnaire with 26 questions derived from the **USE** Questionnaire [23], concerning the system usefulness, user satisfaction and how easy was the use of the system. Each reply was graded within a 7-point **Likert scale** ranging from "strongly disagree" (-3) through "neutral" (0) to "strongly agree" (+3). After interacting with both systems, the participants were interviewed about their experience.

Figure 4 summarizes the results. Both **Google Web Search** and our mobile **KW-GPS** system obtained similar grades for system usefulness. On the other hand, our system clearly improved user satisfaction and ease of use; in the course of the interviews, the participants declared that it was easy to use, gave more accurate results, and allowed to find interesting stories without risking to enter into unknown web pages. In contrast, some participants said that **Google Web Search** gave them more freedom.

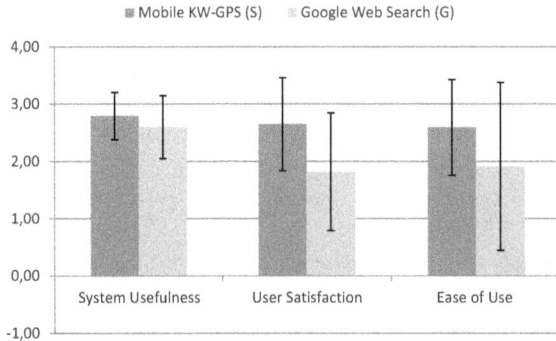

Figure 4. Average number of points (within a 7-point Likert scale) of the system usefulness, user satisfaction, and ease of use, with error bars indicating standard deviation around the mean.

During the user experiment, we also collected some statistical data about the time users spent to complete the task, number of searches, and number of clicks on wrong results. As clearly shown in Figure 5, the mobile **KW-GPS** system cut in more than a half the time needed to complete the task, and reduced substantially the number of searches and clicks on wrong results.

Although the user study reported here cannot be judged entirely conclusive, due to the small number of participants, the positive user feedback is a welcome stimulus for the continuation of our development efforts.

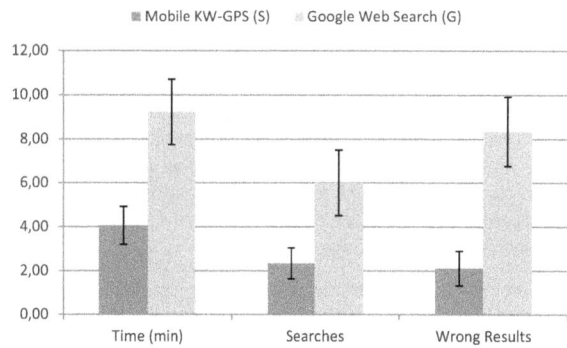

Figure 5. Statistical data collected during the user evaluation about the time users spent to complete the task, number of searches, and number of wrong results.

5. RELATED WORK

Keyword-based search is a well-studied problem in the area of information retrieval. Certain approaches [10][19] explore the use of keyword-based search for XML data; formulating queries with keywords, they retrieve document fragments and use a ranking mechanism to increase search result quality. Some works [5][3] investigate keyword-based search for the Semantic Web and RDF data, in order to provide ranked retrieval using content-based relevance estimation. Others propose to extend keyword-based search with structured query capabilities [16][24] and logic applied in the context of ambient media [21][22].

In the field of entertainment computing, a sports video search and retrieval system, called DAVVI [29][14], offers the capability of delivering sports video content for mobile and desktop devices. The system is based on automatic summarization and recommendation techniques, wherein sports videos are semi-automatically annotated with metadata extracted from live text commentary web pages. Users can search and query for game events using keywords and phrases found in the live text commentaries. A similar system is described in [11].

There are several mobile applications that provide access to movie databases, such as the "*IMDb Movies & TV*"[6] [13], which is a mobile application developed for **Android**, iOS, and Windows Phone that provides direct access to the **IMDB** movie information database, allowing users to search and navigate through a huge collection of movies and TV series. Another application is "*Movies by Flixster*" [7] for **Android**, **iOS** and **Windows Phone**, which permits to browse and search for movies, read reviews and watch trailers in mobile devices. Several studies suggest the importance of domain-specific search applications for mobiles devices. Both [15] and [30] emphasize that task-specific search applications are better to design in ways that more adequately serve the users' needs. In [20] it is argued that, with such applications, users are able to retrieve documents with fewer interactions and less data traffic.

6. CONCLUDING REMARKS

Originally employed to organize private virtual libraries of Poirot detective-stories, providing a multiple aspect keyword-based index mechanism, the development of the **KW-GPS** system led us to a closer study of keywords as story descriptors. With promising results, we experimented with the property:value frame format, the inclusion of variable parameters to establish links between keywords, and the use of templates to represent story motifs

---

[6] http://www.youtube.com/watch?v=IVMylQEJUGs

Regarding the modular architecture of the implementation, it must be stressed that it serves two different purposes. Firstly, the simple `rank-and-show` process, running both on fixed and mobile devices, was designed having in mind what we thought **end users** might find easy to handle – and eventually would like to share with other people. Secondly, the other basic commands, `similar` and `select`, as well as their extensions running on templates, seemed adequate to be incorporated in larger applications, to be built by **designers** with programming expertise, with the help of **providers** with sound domain knowledge.

The choice of logic programming for the implementation proved to be a major asset. Among its unique features are the rule-driven paradigm and the outstanding pattern-matching capability built into the interpreter. Future research will explore other domains, related or not with storytelling, and will submit the **KW-GPS** system to more extensive user-evaluation experiments.

7. REFERENCES

[1] Aarne, A., and Thompson, S. 1987. *The Types of the Folktale.* Suomalainen Tiedeakatemia.

[2] Bordwell, D. 1985. *Narration in the Fiction Film.* University of Wisconsin Press, Madison, WI.

[3] Cheng, G., Ge, W., and Qu, T. 2008. Falcons: searching and browsing entities on the semantic web. *Proc. of 17th International Conference on World Wide Web*, ACM Press, 1101-1102.

[4] Christie, A. 2008. *Hercule Poirot - the Complete Short Stories.* Harper, London.

[5] Ding, L., Pan, R., Finin, T., Joshi, A., Peng, Y., and Kolari, P. 2005. Finding and ranking knowledge on the semantic web. *Proc. of 4th International Semantic Web Conference*, 156-170.

[6] Fauconnier G., and Turner, M. 2002. *The Way We Think: Conceptual Blending and the Mind's Hidden Complexities.* Basic Books, NY.

[7] Flixster Mobile, 2014. Available at: http://community.flixster.com/mobile/apps [Accessed: Jun. 2014].

[8] Furtado, A.L., Casanova, M.A., Breitman, K.K., and Barbosa, S.D.J. 2009. A Frame Manipulation Algebra for ER Logical Stage Modeling. Proc. 28th International Conference on Conceptual Modeling, Springer, 9-24.

[9] Gosling, S.D., Rentfrow, P.J., and Swann, W.B. 2003. A very brief measure of the Big-Five personality domain. *Journal of Research in Personality*, vol. 37, 505-528.

[10] Guo, L., Shao F., Botev, C., and Shanmugasundaram, J. 2003. XRANK: ranked keyword search over XML documents. *Proc. of ACM SIGMOD International Conference on Management of Data*, ACM Press, 16-27.

[11] Halvorsen, P., Johansen, D., Olstad, B., Kupka, T., Tennøe, S. 2010. vESP: A Video-Enabled Enterprise Search Platform. *Proc. of 4th International Conference on Network and System Security*, Melbourne, 534-541.

[12] Hessick, C.B. 2006. Motive Role in Criminal Punishment. *Southern California Law Review*, vol. 80, 2006.

[13] IMDB, 2014. Movie Apps for iPhone, Android, iPad, WP7 & iPod. Available at: http://www.imdb.com/apps/ [Accessed: Jun. 2014].

[14] Johansen, D., Johansen, H., Aarflot, T., Hurley, J. Kvalnes, A. Gurrin, C., Sav, S., Olstad, B., Aaberg, E., Endestad, T., Riiser, H., Griwodz, C., and Halvorsen, P. 2009. DAVVI: A Prototype for the Next Generation Multimedia Entertainment Platform. *Proc. of 17th ACM international conference on Multimedia*, ACM Press, 989-990.

[15] Kamvar, M., Kellar, M., Patel, R., and Xu, Y. 2009. Computers and iphones and mobile phones, oh my!: a logs-based comparison of search users on different devices. *Proc. of 18th international conference on World Wide Web*, ACM Press, 801-810.

[16] Kasneci, G., Suchanek, F.M., Ifrim, G. Elbassuoni, S., Ramanath, M., and Weikum, G., 2008. NAGA: harvesting, searching and ranking knowledge. *Proc. of ACM SIGMOD International Conference on Management of Data*, Vancouver, 1285-1288.

[17] Knight, K. 1989. Unification: A Multidisciplinary Survey. *ACM Computing Surveys*, vol. 21 (1), 93-124.

[18] Lakoff, G. and Johnson, M. 1980. *Metaphors We Live By.* University of Chicago Press, Chicago.

[19] Liu , Z., Walker, J., and Chen, Y. 2007. XSeek: a semantic XML search engine using keywords. *Proc. of the 33rd International Conference on Very Large Data Bases*, 1330-1333.

[20] Luca, E.W.D., and Nürnberger, A. 2005. Supporting information retrieval on mobile devices. *Proc. of 7th international conference on Human computer interaction with mobile devices & services*, ACM Press, 347-348.

[21] Lugmayr, A., Zou, Y., Stockleben, B. Lindfors, K. and Melakoski, C., 2013. Categorization of ambient media projects on their business models, innovativeness, and characteristics - evaluation of Nokia Ubimedia MindTrek Award Projects of 2010. Multimedia Tools and Applications, vol. 66 (1), 33-57.

[22] Lugmayr. A., 2012. Connecting the real world with the digital overlay with smart ambient media - applying Peirce's categories in the context of ambient media. Multimedia Tools and Applications, vol. 58 (2), 385-398.

[23] Lund, A. 2001. Measuring Usability with the USE Questionnaire. *STC Usability SIG Newsletter.* Available at: http://www.stcsig.org/usability/newsletter/0110_measuring_with_use.html [Accessed: Jun. 2014].

[24] Mandreoli, F., Martoglia, R., Villani, G. and Penzo, W. 2009. Flexible query answering on graph-modeled data. *Proc. 12th International Conference on Extending Database Technology: Advances in Database Technology*, ACM Press, 216-227.

[25] Navarro, G. 2001. A Guided Tour to Approximate String Matching. *ACM Computing Surveys*, vol. 33 (1), 31-88.

[26] Polti, G. 1924. *The Thirty-Six Dramatic Situations.* L. Ray (trans.). James Knapp Reeve.

[27] Propp, V. 1968. *Morphology of the Folktale.* S. Laurence (trans.). University of Texas Press, TX.

[28] Rich, E. 1979. User modeling via stereotypes. *Cognitive Science*, vol. 3 (4), 329-354.

[29] Scott , D., Gurrin, C., Johansen, D., and Johansen, G. 2010. Searching and Recommending Sports Content on Mobile Devices. *Proc. of 16th International Multimedia Modeling Conference*, Chongqing, 779-781.

[30] Sohn, T., Li, K.A., Griswold, W.G., and Hollan, J.D. 2008. A diary study of mobile information needs. *Proc. of 26th annual SIGCHI conference on Human factors in computing systems*, ACM Press, 433-442.

[31] Todorov, T. 1977. *The Poetics of Prose.* Cornell University Press, Cornell, NY.

[32] Wu, H.C., Luk, R.W.P., Wong, K.F., and Kwok, K.L. 2008. Interpreting TF-IDF Term Weights as Making Relevance Decisions. *ACM Transactions on Information Systems*, vol. 26 (3), No 3.

CineLibras: A Proposal for Automatic Generation and Distribution of Windows of Libras on the Cinema Rooms

Leonardo A. Domingues
LAVID/CI/UFPB
João Pessoa, Brasil
leonardo.araujo@lavid.ufpb.br

Felipe L. S. Ferreira
LAVID/CI/UFPB
João Pessoa, Brasil
lacet@lavid.ufpb.br

Tiago M. U. de Araújo
LAVID/CI/UFPB
João Pessoa, Brasil
tiagomaritan@lavid.ufpb.br

Manoel S. Neto
LAVID/CI/UFPB
João Pessoa, Brasil
manoelgs@lavid.ufpb.br

Lucenildo A. Júnior
LAVID/CI/UFPB
João Pessoa, Brasil
lucenildo@lavid.ufpb.br

Guido L. de S. Filho
LAVID/CI/UFPB
João Pessoa, Brasil
guido@lavid.ufpb.br

ABSTRACT

Deaf people face many problems to execute their daily activities. The main reasons to explain this include barriers for both access information as well as communicating with people without disabilities. In this context, the main goal of this paper is to identify the main problems faced by deaf people to access information in movie theaters and to propose a solution to better address their requirements. In this context, it was developed a computational system that is able to automatically generate and distribute accessible video tracks in Brazilian Sign Language (Língua Brasileira de Sinais - LIBRAS) in cinema rooms. This solution uses mobile devices as secondary screens, in a way that deaf people can have access to the content presented in their natural way of communication. Finally, experiments were performed with groups of Brazilian deaf in order to ensure the viability of the proposed solution and the data collected are analyzed and discussed.

Categories and Subject Descriptors

C.2.4 [**Distributed Systems**]: [Client/server, Distributed applications]; D.2.2 [**Design Tools and Techniques**]: [User interfaces]; H.5.1 [**Multimedia Information Systems**]: [Animations, Evaluation/methodology, Video]; K.4.2 [**Social Issues**]: [Assistive technologies for persons with disabilities]

General Terms

Management, Performance, Languages

Keywords

cinema digital; acessibilidade; deficiência auditiva; aplicações multimídia

1. INTRODUÇÃO

Avanços recentes das tecnologias de vídeo digital, assim como o desenvolvimento de câmeras de alta resolução, projetores digitais, modernos padrões de compressão de imagens digitais, redes de computadores de alta velocidade, dispositivos com alta capacidade de processamento e armazenamento, tem direcionado o desenvolvimento da era do cinema digital. Atualmente, é possível capturar, editar, e exibir vídeos digitais de alta definição com ou sem estereoscopia, devido as vantagens inerentes as mídias digitais sobre as analógicas sem perda de qualidade de imagem.

Além de proporcionar conteúdos audiovisuais de qualidade, a digitalização do cinema também tem tornado possível o desenvolvimento e a inclusão de novos serviços e aplicações nos ambientes cinematográficos. Essas aplicações e serviços podem proporcionar novos serviços e benefícios para os espectadores, assim também como expandir as funções do sistema, permitir a participação dos usuários em ambientes inovadores, acesso às novas informações, interação com o conteúdo audiovisual, dentre outros.

Um exemplo dessa nova tendência é o 13th *Street Interactive Movie Experience* [3]. Nesta experiência, os espectadores participam da história e interagem com o protagonista do filme através do seu smartphone. Durante a reprodução do filme, o protagonista inicia automaticamente uma ligação para o espectador na sala do cinema e pede para que ele o ajude a tomar algumas decisões, por exemplo, "Para que direção eu devo ir: direita ou esquerda?". Então, dependendo da decisão do expectador, o filme toma uma trajetória diferente. Dessa forma, a cada nova sessão, o filme pode seguir um roteiro diferente. O processo de interação é feito por meio de um software que efetua chamadas telefônicas para o expectador e permite um diálogo entre ele e o protagonista através de técnicas de reconhecimento de voz.

Outro exemplo importante são os serviços e as tecnologias desenvolvidas para oferecer condições de acesso aos deficientes visuais e auditivos. Por meio desses serviços e tecnologias, é possível gerar conteúdos acessíveis para usuários surdos, por exemplo, e distribuí-los para um display secundário (tablet, smartphone, óculos com microdisplay, dentre outros). Dessa forma, esses usuários tem a possibilidade de acompanhar a tradução do filme em sua língua natural de comunicação, isto é, a língua de sinais.

Na literatura científica, existem alguns trabalhos que foram desenvolvidos para tentar auxiliar as pessoas surdas a participar igualmente da vida social. Dentre esses trabalhos, podemos destacar a contribuição de Tambascia et al. [11], Ferreita et al. [4], West et al. [13] e Sony [10].

Em Tambascia et al. [11], o objetivo consiste em viabilizar a inclusão dos surdos em ambientes educacionais. Sua proposta consiste em equipar o professor com um microfone e os alunos surdos com dispositivos móveis. Dessa forma, todo o conteúdo transmitido pelo professor, será traduzido para a gramática da língua de sinais. A partir dessa tradução, será utilizado um dicionário de sinais para gerar um fluxo vídeo acessível (representados por um avatar 2D), no qual será transmitido juntamente com o texto para os dispositivos móveis dos alunos surdos.

No contexto da TV Digital (TVD), Ferreira et al. [4] e Lemos et al. [7], propôs uma solução para dar suporte à geração automática de janelas em Língua Brasileira de Sinais (Libras) a partir da tradução automática do Closed Caption (CC) transmitido pela estação de TV. A proposta é que os conteúdos acessíveis sejam gerados em middlewares de TVD compatíveis com a especificação International Telecomunication Union – ITU J.202, utilizando apenas a Application Programming Interface (API) e os componentes definidos nessa especificação.

Para West et al. [13] e Sony [10], o objetivo é viabilizar a participação dos surdos nas salas de cinema. Para isso, foram desenvolvidos óculos especiais com microdisplays apropriados para exibir as legendas do filme. Uma característica interessante dessa abordagem é que, embora posicionado próximo ao olho do usuário, o microdisplay utiliza lentes especiais que fazem com que as legendas pareçam estar flutuado vários metros de distância, dessa forma, é possível que o usuário tenha uma visualização suave de ambas as imagens, isto é, filme e legendas.

A utilização de textos na língua oral como meio de acesso à informação, por exemplo, é uma estratégia pouco eficiente de acordo com [12] e [8], tendo em vista que os surdos se comunicam naturalmente através da língua de sinais. Outro ponto crítico de algumas propostas é o alto custo operacional, que em alguns casos, precisam de um intérprete de língua de sinais em tempo integral, além de equipamentos de captura e transmissão, dentre outros.

Contudo, essas soluções [4, 10, 11, 13] não endereçam as necessidades da maioria do público surdo, uma vez que eles possuem uma série de dificuldades para ler e escrever na língua oral do seu país [5, 8, 12]. Dessa forma, como proposta de promover a participação dos surdos em salas de cinema, este artigo apresenta uma solução tecnológica prática e eficiente, denominada CineLibras, para gerar automaticamente e distribuir, trilhas alternativas de vídeos acessíveis (isto é, vídeos com janelas de Libras) para usuários surdos em ambientes cinematográficos.

Este artigo está organizado da seguinte forma: a Seção 2 contextualiza a língua de sinais utilizada na comunicação dos surdos brasileiros e, o Fogo Player; a Seção 3 apresenta a solução proposta neste artigo; a Seção 4 discute alguns resultados obtidos após experimentos com usuários surdos; e, a Seção 5 apresenta as considerações finais.

2. CONTEXTO TEÓRICO

2.1 Fogo Player

Segundo Aquino Júnior et al. [1], o Fogo Player consiste em uma solução computacional que tem como objetivo viabilizar a reprodução e transmissão de vídeos com resolução 4K (4096 x 2160 pixels), isto é, quatro vezes o tamanho de um vídeo em *Ultra High Definition* (UHD). Para isso, o Fogo Player utiliza uma arquitetura escalável, flexível e de baixo custo de desenvolvimento. A arquitetura do Fogo Player é apresentada na Figura 1.

A possibilidade de utilizar mais de um distribuidor de conteúdos, por exemplo, é uma característica que torna o Fogo Player uma solução viável para o cenário de aplicações multimídia distribuídas. Através desse recurso, é possível que um vídeo de alta resolução seja dividido espacialmente em quadrantes e que cada um desses quadrantes seja transmitido simultaneamente por fontes de distribuição diferentes.

De acordo com a Figura 1, a arquitetura de alto nível do Fogo Player é constituída por quatro subsistemas principais: Distribuição, Pré-processamento, Streamer e Player. Cada um desses subsistemas possui um conjunto de componentes que são responsáveis por uma série de requisitos inerentes ao sistema. A Figura 2 mostra de modo simplificado as operações realizadas pelo subsistema de Distribuição.

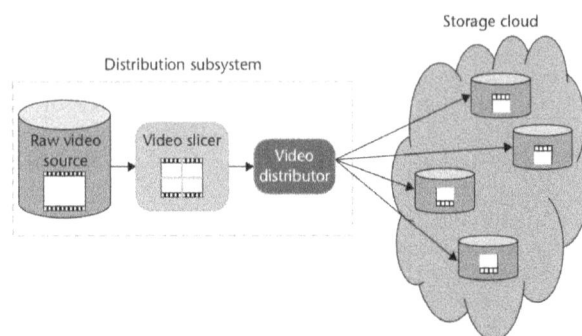

Figure 2: Operação de distribuição da arquitetura do Fogo Player (fonte: Aquino Júnior et. al [1]).

O subsistema de Distribuição (ilustrado na Figura 2) é responsável por receber o conteúdo do vídeo em formato original (isto é, sem nenhuma formatação), dividi-lo espacialmente em quadrantes e, em seguida, transmitir cada um desses quadrantes para um repositório de armazenamento intermediário, disponível em um infraestrutura de nuvem. Uma vez que todos os quadrantes já se encontram no repositório, o subsistema de Pré-Processamento irá codificar simultaneamente cada um deles usando padrões de codificação tal como H.264 ou JPEG 2000.

O subsistema de Streamer é responsável por representar uma fonte de conteúdos multimídia abstrata, cujo propósito principal é encapsular o processo de aquisição e transmissão desses conteúdos (ver Figura 1).

O subsistema de Player oferece suporte para dois cenários: single and multiple machine. No primeiro (*single machine*), é necessário dispor de apenas uma máquina para receber e reproduzir os conteúdos transmitidos pelo subsistema de Streamer. No entanto, para casos em que os vídeos transmitidos são de alta resolução, esse cenário pode não ser eficaz, pois exigirá bastante desempenho da máquina receptora. Em contrapartida, o segundo cenário (i.e. *Multiple machines*) possibilita a utilização de várias máquinas receptoras (ou player). Com essa abordagem, é possível que cada

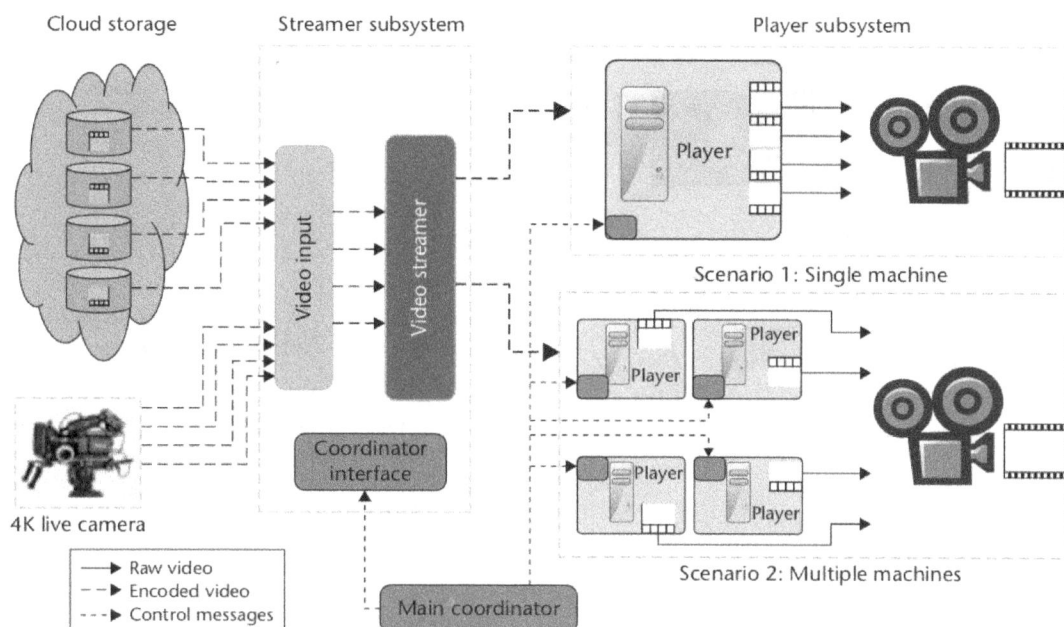

Figure 1: Visão esquemática dos subsistemas de Streamer e Player (fonte: Aquino Júnior et. al [1]).

uma das máquinas disponíveis fique responsável por apenas um quadrante do vídeo original, transmitido por uma das fontes de distribuição.

Em linhas gerais, a responsabilidade do subsistema de Player consiste em receber os conteúdos do vídeo, decodificar esses conteúdos, criar uma camada de abstração entre os dispositivos do modo gráfico e, disponibilizar uma interface de coordenação para receber algumas mensagens de controle, necessárias para a sincronização e exibição dos conteúdos.

Para manter a execução coordenada entre os componentes do Fogo Player, foi adicionado o componente *Main Coordinator* (ver Figura 1). Esse componente é responsável por preservar a referência temporal (i.e. informações referentes ao tempo) entre o subsistema de Streamer e as máquinas pertencentes ao subsistema de Player. Além do mais, o Main Coordinator é o componente que está encarregado de controlar a execução da solução proposta neste artigo, que será apresentada com mais detalhes na Seção III.

Quando os subsistemas estão executando em máquinas que estão em redes diferentes, o componente Main Coordinator conta com um sistema de sincronização auxiliar para manter o relógio interno das máquinas participantes sincronizados.

Maiores informações sobre o Fogo Player podem ser encontradas em Aquino Júnior et al. [1].

3. SOLUÇÃO PROPOSTA

Nos trabalhos correlatos apresentados na Seção 1, o principal objetivo das propostas desenvolvidas foi tentar reduzir os problemas de comunicação e acesso à informação enfrentados pelos surdos [4, 6, 10, 11, 13]. No entanto, essas propostas possuem algumas características que inviabilizam a construção de uma solução efetiva.

Em virtude disso, este artigo tem como objetivo propor uma solução, denominada CineLibras, para gerar automaticamente e distribuir trilhas de vídeo com janelas de Li-

bras em salas de cinema. A ideia é que os usuários surdos possam utilizar dispositivos móveis de segunda tela (como smartphone, tablet, PDA, etc).

Para viabilizar o desenvolvimento desta solução, o Fogo Player será utilizado como sistema de armazenamento, distribuição e apresentação dos filmes. O Fogo Player é responsável, por exemplo, por sinalizar para o CineLibras os instantes de início e término do filme, além de disponibilizar as mídias necessárias para geração do conteúdo acessível.

O Fogo Player foi escolhido para essa tarefa pelo fato de possuir uma arquitetura escalável, flexível e de baixo custo, além de possuir uma interface de comunicação com outros sistemas, o que permite que novas funções sejam agregadas ao sistema, como, por exemplo, a geração de conteúdos acessíveis.

A apresentação da solução proposta neste artigo foi dividida em três Subseções. (A) discute os aspectos do modelo conceitual da solução; (B) apresenta as principais características do protocolo de comunicação entre o CineLibras e o Fogo Player; (C) mostra a arquitetura dos componentes de software que constituem o CineLibras.

3.1 Modelo Conceitual da Solução

Uma sala de cinema digital é formada basicamente por dois ambientes, controle e exibição. O ambiente de controle é formado por sistemas que são responsáveis por controlar a reprodução das mídias de áudio e vídeo do filme. Já o ambiente de exibição, consiste em um espaço onde os usuários podem acompanhar a exibição desses conteúdos. A Figura 3 ilustra um cenário com esses dois ambientes.

No ambiente de controle, o Fogo Player é o sistema responsável por controlar a reprodução das mídias de áudio, vídeo e legendas. Então, para que o CineLibras (sistema da solução proposta) tivesse acesso aos arquivos de legenda e algumas informações referente ao relógio lógico do sistema de controle, foi desenvolvido um protocolo de comunicação

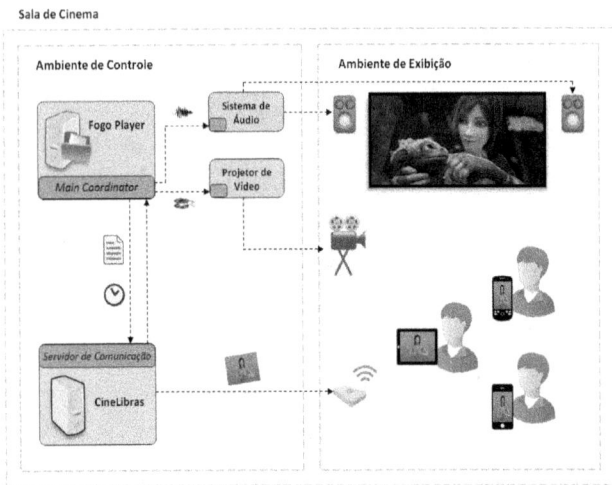

Figure 3: Modelo conceitual da solução proposta.

entre esses sistemas, no qual será discutido em detalhes na Subseção seguinte.

As informações sobre o relógio lógico do Fogo Player são usadas para manter o sincronismo entre as trilhas de vídeos de Libras e a reprodução do vídeo principal. Essa sincronização é feita com base no cálculo do PTS (*Presentation Time Stamp*) de cada legenda, que verifica o instante lógico atual e o seu tempo de apresentação.

Além das informações do relógio, o Fogo Player troca algumas mensagens de controle com o CineLibras a fim de coordenar a execução dos sistemas. Essas mensagens de controle são utilizadas, por exemplo, para verificar o sincronismo, indicar o início e o término da reprodução de um filme, dentre outros.

Os arquivos de legenda são utilizados pelo CineLibras para gerar as trilhas de vídeos acessíveis. A geração desses vídeos é feita através de um conjunto de componentes de software que fazem a extração das legendas, tradução do texto da língua oral para uma representação intermediária da língua de sinais (Glosa), construção das trilhas de vídeo e, em seguida, a distribuição desses vídeos por meio de um *stream*.

A distribuição dos vídeos acessíveis é feita através de uma *Wireless Local Area Network* (WLAN), que segue o padrão de configuração 802.11g definido pelo IEEE.

Dessa forma, os dispositivos móveis que estivem conectados no *Access Point* (AP) da rede configurada, e tiverem um player de vídeo com suporte ao padrão de codificação MPEG-2 *Transport Stream* (MPEG-2 TS), poderão acompanhar a tradução do filme através da língua brasileira de sinais, onde os sinais são realizados por um avatar 3D.

3.2 Protocolo de Comunicação

A comunicação entre o CineLibras e o Fogo Player é feita através da troca de mensagens. O objetivo é possibilitar o envio de recursos e informações entre os sistemas. A estrutura dessas mensagens é mostrada na Figura 4.

Para o CineLibras, essa comunicação é essencial para obter os arquivos de legenda e algumas informações a respeito do relógio lógico do Fogo Player. Além disso, esse canal de comunicação também é usado pelo Fogo Player para enviar mensagens de controle.

Conforme apresentado na Figura 4, uma mensagem é di-

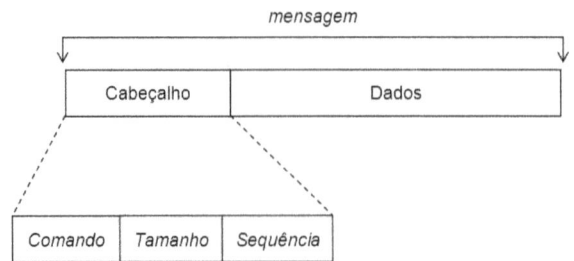

Figure 4: Estrutura das mensagens usadas na comunicação entre o CineLibras e o Fogo Player.

vidida em duas partes, *Cabeçalho* e *Dados*. A primeira parte carrega informações sobre as características da mensagem, por exemplo, o identificador do *Comando* que deve ser executado pelo receptor, o *Tamanho* da mensagem (em bytes), e o número de *Sequência*, caso a mensagem precise ser fragmentada.

A segunda parte da mensagem (isto é, *Dados*), é usada para encapsular metadados e informações. Dessa forma, as informações sobre o valor do *Program Clock Reference* (PCR), e os metadados dos arquivos de legenda, são incorporados e trafegam neste segmento.

A Figura 5 mostra um diagrama de sequência como exemplo de comunicação entre o CineLibras e o Fogo Player. As mensagens enviadas pelos sistemas neste cenário são baseadas na especificação do protocolo desenvolvido.

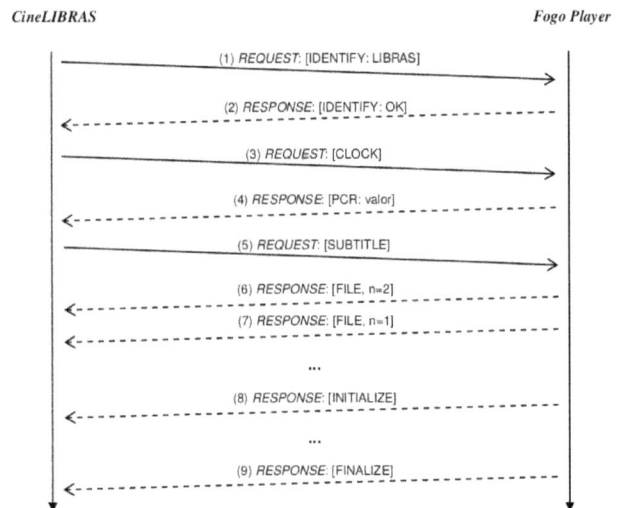

Figure 5: Diagrama de sequência da troca de mensagens entre o CineLibras e o Fogo Player utilizando o protocolo de comunicação.

Para estabelecer um canal de comunicação, o CineLibras deve, inicialmente, solicitar sua autenticação no servidor do Fogo Player. Para isso, o CineLibras envia uma mensagem com o comando IDENTIFY e associa seu identificador único (*Unique Identification* - UID), que de acordo com a Figura 5, está sendo enviado "LIBRAS".

Ao receber essa solicitação, o Fogo Player verifica o UID recebido e, caso seja válido, encaminha uma mensagem de resposta indicando que a autenticação foi bem sucedida, ou seja, responde um mensagem com o identificador "OK". Caso contrário, isto é, se o UID não for válido, o Fogo Player responde uma mensagem com o identificador "ERRO".

Uma vez autenticado, o CineLibras poderá realizar novas requisições ao Fogo Player. Essas requisições podem ser para solicitar os arquivos de legenda do filme, para obter informações sobre o relógio lógico do servidor (necessárias para ajustar os relógios), dentre outras. Algumas dessas mensagens podem ser vistas na Figura 5.

Além do mais, através deste canal, o CineLibras também receberá algumas mensagens de controle do Fogo Player. Essas mensagens são utilizadas, por exemplo, para indicar o início e o término da reprodução do filme e, informações atualizadas sobre o relógio lógico do servidor.

Em ambos os sistemas, o envio das mensagens é feito por componentes de software. No Fogo Player, o *Main Coordinator* (ver Figura 1) é o componente responsável por isso. No CineLibras, o Servidor de Comunicação é quem tem esse papel. Na Subseção 3.3, será apresentada a arquitetura de componentes do CineLibras.

3.3 Arquitetura de Componentes

A solução apresentada neste artigo é composta por um conjunto de componentes de software. Esses componentes são responsáveis por gerar automaticamente e distribuir, trilhas de vídeo de Libras em salas de cinema digital. A Figura 6 apresenta a arquitetura de componentes desta solução.

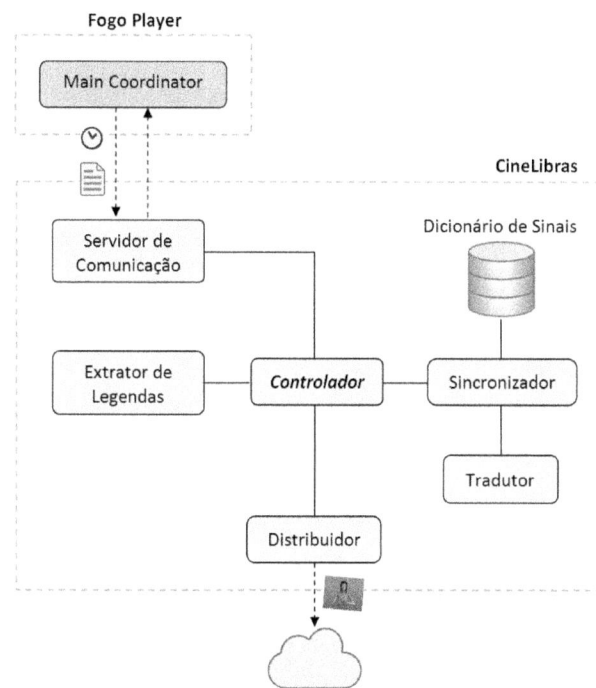

Figure 6: Arquitetura de componentes do CineLibras.

De acordo com a Figura 6, a arquitetura do CineLibras é formada por seis componentes principais: (1) Servidor de Comunicação, (2) Controlador, (3) Extrator de Legendas, (4) Tradutor, (5) Sincronizador e (6) Distribuidor. Além desses componentes, existe também o Dicionário de Libras. Esse dicionário consiste em um repositório de vídeos no for-

mato MPEG2-TS. Cada um desses vídeos corresponde a um sinal em Libras, representados por um agente virtual 3D.

O Servidor de Comunicação é o componente responsável por enviar e receber mensagens do Fogo Player. As mensagens utilizadas nessa comunicação seguem a especificação do protocolo apresentado na Subseção anterior.

A coordenação do processo de geração e distribuição dos vídeos de Libras é feita pelo componente de controle, isto é, o Controlador. O Controlador é um dos componentes principais dessa arquitetura, pois, sua função consiste em articular a execução dos outros componentes.

No processo de geração dos vídeos de Libras, inicialmente, o Controlador solicita ao Servidor de Comunicação que ele se comunique com o Fogo Player para obter os arquivos de legenda e as informações do relógio lógico. Quando os arquivos de legenda chegam no Controlador, eles são repassados para o Extrator de Legendas. O Extrator de Legendas é o componente responsável por extrair o texto e as marcações de tempo de cada legenda, isto é, *Time-In* (tempo de entrada) e *Time-Out* (tempo de saída). Esses arquivos são especificados pela *Digital Cinema System Specification* (DCSS).

Baseado no relógio lógico, o Controlador monitora o instante em que as legendas devem ser apresentadas. Dessa forma, quando esse tempo é atingido, o Controlador encaminha os dados da legenda para o Sincronizador. O Sincronizador é o componente responsável por receber e converter uma sequência de glosas em uma trilha de vídeo contínua, sincronizada com o vídeo principal.

Para converter o texto que está no domínio da língua oral (neste caso, o português do Brasil) para uma representação intermediária em Libras (isto é, a Glosa), o Sincronizador encaminha o texto da legenda para o Tradutor. O método de tradução automática utilizado no Tradutor foi desenvolvido por Araújo [2].

O processo de tradução automática combina métodos de compressão estatística para classificar as palavras, com estratégias de simplificação textual para reduzir a complexidade do texto de entrada, e um conjunto de regras morfológicas e sintáticas [2]. Maiores detalhes sobre o processo de tradução automática podem ser encontrados em Araújo [2].

Após a tradução de uma legenda, o Tradutor repassa a glosa para o componente de sincronização. Dessa forma, o Sincronizador consulta o Dicionário de Libras para associar cada *token* da glosa ao seu vídeo correspondente. Caso o vídeo do sinal não exista no dicionário, este deverá ser soletrado. Esse processo consiste em sinalizar, individualmente, cada letra de uma glosa. Por exemplo, em Libras, a palavra "CINELIBRAS"não possui um sinal, logo, esta irá se tornar "C-I-N-E-L-I-B-R-A-S". Essa é a estratégia utilizada pela maioria dos surdos e intérpretes para descrever termos que não possuem sinais, como, por exemplo, nomes próprios e termos técnicos.

No decorrer da reprodução de um filme, nos intervalos onde não existe diálogo, isto é, que não há legendas a ser exibida, o Sincronizador adiciona um vídeo com o Avatar em pose neutra. A configuração da pose neutra significa que o Avatar ficará posicionado com os braços estendidos para baixo e sem qualquer expressão facial. Essa configuração foi definida de acordo com sugestões de intérpretes de Libras.

A medida em que a trilha de vídeo de Libras é gerada pelo componente de sincronização, o Controlador alimenta o *buffer* do Distribuidor com os segmentos de dados desses vídeos. O Distribuidor, por sua vez, é o componente responsável pela transmissão desses segmentos em uma rede local sem fio, previamente configurada dentro da sala de cinema.

Para distribuir os vídeos de Libras, foi utilizada uma abordagem baseada em refletores. Essa abordagem foi usada para tentar manter o máximo de sincronismo entre os dispositivos móveis dos surdos. A ideia é utilizar a mesma fonte de dados e replicá-las para todos os dispositivos conectados. Dessa forma, os dados são enviados periodicamente em unidades de sete pacotes TS, cada um com 188 bytes, o que totaliza o envio de 1.316 bytes por vez.

Utilizando essa estratégia, tente-se a reduzir o retardo de transmissão entre os clientes, uma vez que a quantidade de bytes transmitidos aproxima-se do *Maximum Transmission Unit* (MTU) da maioria das redes baseadas em comutação de pacotes, que normalmente definem o tamanho máximo de 1500 bytes.

No lado do cliente, para receber os vídeos de Libras, os dispositivos móveis precisam estar conectados no AP da rede do CineLibras e, ser capaz de decodificar e apresentar fluxos de vídeo no formato MPEG2-TS recebidos através do protocolo *User Datagram Protocol* (UDP).

4. RESULTADOS E DISCUSSÕES

Com o objetivo de investigar o nível de compreensão (isto é, inteligibilidade) dos conteúdos gerados e o grau de satisfação dos surdos, foram feitos alguns testes com usuários surdos usando um protótipo da solução proposta. Os testes foram realizados em duas etapas. Na primeira, os surdos tiveram que utilizar as legendas no formato texto. Na segunda, os surdos utilizaram os conteúdos acessíveis gerados pela solução proposta.

Os testes foram realizados com vinte usuários surdos brasileiros. O grupo era heterogêneo e foi composto por sete homens e treze mulheres, com idade entre 13 e 56 anos e média de 30,4 anos. O grau de escolaridade dos surdos também foi observado. Dentre eles, haviam desde surdos com ensino fundamental incompleto até surdos com formação superior incompleta.

A realização dos testes aconteceu em duas localidades, sendo uma para cada etapa da avaliação. A primeira aconteceu na Fundação Centro Integrado de Apoio a Pessoa com Deficiência (FUNAD), que fica localizada na cidade de João Pessoa-PB. Nesta, participaram dez usuários surdos, que tiveram o recurso das legendas como principal meio de acesso à informação.

A outra localidade em que foram realizados os testes foi no Instituto Nacional de Educação de Surdos (INES), que fica situado na cidade do Rio de Janeiro-RJ. Do mesmo modo, foram envolvidos nesta etapa do teste, dez usuários surdos. Cada surdo desse grupo utilizou um dispositivo móvel (referente ao modelo iPad 2 da marca *Apple Inc.*) para acompanhar a tradução do filme gerada pela solução proposta. O software usado no dispositivo para receber o conteúdo acessível foi o VLC[1].

O processo de avaliação foi o mesmo em cada uma das etapas. Dessa forma, em um primeiro momento, foi apresentado para os surdos qual era o objetivo principal dos testes. Em seguida, os surdos receberam um formulário no qual tiveram que preencher com algumas informações pessoais (idade, grau de escolaridade, sexo, dentre outros).

[1]http://www.videolan.org/vlc

Após esse primeiro momento, os surdos foram convidados a assistir um filme, o Sintel [2]. O Sintel é um filme animação em 4K (isto é, UHD), produzido pela *Blender Foundation*[3], e que possui quinze minutos de duração.

Após a exibição do filme, os usuários foram convidados a preencher um questionário. Esse questionário foi dividido em três partes. A segunda parte do questionário apresentou quatro questões relacionadas ao conteúdo do filme. Essas questões foram elaboradas de modo que era necessário compreender o diálogo (através da legenda ou pela tradução em Libras) para responder corretamente. Para esse conjunto de perguntas, os surdos tinham que escolher dentre as alternativas A, B, C ou D, onde a alternativa D representou a opção "Não sei", que foi incluída para prevenir que fossem escolhidas respostas aleatórias quando os surdos não soubessem a resposta correta.

A última parte do questionário (isto é, a terceira) foi aplicada apenas para o grupo de surdos que acompanhou a tradução do filme no dispositivo móvel, isto é, usando a solução proposta. O objetivo dessa parte foi investigar o nível de satisfação dos surdos em utilizar um dispositivo móvel para acompanhar a tradução do filme. Nessa parte, foram feitas duas perguntas: a primeira sobre o grau de dificuldade em usar um dispositivo móvel; e a segunda, sobre o nível de complexidade em acompanhar, simultaneamente, o conteúdo do filme e a tradução em Libras na tela do dispositivo móvel. Do mesmo modo, para representar sua resposta, os surdos escolheram um número em uma escala de 1 a 6, sendo 1 muito difícil e 6 muito fácil. Durante a realização dos testes, intérpretes de Libras da FUNAD e do INES auxiliaram na comunicação com os surdos.

A Figura 7 apresenta o percentual do resultado obtido nos testes de inteligibilidade (isto é, compreensão), referente a segunda parte do questionário.

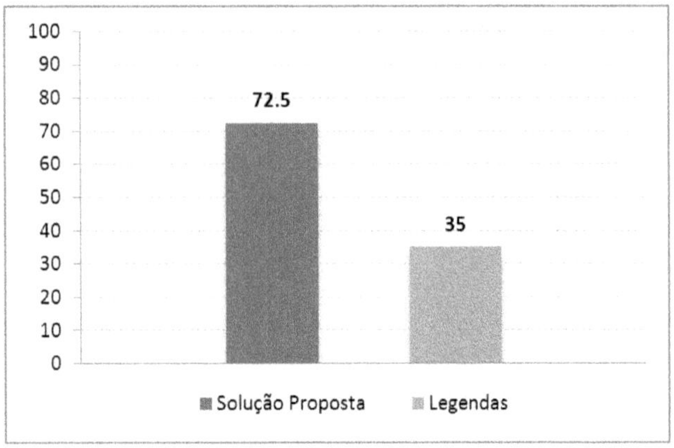

Figure 7: Percentual de acertos no teste de inteligibilidade.

De acordo com a Figura 7, é possível perceber que os surdos têm muitas dificuldades em acompanhar o conteúdo de um filme através das legendas, pois, conforme ilustrado no gráfico (Figura 7), com essa abordagem, os surdos responderam apenas 35% das respostas corretas. Em contrapartida, com a solução proposta neste artigo, os surdos conseguiram responder até 72,5% das questões corretamente.

[2]http://www.sintel.org
[3]http://www.blender.org/foundation/

Na primeira parte do questionário, foi investigado o nível de compreensão, o entendimento da gramática e a naturalidade dos sinais gerados pelo Avatar 3D. Nessa parte, os surdos tiveram que escolher um número em uma escala de 1 a 6, onde 1 significa muito ruim (ou pouco) e 6, excelente (muito).

Para os conteúdos com legendas, algumas inconsistências nos resultados foram encontradas. Por exemplo, com respeito a gramática, alguns surdos indicaram que os conteúdos foram compatíveis com a gramática de Libras (com média de 4,3), onde, na realidade, as legendas foram apresentadas de acordo com a gramática do português brasileiro. Além disso, o nível de entendimento não foi compatível com a performance desses usuários nos testes de compreensão, que obteve um valor médio de 3,7.

Para os conteúdos acessíveis gerados pela solução proposta, os aspectos investigados tiveram resultados considerados modestos, além de uma média de desvio padrão (DP) relativamente alta, chegando a 1,89 (31,5%). Isso significa que houve uma divergência considerável entre as opiniões dos surdos. De acordo com San-Segundo [9], uma possível explicação para isso é a flexibilidade da estrutura de algumas sentenças em língua de sinais. Essa flexibilidade pode, em alguns momentos, comprometer o entendimento das pessoas surdas. Outra possibilidade é o regionalismo, que dependendo da localidade, a configuração de alguns sinais pode ser diferente.

Observando a dispersão dos resultados obtidos no teste de compreensão (apresentada no gráfico da Figura 8), nota-se que os surdos que avaliaram a solução proposta tiveram pouca variação em seus resultados. Esse comportamento pode ser percebido através do cálculo da mediana, primeiro e terceiro quartil da distribuição ilustrada, que foram 3.0, 2.25 e 4.0, respectivamente.

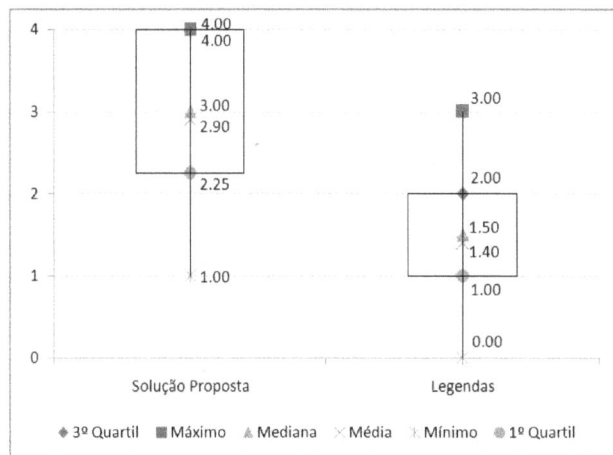

Figure 8: **Análise de dispersão dos resultados entre as abordagens investigadas.**

A dispersão dos resultados obtidos com a utilização das legendas mostra que os surdos tiveram um baixo índice de acertos. Os valores da mediana, primeiro e terceiro quartil (1.5, 1.0 e 2.0, respectivamente) foram inferiores com relação a solução proposta. Outro comportamento importante que foi observado foi que um surdo acertou 75% das questões, e que outros dois não obtiveram nenhum acerto, ou seja, 0% de aproveitamento. Esse último resultado ilustra a dificuldade

de alguns surdos em compreender informações veiculadas em textos em língua oral (por exemplo, legenda).

A última parte do questionário investigou aspectos relacionados ao grau de dificuldade para usar um dispositivo móvel e a complexidade de acompanhar a tradução do filme em um dispositivo de segunda tela. Para essas questões, os surdos escolheram um número em uma escala de 1 a 6, onde 1 indica que foi muito fácil, e 6 que foi bastante difícil. Os resultados dessa última parte do questionário são apresentados nos gráficos das Figuras 9 e 10.

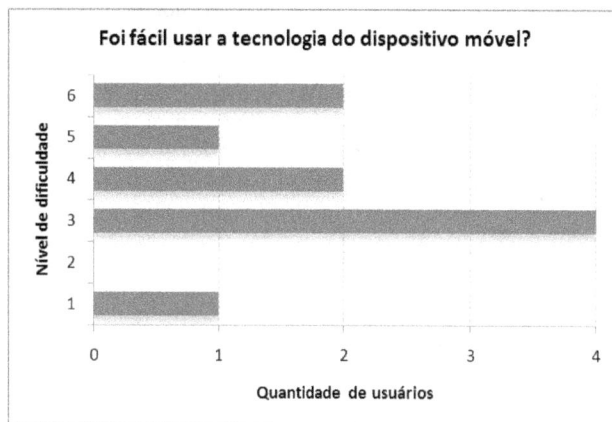

Figure 9: **Resultado da avaliação do grau de dificuldade em usar um dispositivo móvel.**

De acordo com a Figura 9, observa-se que maior parte dos surdos que participaram dos testes responderam que não houve grandes dificuldades em usar a tecnologia de um dispositivo móvel. Para essa pergunta, a média foi de 3.8 (com desvio padrão de 1.55).

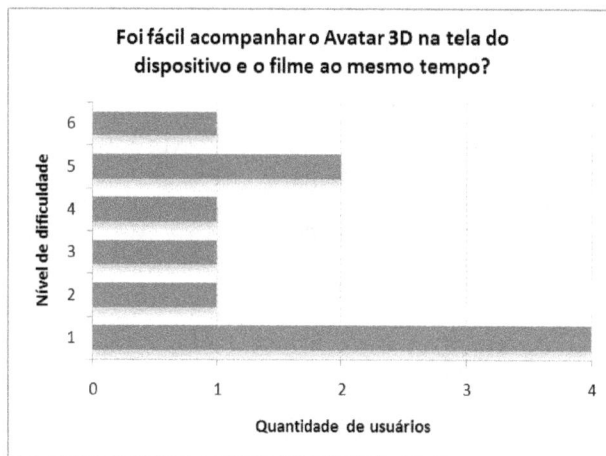

Figure 10: **Resultado do nível de dificuldade para acompanhar as duas telas ao mesmo tempo.**

Com relação ao nível de complexidade para acompanhar, simultaneamente, a tradução em Libras gerada pela solução proposta e o filme (isto é, visualizar tanto a tela do filme como a do dispositivo móvel), o indicativo é de que existem algumas dificuldades com essa abordagem, conforme o gráfico ilustrado na Figura 10. De acordo com as respostas fornecidas pelos surdos, a média de dificuldade foi de 3.1.

Por fim, com base nos resultados obtidos nos testes de inteligibilidade, é possível observar que, utilizando a solução proposta, os surdos tiveram um percentual de acerto maior do que os surdos que utilizaram o recurso das legendas. Em virtude disso, é provável que a solução apresentada neste artigo seja útil para auxiliar usuários surdos (que tenham a Libras como sua língua natural de comunicação) em salas de cinema.

5. CONSIDERAÇÕES FINAIS

Este artigo apresentou uma solução tecnológica para viabilizar a participação de surdos em salas de cinema. A proposta é que trilhas de vídeos acessíveis com janelas de Libras sejam geradas automaticamente a partir das legendas do filme e distribuídas por meio de um fluxo de vídeo contínuo, de modo que os usuários surdos possam receber esses vídeos através de um dispositivo móvel e, dessa forma, acompanhar a tradução do filme em sua língua natural de comunicação.

Além disso, foi desenvolvido um protótipo da solução proposta e um conjunto de testes com usuários surdos brasileiros. Os resultados desses testes mostraram que, o grupo de surdos que avaliou a solução proposta teve um nível de compreensão superior ao grupo que utilizou o recurso das legendas. Com isso, a solução apresentada neste artigo se mostrou eficiente e capaz de atender as necessidades dos surdos nesse tipo de cenário.

Finalmente, como perspectiva de trabalhos futuros, pode-se investigar a viabilidade de usar óculos especiais (*Google Glass*, por exemplo) para projetar as janelas de Libras. Além disso, pretende-se investigar a geração automática a partir de trilhas de áudio e para filmes com legendas em outras línguas.

6. AUTORES ADICIONAIS

Felipe Hermínio Lemos (LAVID/CI/UFPB, email: `felipel@lavid.ufpb.br`).

7. REFERÊNCIAS

[1] AQUINO JÚNIOR, L. L., GOMES, R., NETO, M. G., DUARTE, A., COSTA, R., AND FILHO, G. L. S. A software-based solution for distributing and displaying 3D UHD films. *IEEE Computer Society* (2013), 60–68.

[2] ARAÚJO, T. M. U. *Uma solução para geração automática de trilhas em Língua Brasileira de Sinais em conteúdos multimídia.* PhD thesis, Universidade Federal do Rio Grande do Norte - UFRN, Rio Grande do Norte, 2012.

[3] ELKINS, C. Creating an interactive experience in the movie theater. http://the2ndscreen.tv/creating-an-interactive-experience-in-the-movie-theater/, jun 2013. Accessed in: 19 jun. 2014.

[4] FERREIRA, F. L. S., LEMOS, F. H., NETO, G. P. B., ARAÚJO, T. M. U., AND DE S. FILHO, G. L. Providing support for sign languages in middlewares compliant with itu j.202. *Proceddings of the 2011 IEEE International Symposium of Multimedia - ISM* (2011), 149–156.

[5] IBGE. Censo demográfico 2000. http://bit.ly/UY3tkn, nov 2000. Accessed in: 19 jan. 2014.

[6] KATO, N., NAITO, I., MURAKAMI, H., MINAGAWA, H., AND ISHIHARA, Y. Visual communication with dual video transmissions for remote sign language interpretation services. *Dept. of Electron. & Inf. Sci., Tsukuba Coll. of Technol.* (2010).

[7] LEMOS, F., FERREIRA, F. L., NETO, G., ARAUJO, T. M. U., AND SOUSA FILHO, G. L. *Uma Proposta de Protocolo de Codificação de LIBRAS para Sistemas de TV Digital.* WebMedia'11, 2011.

[8] MENEZES, D. C., AND CAVALCANTE, T. C. F. Compreensão de textos escritos: um estudo com adolescentes surdos. *Distúrb Comun* (apr 2008), 29–38.

[9] SAN-SEGUNDO, R., AND AL, E. Speech to sign language translation system for spanish. *Speech Communication* (2008), 1009–1020.

[10] SONY. Sony digital cinema, 2012.

[11] TAMBASCIA, C. D. A., ROCHA, R., RUNSTEIN, F. O., AND COSTA, H. M. Solução para comunicação e interação com deficientes auditivos em sala de aula. *II ENINED - Encontro Nacional de Informática e Educação ISSN:2175-5876* (2012), 115–122.

[12] WAUTERS, L. N. *Reading comprehension in deaf children: The impact of the mode of acquisition of word meanings.* PhD thesis, Radboud University, Nijmegen, Holanda, 2005.

[13] WEST, L. L., ETHAN, W. A., JO, J., STEWART, J. M., AND WOOD, J. W. Display design trade-offs for a wireless mobile captioning system. *Georgia Tech Research Institute* (2009).

WebMedia XX: Who We Are And What We Have Done In The Last Two Decades

Alexandre Duarte
Centro de Informática
Universidade Federal da
Paraíba - UFPB
João Pessoa - Paraiba - Brazil
alexandre@ci.ufpb.br

Moacir L. de M. Júnior
Centro de Informática
Universidade Federal da
Paraíba - UFPB
João Pessoa - Paraiba - Brazil
moacir.lopes.jr@gmail.com

Jansen Souza
Centro de Informática
Universidade Federal da
Paraíba - UFPB
João Pessoa - Paraiba - Brazil
jansen.souza@gmail.com

Alisson V. de Brito
Centro de Informática
Universidade Federal da
Paraíba - UFPB
João Pessoa - Paraiba - Brazil
alisson@ci.ufpb.br

Fernando A. M.Trinta
Departamento de
Computação
Universidade Federal do
Ceará - UFC
Fortaleza - Ceará - Brasil
fernando.trinta@lia.ufc.br

Ricardo Viana
Departamento de
Computação
Universidade Federal do
Ceará - UFC
Fortaleza - Ceará - Brasil
ricardo.viana@lia.ufc.br

ABSTRACT

In this paper we analyze the scientific articles published in 18 previous WebMedia editions, from 1995 to 2012, in order to provide a bird's eye view over the Brazilian Multimedia Community and to show how the research topics addressed in the WebMedia series of events have evolved over the time. We used Social Network Analysis techniques to identify research groups, clusters and topics on papers presented in the WebMedia events over the last two decades. The results showed that WebMedia has a multidisciplinary nature with a connected component of core authors that is evolving to include an increasing number of new authors every year, showing that the community is still evolving.

Categories and Subject Descriptors

H.3.3 [**Information Systems and Retrieval**]: Clustering, Information Filtering

General Terms

Documentation, Human Factors

Keywords

Co-authorship networks; Semantic networks; SNA

1. INTRODUÇÃO

O Simpósio Brasileiro de Sistemas Multimídia e Web, *WebMedia*, chega em 2014 à sua vigésima edição consolidado

como o principal evento nacional em sua área de atuação. Com o objetivo de identificar a evolução dos temas de pesquisa que têm sido foco do evento ao longo dos anos e também caracterizar a comunidade científica atuante na área, analisamos o corpus de 453 artigos científicos publicados nas dezoito edições anteriores do evento realizadas entre os anos de 1995 e 2012.

Este estudo se desenvolveu em duas frentes. A primeira, focada nos temas de pesquisa abordados no evento, foi realizado com base em uma rede montada com palavras significativas presentes nos títulos dos artigos publicados no evento, formando uma rede de títulos. A segunda frente do estudo, focada na caracterização da comunidade científica atuante no evento, se deu através da criação de uma rede de coautoria, em que os nós representam pesquisadores, e que sempre que conectados, representam a divisão de autoria de um ou mais artigos publicados em alguma das edições do evento. Em ambas as frentes de estudo foram utilizadas técnicas de Análise de Redes Sociais para permitir a avaliação não só de componentes isolados como também, e principalmente, dos relacionamentos entres estes componentes, permitindo-nos apontar temas de pesquisa e pesquisadores mais relevantes/atuantes nas edições anteriores do evento de acordo com uma série de diferentes métricas de análise.

O restante deste artigo está estruturado como segue. A seção 2 apresenta dados estatísticos e demográficos sobre as edições anteriores do *WebMedia*. Na seção 3 discutimos aspectos conceituais acerca de redes semânticas de títulos e redes de coautoria, as duas ferramentas utilizadas em nossa análise. A seção 4 descreve a fonte dos dados utilizados e os passos necessários para a geração de cada uma das redes, seguida pela seção 5, onde apresentamos e discutimos os resultados de nossa análise. A seção 6 lista alguns trabalhos relacionados e a seção 7 apresenta nossas conclusões e observações finais.

2. ESTATÍSTICAS E DEMOGRAFIA DO WEB-MEDIA

Ao longo das primeiras dezoito edições realizadas entre

os anos de 1995 e 2012 foram publicados 453 artigos completos, o que estabelece uma média de 25.2 artigos por edição. O gráfico na figura 1 ilustra a distribuição das publicações ao longo dos anos. Este gráfico mostra a evolução da quantidade de artigos publicados ao longo das 4 "incarnações"do evento. Em suas duas primeiras edições, realizadas em 1995 e 1996, o evento foi denominado Workshop sobre Sistemas Hipermídias (WOSH). Em seguida, 1997, foi rebatizado como Workshop sobre Sistemas Multimídia e Hipermídia (WOSMH). No ano seguinte, em 1998, o evento recebeu a denominação que o acompanhou pelas cinco edições seguintes: Simpósio Brasileiro de Sistemas Multimídia e Hipermídia (SbMídia). Foi apenas em 2003, em sua nona edição, que finalmente surgiu o Simpósio Brasileiro de Sistemas Multimídia e Web (WebMedia).

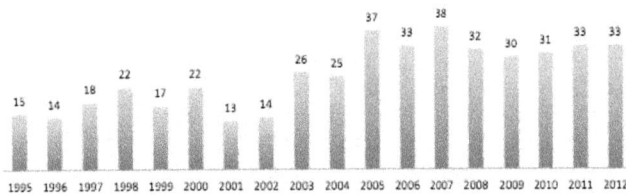

Figura 1: Número de artigos publicados por edição do *WebMedia*.

O gráfico ilustrado na figura 2 apresenta a evolução da taxa de aceitação de artigos completos no evento. É possível ver que a partir de 2001 esta taxa começa a oscilar em torno de 30%. Removendo o ano de 1995, onde não houve submissão de artigos, o *WebMedia* apresentou ao longo de suas edições uma taxa média de aceitação de 32.7% dos artigos submetidos.

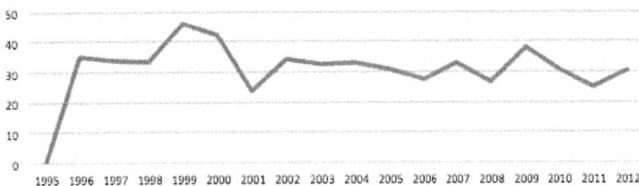

Figura 2: Taxa de aceitação de artigos completos.

O *WebMedia* historicamente tem aceitado artigos escritos tanto em português quanto em inglês. Do total de 453 artigos publicados até 2012, 127 foram escritos em inglês (28%) e 326 em português. Em relação a origem dos autores dos artigos, identificamos que apenas 19 dos 453 artigos publicados no *WebMedia*, ou pouco mais de 4%, possuem um ou mais autores estrangeiros.

O gráfico na figura 3 ilustra a distribuição dos autores brasileiros por Estado. É possível ver que apenas 6 estados brasileiros (AC, AP, PI, RO, RR, e TO) não tiverem co-autores de artigos no *WebMedia* e que outros 6 estados (SP, RJ, RS, MG, RN e PB) concentram a maior parte dos autores de artigos publicados nas 18 edições já realizadas do evento.

Tais dados indicam uma concentração de autores em alguns estados brasileiros e que o evento ainda é pouco atrativo ou desconhecido para autores estrangeiros. Em relação ao primeiro indicador, assume-se que tal fato é uma consequência de uma maior concentração de pesquisadores da

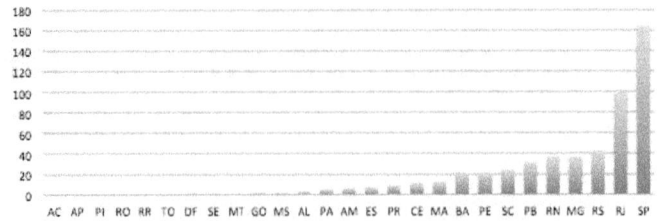

Figura 3: Distribuição dos autores brasileiros por Estado.

Tabela 1: Artigos mais citados na história do *Web-Media*

Referência	Ano	Citações
[3]	2004	37
[13]	2008	33
[18]	2005	25
[8]	2006	25
[23]	2004	22
[5]	2004	22
[15]	2004	16
[1]	2007	14
[12]	2005	14
[9]	2007	13
[17]	2008	13
[21]	2008	12

área em instituições situadas nos estados em maior evidência. Já em relação ao segundo indicador, acreditamos que sua maior causa está no fato do evento produzir conteúdo majoritariamente em português.

O *WebMedia* foi classificado no extrato B3 na última atualização da CAPES para o Qualis da área de Computação, publicada em agosto de 2012. Essa classificação levou em consideração o *H-Index* [10] da conferência, calculado a partir do número de citações recebidas pelos artigos publicados nos anais do evento. Para o *WebMedia* o *H-Index* calculado foi 12 (doze), o que significa que 12 artigos publicados nos anais do evento receberam pelo menos 12 citações. Tais artigos podem ser verificados pela ferramenta (*Simple H-Index Estimator*)[1].

A tabela 1 apresenta referências para os 12 artigos mais citados em todas as edições anteriores do *WebMedia*, além de seu ano de publicação e o número de citações recebidas por cada um deles. É interessante destacar que os artigos mais citados do *WebMedia* concentram-se nas edições de 2004 a 2008. Neste período o *WebMedia* foi realizada em parceria com outros eventos científicos, como o *Latin American Web Congress* em 2004, e isso acabou contribuindo para um aumento no número de submissões em inglês.

3. FUNDAMENTAÇÃO TEÓRICA

De acordo com Berkowitz [2], uma rede social pode ser definida como qualquer conjunto limitado de unidades sociais interligadas. Esta definição destaca três características:

  i As redes têm limites, ou seja, existe algum critério para determinar a pertinência ou não de um elemento à uma determinada rede;

---

[1]http://shine.icomp.ufam.edu.br

ii Membros de uma rede social podem possuir ligações com outros membros da rede e estas ligações representam relacionamentos;

iii Cada componente é único dentro do conjunto de membros.

A Análise de Redes Sociais (ARS) é baseada na descrição formal das redes através de estruturas denominadas grafos. Estas, por sua vez, são estruturas formadas por nós (representando os atores envolvidos), arestas (representando as ligações entre estes atores) e os atributos (caso existam), que compõem cada uma destas subestruturas.

Através da ARS é possível compreender e acompanhar de forma mais eficaz a disseminação de informação e a interação entre os elementos que compõem a rede. Tal acompanhamento pode auxiliar na identificação de conectores de sub-redes isoladas, melhorar a atuação de atores críticos e mensurar a fragilidade da rede em relação à interação entre seus membros [22].

3.1 Redes Semânticas Baseadas em Títulos

As redes semânticas baseadas em títulos podem ser interpretadas como redes léxicas onde as palavras são nós e as arestas são as associações semânticas existentes entre essas palavras [6]. Dentro dessa associação, formam-se um conjunto de vértices e arestas que conectam pares de palavras de um mesmo texto.

A construção deste tipo de rede se baseia na observação de que palavras que ocorrem juntas em uma mesma sentença são evocadas de forma associativa na construção de uma ideia a ser apresentada [19][6]. Neste contexto, técnicas de análise de redes sociais podem ser utilizadas, por exemplo, para identificar quais palavras são mais importantes na formação dos títulos dos artigos.

Destacamos três métricas que podem ser utilizadas para analisar este tipo de rede: centralidade de grau (*degree*), proximidade (*closeness*) e de intermediação (*betweenness*). A centralidade de grau trata a importância de um vértice nas conexões que estabelece com vértices vizinhos e é quantificada pelo grau do vértice. Dessa forma, uma palavra apresenta um maior nível de importância se a mesma estabelece um maior número de conexões com outros vértices vizinhos. Já a centralidade de proximidade evidencia o quanto um vértice está próximo de todos os demais vértices da rede. Este índice mostra a importância de uma palavra em relação aos vizinhos mais próximos e também a sua importância em relação a toda a rede de palavras. Por fim, a centralidade de intermediação quantifica o número de vezes que um nó age como ponte ao longo do caminho mais curto entre dois outros nós, evidenciando a importância agregadora de uma determinada palavra nos títulos dos artigos.

3.2 Redes de Co-Autoria

Uma rede de coautoria entre pesquisadores (também chamada de rede de colaboração científica) é um exemplo particular de uma rede social. Neste caso, os nós representam autores de artigos e existe uma aresta entre dois nós se os autores correspondentes já escreveram algum artigo juntos. Um artigo produzido por dois ou mais autores representa uma forma de colaboração entre eles [16]. Logo, este tipo de rede pode revelar dados interessantes, como, por exemplo, a identificação da densidade de colaboração ente grupos, a identificação de relacionamentos mais intensos entre deter-

minados autores ou ainda autores com maior grau de colaboração. O estudo destas redes pode ser empregado também para se confrontar os modelos de colaboração entre diferentes comunidades científicas.

Redes de coautoria podem ser modeladas de diversas maneiras [11]. Nesta pesquisa, definimos a modelagem da rede de coautoria como um grafo não-dirigido e ponderado, onde cada nó representa um autor cada aresta ligando dois autores representa a quantidade de artigos que ambos publicaram em coautoria. Uma diversidade de métricas interessantes podem ser utilizadas na análise de uma rede de colaboração cientifica. Além de centralidade de intermediação ou de proximidade, descritas anteriormente, a seguir, são apresentadas as principais métricas consideradas neste artigo.

i Grau: Soma dos pesos das arestas adjacentes a um nó. No caso de uma rede de coautoria, autores com mais colaborações correspondem a nós de alto grau.

ii Coeficiente de Agrupamento (*clustering coeficient*): representa o quanto os vizinhos de um nó estão conectados entre si [14]. Para um autor, o coeficiente de agrupamento possibilita identificar o quanto seus colaboradores também colaboram entre si.

4. MATERIAIS E MÉTODOS

Toda a análise apresentada neste artigo foi realizada tomando por base os metadados dos artigos publicados nas 18 edições do *WebMedia* realizadas entre os anos de 1995 e 2012. Os dados utilizados nesta análise estão disponíveis online[2]. Os metadados utilizados para a avaliação foram:

- Título do artigo
- Ano de publicação
- Lista de autores

A seguir apresentamos o processo utilizado para gerar as redes semânticas a partir dos títulos dos artigos e as redes de coautoria a partir das listas de autores de cada artigo.

4.1 Geração das Redes Semânticas a Partir dos Títulos dos Artigos

Para este experimento exploramos o conteúdo dos títulos dos artigos publicados nos anais do Webmedia entre 1995 e 2012. As listas de títulos foram salvas em arquivos texto separadas por ano e utilizadas para gerar uma rede semântica para cada ano do evento.

Como os títulos originais dos artigos não passam por um processo de padronização de termos, realizamos um pré-processamento para que a rede semântica pudesse ser construída de forma organizada e padronizada. Esta fase consistiu na eliminação das palavras sem significado próprio (e.g. artigos, pronomes pessoais e possessivos, adjetivos possessivos, demonstrativos, interrogativos, advérbios, etc.) e na normalização das palavras restantes.

Os arquivos com os títulos dos artigos foram então pré-processados em duas fases, uma manual e uma automática. Na fase manual seguimos o conjunto de regras de normalização descritas em [19], a saber:

- Remoção de preposições, pronomes, advérbios, artigos, acentos e caracteres especiais;

---

[2]http://paperz.zn.inf.br/papers

- Remoção de palavras repetidas em cada título;

- Conversão de sequências de palavras com sentido único em uma única palavra. Por exemplo, a expressão "vídeo conferência"foi convertida para "videoconferência".

Em seguida, deu-se o pré-processamento automático, que foi dividido em duas etapas. A primeira, focada diretamente no processo de identificação de padrões semânticos, para tratar questões como a eliminação das ambiguidades, palavras compostas, caracteres especiais, entre outros, mapeadas através de expressões regulares processadas com o uso do programa UNITEX[3].

Além disso, como o evento aceita artigos publicados tanto em português quanto em inglês, criamos duas redes de títulos separadas, uma para cada idioma.

Como discutido anteriormente, tais redes semânticas são redes cujos nós são palavras e cujas arestas representam conexões entre as palavras, neste caso, entre palavras que aparecem em um mesmo título.

Uma vez concluída a fase de pré-processamento, passamos então à construção propriamente dita das redes semânticas, realizada com base em duas operações bastante simples:

i Cada título de artigo dá origem a uma clique onde todas as palavras, representadas por nós, estão conectadas entre si

ii Existe uma aresta ligando nós de cliques distintas se estes nós representam a mesma palavra em forma normalizada.

Nesta pesquisa focamos a análise dos relacionamentos temporais entre as palavras com o objetivo de identificar a evolução dos temas de pesquisa apresentados no *WebMedia* ao longo dos anos.

4.2 Geração das Redes de Coautoria

Neste experimento exploramos os autores dos artigos publicados nos anais do *WebMedia* entre 1995 e 2012. Utilizamos a ferramenta PaperCrawler, desenvolvida e apresentada em outro trabalho, para realizar extração dos dados dos artigos. A partir destes dados a ferramenta gerou uma descrição das redes de coautoria para cada ano do evento, considerando também as instituições de atuação de cada autor.

Estas redes são modeladas como grafos não-dirigidos onde os vértices representam os autores e as arestas indicam as relações de coautoria entre eles. O tamanho do nó é proporcional ao número de relações autor e a cor dos nós identifica a que instituições o autor pertence. As redes foram geradas de forma análoga à das redes semânticas:

i O conjunto de autores de um artigo é representado através de uma clique, onde todos os autores, representadas por nós, estão conectados entre si

ii Existe uma aresta ligando nós de cliques distintas se os autores representados por estes dois nós publicaram algum artigo em conjunto.

---

[3]http://www-igm.univ-mlv.fr/ unitex/

Tabela 2: Estatísticas referentes a rede semântica de títulos em português.

Métrica	1995 1997	1995 2000	1995 2003	1995 2006	1995 2009	1995 2012
N	113	269	389	527	708	875
K	7664	10022	11069	12679	14218	14768
C	0.839	0.835	0.825	0.811	0.803	0.809
L	2.701	2.592	2.785	2.683	2.666	2.703
D	0.068	0.037	0.029	0.024	0.02	0.017

Tabela 3: Estatísticas referentes a rede semântica de títulos em inglês.

Métrica	1995 1997	1995 2000	1995 2003	1995 2006	1995 2009	1995 2012
N	48	91	148	313	389	485
K	8167	7758	7689	9502	10242	10742
C	0.917	0.893	0.882	0.852	0.833	0.825
L	2.035	2.466	3.077	2.882	2.917	2.985
D	0.174	0.086	0.052	0.030	0.026	0.022

5. RESULTADOS E DISCUSSÃO

Nesta seção apresentamos os resultados obtidos com a análise das redes de coautoria e redes semânticas de títulos obtidas a partir dos anais das 18 edições anteriores do *WebMedia*.

5.1 Análise das Redes Semânticas de Títulos

Foram criadas duas redes semânticas a partir das palavras nos títulos dos artigos publicados no *WebMedia*, uma para os títulos em português e outra para os títulos em inglês. As tabelas 2 e 3 apresentam dados referentes a evolução dessas duas redes ao longo do tempo.

Os dados apresentados em tais tabelas são relacionados às seguintes métricas referentes a topologia das redes de títulos criadas neste estudo:

Número de vértices (N) : número total de palavras distintas presentes nos títulos dos artigos após o processo de normalização; Grau médio (K): média de conexões partindo de cada um dos vértices da rede;

Coeficiente de agrupamento médio (C) : O coeficiente de agrupamento local de um nó é calculado como sendo a proporção entre as ligações existentes entre os seus vizinhos em relação ao total das ligações possíveis entre eles. O coeficiente de agrupamento médio é a média dos coeficientes de agrupamento locais para todos os nós da rede.

Caminho mínimo médio (L) : valor médio para a distância mínima entre quaisquer dois nós na rede. Em uma clique, L = 1.

Densidade (D) : Representa a o total de arestas existentes na rede dividido pelo quantidade total de arestas possíveis.

A partir dos dados apresentados nestas duas tabelas podemos concluir que desde o seu início as palavras utilizadas na elaboração dos títulos dos artigos publicados no *WebMedia*, tanto em português quanto em inglês, formam uma rede de mundo-pequeno (small-word). Essa conclusão se deve aos altos valores para C $0.803 \leq C \leq 0.839$, para títulos em português e $0.825 \leq C \leq 0.917$, para títulos em inglês) para os baixos valores observados para L $2.592 \leq L \leq 2.703$, para títulos em português e $2.035 \leq L \leq 3.077$ para títulos em inglês) quando comparados com os valores esperados de C redes aleatórias com as mesmas quantidade de vértices e valores semelhantes para K e L.

O estudo da topologia da rede semântica de títulos nos dá dicas em relação a disciplina coberta pelos artigos publicados na conferência. Cada área tem seu conjunto de jargões e termos técnicos e muitas das propriedades destas redes são baseadas na diversidade do vocabulário utilizado para elaborar os títulos dos artigos. A densidade (D) e o caminho mínimo médio (L) são pontos de partida inicias para analisar tais propriedades.

A densidade reflete a quantidade de ligações entre as palavras encontradas nos títulos e indica a tendência de palavras aparecerem juntas em um grande conjunto de palavras. Os dados nas tabelas 2 e 3 mostram a evolução da densidade das redes de títulos do *WebMedia* até chegar as valores de 0.017 e 0.022 para as redes em português e inglês respectivamente durante todo o período analisado. A título de comparação, as redes de títulos dos artigos publicados na *Nature* e *Science* apresentam uma densidade inferior a 0.002, destacando o caráter extremamente multidisciplinar destas publicações. Já a densidade da rede de títulos de artigos publicadas na Revista Brasileira de Informática na Educação (RBIE) se aproxima de 0.035, caracterizando um meio de publicação voltado a um tema mais específico [19].

O fenômeno de mundo-pequeno observado nas redes semânticas de títulos indica que as palavras estão muito próximos em termos de distância em um grafo. Ou seja, valores pequenos para L implicam em distâncias muito pequenas para palavras pertencentes aos títulos dos artigos científicos publicados no *WebMedia*.

Apesar da baixa densidade, a distância mínima média entre as palavras nos títulos dos artigos publicados no *WebMedia*, 2.7 para os títulos em português e 2.9 para inglês, indicam que o evento tende a seguir uma linha multidisciplinar uma vez que esta distância se aproxima bastante das observadas nas redes de títulos de revistas como *Nature* e *Science*, ambas na casa dos 2.9 [19].

As distribuições de grau das redes semânticas tanto em português quanto em inglês, exibidas na figura 4, apresentam um comportamento semelhantes: ambas seguem uma distribuição *power-law*. Esta distribuição aparenta ser uma tendência neste tipo de rede como pode ser observado nos resultados apresentados em [19]. Este efeito se explica pela existência, tanto na rede para os títulos escritos em português quanto em inglês, de um pequeno número de vértices com grau elevado e de um grande número de vértices com grau reduzido.

A tabela 4 lista os 10 vértices de maior grau, representando palavras em sua forma normalizada, presentes nas redes de títulos em português e inglês com seus respectivos graus. É possível observar que há uma certa uniformidade entre as palavras mais utilizadas nos títulos dos artigos independente do idioma e este conjunto tende a evidenciar uma natureza mais aplicada nos resultados de pesquisa reportados no *WebMedia* ao apresentar grande destaque para termos como aplicação, ambiente, serviço, suporte, sistema, *environment, approach, system* e *support*.

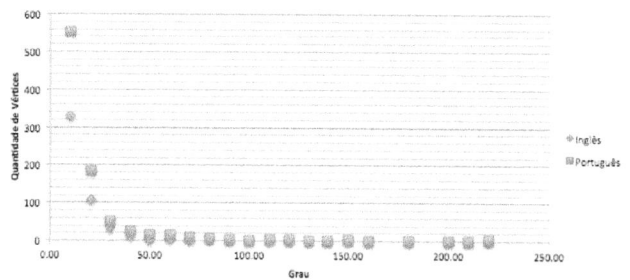

Figura 4: Distribuição do grau para os vértices das redes semânticas.

Tabela 4: Estatísticas referentes a rede semântica de títulos em inglês.

Português	Inglês
web(219)	web(116)
multimidia(219)	*applications*(73)
aplicacao(119)	*multimedia*(73)
ambiente(154)	*environment*(57)
servico(142)	*approach*(54)
digital(140)	*system*(49)
suporte(115)	*hypermedia*(39)
video(114)	*documents*(36)
tv(113)	*video*(36)
sistema(112)	*support*(33)

5.2 Análise das Redes de Coautoria

A partir das redes de coautoria geradas utilizamos uma ferramenta de análise e visualização para exibir e analisar um grafo com a evolução das redes de coautoria do *WebMedia*. Na figura 5 podemos observar a evolução das interações entre os autores e coautores de 3 em 3 anos desde 1995 até 2012.

Inicialmente, entre 1995 e 1997, a rede possuía cerca de 96 (autores) nós e 273 arestas. Considerando todo o período avaliado, de 1995 a 2012, a rede evoluiu para 820 nós e 1869 arestas, um crescimento de 754%. Em todas as redes ilustradas figura 5 pode-se observar a formação de um **Componente Gigante**, ou seja, de uma sub-rede conectando uma grande parte dos nós da rede original, o que indica que a comunidade de autores do *WebMedia* é bastante coesa. O componente gigante da comunidade de autores do *WebMedia* é composto por 354 autores, ou 43% do total de autores presentes no evento. Os demais autores estão agrupados em outros 86 componentes conectados, ou sub-redes, que podem representar os diferentes grupos de pesquisa representados no evento.

O gráfico na figura 6 exibe o componente gigante com nós proporcionais ao grau de cada autor, ou seja, ao número de conexões de coautoria que este autor estabeleceu ao longo dos anos através dos artigos publicados no *WebMedia*.

Baseado em duas métricas de centralidade, a centralidade de grau e centralidade de intermediação, listamos na tabela 5 os autores considerados mais centrais no estabelecimento e manutenção destas redes de coautorias. O grau de um nó representa a quantidade de conexões, no nosso caso, de relações de coautoria, estabelecidas ao longo dos anos. Sendo assim, os nomes na coluna da esquerda da tabela 5 indicam os autores com o maior número de relações de coautoria no artigos científicos publicados no *WebMedia* entre 1995 e

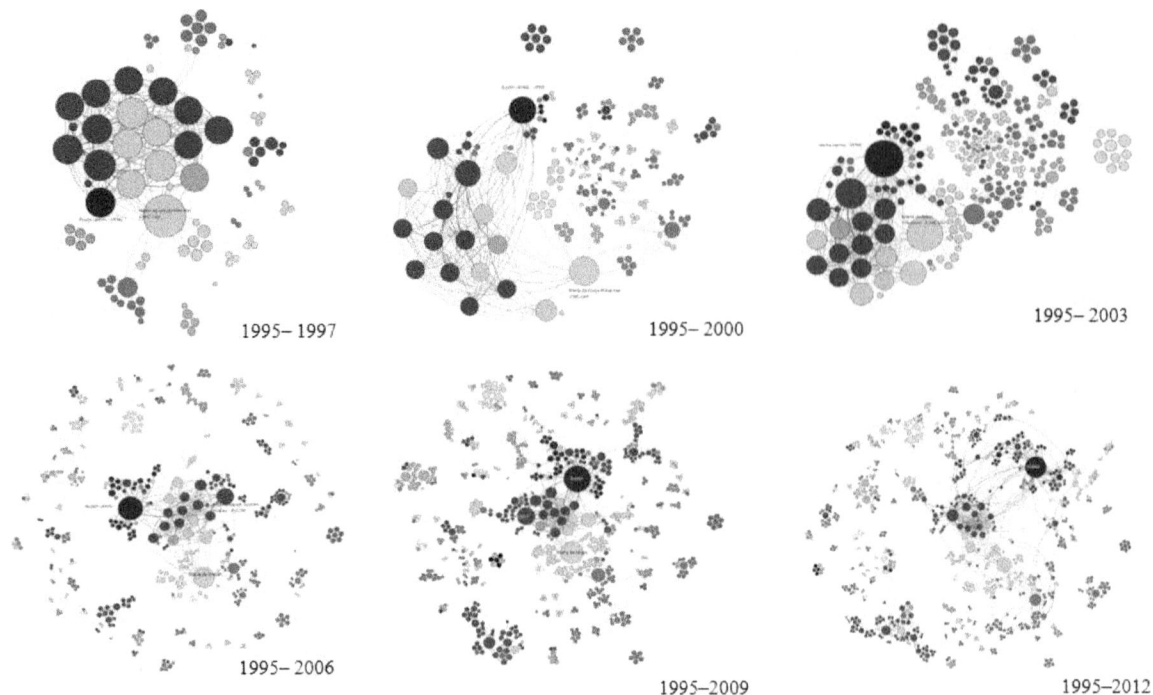

Figura 5: Evolução da rede de coautorias do *WebMedia*.

2012. Este número indica que tais autores tiverem papel fundamental na criação do componente gigante observado na figura 6 e dos demais componentes conectados presentes na rede de coautorias porém não deixa claro qual sua importância na manutenção dessa rede uma vez que autores podem estabelecer conexões com outros autores nós na rede.

A centralidade de intermediação (*betweeness*) apresenta uma medida da centralidade um nó em uma rede. A centralidade de intermediação de um nó é proporcional a quantidade de vezes que este nó aparece nos caminhos mínimos entre quaisquer dois outros nós na rede. Ou seja, ela sintetiza o poder do nó de aproxima autores e uma rede de coautoria. Notem que a lista de autores mais centrais de acordo com esta métrica apresenta divergência em relação à lista de autores de maior grau. Isto acontece porque não é apenas o grau que determina a centralidade de um nó e sim as centralidades dos nós com os quais este nó está conectado. Um nó que se conecta com nós localizados na periferia da rede tende a ter uma centralidade de intermediação maior do que um nó que só se conecta a nós mais centrais uma vez que intermediará a conexão dos nós periféricos com o núcleo da rede.

A figura 7(a) apresenta a distribuição do número de coautores por artigo. Observa-se que 34% dos artigos têm dois coautores e cerca de 17% têm três coautores. Verificou-se a existência de um artigo com 17 coautores. Já em relação ao número de artigos por autor, podemos ver na figura 7(b) que a grande maioria dos autores (cerca de 77%) publicou apenas uma única vez no *WebMedia*, aproximadamente 11% publicaram duas vezes e 5% publicaram cinco ou mais vezes.

Observando a quantidade de publicações e autores por ano do evento geramos uma curva de crescimento de publicações

Tabela 5: Estatísticas referentes a rede semântica de títulos em inglês.

Grau	Centralidade de Intermediação
Guido Lemos	Guido Lemos
Maria da Graça Pimentel	Maria da Graça Pimentel
Luiz Fernando G, Soares	Luiz Fernando G. Soares
Cesar Teixeira	Cesar Teixeira
Patrício Carneiro da Frota	Celso Alberto S. Santos
Jussara Almeida	Patrício Carneiro da Frota
Thais Vasconcelos Batista	Raoni Kulesza
Marcos André Gonçalves	Thais Vasconcelos Batista
Débora Muchaluat	Carlos Eduardo C. F. Batista
José Valdeni de Lima	Paulo Pires

e de autores do *WebMedia*, ilustrada na figura 8. É possível constatar que o número de autores cresceu de forma mais rápida que o número de artigos, o que mostra que o *WebMedia* tem atraído novos autores ao longo de sua existência.

6. TRABALHOS RELACIONADOS

Pode-se verificar a existência de alguns trabalhos com propósito semelhante a este ao utilizarem técnicas de análise de redes sociais focadas na avaliação da produção científica e conferências ou revistas científicas. Entre eles destacamos o artigo de Peterson S. et al. [20] que apresentou uma análise da rede de coautoria do Simpósio Brasileiro de Banco de Dados (SBBD) em 2010 quando o mesmo completou 25 anos Para isso foram coletados dados bibliográficos das edições realizadas até aquele momento para extração de uma série de estatísticas, tais como a média de artigos por autor, mé-

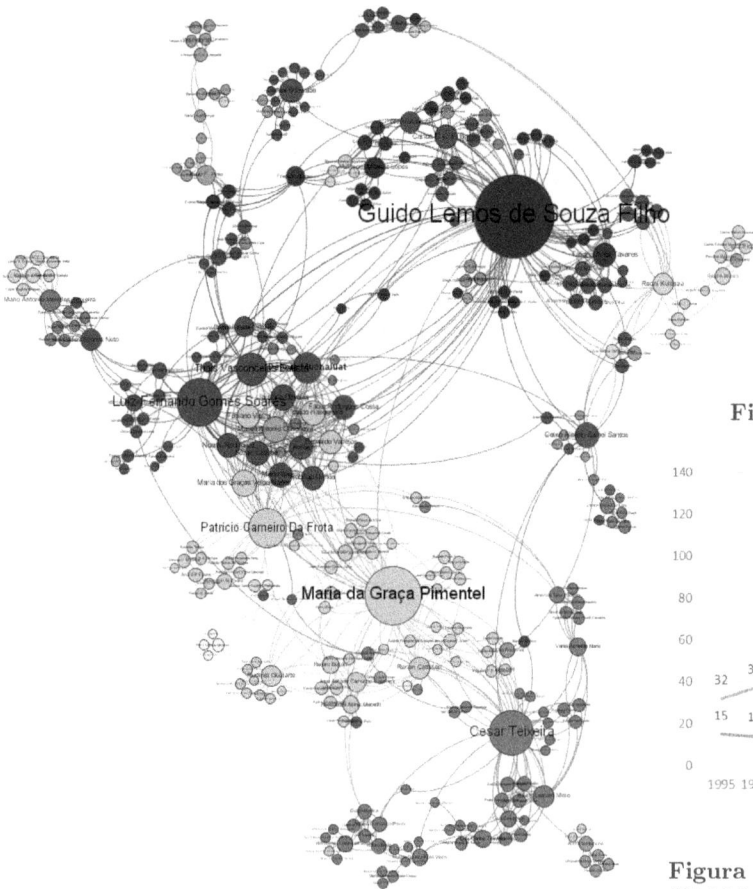

Figura 6: Componente Gigante da rede de 1995 a 2012.

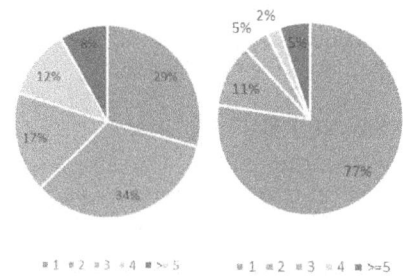

(a) Coautores por artigo (b) Artigos por autor

Figura 7: Relação entre autores e artigos

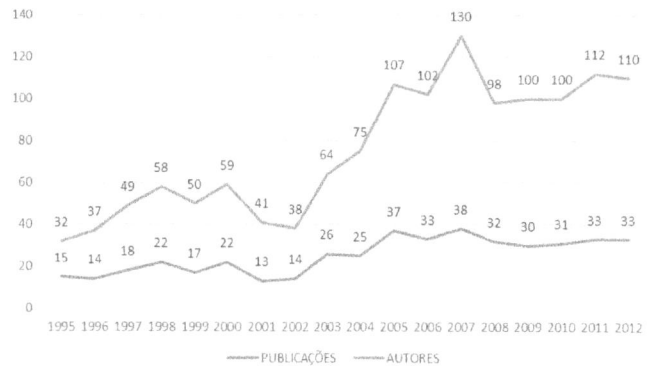

Figura 8: Crescimento de publicações e autores do *WebMedia*.

dia de artigos por edição, média de coautores por artigo, etc. Além disso, foi realizada uma análise da rede de coautoria do SBBD, examinando tanto suas características estruturais quanto sua evolução temporal.

Já as redes semânticas investigadas neste trabalho foram construídas a partir do método desenvolvido e utilizado por [4][6][19], onde uma rede semântica é construída a partir de títulos de artigos. Estes trabalhos apresentam todo o processo de tratamento manual das palavras e também o processo de tratamento a partir de ferramentas computacionais, semelhante ao que foi construído no nosso trabalho.

Também encontramos a pesquisa de Digiampietri et al. [7] que analisa a participação de orientandos na produção dos orientadores, correlacionando os dados de orientação, primeira autoria e produção. Para isso foi realizado um um estudo de caso na área de Ciência da Computação. Além disso, foram analisadas redes de coautoria que contém os orientandos e os orientadores, comparando as métricas de rede com as métricas de produtividade e quantidade de orientações.

7. CONCLUSÕES

Este artigo processou os metadados dos 453 artigos publicados nas 18 edições do *WebMedia* realizadas entre os anos de 1995 e 2012 com o intuito de analisar a evolução da estrutura da comunidade científica responsável pelos artigos

publicados no evento e evolução e distribuição dos temas de pesquisa abordados no evento ao longo dos anos.

O uso de técnicas de análise de redes sociais juntamente com exploração visual manual permitiram e facilitaram a combinação de elementos para entendimento e avaliação das estruturas de rede que emergem das relações de coautoria na produção dos artigos científicos e dos relacionamentos semânticos entre as palavras utilizadas nos títulos dos artigos publicados.

A análise das redes semânticas de títulos evidenciou que o *WebMedia* apresenta características de evento multidisciplinar com foco em pesquisa aplicada.

A análise de coautoria tornou visível que a comunidade científica atuante no *WebMedia* constituí um núcleo coeso que vem evoluindo desde as primeiras edições do evento.

Os dados mostrados indicam que há um visível crescimento na quantidade de novos autores com publicações no *WebMedia* porém a quantidade de publicações e submissões se estabilizou por volta de 2005.

Um fator que chama atenção é a baixa inserção e impacto internacional do evento. Apenas 28% dos artigos publicados nestas 18 edições anteriores foram escritos em inglês e apenas 19 dentre os 453 artigos aceitos para publicação contaram com a contribuição de autores estrangeiros.

Como trabalho futuro pretendemos analisar a rede de citações dos artigos publicados no *WebMedia* para identificar quais seria os meios de publicação e autores mais influentes nos resultados de pesquisa discutidos e apresentados no evento. Além disso, pretendemos realizar análises semelhantes com outros eventos científicos afim de obtermos um corpus que permita uma comparação de diferentes eventos com base em um conjunto de métricas comuns.

8. REFERENCES

[1] J. Anacleto, A. Carlos, A. de Carvalho, and M. Godoi. Using common sense knowledge to support learning objects edition and discovery for reuse. In *Proc. of the 12th Brazilian Symposium on Multimedia and the Web, ACM Press, New York*, pages 290–297, 2007.

[2] S. D. Berkowitz. *An introduction to structural analysis: The network approach to social research.* Butterworth-Heinemann, 1982.

[3] C. Castillo, M. Marin, A. Rodriguez, and R. Baeza-Yates. Scheduling algorithms for web crawling. In *WebMedia and LA-Web, 2004. Proceedings*, pages 10–17. IEEE, 2004.

[4] M. V. Cunha, M. G. Rosa, I. S. Fadigas, J. G. V. Miranda, and H. B. B. Pereira. Redes de tìtulos de artigos científicos vari·veis no tempo. In *II Brazilian Workshop on Social Network Analysis and Mining (BraSNAM)*, 2013.

[5] S. S. de Moura and D. Schwabe. Interface development for hypermedia applications in the semantic web. In *WebMedia/LA-WEB*, pages 106–113, 2004.

[6] I. de Sousa Fadigas, T. Henrique, V. de Senna, M. A. Moret, and H. B. de Barros Pereira. Análise de redes semânticas baseada em títulos de artigos* de periódicos científicos: o caso dos periódicos de divulgação em educação matemática. *Educação Matemática Pesquisa. Revista do Programa de Estudos Pós-Graduados em Educação Matemática. ISSN 1983-3156*, 11(1), 2010.

[7] L. A. Digiampietri, R. Mugnaini, and C. M. Alves. Participação dos orientandos na produção dos orientadores: um estudo de caso em ciência da computação. In *II Brazilian Workshop on Social Network Analysis and Mining (BraSNAM)*, 2013.

[8] D. Z. G. Garcia and M. B. F. de Toledo. Semantics-enriched qos policies for web service interactions. In *Proceedings of the 12th Brazilian Symposium on Multimedia and the web*, pages 35–44. ACM, 2006.

[9] R. L. Guimarães, R. Costa, and L. F. G. Soares. Composer: Ambiente de autoria de aplicações declarativas para tv digital interativa. *WEBMEDIA: Brazilian Symposion on Multimedia and the Web*, 2007.

[10] J. E. Hirsch. An index to quantify an individual's scientific research output. *Proceedings of the National academy of Sciences of the United States of America*, 102(46):16569–16572, 2005.

[11] X. Liu, J. Bollen, M. L. Nelson, and H. Van de Sompel. Co-authorship networks in the digital library research community. *Information processing & management*, 41(6):1462–1480, 2005.

[12] A. C. Machado and C. A. Ferraz. Guidelines for performance evaluation of web services. In *Proceedings of the 11th Brazilian Symposium on Multimedia and the web*, pages 1–10. ACM, 2005.

[13] E. G. Maziero, T. A. Pardo, A. Di Felippo, and B. C. Dias-da Silva. A base de dados lexical ea interface web do tep 2.0: thesaurus eletrônico para o português do brasil. In *Companion Proceedings of the XIV Brazilian Symposium on Multimedia and the Web*, pages 390–392. ACM, 2008.

[14] M. A. Nascimento, J. Sander, and J. Pound. Analysis of sigmod's co-authorship graph. *ACM Sigmod record*, 32(3):8–10, 2003.

[15] R. B. Neto, C. Jardim, J. Camacho-Guerrero, and M. da Graa Pimentel. A web service approach for providing context information to cscw applications. In *WebMedia and LA-Web, 2004. Proceedings*, pages 46–53. IEEE, 2004.

[16] M. E. Newman. Coauthorship networks and patterns of scientific collaboration. *Proceedings of the National Academy of Sciences*, 101(suppl 1):5200–5205, 2004.

[17] I. O. Nunes, U. Kulesza, C. Nunes, E. Cirilo, and C. Lucena. Extending web-based applications to incorporate autonomous behavior. In *Proceedings of the 14th Brazilian Symposium on Multimedia and the Web*, pages 115–122. ACM, 2008.

[18] L. T. Pansanato and R. P. Fortes. Strategies for automatic lom metadata generating in a web-based cscl tool. In *Proceedings of the 11th Brazilian Symposium on Multimedia and the web*, pages 1–8. ACM, 2005.

[19] H. Pereira, I. Fadigas, V. Senna, and M. A. Moret. Semantic networks based on titles of scientific papers. *Physica A: Statistical Mechanics and its Applications*, 390(6):1192–1197, 2011.

[20] P. Procópio, A. H. Laender, and M. M. Moro. Análise da rede de coautoria do simpósio brasileiro de bancos de dados. *Anais do XXVI Simpósio Brasileiro de Bancos de Dados*, pages 131–138, 2011.

[21] F. Sant'Anna, R. Cerqueira, and L. F. G. Soares. Nclua: objetos imperativos lua na linguagem declarativa ncl. In *Proceedings of the 14th Brazilian Symposium on Multimedia and the Web*, pages 83–90. ACM, 2008.

[22] J. Simoes, J. Kiseleva, E. Sivogolovko, and B. Novikov. Exploring influence and interests among users within social networks. In *Computational Social Networks*, pages 177–206. Springer, 2012.

[23] T. A. S. Vieira, M. A. Casanova, and L. G. Ferrao. An ontology-driven architecture for flexible workflow execution. In *WebMedia and LA-Web, 2004. Proceedings*, pages 70–77. IEEE, 2004.

A Model-driven Approach to Generate Context Aware Applications

Paulo Artur de Sousa Duarte*, Felipe Mota Barreto◊, Francisco Anderson de Almada Gomes◊,
Windson Viana de Carvalho*, Fernando Antonio Mota Trinta*

*Mestrado e Doutorado em Ciência da Computação (MDCC) - Departamento de Computação (DC)
◊Departamento de Engenharia de Teleinformática
*◊Grupo de Redes de Computadores, Engenharia de Software e Sistemas (GREat) - Universidade Federal do Ceará (UFC) -
Fortaleza – CE – Brasil
{pauloduarte, felipebarreto, franciscoanderson, windson, fernandotrinta}@great.ufc.br

ABSTRACT

With the advances in mobile devices and ubiquitous computing, mobile and context-aware applications is becoming increasingly emerging. However, the development process of these applications is still facing some challenges (e.g, heterogeneity of devices, complexity of the sensors access code, etc). The adoption of middleware platforms for context-aware systems is a well-known solution used to overcome such problems. An example of middleware developed for this purpose is LoCCAM, which allows adaptive acquisition of contextual information on Android based devices. But, LoCCAM still presents issues concerning middleware configuration of contextual information. One approach, to mitigate these existing problems is the usage of to combine them with the MDE (Model-Driven Engineering) paradigm. This paper shows a Visual Domain-Specific Language for modeling contextual information that will be used in the development of applications using the LoCCAM. This language aims at generating skeletons of Android projects. This project is properly configured for the use of middleware, including a transparent access to the contextual information. Thus, use of this language allows the developer a greater abstraction in the access to middleware.

General Terms

Performance, Human Factors, Languages.

Keywords: DSL, Middleware, MDE, Context-Aware

1. INTRODUÇÃO

Os dispositivos móveis, tais como *smartphones* e *tablets*, se tornaram dispositivos multimídia de utilidade diária e verdadeiros centros de informação sobre os usuários e seus hábitos. Sua evolução e popularização aumentaram a demanda por aplicações voltadas para estas plataformas. Hoje em dia, um usuário de dispositivo móvel pode ter acesso ubíquo a uma grande gama de aplicações multimídia *on-the-go*. Estes novos recursos móveis permitiram o desenvolvimento de aplicações capazes de caracterizar o estado atual e as modificações do ambiente no qual o usuário está inserido (e.g., a localização do usuário) e das

próprias preferências do usuário. Essa capacidade é conhecida como sensibilidade ao contexto ou ciência de contexto [1]. São denominadas aplicações móveis e sensíveis ao contexto aquelas que executam a maior parte de sua interação com o usuário em um dispositivo móvel e adaptam o seu comportamento (conteúdo, configuração) para o contexto atual do usuário e do ambiente.

O desenvolvimento de softwares dessa natureza não está livre ainda de ter problemas e desafios. Um exemplo de tais dificuldades são as limitações inerentes à natureza dos dispositivos móveis, como as limitações do consumo de recursos (e.g., a energia da bateria, a memória) e a ausência de perenidade na conexão do dispositivo com a Internet. Seguindo esta tendência em se objetivar a simplificação do desenvolvimento, surgiram propostas que unem a utilização de *middleware* com os conceitos de MDE (*Model-Driven Engineering*), mais notadamente com a criação de linguagens de domínio específico (DSL). Enquanto as plataformas de *middleware* realizam a intermediação entre a aquisição das informações contextuais e as aplicações, uniformizando a sintaxe, as DSLs simplificam o desenvolvimento de aplicações ao incorporar em alto nível os elementos desta sintaxe e reduzir a complexidade do uso de informações contextuais.

Algumas abordagens apresentaram DSLs voltadas para o desenvolvimento de aplicações sensíveis ao contexto que utilizassem uma plataforma de middleware como agente intermediário para a aquisição das informações contextuais. As DSLs apresentadas por Almeida *et al* [3] e Daniele *et al* [4] trabalham com o modelo descrevendo um serviço da plataforma A-MUSE. O COPAL-DSL é uma DSL textual voltada para a especificação de *bundles* OSGi para o *middleware* COPAL [5]. A MLContext [6] é uma DSL textual desenvolvida para a modelagem de informação contextual para posterior geração automática de artefatos de softwares. Atualmente, existem transformações voltadas para dois *middleware*: OCP e JCAP. O trabalho de Santos *et al* [7] se propõe a desenvolver uma DSL para a especificação de processos de inferências de contexto adaptáveis dinamicamente e uma plataforma de *middleware* que sirva de suporte infraestrutural para esta. Uma das principais limitações encontradas na maioria dessas abordagens é a ausência da definição de regras contextuais.

Este trabalho propõe a apresentar a DSL-LoCCAM, uma DSL voltada para a modelagem de informações contextuais e de regras contextuais para criação de aplicações móveis e sensíveis ao contexto que utilizem plataformas de *middleware* para a aquisição contextual. A DSL-LoCCAM objetiva gerar um esqueleto de código devidamente configurado para a utilização do *middleware*, incluindo um acesso transparente às informações contextuais desejadas, de modo a abstrair ao desenvolvedor os detalhes da arquitetura interna do *middleware*.

Este artigo está organizado da seguinte forma: na Seção 2, é introduzido o *middleware* LoCCAM. Na Seção 3, é apresentada a DSL-LoCCAM, detalhando seu metamodelo e como é a geração de código. Na Seção 4, é mostrado um Estudo de Caso. A Seção 5 conclui o artigo, apresentando os desafios ainda em aberto.

2. LoCCAM

O LoCCAM[1] é uma infraestrutura de gerenciamento de contexto voltada para dar suporte a aplicações sensíveis ao contexto em dispositivos móveis (e.g., aplicações de anotações contextuais de fotos, aplicações de recomendação de conteúdo baseado na localização do usuário). O *middleware* intermedia de forma adaptativa a aquisição das informações contextuais e prover desacoplamento entre o código das aplicações e sensores de aquisição de contexto. O desacoplamento ocorre devido ao uso de CACs (Componentes de Aquisição de Contexto) que são a unidade básica do *framework* associado ao *middleware*, sendo estes os responsáveis pela captura das informações contextuais. Cada CAC encapsula um sensor, que pode ser tanto um sensor físico (e.g., GPS), lógico (e.g., perfil do usuário) ou virtual (e.g., um serviço de meteorologia) [1] [2].

Como uma forma de possibilitar a comunicação entre o *middleware* e as aplicações, foi desenvolvido o conceito de *Context Keys*. É por meio do uso das *Context Keys* que as aplicações identificam as informações contextuais que desejam sem precisar especificar ou instanciar o código que provê a informação. Cada informação contextual é referenciada através de uma sequência de nomes separados por pontos (e.g., uma *Context Key* que sirva para a temperatura ambiente seria "context.ambient.temperature"). Outra parte importante da arquitetura do LoCCAM são os filtros baseados em espaço de tuplas. Esses filtros fornecem um mecanismo assíncrono de notificação e funcionam como regras de notificação (e..g, notifique a aplicação caso o usuário entre em uma determinada zona geográfica e a temperatura seja superior a 16 graus) [2].

3. DSL-LOCCAM

A Figura 1 apresenta uma visão geral do processo de modelagem e geração de código para a abordagem proposta nesse artigo: o DSL-LoCCAM. Com base no metamodelo apresentado na Figura 2, foi construída uma ferramenta de modelagem visual, através da qual o desenvolvedor pode definir quais informações contextuais ele precisa para sua aplicação sensível ao contexto. Através dessa ferramenta, ele também é capaz de definir regras contextuais, nas quais ações serão executadas caso condições especificadas sejam satisfeitas. Uma vez que o modelo tenha sido construído pelo desenvolvedor, ele pode executar a transformação deste para o código Java equivalente, o qual está integrado ao middleware LoCCAM. Para tanto, são utilizados *templates* de regras de transformação 'que especificam como são os métodos de comunicação entre a aplicação e a informação contextuais, bem como traduzem as regras para um formato que o LoCCAM possa utilizar. Com isso, objetiva-se prover uma abstração ainda maior de como ocorre a aquisição contextual, podendo o desenvolvedor se concentrar nas regras de negócio e interface de sua aplicação.

Com objetivo de simplificar o uso da ferramenta para o desenvolvedor, esta foi criada com base em *frameworks* consolidados da IDE Eclipse. O metamodelo do DSL-LoCCAM foi construído com base no Ecore, através do EMF (*Eclipse*

Modeling Framework)[2]. A ferramenta de modelagem visual da DSL foi gerada utilizando o *framework* GMF (*Graphical Modeling Framework*)[3], com o auxílio da ferramenta Eugenia[4]. Já os *templates* das regras de transformação e geração de código são implementadas utilizando xPand[5], uma linguagem de transformação baseada em EMF.

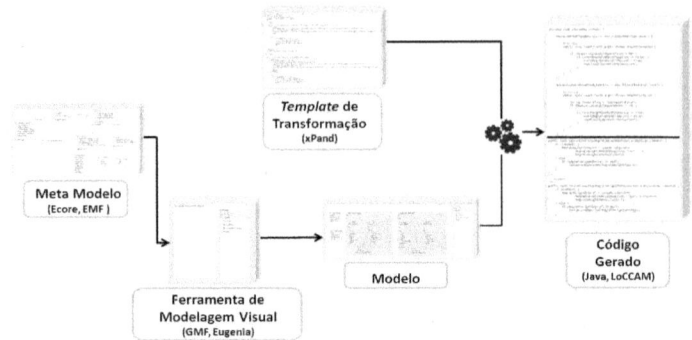

Figura 1 – Visão Geral do Processo

3.1 Metamodelo da DSL-LoCCAM

Baseado no metamodelo de [6] e em conceitos apresentados por [7], o metamodelo da DSL-LoCCAM tem como base central a metaclasse Context, que representa e engloba todo o contexto existente em uma aplicação. Ele é formado por uma agregação de Regras (metaclasse Rules) e de Informações Contextuais (metaclasse ContextInformation). As Informações Contextuais são a parte principal da composição do Contexto, sendo a base que forma o Contexto e as Condições. As Regras são compostas por uma agregação de Condições (metaclasse Condition) e Ações (metaclasse Action). Cada regra precisa necessariamente ter, pelo menos, uma condição e uma ação. No caso de mais de uma condição, todas as ações definidas são executadas se a composição das condições ("AND" ou "OR") for satisfeitas. Cada condição é formada por (*i*) uma informação contextual, (*ii*) o operador que indica o tipo de condição e (*iii*) o valor que quantifica a ação em si. Por sua vez, cada Ação é definida pelo tipo de ação que será executada por ela.

A sintaxe da metaclasse Context é relativamente simples: Existe um contexto, que é pertencente a uma entidade e é formado por informações contextuais e regras. Tais informações são especificadas pela metaclasse ContextInformation. Dentre os quais, os mais importantes são *Name*, *ContextCategory*, *ContextIdentity* e *Type*. Os atributos *Name* e *ContextIdentity* são aparentemente similares, mas tem uma diferença conceitual um para o outro. Enquanto *Name* define o nome da informação contextual da forma como o desenvolvedor quer que essa seja nomeada na aplicação (por exemplo, "temperatura", "temp", "tempAmbiente", ou qualquer outra que o desenvolvedor prefira), o *ContextIdentity* define a informação contextual da maneira como o *middleware* a interpreta (no exemplo, para o *middleware* LoCCAM, seria "temperature", pois *Context Key* equivalente seria "context.ambient.temperature"). O atributo *ContextCategory* define a categoria da informação contextual que está sendo criada

---

[1] http://loccam.great.ufc.br/

[2] http://www.eclipse.org/modeling/emf/

[3] http://www.eclipse.org/modeling/gmp/

[4] http://www.eclipse.org/epsilon/doc/eugenia/

[5] http://www.eclipse.org/modeling/m2t/?project=xpand

(no exemplo, seria "ambient") servindo para distinguir a natureza das informações contextuais que estão sendo modeladas.

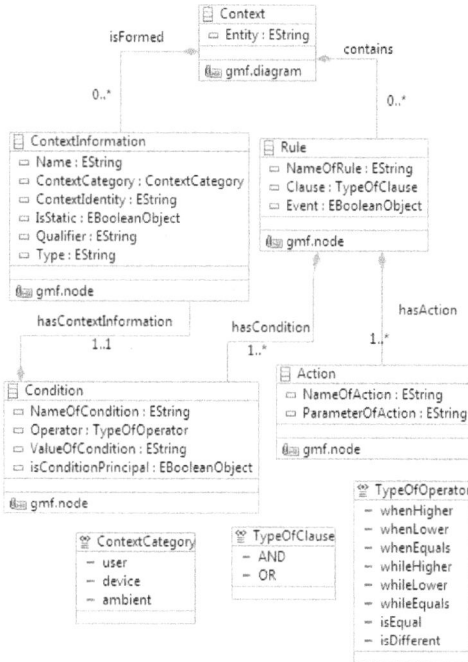

Figura 2 – Metamodelo do DSL-LoCCAM

Rule é a metaclasse que indica as regras contextuais que serão criadas no modelo. Regras podem ser definidas tanto como um evento (no qual, uma regra/evento ativa uma determinada ação quando uma condição é satisfeita) quanto como um estado (em que a uma regra/estado ativa uma determinada ação enquanto uma condição é satisfeita). A metaclasse *Condition* define uma Condição, que é composta por uma informação contextual (obtida da metaclasse *ContextualInformation*) e um valor (atributo *value*) a serem comparados um com o outro e um operador (atributo *operator*), que especifica qual a comparação a ser realizada. O operador é definido por um enum *TypeOfOperator*, que fornece um conjunto de comparações possíveis. A metaclasse *Action* especifica qual a ação a ser realizada pelo evento ou estado quando a condição é satisfeita. Esta ação é indicada pelo atributo *NameOfAction*. Ela deve estar pré-deter-minada nas regras de transformação ou, pelo menos, deixar um esqueleto do método para ser preenchido pelo desenvolvedor após a transformação.

3.2 Geração de Código

Uma vez que o modelo tenha sido construído pelo desenvolvedor, com as informações contextuais e regras desejadas, ele pode ativar a transformação para a geração do código Java equivalente. O produto final da transformação é um *template* de projeto Android, com a biblioteca LoCCAM_Lib, e a classe LoccamActivator.java.

A biblioteca LoCCAM_Lib foi desenvolvida com o objetivo de facilitar a comunicação entre as aplicações e o *middleware*, encapsulando os métodos tradicionais de comunicação com o LoCCAM. Embora tenha simplificado a comunicação entre aplicação e *middleware*, a LoCCAM_Lib ainda requer que o desenvolvedor conheça em detalhes a sintaxe do *middleware*, além de conhecer a *Context Key* de cada informação contextual que desejar implementar na aplicação. A classe LoccamActivator aumenta a transparência para o desenvolvedor, funcionando como uma intermediadora entre aplicação e biblioteca. Ela é a

responsável por criar e gerenciar todo os métodos que intermediam a comunicação entre a aplicação Android a ser desenvolvida e o LoCCAM, utilizando a LoCCAM_Lib como um meio para uniformizar as sintaxe.

A Figura 3 mostra como deve é o fluxo de comunicação entre aplicação e o sistema operacional Android. O LoCCAM é responsável por intermediar o acesso às informações contextuais, sejam elas oriundas de sensores ou serviços remotos. A LoCCAM_Lib fornece métodos que uniformizam e simplificam a sintaxe do *middleware*, tanto do uso das informações contextuais pela aplicação, quanto à comunicação entre aplicação e *middleware*. Por sua vez, a classe LoccamActivator, através da LoCCAM_Lib, instancia os métodos de comunicação com o *middleware*; os filtros, *reactions* e subscrições modelados previamente pelo desenvolvedor; e os métodos para a comunicação e leitura de cada uma das informações contextuais indicadas pelo desenvolvedor no modelo.

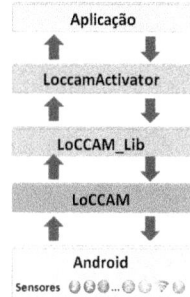

Figura 3 – Estrutura da comunicação entre aplicação e LoCCAM através da LoccamActivator

A transformação é realizada através das seguintes etapas:

1. **Geração do projeto Android:** é gerado um projeto Android, com o esqueleto da aplicação a ser desenvolvida. No projeto, já teriam a biblioteca Loccam_Lib e dois pacotes: um com uma Activity principal vazia. No outro pacote será inserido a classe LoccamActivator.

2. **Criação da classe LoccamActivator:** A classe LoccamActivator é criada com os métodos de conexão e desconexão da comunicação com o *middleware*.

3. **Definição das *Context Keys* e dos métodos de gerenciamento das informações contextuais:** Com base nos os atributos de *ContextKey* e *ContextIdentity* das informações contextuais definidas pelo desenvolvedor, as *Context Keys* equivalentes são montadas. Além disso, são criados métodos específicos para o gerenciamento transparente de cada informação contextual.

4. **Criação dos filtros e ações contextuais:** São gerados os métodos para a criação dos filtros contextuais. Os filtros do LoCCAM são o equivalente às condições do modelo. Por sua vez, as ações definidas no modelo são equivalentes aos *reactions* no *middleware*. No LoCCAM, cada subscrição recebe apenas um filtro e um *reaction*. Assim, quando uma ação necessite de duas ou mais condições, as demais condições estarão dentro do *reaction*.

5. **Criação dos métodos que realizam a subscrição e desubscrição:** Os métodos para subscrição e desubscrição de filtros no LoCCAM são equivalentes à metaclasse *Rule* do modelo. Eles recebem a ação (*reaction*), a informação contextual e a condição (*filter*) para criar a subscrição. O método criado recebe um comando booleano como entrada. Caso este seja verdadeiro, a subscrição é realizada. Caso seja falso, a desubscrição é feita.

4. ESTUDO DE CASO

Com objetivo de realizar uma avaliação da expressividade da DSL, apresenta-se um estudo de caso, em uma situação na qual um desenvolvedor pretenda criar uma aplicação com o LoCCAM que utilize informações contextuais, filtros e ações.

O estudo de caso adotado é composto de uma regra (*RegraComLightOUAccel*), que tem duas condições: a primeira enquanto a Luminosidade exceder (*whileHigher*) 10 lx e a segunda enquanto o Acelerômetro registrar menos (*whileLower*) que 30 m/s² no eixo x. As condições são compostas por um "OR". A ação a ser realizada é notificar que esta condição está sendo satisfeita através de um Log.

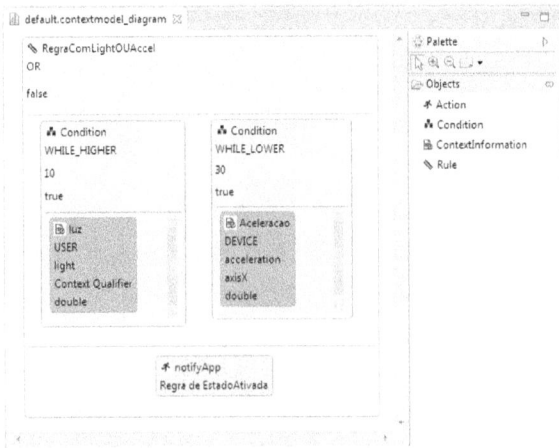

Figura 4 – Modelagem do Estudo de Caso na Ferramenta Visual

Este estudo de caso é modelado na ferramenta, conforme mostrado na Figura 4. A etapa seguinte é a transformação, com a criação da classe LoccamActivator. Como a Figura 4 exemplifica, uma vez que a informação contextual seja inserida dentro de uma condição, não há necessidade de se inseri-la também externamente às regras para que a ferramenta a possa instanciar.

```
public void listenConditionRegraComLightOUAccel(boolean command) {
    if (command) {
        RegraComLightOUAccelWithluz = loccam.subscribe(
                RegraComLightOUAccelReaction, "put", luz,
                RegraComLightOUAccelFilter);
        RegraComLightOUAccelWithAceleracao = loccam.subscribe(
                RegraComLightOUAccelReaction, "put", Aceleracao,
                RegraComLightOUAccelFilter);
    } else {
        if (RegraComLightOUAccelWithluz != null) {
            if (RegraComLightOUAccelWithAceleracao != null) {
                loccam.unSubscribe(RegraComLightOUAccelWithluz);
                loccam.unSubscribe(RegraComLightOUAccelWithAceleracao);
            }
        }
    }
}
```

Figura 5 – Exemplo de Código Gerado para a classe LoccamActivator

O *template* de transformação geram códigos padronizados para filtros, *reactions*, subscrições e métodos de comunicação com o LoCCAM ou com alguma informação contextual. No entanto, há diferenciações nos filtros e *reactions* dependendo do tipo de retorno que a informação contextual, se a regra é um estado ou um evento e se a composição das condições é "AND" ou "OR". Um exemplo do código é mostrada na Figura 5, em que é exibido a subscrição da regra "*RegraComLightOUAccel*". Nativamente, o LoCCAM só permite uma informação contextual por subscrição.

Por se tratar de um "OR", era necessário que a aplicação fosse informada de alterações na informação contextual de cada uma das condições. Assim, cada uma tem uma subscrição própria, mas chamam o mesmo filtro e *reaction*, uma vez que o tratamento da composição das condições é realizado neles.

5. CONCLUSÃO

Este artigo tem como objetivo apresentar a proposta de uma DSL e uma ferramenta para modelagem visual de informações contextuais e regras de eventos ou estados condicionais para a configuração do ambiente de desenvolvimento para aplicações móveis e sensíveis ao contexto que utilizem o *middleware* LoCCAM. Objetiva-se com isso uma otimização do uso do LoCCAM pelo desenvolvedor, abstraindo a necessidade de conhecimento da arquitetura ou sintaxe do *middleware* e automatizando a escolha dos componentes de aquisição de contexto correspondentes às informações contextuais requeridas no modelo. Como trabalhos futuros tem-se como objetivos um maior refinamento da linguagem, permitindo o desenvolvimento de um maior conjunto de ações que possam ser geradas automaticamente pela linguagem. Futuramente, objetiva-se que a criação de uma ferramenta que permita a modelagem visual da aplicação, com base no contexto modelado por esta, com a posterior geração do código completa.

6. REFERENCES

[1] M.E.F. Maia, A. Fonteles, B.J.A Neto, W. Viana, R.M.C. Andrade, "LOCCAM - Loosely Coupled Context Acquisition Middleware", In: 28th Symposium on Applied Computing (SAC), Coimbra, Portugal. March, 2013.

[2] A. Fonteles, "Um Framework para Aquisição Adaptativa e Fracamente Acoplada de Informação Contextual para Dispositivos Móveis". Dissertação de Mestrado, Departamento de Computação, Universidade Federal do Ceará, Fortaleza, CE, 2013.

[3] J.P.A. Almeida, M.E.Iacob, H. Jonkers, and D.A.C. Quartel, "Model-driven development of context-aware services", In: Proceedings of Distributed Applications and Interoperable Systems, 6th IFIP WG 6.1 International Conference, DAIS 2006. Bologna, Italy. June, 2006.

[4] Laura M. Daniele, Luís Ferreira Pires and Marten van Sinderen, "An MDA-Based Approach for Behaviour Modelling of Context-Aware Mobile Applications", 5th European Conference Model Driven Architecture - Foundations and Applications, , ECMDA-FA 2009.

[5] Fei Li, S. Sehic and S. Dustdar, "COPAL: An adaptive approach to context provisioning," 6th International Conference on Wireless and Mobile Computing, Networking and Communications (WiMob), Oct. 2010

[6] J.R. Hoyos, J. García-Molina, J.A. Botía, "A domain-specific language for context modeling in context-aware systems". Journal of Systems and Software, Volume 86, Issue 11, November 2013, Pages 2890-2905, ISSN 0164-1212, http://dx.doi.org/10.1016/j.jss.2013.07.008.

[7] A.C. Santos, P.C. Diniz, J.M.P.Cardoso, D.R. Ferreira, "A Domain-Specific Language for the Specification of Adaptable Context Inference," Embedded and Ubiquitous Computing (EUC), 2011 IFIP 9th International Conference on , vol., no., pp.268,273, 24-26 Oct. 201

You Are Your Check-In: Understanding the Behavior of Tourists and Residents Using Data from Foursquare

Ana Paula G. Ferreira
Univ. Federal de Minas Gerais
Belo Horizonte, Brazil
anapaulagomes@ufmg.br

Thiago H. Silva
Univ. Federal de Minas Gerais
Belo Horizonte, Brazil
thiagohs@dcc.ufmg.br

Antonio A. F. Loureiro
Univ. Federal de Minas Gerais
Belo Horizonte, Brazil
loureiro@dcc.ufmg.br

ABSTRACT

Currently the use of location-based social networks are becoming quite popular. For example, Foursquare reported 50 million users in 2014. Data from this type of system can be viewed as a source of sensing, in which the sensors are users with their mobile devices sharing data on various aspects of the city. This source of data enables large-scale study of urban social behavior and city dynamics. In this paper we show how we can use the signals emitted by Foursquare users to better understand the differences between the behavior of tourists and residents. We analyze tourists and residents in four popular cities around the world: London, New York, Rio de Janeiro and Tokyo. One of the contributions of this work is the spatio-temporal study of properties of the behavior of these two classes of users (tourists and residents). We have identified, for example, that some locations have features that are more correlated with the tourists' behavior, and also that even in places frequented by tourists as well as residents there are clear differences in the patterns of behavior of these classes. Our results could be useful in several cases, for example, to help in the development of new recommendation systems specific for tourists.

Categories and Subject Descriptors

J.4 [**Computer Applications**]: Social and Behavioral Sciences; H.4 [**Information Systems Applications**]: Miscellaneous

General Terms

Measurement

Keywords

Location-based social networks; characterization; Foursquare; tourists

1. INTRODUÇÃO

As redes sociais baseadas em localização, ou *location-based social networks* (LBSNs), estão se tornando bastante populares. O

WebMedia'14, November 18–21, 2014, João Pessoa, Brazil.
Copyright 2014 ACM 978-1-4503-3230-9/14/11 ...$15.00.
http://dx.doi.org/10.1145/2664551.2664562.

Foursquare[1], que é um sistema para compartilhamento de localizações, registrou 50 milhões de usuários em 2014, já o Instagram, um famoso sistema para compartilhamento de fotos, registrou em 2013 150 milhões de usuários. O Brasil também possui empresas representantes nessa lista, por exemplo, o Kekanto[2] que em 2013 registrou 1 milhão de usuários. Parte do sucesso da popularização de LBSNs está relacionada com o grande aumento do uso de *smartphones* e de planos de Internet móvel.

Dados provenientes de redes sociais baseadas em localização podem ser encarados como uma fonte de sensoriamento, em que os sensores são usuários com seus dispositivos móveis compartilhando dados sobre diversos aspectos da cidade. Esses dados possibilitam o estudo em larga escala do comportamento urbano e da dinâmica de cidades [14]. Isso é possível porque cada dado compartilhado em LBSNs representa implicitamente as preferências e hábitos dos usuários.

Turismo é uma das atividades econômicas que mais promove desenvolvimento regional [16]. É o deslocamento do seu lugar de moradia para um diferente, onde existe o encontro de culturas e a busca por novas experiências. Um turista pode ter necessidades diferentes das que está habituado em sua rotina. Além disso, fatores como custo, clima e preferências pessoais influenciam nas atividades que serão realizadas pelo turista na cidade visitada.

Nesse trabalho nós mostramos como podemos usar os sinais emitidos pelos usuários do Foursquare, os chamados *check-ins*, para entender melhor as diferenças entre o comportamento de turistas e residentes. Um *check-in* é uma ação realizada pelo usuário que permite registrar e compartilhar sua localização em um determinado momento [2]. Os *check-ins* são uma contribuição voluntária que proporcionam o estudo do comportamento humano em diferentes esferas. Além disso, possibilitam o melhor entendimento de áreas urbanas, por exemplo, na identificação de locais populares.

Em nosso trabalho consideramos aspectos espaço-temporais do comportamento de turistas e residentes. Os padrões espaciais são relacionados aos locais disponíveis na cidade. É importante analisar essa dimensão já que, por exemplo, o número de *check-ins* em um determinado local pode variar de acordo com a popularidade e a categoria do mesmo. Os padrões temporais são relativos a eventos que ocorrem em determinados intervalos de tempo. Essa também é outra dimensão de extrema importância, já que o comportamento dos usuários pode variar, por exemplo, em diferentes turnos do dia. Considerar essas dimensões é fundamental para entender o comportamento dos usuários e a dinâmica da cidade em ele se encontra.

Mantendo isso em mente, as contribuições desse trabalho são: (1) Metodologia para a separação de turistas e residentes utilizando

---

[1] https://pt.foursquare.com/about
[2] http://www.kekanto.com

dados de redes sociais baseadas em localização; (2) Análise de aspectos espaço-temporais do comportamento de turistas e residentes em quatro cidades populares ao redor do mundo: Londres, Nova Iorque, Rio de Janeiro e Tóquio. Identificamos, por exemplo, que alguns locais tem traços turísticos mais fortes que outros e que mesmo em locais frequentados tanto por turistas quanto por residentes existem claras diferenças nos padrões de comportamento dessas classes; (3) Uso de métricas de centralidade de rede para entender melhor a interação dos turistas e residentes com a cidade.

O restante desse trabalho é organizado da seguinte forma. A seção 2 apresenta os trabalhos relacionados. A seção 3 apresenta a metodologia para a identificação de turistas e residentes e a abordagem utilizada para o estudo do comportamento dos mesmos. A seção 4 apresenta as propriedades do comportamento de turistas e residentes. A seção 5 apresenta resultados da aplicação de métricas de centralidade de rede para endender a interação com a cidade. Finalmente, a seção 6 apresenta as conclusões e trabalhos futuros.

2. TRABALHOS RELACIONADOS

Dados compartilhados em redes sociais baseadas em localização, por exemplo *check-ins*, são uma fonte de sensoriamento valiosa para o estudo da dinâmica de cidades e do comportamento social urbano[14]. Nessa direção, Cheng et al. [1] usou 22 milhões de *check-ins* compartilhados no Twitter[3] para extrair um padrão de mobilidade nos compartilhamentos e mostrou que usuários adotam comportamentos periódicos e são influenciados pelo seu status social, geográfico e econômico. Além do potencial de descoberta de conhecimento espacial, as mensagens (por exemplo dicas) nos *check-ins* podem também revelar interesses e sentimentos. Pianese et al. [12] usaram *check-ins* compartilhados no Foursquare para agrupar usuários e descobrir comunidades e locais de interesse.

A mobilidade humana, aspecto fundamental da dinâmica de uma cidade, já é objeto de estudo de outras áreas, como antropologia e biologia. Alguns pesquisadores utilizaram o *Levy Walk*, padrão de movimentos do reino animal que mistura trajetórias longas com movimentos aleatórios curtos, para estudar a movimentação humana com dados de GPS [5, 4] e das redes sociais baseadas em localização [2]. Porém, apenas a movimentação não é o suficiente para o entendimento do contexto do usuário naquele momento. De acordo com Karamshuk et al. [5], os movimentos humanos são altamente previsíveis mas é crucial levar em consideração os padrões espaciais e temporais regulares.

Mantendo em mente a importância de considerar o tempo e espaço no entendimento do comportamento humano, alguns trabalhos se dedicaram ao estudo de hábitos e rotinas dos usuários em uma cidade. Alguns deles mostraram que através de registros de GPS e sinais de redes de telefonia celular é possível entender com boa precisão quais os caminhos que os usuários realizam comumente [4, 7, 3]. Outros trabalhos realizaram realizam estudos nessa linha utilizando dados provenientes de redes sociais [10, 13, 12]. Entretanto encontrar padrões a partir de dados de redes sociais caracteriza um desafio maior, visto que há uma irregularidade na distribuição deles ao longo do tempo entre os usuários [12] e que nem sempre os usuários estão motivados a compartilhar dados [8]. Apesar disso vários trabalhos encontraram indícios de que a realização desse tipo de estudo utilizando dados de redes sociais é possível. Por exemplo, Pianese et al. [12] conseguiu identificar padrões em dias e horários nas atividades dos usuários, bem como Preo e Cohn [13] que identificaram perfis de comportamento de usuários.

Nosso trabalho diferencia de todas essas propostas, pois o objetivo é considerar aspectos temporais e espaciais para o estudo do

comportamento urbano de duas classes de usuários: turistas e residentes. Alguns trabalhos também investigaram o comportamento de turistas e residentes. Zheng et al. [18] minerou *logs* de GPS de 107 usuários ao longo de um ano, concluindo que o movimento do turista difere de um residente e que a viagem é influenciada pela experiência do usuário com viagens e suas relações pessoais. Em [17] os autores propõem uma arquitetura para recomendação inteligente de itinerários, levando em consideração o tempo decorrido, o tempo de estadia e o interesse. Os modelos supracitados diferem da proposta de uso de redes sociais porque os cálculos para estudo do comportamento do usuário são feitos a partir dos *logs* de GPS.

Existem também algumas propostas relacionadas que consideram dados de redes sociais. Por exemplo, Silva et al. [15] mostrou que é possível extrair regiões de interesse, dentre elas locais turísticos, utilizando fotos compartilhadas no Instagram (popular serviço para compartilhamento de fotos). Além dos locais, é possível também extrair informações a partir de eventos que atraem turistas para as cidades. Em [11], Morais et al. investigou a relevância das dicas deixadas por turistas e residentes durante um evento massivamente turístico. Em [9], Long et al. investigaram as categorias e os tópicos latentes relacionados a turistas de uma cidade no Foursquare e identificaram características da cidade que estavam relacionadas aos interesses dos turistas.

Este trabalho estuda o comportamento de turistas e residentes utilizando *check-ins* compartilhados por usuários na rede social baseada em localização Foursquare. Investigamos a movimentação de cada tipo de usuário e como os diferentes perfis podem ser identificados dentro das cidades. Visamos mostrar que esse tipo de estudo é possível com dados através de redes sociais, que são uma fonte de dados com escalabilidade global e de baixo custo.

3. MODELAGEM

Nesta seção apresentamos a metodologia para a identificação de turistas e residentes e a abordagem utilizada para o estudo do comportamento dos mesmos.

3.1 Coleta dos dados

Nesta pesquisa usamos *check-ins* do Foursquare, que é uma rede social baseada em localização bastante popular. Os dados foram coletados a partir do serviço de microblog Twitter, onde os *check-ins* estavam disponíveis de maneira pública. Isto significa que estes *check-ins* foram feitos pelos usuários no Foursquare e compartilhados no Twitter. A coleta foi feita a partir da API de *streaming* fornecida pelo Twitter[4] para busca de tweets em tempo real. Esta coleta foi realizada em uma semana do mês de abril de 2012, nas cidades de Londres (15,671 *check-ins*), Nova Iorque (86,867 *check-ins*), Rio de Janeiro (27,222 *check-ins*) e Tóquio (118,788 *check-ins*).

Cada *check-in* possui os seguintes atributos: ID do *check-in*, ID do usuário, tempo e coordenada geográfica (latitude e longitude). De posse do ID do *check-in* realizamos uma coleta extra no Foursquare da categoria e subcategoria do local onde o *check-in* foi realizado. Coletamos também outros detalhes sobre os locais onde os *check-ins* aconteceram, como a classificação atribuída pela rede social, dicas, número de *check-ins* e fotos, para enriquecimento das análises.

Com isso nosso *dataset* passa a ter três dados extras, categoria, subcategoria e classificação do local, que são de extrema importância para nosso estudo.

---

[3]http://www.twitter.com

[4]https://dev.twitter.com/docs/streaming-apis

3.2 Identificando turistas e residentes

Para identificar os turistas e residentes entre todos os *check-ins* coletados e separamos todos os usuários únicos em nosso *dataset*. Em seguida realizamos uma nova coleta do perfil desses usuários no Foursquare. A cidade de residência é uma das informações que os usuários podem informar em seu perfil do Foursquare. Essa informação pode ser adicionada livremente, isso significa que o texto informado pode conter erros de ortografia ou nomes falsos. Alguns casos informados por usuários: "Rio de Janeiro", "Rio", "not of your bussiness", "NYC", "Big Apple" e "New York City".

Como o número de nomes únicos pode ser muito grande, já que podemos ter usuários de todas as partes do mundo em qualquer uma das cidades analisadas, criamos um método automático para a análise desses nomes. Primeiramente identificamos todos os nomes de localidades informadas únicos. Em seguida utilizamos uma ferramenta de geocodificação disponibilizada pela Yahoo!,[5] que é útil para padronizar os nomes informados. Caso a ferramenta identifique o texto do nome da cidade como válido ela retorna o nome oficial da cidade e o nome do país em que ela se encontra. Por exemplo, NYC é identificado pela ferramenta como New York City. Com isso temos uma forma de filtrar os nomes inválidos e padronizar o nome das cidades. Após esse processo realizamos uma verificação manual para todas as cidades (factível pois o número de nomes padronizados é bem menor). Verificamos a corretude dos resultados e, além disso, alteramos alguns resultados para considerar cidades muito próximas das analisadas como uma única cidade. Por exemplo, Niterói foi considerada Rio de Janeiro. Dados dos usuários que não informaram um nome de cidade válido foram desconsiderados. Além disso, removemos os *check-ins* de usuários que não tinham cidades informadas e que não tinham locais categorizados. Após esse processo a cidade de Londres resultou em 9,234 *check-ins*, Nova Iorque 61,895 *check-ins*, Rio de Janeiro 15,106 *check-ins* e Tóquio 63,536 *check-ins*. Com isso somos capazes de identificar os turistas e residentes em cada uma das cidades consideradas, já que sabemos quem informou ser residente das cidades analisadas e quem não.

3.3 Grafo temporal

A teoria dos grafos é uma ferramenta poderosa para representar relações entre entidades, como indivíduos ou outro agente que possa apresentar mudança de estados. Os agentes são representados por vértices e a relação entre eles são chamadas de arestas. Por exemplo, a movimentação entre locais pode ser representada por um grafo, onde os locais são os vértices e o deslocamento de um local para outro são as arestas. Caso a relação entre os vértices seja unilateral, o grafo é chamado de direcionado.

Uma estratégia para comparar essas mudanças de estados ao longo do tempo é gerar grafos "estaticamente", ou seja, vários grafos representando diversos intervalos de tempo. As análises são realizadas a partir de *snapshots* desses grafos. O uso de grafos estáticos para a análise de eventos temporais pode ser uma tarefa extremamente complexa, demandando assim um tempo maior para a realização da mesma.

Uma alternativa para representação de fatores temporais na mudança de estados é o uso de grafos temporais. Um grafo temporal é uma ferramenta para analisar informações temporais que descrevem eventos em vários períodos de tempo [6]. Além de comportar as informações temporais esse modelo também traz os benefícios da teoria dos grafos, tornando possível, a depender da modelagem do problema, utilizar os conceitos e algoritmos já consolidados. Para construir um grafo temporal é necessário escolher as entida-

[5] http://developer.yahoo.com

des que serão representadas e a variação do intervalo de tempo que será considerado.

Os vértices do grafo temporal são as entidades em cada instante de tempo. As ligações entre entidades iguais com tempos diferentes são arestas que representaram a movimentação entre uma mesma entidade no tempo. As ligações entre entidades diferentes são as movimentações entre uma entidade e outra, respeitando o instante de cada uma. As arestas, ligações entre os vértices de entidades, representam a distância entre elas ao longo do tempo. Embora exista a representação da variação no tempo no grafo não há mudanças quanto a estrutura apresentada na teoria dos grafos.

Para representar as transições de turistas e residentes em uma cidade de maneira espacial e temporal utilizamos grafos temporais. O movimento de turistas e residentes em um grafo temporal pode ser modelado ao representar os locais, as entidades, como vértices do grafo, repetindo-os de acordo com a variação no tempo. O intervalo de tempo escolhido para este problema é de 1 hora, com início às 00 horas e término às 23 horas. Ao ter um local como Praia de Ipanema, por exemplo, tem-se um conjunto de vértices nomeados como "Praia de Ipanema[10]" (nome do local concatenado com o horário), representando um *check-in* na Praia de Ipanema às 10 horas da manhã. As transições entre um local e outro é uma aresta direcionada, respeitando a ordem temporal. Cada transição só é adicionada ao vértice se os *check-ins* forem feitos por um mesmo usuário. Caso haja apenas um *check-in*, este não é inserido no grafo com o objetivo de evitar vértices sem arestas. Os vértices também armazenam outras informações, como o turno do dia (manhã, tarde, noite ou madrugada). As arestas armazenam também o tempo gasto (diferença entre o tempo do vértice de origem e o tempo do vértice de destino). As arestas que criam essa transição entre categorias diversas são classificadas como espaciais.

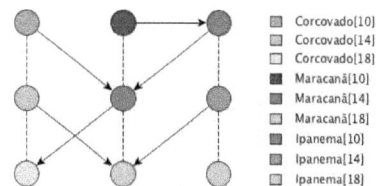

Figura 1: Modelagem do Grafo Temporal da Transição de Turistas e Residentes

Na figura 1 temos um exemplo de grafo temporal com locais. Nele é possível notar a transição entre locais diferentes a partir da seta com linha contínua e direcionada. A linha tracejada representa a ligação entre a mesma categoria, que representa a distância temporal entre os *check-ins*. Por exemplo, a aresta que liga os vértices "Corcovado[10]" e "Maracanã[14]" representa um *check-in*, feito por um mesmo usuário, no Corcovado às 10 horas e depois no Maracanã às 14 horas. No local Ipanema existem arestas com linhas tracejadas que representam a distância temporal entre as incidências dela no grafo; neste caso, a distância temporal é de 4 horas (subtração entre o horário final e o horário inicial).

O layout do grafo foi organizado de maneira que os locais estivessem dispostos da esquerda para direita (eixo X) e os horários de cima para baixo (eixo Y), obedecendo a ordem crescente. O grafo fica organizado desta forma para facilitar a visualização da movimentação entre locais. Para representação dos *check-ins* em um grafo usamos a biblioteca NetworkX, escrita em Python. Esta biblioteca fornece toda a estrutura para a criação e manipulação de um grafo, além de métodos para cálculo de métricas e execução de algoritmos.

4. CARACTERÍSTICAS DAS CIDADES

O que diferencia um turista de um residente é o seu tempo de permanência em uma determinada cidade. Cada cidade pode possuir comportamento diferenciados de turistas, que pode depender do propósito da visita. As cidades utilizadas nesta pesquisa são de continentes distintos, com hábitos e culturas diferentes. Utilizamos três classificações para agrupar os locais dessas cidades: turístico, residente e misto. Os locais considerados "turísticos" tem um maior número de visitas feitas por turistas, locais considerados "residente" tem um maior número de visitas feitas por habitantes da cidade e locais considerados como "misto" tem número equivalente de visitas feitas por turistas e residentes.

4.1 Presença de locais turísticos

Os locais mais populares no Foursquare podem receber classificações especiais. Estas classificações são: *Trending*, *Venue Expertise*, *Raw Likes*, *Upcoming Events*, *Tourist Attractions* e *Raw Checkins*. A classificação Trending indica os locais que estão em ascensão. A classificação Venue Expertise indica locais especializados em um determinado produto, baseado no perfil dos usuários que frequentam. Por exemplo, a cafeteria Salvation Jane, em Londres, que até o início de 2014 teve 1,295 visitantes e 3,485 *check-ins*, é classificada como Venue Expertise porque usuários com perfil de frequentadores de cafeterias costumam visitar bastante aquele local. As classificações Raw Likes e Raw Checkins selecionam os locais mais curtidos e com mais *check-ins*. A estação de trem Jimbocho Sta., em Tóquio, tem mais de 56 mil *check-ins* e está na categoria Raw Check-ins, por exemplo. A classificação Upcoming Events é dada a locais que hospedam eventos como shows e peças de teatro. Locais classificados como Tourist Attractions são atrações consideradas turísticas, por concentrar pessoas de fora da cidade do local. A figura 2 mostra a distribuição dessas classificações nas cidades analisadas.

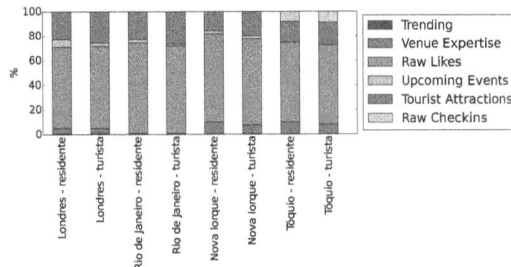

Figura 2: Locais classificados pelo Foursquare

A partir da classificação Tourist Attractions podemos identificar em cada *dataset* a concentração de locais avaliados como turísticos pela rede social, ou seja, o quão os usuários daquela cidade frequentam locais turísticos ou não. Essa informação também é útil para avaliar o quão turistas e residentes tendem a fazer as mesmas atividades em locais de atividade turística mais expressiva.

Dataset	Turista	Residente
Rio de Janeiro	26%	22%
Londres	25%	22%
Nova Iorque	19%	15%
Tóquio	18%	17%

Tabela 1: Representação de locais turísticos em cada *dataset*

A tabela 1 exibe a porcentagem de locais turísticos no deslocamento dos usuários, de acordo com a classificação do Foursquare

em cada cidade. Verificamos se nos dois locais (vértices) que caracterizam uma transição (aresta) um deles está caracterizado como "Tourist Attractions". Em todos os *datasets* de usuários do tipo "turistas" a presença de locais turísticos é maior que no *dataset* de "residentes". Entretanto, a diferença da porcentagem do tipo "turista" e da porcentagem de "residente" varia em cada cidade, refletindo o quão turistas e residentes frequentam os mesmos locais. A cidade do Rio de Janeiro possui uma diferença de 4%, indicando que existe uma concentração maior de turistas em locais turísticos. Em Tóquio a diferença é de 1%, coincidindo com a menor concentração de locais turísticos, comparada com as outras cidades. Essa diferença reflete a frequência de turistas e residentes de maneira semelhante nos locais da cidade. Ao observar as transições, nos locais que foram classificados, percebemos que é comum a transição de turistas entre locais populares segundo o número de curtidas (Raw Likes), seguido da preferência por locais turísticos, demonstrando que os turistas movimentam-se não apenas em locais turísticos mas também em locais de preferência mista.

4.2 Categorias e subcategorias relacionadas a turistas

Embora haja uma motivação em cada turista, seja ela conhecer novos lugares, fazer visitas de negócios ou um curso, alguns tipos de locais tem maior presença entre turistas do que entre residentes em cada cidade. Todos os locais catalogados pelo Foursquare são classificados por categorias-mãe. Atualmente são 9 categorias: *Arts & Entertainment*, *College & University*, *Food*, *Professional & Other Places*, *Nightlife Spots*, *Residences*, *Great Outdoors*, *Shops & Services*, *Travel & Transport*. Cada uma dessas categorias possui subcategorias filhas e netas, somando mais de 350 subcategorias. A categorização dos locais nos ajuda a compreender melhor qual a finalidade de cada um e o quão turistas e residentes estão relacionadas com elas. As figuras 3 e 4 mostram como estão distribuídas as categorias de locais visitados por turistas e residentes.

Algumas subcategorias estão mais propensas a presença de turistas, como Hotel, Aeroporto e Monumento. Outras estão mais propensas a presença de residentes, como Casa, Mercado, Academia e Universidade. A depender da cidade o número de certas categorias pode variar. Em Tóquio, por exemplo, existe uma quantidade bem menor de *check-ins* em locais do tipo Casa em *datasets* de residentes, ao contrário das outras cidades, onde *check-ins* em locais do tipo Casa neste mesmo tipo de *dataset* é popular. No Brasil, por exemplo, existem muitos *check-ins* na categoria Casa, o que indica uma preocupação menor com o fator privacidade. Esses resultados podem ser explicados por diferenças culturais.

Existem ainda outras peculiaridades relacionada a subcategorias nas cidades. Por exemplo, no Rio de Janeiro existe muitos *check-ins* de turistas em universidades, única cidade dentre as quatro cidades apresentadas em que isso acontece. Uma possível explicação é que usuários se mudaram para o Rio de Janeiro com o objetivo de estudar e até então não alteraram seu perfil do Foursquare, devido a proximidade do período coletado com o início do ano letivo das universidades brasileiras.

A cidade de Nova Iorque, conhecida como uma das maiores do mundo e detentora de centros financeiros, tem presença de turistas e residentes dividida nas categorias Food e Professional & Other Places, o que reflete a semelhança de comportamento entre os dois tipos de usuários. Entretanto, a diferença de comportamento pode ser notada ao observar maior presença de turistas em locais do tipo Outdoors, Arts & Entertainment e Travel & Transport.

Existem as subcategorias que sobressaem de acordo com o costume local. Ainda na cidade de Nova Iorque, dentre os residentes existe uma maior presença de *check-ins* em estádios de *baseball*,

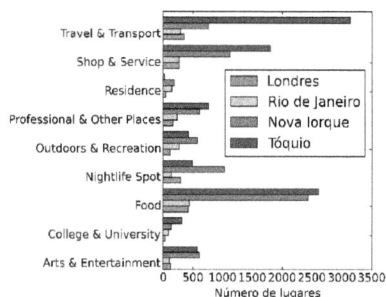

Figura 3: Categorias de locais visitados por Turistas

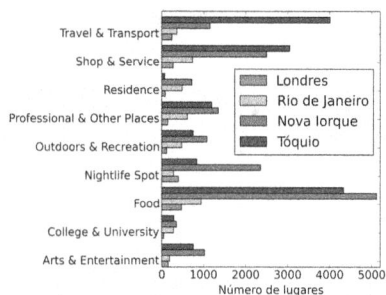

Figura 4: Categorias de locais visitados por Residentes

típico de uma cidade norte-americana, onde o *baseball* é um esporte tradicional. Na cidade do Rio de Janeiro a subcategoria relacionada a restaurantes que servem churrasco também tem destaque, exibindo um hábito de moradores da cidade. Refletindo locais turísticos populares ao ar livre, a categoria Outdoor é bastante popular no Rio de Janeiro por turistas, ao contrário de Tóquio. Entretanto, a mesma categoria é popular entre os residentes de Tóquio, o que demonstra o hábito em frequentar locais ao ar livre e monumentos.

4.3 Análise dos locais e o comportamento de turistas e residentes

Analisar a relação entre as categorias e as classes de usuários nos ajuda a observar uma tendência de cada uma delas para cada tipo de local. Entretanto cada local possui peculiaridades e pode ter o comportamento alterado a depender do estado do usuário. O comportamento de turistas e residentes sofre influências de aspectos temporais, como o horário e época do ano. Em locais onde turistas e residentes costumam frequentar a movimentação em números é dividida, entretanto o comportamento é diferente. Ao analisar locais de frequência mista (feita por turistas e residentes) e o movimento de cada tipo de usuário podemos observar diferenças no padrão.

O Cristo Redentor e o Morro do Pão de Açúcar são pontos turísticos reconhecidos mundialmente. Possuem 100% e 71% das transições feitas por turistas, respectivamente. As transições para o Pão de Açúcar são em sua maioria com aeroportos. Há também ligação com alguns cafés. O Estádio Olímpico João Havelange tem um número proporcional de *check-ins* de turistas e residentes, inclusive em relação aos horários de frequência, predominante a noite (coincidindo com horários de jogos). Embora tenha um número alto de transições tanto por turistas quanto por residentes, há uma diferença nos locais que antecedem e sucedem essas transições. No caso dos residentes, existem muitas transições para residências, academias, bairros e ruas. Os turistas também visitam o Engenhão à noite porém há transições durante o dia, provavelmente para visitas turísti-

cas. No grafo de residentes também é possível visualizar a ida e a volta de alguns bairros para o Engenhão. Um local popular entre os residentes (100% dos *check-ins* feitos por essa classe), é o Café du Lage. Este café encontra-se no parque Henrique Lage, mesmo local da Escola de Artes Visuais e é frequentado por moradores.

Em um determinado local, pode-se inferir se ele é turístico ou não pelo horário ou locais que antecederam ou sucederam o *check-in*. O Sambódromo da Marques de Sapucaí, no Rio de Janeiro, teve transições feitas predominantemente por residentes, em horários de ensaios de escola de samba (entre 20 e 22 horas). Os locais de origem ou destino são em sua maioria relacionados a ruas e bairros, todos intermediários a estadia no local. O subgrafo a partir deste local, em seu horário mais popular (21 horas), representado pela Figura 5, indica movimentação para o sambódromo e deslocamento para bairros vizinhos (bairros Botafogo e Grajaú). Todos esses locais são provavelmente frequentados primariamente por residentes. Os ensaios na Marques de Sapucaí ocorrem a noite (horário mais indicado nas transições). Embora muitos turistas visitem o Sambódromo, no mês de abril não há carnaval, logo pouca atividade turística.

Figura 5: Subgrafo com arestas do Sambódromo Marquês de Sapucaí

Outro destaque é a favela Pavão-Pavãozinho, popular no *ranking* de transições, que possui *check-ins* feitos apenas por residentes. Embora algumas favelas do Rio já tenham visitas guiadas para turistas, como a Rocinha, a Pavão-Pavãozinho tem movimentação apenas por parte de residentes.

5. MÉTRICAS DE CENTRALIDADE

Em uma cidade podem existir milhares de locais, oferecendo várias possibilidades de transições. É natural que diferentes cidades possuam locais e transições mais populares, em horários distintos. Um grafo temporal auxilia o estudo da movimentação dos usuários no tempo. Para isso, podemos utilizar métricas de centralidade de grafos, que sinalizam qual o grau de importância dos vértices e das arestas contidas em um grafo. Neste trabalho usamos as medidas de centralidade *degree* e *closeness* para identificar locais de maior importância nas cidades em diferentes aspectos.

5.1 Degree centrality

Em um grafo G, o *degree centrality* de um vértice v é o número de arestas que incidem em v. Os vértices que possuem maior *degree centrality* são os que tem maior conexão com os demais vértices do grafo. No grafo de transição de turistas e residentes quanto maior o grau dos vértices, maior a popularidade deles no grafo.

A tabela 2 mostra os dez lugares com o maior *degree centrality* do grafo de residentes da cidade de Nova Iorque. As subcategorias dos locais expressam o comportamento de residentes, como academia, salão e estádio de *baseball*. Podemos perceber que tais locais são característicos de pessoas que moram na cidade e priorizam locais relacionados a atividades cotidianas.

Local	Subcategoria	Valor
Shea's Football-palooza[19]	Event Space	0.0069577429
Starbucks[19]	Coffee Shop	0.0065747479
Lindsay Triangle[21]	Plaza	0.0056810928
Starbucks[21]	Coffee Shop	0.0055534278
Manhattan Bridge[21]	Bridge	0.0051066003
New A&N Food Market[19]	Grocery Store	0.0048512703
R&L Hair Salon[20]	Cosmetics Shop	0.0044044427
Yankee Stadium[23]	Baseball Stadium	0.0037661177
Starbucks[13]	Coffee Shop	0.0037022852
Nova Iorque Sports Club[22]	Gym	0.0034469552

Tabela 2: Ranking de *degree centrality* do grafo de residentes de Nova Iorque

No *ranking* de *degree centrality* do grafo de turistas da cidade de Nova Iorque, mostrado na tabela 3, podemos observar um perfil diferente, concentrando locais de alimentação e visitação. Dos 10 locais listados, alguns possuem relação mais forte com a classe de turistas, por exemplo, aeroporto e locais para visitação, como Central Park, Manhattan Bridge, Union Square Park e US Post Office. O US Post Office, apesar de estar na categoria Post Office, aparece em listas de visitação turística devido à arquitetura das suas instalações. Além destes, outras categorias como Coffee Shop e Supermarket são populares durante a noite, provavelmente em função do jantar. O local ShopRite, por exemplo, funciona 24 horas e é indicado como local para alimentação rápida nas dicas deixadas pelos usuários no Foursquare. Estes locais refletem o comportamento turístico na cidade pois são atividades relacionadas ao entretenimento combinado com necessidades básicas, como alimentação.

Local	Subcategoria	Valor
SKECHERS Retail[15]	Shoe Store	0.0170218469
Starbucks[21]	Coffee Shop	0.0105883930
LaGuardia Airport (LGA)[16]	Airport	0.0080418175
Central Park Cherry Blossoms[05]	Garden	0.0069695751
US Post Office[16]	Post Office	0.0065674843
Manhattan Bridge[10]	Bridge	0.0060313631
Union Square Park[02]	Park	0.0057633025
Spider-Man: Turn Off The Dark at the Foxwoods Theatre[23]	Theater	0.0052271813
Starbucks[19]	Coffee Shop	0.0050931511
ShopRite[21]	Supermarket	0.0050931511

Tabela 3: Ranking de *degree centrality* do grafo de turistas de Nova Iorque

A ponte de Manhattan aparece tanto no *ranking* do grafo de turistas quanto do grafo de residentes, pois atrai as duas classes de usuários. Para os turistas é um dos cartões postais de Nova Iorque e para os residentes passagem que liga Manhattan ao Brooklyn. No *ranking* do grafo de residentes os vértices de maior grau tem maior aparição durante a noite, enquanto no *ranking* do grafo de turistas os horários são diversificados.

Em um grafo direcionado é possível avaliar o *degree centrality* de entrada e de saída de um vértice v, observando quantas arestas entram em v e quantas arestas saem de v, respectivamente. O *degree centrality* de entrada de um vértice v representa o número de transições realizadas a partir de outros vertices até v. Já o *degree centrality* de saída de v representa o número de transições que foram realizadas a partir de v para outros vértices. Um vértice v com um *degree centrality* de entrada elevado significa que muitas transições foram direcionadas até v. Ao observar o nosso grafo temporal, se muitas pessoas saem, em um horário, de locais diferentes e dirigem-se para um determinado destino significa que este lugar é popular após visitar vários outros locais. Caso muitas pessoas

saiam de um lugar para outros destinos, significa que este lugar é usado como ponto de partida.

No grafo temporal de locais podemos analisar os lugares em que as pessoas escolhem com maior frequência como ponto de partida para outros locais ou como destino final, acrescido do horário em que fazem isto. Informações como estas permitem estudar o comportamento das pessoas nas cidades, auxiliando, por exemplo, em um melhor planejamento urbano e o estudo estratégico do comportamento dos usuários em determinados estabelecimentos comerciais. Para demonstrar o comportamento das pessoas sob este ponto de vista escolhemos a Starbucks[6], cafeteria presente nas quatro cidades abordadas neste estudo. A Starbucks é uma cafeteria que produz cafés especiais em um ambiente diferenciado e tem mais 18 mil lojas espalhadas entre 62 países.

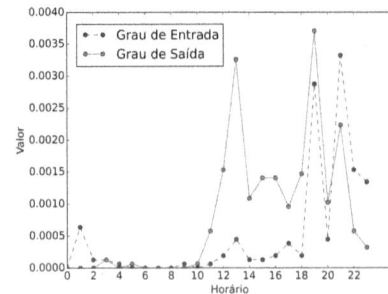

Figura 6: Grau de entrada e saída da Starbucks no grafo de residentes em Nova Iorque

A figura 6 mostra o grau de entrada e saída da Starbucks no grafo de residentes em Nova Iorque. A variação dos graus de entrada e saída em cada horário refletem o comportamento típico de um residente. Existe um crescimento no grau de saída entre às 11 e às 14 horas, o horário de almoço. Durante a noite existem dois picos às 19 e às 21 horas, indicando passagem pela cafeteria nos horários pós trabalho. Em todos esses horários temos a evidência que as pessoas saíram da Starbucks para outros lugares geralmente em horários de refeições.

O grau de entrada, nessa mesma linha, indica o quão intensa é a chegada na Starbucks ao longo do dia. Note um destaque entre 00 e 02 horas da madrugada, onde existe um padrão diferente apresentado para o grau de saída. Isso pode indicar que a Starbucks pode ser a última atividade realizada para várias pessoas. Durante a noite existem picos para o grau de entrada semelhantes aos apresentados para o grau de saída, indicando um horário comum para pessoas visitarem esse local, vindas de outros lugares e também indo para outros lugares.

A figura 7 mostra o grau de entrada e saída da Starbucks no grafo de turistas em Nova Iorque. De acordo com o grau de saída, os turistas em Nova Iorque tendem a sair da Starbucks para outros locais durante a tarde e a noite. Essa atividade é baixa durante a manhã, sem muita regularidade nos horários, o que reflete a liberdade dos horários dos turistas. Este comportamento é o contrário do apresentado no gráfico de residentes, entretanto também possui picos às 19 e às 21 horas.

A Starbucks chegou ao Brasil em 2006. Em 2012, ano da coleta dos dados desta pesquisa, tinha 20 lojas em território brasileiro, distribuídos entre Rio de Janeiro e São Paulo. Cada cidade possui um perfil comportamental diferente das outras, marcada principalmente pelos hábitos culturais. Para entrada no Brasil houveram algumas adaptações no cardápio para suprir necessidades culturais.

---

[6]http://www.starbucks.com/about-us/our-heritage

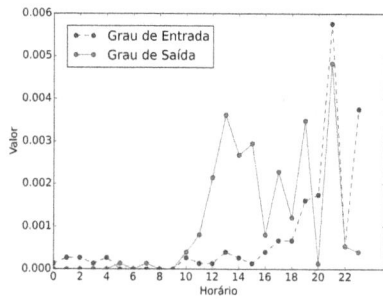

Figura 7: Grau de entrada e saída da Starbucks no grafo de turistas em Nova Iorque

Uma das mudanças foi o acréscimo do pão de queijo e do café expresso ao cardápio.

Nas figuras 8 e 9 mostramos os graus de entrada e saída de para a Starbucks nos grafos de turistas e residentes no Rio de Janeiro, respectivamente. Em ambas figuras podemos observar a popularidade no horário das 19 horas. Dentre os residentes do Rio de Janeiro existe uma saída maior da Starbucks para outros lugares durante a tarde e picos a noite, às 20 e às 22 horas. A entrada maior da Starbucks ocorre às 22 horas. Esse valor apresenta um pequeno pico às 2 horas da manhã, indicando a passagem pela cafeteria antes de finalizar o dia. Os turistas que estão no Rio de Janeiro costumam ir de outros lugares para a Starbucks com mais frequência no horário entre às 19 e às 21 horas, como os turistas que frequentam a Starbucks em Nova Iorque. Antes de ir para outros locais, os turistas frequentam mais a Starbucks às 19 horas.

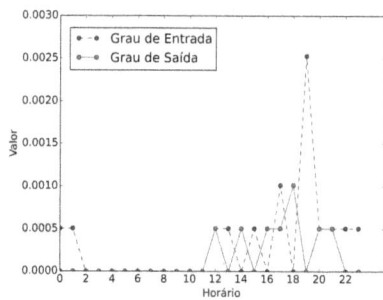

Figura 8: Grau de entrada e saída da Starbucks no grafo de turistas no Rio de Janeiro

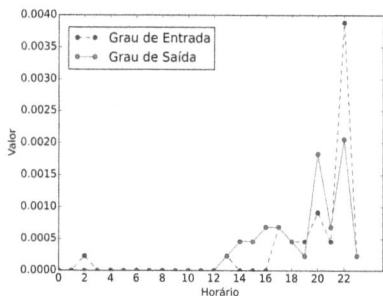

Figura 9: Grau de entrada e saída da Starbucks no grafo de residentes no Rio de Janeiro

Identificar onde as pessoas frequentam antes e após visitar a Starbucks também ajuda a entender o perfil dos frequentadores dessa

Londres	Nova Iorque	Rio	Tóquio
Train Station	Hotel	Airport	Train Station
Hotel	Airport	Mall	Mall
Pub	American Restaurant	Office	Japanese Restaurant
Subway	Park	Bridge	Ramen / Noodle House
Office	Train Station	Neighborhood	Building
Advertising Agency	Clothing Store	Courthouse	Electronics Store
Art Gallery	Electronics Store	Restaurant	Convenience Store
Bar	Neighborhood	University	Subway
Basketball Stadium	Building	Paper / Office Supplies Store	Hotel
Bike Rental / Bike Share	Art Museum	Nightclub	Light Rail

Tabela 4: Ranking das subcategorias dos locais que antecedem e sucedem as transições de turistas na Starbucks

Londres	Nova Iorque	Rio	Tóquio
Train Station	Hotel	Airport	Train Station
Hotel	Airport	Mall	Mall
Pub	American Restaurant	Office	Japanese Restaurant
Subway	Park	Bridge	Ramen / Noodle House
Office	Train Station	Neighborhood	Building
Advertising Agency	Clothing Store	Courthouse	Electronics Store
Art Gallery	Electronics Store	Restaurant	Convenience Store
Bar	Neighborhood	University	Subway
Basketball Stadium	Building	Paper / Office Supplies Store	Hotel
Bike Rental / Bike Share	Art Museum	Nightclub	Light Rail

Tabela 5: Ranking das subcategorias dos locais que antecedem e sucedem as transições de residentes na Starbucks

empresa. As tabelas 5 e 4 mostram as dez subcategorias mais populares dos locais que antecedem e sucedem a presença na cafeteria, respectivamente, em todas as cidades analisadas. Note que, na cidade de Nova Iorque, onde a franquia é bastante popular, o destino após uma visita na Starbucks realizadas por residentes são em locais típicos de quem mora na cidade, por exemplo, locais de trabalho, academia e casa. Nas quatro cidades locais como hotéis e aeroportos são bastante populares. Além disto, dentre os consumidores da Starbucks existem locais relacionados com pontos de transporte, trabalho, alimentação e compras.

Local	Subcategoria	Valor
Wagamama[15]	Asian Restaurant	0.0131347150
Matt's London House[07]	Home (private)	0.0113094677
London Borough of Islington[09]	Neighborhood	0.0089396483
Hackney Town Hall[09]	City Hall	0.0088082902
Oxford Street[12]	Street	0.0083189407
Tie Rack[08]	Men's Store	0.0082901554
Leytonstone London Underground Station[12]	Subway	0.0074019245
INTO City University London[10]	College Academic Building	0.0072538860
ASDA[12]	Supermarket	0.0072129806
Starbucks[09]	Coffee Shop	0.0068576653

Tabela 6: Ranking de *closeness centrality* do grafo de residentes de Londres

Local	Subcategoria	Valor
Brick Lane Market[18]	Flea Market	0.0133555927
London Victoria Railway Station (VIC)[09]	Train Station	0.0119931687
London King's Cross Railway Station (KGX)[11]	Train Station	0.0114811235
Westfield[08]	Mall	0.0110529043
Barbican London Underground Station[06]	Subway	0.0104993583
Starbucks[08]	Coffee Shop	0.0103607022
Covent Garden Market[09]	Market	0.0092199120
Lillian Penson Hall[09]	College Residence Hall	0.0081893245
ZSL London Zoo[11]	Zoo	0.0081661676
Caffe Nero[07]	Coffee Shop	0.0072280267

Tabela 7: Ranking de *closeness centrality* do grafo de turistas de Londres

5.2 Closeness centrality

A métrica *closeness centrality* mensura o quão próximo um vértice v está de todos os outros em um grafo G. Para isso é levado em consideração o número de arestas que separa um nó dos demais. Quanto menor a distância para todos os outros vértices, maior seu *closeness centrality*. Com esta medida é possível verificar o quão rápido é possível todos os vértices do grafo a partir de v.

No grafo temporal de transições de turistas e residentes um vértice com alto *closeness centrality* sinaliza um local influente em um determinado horário. No contexto em que estamos estudando, locais (vértices) com alto valor de *closeness centrality* indicam, por exemplo, estratégicos locais para a disseminação de informação para essas duas classes de usuários.

A tabela 6 mostra as dez localidades com maiores valores de *closeness centrality* do grafo de residentes de Londres. De acordo com os resultados mostrados nessa tabela, em Oxford Street, avenida bastante popular em Londres, seria bom lugar para disseminação de informações às 12 horas, se o objetivo é atingir vários outros residentes.

A tabela 7 mostra as dez localidades com maiores valores de *closeness centrality* do grafo de turistas de Londres. Um exemplo de local com alto valor de *closeness* entre os turistas é a feira Brick Lane Market. Outros locais como Westfield e Covent Garden Market também possuem *closeness* elevado, logo são locais bons, por exemplo, para a disseminação de informações entre turistas.

Perceba que o uso dessas métricas de centralidade no contexto estudado é uma ferramenta muito poderosa. A partir dessas medidas de centralidade é possível saber qual a tendência de movimento das pessoas a partir de um local, quais locais tem maior influência em uma região ou para um determinado perfil.

6. CONCLUSÃO

Nesse trabalho utilizamos dados de uma rede social online baseada em localização, o Foursquare, para o estudo do comportamento de turistas e residentes. Primeiramente, mostramos como podemos classificar os usuários em residentes ou turistas. Em seguida, estudamos o comportamento dessas duas classes de usuários. Para isso usamos grafos temporais, bem como métricas de centralidade de grafos. Através do nosso estudo mostramos que podemos observar diferenças no comportamento dessas duas classes de usuários, e também entender melhor a dinâmica das cidades com as técnicas utilizadas. Existem inúmeras possibilidades para trabalhos futuros, por exemplo, a utilização de outras métricas de redes complexas para auxiliar no entendimento do comportamento dos usuários sob outras perspectivas.

7. REFERÊNCIAS

[1] Z. Cheng, J. Caverlee, K. Lee, and D. Z. Sui. Exploring millions of footprints in location sharing services. *Proc. of ICWSM*, pages 81–88, 2011.

[2] E. Cho, S. A. Myers, and J. Leskovec. Friendship and mobility: User movement in location-based social networks. *Proc. of KDD*, pages 1082–1090, 2011.

[3] D. Choujaa and N. Dulay. Activity Recognition from Mobile Phone Data: State of the Art, Prospects and Open Problems. *Imperial College London*, 2009.

[4] M. C. González, C. A. Hidalgo, and A.-L. Barabási. Understanding individual human mobility patterns. *Nature*, 453:779–782, 2008.

[5] D. Karamshuk, C. Boldrini, M. Conti, and A. Passarella. Human mobility models for opportunistic networks. *IEEE Communications Magazine*, 49:157–165, 2011.

[6] V. Kostakos. Temporal graphs. *Physica A*, 2009.

[7] K. S. Kung, K. Greco, S. Sobolevsky, and C. Ratti. Exploring universal patterns in human home-work commuting from mobile phone data. *PLoS ONE*, 9(6), 2014.

[8] J. Lindqvist, J. Cranshaw, J. Wiese, J. Hong, and J. Zimmerman. I'm the Mayor of My House: Examining Why People Use foursquare - a Social-Driven Location Sharing Application. *Proc. of CHI*, pages 2409–2418, 2011.

[9] X. Long, L. Jin, and J. Joshi. Towards Understanding Traveler Behavior in Location-Based Social Networks. *Globecom*, 2013.

[10] M. Lv, L. Chen, and G. Chen. Mining user similarity based on routine activities. *Information Sciences: an International Journal*, 236:17–32, 2013.

[11] A. M. Morais and N. Andrade. The Relevance of Annotations Shared by Tourists and Residents on a Geo-Social Network during a Large-Scale Touristic Event: the case of São João. *Proc. of COOP*, 2014.

[12] F. Pianese, F. Kawsar, and H. Ishizuka. Discovering and predicting user routines by differential analysis of social network traces. *Proc. of WoWMoM*, pages 1–9, 2013.

[13] D. Preo and T. Cohn. Mining user behaviours: A study of check-in patterns in location based social networks. *Proc. of WebSci*, 2013.

[14] T. Silva, P. Vaz De Melo, J. Almeida, and A. Loureiro. Large-scale study of city dynamics and urban social behavior using participatory sensing. *Wireless Communications, IEEE*, 21(1):42–51, Feb 2014.

[15] T. H. Silva, P. O. S. Vaz de Melo, J. M. Almeida, and A. A. F. Loureiro. Uma Fotografia do Instagram: Caracterização e Aplicação. In *Proc. of SBRC*, Brasília, DF, May 2013.

[16] S. Staab, H. Werthner, F. Ricci, A. Zipf, U. Gretzel, D. R. Fesenmaier, C. Paris, and C. Knoblock. Intelligent Systems for Tourism. *IEEE Intelligent Systems*, 17(6):53–64, 2002.

[17] H. Yoon, Y. Zheng, X. Xie, and W. Woo. Smart Itinerary Recommendation based on User-Generated GPS Trajectories. *Ubiq. Intel. and Computing*, pages 19–34, 2010.

[18] Y. Zheng, L. Zhang, X. Xie, and W.-Y. Ma. Mining interesting locations and travel sequences from GPS trajectories. *Proc. of WWW*, 2009.

Trust Evaluation in an Android System
for Detection and Alert

Andressa Bezerra Ferreira
Universidade Federal do Ceará
Campus do Pici CEP 60455-900
Fortaleza – CE - Brasil
andressaferreira@great.ufc.br

Leonardo Sabadini Piva
Universidad Miguel Hernandez
Alicante - Spain
leonardopiva6@gmail.com

Reinaldo Bezerra Braga
Instituto Federal do Ceará
Campus Aracati CEP 62800-000
Fortaleza – CE - Brasil
reinaldobraga@gmail.com

Rossana Maria de Castro Andrade
Universidade Federal do Ceará
Campus do Pici CEP 60455-900
Fortaleza – CE - Brasil
rossana@great.ufc.br

ABSTRACT

The number of people who need special care and are living alone has increased significantly in recent years. To help and assist them, different kinds of systems have been developed, for example, to detect and alert falls. However, the acceptance of such systems requires on the user part the belief that the system uses the collected data properly and not cause any harm. Specifically, trust for ubiquitous systems, which represent computing everywhere, anytime, and transparent for the final user, is a relevant issue. Thus, this paper evaluates, using measures of software quality, trust in a ubiquitous system, called fAlert, for detecting and warning falls. fAlert is an Android system that makes use of sensors to detect anomalies in everyday user activities.

Categories and Subject Descriptors

D.2 [**Software Engineering**]: General.

Keywords

Context-awareness, Fall Detection, Trust, Measures, Software Quality

1. CONTEXTUALIZAÇÃO

Pessoas com necessidades especiais, sejam eles idosos, deficientes auditivos ou visuais, grávidas, ou usuários de muletas, entre outros, necessitam de cuidados especiais ao longo do dia. De acordo com o senso realizado pelo IBGE, em 2013, o número de idosos que moram sozinhos no Brasil representa 14% da população acima de 60 anos. Como suporte, sistemas de assistência hospitalar tem sido amplamente implementados e utilizados para ajudá-los a obter um maior grau de independência [1][2].

Diante desse cenário e levando em consideração a disseminação de dispositivos móveis entre os usuários de uma maneira geral, a assistência hospitalar à distância tornou-se também uma área-chave de pesquisa para a computação ubíqua, a qual representa a computação em todo lugar e a qualquer hora, disponibilizando os serviços para o usuário final de forma transparente [1]. É possível encontrar diversos dispositivos, *frameworks* e aplicativos que tem como objetivo auxiliar a vida de pessoas com necessidades especiais. O número de pesquisas focadas nessa área, especialmente nos sistemas de detecção de quedas, tem aumentado significativamente. Com isso, muitas soluções técnicas têm sido estudadas e desenvolvidas para detectar e alertar quedas [1-12].

Os métodos de detecção são normalmente divididos em três tipos: dispositivos vestíveis (*wearables*), dispositivos presentes no ambiente e aplicativos para dispositivos móveis (e.g., *smartphones*) [5]. Além disso, as soluções têm evoluído ao longo dos anos, buscando diminuir o custo e aumentar a autonomia do sistema no processo de detecção e alerta de queda [2].

A autonomia desses sistemas pode ser proporcionada por meio do uso da sensibilidade ao contexto, auxiliando na detecção de situações anormais nas atividades do usuário [5]. Um sistema ubíquo pode utilizar informações sobre o contexto atual do usuário para prover serviços relevantes.

Com o uso de informações contextuais para prover serviços, o usuário não precisa necessariamente realizar operações diretas (ex.: clicar em um botão para indicar que houve uma queda) para que o sistema forneça o serviço esperado [13]. Entretanto, a aceitação desse tipo de sistema por parte do usuário necessita que o sistema utilize seus dados apropriadamente e não cause nenhum dano, implicando em confiança no sistema e questões de segurança, privacidade e outros [13].

A confiança do usuário em relação ao sistema pode ser avaliada por meio de medições [13][14]. Uma medição consiste no processo contínuo de definição, coleta e análise de dados sobre o processo de desenvolvimento de software e seus produtos, fornecendo informações significativas com o objetivo de melhorá-los [15]. O resultado da medição é chamado de medida [16].

Nesse cenário, este trabalho objetiva avaliar, por meio de medidas de qualidade de *software*, o grau de confiança de um sistema ubíquo que usa sensibilidade ao contexto através de sensores para detectar e alertar quedas de pessoas com necessidades especiais. Este sistema é denominado fAlert e utiliza o sistema operacional

Android. O uso dessas medidas, para a avaliação da confiança, pode fornecer não somente o grau de confiança final do sistema, mas também, um auxílio na identificação de pontos de melhoria do sistema, que impactam na confiança.

2. TRABALHOS RELACIONADOS

Como citado anteriormente, várias abordagens encontradas na literatura [1-12] desenvolvem soluções que buscam detectar e alertar quedas. Inclusive, algumas delas estão disponíveis para uso [1][3][5][7]. Muitos dos trabalhos analisados, além de desenvolver os mecanismos necessários para a detecção de queda, avaliam também a acurácia desses mecanismos e consideram essa análise um aspecto fundamental para a aceitação do sistema.

O detector de quedas desenvolvido em [9] possui o maior valor de acurácia entre os trabalhos selecionados, a principal contribuição para este valor elevado de acurácia é a utilização do magnetômetro para detectar a orientação do dispositivo. Além disso, os valores de mínimo e máximo utilizados permitem identificar um maior número de quedas.

Uma vantagem significativa que se pretende atingir neste trabalho, em relação ao encontrado em [9], é obter uma acurácia semelhante utilizando um *threshold* menor. O trabalho desenvolvido por [10] utiliza menor *threshold*, porém, por não utilizar a orientação do dispositivo obteve uma acurácia menor.

Em [11], o valor mínimo do *thresohld* foi reduzido com o intuito de identificar impactos abaixo de 0.5g, o que caracteriza uma postura deitada, porém, a técnica utilizada resultou na menor acurácia entre os trabalhos relacionados, implicando em uma desvantagem significativa do trabalho.

O principal diferencial encontrado entre os trabalhos relacionados é a utilização da velocidade, encontrada em [12]. Segundo [12], a velocidade antes do impacto é muitas vezes inferior aos valores predeterminados, influenciando assim, negativamente, na acurácia do sistema. Com a utilização da velocidade, [12] obtéve uma acurácia satisfatória para esse tipo de sistema.

Uma vantagem significativa dos quatro trabalhos é a utilização de dados coletados do mundo real para a realização dos testes do sistema. O número de testes realizados para cada ação que poderia ser detectada como uma queda (sentar, levantar, deitar e cair) foi 32, sendo divididos em duas categorias: indoor (2) e outdoor (30).

Para a avaliação da eficiência do sistema, os quatro trabalhos utilizaram os mesmos critérios: positivos (P), negativos (N), falsos positivos (FP) e falsos negativos (FN). Isso resultou em valores de acurácia que variam de 86.8% a 93.7%.

Com relação à confiança do sistema, os trabalhos dão suporte a ideia de que um grande banco de dados para testes, compartilhando dados do mundo real, é um importante componente para a avaliação e garantia da confiança.

Neste cenário, este trabalho pretende, utilizando medidas de qualidade de *software*, avaliar o grau de confiança de um sistema de detecção e alerta de quedas, que utiliza critérios de detecção semelhantes aos trabalhos relacionados. Por meio da avaliação da confiança com o uso das medidas, objetiva-se também uma melhor compreensão do processo de detecção e alerta de quedas e das informações necessárias para projetar e avaliar um detector de quedas de alto desempenho.

3. *fAlert*: UM SISTEMA ANDROID PARA MONITORAMENTO DE QUEDAS

O *fAlert* (*Fall Alert*) consiste em um protótipo de aplicação para *smartphones* com sistema operacional *android*, que atua monitorando de forma inteligente pessoas que necessitam de cuidados especiais, como idosos e deficientes físicos.

O sistema consiste em uma aplicação ubíqua com sensibilidade ao contexto que, em tempo real, utiliza os dados fornecidos pelos sensores acelerômetro, microfone e magnetômetro para detectar uma possível queda. A aplicação permite a configuração de telefones, e-mails e endereços de emergência para que, uma vez detectado um padrão de queda, um alerta seja enviado para uma entidade pré-configurada.

A Figura 1 mostra o funcionamento do sistema de detecção de quedas, detalhando as configurações do dispositivo e o processo de ativação do monitoramento dos dados dos sensores.

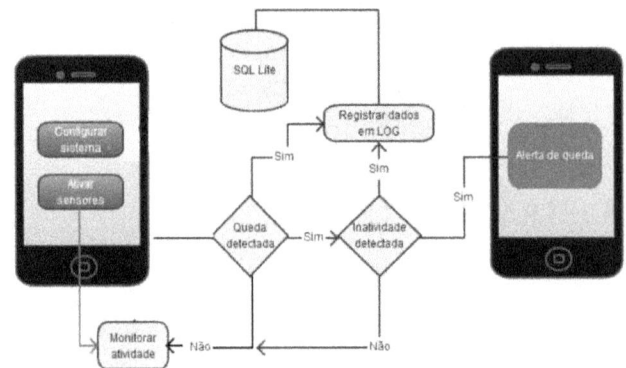

Figura 1: Representação do funcionamento do sistema *fAlert*

3.1 Detectando Quedas com o Sistema *fAlert*

Os testes realizados para a detecção de quedas levaram em consideração diversas atividades cotidianas do usuário que poderiam ser detectadas como possíveis quedas, são exemplos: andar, correr, sentar, levantar e deitar. Os dados utilizados para a detecção de quedas foram obtidos por meio do vetor de aceleração linear produzido pelo acelerômetro e identificado pela equação apresentada a seguir:

$$|A_{T|} = \sqrt{|A_x|^2 + |A_y|^2 + |A_z|^2}$$

Equação1: Fórmula para Cálculo da Aceleração Linear do Dispositivo

Como pode-se observar, o cálculo é feito com base na fusão da informação dos três eixos (x,y e z) do acelerômetro com os dados obtidos pela leitura do magnetômetro, que detectam a posição do dispositivo.

Quando a aplicação detecta que o usuário se encontra em queda livre, por um curto período de tempo, seguido da ocorrência de impacto, o sistema inicia a possível ocorrência de queda. Para que a queda seja confirmada, verifica-se se ocorreu uma variação brusca da aceleração do dispositivo bem como a posição na qual o dispositivo se encontra. Caso o dispositivo esteja em um ângulo entre 0 e 45 graus em relação ao chão, a queda é detectada pelo sistema.

Depois de detectada uma possível queda, o sistema ativa o *Google Speech Recognizer* para identificar se o usuário se encontra bem ou não. Isso é feito por meio do lançamento de uma janela de diálogo, onde o usuário precisa interagir com o dispositivo utilizando a voz em um tempo mínimo de 25 segundos. A interação deve ocorre em voz alta, por meio do uso de palavras-chave. Portanto, para detectar se o usuário está bem, ele deve dizer: "*ok*", "estou bem" ou "*estoy bien*", caso contrário: "*help*", "socorro" ou "*ayuda me*".

Em caso de estar bem, a aplicação volta ao seu estado inicial de monitoramento das atividades do usuário. Caso contrário, quando não há reconhecimento de voz ou o usuário fala que não está bem, o sistema gera o alerta, caracterizado pela realização de uma ligação telefônica para um contato previamente configurado.

3.2 Testes Realizados

Para produzir resultados mais precisos foram realizados 240 testes de queda em um usuário jovem e saudável, utilizando o dispositivo *Samsung Galaxy S3 I9300* atado ao peito. Nos testes específicos para os casos de queda foi utilizado um colchão de espuma de alta densidade localizado no chão.

Foi possível identificar o valor mínimo para o algoritmo de detecção de queda fixado em 0,2g, representando uma queda livre e, 1.5g representando o impacto. Após isso, posições com valores angulares inferiores a 45° foram caracterizadas como quedas.

Alguns dos resultados dos testes realizados são apresentados na Tabela 1. A utilização dos dados de teste para a avaliação da confiança do sistema é apresentada em detalhes na Seção 4.

Tabela 1: Resultados dos Testes

Samsung Galaxy S3 I9300				Resultados de 30 Testes	
Ação	Threshold			Suspeita de Queda Detectada	
	Min	Max	Diferença		
Deitar	0,2g	1,4g	12	16	53%
Deitar	**0,2g**	**1,5g**	**13**	**10**	**33%**
Deitar	0,2g	1,6g	14	6	20%
Deitar	0,2g	1,7g	15	4	13%
Cair	0,2g	1,4g	12	30	100%
Cair	**0,2g**	**1,5g**	**13**	**28**	**93%**
Cair	0,2g	1,6g	14	25	83%
Cair	0,2g	1,7g	15	23	77%

Como pode-se observar na Tabela 2, os valores ideais para os limites máximo e mínimo do algoritmo de detecção de quedas são 0,2g e 1,5g, respectivamente, chegando a uma eficiência de 93%. A margem de erro obtida foi atribuída à baixa altura e baixa intensidade de impacto nos testes realizados, impedindo o correto funcionamento do algoritmo.

4. AVALIAÇÃO DA CONFIANÇA DO SISTEMA *fAlert*

Para a avaliação da confiança do sistema *fAlert* foi utilizado um conjunto de medidas de qualidade. As medidas seguem o padrão da norma ISO 25000 e são compostas por nome, descrição, função de medição e interpretação. Adaptadas para a avaliação do sistema *fAlert*, as principais medidas utilizadas são apresentadas em detalhes na Tabela 2.

Onde, P representa que ocorreu uma queda e o sistema detectou, N representa que não houve queda e o sistema não detectou, FP representa que não houve queda e o sistema detectou e, FN representa que houve queda, mas o sistema não identificou. Esses critérios, quando combinados, podem fornecer informações importantes sobre a acurácia do sistema, precisão, sensibilidade e outros.

A medida *Sensibilidade* representa a razão entre as quedas que houve e o sistema detectou e todas as detecções realizadas pelo sistema, sejam elas provenientes ou não de quedas. A medida *Precisão* representa a razão entre a ausência de detecções provenientes da falta de quedas e a ausência de detecções total, incluindo as quedas para as quais o sistema não reagiu.

Tabela 2: Medidas de Confiança para Avaliação do Sistema *fAlert*

Nome	Descrição	Função de Medição	Interpretação
Sensibilidade	Capacidade de detectar quedas	$\dfrac{P}{P+FN}$	Quanto mais próximo de 100%, melhor
Precisão	Capacidade de detectar somente quedas	$\dfrac{N}{N+FP}$	Quanto mais próximo de 100%, melhor

4.1 Resultados Obtidos

Os resultados obtidos estão ilustrados nas Figuras 2, 3 e 4. Os gráficos apresentados nessas figuras representam medidas que impactam no grau de confiança do sistema *fAlert*. Isso é possível por meio da utilização de um sensor ou da combinação de dois ou mais sensores, configurados da seguinte forma: (i) somente acelerômetro; (ii) acelerômetro e microfone; e (iii) acelerômetro, microfone e magnetômetro.

A avaliação da confiança do sistema levou em consideração essas três configurações, pois o sistema possibilita ao usuário, durante a configuração inicial, escolher quais sensores o sistema pode utilizar.

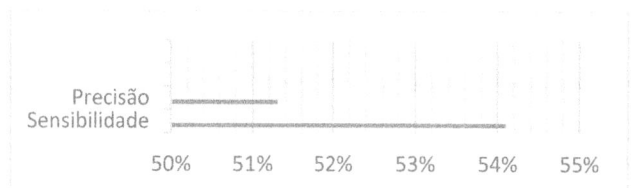

Figura 2: (i) Resultados obtidos com o uso do acelerômetro

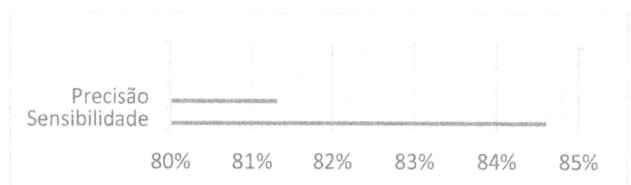

Figura 3: (ii) Resultados obtidos com o uso do acelerômetro e microfone

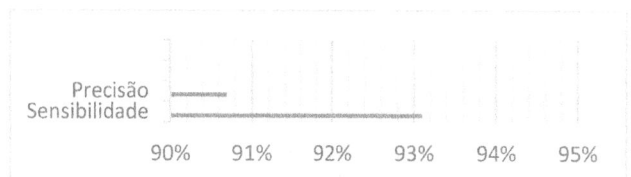

Figura 4: (iii) Resultados obtidos com o uso do acelerômetro, magnetômetro e microfone

Como pode-se observar nas Figuras 2, 3 e 4, os valores obtidos para a medida *Precisão* são inferiores aos da medida *Sensibilidade* para as três configurações utilizadas. Porém o aumento nos valores coletados, para cada nova configuração, é significativo. Para a *Precisão*, os valores variam de 51,3% para 90,7%. Para a medida *Sensibilidade*, a variação obtida foi de 54% para 93,1%. A análise dos resultados obtidos é apresentada em detalhes na Seção 4.2.

4.2 Análise dos Resultados

Para a medida *Precisão*, na primeira configuração (apenas o sensor acelerômetro), o número de falsos positivos (FP) gerados foi significativo. Foram identificados falsos positivos para as ações de sentar, levantar e deitar.

Além da quantidade significativa de falsos positivos gerados, esta primeira configuração gerou também um número considerável de falsos negativos. Nesse caso, 45% das quedas não foram detectadas, contribuindo negativamente para a medida *Sensibilidade*. Os resultados obtidos reforçam a necessidade do uso da combinação de outros sensores do dispositivo.

Na segunda configuração (utilizando os sensores de acelerômetro e microfone), os valores coletados para as medidas *Precisão* e *Sensibilidade* foram melhores. Porém, não alcançaram os mesmos níveis dos sistemas de detecção de quedas encontrados nos trabalhos relacionados. Estes trabalhos utilizaram, para a sua avaliação, algoritmos de detecção de quedas semelhantes. Além disso, falsos positivos foram gerados para as ações de sentar, levantar e deitar.

Finalmente, na terceira configuração (acelerômetro, microfone e magnetômetro) foi possível eliminar as ações de sentar e levantar, pois não houve a geração de falsos positivos.

Para as ações de deitar e cair, os valores coletados com as medidas obtiveram melhores valores do que as duas primeiras configurações, aumentando a precisão e a sensibilidade do sistema.

5. CONCLUSÕES E TRABALHOS FUTUROS

Os sistemas ubíquos e sensíveis ao contexto de detecção e alerta de quedas estão se tornando a cada dia mais importantes. Eles se propõem auxiliar a vida de pessoas que necessitam de cuidados especiais e passam uma parte significativa de tempo sozinhos. Entretanto, monitorando o usuário com o objetivo de identificar anomalias em suas atividades cotidianas, esses sistemas, para serem aceitos, devem possuir um grau satisfatório de confiança.

Neste trabalho, medidas de qualidade de *software* para avaliar a confiança foram apresentadas e aplicadas para avaliar um sistema *Android* de detecção e alerta de quedas. A aplicação das medidas através do estudo de caso permitiu também a identificação de pontos de melhoria no que tange a configuração de uso do sistema, proporcionando um aumento significativo no seu grau de confiança e, consequentemente, na sua aceitação.

Algumas perspectivas de trabalhos futuros são descritas a seguir: (i) ampliar o conjunto de medidas e realizar novas medições; (ii) investigar a possibilidade do uso de outros sensores que possam contribuir para o aumento da confiança; e (iii) realizar medições com outros sistemas de detecção de quedas para obter um aprimoramento na interpretação dos resultados.

6. REFERÊNCIAS

[1] Jer-Vui Lee, Yea-Dat Chuah and Kenny T.H. Chieng, "Smart Elderly Home Monitoring System with an Android Phone", International Journal of Smart Home Vol. 7, No. 3, Maio, 2013.

[2] K Doughty, R Lewis, and A McIntosh. "The design of a practical and reliable fall detector for community and institutional telecare". Journal of Telemedicine and Telecare, 6(1):150–154, 2000.

[3] Sposaro Frank, Tyson Gary, "iFall: An Android Application for Fall Monitoring and Response", Florida State University USA, Engineering in Medicine and Biology Society EMBC, Set. 2009.

[4] Yang-Yen Ou, Po-Yi Shih, Yu-Hao Cinh, "Framework of Ubiquitous HealthCare System Based on Cloud Computing for Elderly Living" IEEE Sensors Journal, 2011

[5] Diraco, G., Leone A., Siciliano P., "An Active Vision System for Fall Detection and Posture Recongnition in Elderly Healthcare", EDAA, 2010

[6] Yuan W., Guan D., Lee S., Lee Y., "The Role of Trust in Ubiquitous HealthCare", IEEE Transactions on Information Technology in Biomedicine, 2007

[7] Xie H., Tao X., Ye H., Lu J. "WeCare: Na Intelligent Bagde for Elderly Danger Detection and Alert", IEE International Conference on Automatic and Trusted Computing, 2013

[8] Paquette S., Xie B., "The Relevance of Elderly Technology Users in Heatlhcare Knowledge Creation and Innovation: A case study", Proceedings of the 43rd Hawaii Internacional Conference os System Science, 2010

[9] Chen J, Kwong K, Chang D, Luk J, Bajcsy R (2005) pp. 3551–3554. Using sensors forreliable fall detection Proc 27th IEEE EMBS Ann Int Conf, Sept 1–4, 2005, Shanghai, China.

[10] Kangas M, Konttila A, Lindgren P, Winblad I, Jamsa T (2008) Comparison of low-complexity fall detection algorithms for body attached accelerometers. Gait&Posture 28: 285–291. doi: 10.1016/j.gaitpost.2008.01.003.

[11] Bourke AK, O'Brien JV, Lyons GM (2007) Evaluation of a threshold-based tri-axial accelerometer fall detection algorithm. Gait&Posture 26: 194–199. doi: 10.1016/j.gaitpost.2006.09.012.

[12] Bourke AK, Van de Ven P, Gamble M, O'Connor R, Murphy K, et al. (2010) Evaluation of waist-mounted tri-axial accelerometer based fall-detection algorithms during scripted and continuous unscripted activities. J Biomech 43: 3051–3057. doi: 10.1016/j.jbiomech.2010.07.005.

[13] Santos M. R., Oliveira K. M., Andrade R. M. C., Santos I. S., Lima E. R.; "A Quality Model   for Human-Computer Interaction Evaluation in Ubiquitous Systems" In: 6th Latin American Conference on Human Computer Interaction (CLIHC 2013).

[14] Scholtz, J. and Consolvo, S. (2004). "Toward a Framework for Evaluating Ubiquitous Computing Applications". IEEE Pervasive Computing.

[15] ISO/IEC 25010 (2011). "Software Engineering - Software Product Quality Requirements and Evaluation

[16] ISO/IEC 9126 (2001)."Software Engineering – Product Quality – Part 1"

Multi-Entity Polarity Analysis in Financial Documents

Javier Zambrano Ferreira, Josiane Rodrigues
Marco Cristo, David Fernandes
Universidade Federal do Amazonas
Instituto de Computação
Manaus, AM, Brasil
{javier, josieng, marco.cristo, david}@icomp.ufam.edu.br

ABSTRACT

The amount of information available in the Internet does not allow performing manual content analysis to identify information of interest. Thus automated analyses are used to identify information of interest, and one increasingly important approach is the polarity analysis. Polarity analysis is the classification of a text document in positive, negative, and neutral, according to a certain topic. This classification of information is particularly useful in the finance domain, where news about a company can affect the performance of its stocks. Although most of the methods in financial domain consider that the whole document is associated with a particular entity, this is not always the case. In fact, it is common that authors cite several entities in a single document and these entities are cited with different polarity. Accordingly, the objective of this paper was to study strategies for polarity detection in financial documents with multiple entities. Specifically, we studied methods based on learning of multiple models, one for each observed entity, using SVM classifiers. We evaluated models based on the partition of documents into fragments according to the entities they cite. We used several heuristics to segment documents based on shallow and deep natural language processing (NLP). We found that entity-specific models created by partitioning the document collection into segments outperformed the strategy based on the use of entire documents. We also observed that more complex segmentation using anaphora resolution was not able to outperform a low-cost approach, based on simple string matching.

Categories and Subject Descriptors:
H.3[**INFORMATION STORAGE AND RETRIEVAL**.
H.3.m[**Miscellaneous**]

General Terms: Measurement.

Keywords: Document Engineering; Web Data Annotation; Sentiment Analysis; Machine Learning; Anaphora Resolution

1. INTRODUCTION

Due to the high volume of information in the Web, such as that published in web sites, forums and news pages, it is unfeasible to

WebMedia'14, November 18–21, 2014, João Pessoa, Brazil.
Copyright 2014 ACM 978-1-4503-3230-9/14/11 ...$15.00.
http://dx.doi.org/10.1145/2664551.2664574.

discover useful information with manual content analysis. Among the analyses that can be carried out, one of growing interest is the polarity analysis. Polarity analysis consists in determining the polarity of an author's opinion about a certain product, topic or entity. With this type of analysis, it is possible to determine whether the opinion of an author about a certain item is favorable, neutral, or unfavorable regarding that item.

Polarity analysis has been employed in several applications such as inferring the opinion of a client about a product in an online store based on a comment he/she posted, the opinion of a person about something posted in a social network, etc. Specifically, the focus of this work is the financial domain. The interest on this domain is due to the hypothesis that non neutral news about a company can affect its performance in the stock market [2, 9, 10]. Thus, the polarity of a financial document could be useful to forecast trends related to companies cited in the document.

Polarity analysis is particularly challenging in this domain because authors of financial documents do not evaluate companies using ratings as do reviewers that evaluate movies in Netflix or products in Amazon [2]. Furthermore, documents in this domain can have multiple polarities, one for each entity they cite. These polarities can be different as illustrated in Table 1.

> THE ANALYSIS: *The verdict against Samsung could give Nokia an edge. The Windows Phone is substantially different from Apple's iPhone operating system and hasn't landed in its legal sights, and some Wall Street analysts say that the verdict against Samsung is likely to slow growth of smartphones that run on Android.*

Table 1: Financial text excerpt citing multiple entities, extracted from Associated Press [2].

In the excerpt shown in Table 1, three entities are cited: *Nokia*, *Apple* and *Samsung*. The text states that Nokia can profit from the loss of Samsung in a trial involving Samsung and Apple. Additionally, this document is neutral to Apple (since it is only mentioned as the iPhone manufacturer), while it is positive regarding Nokia and negative with respect to Samsung.

Although multi-entity texts are common, previous work on polarity analysis in financial documents have focused on the problem of identifying a single polarity per document [2, 9, 22]. Thus, with the example in Table 1, previous approaches would infer a single polarity regarding the three entities, which would be incorrect since Nokia, Apple, and Samsung polarities are clearly different. Unlike previous work, we studied polarity analysis methods that consider that an author can express opinions with multiple and, possibly, different polarities in a same document.

---

[2] Associated Press: http://www.ap.org/

From a machine learning point of view, we can address this problem as a multi-class classification task, in which a document has a polarity for each entity it cites. Thus, instead of learning a single model per collection (using as examples, documents with a single polarity label), the method would learn a model per entity (using as examples, documents with as many polarity labels as are the entities in the collection). A natural consequence of this multi-model approach is that training collections for a specific entity E are composed only by documents that cite E. This idea suggests that the set of documents related to a specific entity E constitutes a better set of examples for learning E polarity. Extending this reasoning to individual documents, we could suppose that the document sentences that cite E may constitute an even better set of examples. Therefore, the training set used to learn E polarity should be composed by all the document fragments that cite E.

Based on these ideas, in this work, we propose and evaluate multiple-model learning approaches to detect the polarities of text documents that cite multiple entities. The methods will detect polarities related to the entities cited in the documents. We consider the documents as a unique bag of words or a set of sentences. To determine where an entity is cited within the text, we use (i) simple string matching, and (ii) techniques for anaphora resolution [17, 20], that try to identify which entity is referred by a pronoun, or a noun phrase. We evaluate our models comparing them to the traditional idea of using a single polarity per document. We observed that methods based on multiple models largely outperformed the ones based on single models. Among the multiple-model approaches, the best on was based on document segmentation and string matching. In spite of its high processing cost, methods based on anaphora resolution were not able to outperform the ones based on string matching.

This article is organized as follows. In Section 2, we present a literature review on previous studies with polarity analyses. In Section 3, we provide background information on polarity analysis and anaphora resolution. In Section 4, we describe our multi-model approaches based on the entire and segmented document content. In Section 5, we present the experiments and evaluations carried out. Finally, in Section 6, we present our conclusions and future work.

2. RELATED WORK

One of the first studies on polarity analysis was proposed by Pang *et al.* [19], who applied to polarity classification an approach similar to topic classification. Using movie reviews extracted from the Internet Movie Database (IMdB), the authors evaluated three classifiers (Support Vector Machine, Maximum Entropy, and Naive Bayes) for this task. They found that, except by the Naive Bayes, the classifiers performed as well as humans in this task. They also observed hat many classifier errors were related to ironic comments and contextualization issues.

Wilson *et al.* [25] addressed the contextualization problem. They studied the problem of relying on lexical sets pre-classified as positive or negative. They showed that polarity depends on the context where the word is used. For instance, although 'trust' expresses a positive sentiment, this is not the case in the sentence 'Philip Clapp is the president of the National Environment Trust'. In this context, the word is neutral. The solution proposed by the authors used a method that employs machine learning techniques that explore characteristics of the sentences. Yi *et al.* [27] also proposed that the analysis should be made at sentence level, and suggested a polarity classification method based on Natural Language Processing (NLP) concepts. In this work, we propose something somewhat

similar to [25], as we train our classifiers using sets of sentences of the documents.

To the best of our knowledge, the first study on polarity analysis of financial documents was proposed by Azar [2]. This work was motivated by the possibility of predicting reactions in the stock market. By using NLP heuristics along with Decision Tree and SVM classifiers, they reached performance similar to human judges. They used documents citing companies with more than 20 news in the *Reuters Key Developments Corpus*, which spans from 1998 to 2009. They also observed that the models they learned for the financial domain performed poorly in different domains.

Bollen *et al.* [5] studied the correlation between the polarity of opinions related to a company and its performance in the stock market. Information about the companies was obtained from *Twitter* and a simple lexical strategy based on *Google-Profile of Mood States* (GPOMS) was used. After analyzing a large volume of data in *Twitter*, they found that the changes in emotional states detected from tweets correlate with changes observed in the stock market. Many subsequent studies have also focused on *Twitter*, such as the study performed by Montejo-Ráez *et al.* [16], who used a lexical approach based on Wordnet and a comparison of methods by [1].

Other investigations have also addressed the correlation between emotional changes and stock oscillations, such as the ones in [9] and [10]. These studies explored Darwin's theory about basic human emotions (anger, fear, sadness, happiness, etc). They treated emotions as two-dimensional concepts instead of discrete categories. Thus, each emotion was characterized according to nature (from evil to good) and intensity (from weak to strong). To measure the polarity the authors built a graph G representing the whole content. Nodes in G represent words with its polarity values (taken from Wordnet using the tool SentiWordNet). By iterating in the graph, they were able to estimate the global sentiment and its intensity. To evaluate their approach, authors used news and stock information of two flight companies from Ireland. They found that the proposed method was able to capture most of the positive terms but with low precision. As for the negatives, the recall was low but precision was high.

Schumaker and Chen [22] also studied the problem of polarity classification on the financial domain. The authors studied two textual representations: bag of words and nominal phrases with entity names. In this work, the authors also observed a correlation between the future price of a company stock and the polarity of the news related to that company. Another approach based on bag of words in financial domain was proposed by Im *et al.* [12]. The focus of that work was the use of stemming. The authors observed that stemming is useful to improve sentiment recognition.

All previous research in the literature has treated polarity as a concept related to the general opinion expressed in the document. While this is common in editorial documents in which opinions are related to a core topic, product, or service; this is not the case of unstructured documents that express opinions about multiple entities. The only researches we found that focused on multi-entity polarity analysis in text documents were based on strategies known as *compositional*. In such strategies, the polarity is estimated within sub-contexts and the global polarity is obtained as a composition of the subcontext polarities using a dependency grammar. Note that, since each atomic context is associated with an entity recipient of the polarity, this method naturally infers polarities to various entities. This strategy was first proposed by Moilanen and Pulman [15]. After evaluating the proposed method, the authors concluded that it presents accuracy only slightly inferior to that of human annotators. Although the source code of the proposed method is not available, the authors provide an online tool able to infer the polarity of a limited number of documents a day. Unfortunately, they did not answer any of our request to access the tool. We were also unable to implement the proposed method because it is not described in enough level of detail and depends on a sentiment grammar which is not public available. Unlike our work, the proposed compositional technique is unsupervised.

Later [11], the same authors have applied their technique to the domain of politics by analyzing blog messages. A similar approach was also proposed by Romanyshyn [21], in which a rule-based system was used to detect sentiments of individual clauses in reviews. The composition of the clause sentiments allows the multi-entity analysis. Unfortunately, as the previous papers, it relies on a dependency grammar that is not freely available. Furthermore, such grammar is very specific to the Ukrainian language, which was the language used in Romanyshyn's research. Finally, Ward *et al.* [24] proposed a general framework for entity level sentiment analysis. The main rule of the analysis is that a specific entity is used as a query for a dataset. The entity sentiment is obtained from the set of sources in the dataset returned as answers and already analyzed. In fact, the baseline of our study is inspired in this rule. To determine the training set of an entity, we use the documents retrieved from a query composed by the entity name. This specific training set is used as input to the method proposed by Azar [2] to learn sentiments, since it is was specifically proposed for the financial domain. In this paper, we refer to this idea as DbM and formally describe it in Section 4.1.

3. BACKGROUND

In this section, we present the background concepts of polarity analysis and anaphora resolution utilized in this paper.

3.1 Polarity Analysis

According to [13], polarity analysis aims at determining the attitude of an agent (i.e. the holder's opinion) with respect to a certain target (i.e. the opinion recipient) which can be, for example: a topic, a product, a service, an entity, or even a property of these objects. The target is normally a text content in a certain context and time. Although the attitude of an agent can correspond to a complex judgment, it is common to be represented by a rating with symbolic values such as positive, negative, and neutral. From an operational point of view, it normally implies the use of techniques of text analysis, natural language processing, and computational linguistics to identify, extract, and understand subjective content.

A simple technique for identifying polarities is based on the analysis of individual words (*bag of words*). In this technique, each word in the document is classified according to its individual polarity: negative, positive, or neutral. Normally the evaluation of the word/term as a member of a polarity class is made using a polarity dictionary such as the case of the English language, WordNet[3]. According to Wordnet, the polarity of words such as *good* and *happy* is positive while for *bad* and *sad* is negative. If the positive terms are more frequent, the document is classified as positive [18]. However, as the frequency of a term depends on the domain of its document, and the meaning of the term depends on the context it is used, applying a set of terms from a domain to another can compromise the performance of the polarity classifier.

Other techniques are based on more complex linguistic information, such as the term part-of-speech, or the position of the term within the text. It is also common to identify relationship among the terms and take them in sequence (n-grams) to identify their meaning as a whole. For instance, n-gram "very good" is interpreted as

more positive than "good", while n-gram "not very good" is understood as negative because of the inversion of meaning caused by the term "not". Many approaches have used complex NLP techniques to interpret sentences and classify polarities [15, 18].

Besides the techniques based on words and sentences, using or not NLP techniques, many approaches are based on machine learning. In these cases, the problem of polarity analysis is viewed as a supervised classification task and many information used by previous methods, based on words and n-grams, are used as features to represent the documents to be classified. As shown by [18], supervised classifiers are used in many research papers. A disadvantage of these approaches is the requirement of annotated examples provided by humans.

As in Azar [2], among many supervised classifiers used for polarity classification [3, 18], we adopted *Support Vector Machine* (SVM) [3, 26]. SVM is a method for binary classification, where the documents to be classified are represented as feature vectors. The idea behind SVM is to find an optimal separation hyperplane which divides two classes of documents, C_a and C_b. This hyperplane is learned from the set of training documents annotated by humans. Figure 1 illustrates documents of two classes represented as circles (class C_a) and rectangles (class C_b). SVM uses the class vectors closest to the other class (support vectors) to determine a margin of separation between the classes. With such vectors, SVM finds an optimal hyperplane generator vector w, by solving a quadratic optimization problem. Because there are cases where it is not possible to find a hyperplane able to linearly separate the classes, SVM defines a margin of acceptable errors using slack variables. The errors associated with these variables are also taken into consideration in the optimization problem solved by SVM.

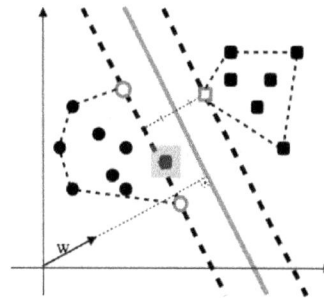

Figure 1: Example of documents of two classes in a space. The green line indicates the separating hyperplane generated by vector w. Support vectors are represented by blue circles and rectangles lying in the dashed lines. Note that one document of class C_b is located on the right of the hyperplane, the side which corresponds to class C_a.

To classify new documents, they are projected in the space and the class is determined by where the documents lie on in relation to the separating hyperplane. Note that the closer the document is projected to the hyperplane generated by w, the harder is to classify it. Thus, documents projected far from the hyperplane are classified with more confidence.

To use SVM to classify more than two classes, many approaches have been proposed. A common strategy is to reduce the multi-classification problem to n binary classification problems [3]. At the end, the binary decisions are combined into a final decision. To classify documents with SVM, we used the LIBSVM[4] tool [7].

---

[3]WordNet: http://wordnet.princeton.edu/

[4]http://www.csie.ntu.edu.tw/ cjlin/libsvm/

3.2 Anaphora Resolution

A simple strategy to determine whether an entity is cited in a sentence is to match the string n-gram corresponding to the name of the entity with n-grams extracted from the sentence. For example, given the sentences "Cats are very clean" and "However, they always get dirty when they go outside", it is possible to infer that the first one refers to *Cats* by simply matching the string "Cats". However, this approach does not work in second sentence, where entity *Cats* was represented by pronoun "they". The problem of determining which text fragments refer to a same entity is called anaphora resolution or coreference resolution. This problem is due to the fact that a same entity can be referred to by different linguistic expressions. In the previous sentences, "Cats" and "they" refer to entity *Cats*.

Many studies on Natural Language Processing (NLP) [17, 20] have addressed the problem of anaphora resolution. More formally, the anaphora problem can be defined as: a noun A is an anaphoric antecedent of B if and only if A is necessary to B interpretation.

To recognize anaphora, the raw text is first segmented into sentences using a sentence splitter. Then, the constituents of the sentence (such as named entities, nouns, verbs, and adverbs) are identified. The identification of named entities and nouns is essential to solve anaphora, since they are commonly used to describe persons, places, things, and concepts. Such identification requires knowledge of the grammar of the target language, writing usage patterns and specific domain information. For instance, in English, nouns can be identified by recognizing other linguistic structures such as definite pronouns (eg, "Ross bought {a MP3 player / three flowers} and gave {it / them} to Nadia for her birthday"), indefinite pronouns (eg, *one* in "Kim bought a t-shirt so Robin decided to buy one as well"), demonstrative pronouns (eg: "that"), nominals (eg: "a man", "a woman" and "the man"), and proper names (eg: "John", "Mary").

Other sentence constituents, such as verbs, adjectives, prepositions and adverbs, are useful to define the place where the noun should appear in the phrase. The recognition of these sentence constituents is performed by a part-of-speech (POS) tagger [17, 20] along with a shallow parser (chuncker). The chuncker is able to recognize single and composed constituents disregarding its internal structure. The POS tagger is able to identify the morphosyntactic category of a token. To this end, in general, a labeled linguistic corpus [4] is used to train a supervised learning algorithm. This algorithm also uses the context in which the token is used to determine its morphosyntactic tag.

In this work, we solve anaphora using *BART* (Beautiful Anaphora Resolution Toolkit)[5] [23]. BART is a toolkit developed to explore the integration of knowledge-rich features into a co-reference system. The toolkit was designed to take advantage of the state-of-the-art methods proposed to different aspects of anaphora resolution including specialized preprocessing and extraction of syntax-based features. Such design allows the combination of independent efforts such as the engineering of new features that exploit different sources of knowledge and the use of improved or specialized preprocessing methods. It also facilitates mapping of co-reference resolution to a machine learning problem [23].

The system architecture of BART includes all necessary modules to resolve co-references. Processing a text using BART consists of the following steps: (1) the raw input text is first pre-processed and annotated; (2) from the resulting annotated text, mentions are extracted along with basic properties such as number, gender, type, modifiers, etc; (3) for each pair formed by a mention and a candi-date to antecedent (mentioned entity), basic, syntactic, and knowledge-based features are extracted; (4) the pairs, represented by the extracted features, are processed by a decoder that yields the final co-reference chains using a machine learning classifier.

The preprocessing step includes components such as a sentence splitter, a part-of-speech tagger, a chunker, and a named entity recognizer. The annotations produced by these components are combined and delivered to the mention builder. Mentions are created using the annotations and paired with possible candidates to antecedents. These pairs, represented by different feature sets are given to a ML classifier that determines which pairs are valid. Note that this classifier was trained with known antecedents and mentions (from the training set). The decisions of this classifier regarding single pairs are then used, by a module called decoder, to derive appropriate linking decisions that group mentions into equivalent sets representing entities. Besides routing pairs to the learner, the decoder is also the module that delegates the feature extraction to a list of feature extractors and, in the testing phase, chooses the pairs to be classified [6].

4. POLARITY MODEL BASED ON MULTIPLE MODELS

In this section, we present our proposals for segmenting the datasets according to the entities cited in the documents.

4.1 Multiple Polarity Learning with Multiple Learning Models

Let $\mathcal{D} = \{d_1, d_2, ..., d_n\}$ be a collection of documents and $y_i \in \{+, -, N\}$ the polarity of document d_i. Polarity analysis can be viewed as a classification task where, for each document d_i, the aim is to predict label y_i, i.e., to find a function (model) $f : \mathcal{D} \implies \{+, -, N\}$, such that $f(d_i) = y_i$.

In the problem of polarity analysis with m entities $\{E_1, E_2, ..., E_m\}$, each document d_i is associated with the set of polarities $Y_i = \{y_{i1}, y_{i2}, ..., y_{im}\}$. Thus, the polarity y_{ij} corresponds to the polarity of d_i with respect to entity E_j. In this case, the task of polarity analysis can be viewed as a classification where, given the document collection $\mathcal{D}$, the aim is to find m functions $f_j : \mathcal{D} \implies \{+, -, N\}$, such that $f_j(d_i) = y_{ij}$.

Note that documents where the entity E_j does not occur, probably cannot contribute to the learning of function f_j, since they could hardly be considered good examples of positive, negative, or neutral cases *for* E_j. Thus, function f_j should be better represented as $f_j : \mathcal{D}_j \implies \{+, -, N\}$, where D_j is the subset of documents of $\mathcal{D}$ that cite entity E_j.

Likewise, document sentences that cite a single entity E_j should not be used as training examples for entity $E_k, k \neq j$. Suppose that a sentence (or the entire document) s is evaluated as negative. It may not be appropriate to use s as a negative example for E_k if s does not cite E_k. For instance, in the document shown in Figure 2, the first paragraph cites only Nokia. Thus, it is unclear that it would constitute a good training example for entities such as Apple, Google, and Microsoft, even if these three companies are cited in other paragraphs of the document.

Thus, let d_i^j be a document composed of all sentences of d_i which cite E_j. We denote as $\mathcal{D}^{(j)}$ the set of all documents d_i^j, i.e., the set of all documents that are composed only by sentences which cite E_j. Given such definitions, we can rewrite f_j as $f_j : \mathcal{D}^{(j)} \implies \{+, -, N\}$.

We can now define two strategies to learn polarities of multiple entities using multiple models:

---

[5]http://bart-coref.org/

118

SUNNYVALE, Calif.—Nokia Corp. [NOK -1.89%] is hitting the reset button on its U.S. operations from a place some would argue the struggling Finnish handset maker should have been years ago: Silicon Valley.   Paragraph 1

In posh Sunnyvale digs that could pass for an IKEA showroom, the company is looking to create the type of underdog culture that vaulted many of its competitors to recent success.   Paragraph 2

Noting Nokia's History

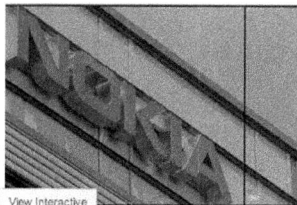

View Interactive

⌕ More photos and interactive graphics

The location, occupied over a year ago, also lends proximity to a population of software developers that have been flocking to Apple Inc.'s [AAPL -2.46%] iPhone or devices powered by Google Inc.'s [GOOG -0.49%] Android software. Nokia hopes it can lure more apps for the Microsoft Corp. [MSFT -1.38%] Windows software platform that Nokia has staked the future of its new Lumia smartphone lineup on.   Paragraph 3

On a recent workday here, software developers from outside firms flooded into a spacious lobby and were taken to conference rooms with names like Pier 39 and Alcatraz.   Paragraph 4

Figure 2: Document with citations to Nokia, Apple, Microsoft and Google.

- Document based Model (DbM): each function f_j is associated with the document collection $\mathcal{D}_j$, i.e., the set of *documents* which cite E_j.

- Sentence-Set based Model (SSM): each function f_j is associated with the document collection $\mathcal{D}^{(j)}$, i.e., the set of documents composed only by *sentences* which cite E_j.

Note that, for DbM strategy, it is trivial to determine the set of documents associated with E_j, since they are the ones in which E_j occurs. This is not the case for SSM strategy, since it is not so simple to determine whether or not a sentence cites the entity E_j. In next section, we propose different approaches to determine which sentences cite entity E_j.

4.2 Mapping Sentences and Entities

As previously described, Figure 2 shows a document which cites the entities Nokia, Apple, Google and Microsoft. As we can see, the first paragraph refers to Nokia, and the third refers to all four entities, since these entities are directly cited by the paragraphs. From the two remaining paragraphs, the second refers to three out of the four entities, while the last one does not cite any of them.

In the second paragraph, the entities are cited indirectly. The term "the company" is used to refer to Nokia, while the term "competitors" corresponds to Apple and Google. This kind of indirect citation (anaphora) is not so simple to capture, since it requires a better comprehension of the content and, sometimes, domain knowledge and context. Comprehension of the text is to understand that "the company" refers to the company that is the focus of the discourse in the sentence where "company" is used. Domain knowledge and context is to know that in the time the text was written, Nokia was competing with Apple and Google, but not with Microsoft.

Thus, the task of determining which entities a sentence refers to can be performed by methods that vary from simple string-matching heuristics to complex NLP based approaches, such as anaphora resolution. Simple string-matching heuristics applies to the first sen-

tence, which cites Nokia, because the string "nokia" occurs in the text. Anaphora resolution applies to the second paragraph, which cites Nokia, because "company" refers to Nokia.

Based on these observations, we propose six variants for SSM strategy, three out of them based on simple string-matching heuristics, and other three based on anaphora resolution. The six variants are the following:

- SSM1: sentence s is assigned to the entities whose names occur in s. If no entity is present in s, s is assigned to all entities. This heuristic attempts to capture situations such as the observed in the second paragraph of the text in Figure 2;

- SSM2: sentence s is assigned to the entities whose names occur in s. If no entity is present in s, s is discarded. This heuristic attempts to capture situations such as the observed in the fourth paragraph of the text in Figure 2;

- SSM3: sentence s is assigned to the last cited entity, if no entity is present in s. The intuition behind this heuristic is that if no new citation was made, the text probably still refers to the last cited entity;

- SSM4: sentence s is assigned to the entities referred in s. If no entity is referred by s, s is assigned to all entities. This heuristic is equivalent to SSM1 but using anaphora resolution;

- SSM5: sentence s is assigned to the entities referred in s. If no entity is referred by s, s is discarded. This heuristic is equivalent to SSM2 but using anaphora resolution;

- SSM6: sentence s is assigned to the last referred entity, if no entity is referred by s. This heuristic is equivalent to SSM3 but using anaphora resolution;

In strategies SSM1 to SSM3, the notion of citation corresponds to the occurrence of the entity name in the sentence as, for instance, in the case of Nokia in the first paragraph of Figure 2 (in this example, paragraphs play the role of sentences). In this case, the text is first pre-processed using some shallow NLP algorithms: First, the text is segmented into sentences, i.e., a sequence of tokens ended with a period. Tokens are sets of characters which correspond to words. Second, all stop words (prepositions, articles, numerals, etc) are removed. Finally, the entity names are matched with the resulting text.

To illustrate the output of methods SSM1 to SSM6, we use the text in Figure 2 that contains 4 paragraphs. After running SSM1, the only paragraph not assigned to Google, Apple, and Microsoft is the first one because, according to SSM1 definition, Nokia is the only entity cited on it. The document outputted by SSM1 is almost the same as the original. Thus, for Nokia, paragraphs 1, 2, 3 and 4 are the fragments of the document that refer to it. As for Apple, Google, and Microsoft, paragraphs 2, 3 and 4 are the sentences that refer to them. Note that paragraph 1 is discarded for these entities, once it only cites Nokia.

As for SSM2, the difference consists in discarding the paragraph where no entity is present. As a result, only paragraphs 1 and 3 will be considered for Nokia. Regarding the other entities, the document will be composed only by paragraph 3.

In the result using SSM3, the paragraph is assigned to the last cited entity. Consequently, paragraph 2 is assigned to Nokia and paragraph 4 to Microsoft. Nokia is also cited in paragraphs 1 and 3 while the other ones are cited in paragraph 3.

As for strategies SSM4 to SSM6, we consider that a paragraph cites an entity when it refers to it directly or indirectly. It is the case of Nokia in the second paragraph of Figure 2. For these cases, BART is used to solve the anaphora found in the text.

5. EXPERIMENTAL EVALUATION

In this section, we present the experiments we performed to evaluate the strategies proposed in Section 4.

5.1 Experimental Methodology

To evaluate our methods, a real-world dataset was crawled from the following sites for business and financial market news: *Reuters*[6], *Bloomberg*[7], *Financial Times*[8], *Forbes*[9], *The New York Times*[10], *AllThingsD*[11], and *CNN Money*[12]. In particular, as we intend in the future to study the correlation between stock prices and document polarities, we collected about 60 thousand documents along four months. We then defined a set of target entities to study (Apple, Google, Samsung, Microsoft, and Nokia), and selected only pages that cite, at least, one of these entities.

From the set of pages containing the target entities, a random subset with 1,000 pages was selected to be labeled by 40 human annotators. Each annotator received a batch of 25 pages, that should be evaluated according to their global polarity, and according to the polarity of each target entity. At the end of the evaluation of all 1,000 documents, 300 were evaluated as positive, 85 as negative and 615 as neutral. Table 2 presents the distribution of polarities per entity, as well as the total of pages associated with each entity.

Entity	POS	NEG	NEUTRAL	TOTAL
Apple	261	131	562	954
Google	105	39	276	420
Samsung	81	58	197	337
Microsoft	55	31	195	281
Nokia	29	25	71	125
Totals	531	284	1301	2117

Table 2: Polarity distribution per entity.

Note in this table that the distribution is significantly skewed on both the polarity (61% are neutral and only 13% are negative) and the entities (Apple was cited in about 95% of the documents, while Nokia in 12%). Table 3 presents a distribution of entities per page, where each entity is a company of the *Forbes Fortune List 2012*[13]. As we can see, most of the documents (617 which corresponds to 62%) cite more than one entity. However, the most common number of entities per document is only one (38% of the documents).

Entities	Pages
1	383
2	308
3	164
4	87
5	58

Table 3: Entity distribution per page.

Table 4 presents the distribution of polarities per page. Although most documents cite more than one entity, in only about 30% of them, distinct polarities are observed. This implies that, in 30% of the documents, a traditional polarity classifier would be mistrained

---

[6]http://www.reuters.com
[7]http://www.bloomberg.com
[8]http://www.ft.com
[9]http://www.forbes.com
[10]http://www.nytimes.com
[11]http://allthingsd.com
[12]http://money.cnn.com/
[13]http://www.forbes.com/global2000/list/

for, at least, one entity. Nevertheless, for near 70% of the documents, there is no advantage in using multiple models.

Polarities	Pages
1	697
2	257
3	46

Table 4: Polarity distribution per page.

The annotated dataset was further processed according to the segmentation methods described in Section 4.2. The documents were first processed such that only the news content were preserved, with all HTML tags discarded. The resulting texts were segmented into sentences yielding the datasets corresponding to methods SSM1, SSM2, and SSM3. Similarly, BART was used to resolve anaphora and normalize entity citations. As expected, the anaphora resolution was the most costly pre-processing task. The documents were then segmented into sentences to create the datasets corresponding to methods SSM4, SSM5, and SSM6.

After creating the datasets, we performed the additional pre-processing steps described in [2]: (1) application of *stemming* in the words; (2) removal of *stopwords* using the list provided by *Word-Net*; (3) removal of words that occur less than three times in the collection since we regarded these words as of little importance.

To evaluate the quality of the classifiers in this work we use the traditional accuracy metric [3, 14, 26], which is, the proportion of test documents that were correctly classified. The final accuracy of each classifier was obtained as the average of five training-and-test partitions of the dataset. Such partitions were obtained using a statistical procedure called as five-fold cross validation [26]. This technique consists in splitting a dataset into five partitions. Then, five rounds of experiments are performed such that, in the i-th round, the i-th partition is used as test set, while the remaining partitions are used as training set. Therefore, the accuracy in each round is never calculated using a document previously evaluated. The final accuracy is taken as the average of the five rounds.

5.2 Results

In this section we present the results of our experiments. We start by presenting our baseline, and then we present the impact of our segmentation methods.

Entities	All Documents (%)			617 Documents (%)		
	Global	DbM	Gain	Global	DbM	Gain
Apple	55.87	58.49	4.68	43.22	63.38	28.55
Google	54.17	61.42	13.38	45.44	61.80	36.00
Samsung	52.46	61.11	16.48	45.31	59.70	31.75
Microsoft	54.42	71.54	31.45	50.36	77.43	53.75
Nokia	45.72	57.60	25.98	29.23	62.40	113.47

Table 5: Method proposed by Azar trained with global polarities (Global) and entity polarities (DbM strategy) considering all documents and only the 617 documents with at least two entities.

5.2.1 Baseline

We adopt as baseline the supervised method proposed by Azar [2], designed specifically for the financial domain. We first evaluated this method using the documents annotated by the global polarities as training set. This is the setting more similar to the one used by Azar since, in practice, he considers that documents have a single target entity and, by extension, a single polarity. As this is not the case for 62% of our documents we also evaluate the method proposed by Azar using the polarities of each entity. To accomplish

Methods	Apple	G%	Google	G%	Samsung	G%	Microsoft	G%	Nokia	G%
DbM	58.49	-	61.43	-	61.12	-	71.54	-	57.60	-
SSM1	57.97	-0.9	61.67	0.4	62.58	2.4	70.12	-2.0	55.20	-4.2
SSM2	62.58	7.0	62.86	2.3	**63.79**	4.4	69.07	-3.5	**64.00**	11.1
SSM3	58.49	0.0	62.62	1.9	59.95	-1.9	69.76	-2.5	60.00	4.2
SSM4	57.96	-0.9	**64.29**	4.7	62.29	1.9	**71.54**	0.0	60.00	4.2
SSM5	**63.52**	8.6	63.10	2.7	62.89	2.9	67.63	-5.5	61.60	6.9
SSM6	60.48	3.4	64.05	4.3	61.11	0.0	68.69	-4.0	57.60	0.0

Table 6: Methods based on sentence segmentation (SSM1, SSM2, SSM3, SSM4, SSM5 and SSM6) versus methods based on document segmentation (DbM), evaluated considering all the documents.

Methods	Apple	G%	Google	G%	Samsung	G%	Microsoft	G%	Nokia	G%
DbM	55.57	-	61.80	-	59.70	-	77.43	-	62.40	-
SSM1	66.08	18.9	65.61	6.2	69.48	16.4	75.90	-2.0	60.80	-2.6
SSM2	64.23	15.6	68.95	11.6	**73.32**	22.8	75.12	-3.0	**69.60**	11.5
SSM3	**66.59**	19.8	67.51	9.2	68.59	14.9	74.35	-4.0	65.60	5.1
SSM4	65.39	17.7	**69.43**	12.3	69.77	16.9	**78.18**	1.0	66.40	6.4
SSM5	65.73	18.3	68.71	11.2	68.27	14.4	73.21	-5.5	66.40	6.4
SSM6	65.90	18.6	68.72	11.2	69.15	15.8	73.19	-5.5	61.60	-1.3

Table 7: Methods based on sentence segmentation (SSM1, SSM2, SSM3, SSM4, SSM5 and SSM6) versus methods based on document segmentation (DbM), evaluated considering only documents with at least two target entities.

this and inspired in the idea of [24], we retrieved, for each entity E, only the documents that cite E. Using these five document sets, we built five models, one for each entity. Thus, the model associated with entity E uses as training examples the pages that cite E. This corresponds to the method DbM, described in Section 4.1.

Table 5 shows the results obtained when we use all the documents and only the 617 documents with more than one entity. Note that we evaluate the methods according to the polarities of the entities.

As expected, using multiple models, one per entity, is better than using a single global model. In the dataset of 1,000 documents, the smallest gain was obtained for Apple. In general, the smaller is the number of documents, the larger is the gain. This suggests that patterns of popular entities (such as Apple) biased the training based on global labels. The gains are much larger in the collection with 617 documents, since these documents cite more than one entity, among the five we chosen as target entities. For these documents, the likelihood of more than one polarity per document is larger. As a result, the method proposed by Azar makes more mistakes if trained using global polarities. We also note that, for these 617 documents, the gain for less popular entities is even larger.

With these results, in the next section, we present the use of the method proposed by Azar trained using polarities per entity (DbM) as our baseline.

5.2.2 Methods based on Sentences and Documents

In this section, we evaluate our methods that use only sets of sentences that cite the target entities as training examples. In particular, we compare all the methods proposed in Section 4.1 with DbM, in which documents are not segmented.

We performed experiments using the dataset with 1,000 documents as well as the smaller dataset, with 617 documents. The results of these experiments are presented in Tables 6 and 7. In these tables, the rows represent the document-based methods (DbM), the sentence methods based on string matching (SSM1 to SSM3), and anaphora resolutions (SSM4 to SSM6). The results represent the accuracy obtained by the method proposed by [2] in the task of classifying the documents as positive, negative, and neutral for the entities Apple, Google, Samsung, Microsoft and Nokia. For each method, we also present the gain (or loss) regarding DbM.

We observe in Table 6 that SSM2 (sentences that do not cite the target entity are discarded) presented the larger gains over DbM in

all entities, except by Microsoft. Similar behavior is observed for the corresponding method based on anaphora resolution (SSM5). SSM5 outperformed SSM2 for entities trained with more documents. However, given the high cost of the anaphora resolution, the gains over SSM2 were modest. Results for other methods were even worse.

In general, from this set of experiments, we conclude that the segmentation methods yielded only small benefits and mostly for entities with more documents. The best method based on anaphora resolution was only slightly better than the methods based on string matching, which hardly justifies the high cost of resolving coreferences. The small gain resulting of using anaphora resolution is probably due to the poor performance of BART in our dataset. In fact, we observed small differences between the datasets before and after running BART.

In Table 7 we compare the same methods considering only the 617 documents that cite more than one target entity. In this scenario, where all documents cite multiple entities, the gains of all methods were much larger. Similar to previous analyses, the best results were obtained for the entities with more documents. Using anaphora resolution was not particularly better than using simple string matching, except for Google. In general, the best results were obtained using the segmentation based on string matching, especially, discarding sentences that do not cite the target entity (SSM2). These results indicate that, although being a simple and low cost strategy, the segmentation based on string matching presents satisfactory results for the task of multi-entity polarity classification.

6. CONCLUSIONS AND FUTURE WORK

In this paper, we addressed the problem of multi-entity polarity analysis by learning multiple models. In particular, we evaluated how the segmentation of the collection into documents, and into sets of sentences associated with the entities, impact on the accuracy of the polarity classifier. In the segmentation methods we proposed, we considered simple string matching heuristics, as well as more complex ones based on anaphora resolution.

In general, we observed that methods that learn polarities in financial documents with multiple entities present a poor performance when trained with documents annotated considering only a general document polarity. Models trained using entity polarities (and, by extension, multiple models) were able to capture particular patterns from these entities and reached large gains, specially for less popular entities.

We also observed that the segmentation of the documents into sentences led to the best results for the documents with more than one entity. Among the methods for sentence segmentation, we did not observe any significant difference between identifying entities using string matching or anaphora resolution. Thus, the methods based on string matching are preferable, as they provide satisfactory results requiring fewer computational resources.

In this work, we assumed that the polarities of different entities are independent, which is probably unlike to occur. For example, in our collection, a document positive for Apple is more likely to be negative for Samsung than a random document. Thus, in the future, we also intend to investigate techniques that consider the mutual influence of the entity polarities. In particular, we will study techniques discussed in [8], such as stacking and multi-variate regressors (e.g., reduced rank regression). We also intend to evaluate our model in other domains characterized by multiple target entities. Finally, the methods we proposed are useful only for documents in which the authors express opinions about the entities. This was not the case for many documents in our dataset. Thus, we will study methods to detect opinion before recognizing polarity.

Acknowledgment

The authors would like to thank CNPq (grant 309.474/2011-6), FAPEAM (grants 062.00576/2014 and 062.00602/2014), and CAPES by financial support for this research. The authors also wishes to thank Julio Zambrano for kindly reviewing the text.

7. REFERENCES

[1] M. Araújo, P. Gonçalves, and F. Benevenuto. Measuring sentiments in online social networks. In *Proceedings of the 19th WebMedia*, pages 97–104. ACM Press, 2013.

[2] P. Azar. *Sentiment Analysis Financial News*. PhD thesis, Hardvard College, 2009.

[3] R. A. Baeza-Yates and B. A. Ribeiro-Neto. *Modern Information Retrieval, Second edition*. Pearson Education Ltd., Harlow, England, 2011.

[4] S. Bird, E. Klein, and E. Loper. *Natural Language Processing with Python: Analyzing Text with the Natural Language Toolkit*. O'Reilly, Beijing, 2009.

[5] J. Bollen, H. Mao, and X.-J. Zeng. Twitter mood predicts the stock market. 1(2):1–8, 2010.

[6] S. Broscheit, M. Poesio, S. P. Ponzetto, K. J. Rodriguez, L. Romano, O. Uryupina, Y. Versley, and R. Zanoli. Bart: A multilingual anaphora resolution system. In *Proceedings of the 5th International Workshop on Semantic Evaluation*, pages 104–107, 2010.

[7] C.-C. Chang and C.-J. Lin. Libsvm: A library for support vector machines. *ACM Trans. Intell. Syst. Technol.*, 2(3):27:1–27:27, 2011.

[8] K. Dembczyński, W. Waegeman, W. Cheng, and E. Hüllermeier. On label dependence in multi-label classification. In *Workshop Proceedings of Learning from Multi-Label Data*, pages 5–12, Haifa, Israel, 2010.

[9] A. Devitt and K. Ahmad. A lexicon for polarity: Affective content in financial news text. *Proceedings of Language For Special Purposes*, 2007.

[10] A. Devitt and K. Ahmad. Sentiment polarity identification in financial news: A cohesion-based approach. *45th Annual Meeting of the Association for Computational Linguistics*, 2007.

[11] W. Gryc and K. Moilanen. Leveraging textual sentiment analysis with social network modelling. In *Proc. of the "From Text to Political Positions" Workshop (T2PP)*, 2010.

[12] T. L. Im, P. W. San, C. K. On, R. Alfred, and P. Anthony. Analysing market sentiment in financial news using lexical approach. pages 145–149, 2013.

[13] B. Liu. *Sentiment Analysis and Opinion Mining*. Synthesis Lectures on Human Language Technologies. Morgan & Claypool Publishers, San Rafael, 2012.

[14] C. D. Manning and H. Schütze. *Foundations of Statistical Natural Language Processing*. The MIT Press, Cambridge, Massachusetts, 1999.

[15] K. Moilanen and S. Pulman. Multi-entity sentiment scoring. In G. Angelova, K. Bontcheva, R. Mitkov, N. Nicolov, and N. Nikolov, editors, *RANLP*, pages 258–263. RANLP 2009 Organising Committee / ACL, 2009.

[16] A. Montejo-Ráez, E. Martínez-Cámara, M. T. Martín-Valdivia, and L. A. Ureña-López. Ranked wordnet graph for sentiment polarity classification in twitter. *Computer Speech & Language*, 28(1):93–107, 2014.

[17] V. Ng. Supervised noun phrase coreference research: The first fifteen years. In *Proceedings of the 48th Annual Meeting of the Association for Computational Linguistics*, ACL '10, pages 1396–1411, Stroudsburg, PA, USA, 2010.

[18] B. Pang and L. Lee. Opinion mining and sentiment analysis. *Found. Trends Inf. Retr.*, 2(1-2):1–135, 2008.

[19] B. Pang, L. Lee, and S. Vaithyanathan. Thumbs up?: sentiment classification using machine learning techniques. In *EMNLP '02 Proceedings of the ACL-02 conference on Empirical methods in natural language processing*, 2002.

[20] M. Poesio, S. Ponzetto, and Y. Versley. Computational models of anaphora resolution: A survey. *Linguistic Issues in Language Technology*, 2011.

[21] M. Romanyshyn. Rule-based sentiment analysis of ukrainian reviews. *International Journal of Artificial Intelligence & Applications*, 4(4), 2013.

[22] R. P. Schumaker and H. Chen. Textual analysis of stock market prediction using breaking financial news: The azfin text system. *ACM Trans. Inf. Syst.*, 27:12:1–12:19, 2009.

[23] Y. Versley, S. P. Ponzetto, M. Poesio, V. Eidelman, A. Jern, J. Smith, X. Yang, and A. Moschitti. Bart: A modular toolkit for coreference resolution. In *Proc. of the Annual Meeting of the Association for Computational Linguistics on Human Language Technologies: Demo Session*, pages 9–12, 2008.

[24] C. B. Ward, Y. Choi, S. Skiena, and E. C. Xavier. Empath: A framework for evaluating entity-level sentiment analysis. In *Emerging Technologies for a Smarter World (CEWIT)*, pages 1–6. IEEE, 2011.

[25] T. Wilson, J. Wiebe, and P. Hoffmann. Recognizing contextual polarity in phrase-level sentiment analysis. In *HLT '05 Proceedings of the conference on Human Language Technology and Empirical Methods in Natural Language Processing*, 2005.

[26] I. H. Witten, E. Frank, and M. A. Hall. *Data mining : practical machine learning tools and techniques*. Morgan Kaufmann, San Francisco, CA, USA, 3rd edition, 2011.

[27] J. Yi, T. Nasukawa, R. Bunescu, and W. Niblack. Sentiment analyzer: extracting sentiments about a given topic using natural language processing techniques. In *3rd IEEE International Conference on Data Mining (ICDM)*, pages 427 – 434, 2003.

A Comparison of SVM Versus Naive-Bayes Techniques for Sentiment Analysis in Tweets: A Case Study with the 2013 FIFA Confederations Cup

André L. F. Alves
Federal University of Campina Grande, State University of Paraíba
Campina Grande, Brazil
andre@uepb.edu.br

Cláudio de S. Baptista
Federal University of Campina Grande
Campina Grande, Brazil
baptista@dsc.ufcg.edu.br

Anderson A. Firmino
Federal University of Campina Grande
Campina Grande, Brazil
anderson.firmino@
ccc.ufcg.edu.br

Maxwell G. de Oliveira
Federal University of Campina Grande
Campina Grande, Brazil
maxwell@ufcg.edu.br

Anselmo C. de Paiva
Federal University of Maranhão
Maranhão, Brazil
paiva@deinf.ufma.br

ABSTRACT

The widespread of social communication media on the Web has made available a large volume of opinionated textual data stored in digital format. These media constitute a rich source for sentiment analysis and understanding of the opinions spontaneously expressed. Traditional techniques for sentiment analysis are based on POS Tagger. Considering the Portuguese language, the use of POS Tagging ends up being too costly, due to the complex grammatical structure of this language. Faced with this problem, a case study is carried out in order to compare two techniques for sentiment analysis: a SVM versus Naive-Bayes classifiers. Our study focused on tweets written in Portuguese during the 2013 FIFA Confederations Cup, although our technique could be applied to any other language. The achieved results indicated that the SVM technique surpassed the Naive-Bayes one, concerning performance issues.

Categories and Subject Descriptors

H.2.8 [**DATABASE MANAGEMENT**]: Database Applications—*Data Mining*; H.3 [**Information Storage and Retrieval**]: Miscellaneous; I.7 [**Document and Text Processing**]: Miscellaneous

Keywords

Analysis of Sentiment; Support Vector Machine (SVM); Naive-Bayes; Natural Language Processing (NLP)

1. INTRODUCTION

The Web 2.0 has lead to a widespread of non-structured information by means of blogs, discussion forums, online product evaluation sites, microblogs and several social networks. This fact has brought out new challenges and opportunities in the information retrieval area [6].

It is important to notice that the opinions about several themes expressed by Web users are made in a spontaneous manner and in real time [4]. In this context, sentiment analysis has emerged providing the possibility of capturing opinions of the general public, in an automated way, about some theme. This research field has an increasingly interest both to the scientific community and to business. It is an open issue with many research challenges and very useful for decision making, due to the benefits of understanding the feelings of people instantly and automatically.

With this new way of using the Web, users do not simply browse it, they actively contribute to its contents through applications, helping to build a collective intelligence [20]. This intelligence has spread to several domains, specially those related to daily life, such as commerce, tourism, education and health, causing the social Web to expand exponentially [1]. Understanding what people are thinking or their opinions is fundamental for decision making, mainly in the context where people express their comments voluntarily, aiming to cooperate with each other.

According to Liu [16], sentiment analysis, also known in the literature as opinion mining, is the study field that analyzes people's sentiments, evaluations, attitudes and emotions in the favor of the entities such as products, services, organizations, individuals, issues, events, topics and their attributes. Sentiment analysis is a recent research field, that uses advanced techniques for text mining, machine learning, information retrieval and natural language processing (NLP) to process large amounts of non-structured content generated by users, mainly in social media [26]. This way, the objective of sentiment analysis is to extract the opinion and the subjective knowledge from online texts and then formalizing this discovered knowledge and analyzing it for specific purposes [16].

The analysis of opinionated comments expressed in social media requires too much effort to be carried out manually, mainly due to the volume of data. Hence, we seek for a summarization of the opinions. A common way of accomplishing the summarization is by means of the classification of the opinion of an object into categories: positive, negative and neutral. This kind of classification is referred to in the literature as sentiment polarity or polarity classification [16].

Twitter is a rich source to understand the people's opinions about many aspects of the daily life [14]. Performing sentiment analysis on tweets is not a trivial task due to the textual informality of the users. Algorithms that carry out sentiment analysis on tweets usually use NLP techniques, such as part-of-speech (POS) tagging. POS Tagging is used to detect subjective messages by identifying the grammatical classes of the words used in the text. POS Tagging tweets are not an easy task too, if we consider the plenty of abbreviations used in the text, due to the character limitation of the messages, repeated letters in words to emphasize terms or even the absence of consonants. In texts written in Portuguese, these problems get worse due to the grammatical complexity, inherent of that language.

In this context, we implemented and compared two approaches for sentiment analysis. We carried out a case study using tweets written in Portuguese related to the FIFA's Confederations Cup, held in Brazil in 2013. Both approaches address machine learning techniques for text classification, aiming to replace POS Taggers in the identification of opinionated tweets. The first approach is based on Naive-Bayes classifiers[30] and the last uses SVM classifiers. Each one works with two classifiers: The first classifier is used for detecting whether a tweet presents opinionated content, and the second one is used for classifying the subjective polarity of the message as either positive or negative.

The main contributions of this paper are: the implementation and comparison of sentiment classification techniques for texts without the use of POS Taggers; the presentation of a case study over sentiment analysis performed for tweets written in Portuguese; and a temporal analysis of sentiment during the FIFA's Confederation Cup, held in Brazil in 2013.

The remainder of this paper is structured as follows. Section 2 highlights related work. Section 3 addresses the problem definition and challenges in the natural language processing in microblogs. Section 4 focuses on the case study. Section 5 presents and discusses the results obtained. Finally, section 6 concludes the paper and proposes further work to be undertaken.

2. RELATED WORK

Since the beginning of the year 2000, sentiment analysis has been one of the most active research area in the field of Natural Language Processing - NLP [16],[8]. Sentiment analysis has been used in many applications with several purposes: stock exchange companies, enabling the identification of the mood of the market based on specialists' opinions [13, 19]; in analysis of consumers' reviews of products or services [6],[11]; analysis of places or tourism regions by means of the tourists' comments [3]; analysis of politicians [2] or subjects related to politics [7]; monitoring real time

disease outbreaks in the regions of a country through sentiment analysis of messages posted on social networks[28].

Activities related to sentiment analysis comprise the detection of subjective or opinionated content, classification of the content polarity and summarization of the general sentiment of the evaluated entities. The sentiment detection in a text occurs in different levels: document level, sentence level and entity or aspects level. Several methods have already been proposed to classify the sentiment polarity of a text and the main approaches used are based on machine learning techniques, semantic analysis techniques, statistical techniques and techniques based on lexical analysis or thesaurus. A comparison between these techniques can be found in Sharma & Dey [26] and an overview of sentiment analysis can be found in Pang & Lee [22] and Liu [16].

The approaches to sentiment analysis that use machine learning implement classification algorithms such as Naive-Bayes, Support Vector Machine (SVM), Maximum Entropy, Decision Trees (C4.5), KNN (K-nearest neighbor), Condition Random Field (CRF), etc. One of the main limitations in the use of supervised learning is the need for labeled data for training and tests. In order to help in the task of collecting the labeled data in an automated way, many works proposed the use of emoticons - characters that transmit emotions. In Li & Li [15], 87% of the tweets containing emoticons have the same sentiments represented in the text. Studies that employ emoticons to train the classifiers have presented excellent accuracy results (above 80%). The works by Go et al. [9], Pak & Paroubek [21] and Read [24] report good results on sentiment classification using the Naive-Bayes classifier.

The work by Pak & Paroubek [21] uses the emoticons strategy to build the dataset to train a Naive-Bayes classifier and categorize tweets as either positive or negative based on N-grams and in the grammatical classification of the words of the text by means of POS Tagger. One of the main problems in using only the emoticons in the collection of the data to train the classifiers is related to the recall metric, since emoticons are present in at least 10% of the tweets [10]. Our work differs from Pak & Paroubek [21] because it does not need POS Tagger to identify an opinionated (subjective) content and in the use of a set of manually annotated data to train the classifier, thus incrementing the database obtained by means of the emoticons.

There are a few works in the literature that perform sentiment analysis using a corpus in Portuguese. The works by Chaves et al. [5], Sarmento et al. [25] and Tumitan & Becker [29] using lexical analysis techniques based on thesauri and only the work by Nascimento et al. [18] uses machine learning techniques.

In Chaves et al. [5] it is presented an algorithm called PIRPO (Polarity Recognizer in Portuguese) that uses a lexical analysis approach for classification of sentiments in comments in Portuguese. The algorithm uses ontologies and a list of polarized adjectives (positive, negative and neutral) that express sentiments to define the semantic orientation of the analyzed texts. The results achieved with PIRPO indicate a mean of the F-Measure of only 0.32 at the recognition of polarity. In Tumitan & Becker [29], the authors analyze the opinions in comments about politicians made in newspapers, and study the correlation of sentiments expressed with the vote intention surveys. The polarity identification algorithm uses a word thesaurus (SentiLex-PT) that contains the polarity for every word (positive, negative, neutral), no matter the context.

Nascimento et al. [18] use sentiment classifiers to evaluate the reactions of people on twitter concerning the news on the media. The results achieved in terms of accuracy vary from 70% to 80% according to the kind of news and the classifier used.

In Yu & Hatzivassiloglou [30], it was used two classifiers. The first one is used to classify if a tweet is informative or opinative. The second one classifies the tweet polarity, when it is opinative. A Naive-Bayes classifier was used, in both steps.

Faced with this scenario, our approach for sentiment analysis is similar to Yu et al., using two classification steps. However we propose the use of a SVM classifier and compare it with a Naive Bayes one. This is done for both tasks: opinative tweet identification and polarity analysis. The use of two classifiers eliminates the need for using POS Tagger (Part-of-Speech) in the identification of an opinionated content. So, the first classifier detects whether a content is subjective or objective; and the second classifier identifies the polarity (positive or negative) of the content previously detected as opinionated.

3. PROBLEM DEFINITION

Microblogging is a communication tool very popular among Internet users [21]. The messages shared by microblogging users are not just about their personal lives, but also about opinions and information about products, people, facts and events in general [17]. The sites providing microblogging services, such as Twitter, become rich sources for mining user opinions. Twitter has more than 200 million active users who write more than 400 millions messages a day[1]. Since it is a rich source of real-time information, many entities (companies, politicians, government, etc.) have demonstrated interest in knowing the opinions of people about services and products. The importance of Twitter for opinion mining has already been reported in other works [14].

A tweet is a short message on Twitter, with a maximum of 140 characters. Table 1 presents examples of some messages posted on Twitter about the 2013 FIFA Confederations Cup.

Since the text is essentially informal, many challenges must be taken into account in order to perform the sentiment analysis on tweets: grammatical errors, slang, repeated characters, etc. So, it is necessary to deal with the text of a tweet in a specific manner. The literature presents some proposals for dealing with such information, namely:

- Filtering: removal of URLs, Twitter user names (starting with @) and Twitter special words ("RT", "via", ...);

- Removal of stopwords;

- Use of synonyms for the decomposed terms;

- Part of speech tagging usage (POS tagging);

- Recognition/Extraction of entities;

- Stemming: method for reducing a term to its radical, removing the endings, affixes, and thematic vowels; and

---

[1]https://blog.twitter.com/2013/celebrating-twitter7

- Treatment of the composite terms containing Hash-Tags. The terms are normally separated according to the capitalization of the letters. For example, "#Very-Good" becomes "Very Good" - a blank space is added between the words.

Sentiment analysis of tweets may be handled as a Natural Language Processing task or, more specifically, as a text categorization task. Text categorization is the task defined as assigning predefined categories to text documents, where documents can be news stories, technical reports, web pages, tweets, etc.These categories are most often subjects or topics, but may also be based on style (genres), pertinence, among others.

More formally, the text categorization task means finding a function that approximates the classification function $F : T \to C$, $f(t_i) = c_j$. This function describes how texts are associated to the classes, and also assigns a text $t_i \in T$ to its category $c_j \in C$, where T is a domain of texts and $C = \{c_1, ..., c_n\}$ is a set of n predefined categories.

In general, a text classification task starts with a training set $T = (t_1, ..., t_n)$ of texts that are already labeled with a category $c_j \in C$ (e.g. objective, subjective). The task is then to determine a classification model (function F) which is able to assign the correct class to a new text t_i of the domain T.

To measure the performance of a classification model, a fraction of the labeled texts is set aside and not used for training. They are used to apply the proposed classification model and compare the estimated labels with true labels.

To build the classification model in this case study we use Support Vector Machine (SVM) (Vapnik, 2000). SVM is a machine learning method based on minimization of structural risk involved in the creation of the high dimension hyperplan for class separation. At the same time, it generates a classification model with the support vectors and analysis individuals that better play that role (positive or negative). SVM also guarantees that the classifying function has the smallest Vapnik-Chervonenkis (VC) dimension which also guarantees the greater generality of the classifier. To perform the class separation, SVM uses spatial transformation functions, called kernel functions. A important kernel function family is the radial basis function, often used in pattern recognition problems and also used in this work. The radial basis function is defined by:

$$R(x_i, y_i) = \epsilon^{-\gamma(x_i - x_j)^2} \qquad (1)$$

where γ is a chosen parameter.

The cost parameters (C), associated with the penalties of each class and also the parameter of the radial kernel function are estimated through a grid search algorithm that is responsible for finding the set of parameters that optimize the solution. The search algorithm uses the training base (that does not have samples used in test) to approximate the best parameters. These parameters are chosen analyzing the accuracy after a cross-validation procedure.To evaluate the generality of the classifier, each result also presents the average number of support vectors used. The lesser this number in relation to the number of individuals in the training base, more generic is the classifier.

The Naive-Bayes classifer is based on the modeling of the uncertainty by means of probabilities, considering the inputs independently. However, the Naive-Bayes classifier

Table 1: Example of tweets sent by users

User	Date and Time	Original Message	Translated Message
@BH2014Copa	2013-04-12 13:16:23	Bom dia, faltam 63 dias para a Copa das Confederações da FIFA. BH está ansiosa!	Good morning, we're 63 days away from FIFA's Confederation's Cup. BH is looking forward to it!
@apenas_be	2013-04-12 14:05:48	Quero estar no Rio na copa das confederações #vaiSerMuitaOndaaa	I want to be in Rio for the Confederation's Cup #itsGonnaBeAwesome

presents optimum results even problem classes which have highly dependent attributes [22, 9, 21, 24].This occurs due to the fact that the conditional independence of attributes is not a necessary condition for Naive Bayes optimality. The Naive-Bayes algorithm basically brings the same mathematical foundations of the Bayes Theorem. Applying this theorem to the context of tweets classifiers, we have:

$$P(c|t) = \frac{P(c)P(t|c)}{P(t)} \quad (2)$$

where:
P(c) is the occurrence probability of the category;
P(t) is the occurrence probability of the tweet;
P(t|c) is the occurrence probability of the tweet, given that the category occurred;
P(c|t) is the probability of tweet, given that it occurred, belonging to the category.

The term is computed taking into consideration the conditional probability of occurrence of each word that forms the tweet, since the category have occurred. This term could be written as:

$$P(t|c) = \prod_{1<=k<=n} P(t_k|c) \quad (3)$$

where:
$P(t_k|c)$ is the probability of the term k occurring, given that the category occurred;
n is the tweet length.

We also analyze the case study results through the standard Information Retrieval (IR) metrics, which are Precision, Recall and F-Measure. The fraction of correctly classified documents in relation to the total number of documents is called accuracy, and is a basic performance measure.

4. CASE STUDY DESIGN

In order to carry out this study, we needed to create a sentiment classifier whose classification process was done in two steps, as shown in the diagram of Figure 1. We present in this section the overall design of our developed case study. To describe this case study, this section is subdivided into three subsections: the selection of the corpus, which describes the used dataset; the sentiment polarity classification of tweets, which addresses the usage of our technique; and the evaluation, which focuses on validation.

4.1 Selection of the Corpus

We collected approximately 300,000 tweets in the Portuguese language concerning the theme of FIFA's Confederations Cup, which took place in Brazil, in 2013. The Twitter's REST search API was used for collecting tweets by

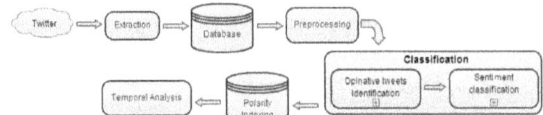

Figure 1: Process for classification of tweets' Sentiment Polarity

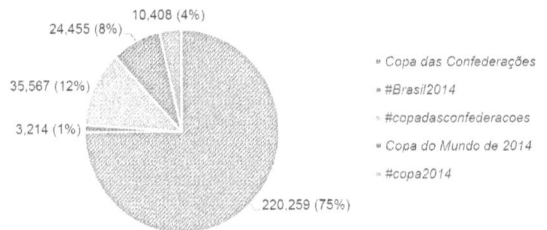

Figure 2: Number of tweets obtained through query terms

GET requests. We created a crawler which collected automatically, every day between April and August 2013, tweets containing at least one of the following terms: #copa2014, #Brasil2014, #Brasil2014, Copa do Mundo de 2014 (World Cup 2014), Copa das Confederações (Confederations Cup) and #copadasconfederacoes. After the data be collected and stored in a database, the tweets were submitted to a preprocessing, that includes the removal of stopwords, special terms (RT, via, etc.), removal of user names; and hashtags treatment (separation of composite terms, according to the capitalization of letters).

Figure 2 presents a graphic containing the number of tweets obtained by the search terms. It can be clearly noticed that the term "Copa das Confederações" (Confederations Cup) used in the queries had the largest number of tweets.

The data was collected between April 12th and August 12th in the year of 2013, approximately two months before the beginning and two months after the end of the competition, which occurred between July 15th and 30th, in 2013. That period of time is important for a temporal analysis, enabling the perception of possible sentiment - opinion - of the Brazilian people with respect the theme of the cup in Brazil. Figure 3 illustrates the number of tweets posted every day during the data gathering.

It is possible to see (Figure 3) that by the time of the competition the number of tweets sent was higher, as expected. It is also possible to notice that, in May 14th of 2013, there was a unusual number of tweets. About 17,000 tweets were collected in that date. In that date, the list of

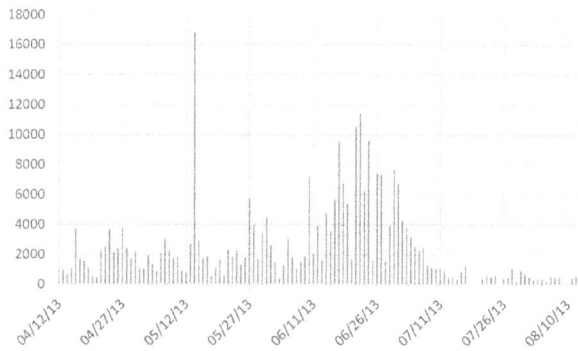

Figure 3: Number of collected tweets by day

players summoned by the Brazilian football team was publicized. Supposedly, most of those tweets were opinionated and must reflect the popular opinion about the selected players to form the team for the competition.

4.2 Sentiment Polarity Classification of the Tweets

The use of classifiers such as SVM and Naive Bayes, has already been discussed in the literature about sentiment analysis combined with other techniques such as Pos Taggers [26, 22, 24, 9, 21, 30]. However, in this work we implemented two approaches for sentiment classification of tweets and compared the achieved results. The process of sentiment classifying for both approaches is performed in two classification steps: in the first step only tweets with subjective text are classified; and in the last step each tweet is classified with a single sentiment either positive or negative. The SVM and Naive Bayes techniques have been used in the literature for traditional sentiment classification processes, in which several authors argue that SVM performs better in the text classification [26, 22, 24, 12]. Thus, this study aims analyzing the behaviour of such approaches when the process of sentiment classifying is performed in two steps, as mentioned earlier.

Support Vector Machine (SVM) has showed a good generalization performance and can easily learn the exact parameters for the global optimum. SVM seeks a hyperplane represented by vectors that splits the positive and negative or subjective and objective training vectors of documents (tweets) with maximum margin. The problem of finding this hyperplane can be translated into a constrained optimization problem. SVM algorithm classifies opinionated text vectors by separating it into positive and negative classes with a hyperplane, which can be further extended to nonlinear decision boundaries using various kernels [27]. In this work we utilized the bag of words representation for each tweet as feature of the SVM. This study has used a variant of SVM for fast training using Sequential Minimal Optimization (SMO). For more details about SMO see [23].

In the approach of construction of a polarity classifier through supervised machine learning techniques, it was necessary to have labeled (classified) data to train the classifier. So, we adopted two approaches to obtain the tweets with sentiments labeled:

Emoticons: using the approach from Pak & Paroubek [21], which assumes that all words in the message have char-

acters that express emotions, e.g. Happy emoticons - ":-)", ":)", "=)", ":D", etc - and Sad emoticons - ":-(", ":(", "=(", ";(", etc -, are also associated to the emotion of the character (emoticon). So, if a tweet presents a happy emoticon (":-)"), for instance, its polarity is considered positive.

Manual Labeling: 1,500 tweets from the collected one were randomly chosen and separated for manual labeling of the sentiment polarity. We asked 10 volunteers to give their opinions about the sentiments present in the tweets, so that, using the majority vote of the discrepant opinions, only those that presented a dominant sentiment would be considered valid for labeling.

Both methods for obtainment of sentiments labeling were used in the comparison and combination of results of the classifiers. Considering the randomness in the choice of tweets to be labeled manually, we found that only 12 tweets had emoticons and that the process of labeling, at least one of the users confirmed the sentiments expressed by emoticons. Table 2 presents the number of tweets with sentiments labeled using the two approaches. We considered neutral tweets those who do not express any opinion.

Table 2: Number of Tweets Labelled (Training and Testing Sets)

Approach	Positive	Negative	Neutral	Total
Emoticons	1,468	492	-	1,960
Manual Labeling	326	321	463	1,110

Using distinct training sets, two binary classifiers were built: a classifier to check whether a tweet is subjective, that is, presents an opinion; and a polarity classifier to distinguish the sentiment as positive or negative. Once the sentiment classifier is trained, all tweets were analyzed and indexed with the opinion polarity obtained by the classifier.

Finally, the collected sentiments were summarized by means of a temporal analysis, which enabled us to follow the general orientation of the sentiments expressed by the Brazilian people with respect to the subject of the Confederations Cup. Besides, a word frequency counter was used to detect the main terms cited in the tweets.

4.3 Evaluation

In order to validate the sentiment polarity classifier, we used 10-fold cross validation technique with all of the labeled tweets. The metrics accuracy, precision, recall and F-Measure were used to evaluate the results. These metrics are defined in equations 4, 5, 6, and 7, respectively. In these equations, TP indicates true positive, which is defined as the number of tweet-opinion pairs that the system identifies correctly as positive, TN indicates true negative, which is defined as the number of tweet-opinion pairs that the system identifies correctly as negative, FP indicates false positive which is defined as the number of feature-opinion pairs that are identified falsely by the system, and FN indicates false negatives which is the number of feature-opinion pairs that the system fails to identify.

$$Accuracy = \frac{TP + TN}{TP + FP + TN + FN} \qquad (4)$$

$$Precision = \frac{TP}{TP + FP} \qquad (5)$$

Table 3: Comparison of Developed Classifiers (SVM and Naive-Bayes)

Classifier / Technique	Dataset (Training and Testing)	Accuracy	Class	Precision	Recall	F-Measure
Subjective tweet classification + Polarity Classifier / SVM	Emoticons + Manual Labeling	0.800	Positive	0.839	0.873	0.856
			Negative	0.715	0.657	0.685
			Weighted Average	0.799	0.802	0.800
Subjective tweet classification + Polarity Classifier / Naive-Bayes	Emoticons + Manual Labeling	0.777	Positive	0.91	0.742	0.817
			Negative	0.616	0.849	0.714
			Weighted Average	0.813	0.777	0.783

Table 4: Comparison of training classifier datasets (SVM)

Classifier	Dataset (Training and Testing)	Accuracy	Class	Precision	Recall	F-Measure
Subjective tweet classification + Polarity Classifier	Emoticons	0.870	Positive	0.953	0.847	0.897
			Negative	0.748	0.916	0.824
			Weighted Average	0.885	0.870	0.873
	Manual Labeling	0.656	Positive	0.762	0.716	0.738
			Negative	0.469	0.529	0.497
			Weighted Average	0.668	0.656	0.661

Table 5: Comparison of training classifier datasets (Naive-Bayes)

Classifier	Dataset (Training and Testing)	Accuracy	Class	Precision	Recall	F-Measure
Subjective tweet classification + Polarity Classifier	Emoticons	0.727	Positive	0.820	0.765	0.791
			Negative	0.569	0.649	0.606
			Weighted Average	0.739	0.729	0.733
	Manual Labeling	0.650	Positive	0.805	0.636	0.710
			Negative	0.472	0.678	0.556
			Weighted Average	0.697	0.650	0.672

$$Recall = \frac{TP}{TP + FN} \qquad (6)$$

$$F - Measure = \frac{2 \times Precision Recall}{Precision + Recal} \qquad (7)$$

5. RESULTS AND DISCUSSION

As it can be observed from Table 3, which presents the results achieved with the developed classifiers, the best results are obtained by the classifier who implements the SVM technique. Tables 4 and 5 present a comparison of the datasets used to train the classifiers. The results of the Naive-Bayes and SVM subjectivity classifiers shown an accuracy of 82% and 84%; and a F-measure of 0.819 and 0.821, respectively.

One of the main disadvantages in the approaches that use machine learning for sentiment classification is the construction of a training set. So, we used the proposal of Pak & Paroubek [21] for automatic collection of data through emoticons to train the sentiment classifiers. The results achieved with the classifier by the training carried out with the data resulting from the automatic labeling were compared with the classifier trained with the data manually labeled. It can be noticed, in Tables 4 and 5, that both classifiers that use the dataset obtained automatically present the best results.

Having built and validated the sentiments classifier and having used all the labeled tweets, the next step was to obtain of the general semantic orientation of the sentiments expressed by the Brazilian people regarding the 2013 FIFA Confederations Cup. Figure 4 presents the result of the sentiments classifier applied to all of the collected tweets. In that graphic, the number of sentiments classified with negative polarity was plotted in the negative semi-axis to avoid superpositions with the number of sentiments classified with positive polarity.

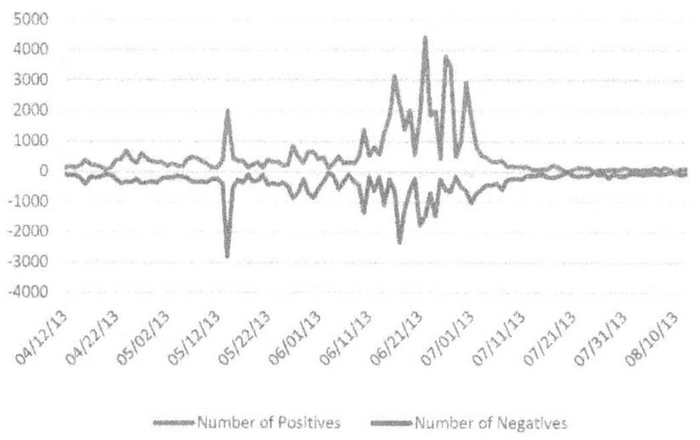

Figure 4: Number of positive and negative tweets

Figure 6: Negative polarity tweets in 05/14/2013

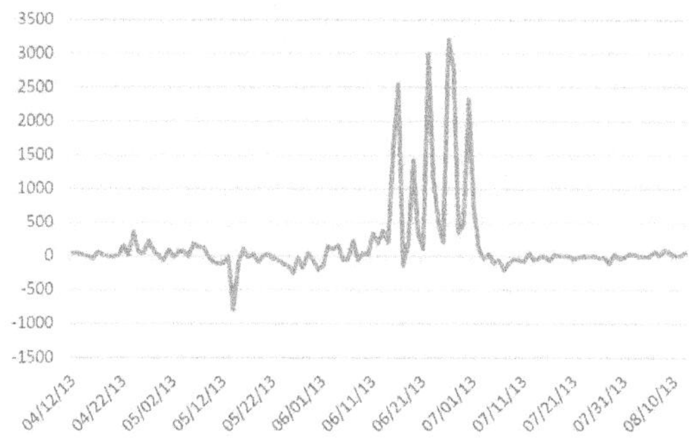

Figure 5: Semantic orientation of the collected tweets' sentiment

Figure 7: Positive polarity tweets during the competition

One way of obtaining the general semantic orientation of the sentiment expressed in the tweets is by subtracting the number of tweets with negative sentiments from the number of tweets with positive sentiments. Figure 5 presents the summary of the semantic orientation of the collected tweets.

The tool developed in the present work enables the decision maker to analyze the words more frequently used in a selected time interval, thus helping to identify possible dissatisfactions expressed in the messages or even complements about the evaluated objects. Figure 6 presents a cloud of words with the most frequent terms used in the tweets of 2013-05-14. Figure 7 presents a cloud of words obtained during the games played by the Brazilian team, in which the semantic orientation of the tweets was positive.

6. CONCLUSION

We have implemented and compared two approaches for sentiment analysis in case study about tweets written in Portuguese related to the FIFA's Confederations Cup, occurred in Brazil in 2013. The first approach uses two Naive-Bayes classifiers and the second one uses two SVM classifiers. The developed approaches replaced POS Tagger for identification of opinative tweets. The results obtained by the SVM sentiments classifier indicated an F-Measure of 0.873 and an accuracy of 80.0% for detection of sentiment polarity. The Naive-Bayes sentiment classifier presented a F-measure of 0.791 and accuracy of 72.7%. The results presented by both classification approaches are considered satisfactorily for Portuguese tweets, specially if we consider that the polarity of subjective content is not always consensual. The use of a SVM classifier increases the accuracy in 8%, that is a good result [12]. For example, in annotations made by hu-

mans, consensus is hardly above 75% [22]. Other sentiment analysis studies applied to the English language obtained, at the best scenarios, an accuracy of around 95% for detection of sentiment polarity [27]. The results achieved, however, are not enough to conclude whether it is always better to use SVM than Naive-Bayes classifiers. It would be necessary novel studies with different datasets aiming to reach a generalization.

Also, we performed a temporal analysis on the data in this work, aiming to identify the semantic orientation of the sentiments expressed by means of the tweets, as well as the identification of the more cited terms in the opinionated messages.

One of the main limitations identified is concerned with the identification of the entity referred to by the opinion detected in the tweet. Though the collected tweets are related to the 2013 FIFA Confederations Cup, the opinions expressed in the messages may refer to other entities. In this sense, we believe that the application of Named Entities Recognition techniques might minimize this problem. Also, it will be interesting to investigate relationships across Twitter entities aiming to improve accuracy for detection of sentiment polarity .

A future work will explore temporal series to help in the prediction of sentiments according to the detected tendency. Regarding the generation of the clouds of words through the most frequent terms, we believe that it is possible to apply an approach which is similar to that used by Hu & Liu [11], in which the authors perform the automatic summarization of opinion about products and services reviews, including the aspects (features) of the observed entities. So, it will be possible to identify which aspects regarding the FIFA Confederations Cup were considered positive or negative.

7. REFERENCES

[1] APPELQUIST, D., BRICKLEY, D., CARVAHLO, M., IANNELLA, R., PASSANT, A., AND PEREY, C. A Standards-based, Open and Privacy-aware Social Web, 2010.

[2] AWADALLAH, R., RAMANATH, M., AND WEIKUM, G. PolariCQ. In *Proceedings of the 21st ACM international CIKM '12* (New York, New York, USA, 2012), ACM Press, p. 1945.

[3] BJØRKELUND, E., BURNETT, T. H., AND NØRVÅG, K. A study of opinion mining and visualization of hotel reviews. In *Proceedings of the 14th International Conference on IIWAS* (New York, New York, USA, 2012), ACM Press, p. 229.

[4] CALAIS GUERRA, P. H., VELOSO, A., MEIRA, JR., W., AND ALMEIDA, V. From bias to opinion: A transfer-learning approach to real-time sentiment analysis. In *KDD '11* (New York, NY, USA, 2011), ACM, pp. 150–158.

[5] CHAVES, M., DE FREITAS, L., SOUZA, M., AND VIEIRA, R. Pirpo: An algorithm to deal with polarity in portuguese online reviews from the accommodation sector. In *Natural Language Processing and Information Systems*, G. Bouma, A. Ittoo, E. Métais, and H. Wortmann, Eds., vol. 7337 of *LNCS*. Springer Berlin Heidelberg, 2012, pp. 296–301.

[6] EIRINAKI, M., PISAL, S., AND SINGH, J. Feature-based opinion mining and ranking. *Journal of Computer and System Sciences 78*, 4 (July 2012), 1175–1184.

[7] FANG, Y., SI, L., SOMASUNDARAM, N., AND YU, Z. Mining contrastive opinions on political texts using cross-perspective topic model. In *WSDM'12* (New York, New York, USA, 2012), ACM Press, p. 63.

[8] FELDMAN, R. Techniques and applications for sentiment analysis. *Communications of the ACM 56*, 4 (Apr. 2013), 82.

[9] GO, A., HUANG, L., AND BHAYANI, R. Twitter sentiment classification using distant supervision. Tech. rep., Stanford, 2009.

[10] GONÇALVES, P., ARAÚJO, M., BENEVENUTO, F., AND CHA, M. Comparing and combining sentiment analysis methods. In *COSN '13* (New York, 2013), ACM Press, pp. 27–38.

[11] HU, M., AND LIU, B. Mining and summarizing customer reviews. In *KDD '04* (New York, New York, USA, 2004), ACM, ACM Press, p. 168.

[12] JOACHIMS, T. Text categorization with suport vector machines: Learning with many relevant features. In *Proceedings of the 10th ECML* (London, UK, UK, 1998), Springer-Verlag, pp. 137–142.

[13] KOPPEL, M., AND SHTRIMBERG, I. Good News or Bad News ? Let the Market Decide. In *AAAI Spring Symposium on Exploring Attitude and Affect in Tex* (2004), pp. 86–88.

[14] KWAK, H., LEE, C., PARK, H., AND MOON, S. What is Twitter, a social network or a news media? In *WWW '10* (New York, 2010), ACM Press, p. 591.

[15] LI, Y.-M., AND LI, T.-Y. Deriving Marketing Intelligence over Microblogs. In *44th HICSS* (Jan. 2011), IEEE, pp. 1–10.

[16] LIU, B. Sentiment Analysis and Opinion Mining. *Synthesis Lectures on Human Language Technologies 5*, 1 (May 2012), 1–167.

[17] NAAMAN, M., BOASE, J., AND LAI, C.-H. Is it really about me? In *CSCW '10* (New York, New York, USA, 2010), ACM Press, p. 189.

[18] NASCIMENTO, P., AGUAS, R., LIMA, D. D., KONG, X., AND OSIEK, B. Análise de sentimento de tweets com foco em notícias. In *I BRASNAM* (2009).

[19] O'HARE, N., DAVY, M., BERMINGHAM, A., FERGUSON, P., SHERIDAN, P., GURRIN, C., AND SMEATON, A. F. Topic-dependent sentiment analysis of financial blogs. In *Proceeding of the TSA '09* (New York, New York, USA, 2009), ACM Press, p. 9.

[20] O'REILLY, T. What Is Web 2.0: Design Patterns and Business Models for the Next Generation of Software. *Communications & Strategies 1*, 65 (2007), 17–37.

[21] PAK, A., AND PAROUBEK, P. Twitter as a Corpus for Sentiment Analysis and Opinion Mining. In *LREC'10* (2010), pp. 1320–1326.

[22] PANG, B., AND LEE, L. Opinion Mining and Sentiment Analysis. *Foundations and Trends in Information Retrieval 2*, 2 (2008), 1–135.

[23] PLATT, J. C. Advances in kernel methods. In *Fast Training of Support Vector Machines Using Sequential Minimal Optimization*, B. Schölkopf, C. J. C. Burges, and A. J. Smola, Eds. MIT Press, Cambridge, MA, USA, 1999, pp. 185–208.

[24] READ, J. Using Emoticons to reduce Dependency in Machine Learning Techniques for Sentiment Classification. In *ACL 05* (2005), pp. 43–48.

[25] SARMENTO, L., CARVALHO, P., SILVA, M. J., AND DE OLIVEIRA, E. Automatic creation of a reference corpus for political opinion mining in user-generated content. In *Proceedings of the TSA '09* (New York, 2009), ACM Press, p. 29.

[26] SHARMA, A., AND DEY, S. A comparative study of feature selection and machine learning techniques for sentiment analysis. In *RACS '12* (New York, New York, USA, 2012), ACM Press, p. 1.

[27] SHARMA, A., AND DEY, S. A boosted svm based sentiment analysis approach for online opinionated text. In *RACS '13* (New York, NY, USA, 2013), ACM, pp. 28–34.

[28] SILVA, I. S., GOMIDE, J., BARBOSA, G. A. R., SANTOS, W., VELOSO, A., MEIRA JR, W., AND FERREIRA, R. Observatório da dengue: Surveillance based on twitter sentiment stream analysis. In *SBBD 2011* (2011), pp. 49–54.

[29] TUMITAN, D., AND BECKER, K. Tracking Sentiment Evolution on User-Generated Content : A Case Study on the Brazilian Political Scene. In *SBBD 2013* (2013), pp. 1–6.

[30] YU, H., AND HATZIVASSILOGLOU, V. Towards answering opinion questions: Separating facts from opinions and identifying the polarity of opinion sentences. In *EMNLP '03* (Stroudsburg, PA, USA, 2003), pp. 129–136.

Analyzing the Topological Structure of the eBay Negotiations' Network

Cinthya de M. França
Instituto de Computação
Universidade Federal
Fluminense
Niterói, Brasil
cfranca@ic.uff.br

Antonio A. de A. Rocha
Instituto de Computação
Universidade Federal
Fluminense
Niterói, Brasil
arocha@ic.uff.br

Pedro B. Velloso
Instituto de Computação
Universidade Federal
Fluminense
Niterói, Brasil
velloso@ic.uff.br

ABSTRACT

The OSN's (On-line Social Networks) have reached an incredible popularity in modern Internet. Those systems have been present in the daily lives of countless people helping them to share personal experiences, expectations and opinions. So high popularity has made of such networks complex systems. To understand the operation and phenomena that occur in such networks, there are metrics and models that capture aspects of their structures.

The purpose of this work is to understand the complex reality of eBay ecommerce network, their connections and the dynamics of its users. Data were collected using a script developed in this work, and it resulted in a database of approximately 87 million transactions and 15 million different dealer users. From these data, the characterization was made estimating network metrics, like dealer users' degree distribution, that gave us key insights about the eBay negotiation network. We found that there are users who bought/sold for more than 100.000 different persons. We also found that a user A interacted over 4.000 times with another user B in just 3 months. Those and other interesting results, such as average distance and feedbacks ratings, were obtained, analyzed and discussed in this work. [1]

Categories and Subject Descriptors

H.4 [**Information Systems Applications**]: Miscellaneous

Keywords

Social Networks; Network Science; eBay; structural properties

1. INTRODUÇÃO

As redes sociais online são sem dúvida um fenômeno importante na Internet atual. Fazem parte do dia a dia de inúmeras pessoas, sendo usadas para os mais diversos propósitos, sejam pessoais, profissionais e comerciais. Pessoas escrevem o que estão fazendo no Facebook; criam currículos *online* e participam de grupos com interesses similares, no LinkedIn, ou ainda compram ou vendem itens de/para outras pessoas através do eBay. Devido à popularidade atribuída a essas redes sociais, é fundamental compreender como elas funcionam e como seus usuários interagem. Diversos estudos sobre redes sociais já foram realizados, como em [3, 4], mas essa é uma área em constante desenvolvimento.

Uma importante ferramenta para auxiliar no estudo e na compreensão deste tipo de rede são as redes complexas. Existem várias métricas, como distribuição de grau dos vértices e densidade da rede, que podem ser estimadas e cada uma delas contribui de forma significativa para esse estudo. Por exemplo, saber que, em uma rede, um determinado vértice possui um grau elevado em relação aos demais significa que ele é popular e, possivelmente, vértices novos tendem a se relacionar com ele. Conhecer a estrutura topológica de uma rede, quais são suas propriedades e mais importante, como usar essas propriedades, são questões fundamentais para identificar e entender comportamentos entre os objetos e a evolução da rede [1].

Dentro deste contexto, este trabalho estuda especificamente a rede real do eBay, que é uma rede de comércio eletrônico que envolve mais de 100 milhões de usuários ativos e por onde circulam bilhões de dólares através de milhões de transações realizadas por ano. O eBay utiliza um sistema de reputação que serve para indicar a importância e o reconhecimento de usuários. Apesar desse controle, o eBay é uma rede ainda vulnerável a ataques de usuários maliciosos. Tais usuários podem tentar fraudar o sistema, criando e usando múltiplas identidades para aumentar a reputação de um usuário específico, ou ainda enganar e levar ao prejuízo outros usuários. Esses são alguns exemplos práticos que motivam a realização do estudo dessa rede. Assim, o objetivo deste trabalho é compreender melhor a realidade complexa da rede real do eBay, suas conexões e a dinâmica de seus usuários. A caracterização e análise de sua estrutura topológica são feitas a partir das métricas de redes complexas, visando descobrir relações entre essas métricas e o comportamento da rede. A motivação maior desse estudo é entender como a caracterização dessa estrutura topológica pode ser usada para identificar e compreender aspectos específicos da rede, como por exemplo, se é possível identificar usuários maliciosos, resolver problemas como fraude ou como os usuários populares se comportam. Esse trabalho, portanto,

---

[1]This work was supported in part by CNPq, CAPES, FAPERJ and INCT-WebScience.

pode ser considerado o primeiro passo para outros trabalhos relacionados à rede de negociações do eBay.

Para as análises desse trabalho, foram coletados dados de 15 milhões de usuários do eBay, dentre os quais aproximadamente 1,13 milhão foram analisados, e obtidos cerca de 87 milhões de *feedbacks*, que usuários utilizam para avaliar outros usuários, de um período de 3 meses. Uma das métricas estimadas foi a distribuição complementar cumulativa (CCDF) do grau dos usuários, que permitiu identificar algumas ocorrências interessantes do eBay, a citar, a probabilidade de existir um usuário que comprou/vendeu para mais de 1.000 pessoas distintas é de 0,9% e 40% dos usuários realizaram transações com menos de 10 pessoas distintas. Outro estudo realizado foi com relação a usuários que compram de um mesmo vendedor, onde notou-se que um usuário A interagiu mais de 4 mil vezes com outro usuário B. Outros dados interessantes, como distância média equivalente a resultados da literatura e baixa densidade da rede também foram obtidos e analisados.

O restante deste trabalho está organizado como descrito a seguir. A Seção 2 descreve a rede real do eBay e seu sistema de reputação. Na Seção 3, são apresentados alguns conceitos de Redes Complexas. A Seção 4 mostra o desenvolvimento de um coletor de dados para a rede do eBay. Na Seção 5, são apresentadas as análises realizadas da estrutura topológica da rede capturada. Na Seção 6 foram feitos outros estudos, como o peso das arestas da rede e a relação entre os usuários mais populares e os usuários que realizaram muitas vendas para um mesmo comprador. Na Seção 7, é feita uma análise das avaliações dos *feedbacks* recebidos. Finalmente, na Seção 8, são apresentadas as conclusões do estudo.

2. REDE REAL EBAY

O eBay [5] é uma rede de comércio eletrônico cujo objetivo é fornecer uma plataforma global de negociações, conectando usuários que podem comprar e vender diversos itens. Em 2011, o eBay contava com mais de 100 milhões de usuários ativos – que compraram, venderam, ou colocaram para venda algum item nesse ano – e o valor total de produtos vendidos foi de US$68,6 bilhões – mais de US$2.100 a cada segundo.

O eBay implementa um sistema de reputação que permite avaliar os usuários a partir das transações realizadas. Quanto maior a pontuação de um usuário, mais confiável ele é, no sentido de prestar um bom serviço. O sistema é baseado em *feedbacks*, composto por comentários e notas de avaliação que um usuário atribui a outro de quem comprou ou para quem vendeu algum produto. Quando se compra ou vende um produto, cada usuário envolvido na negociação poderá escrever um *feedback* contendo sua visão sobre a transação. O objetivo do *feedback* é que os usuários deixem opiniões honestas e justas sobre um vendedor ou comprador em uma transação, para que outros usuários tenham uma ideia do que esperar ao lidar com esses usuários. Pode ser uma forma de um comprador elogiar e reconhecer o trabalho de um vendedor. Ou, no caso da avaliação ser para um comprador, reconhecer que a negociação foi feita com sucesso, de forma a encorajá-lo a comprar novamente [6].

As avaliações recebidas por um usuário são utilizadas para determinar sua pontuação de *feedback*. O usuário avaliado recebe (+1) ponto por cada avaliação positiva, (-1) ponto por cada avaliação negativa e (0) por cada avaliação neutra. Um comprador pode comprar vários itens de um mesmo vendedor e, assim, para cada compra pode deixar um *feedback*. No entanto, a pontuação é calculada levando em consideração a quantidade de positivos e negativos da semana da compra.

3. CONCEITOS DE REDES COMPLEXAS

Em sua definição mais geral, uma rede é uma abstração que permite codificar algum tipo de relacionamento entre pares de objetos [7]. Existem diversos tipos de redes presentes na vida de todas as pessoas, como rede de amizades ou telecomunicações, e elas podem ser modeladas na forma de um grafo. Por exemplo, em redes sociais, pessoas são os vértices e a relação de amizade entre elas é representada por uma aresta. Redes Complexas é uma área multi-disciplinar que visa estudar a estrutura, possivelmente não trivial, e dinâmica de uma rede. Ou seja, estuda como tudo se conecta e qual a implicação dessas conexões no funcionamento, independentemente do tipo de rede, seja a Internet ou redes biológicas. Alguns estudos sobre métricas e modelos podem ser encontrados em [1, 2, 9, 13].

3.1 Formalização de Redes e Propriedades Estruturais

Nesse estudo, os usuários da rede serão chamados de vértices da rede. O relacionamento existente entre dois vértices será chamado de aresta. Uma rede pode ser simétrica ou assimétrica. Em uma rede simétrica, o relacionamento entre dois vértices é recíproco. Assim, se i é irmão de j, então j é irmão de i. No caso da rede assimétrica, o relacionamento pode não ser recíproco. Por exemplo, uma página web i referencia a página web j, mas a página j não referencia a página i. As propriedades utilizadas no estudo serão definidas a seguir.

A primeira e mais simples propriedade é o *grau* do vértice, que representa o número de arestas que incidem sobre ele. O grau está sempre entre 0 e $(n-1)$, caso ele não possua ligações ou se relacione com todos os outros vértices da rede, respectivamente.

Outra propriedade é a densidade da rede, que representa a fração de arestas que a rede possui, ou seja, é a razão de quantas arestas existem sobre o número total de arestas, caso a rede fosse completa.

A distribuição complementar cumulativa (CCDF) do grau representa a fração de vértices que tem grau maior ou igual a k. Para isso, basta somar todos os graus menores que k e obter o complemento. Essa distribuição é bastante útil para visualizar os dados obtidos e identificar características como distribuição com cauda pesada, onde a maioria dos vértices possui grau baixo e poucos com grau muito alto. O cálculo da CCDF é dado por:

$$F_k = 1 - \sum_{i=0}^{k-1} f_i \qquad (1)$$

onde f_i é a fração de vértices com grau i.

Em uma rede conectada, existem muitos caminhos diferentes entre dois vértices. Como esses caminhos podem ter comprimentos diferentes, passando por diferentes números de vértices e arestas, a métrica distância entre dois vértices i e j será definida pelo menor comprimento de caminho encontrado entre eles. As distâncias permitem analisar quão próximos os vértices estão entre si. A distância média pode ser definida como a média aritmética das distâncias entre todos os pares de vértices da rede. E o diâmetro da rede é definido como sendo a maior distância entre qualquer par de vértices da rede. Como a distância é o comprimento de menor caminho entre i e j, para todos os vértices da rede, o diâmetro da rede será o maior comprimento, dentre os menores encontrados.

A métrica *Closeness*, ou proximidade, de um vértice caracteriza o quão próximo um vértice está de todos os outros vértices da rede. Ou seja, mede quantos passos são precisos para acessar todos os outros vértices da rede [10]. A centralidade de um vértice i é a sua importância relativa ao demais vértices, ou seja, indica quão central um vértice é na rede. É definida pela soma das distâncias para todos os outros vértices no grafo, sendo distância aqui definida como o comprimento médio dos caminhos mínimos para/de um vértice. Para a métrica *Closeness* considera-se que, quanto mais central um vértice for, menor será sua distância para os outros vértices.

4. COLETA DE DADOS

O primeiro passo para a realização das análises desse trabalho foi coletar os dados da rede do eBay. Para isso, foi criado um *script*, escrito na linguagem PHP. Esse *script* é capaz de percorrer uma página HTML (*HyperText Markup Language*) por meio de análise e "*pattern matching*" (casamento de padrões), coletar e armazenar os dados em uma base de dados local. O banco de dados utilizado foi Sqlite3 [12] e foi necessária a criação das tabelas *Usuário* (contendo os itens de **A, B e C** da Figura 1) e *feedbacks* (item **D** da Figura 1). A Figura 2 mostra o diagrama da base de dados.

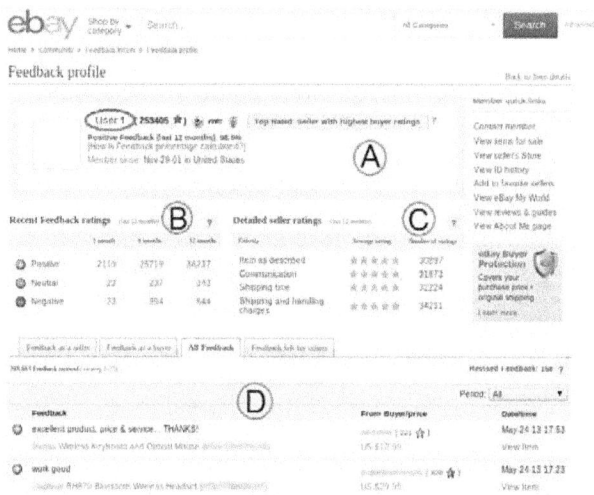

Figure 1: **Página de *feedbacks* de um usuário**

Da tabela *Usuário*, os atributos utilizados são: o identificador *Id_User*, baseado na ordem na qual o usuário foi inserido na base; *Member_Name*, o nome do usuário na rede; *Feedback_Score*, a pontuação de *feedbacks* do usuário; *My_Feedbacks_Page*, página de *feedbacks* do usuário e *Visited*, que indica se o usuário foi analisado pelo *script*. O atributo *Member_Name* é a chave primária da tabela. Os demais atributos foram coletados, porém não utilizados no trabalho.

Já a tabela *Feedbacks* armazena informações específicas das transações entre dois usuários. Nesse trabalho, os atri-

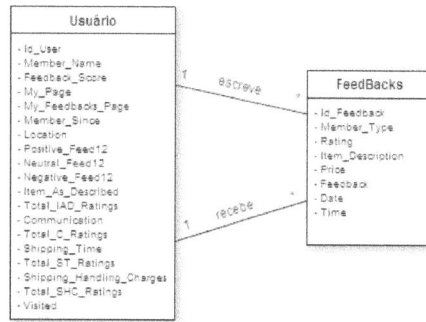

Figure 2: **Diagrama da base de dados**

butos mais utilizados foram: *Id_Feedback*, identificador do *feedback* na tabela; *Source_Id*, nome do usuário que escreveu o *feedback*; *Destiny_Id*, nome do usuário que está recebendo o *feedback*; *Member_Type*, indica se o *Source_Id* era um comprador ou vendedor nessa transação; *Rating*, que mostra se a avaliação foi positiva, neutra ou negativa e *Date* e *Time*, que são a data e hora que ocorreu a avaliação (diferente da data e hora da compra/venda). Nessa tabela, *Id_Feedback* é a chave primária e *Source_Id* e *Destiny_Id* são chaves estrangeiras para a tabela de Usuários.

Devido ao dinamismo da rede, onde usuários populares recebem milhares de feedbacks por dia, e às restrições do eBay, que restringe o acesso a *feedbacks* muito antigos, para esse estudo foi necessário escolher um período fixo para a coleta dos dados. Portanto, todos os dados coletados representam as transações ocorridas em um período de 3 meses, que vai de 10 de julho de 2012 a 10 de outubro de 2012. Como na página dos *feedbacks* é possível ver a data do recebimento dos *feedbacks*, essa data foi utilizada para verificar se um *feedback* havia sido recebido no período desejado. Se a data estivesse dentro do período estabelecido, o feedback era inserido na base de dados. Caso contrário, o feedback e as outras informações relacionadas a ele eram descartados.

A Figura 3 apresenta a ideia implementada no coletor através de pseudocódigos. Na primeira linha é escolhido o período que o *script* irá coletar os dados. Nas linhas 2 e 3, são passados para o *script* o nome e a página de *feedbacks* de um usuário escolhido aleatoriamente. Esses dados são armazenados na base, na linha 4. A partir daí, o passeio na rede é feito como uma busca em largura na base de dados. O *script* fica em um laço (*loop*), das linhas 5 a 10, que carrega em memória o nome e página de *feedbacks* do primeiro usuário ainda não analisado, coleta as informações citadas anteriormente, as armazena na base e marca o usuário como visitado. Desta forma, um usuário é considerado analisado se ele foi visitado e seus dados pessoais e seus *feedbacks* coletados, dentro do período estabelecido de três meses. Assim, todos os usuários que escreveram para o usuário que está sendo analisado são descobertos, criando uma ligação entre eles.

Em [3, 4], os autores propuseram um coletor de dados do eBay similar, utilizando também busca em largura, porém a forma de coleta foi diferente. Para cada usuário que era visitado, o coletor armazenava todos os *feedbacks* recebidos, desde sua "criação" na rede. A pesquisa coletou dados de *feedbacks* de 1999 a 2006. O conjunto de dados contém cerca de 54 milhões de *feedbacks* e 11 milhões de usuários, onde 66.130 usuários foram totalmente visitados, ou seja, todos os *feedbacks* recebidos nesses 7 anos foram incluídos na base de dados.

```
procedimento ColetorDadosEBay ()
1.    Escolhe_data_inicio_e_fim();
2.    usuario_atual ← usuario_aleatorio;
3.    link_pagina ← link_da_pagina_do_usuario_atual;
4.    Insere_Na_Base(usuario_atual, link_pagina);
5.    repita
6.        usuario_atual ← primeiro_usuario_nao_analisado_da_base;
7.        link_pagina ← link_da_pagina_do_usuario_atual;
8.        Coleta_info_usuario(usuario_atual, link_pagina);
9.        usuario_atual.visitado ← verdade;
10.   até ter_visitado_1000_usuarios_nao_analisados_da_base;
```

```
procedimento Coleta_info_usuario (usuario_atual, link_pagina)
1.    Coleta_info_pessoal();
2.    repita
3.        feedback ← Coleta_feedback();
4.    até feedback.data_estar_fora_do_periodo_desejado;
5.    Armazena_todas_as_informacoes_e_feedbacks_na_base();
```

Figure 3: Pseudocódigo do coletor de dados

4.1 Modelagem da Rede do EBay

A partir da base de dados coletada foi criado o grafo de reconstrução do eBay, onde os usuários são os vértices e as arestas representam a ligação entre os usuários que tiveram alguma relação, no caso escrita/recebimento de *feedbacks*.

Como a rede real do eBay não é simétrica, visto que um usuário A pode ter avaliado B, mas B não ter avaliado A, foi necessária a criação de dois grafos: direcionado e não direcionado. O grafo direcionado representa a rede real assimétrica, respeitando a direção das arestas. Assim, se A avaliou B será criada a aresta $e_{A,B}$ ($A \rightarrow B$) e se B não avaliou A, não existirá a aresta $e_{B,A}$ ($B \rightarrow A$). O grafo não direcionado foi criado para analisar a relação geral dos usuários, considerando apenas se existiu alguma transação entre eles. Ou seja, ainda que somente A tenha avaliado B, e não o contrário, o fato é que eles realizaram alguma transação, portanto, tem alguma relação.

Quando um determinado usuário A recebe n *feedbacks* de um mesmo usuário B, significa que existirão n arestas direcionadas ($e_{B,A}$) ligando estes dois nós do grafo da reconstrução da rede do eBay. Para simplificar a representação, no modelo deste estudo, a cada aresta foi atribuído um peso. O peso $p_{i,j}$ de uma aresta $e_{i,j}$ é a soma das arestas que ligam o par de vértices (i, j). Nesse caso, foi considerado o grafo direcionado. Assim, se B avaliou A cinco vezes, existem 5 arestas $e_{B,A}$ ($B \rightarrow A$), portanto, o peso $p_{B,A}$ é igual a 5. Se A avaliou B apenas duas vezes, o peso $p_{A,B} = 2$, da aresta $e_{A,B}$ ($A \rightarrow B$).

Para a maioria das métricas básicas de redes complexas estimadas no estudo, como grau médio, distribuição de grau, distância média e diâmetro, considerou-se o grafo não direcionado, ou seja, existe algum *feedback* entre os usuários. Já o grafo direcionado foi utilizado para avaliar o peso das arestas existentes.

5. ANÁLISE DA REDE UTILIZANDO REDES COMPLEXAS

Desde o início da coleta dos dados até a primeira metade de julho de 2013, foram coletados aproximadamente 87 milhões de *feedbacks* e 15 milhões de usuários, das transações ocorridas no período de julho a outubro de 2012. Desses usuários, 1.129.522 (aproximadamente 1,13 milhão) foram analisados – 17 vezes mais que em [3]. Como definido anteriormente, um usuário analisado é aquele que foi visitado e

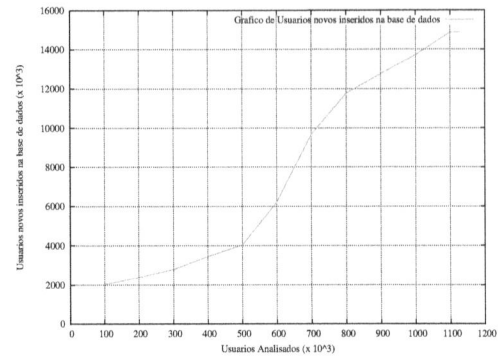

Figure 4: Usuários inseridos na base x Usuários analisados

teve seus dados pessoais e seus *feedbacks* coletados, dentro do período escolhido.

A Figura 4 mostra a quantidade de novos usuários que foram inseridos na base, a cada 100 mil usuários analisados. Uma hipótese para o estudo era que, a partir de um dado momento, a curva de usuários novos inseridos na base cresceria mais lentamente e se estabilizaria, pois dado que o número de usuários é finito, em algum momento todos seriam conhecidos e inseridos na base de dados.

Apesar do gráfico mostrar que, a partir de 700 mil usuários analisados, a derivada de crescimento da curva tem reduzido, ainda não se pode afirmar que ela está estabilizando. Nota-se no final da curva ilustrada no gráfico, inclusive, quase que um platô, com uma taxa de crescimento pequena do número de novos usuários conhecidos a cada usuário analisado. No entanto, por uma limitação de tempo, até a finalização desse estudo, essa hipótese não pôde ser comprovada.

5.1 Características Básicas da Rede EBay

Para caracterizar a rede reconstruída alguns conceitos de redes complexas serão utilizados. Para a maior parte dos cálculos e análises foram utilizadas as ferramentas R-Project [8] e igraph [10].

O grau médio da rede do eBay, ou seja, a média do grau de todos os usuários é 61,32. Para esse cálculo, só foram considerados os usuários analisados. A densidade calculada da rede direcionada (A avaliou B; B não avaliou A) é de 2,97e-07. Isso mostra que a rede é esparsa, pois o número de arestas reais é bem menor do que o número de arestas que poderiam existir. Ou seja, existem muitos usuários, mas muitos deles não possuem alguma ligação entre si. Considerando que a rede retrata a compra/venda de produtos, essa característica é esperada, pois existem muitos usuários que são apenas compradores ou apenas vendedores e assim, não interagem com usuários do mesmo tipo. Já a densidade da rede não direcionada, onde o que importa é somente ter existido uma transação, é 5,22e-07. Apesar de ser quase o dobro da densidade da rede direcionada, este valor ainda é muito pequeno, refletindo assim que essa também é uma rede bastante esparsa.

Um ponto interessante do estudo é a distribuição complementar cumulativa do grau (CCDF). O objetivo é verificar a fração de vértices com grau menor, maior ou igual a determinado grau.

A Figura 5 mostra as curvas das distribuições complementares de grau computadas da rede de usuários do eBay

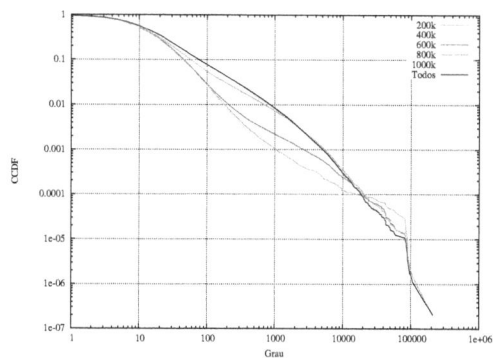

Figure 5: Todos os usuários analisados

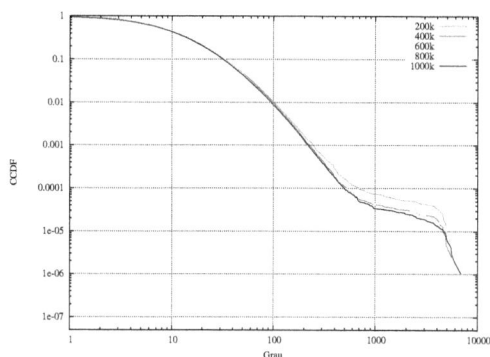

Figure 6: Usuários do tipo Comprador

coletada. No total de 6 curvas, cada uma delas representa a distribuição complementar após uma determinada quantidade de usuários serem analisados (200k, 400k, 600k, 800k, 1000k e 1300k [todos] usuários). Para esse gráfico foi considerada a relação escrita ou recebimento de *feedbacks*. Pela curva que contém todos os vértices analisados, a probabilidade de existirem vértices com grau ≥ 10 é de 60%, o que significa que 40% tem grau menor que 10. Isto significa que cerca de 40% dos usuários ativos nestes três meses no eBay venderam/compraram com menos de 10 usuários distintos e deixaram *feedbacks*. A probabilidade de existirem vértices com grau ≥ 100 é de 7% e grau ≥ 1000 é de 0,9%, ou seja, mais de 10 mil usuários possuem grau ≥ 1.000. Grau maior ou igual a 100 mil tem probabilidade de 0,0002% de ocorrer. Ou seja, existem usuários que fizeram transações com mais de 100 mil usuários no eBay em apenas três meses.

A Figura 6 mostra a CCDF dos usuários *Compradores* do eBay, que receberam *feedbacks* de *Vendedores*. Nota-se que as curvas de todas as análises (200k a 1000k) apresentam comportamento similar. Desses compradores, a probabilidade deles terem grau $g < 10$ é de 55%. Isto é, 55% dos compradores do eBay compraram de no máximo 9 vendedores distintos. Já a probabilidade dos compradores terem grau ≤ 100 é de 99,2%. Ou seja, apenas 0,8% dos compradores compraram com mais de 100 vendedores distintos, nesses 3 meses de coleta de dados.

Já a Figura 7 mostra a CCDF dos usuários *Vendedores* do eBay, que receberam *feedbacks* de *Compradores*. Desses vendedores, 40% venderam para menos de 10 usuários dis-

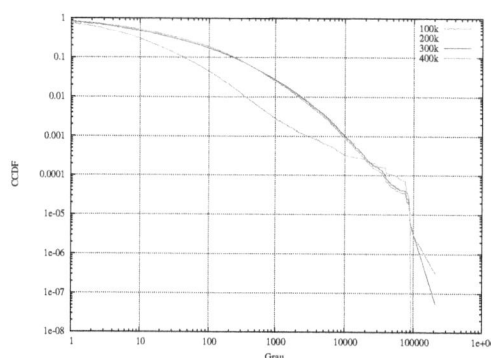

Figure 7: Usuários do tipo Vendedor

tintos, 97% possuem grau menor que 1000 e apenas 0,1% possui grau maior que 10 mil.

Ao comparar os gráficos CCDF de vendedores e compradores, é possível ver que a quantidade de vendedores é bem menor que a de compradores. No entanto, o grau dos vendedores é maior, pois eles tendem a vender para diversos compradores. Já em relação aos compradores, é comum eles comprarem poucas ou apenas uma vez, fazendo com que eles tenham grau baixo, muitas vezes 1. Isto explica a grande discrepância entre os graus dos vendedores e compradores nos gráficos.

Uma característica visível para os três tipos de gráficos apresentados nas Figuras 5, 6 e 7 é que, conforme aumenta-se o número de usuários analisados, percebe-se que as curvas convergem para um determinado valor, pois a diferença entre as curvas diminui significativamente. Uma observação é que, como existem usuários que podem atuar tanto como compradores quanto como vendedores, eles aparecem nos dois gráficos.

5.2 Closeness dos Usuários de Maior Grau

Para os cinco usuários de maior grau analisados da rede do eBay, foram calculados seus respectivos valores de *closeness*. Esses valores foram calculados considerando todos os vértices ($\sim$15 milhões) e arestas ($\sim$87 milhões) da base de dados. A intenção era verificar quão próximos os usuários de maior grau estavam de todos os outros. Por exemplo, saber se o usuário que recebeu ou enviou mais avaliações está próximo aos outros possíveis parceiros. A tabela 1 apresenta os resultados.

Identificador	Grau	Valor de *Closeness* Normalizado
789638	209.347	0,31
367720	106.720	0,33
37	95.644	0,33
47	89.938	0,33
105	88.652	0,34

Table 1: Valores de *Closeness* para os usuários de maior grau

Um ponto interessante é que os graus desses cinco usuários de maior grau são bem diferentes (entre 88.652 e 209.347), porém, seus valores de *closeness* são muito próximos, sendo a média igual a 0,33. Sabendo que o valor máximo de *closeness* para um vértice é 1, quando existem arestas para todos os outros vértices, isso significa que eles são 0,33 próximos de todos os vértices. Esse valor ainda é baixo pois o total de vértices existentes na rede é muito maior do que o maior grau existente na rede (209.347).

5.3 Amostragem para Estimar Outras Métricas

Como a quantidade de vértices e arestas é muito grande, optou-se pela técnica de amostragem para estimar outras métricas. Para as amostras foi considerado o grafo não direcionado. Foram geradas 10 amostras de 1 milhão de vértices cada. Esses vértices foram escolhidos aleatoriamente, e a partir daí foi criado um subgrafo com esses vértices e as arestas que os interligam. Como os vértices são escolhidos aleatoriamente para fazer parte de uma amostra, as arestas existentes também tendem a variar. A Tabela 2 apresenta a média da quantidade de arestas e dos resultados das métricas: grau médio, densidade, diâmetro da rede, distância média e a quantidade de componentes conexas.

Para 1 milhão de vértices em cada amostra, a média de arestas foi de 261.300,90. A densidade média foi de 5,23e-07, mostrando que mesmo em amostras, a rede é esparsa. Esse valor, inclusive, é quase idêntico à densidade encontrada da rede inteira (5,22e-07). E para o diâmetro da rede, a média encontrada foi de 19,5. Nas diferentes amostras da rede eBay, a distância média entre os usuários é de 6,10, perto da média encontrada por Milgram [11]. Isso permite dizer que a rede do eBay também se encaixa no conceito de *Small World* de Milgram.

Como também visto na Tabela 2, essas amostras de 1 milhão de vértices possuiam muitas componentes conexas. Inclusive componentes conexas de tamanho 1, ou seja, um vértice que não está conectado a nenhum outro. Esse fato não era interessante para o estudo, pois não representava a rede coletada, que é toda conexa. Assim, para cada amostra considerou-se apenas a maior componente conexa para estimar as métricas. A Tabela 3 apresenta os resultados obtidos.

Percebe-se que dos 1 milhão de vértices das amostras, a média de vértices presentes na maior componente conexa é de 199.780,5, ou seja, aproximadamente 20%. A média do grau médio das componentes também ficou muito baixa, indicando apenas 2,56. Naturalmente existem vértices com grau muito maior, porém, mesmo em amostras, a grande maioria dos vértices possui grau baixo. A densidade, comparada com a da Tabela 2 aumentou, o que era esperado, visto que foram retirados cerca de 80% dos vértices da amostra. No entanto, esses valores ainda mostram como a rede é esparsa. Por fim, o diâmetro e a distância média se mantiveram, pois no cálculo dessas métricas a maior componente conexa que é considerada.

Pelos resultados obtidos, especialmente o fato do grau médio ser tão inferior ao da rede inteira (61,32), existe a possibilidade das amostras, mesmo considerando a rede com a maior componente conexa, não representarem bem a rede em questão.

6. ANÁLISE DO PESO DAS ARESTAS

Dos dados coletados, parte dos *feedbacks* foram escritos por um usuário A para um mesmo usuário B, ou seja, A comprou várias vezes de B e o avaliou. A quantidade de *feedbacks* distintos, isso é, escrito por um vértice i para um vértice j distinto, é de 65.784.556, de um total de 86.956.851 *feedbacks* coletados. Isso significa que 24,34% dos *feedbacks*

recebidos são devido à re-negociação, onde um usuário possivelmente gostou do serviço prestado por um vendedor e desejou comprar novamente com ele. No modelo desse estudo, a cada aresta foi atribuído um peso, equivalente ao número de transações, com avaliações, ocorridas entre esses dois vértices. A Figura 8 mostra a CCDF dos Pesos das arestas da base eBay. É possível notar características de uma distribuição de cauda pesada. Isso significa que, embora muitas arestas possuam pesos pequenos, existe uma probabilidade não desprezível de arestas possuírem pesos muito grandes.

Do total de arestas (*feedbacks* coletados), aproximadamente 57,6 milhões possuem peso 1, ou seja, 66% do total de *feedbacks* foram escritos por usuários para outros com quem não voltaram mais a interagir, ou pelo menos não voltou a avaliar, dentro deste período de coleta. Outro valor notável no gráfico, no outro extremo da distribuição, é a existência de arestas com peso superior a 4 mil. Isto significa que, em um período de apenas três meses, existe um usuário A que comprou mais de 4 mil vezes com o mesmo usuário B. Isso o torna o usuário mais fiel da rede, no período analisado.

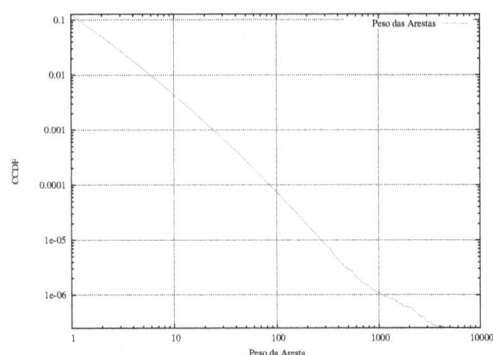

Figure 8: CCDF do peso das arestas

6.1 Peso das Arestas dos Usuários de Maior Grau

Tendo visto que as arestas possuem pesos, que indicam quantas vezes um usuário avaliou outro, a análise a seguir foi feita para verificar como eram esses pesos no caso dos cinco usuários de maior grau. Assim, identificou-se os usuários mais fiéis de cada um dos cinco usuários de maior grau, onde 2 são somente vendedores e 3 são vendedores e compradores.

Dos cinco usuários de maior grau, em ordem decrescente de grau, foi feita a pesquisa dos 10 usuários que eles mais avaliaram e quais 10 mais os avaliaram. Os primeiros usuários (1-4) tiveram poucas avaliações de um mesmo usuário (menos de 100). Para o usuário de maior grau, o maior número de avaliações que ele recebeu de um usuário foi 41. Também o máximo de vezes que avaliou um mesmo usuário foi 35. O maior peso de aresta aparece no quinto usuário de maior grau, que chega a 350 avaliações recebidas e 435 realizadas.

Devido a assimetria da rede, para um vendedor, poucos são os usuários que aparecem tanto na lista dos 10 mais avaliados quanto na dos 10 que mais avaliaram ele. Outro fato interessante é que nenhum dos dez usuários que avaliaram/ receberam avaliações de um usuário aparece nas listas dos mais avaliados ou avaliadores dos demais usuários.

	Arestas	Densidade (e-07)	Diâmetro	Distância média	Componentes Conexas
Média	261.300,90	5,23	19,5	6,10	794.527,1
Desvio Padrão	10.664,87	0,21	0,71	0,16	7.506,16

Table 2: Média das métricas estimadas das amostras

	Vértices	Arestas	Grau médio	Densidade (e-05)	Diâmetro	Distância média
Média	199.780,5	255.607,4	2,56	1,28	19,5	6,10
Desvio Padrão	7.681,81	10.883,61	0,03	0,05	0,71	0,16

Table 3: Médias das métricas da Maior Componente Conexa de cada amostra

6.2 Arestas de Maior Peso

A partir dos dados de pesos das arestas, notou-se que um mesmo usuário participou das duas arestas com maior peso do grafo, seja como avaliado ou avaliador. Por isso, este usuário foi escolhido para a análise dos pesos de suas arestas a fim de verificar a fidelidade de seus clientes, mostrada na Figura 9. Um fato interessante sobre esse vendedor é que seu grau é 10.991, muito inferior aos maiores graus da rede. Apesar disso, seu perfil de fidelidade é bem mais importante que os campeões de venda, sobretudo, com uma diferença significativa para os dois clientes mais fiéis que receberam mais de 4 mil *feedbacks*. Esses dois usuários fiéis desse vendedor foram justamente os que mais enviaram avaliações para ele, mas não em quantidade similar. Os demais usuários avaliaram menos de 500 vezes e também receberam menos de 500 *feedbacks* desse vendedor.

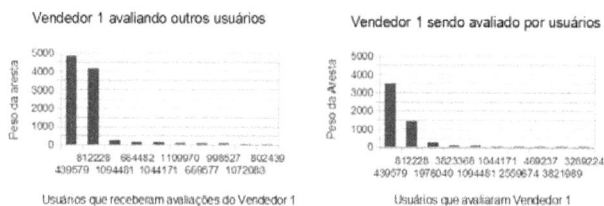

Figure 9: Usuário mais avaliado e avaliador

6.3 Relação Entre Popularidade dos Vendedores e a Fidelidade dos Clientes

O objetivo do estudo dessa seção é identificar a relação entre a popularidade dos vendedores, usuários de mais alto grau, e a fidelidade dos clientes, arestas com maior peso.

Para a análise, foram geradas duas listas de tamanho 1.000 cada. A primeira lista contém mil usuários, em ordem decrescente de grau. A segunda foi gerada com base no peso das arestas, em ordem decrescente de peso. Ela contém os usuários que receberam recorrentes avaliações de um mesmo usuário. No entanto, caso este usuário apareça novamente recebendo muitas avaliações de outro usuário, este não será inserido na lista novamente. Isso garante que não aparecerão usuários repetidos na lista. A comparação entre as duas listas foi feita da seguinte forma: a cada 100 usuários, era verificado se haviam usuários em comum nas duas listas.

Na Figura 10, percebe-se que dentre os 100 usuários de maior grau e os 100 primeiros usuários muito avaliados, apenas 1 aparece nas duas listas. Considerando 200 usuários de cada lista, 7 usuários aparecem nas duas listas (6 além do que já havia aparecido anteriormente). Já considerando 1.000 usuários de cada lista, apenas 104 aparecem nas duas.

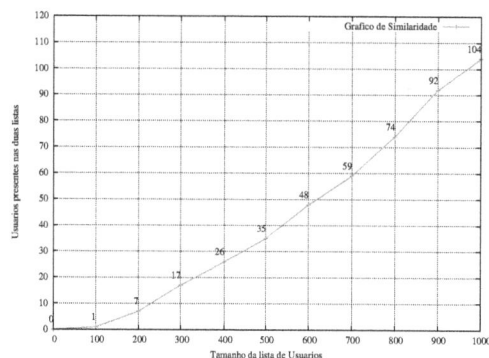

Figure 10: Intersecção das listas de usuários de maior grau e de maior recorrência de avaliações de um mesmo usuário

Por esses resultados, o fato de um vendedor ter grau alto, conhecendo muitos outros usuários, não implica que ele faça muitas vendas para um mesmo usuário. Ele pode simplesmente vender para muitas pessoas apenas uma vez. E os usuários que recebem as avaliações das arestas de maior peso não compram/vendem de/para muitas pessoas, mas para os que o fazem, são bem fiéis.

7. ANÁLISE DAS AVALIAÇÕES DOS FEEDBACKS

Dos 86.956.851 *feedbacks* coletados, 86.264.941 receberam avaliações positivas e 300.961 receberam avaliações negativas. Os demais *feedbacks* foram neutros.

Pode-se notar que apenas 0,3% dos *feedbacks* recebidos são negativos. Considerando apenas os *feedbacks* negativos, foi feito mais um estudo. A ideia é verificar se os compradores que deixaram *feedbacks* negativos para um vendedor já haviam comprado dele e, se compraram novamente, ou não, após uma transação mal-sucedida. Os *feedbacks* negativos das pessoas que só compraram uma vez com um mesmo vendedor foram excluídos – compraram e não gostaram, então não compraram novamente. Assim, sobraram 29.590 *feedbacks*, ou seja, existiram 29.590 compras, onde usuários compraram mais de uma vez dos mesmos vendedores e alguma compra resultou em *feedback* negativo.

Para todos os *feedbacks* negativos, procurou-se quem eram os respectivos compradores e vendedores e se houve mais transações entre eles. Em caso positivo, então estas ocorrências foram colocadas em um arquivo, em ordem cronológica. Esse novo arquivo, para cada comprador e vendedor, era percorrido, verificando se o comprador já havia feito compra com esse vendedor e qual o *feedback* deixado. Houve basicamente três casos: (i) um comprador avaliou uma ou mais vezes positivamente, depois avaliou negativamente e não voltou mais a comprar; (ii) um comprador avaliou uma ou mais vezes positivamente, depois avaliou negativamente e em outra data voltou a comprar e avaliar; (iii) um comprador avaliou uma ou mais vezes negativamente e depois, em outra data, voltou a comprar e avaliar.

Avaliando esses casos, o número total de compras que ocorreram após os compradores darem *feedbacks* negativos foi 13.807. Esse resultado mostra que mesmo após dar um *feedback* negativo, alguns usuários voltam a comprar com o mesmo vendedor. Algumas hipóteses são: (i) a pessoa só se importa em conseguir o menor preço do produto desejado, especialmente se o vendedor tiver boa reputação geral e nos últimos meses; (ii) a pessoa não se lembra de quem comprou anteriormente ou (iii) mistura das duas hipóteses.

Em geral, a porcentagem de *feedbacks* negativos é tão baixa que eles acabam não influenciando a reputação de um vendedor, se esse vendedor já tiver uma alta pontuação de *feedback*.

8. CONCLUSÕES

As redes sociais alcançaram tanto sucesso e popularidade na Internet atual que se tornou fundamental compreender seu funcionamento e o comportamento dos usuários. Para isso, o primeiro passo é conhecer a estrutura da rede, com suas conexões e dinâmica dos usuários, a partir de métricas de redes complexas.

A rede real escolhida para o estudo foi a rede de negociações do eBay, onde usuários podem avaliar outros com quem realizou alguma transação. As avaliações são utilizadas para o cálculo da pontuação de feedback de um usuário que, auxiliada por outros critérios, corresponderá a sua reputação na rede. Se um usuário possui uma boa reputação, influencia outros usuários a interagirem com ele.

Uma das contribuições desse trabalho foi o desenvolvimento de um *script* coletor de dados para a rede real do eBay. Os dados obtidos empiricamente serviram como base para análises da sua estrutura topológica. Métricas como distribuição de grau, densidade, diâmetro, *closeness* foram calculadas e apresentadas. Essas métricas permitiram a obtenção de resultados interessantes, como o fato de existirem usuários que compraram mais de 4 mil vezes com o mesmo vendedor em três meses ou que realizaram transações com mais de 100 mil usuários distintos nesse mesmo período. Além disso, o estudo deixou claro que nem sempre usuários populares (de maior grau) são os que possuem compradores mais fiéis, ou seja, com quem realizam várias negociações.

Por fim, o estudo sobre as avaliações dos *feedbacks* mostrou que existem usuários que mesmo após deixarem *feedbacks* negativos para um vendedor, voltaram a comprar com ele. Assim, *feedbacks* negativos possuem um impacto muito baixo na reputação de um vendedor, principalmente se ele tiver uma pontuação de feedback alta.

9. REFERÊNCIAS

[1] A.-L. Barabasi. Network science. http://barabasilab.neu.edu/networksciencebook, 2012. Ultimo acesso em 30/06/2014.

[2] A.-L. Barabasi and Albert. Emergence of scaling in random networks. *Science*, pages 509–512, 1999.

[3] Y. Beyene, M. Faloutsos, D. H. Chau, and C. Faloutsos. The ebay graph: How do online auction users interact? *IEEE - INFOCOM*, 2008.

[4] D. H. Chau, S. Pandit, S. Wang, and C. Faloutsos. Parallel crawling for online social networks. *WWW*, 2007.

[5] eBay Inc. a. Ebay: Electronics, cars, fashion, collectibles, coupons and more. http://www.ebay.com. Ultimo acesso em 30/06/2014.

[6] eBay Inc. b. How feedback works. http://pages.ebay.com/help/feedback/howitworks.html. Ultimo acesso em 30/06/2014.

[7] D. R. Figueiredo. Introdução a Redes Complexas. In A. F. de Souza and W. Meira Jr., editors, *Atualizações em Informática 2011*, chapter 7, pages 303–358. PUC-Rio, 2011.

[8] R. Foundation. R-project - the r project for statistical computing, Maio 2013.

[9] L. Freeman. A set of measures of centrality based upon betweenness. *Sociometry*, pages 35–41, 1977.

[10] P. Igraph. *Package Igraph - Network analysis and visualization*. Março 2013. Ultimo acesso em 30/06/2014.

[11] S. Milgram. The small world problem. *Psychology Today*, pages 61–67, Maio 1967.

[12] Sqlite3. Sqlite - a sql database engine. Maio 2013. Ultimo acesso em 30/06/2014.

[13] D. Watts and S. H. Strogatz. Collective dynamics of small-world networks. *Nature*, pages 440–442, 1998.

Unsupervised TV Scheduling Based On Collaborative Filtering

Leonardo Farage Freitas
Federal University of Santa Catarina
Florianopolis - SC, Brazil
leofarage@incod.ufsc.br

Heloisa Simon
National Institute of Digital Convergence
Florianopolis - SC, Brazil
heloisasim@incod.ufsc.br

Aldo von Wangenhein
Federal University of Santa Catarina
Florianopolis - SC, Brazil
awangehn@inf.ufsc.br

ABSTRACT

The generation of a television program schedule is a daily challenge. Broadcasting companies need to broadcast the best content according to the audience's preference. This paper proposes a novel take on collaborative filtering techniques to automate the selection of content based on viewers' rating through an interactive digital TV application. In order to overcome the fact that a television channel can broadcast only one schedule at a time, we group all ratings on Time Intervals in order to generalize viewers' preference and present the most appropriate content using a collaborative filtering technique.

Categories and Subject Descriptors

H.4 [**Information Systems**]: Miscellaneous

Keywords

recommendation systems; television scheduler; collaborative filtering technique; interactive digital television; group profiling

1. INTRODUCTION

Handling the huge amount of content from a TV channel can make a challenge out of offering the most interesting content while respecting viewers' preferences. As said in [12], television scheduling is both a science and an art that must evaluate the quality and appeal of new shows.

Those responsible for scheduling need to know all content available and be aware of the censorship of the content with regard to suitability for audiences in terms of issues such as violence, impudence, mature content, etc. Small and local television channels, such as university channels, do not have large structures and may not have a large content pool. Those responsible for scheduling need to repeat content and merge it with new content.

This paper presents a work in progress that proposes an unsupervisioned approach for generating program schedules

based on viewers' ratings and content metadata using collaborative filtering techniques. Schedules will be built using suggestions made by a recommender system. The system manages a content library and uses ratings from viewers for recommend content to be aired, increasing schedules variety. This system can generate complete schedules or fill vacant timeslots left by the user.

The remaining of the paper is organized as follows. In Section 2 we discuss TV programming and its challenges. Section 3 shows a recommender systems overview for TV programming. In Section 4 the proposed system is overviewed. Section 5 presents the conclusions we've reached.

2. TV SCHEDULING

Understanding a channel's target audience is an immense challenge. TV scheduling involves careful analysis of demographics and reliance on exacting survey re-search methods [12]. Audience's profile varies according to the time of week and day. Usually, the audience wants different shows on the weekend than they do during the week. Although there are weekly programs such as series, there is no guarantee that the audience is the same, week to week [14].

A television channel involves three different professionals for generating its schedule. A program director, responsible for preparing the schedule. A program coordinator that manages the broadcasting and insertion of commercials. And depending on the size of the broadcast company, there is a scheduling council, that approves the schedule.

A schedule consists of different types of content: weekly programs, daily and thematic programs, such as news, series and movies. Selecting the content for this schedule takes decisions as: "is the content appropriated for the timeslot?", "when this content aired for the last time?", "how many times has it been aired?" and many others. These questions make the job of creating a schedule a hard job when not aided by some kind of system that can help keep track of the answers for the questions above.

3. RECOMMENDER SYSTEMS

In the early 90s, with the increase in internet users, millions of opinions were floating in the web. For harnessing these opinions and help the users find more useful and interesting content Recommender Systems were developed [19]. Since then, recommender systems have proven their usefulness in many contexts such as e-commerce, web search engines and a promising future on digital television [20].

Recommender systems deal with a set of users and a set of items. Each user has a profile with ratings given for items.

Based on the ratings of an active user, the system predicts which items the active user might like [20].

Users' ratings can be acquired through implicit and explicit ways and the system employs filtering techniques that use these ratings along with content's metadata for making predictions [5, 7, 15]. These techniques can be categorized into content-based filtering, collaborative filtering and hybrid approaches [1, 16, 18, 19].

Collaborative filtering uses the information about an active user, his user profile, and information from similar users, known as neighbours, to predict the utility or relevance of an item. For predicting the possible ratings an active user might give for an item, its neighbors are used as base for making these predictions. This is done using techniques for evaluating similarities between the active user and its neighbors. There are several techniques available [5, 15, 18, 19] but the technique most used for collaborative recommender systems is the Pearson Correlation [3, 4, 5, 18].

3.1 Recommender systems on television

With the increase of channels and content available, searching for relevant content can be a very difficult task. To help in this task, employment of recommender systems has been used as a solution [2, 6, 10, 7, 8, 11, 17, 20]. Researches on recommender systems in television have been mostly centered on helping viewers find the best programs available among the diversity of channels. There are researches that propose solutions related directly to their television set [10, 11, 20], set-top boxes [2, 6, 10, 7, 20], through IPTV channels [9, 8] or even as guides on the web [8, 13]. For making recommendations, researches [2, 7, 8, 11, 17] use collaborative filtering, researches [6, 20] use content-based techniques and researches [10, 13] a hybrid approach for achieving the expected result.

All these solutions propose recommendations based on multiple channels and personalized entertainment experiences for the viewer. There has been little researches on how to apply these recommender systems for broadcast channels, to generate their schedules of TV programming [17].

The challenge for broadcasting companies is to know which program should be broadcasted, because the same program is aired to all viewers at any given time. Using recommendation systems in this context means that the system cannot use the preferences of a single viewer as basis for recommendations, instead it has to take all viewers' preferences into account. The system has to suggest the content that best fits the preference of most viewers.

4. SYSTEM OVERVIEW

Given the problem that television channels always have only a single broadcasted schedule, and that this schedule should have the best content concerning viewer preference, we propose a unsupervisioned approach for generating a better schedule based on viewers' rating and content metadata.

The proposed system is divided into the following parts: schedule manager, recommender module and rating module. It is through the schedule manager that the user will request, edit and manage recommended schedules. Also, in the schedule manager the user can add/remove/edit the library of content and edit the maximum number of times a content can rerun in a time period.

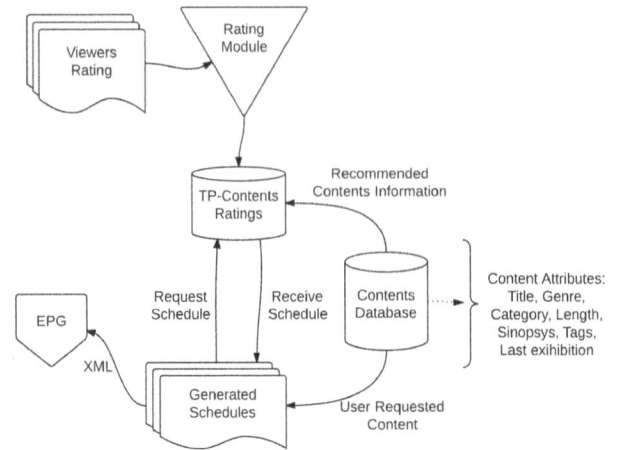

Figure 1: System Overview

The rating module is comprised of two parts: a GINGA[1] application for retriving viewers' ratings and a webservice for receiving the viewers' ratings and directing it to the recommender module. Figure 1 shows these interactions between the modules.

The recommender module is responsible for generating recommendations when requested by the schedule manager and explained in details in the next section.

4.1 Recommender module

The recommender module helps the program director choose which content should be aired through recommendations based on the viewers' ratings (preferences). Our research proposes a system based on time intervals as a solution for abstracting the viewers' preferences. These time intervals will be used as user profiles to the recommender system, containing the parental guidance ratings, eg.: pg-13, and preferred genres, eg.: drama, as attributes.

As the schedule of a channel is the same for all viewers, taking a single viewer's preferences as base for recommendation is irrelevant, what is needed are all viewers preferences, at once. For a single time-interval model (TI) there is only a single rating stored for an item: the mean rating by the viewers that rated on TI's specific time. Different times have different target audience, therefore a TI can be considered a user profile. This model abstracts the viewers' preferences so the system predicts what the viewers enjoys at each time of the day.

Each viewer's rating has a timestamp and rating value. When a new rating is received, the correct TI resolves its rating using a simple mean calculation between the previous values and the new one, resulting in a new rating between the TI and the content.

Our proposed system has two functions for recommending content for the producer/director. The first function uses a collaborative filtering technique (CF) for predicting ratings for content never used by the active TI and the second function uses a weighted selection for selecting content seen in the active TI. This approach prioritizes airing content never

---

[1]GINGA is the middleware used for interactive application on the SBTVD standard (Brazilian Digital Television System)

aired before in the active TI (recommending new content) and when none exist, it prioritizes contents not aired for a long time (recommending rated content).

Recommending new content. The recommendation of new content starts by retrieving all content that meets the active TI (u_α) criteria, such as its parental guidance ratings (PG), and that haven't yet been rated. The set K_{u_α}, containing the k-top neighbors from N_{u_α} (equation 2), is used over the set I_{u_α} (equation 1), containing all valid items, for generating new predictions.

$$I_{u_\alpha} = \{i \subseteq I, r_{u_\alpha,i} \notin R_{u_\alpha} \wedge PG_{u_\alpha} \geq PG_i\}. \quad (1)$$

$$N_{u_\alpha} = \{u_j \subseteq U, i \subseteq I_{u_\alpha} | sim(u_\alpha, u_j) > 0\}. \quad (2)$$

With set K_{u_α} defined, the function uses each of the neighbors' $sim(u_\alpha, u)$ as weight and using the Weighted Sum of Others' Ratings [18] retrieves predictions for user u_α. The system then recommends randomly one of the items from I_{u_α} using the predicted rating as weight.

Recommending rated content. As small channels might not have a large content pool available, the second function is used when new content is not available. This function uses weight for randomly choosing content already rated to be recommended, while keeping the best rated content in the highest possibility range. But as all content available has been paid for or had resources spent on producing it, we cannot ignore it, even if they were badly rated. So those items that haven't been aired in a long time have an increase on their chance to be chosen.

This weight is resolved for each content already rated by the active TI using equation 3. Where u_α is the active TI and i the current content being evaluated. $w_{u_\alpha,j}$ is the resulting weight, $r_{u_\alpha,j}$ is the rating given by u_α to i. t_i is the number of days since the current content last aired and T is the total length of all content available in the system. T is updated each time a new content is added to the database.

$$w_{u_\alpha,i} = r_{u_\alpha,i} * \frac{t_i}{T} \quad (3)$$

4.2 Initial test results

For testing purposes, we ran a stress test over our recommender system. We created a library containing 90 movies and its respective metadata, which had a length of a little more than a week.

Using this library, we generate a week schedule 8 times, which was equivalent to 2 months of schedules. The process consisted of running the *recommender module* for recommendations and inserting it into the schedule. As a week of recommendation were done, randomly each content were rated automatically and the process re-run for a new week.

At the end of the simulation a total of 569 movies were "broadcasted". A total of 479 movies were reprised and they consisted of 80% of movies rated 4+ stars. The most repeated content were shown 41 times and had a rating of 5 stars.

As of now, tests are being developed on the public broadcast company TV UFSC[2]. The company's content library is being ported to prototype database. The next step is

---

[2]Federal University of Santa Catarina's broadcasting company.

generate schedules for broadcast and open the interactive application for the viewers to rate the brodcasted contents.

5. CONCLUSIONS

The process of generating TV broadcasting channels' schedule is a tough task because there are different kinds of people watching the same content at the same time. The program director, responsible for scheduling, must know the available channel's content library and set the schedule based on his experience with media, as well as his knowledge of the target audience. It becomes even more complicated when content needs to be re-broadcasted, for example, in movie sessions or in a scenario where a small channel might not have a large content pool available.

This research presented a novel take on collaborative filtering techniques on recommender systems applied on a television channel broadcasting company. Unlike others researches which apply recommender systems on the viewer side helping the viewer choose content from a set of television channels, our work applies this technology on the television channel scheduler creation process.

Applying our proposed system in the scheduler creation process in a television channel, the program director can build an automatic schedule using recommendations based on the viewers' preferences acquired through a rating system developed for interactive television. Using the proposed system in the content curation process means the director has a tool capable of automatically generating the schedule in a way which prioritizes well-rated and/or less frequently broadcasted content.

This work showed that applying recommender systems on a broadcasting company context could help broadcast companies better manage their content library and schedule creation according to the audience's preferences. Initial experiments are being made along with TV UFSC, an university television channel in Federal University of Santa Catarina.

6. REFERENCES

[1] G. Adomavicius and A. Tuzhilin. Toward the next generation of recommender systems: A survey of the state-of-the-art and possible extensions. *Knowledge and Data Engineering, IEEE Transactions on,* 17(6):734–749, 2005.

[2] K. Ali and W. Van Stam. Tivo: making show recommendations using a distributed collaborative filtering architecture. In *Proceedings of the tenth ACM SIGKDD international conference on Knowledge discovery and data mining,* pages 394–401. ACM, 2004.

[3] M. T. Andrade and F. Almeida. Novel hybrid approach to content recommendation based on predicted profiles. In *Ubiquitous Intelligence and Computing, 2013 IEEE 10th International Conference on and 10th International Conference on Autonomic and Trusted Computing (UIC/ATC),* pages 507–514. IEEE, 2013.

[4] F. Cacheda, V. Carneiro, D. Fernández, and V. Formoso. Comparison of collaborative filtering algorithms: Limitations of current techniques and proposals for scalable, high-performance recommender systems. *ACM Transactions on the Web (TWEB),* 5(1):2, 2011.

[5] N. Chang, M. Irvan, and T. Terano. A tv program recommender framework. *Procedia Computer Science*, 22:561–570, 2013.

[6] P. M. de Ávila and S. D. Zorzo. Recommender system: A personalized tv guide system. In *e-Business and Telecommunications*, pages 278–290. Springer, 2011.

[7] B. Engelbert, M. B. Blanken, R. Kruthoff-Bruwer, and K. Morisse. A user supporting personal video recorder by implementing a generic bayesian classifier based recommendation system. In *Pervasive Computing and Communications Workshops (PERCOM Workshops), 2011 IEEE International Conference on*, pages 567–571. IEEE, 2011.

[8] S. J. Gibbs, A. Kunjithapatham, P. Nguyen, P. Rathod, and M. Sheshagiri. Evolving the tv experience. In *Proceedings of the 6th IEEE Conference on Consumer Communications and Networking Conference*, pages 1191–1194. IEEE Press, 2009.

[9] E. Kim, S. Pyo, E. Park, and M. Kim. An automatic recommendation scheme of tv program contents for (ip) tv personalization. *Broadcasting, IEEE Transactions on*, 57(3):674–684, 2011.

[10] C. Krauss, L. George, and S. Arbanowski. Tv predictor: personalized program recommendations to be displayed on smarttvs. In *Proceedings of the 2nd International Workshop on Big Data, Streams and Heterogeneous Source Mining: Algorithms, Systems, Programming Models and Applications*, pages 63–70. ACM, 2013.

[11] C.-F. Lai, J.-H. Chang, C.-C. Hu, Y.-M. Huang, and H.-C. Chao. Cprs: A cloud-based program recommendation system for digital tv platforms. *Future Generation Computer Systems*, 27(6):823–835, 2011.

[12] W. Lin, R. Bernard, G. Janes, and K. Farrell Jr. Automated television scheduling via evolving agents. In *Evolutionary Computation, 1997., IEEE International Conference on*, pages 691–696. IEEE, 1997.

[13] A. Martinez, J. J. Pazos Arias, A. F. Vilas, J. G. Duque, and M. L. Nores. What's on tv tonight? an efficient and effective personalized recommender system of tv programs. *Consumer Electronics, IEEE Transactions on*, 55(1):286–294, 2009.

[14] U. of South Australia. Low repeat viewing for tv programs @ONLINE, July 2006.

[15] D. H. Park, H. K. Kim, I. Y. Choi, and J. K. Kim. A literature review and classification of recommender systems research. *Expert Systems with Applications*, 39(11):10059–10072, 2012.

[16] B. Sarwar, G. Karypis, J. Konstan, and J. Riedl. Item-based collaborative filtering recommendation algorithms. In *Proceedings of the 10th international conference on World Wide Web*, pages 285–295. ACM, 2001.

[17] R. Sotelo, J. Joskowicz, and A. G. Solla. An affordable and inclusive system to provide interesting contents to dtv using recommender systems. In *Broadband Multimedia Systems and Broadcasting (BMSB), 2012 IEEE International Symposium on*, pages 1–4. IEEE, 2012.

[18] X. Su and T. M. Khoshgoftaar. A survey of collaborative filtering techniques. *Advances in artificial intelligence*, 2009:4, 2009.

[19] M. Zanker, A. Felfernig, and G. Friedrich. *Recommender systems: an introduction*. Cambridge University Press, 2011.

[20] H. Zhang and S. Zheng. Personalized tv program recommendation based on tv-anytime metadata. In *Consumer Electronics, 2005.(ISCE 2005). Proceedings of the Ninth International Symposium on*, pages 242–246. IEEE, 2005.

An Architecture to Promote the Use of Mobile Devices on Interactions with Media Synthesized Remotely

Arthur Pedro de Godoy
UFSCar, Brazil
arthur.godoy@dc.ufscar.br

Cesar A. C. Teixeira
UFSCar, Brazil
cesar@dc.ufscar.br

ABSTRACT

Computer graphics and virtual reality technologies allow audiovisual experiences with high level of realism, as the ones achieved in video games and movies. The synthetization of media with high degree of audiovisual realism demands specialized systems with high performance computing capacity. The profusion in the last decade of personal computing consumer electronics such as mobile and portable devices, encourages the interest in making possible, also in these devices, applications with high level of visual realism. However, due to the intrinsic limitations of the computing capability of mobile and portable devices, regarding to the physical characteristics of these devices, such as dimensions, electrical consume and heat dissipation, it's not possible directly process media with the same level of visual realism that is found in specialized systems. This research suggests the exploration of a traditional solution: the remote interaction with these applications. Challenges resulting from this approach are identified and studied. Solutions are proposed, analyzed and formalized in a architecture for reference. As a proof of concept the architecture is used in the development of applications on two scenarios: one in a local network with a media characterized by its low tolerance in delay of interaction response and another with a high tolerance media through the Internet. Also is showed the flexibility of the proposed architecture by integrating one of the applications developed with a multimedia context.

RESUMO

As tecnologias de computação gráfica e realidade virtual permitem experiências visuais e auditivas com alto nível de realismo sensorial, como alcançado em jogos eletrônicos e no cinema. A sintetização de mídia com alto grau de realismo visual e auditivo demanda sistemas especializados com capacidade computacional de alto desempenho. A profusão na última década de eletrônicos de consumo computacionais pessoais, como dispositivos móveis e portáteis, desperta o interesse em tornar possível, também nesses dispositivos, aplicações visuais com alto nível de realismo. Devido às limitações da capacidade computacional intrínsecas dos dispositivos móveis, decorrentes de suas características físicas, como dimensões, restrições de consumo e dissipação térmica, não é possível a execução direta de

WebMedia'14, November 18–21, 2014, João Pessoa, Brazil.
Copyright © 2014 ACM 978-1-4503-3230-9/14/11...$15.00.
http://dx.doi.org/10.1145/2664551.2664563

mídia interativa com o mesmo grau de realismo encontrado em sistemas especializados. Este trabalho sugere a exploração de uma solução tradicional: o processamento e a interação remota com esse tipo de mídia. Desafios decorrentes dessa solução são identificados e estudados. Soluções são propostas, analisadas e formalizadas em uma arquitetura de referência. Como prova de conceito da arquitetura explorou-se o desenvolvimento de aplicações em dois cenários: um em rede local com mídia de baixa tolerância a atrasos no tempo de resposta às interações e outra através da Internet com mídia de maior tolerância a atrasos. Mostrou-se também a flexibilidade da arquitetura desenvolvida com a integração do componente cliente a um sistema com múltiplas mídias, em que a mídia remota relaciona-se integralmente com o contexto multimídia.

Categories and Subject Descriptors

C.2.4 [Distributed Systems]: Distributed applications;

H.5.1 [Multimedia Information Systems]: Communications Applications – Artificial, augmented, and virtual realities, Video.

General Terms

Measurement; Performance; Design; Experimentation; Human Factors.

Keywords

High Performance Media; Media Consumer Device; Remote Processing; Virtual 3D Environment; Video Streaming; Multimedia.

1. INTRODUÇÃO

A principal questão abordada neste artigo refere-se a como propiciar a utilização de mídia com alto nível de realismo audiovisual em dispositivos com limitações computacionais. Este trabalho se propõe a ilustrar as diversas vantagens e oportunidades que o uso de uma experiência com alto grau de realismo pode trazer para aplicações de consumo pessoal, entretenimento e serviços gerais, formalizando a proposta em uma arquitetura de referência. Essa arquitetura pode ser utilizada para implementações que buscam solucionar esse problema com uma abordagem remota, onde a aplicação que gera a mídia encontra-se em um contexto remoto ao dispositivo que a exibe, e esse dispositivo é responsável por encaminhar as interações do usuário para a aplicação.

Na **Figura 1** essa questão é exemplificada de forma visual, na qual observa-se a transição explorada neste trabalho: aplicações e mídias que necessitam de um domínio computacional com alto desempenho em processamento gráfico sendo utilizadas em dispositivos de um domínio computacional mais restrito quanto a processamento gráfico.

Figura 1. Representação simplificada da proposta de solução desta pesquisa. A esquerda é representada a aplicação remota que gera a mídia interativa a qual é exibida e controlada pelo dispositivo a direita.

A capacidade de processamento gráfico de sistemas especializados torna possível experiências visuais e auditivas com alto grau de realismo. No aspecto visual, gráficos foto realistas tornam-se cada vez mais comuns em mídia pré-renderizada, como animações e efeitos de computação gráfica em filmes e outros materiais audiovisuais, e também em mídia sintetizada em tempo real, como jogos eletrônicos e efeitos visuais em transmissões ao vivo. Quando o realismo visual e auditivo é aliado à interatividade permitida pela sintetização em tempo real, proporciona-se uma experiência imersiva e interessante para o usuário. Porém, essa aliança demanda alto desempenho computacional e alta especialização em processamento gráfico do sistema.

Para melhor caracterizar esse tipo de mídia, utiliza-se neste trabalho o termo HPM (High Performance Media). Como definido em trabalhos anteriores [1], "High Performance Media", ou HPM, é definida como mídia sintética interativa cuja sensação de realismo promovida, principalmente nos sentidos de visão e audição, apresenta intensidade suficiente para exigir alto desempenho de processamento para ser produzida"

Outro fato relevante ao contexto do trabalho é a disseminação, observada na última década, de eletrônicos de consumo computacionais como dispositivos móveis e portáteis, dentre eles os laptops, smartphones, tablets e smart tvs. Esses dispositivos, referenciados neste artigo apenas como CE (Consumer Electronics), permitem à computação pessoal ser utilizada de forma abrangente e ubíqua. Assim, ao considerarmos o uso de aplicativos que se adequam ao cotidiano dos usuários, os dispositivos CE tornam-se indispensáveis. Essa profusão também desperta o interesse científico em pesquisar a viabilidade de promover aos usuários de CE a experiência obtida com HPM. Entretanto, tais dispositivos possuem limitações computacionais intrínsecas, decorrentes de suas características físicas, como dimensões, restrições de consumo e de dissipação térmica. Essas limitações inviabilizam a execução direta de HPMs em CE.

A exploração de solução adequada para transpor a barreira tecnológica de HPMs em CE é o assunto abordado neste trabalho. Os autores propõem solução baseada em uma arquitetura independente de tecnologias e promovem sua avaliação por meio de duas provas de conceito. Cada prova de conceito foi implementada com o objetivo de solucionar as necessidades impostas por situações diferentes. Na primeira, a aplicação é executada em ambiente de rede local com mídia de baixa tolerância a atrasos no tempo de resposta às interações; na outra a mídia apresenta maior tolerância ao atraso de interação entretanto a interação acontece através da Internet.

Na Seção 2 são discutidos os desafios na relação HPM com CE, descrevendo-se os conceitos envolvidos na solução de interação remota, os trabalhos relacionados e suas correlações com a soluçã

proposta. Na Seção 3 são detalhadas a arquitetura proposta bem como o rationale das escolhas aplicadas na implementação das provas de conceito. As análises dos resultados alcançados e das limitações da proposta são apresentadas na seção 4. Na Seção 5 são apresentadas as conclusões do artigo e delineados possíveis trabalhos futuros que podem dar continuidade à pesquisa.

2. INTERAÇÃO REMOTA COM MÍDIA DE ALTO DESEMPENHO

Uma solução clássica para execução de aplicações que possuem limitações de execução em determinados sistemas computacionais, tanto por características de hardware como software, é sua execução remota. Mesmo sendo um conceito simples de arquitetura cliente-servidor, as especificidades da implementação em um ambiente real de uso criam desafios tecnológicos interessantes para pesquisa. Múltiplas aplicações com requisitos diferentes de software devem ser suportadas em dispositivos clientes heterogêneos, possivelmente em plataformas e hardwares completamente diferentes.

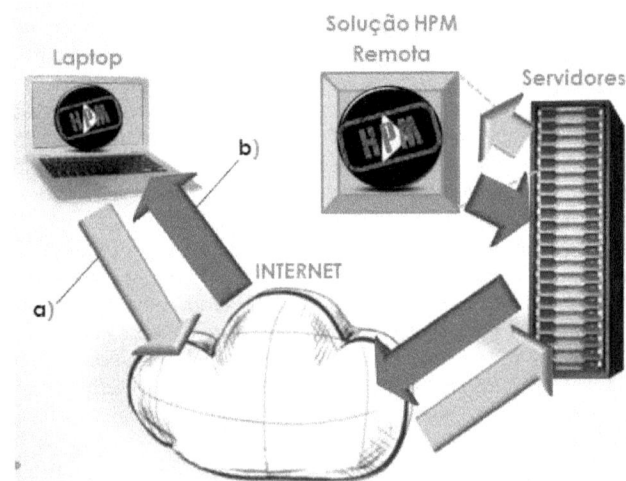

Figura 2. Representação da requisição de acesso a uma HPM remota (a) e resposta da requisição por meio de um pixel streaming até o usuário (b).

Como representado pela sequência de setas iniciada pela seta a) na **Figura 2**, uma requisição de acesso à HPM remota, realizada por um usuário a partir de um web site ou aplicação, passa por seu provedor de Internet e alcança um dos servidores. No servidor é selecionada uma máquina virtual que fica disponível para atender a nova demanda. A solução de HPM remota instancia na máquina virtual a HPM requisitada, ou seja, promove, *on the fly,* a sintetização da mídia e sua transformação em vídeo (pixel streaming).

A seta b) da **Figura 2** representa a fase final do pixel streaming sendo enviado ao usuário que requisitou o acesso. O pixel streaming recebido é apresentado ao usuário; suas interações (mouse, teclado, touchscreen, etc.), são capturadas e enviadas à HPM remota; as interações são então processadas, o resultado transformado em vídeo e remetido ao usuário, fechando-se assim o ciclo de interação e resposta audiovisual.

Os desafios e seus parâmetros de comparação, obtidos por meio do mapeamento de trabalhos relacionados, são detalhados nas subseções seguintes.

2.1 Renderização Remota em Tempo Real

O conceito de renderização remota em tempo real se refere à necessidade de baixa latência entre o momento em que houve a alteração no estado da aplicação gráfica e o momento em que a renderização do novo estado é finalizada apresentando-se a resposta visual.

No escopo de aplicações das técnicas de renderização remota destacam-se dois fatores principais, comuns a qualquer das tecnologias e soluções, que interferem na qualidade e usabilidade do sistema pelos usuários: a latência da resposta visual e a largura de banda da conexão necessária para transferir a resposta visual ao usuário.

A latência de resposta à interação de um usuário utilizando uma aplicação com aceleração gráfica 3D de alto realismo (como um jogo moderno sendo executado em seu PC, por exemplo) é estimada em aproximadamente 160ms [2]. Já em outro estudo sobre jogos multiplayers online esse valor é no máximo 150ms [3]. Pode-se concluir que qualquer valor acima de 160ms influencia diretamente na experiência do usuário.

Para a largura de banda as configurações e padrões de codificação, assim como o tempo disposto para o processamento (comparação interframes), interferem diretamente na compressão do vídeo e por consequência na largura de banda necessária para o transporte sem necessidade de utilização de um buffer para o pré-carregamento. Essa característica da conexão pode eventualmente impedir o usuário de utilizar a solução remota, caso não tenha a largura de banda suficiente.

2.2 Captura da Renderização Gráfica

São utilizadas técnicas de captura de renderizações gráficas em tempo real em diversos tipos de aplicações, desde captura de softwares de apresentações, principalmente quando utilizam animações gráficas, captura da interação do usuário com o sistema (para a confecção de um vídeo tutorial, por exemplo), captura da saída visual de vídeo games (para transmissão ao vivo de torneios na Internet), entre outras aplicações.

A forma de captura é definida por meio da tecnologia utilizada para renderização, quando a solução de captura é implementada apenas em software, ou com a obtenção de componentes de hardware especializados, quando a solução é independente das tecnologias de software utilizadas na renderização. As principais características de desempenho do processo de captura de renderizações gráficas em tempo real são: latência entre o momento em que foi finalizada a renderização e o momento do término da cópia (captura) da saída gráfica produzida, perceptível por meio da comparação entre a quantidade de renderizações (quadros) por segundo que são produzidas com a quantidade que é capturada; redução (impacto) no desempenho do sistema ou da aplicação que está sendo capturada, mensurável por meio da comparação entre a quantidade de quadros por segundo que o sistema é capaz de produzir sem a captura com a quantidade obtida enquanto a captura está sendo executada.

Existem quatro principais técnicas de captura de renderizações em tempo real: captura por meio da API de gerenciamento gráfico de janelas, captura por meio da API de aceleração gráfica 2D/3D, captura por meio de mirror drivers e captura por meio de componentes de hardware. Essas técnicas e soluções são detalhadas a seguir:

•**API de gerenciamento gráfico de janelas**: Por meio da captura das operações de redesenho dos gerenciadores de gráficos de janelas (2D), GDI e X11, respectivamente nos sistemas operacionais Microsoft Windows e sistemas baseados em GNU/Linux;

•**API de aceleração gráfica 2D/3D**: Realiza a captura do processo de renderização diretamente nas APIs de aceleração gráfica 3D como Microsoft DirectX e OpenGL;

•**Mirror Drivers**: Muito utilizados em clientes VNC (Virtual Networking Computing) para capturar a tela e interagir no sistema remotamente. Porém, como um mirror driver não é o driver padrão de saída visual (apenas o driver conectado ao monitor/GPU) um atraso é acrescentado entre a geração da renderização na saída visual padrão e a cópia para o mirror driver.

•**Componentes de Hardware**: Utilizam uma solução de hardware para capturar fisicamente a saída visual como uma GPU faria ao enviá-la ao monitor. Depois aplica-se algum tipo de compressão e empacotamento para o envio pela rede. Essa é a solução que apresenta menor latência, ao custo de exigir, em geral, hardware especializado para o usuário.

2.3 Pixel Streaming em Tempo Real

A necessidade de acessar conteúdos audiovisuais sem a necessidade de seu download completo estimulou a criação de vários serviços de streaming de vídeo, também chamados de pixel streaming. De maneira simplificada esses serviços podem ser divididos em: vídeo sob demanda (Video on Demand - VOD) e streaming ao vivo (Live Streaming).

A principal diferença entre esses dois tipos de serviço de pixel streaming é que no VOD a mídia está pronta (já codificada e armazenada) no servidor, diferente do Live Streaming em que a mídia é codificada e enviada ao mesmo tempo em que é produzida.

De maneira geral, a etapa que mais demanda recursos, incluindo tempo de processamento computacional, é a codificação de vídeo. Nessa etapa evidencia-se a relação direta entre a compressão do vídeo e a latência (diferença entre o momento de geração da mídia original e o momento da finalização da codificação). Admitindo-se maior latência é possível obter-se compressão melhor, devido à quantidade maior de tempo para análise dos quadros e codificação. Portanto, um desafio grande em especificar uma codificação para pixel streaming em tempo real, com alta restrição de latência, é gerenciar uma compressão boa suficiente para o perfil de conexão do usuário desejado com baixa latência e alta qualidade visual.

Outro desafio técnico é a compatibilidade de playback com a codificação e protocolo de streaming utilizados. Como existe uma dependência direta entre essas etapas ao utilizar um mesmo conjunto de tecnologias que tenha a capacidade para atingir o maior número possível de usuários, pois existem muitos dispositivos e tecnologias que apenas são compatíveis com determinadas combinações de padrões de codificação e streaming. Essa compatibilização com dispositivos sem tecnologias convergentes para playback de pixel streaming é uma barreira importante no projeto de um sistema flexível de pixel streaming em tempo real com alta restrição à latência.

2.4 Interação Remota

Para realizar a interação em aplicações sendo executadas remotamente existem basicamente três etapas: captura local, comunicação e interação remota. Na captura local é necessário capturar os eventos de interação local desejados e realizar o mapeamento desses para os eventos que se deseja inserir na aplicação remota. Por exemplo, a partir de um dispositivo móvel, como um smartphone, seria possível mapear o toque na tela do dispositivo para um clique de um mouse na aplicação remota.

Já a etapa de comunicação refere-se aos processos de formatação do evento local em uma mensagem comum ao interpretador remoto, transmissão dessa mensagem por um canal seguro comum a ambos e recebimento pelo interpretador remoto. A generalização e flexibilidade do protocolo utilizado por ambos pode definir a capacidade de inserir eventos específicos da aplicação remota, por exemplo, disparar a execução de uma função interna à aplicação.

Por fim, a etapa de interação remota é o processo de interpretar a mensagem de evento recebida e inserir o evento correspondente na aplicação. Essa inserção do evento pode ser feita por simulação de um evento comum ao sistema, como, por exemplo, a simulação de movimentação do mouse, ou por interação direta com a aplicação, quando essa já foi preparada para receber e gerar eventos diretamente.

A principal característica para a escalabilidade de um sistema de interação remota é a capacidade de ter a mesma coleção de recursos computacionais (hardware e software) sendo acessada por múltiplos usuários simultâneos. Uma forma interessante de compartilhar recursos computacionais garantindo compatibilidade de interação remota satisfatória seria por meio da utilização de máquinas virtuais para executarem as aplicações remotas. Com a virtualização dos recursos de hardware e isolamento do software entre usuários, é possível promover a escalabilidade de aplicações remotas. Entretanto, HPMs e aplicações que utilizam aceleração gráfica 3D necessitam de acesso especializado à GPU. A virtualização de GPU é oferecida apenas por hardware altamente especializado, impossibilitando a flexibilidade de personalização nos protocolos de comunicação e o desacoplamento entre a HPM e o software local do usuário.

Outra forma mais flexível de alcançar o acesso múltiplo de usuários seria pela emulação de múltiplos dispositivos de entrada no sistema operacional. Como exemplo, múltiplos mouses e teclados poderiam ser emulados. Com tal capacidade seria possível compartilhar os recursos de hardware, bem como os recursos de software.

2.5 Estado da Arte em Interação Remota com Mídia de Alto Desempenho

Por meio dos desafios detalhados nesta seção é possível observar a importância dos estudos necessários desenvolvidos na pesquisa buscando solucionar ou mitigar esses problemas.

O conceito de interação remota com HPM é abordado em Viel et al [4], sendo apresentado um framework que utiliza uma estratégia baseada em streaming de vídeo. Dessa forma, torna-se possível que aplicações que requeiram alto grau de processamento, como é o caso da renderização de HPMs, possam ser acessadas em dispositivos com restrições de hardware.

Nesse trabalho, utilizaram-se aplicações HPM que foram alteradas ou desenvolvidas especialmente para os testes. Tais alterações foram necessárias para o funcionamento do framework proposto, devido ao acoplamento entre a forma de captura e interação utilizados, impossibilitando que aplicações sem essas implementações pudessem usufruir do framework. Além disso, foi desenvolvido com um software cliente específico em foco, não podendo ser acessadas de outra maneira.

Na pesquisa de Jurgelionis et al [5] é demonstrada uma forma de captura capaz de acessar a saída visual de aplicações 3D, sem a necessidade de alterá-las. Também é exposto que a partir da inserção de bibliotecas dinâmicas (DLL) no processo da aplicação é possível capturar as chamadas e inserir novas chamadas à API 3D (no caso MS DirectX). Entretanto os procedimentos de envio dos resultados visuais e interação são específicos a essa API 3D, não havendo possibilidade de captura de uma aplicação OpenGL, por exemplo.

O trabalho de Karachristos et al [6] apresenta um serviço de GoD (Game on Demand), em que os jogos são acessados sob demanda, assim como vídeos em um serviço de VoD (Video on Demand). O sistema proposto também utiliza técnicas de inserção de DLL para a captura da saída de vídeo da aplicação desejada e codificação de vídeo para realizar o streaming até o usuário, em uma arquitetura cliente-servidor. Porém, o trabalho restringe-se a uma aplicação específica para aceitar o tipo de streaming utilizado e enviar as interações remotas, funcionando apenas em clientes Microsoft Windows.

Em Yu et al [7] é proposto um sistema para interação remota com aplicações baseado em dispositivos móveis como thin clients. O sistema utiliza uma codificação de vídeo para realizar o streaming da tela ou parte da tela (janelas), por meio do protocolo RFB (Remote Framebuffer) utilizado para transmitir remotamente o framebuffer do dispositivo gerenciador de interface gráfica (Graphics Device Interface - GDI) do sistema operacional Microsoft Windows. Para a captura da saída visual é realizada a cópia do buffer da janela selecionada por meio do GDI. Esse método de captura não possibilita o acesso eficiente às telas de aplicações gráficas 3D que utilizam a API Microsoft DirectX.

No estudo de Zhao et al [8] é explorada uma arquitetura de Cloud Gaming. Servidores especificamente configurados para virtualização com suporte a GPU atendem às interações remotas dos clientes em três cenários testados: tablet, PC e smartphone. Para a comunicação, tanto do streaming de vídeo quanto das mensagens de interação e controle, foi utilizado um protocolo genérico de comunicação (UDP). Porém, para utilização da solução é necessário que a aplicação modificada seja desenvolvida especialmente para o sistema.

Torterolo et al [9] apresentam um sistema de cloud computing 3D com o objetivo de acessar aplicações gráficas 3D, da área de ciências biológicas, de forma remota e colaborativa. No sistema proposto é utilizada também uma técnica de inserção de bibliotecas dinâmicas no processo da aplicação. Já a visualização e interação são realizadas por meio de um streaming de vídeo e um plugin proprietário, o qual necessita ser instalado no navegador web para seu funcionamento. Entretanto, o ambiente de execução e captura é restrito ao hypervisor de virtualização utilizado, funcionando apenas com aplicações que utilizam OpenGL, API de renderização comum em sistemas científicos de representação gráfica.

Em Huang et al [10], foi proposto um sistema de cloud gaming open source, provendo um framework com as ferramentas necessárias para o setup de servidores do portal de seleção de jogos, servidores de execução dos jogos e a aplicação cliente. Entretanto, nesse sistema há limitações impostas pelos protocolos de streaming de vídeo escolhidos, tipo de interação remota e aplicação cliente com dependências de plataforma, inviabilizando a integração de clientes multiplataforma ou mesmo HTML5.

3. ARQUITETURA PROPOSTA

A estratégia de solução proposta neste trabalho é a execução remota de HPMs. Para alcançar esse objetivo é projetada uma arquitetura que oferecerá as diretrizes necessárias para o desenvolvimento dos componentes de forma modular, possibilitando a substituição flexível e adequação às futuras tecnologias.

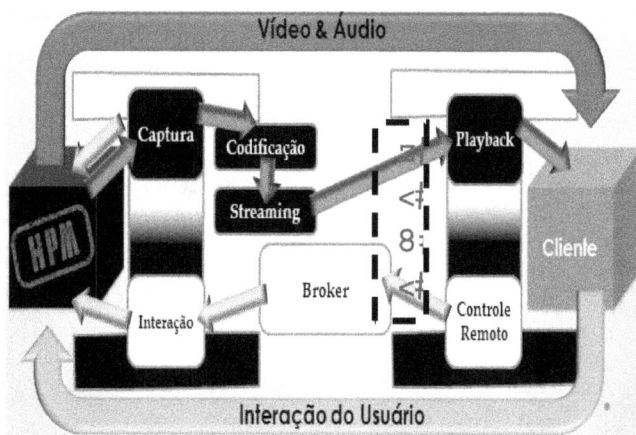

Figura 3. Diagrama dos componentes da arquitetura.

No diagrama apresentado na **Figura 3** são observados os módulos componentes da solução de interação remota com HPM, bem como suas duas principais funcionalidades: o envio da renderização capturada da HPM na forma de um pixel streaming (seta superior) e o recebimento das interações remotas do usuário (seta inferior).

Também é apresentado o fluxo entre as etapas para realizar a funcionalidade de pixel streaming. A primeira etapa é a inserção da biblioteca dinâmica no processo da HPM (seta clara superior). Depois, o módulo de captura começa a receber os bits da renderização capturada da HPM e prepara esses dados em uma imagem (bitmap), enviando ao módulo de codificação. Esse módulo, prepara as imagens em frames e realiza a codificação no padrão de vídeo selecionado e encaminha o fluxo multiplexado de frames ao módulo de streaming. O módulo de streaming empacota o fluxo em um pixel streaming. Por fim, o pixel streaming é recebido e apresentado pelo módulo de playback.

Na parte inferior da **Figura 3** são apresentadas as etapas para realizar a interação remota com a HPM. Primeiramente, o módulo de Controle intercepta as interações do usuário (mouse, teclado, touchscreen, etc.). Após isso, ele envia por meio de uma conexão pré-estabelecida (utilizando um broker de mensagens) esses comandos ao módulo de Interação com a formatação de mensagem do sistema de eventos. Esse meio de comunicação flexibiliza e desacopla o módulo de Interação e o módulo de Controle. Concluindo, o módulo de Interação interpreta esses eventos em interações diretamente na HPM.

Para a implementação do protótipo de solução para interação de HPM remota foram projetados os seguintes módulos:

•**Módulo de Captura**: Responsável por realizar todas as operações relativas à captura da tela e áudio da aplicação HPM;

•**Módulo de Codificação**: Responsável por preparar as imagens capturadas em frames e codifica-los no padrão escolhido;

•**Módulo de Streaming**: Recebe o fluxo de frames codificados e os empacota em um streaming de vídeo;

•**Módulo de Playback**: Responsável por tocar o streaming de vídeo recebido na página web;

•**Módulo de Controle**: Intercepta as interações do usuário com a página web enviando os comandos para interação remota;

•**Módulo de Interação Remota**: Responsável por interpretar os comandos em interações com a HPM.

4. PROVA DE CONCEITO E RESULTADOS

Os resultados apresentados neste capítulo foram obtidos por meio da execução de duas HPMs com características opostas: a primeira é uma visualização arquitetônica (maquete virtual) desenvolvida em [11] e a segunda é um jogo de demonstração do framework de desenvolvimento de jogos UDK[1]. A escolha dessas HPMs se deve às suas características contrastantes quanto a tolerância no atraso de tempo de resposta. Na maquete virtual, o usuário interage de forma menos contínua devido ao seu caráter contemplativo, nela alguns centésimos de segundo de atraso não anulam a experiência de visualização do ambiente virtual (desde que a qualidade visual esteja em um nível de alto realismo). Já a HPM que representa jogos eletrônicos de ação em primeira pessoa (First Person Shooter), possui uma taxa de interações do usuário por minuto bastante alta e cada décimo de segundo na latência da interação impacta no objetivo da experiência.

Figura 4. Telas das HPMs utilizadas nos experimentos. À esquerda a HPM representando jogos de ação e à direita a maquete virtual interativa.

Na **Figura 4** são apresentadas telas das duas HPMs, à esquerda é apresentada a tela do jogo eletrônico e à direita a tela da maquete virtual. Cada HPM foi executada em cenários específicos: a visualização arquitetônica no cenário (a) de WAN e o jogo de ação em (b) uma LAN. Em cada teste realizado utilizou-se os seguintes dispositivos clientes: Ultrabook com GPU integrada de baixo consumo energético e um Smarpthone Android 4.3. Esses dispositivos são representantes das plataformas portátil e móvel, respectivamente. Como servidor utilizou-se um computador com processador de 4 núcleos em 3,0GHz, 8GB de memória RAM e uma GPU Nvidia GTX 760 com vRAM de 2GB DDR5.

Para a obtenção dos dados de latência de rede, largura de banda utilizada e outras características de comunicação em rede foi utilizado um *sniffer* de pacotes chamado WireShark[2]. Já para as medições entre módulos locais (que não se comunicam por rede), utilizou-se *timestamp* local, pois um mesmo servidor os estava executando.

Nas medições de atraso no tempo de resposta dos módulos de captura, codificação e streaming utilizou-se uma técnica de marcação de frames, semelhante à utilizada na ferramenta NVIDIA FCAT[3]. O conceito utilizado consiste em realizar uma marcação no frame renderizado com a identificação temporal, baseando-se no *timestamp* do servidor, e compará-lo com o tempo obtido, na mesma máquina, para obter a latência de cada módulo interno (captura, codificação e streaming).

Para o teste da decodificação compara-se o momento do registro no módulo de streaming com a marcação do frame apresentado no dispositivo cliente. Para realizar esse registro independente de sincronização entre o servidor e o dispositivo cliente, utiliza-se

---

[1] https://www.unrealengine.com/products/udk/

[2] http://www.wireshark.org/

[3] http://www.geforce.com/hardware/technology/fcat/technology

um terceiro dispositivo (câmera digital, filmadora, etc) para gravação da apresentação dos frames marcados em cada dispositivo no mesmo momento.

Figura 5. Exemplo de gravação registrando os frames marcados no servidor (esquerda) e no dispositivo móvel (direita), conectado ao monitor pela conexão HDMI.

Na **Figura 5** um exemplo da gravação utilizada para registro da latência do módulo de *playback* é apresentada, destacando-se a marcação temporal dos frames. Para tratar e obter os dados coletados foi utilizada em cada amostra (imagem registrada) uma técnica de corte automático dos quadrantes onde se encontram as marcações dos frames e, posteriormente, o reconhecimento de caracteres de cada marcação.

Como métricas quantitativas de qualidade visual de vídeo foram utilizadas a PSNR (*Peak Signal-to-Noise Ratio*) e a SSIM (*Structural Similarity*). Para obter esses índices a ferramenta utilizada foi a MSU Video Quality Measurement Tool[4], na versão 3.0 64-bit.

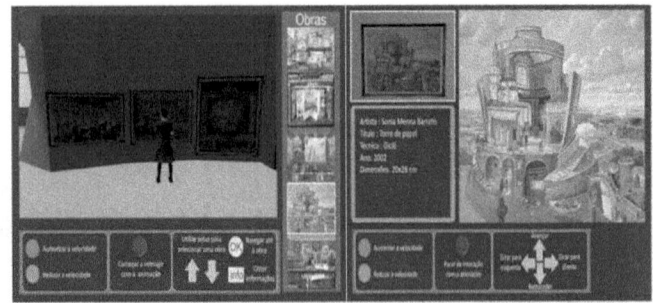

Figura 6. Telas da aplicação TVDi com o módulo cliente integrado. À esquerda a tela de navegação e à direita a tela com outras mídias (imagens) que interagem com a HPM.

Na **Figura 6** apresenta-se duas telas do trabalho desenvolvido para integração do módulo cliente em um ambiente multimídia [1]. Na parte inferior de cada figura é visualizada a janela de navegação da aplicação TVDi cliente para interação com a HPM remota. As figuras da parte superior mostram a tela de sincronização com outras mídias (imagens de pinturas dentro do ambiente virtual) com a HPM, sendo disparadas por eventos do contexto multimídia (âncoras).

As subseções seguintes apresentam os resultados obtidos nos módulos e na plataforma como um todo.

4.1 Latência

Para a obtenção dos resultados referentes a latência identificou-se o momento de uso em cada HPM que ocasiona o maior número de interações e que exige a resposta mais rápida do usuário, dentro das características da HPM utilizada. Para o jogo o

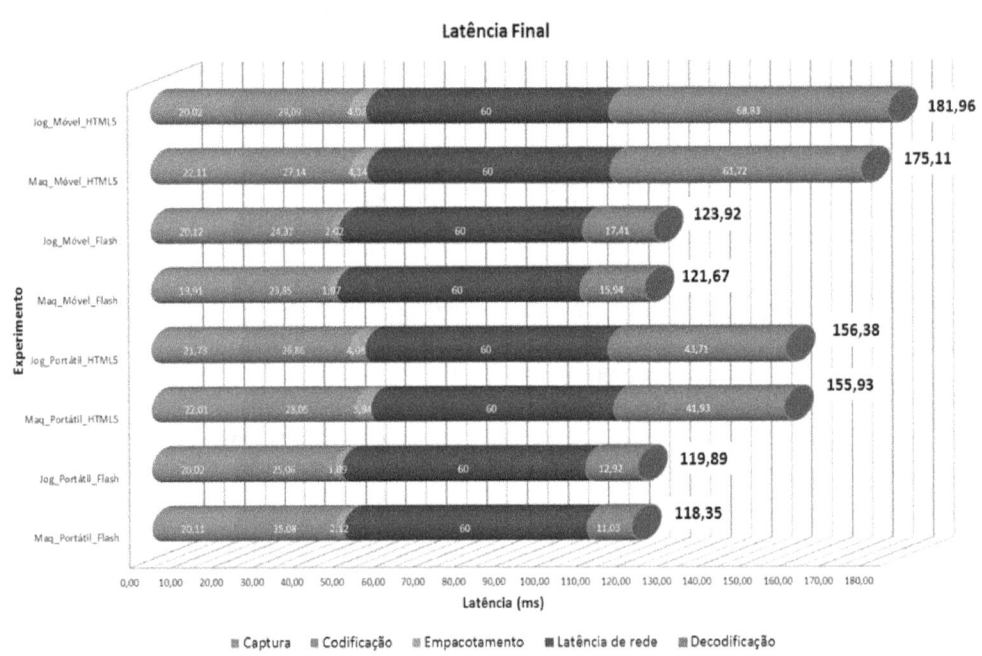

Figura 7. Gráfico do acumulado de latência da plataforma considerando o atraso de rede médio encontrado na infraestrutura de Internet banda larga do Brasil.

4

http://compression.ru/video/quality_measure/video_measurement_tool_en.html

momento de interação mais intensa é a situação em que há vários inimigos na área de visão (cerca de 6 a 8 personagens controlados pelo computador).
Na maquete virtual selecionou-se o momento em que o usuário interage com os elementos de mobília ao mesmo tempo em que

observa as animações da vegetação. Esses momentos também utilizados para os testes de latência da codificação por atualizarem rapidamente vários elementos da tela, aumentando a diferença entre quadros (*interframes*).

No gráfico da **Figura 7** a latência da plataforma com o tempo de atraso de rede é considerado. Esse atraso de 60ms inserido como latência de rede corresponde a média das conexões banda larga do Brasil [12]. Também se considera parte desse atraso a envio das interações interceptadas no módulo cliente.

Com esses resultados, observa-se que, mesmo considerando uma latência de rede WAN, as versões com o módulo cliente em HTML5 ficaram com a latência total próxima ou acima da ideal (160ms). Devido ao overhead causado pela decodificação e *playback* feito em software (sem aceleração de hardware como encontrado no Flash).

4.2 Largura de Banda

A largura de banda média das conexões de banda larga no Brasil é de cerca de 2,7Mbps. Entretanto nos grandes centros urbanos esse valor, dependendo da região, chega a 10Mbps [12]. Por meio de testes com diferentes configurações de compressão e largura de banda, observou-se que limitando a largura de banda dos streamings, nas resoluções 720p (1280x720) e 480p (854x480), para 9Mbps e 6Mbps respectivamente, foram obtidos resultados com qualidade visual satisfatória mantendo a baixa latência na codificação.

Por meio das medições dos streamings nas provas de conceito foram observados que com a largura de banda definida como limitante os streamings utilizaram apenas 7Mbps e 4Mbps em média dos totais disponíveis para os testes de cenário em WAN.

Já a largura de banda média utilizada para simular os cenários em LAN para as duas resoluções avaliadas também foram inferiores aos limites, atingindo 12,5Mbps para o teste em 720p e 6,5Mbps para o teste em 480p.

Percebe-se com a avaliação da largura de banda necessária que em todos os casos os limites foram respeitados, permitindo aos usuários dos dois cenários de teste (WLAN com 54Mbps e WAN com 10Mbps de largura de banda) utilizar a solução satisfatoriamente.

4.3 Qualidade Visual

As métricas utilizadas para a análise objetiva da qualidade visual são a taxa em decibéis do PSNR e o índice de similaridade SSIM. O primeiro mensura a distorção ocorrida do quadro codificado em relação ao original. Já o SSIM, mensura a semelhança entre o quadro codificado e a sua valor máximo do referência original, onde 1 é o índice.

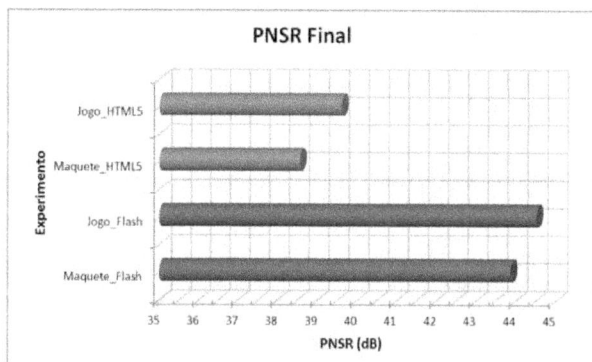

Figura 8. Taxas médias PSNR obtidas para cada HPM (jogo e maquete virtual) testados com implementações do módulo cliente em Flash e HTML5.

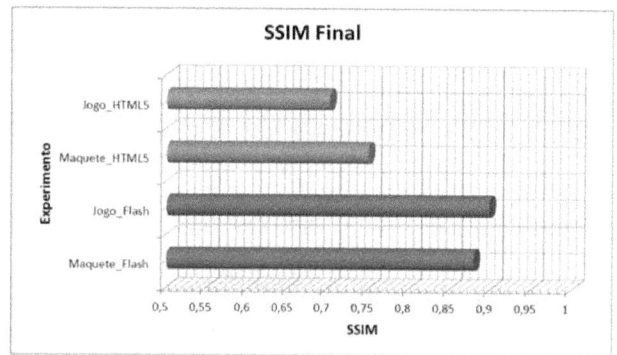

Figura 9. Taxas médias SSIM obtidas para cada HPM com implementações do módulo cliente em flash e HTML5.

Nos gráficos das **Figuras 8** e **9** o resultado médio das métricas são apresentados para cada HPM (jogo e maquete virtual) em cada implementação do módulo cliente (Flash e Javascript). Observa-se com a diferença entre os resultados da implementação em Javascript, que utilizou um codec mais antigo e menos otimizado (MPEG2), e a implementação em Flash, utilizando o H.264, que o resultado visual do streaming é dependente do padrão de codificação utilizado.

Para a métrica PSNR valores entre 30 e 40 são geralmente satisfatórios, acima de 45 apresentam uma quantidade de ruído imperceptível [13]. As médias obtidas com a implementação HTML5 foram 39,5dB e 38,5dB (jogo e maquete virtual, respectivamente). Com a implementação em Flash os resultados foram 44,3dB e 43,6dB, respectivamente.

Utilizando a métrica SSIM, índices entre 0,7 e 0,9 são comumente satisfatórios, qualquer valor acima de 0,9 possui diferenças irrelevantes [14]. Na **Figura 9** observa-se que as médias resultantes para os experimentos em HTML5 foram 0,695 para o jogo e 0,74 para a maquete virtual. Para a implementação em Flash os resultados foram 0,89 e 0,87 para jogo e maquete virtual, respectivamente. Mais uma vez demonstrando a dependência da qualidade com o codec utilizado, pois para o experimento com streaming em HTML5 foi utilizado um codec com capacidades inferiores (MPEG2) ao utilizado na versão em Flash (H.264). Tal escolha foi decorrente da limitação técnica imposta nas implementações nativas dos browsers (que suportam em sua maioria o codec H.264) quanto ao tamanho do *buffer* do elemento de vídeo, o qual não poderia ser menor que 1 segundo.

A partir desses resultados verifica-se que os experimentos apresentaram um índice de qualidade visual bastante aceitável.

5. CONCLUSÕES E TRABALHOS FUTUROS

HPM é mídia de alto realismo. Por sua própria definição sua execução requer equipamentos de alta capacidade de processamento. Observa-se que, também pelo conceito definido de HPM, o realismo considerado acompanha o crescimento da capacidade de processamento de servidores especializados. A pretensão de se executar HPM diretamente em dispositivos CE é portanto uma meta inatingível. Com o objetivo de viabilizar a interação com HPM através de dispositivos CE, o trabalho relatado propõe a exploração de uma solução tradicional, a interação remota com aplicação que executa HPM remotamente. O trabalho descreve e contorna desafios da adoção dessa solução, decorrentes da diversidade de dispositivos e aplicações envolvidas. Por meio dos resultados alcançados com as implementações e testes realizados, é possível afirmar que para os dois cenários alvo propostos, um possuindo uma HPM com baixa tolerância a atrasos no tempo de resposta das interações, em um contexto de rede local, e outro com uma HPM tolerante a atrasos maiores no tempos de resposta, a solução adotada e a forma de contornar os desafios encontrados atenderam os requisitos, dentre eles a diretriz de não interferir na percepção de qualidade visual e interação original do uso da HPM.

Mesmo considerando-se o pior caso de latência, apenas a combinação dos experimentos em que envolviam a plataforma móvel (smartphone) e o decodificador em HTML5 ultrapassaram o valor de 160ms (o cenário da visualização arquitetônica com ~175ms e o cenário do jogo eletrônico com ~181ms). Assim, mantendo-se a qualidade visual com a largura de banda necessária (~13Mbps para o cenário do jogo em LAN e ~7Mbps para o cenário da visualização arquitetônica), a percepção de interação e qualidade visual para o usuário seria a mesma ou muito próxima da original (com a HPM executada localmente)..

A prova de conceito, por meio do protótipo implementado, demonstrou a capacidade da arquitetura projetada de solucionar o problema de pesquisa também para um contexto multimídia, como demonstrado no trabalho [1]. Essa implementação, em um contexto diferente do desenvolvido originalmente, demonstra a flexibilidade da solução proposta.

Como trabalhos futuros, no âmbito de desnvolvimento, seria interessante realizar adequações aos novos padrões de codificação, VP9[5] e HEVC[6], testes com protocolos de streaming de vídeo experimentais, como o mpeg-dash[7], e codecs como o Mozilla Daala[8].

Na continuidade da pesquisa vislumbra-se o estudo de novas formas de captura da renderização gráfica da HPM, como a utilização de uma técnica de z-buffer ao invés da captura do front-buffer, utilizada neste trabalho. Essa técnica consiste em capturar as alterações interframes das renderizações, compondo assim uma quantidade menor de dados para codificação e streaming. Esse estudo, aliado à pesquisa de padrões de codificação otimizados para live streaming em HTML5, é um caminho para melhoria dos aspectos de desempenho e compatibilidade das soluções de contorno aos desafios impostos pela opção de processamento remoto de HPM.

6. AGRADECIMENTOS
Agradecemos à CAPES, CNPq, RNP, FINEP e MinC pelo apoio financeiro das pesquisas relacionadas a este trabalho.

7. REFERÊNCIAS
[1] Caio César Viel, Erick Lazaro Melo, Luis Carlos Trevelin, and Cesar Augusto Camillo Teixeira. Rv-mtv: Framework para interação multimodal com aplicações de realidade virtual em tv digital e dispositivos móveis. In WebMedia 2011, 2011.

[2] Nvidia VCA, http://www.nvidia.com/object/visual-computing-appliance.html, acessado em 29/03/2014

[3] LAMPE, U.; WU, Q.; HANS, R.; MIEDE, A.; STEINMETZ, R. **To Frag Or To Be Fragged**, 2013. ftp://130.83.198.178/papers/LWH+13.pdf, acessado em 29/03/2014.

[4] Caio César Viel, Erick Lazaro Melo, Arthur Pedro Godoy, Diego Roberto Colombo Dias, Luis Carlos Trevelin, and Cesar Augusto Camillo Teixeira. 2012. Multimedia presentation integrating interactive media produced in real time with high performance processing. In Proceedings of the 18th Brazilian symposium on Multimedia and the web (WebMedia '12). ACM, New York, NY, USA, 115-122. DOI=10.1145/2382636.2382664

[5] A. Jurgelionis, P. Fechteler, P. Eisert, F. Bellotti,H. David, J. P. Laulajainen, R. Carmichael,V. Poulopoulos, A. Laikari, P. Per¨al¨a, A. De Gloria,and C. Bouras. Platform for distributed 3d gaming.Int. J. Comput. Games Technol., 2009:1:1–1:15, Jan. 2009. DOI=10.1155/2009/231863

[6] Theofilos Karachristos, Dimitrios Apostolatos, and Dimitrios Metafas. 2008. A real-time streaming games-on-demand system. In Proceedings of the 3rd international conference on Digital Interactive Media in Entertainment and Arts (DIMEA '08). ACM, New York, NY, USA, 51-56. DOI=10.1145/1413634.1413648.

[7] Weiren Yu, Jianxin Li, Chunming Hu, and Liang Zhong. 2011. Muse: a multimedia streaming enabled remote interactivity system for mobile devices. In Proceedings of the 10th International Conference on Mobile and Ubiquitous Multimedia (MUM '11). ACM, New York, NY, USA, 216-225. DOI=10.1145/2107596.2107624

[8] Zhou Zhao, Kai Hwang, and Jose Villeta. 2012. Game cloud design with virtualized CPU/GPU servers and initial performance results. In Proceedings of the 3rd workshop on Scientific Cloud Computing Date (ScienceCloud '12). ACM, New York, NY, USA, 23-30. DOI=10.1145/2287036.2287042

[9] Torterolo, L.; Papaleo, G.; Scaglione, S.; Ruffino, F.; Aiello, M., ""3D Cloud" in Life Sciences: An innovative framework for remote 2D/3D visualization and collaboration," Computer-Based Medical Systems (CBMS), 2012 25th International Symposium on, vol., no., pp.1,6, 20-22 June 2012. DOI=10.1109/CBMS.2012.6266403

[10] CHUN-YING HUANG; CHENG-HSIN HSU; YU-CHUN CHANG; KUAN-TA CHEN. GamingAnywhere: an open cloud gaming system. 2013. In: ***Proceedings of the 4th ACM Multimedia Systems Conference*** (MMSys '13). ACM, New York, NY, USA, p. 36-47. DOI=10.1145/2483977.2483981 http://doi.acm.org/10.1145/2483977

[11] RABELLO, G. P. Transformação de Ambiente Arquitetônico Virtual de Alto Realismo em Objeto HPM, 2013. http://lince.dc.ufscar.br/monografias/tcc-guilherme-rabelo.pdf. Acessado em 29/03/2014

[12] Comitê Gestor da Internet no Brasil CGI – NIC – SIMET: Sistema de Medição de Tráfego da Internet, http://simet.nic.br/mapas/, acessado em 23/03/2014.

[13] WANG, Y.; OSTERMANN, J.; ZHANG, Y. Video Processing and Communications. Prentice Hall, 2001

[14] Z. WANG L. LU; BOVIK, A. Video quality assessment based on structural distortion measurement. **SIgnal Processing**: Image Communication, v. 19, n. 2: p. 121-132, fev. 2004

---

[5] http://www.webmproject.org/vp9/

[6] http://www.mpegla.com/main/PID/HEVC/default.aspx

[7]http://standards.iso.org/ittf/PubliclyAvailableStandards/c057623_ISO_IEC_23009-1_2012.zip

[8] https://www.xiph.org/daala/

Synchronizing Web Documents with Style

Rodrigo Laiola Guimarães[1], Dick Bulterman[2], Pablo Cesar[3] and Jack Jansen[3]

[1] IBM Research	[2] FX Palo Alto Laboratory	[3] CWI: Centrum Wiskunde & Informatica
Rua Tutóia 1157	3174 Porter Drive	Science Park 123
04007900 São Paulo, Brazil	Palo Alto, CA 94304 USA	1098 XG Amsterdam, The Netherlands
+55 11 2132 2283	+1 650 842 4800	+31 20 592 9333

rlaiola@br.ibm.com, dick.bulterman@fxpal.com, p.s.cesar@cwi.nl, jack.jansen@cwi.nl

ABSTRACT

In this paper we report on our efforts to define a set of document extensions to Cascading Style Sheets (CSS) that allow for structured timing and synchronization of elements within a Web page. Our work considers the scenario in which the temporal structure can be decoupled from the content of the Web page in a similar way that CSS does with the layout, colors and fonts. Based on the SMIL (Synchronized Multimedia Integration Language) temporal model we propose CSS document extensions and discuss the design and implementation of a proof of concept that realizes our contributions. As HTML5 seems to move away from technologies like Flash and XML (eXtensible Markup Language), we believe our approach provides a flexible declarative solution to specify rich media experiences that is more aligned with current Web practices.

Categories and Subject Descriptors

D.3.2 [**Language Classifications**]: Specialized application languages; I.7.2 [**Document and Text Processing**]: Document Preparation – *Format and notation, Hypertext/hypermedia, Languages and Systems, Multi/mixed media, Standards.*

General Terms

Design, Experimentation, Standardization, Languages.

Keywords

Structured timing and synchronization; Time Style Sheets; HTML5; CSS3; JavaScript; SMIL; W3C.

1. INTRODUCTION

This year marks the 25th anniversary (or thereabouts) of the World Wide Web (also known as WWW, W3 or simply Web). What started as a method for scientists to structure, interlink and share research has changed profoundly the way we communicate and share information. From the technological perspective, today's Web also looks very different from what it was on its birth. While in the beginning Web documents contained only static information and limited formatting, supporting technologies like CSS and JavaScript – and later AJAX (*Asynchronous JavaScript and XML*) – contributed immensely to a new era of dynamism within Web pages.

As the Web establishes itself as a crucial content delivery and consumption platform, the temporal aspect now plays an important role in the discussions within the HTML Working Group. Among many new features, HTML5 (*HyperText Markup Language* version 5) offers built-in support for audio and video content. In spite of these advances, the HTML language still provides limited support to create rich media experiences like video mashups [6][13]. On the one hand, structured timing and synchronization has for long been part of the multimedia research agenda within the WebMedia community [1][8][11][12]. On the other hand, much of those contributions are still to be seen on the Web. We believe that one of the reasons for that is that most previous efforts focused on XML-based solutions, which define a whole new set of tags that impact how Web documents should be authored. In this context, the question we ask ourselves is:

How can we integrate structured timing and synchronization on Web documents other than based on the XML language profile?

In this paper we look at structured timing and synchronization within Web documents from a new perspective. Our primary contribution is a set of document extensions that allow timing and synchronization of HTML elements to be specified with CSS – a style sheet language conceived primarily for describing the look and formatting of a document. Our CSS document extensions, named *Time Style Sheets*, are based on the SMIL [2] temporal model. As HTML5 directly aims at addressing issues of reliability, security and performance of technologies like Flash[1], we believe this paper presents a number of insights to be considered as the Web evolves.

In particular, the requirements that motivated our work include:

i. *Support readability, maintainability and reusability:* although timing and synchronization of elements within a Web document can be achieved with scripting, we aim for declarative solutions that favor accessibility and interoperability; and

ii. *Separate temporal semantics from document structure:* instead of adding new tags to the HTML language, we believe that a less intrusive manner to time and synchronize elements within a Web page is necessary. To this extent, the CSS functional module is naturally decoupled from the document structure.

The remaining of this paper is organized as follows. Section 2 overviews related work. Section 3 introduces a set of CSS document extensions to define structured timing and synchronization in Web documents. These functionalities are

---

[1] Some technologies mentioned in this paper, if unknown, could very easily be identified via a simple online search; therefore they will not be Web-referenced.

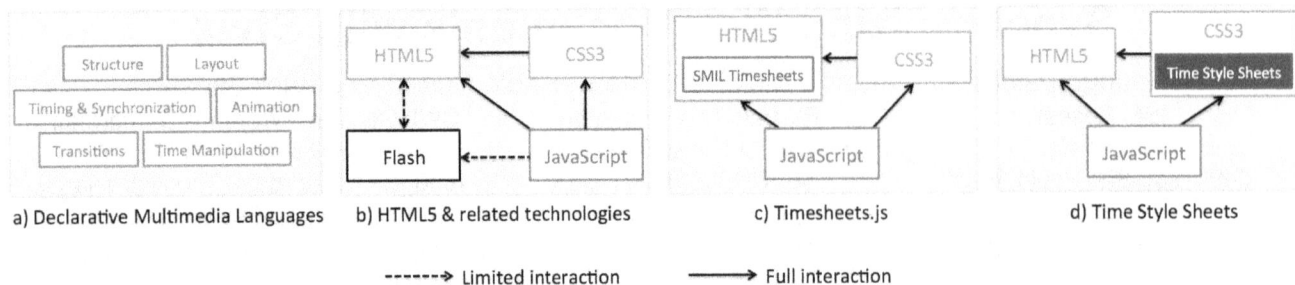

a) Declarative Multimedia Languages   b) HTML5 & related technologies   c) Timesheets.js   d) Time Style Sheets

------→ Limited interaction   ——→ Full interaction

Figure 1. Technology comparison.

targeted to structural elements as well as to continuous media like HTML5 audio and video. Then, in Section 4 we discuss the implementation of a proof of concept that realizes our contributions. Finally, Section 5 is dedicated to concluding remarks and points to future directions.

2. RELATED WORK

In the context of this work, it is worth discussing mechanisms that allow timing and synchronization to be integrated into documents. In the remaining of this section we review some declarative multimedia languages and other representative alternatives targeted specifically to the Web domain (see Figure 1).

2.1 Declarative Multimedia Languages

NCL (*Nested Context Language*) is an XML-based language used to specify interactive multimedia presentations within the Brazilian Terrestrial Digital TV System (SBTVD-T) and ITU-T [14]. NCL has a strict separation between the document content and structure, and it provides non-invasive control of presentation timing, linking and layout (see Figure 1a). In NCL authors can declaratively describe the temporal behavior of a multimedia presentation using connectors and links. Although the application of such feature has been considered in the Web domain before [9], the use of links to specify the temporal synchronization of elements seems a step far ahead that current Web is yet not ready to embrace (nearly all Web links are used as user interaction points for page navigation).

SMIL is the main multimedia container format supported by W3C, the World Wide Web Consortium. Like NCL, SMIL is an XML-based integration format, and as such, it does not directly define media objects (with the exception of timed text content). Instead, SMIL acts as a container format in which spatial, temporal, linking and interactive primitives can be used to position, schedule and control a wide assortment of multimedia presentations. In spite of the efforts to make SMIL the multimedia language for the Web[2], it has not been widely deployed in this context (although it is one means of animating SVG – *Scalable Vector Graphics* [7]).

In this work we argue that a *fat-free* alternative to XML-based approaches is necessary, as demonstrated by the efforts to support the temporal aspect within CSS3 Animation and Transition working drafts.

2.2 Timing and Synchronization on the Web

HTML is the markup language to create Web pages. One of the innovative features of HTML5 is the introduction of the <audio> and <video> elements as first-class citizens of the HTML

language. These elements implicitly define a temporal dimension for the referenced media object. HTML5 though provides a very restricted scope of temporal synchronization that only applies to the video and its captions (via the <track> element). Embedded scripting (such as JavaScript) is the primary means of controlling time and affecting the behavior of HTML documents.

HTML5 also introduces the <canvas> element, which allows for dynamic, scriptable rendering of 2D shapes and bitmap images. HTML5 <canvas> can be used with JavaScript to create high-demanding applications like games, in which pixel level manipulation and performance are essential. Our work differs not only in the programming paradigm (JavaScript is procedural), but also due to the fact that we target timing and synchronization of HTML elements instead of low-level pixels in a bitmap image.

CSS level 3 (or simply CSS3) brings the temporal aspect in the Transition and Animation modules. CSS Transitions[3] provide an easy way to do simple animation, but they give little control to the author on how the animation progresses (CSS property values are interpolated between start and end states of the animation). Similarly, CSS Animations[4] change the presentational value of CSS properties over time. The main difference is that CSS Animations allows the author to specify CSS property changes as a set of @keyframes rules. Many aspects of the animation can be controlled, including whether or not to delay its start time, how many times the animation iterates, and whether or not the animation should be running or paused. In this paper we take the CSS temporal aspect one step further by considering that the presentation of any group of elements (and not only animations) can be synchronized and controlled.

While JavaScript and Flash (this last to a more restricted extent) can be used to handle timing, synchronization and interaction (see Figure 1b), a number of efforts advocate for more accessibility and reusability. With this in mind, Popcorn.js[5], an HTML5 media framework written in JavaScript, enables the creation of rich time-based interactive experiences on the Web. Using a plugin factory mechanism, Popcorn.js allows the presentation of a video, audio or other media to control and be controlled by arbitrary elements within a Web page. Although plugins can be easily reused, authors need to be familiarized with JavaScript, since all configurations are done in that language.

Most closely to our work, Timesheets.js[6] proposes a declarative approach to synchronize Web documents. Timesheets.js relies on

---

[2] http://www.w3.org/TR/NOTE-HTMLplusTIME

[3] http://www.w3.org/TR/css3-transitions/

[4] http://dev.w3.org/fxtf/web-animations/

[5] http://popcornjs.org/

[6] http://wam.inriaalpes.fr/timesheets/

a JavaScript implementation of a SMIL Timesheets scheduler that runs in the Web browser. Cazenave et al. [4] suggest that a small set of new tags and attributes from Timesheets.js would facilitate the integration of structured timing and synchronization in the HTML and SVG languages (see Figure 1c). Our work is related, but instead we focus on providing document extensions to the CSS language (see Figure 1d).

3. OUR APPROACH

In this paper we propose a means to support structured timing and synchronization of HTML elements by extending the CSS language with a set of SMIL functionalities. Instead of supporting the whole SMIL profile – which defines a vast number of modules, some of which used in very specific situations – we aim at some core features defined in the Basic SMIL timing model.

By design, we decided to keep the document structure in HTML, event handling in JavaScript and the presentation layout in CSS, while *Time Style Sheets* (TSS), a CSS language extension, defines the presentation temporal semantics. This way there is a clear functional separation between the information organization, the behavior manipulation, the presentation layout, and now the timing and synchronization behavior within a Web page (requirement i). As part of the CSS language, TSS definitions are declarative (requirement ii) and follow the same rules of cascade, specificity and inheritance. In the remaining of this section we provide a detailed overview of the facilities provided by Time Style Sheets to encode temporal presentations on the Web.

3.1 Timing Properties

As aforementioned, our approach builds on a subset of the Basic SMIL timing model. This module defines when elements in a presentation get scheduled and, once scheduled, how long they will be active. One of the challenges of the integration of the SMIL functionality in a non-XML language is to determine how SMIL's time containers and attributes can be modeled in the target language. Our design choice was to define a set of timing properties and values within the CSS language as summarized in Table 1 and Table 2. These properties can also be read and modified via JavaScript. This provides a clean mechanism to add limited functionality to the existing CSS specification without major integration overhead.

A simple example of integrating the CSS property-based timing extension functionality is given in the following HTML fragment:

```
01. <div id="slideshow">
02.    <img src="img1.png" />
03.    <img src="img2.png" />
04.    <img src="img3.png" style="timing-delay:1s" />
05. </div>
06.
07. <style>
08.    #slideshow {
09.       timing-container: seq;
10.       timing-interaction-count: infinite;
11.    }
12.
13.    #slideshow img {
14.       timing-delay: 0s;
15.       timing-duration: 2s;
16.       border: 1px solid green;
17.    }
18. </style>
```

Here, the <div> element named *slideshow* is defined to behave as a SMIL sequential container that will be played infinite times (lines 09-10). The children elements, in this case the <img>

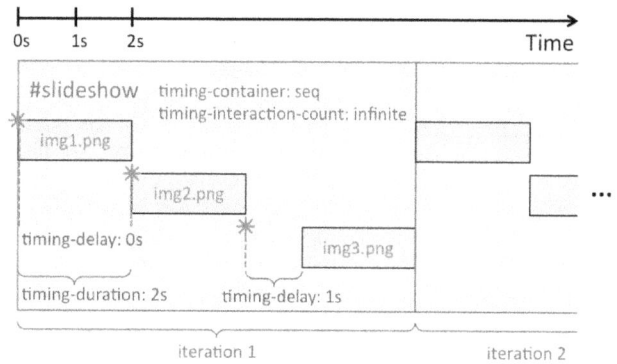

Figure 2. Slideshow example: each image waits for the previous child of the sequence to finish, and then it plays.

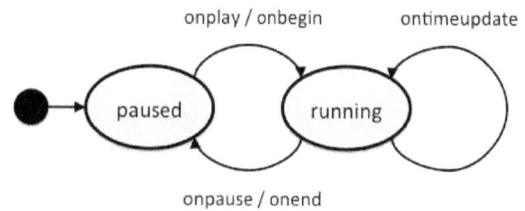

Figure 3. State machine and associated events.

elements, also have timing properties to control their temporal behavior. As illustrated in Figure 2, the presentation of an image will start immediately one after another, and each will last for 2 seconds (lines 14-15). The exception is the last image, which will start with a 1-second delay as specified in line 04 (inline styles have precedence over embedded CSS definitions). Note that timing properties can also be easily combined with existing CSS properties (line 16).

Besides the specification of an element's temporal behavior, TSS also allows for playback control through timing properties. Internally, an element initiates on the *paused* state, and it changes to *running* whenever is its turn to play (see Figure 3). If the `timing-play-state` property is defined as *running*, the transition in the state machine will only occur at the appropriate moment (e.g. if we had specified it for image #3, this would still play after the presentation of image #2). Alternatively, it is possible control the state machine of an element via JavaScript. TSS is also compliant with the `autoplay` attribute of the <audio> and <video> elements. If this attribute is specified, it has a higher precedence than a TSS definition, and the `timing-play-state` property assumes the *running* value. Otherwise, the behavior is the same as for the other elements. The state transitions are associated with 5 main events: *onplay*, *onbegin*, *onpause*, *onend* and *ontimeupdate*. Timing events are discussed in the next subsection.

Finally, instead of using the SMIL name convention, in TSS we chose to name timing properties after similar concepts that are already in use within the CSS3 Animation and Transition specifications (e.g. `timing-delay` corresponds to the `begin` attribute in SMIL, `timing-duration` to `dur` and `timing-iteration-count` to the `repeatCount` attribute).

3.2 Timing Events

HTML DOM events allow JavaScript to register different event handlers on elements in an HTML document. These events are normally used in combination with functions, which will only be

Table 1. Timing properties.

Property	Description	Syntax

`timing-container`	Specifies how the presentation of the children elements will be scheduled. Available containers are par-allel and seq-uential	**CSS Syntax:**
		`timing-container: (par)|seq|initial;`
		JavaScript Syntax:
		`object.style.timingContainer = "seq";`

`timing-delay`	Defines when an element will start. Its value is defined in seconds (s) or milliseconds (ms)	**CSS Syntax:**
		`timing-delay: time (0s)|initial;`
		JavaScript Syntax:
		`object.style.timingDelay = "2s";`

`timing-duration`	Specifies how many seconds or milliseconds an element takes to complete one cycle	**CSS Syntax:**
		`timing-duration: time (implicit|infinite)|initial;`
		JavaScript Syntax:
		`object.style.timingDuration = "1s";`

`timing-iteration-count`	Defines how many times an element should be played	**CSS Syntax:**
		`timing-iteration-count: number (1)|infinite|initial;`
		JavaScript Syntax:
		`object.style.timingIterationCount = "infinite";`

`timing-play-state`	Specifies whether an element is running or paused. This property can be used in JavaScript to pause or resume an element's playback in the middle of a cycle	**CSS Syntax:**
		`timing-play-state: (running)|paused|initial;`
		JavaScript Syntax:
		`object.style.timingPlayState = "paused";`

Note: the default value is specified within parenthesis.

Table 2. Property values.

Value	Description
initial	Sets a given property to its default value
infinite	Only applicable for the `timing-iteration-count` and `timing-duration` properties. Specifies that the element should be played infinite times or one cycle will never end, respectively
number	A number that defines how many times a given property should be considered. Default value is 1
time	Defines the number of seconds or milliseconds. The default value is 0 for `timing-delay`. For the `timing-duration` property, it is infinite for static media (e.g. image) and implicit to continuous media
paused	Specifies that the element is paused
running	Default value. Specifies that the element is running

Table 3. Timing events.

Event	Description
onbegin	The event occurs when the playback cycle of an element starts
onend	The event occurs when the playback cycle of an element ends
onplay	The event occurs when the playing state of an element changes to *running*
onpause	The event occurs when the playing state of an element changes to *paused*
ontimeupdate	The event occurs when the playback time changes

3.3 Timing Pseudo-Classes

In Time Style Sheets, we can use CSS pseudo-classes to define specific presentation styles for different playback phases. In general, CSS pseudo-classes are keywords added to selectors to specify special states or relations to an element. They take the form of `selector:pseudo_class {property: value;}`, simply with a colon in between the selector and the name of the pseudo-class. For example, `:hover` can be used to apply a style when the user hovers over the element specified by the selector.

In our framework, 2 pseudo-classes have been defined to style an element when its playback cycle effectively *starts* (after timing-delay is computed) or *ends*, as follows.

```
01. selector:active { /* after computing delay */
02.     property: value;
03. }
04.
05. selector:not-active { /* applied onend   */
06.     property: value;
07. }
```

As a matter of completeness, the example presented in Subsection 3.1 will only bring on the expected behavior (one image being

executed when the event occurs. The Timing Events proposed in the Time Style Sheets specification (see Table 3) extend current DOM events and follow the W3C DOM Level 2 standard model. The Timing Events associated to the Time Style Sheets framework can be normally used within HTML elements as shown below.

```
HTML Syntax:

<element onbegin="SomeJavaScriptCode">

JavaScript Syntax:

object.onbegin=function(){SomeJavaScriptCode};
```

Alternatively, it is also possible to register/unregister event listeners on event target objects using the JavaScript methods `addEventListener` and `removeEventLister` (IE8: `attachEvent` and `detachEvent`), respectively.

154

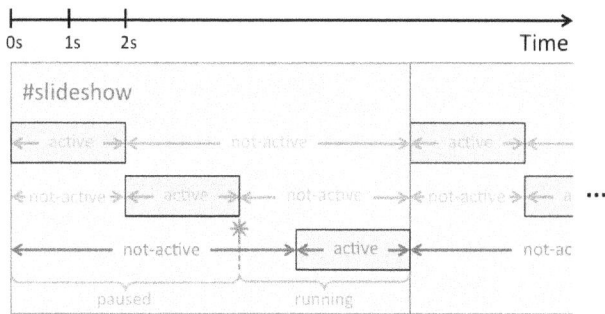

Figure 4. An example of the different phases and states used to describe the presentation of elements.

displayed and disappearing after the other, sequentially) if we define the timing pseudo-classes as presented below. Figure 4 illustrates these phases and states overlap. One could argue the `display` property equals `none` should be implicit for the `not-active` pseudo-class, but we opted to leave the specification of this behavior to the author. In SMIL a similar functionality can be achieved using the `timeAction` attribute. Although this attribute can produce interesting presentations, we believe it may also lead to confusion (e.g. its value can refer to a CSS class, style or a specific property). Pseudo-classes provide a more elegant and normalized solution that is aligned with current Web practices.

```
01. #slideshow img:active {
02.     /* not necessary in this example */
03. }
04.
05. #slideshow img:not-active {
06.     display: none;
07. }
```

3.4 Support to Rich Media Content

We have seen that Time Style Sheets defines a set of CSS properties, events and pseudo-classes that allow for structured timing and synchronization of HTML elements within a Web page. In this section we discuss a complementary set of properties targeted to media elements, in particular continuous media. These definitions can be useful when creating rich media experiences

Table 4. Timing properties related to media.

Property	Description
timing-clip-begin	Specifies the time at which a continuous media stream begins playing, relative to the start of the media file. The value of this property must be specified in seconds (s) or milliseconds (ms)
timing-clip-end	Specifies the time at which a continuous media stream stops playing, relative to the start of the media file. The value of this property must be specified in seconds (s) or milliseconds (ms)
timing-volume	Defines the relative output of an audio object. It takes a value from 0.0 to 1.0. The default value is 1.0, which corresponds to 100%. A lower value makes the audio play more silently
timing-sync-master	Identifies which element (by its unique id) should be used as the master synchronization clock. By default an element follows its internal clock

like video mashups [6][13]. In Table 4 we summarize these additional timing properties. In order to exemplify the use of such properties we present 2 examples.

First, we introduce a *playlist* example composed of an audio track (lines 02-06) and a collection of video elements identified as *video_seq* (lines 07-26). These 2 components will be played in parallel and the playlist will last for 2min (lines 31-32). On the other hand, the video_seq's inner videos will play sequentially one after another (as specified in lines 36 and 45-47). Note that instead of playing the entire video file, the `timing-clip-begin` and `timing-clip-end` properties are used to define video clips of interest (lines 08, 13 and 21). Alternatively, the use of Media Fragments[7] could be considered to specify the temporal dimension of a media clip using URIs (*Uniform Resource Identifier*). It is also worth mentioning that only the audio element will reproduce sound (line 02), while the audio of the video clips will be played silently – but will still be played (line 40).

```
01. <div id="playlist">
02.     <audio style="timing-volume:1.0">
03.         <source src="track.ogg" type="audio/ogg"/>
04.         <source src="track.mp3" type="audio/mpeg"/>
05.         Your browser does not support HTML5 audio.
06.     </audio>
07.     <div id="video_seq">
08.         <video style="timing-clip-begin:0s;
                          timing-clip-end:5s;">
09.         <source src="v01.ogg" type="video/ogg" />
10.         <source src="v01.mp4" type="video/mp4" />
11.         Your browser does not support HTML5 video.
12.         </video>
13.         <video style="timing-clip-begin:30s;
                          timing-clip-end:34s;">
14.         <source src="v02.ogg" type="video/ogg" />
15.         <source src="v02.mp4" type="video/mp4" />
16.         Your browser does not support HTML5 video.
17.         </video>
18.
19.         ...
20.
21.         <video style="timing-clip-begin:13s;
                          timing-clip-end:19s;">
22.         <source src="vN.ogg" type="video/ogg" />
23.         <source src="vN.mp4" type="video/mp4" />
24.         Your browser does not support HTML5 video.
25.         </video>
26.     </div>
27. </div>
28.
29. <style>
30.     #playlist {
31.         timing-container: par;
32.         timing-duration: 120s; /* it lasts 2 min */
33.     }
34.
35.     #video_seq {
36.         timing-container: seq;
37.     }
38.
39.     #video_seq > video {
40.         timing-volume: 0; /* videos kept on mute */
41.         width: 480px;
42.         height: 320px;
43.     }
44.
45.     #video_seq > video:not-active {
46.         display: none;
47.     }
48. </style>
```

---

[7] http://www.w3.org/TR/media-frags/

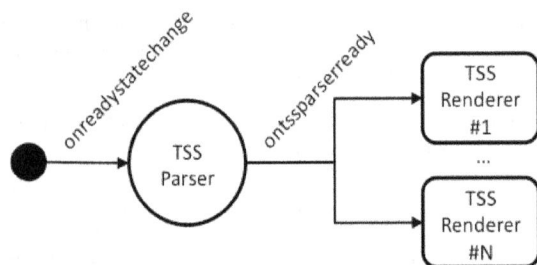

Figure 5. Implementation diagram.

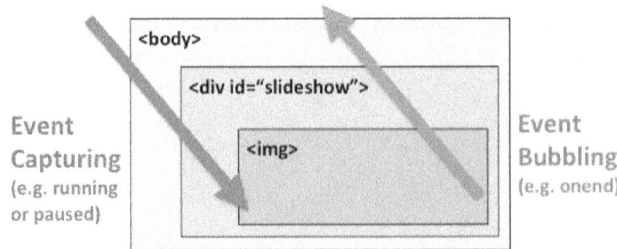

Figure 6. Event propagation methods.

Next, we illustrate a rich media example that could be used in an education environment [3][10][15]. In this second use case, a video element identified as *video_quiz* (lines 01-05) is used as the *conductor* of an interactive experience. We then prompt the user with a *quiz* (lines 06-12) at certain point of the video playback. For that, we first need to specify the video as the master synchronization timing of the quiz (line 16), and then set the moment at which the quiz must be presented (20s after the start of the video, as shown on line 17). The `timing-sync-master` property indicates that instead of being controlled internally, the clock of the video element will send time updates to control the presentation of the quiz.

```
01.  <video id="video_quiz">
02.      <source src="movie.ogg" type="video/ogg" />
03.      <source src="movie.mp4" type="video/mp4" />
04.      Your browser does not support HTML5 video.
05.  </video>
06.  <form id="quiz">
07.      <h3>Which nation has won the most World
             Cups?</h3>
08.      <input type="radio" value="germany">...
09.      <input type="radio" value="italy">...
10.      <input type="radio" value="brazil">...
11.      <input type="submit" value="Submit"
             onclick="checkQuiz();">
12.  </form>
13.
14.  <style>
15.      #quiz {
16.          timing-sync-master: #video_quiz;
17.          timing-delay: 20s;
18.      }
19.
20.      #quiz:not-active {
21.          display: none;
22.      }
23.  </style>
24.
25.  <script>
26.      var quiz = document.getElementById("quiz");
27.      quiz.addEventListener("onplay", function(ev){
28.          ev.stopPropagation();
29.
30.          document.getElementById("video_quiz").
                 style.timingPlayState = "paused";
31.      });
32.
33.      function checkQuiz() {
34.          ...
35.          /* if answer is correct, resume video */
36.          document.getElementById("video_quiz").
                 style.timingPlayState = "running";
37.          ...
38.      }
39.  </script>
```

We still make use of extra scripting to customize the presentation behavior. Once the quiz appears to the user, the video playback is paused (lines 26-31). When the user answers the quiz and press the *submit* button (defined on line 11), the answer is checked and, if correct, the video playback is then resumed (lines 33-38).

3.5 Extensibility

As shown in this section, Time Style Sheets allows authors to time and synchronize elements within a Web page. However, the framework can still be extended to support new functionalities. As we saw in Subsection 3.4, a complementary set of properties is necessary to media elements, in particular continuous media.

Another consideration to make is that we decided to support only explicit time values, instead of more complex *syncbase* or *eventbase* timing. As a reminder to an interested reader, among other things SMIL allows specifying the activation, duration and termination of an element based on other elements' timing (e.g. start image #2 2s after image #1 has begun) or interactive events (e.g. start image #2 after clicking on image #1), respectively. Although one might think we lose in terms of expressiveness, we believe our approach favors readability. By using predictable timing we also can easily support the change of time style on the fly. It is important to mention that with unpredictable playback times (e.g. a live video stream) a different approach would be necessary. In the current design we opted to yield up some of these concepts to keep things simple. We believe this is a topic that can be explored in future work.

4. IMPLEMENTATION

A TSS compliant agent is composed of a parser that interprets a TSS definition and a renderer that implements the semantics specified in such document (see Figure 5). As current Web browsers do not support the specification of custom CSS properties and pseudo-classes, we developed a TSS parser and renderer engine in JavaScript. To make use of our TSS proof of concept implementation, an author just has to import the JavaScript files in the head of the HTML document. Once the page is completely loaded by the browser, the TSS parser examines the associated styles and triggers a custom `ontssparserready` event. At this moment, a TSS renderer that listens to such event takes over and schedules the document presentation accordingly. Note that different renderers can implement different semantics. For instance, one could provide a visual representation of the scheduling for authoring purposes instead of focusing on the document playback.

In our implementation, the playback of elements is controlled using Event Capturing (top-down), while the notification of timing events uses Event Bubbling (see Figure 6). Both event propagation approaches are part of the W3C standard. For the first, this means that one can play or pause any element, without impacting the presentation of other elements within a Web page. This is true *unless* the other elements are descendants of the element into question (e.g. if a slideshow is paused, the presentation of the inner image running at that moment will also

156

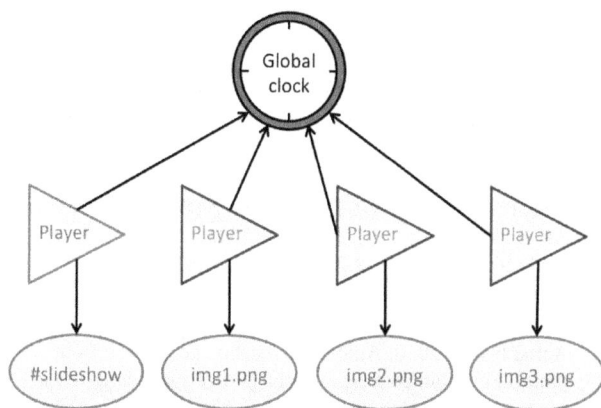

Figure 7. The renderer's implementation at a glance.

be paused). For timing events (e.g. onbegin, onend etc.) we use a complementary approach. In the Event Bubbling (bottom-up) model, an event is first captured and handled by the inner most elements, and then propagated to outer ascendants. This way, the slideshow's temporal container (in our case, sequential) gets notified of their children end event and can start the next image.

The other characteristic feature of our renderer's implementation is that time is not inherited. This means parent nodes do not provide timing information to their children – unless the `timing-sync-master` property has been defined explicitly for doing so. Each timed element has an independent player that is updated by a global clock. The global clock is a source of monotonically increasing time values unaffected by adjustments to the system clock. The time values produced by the global clock represent wall-clock milliseconds from an unspecified historical moment. Because the zero time of the global clock is not specified, the absolute values of the time values produced by the global clock are not significant, only their rate of change. The global clock is not exposed in the programming interface and nor is it expected to be exposed by markup. In the future we may consider the use of hierarchical arrangements of time relationships between timed elements.

Typically, a player is tied to the global clock such that its absolute time is calculated as a fixed offset from the time of the global clock. This offset is established by designating some moment as the player's zero time and recording the time value of the global clock at that moment. At subsequent moments, the time value of the player's timeline is calculated as the difference between the current time value of the global clock and the value recorded at the zero time. A player realizes some timed behavior (e.g. sequential container, parallel container or media) and binds itself to the source node (see Figure 7). A player also allows run-time control and it is in charge of exposing the JavaScript API (*Application Programming Interface*) discussed in Section 3.

5. FINAL REMARKS

Much has changed in the World Wide Web in these 2 decades of WebMedia conference, and it seems that at last the temporal aspect started receiving the attention it deserves in the HTML language (and related technologies). In this work we presented a set of document extensions to support structured timing and synchronization within Web pages. Time Style Sheets was designed to be fully declarative rather than procedural. This way, we also favor reusability, maintainability and readability, making it more accessible to a wider audience (requirement i). As Time

Style Sheets is built on top of CSS, a style sheet language, we also keep a clear functional separation between the HTML structure and the temporal semantics (requirement ii).

One could argue that some of the facilities proposed in this work could be achieved within HTML5 by adding complex additional scripting, or perhaps by assimilating technologies like SMIL or NCL in totality. Although this may be true, we believe that the great challenge is to combine the best lessons learned in the past with current Web design principles, balancing flexibility and expressiveness to not reinvent the *wheel*. In these lines, this work shows that the SMIL temporal model transcends a specific host language (in this case XML-based) and it is a powerful abstraction to be considered when handling the temporal aspect within a Web page. These results directly answer our research question.

In the near future, we plan to make public our TSS implementation. As for rich media experiences like video mashups, there are implications on the design of the TSS agent (or player), mainly in regard to intelligent prefetching mechanisms [5] within the Web browser. We plan to explore this topic in future work. Finally, we expect that some of our contributions can bring new insights and help in the evolution of CSS within W3C.

6. ACKNOWLEDGMENTS

This work has been partially funded by the Brazilian Ministry of Science and Technology under contract no. FINEP 03.11.0371.00.

7. REFERENCES

[1] Azevedo, R.G.A., Lima, B.S., Soares Neto, C.S. and Teixeira, M.M. 2009. An approach for textual authoring of hypermedia documents based on the use of programmatic visualization and hypertextual navigation. In *Proceedings of the XV Brazilian Symposium on Multimedia and the Web* (WebMedia '09). ACM, New York, NY, USA, Article 18, 8 pages. DOI=10.1145/1858477.1858495 http://doi.acm.org/10.1145/1858477.1858495

[2] Bulterman, D.C.A and Rutledge, L.W. *SMIL3.0 - Interactive Multimedia for Web, Mobile Devices and DAISY Talking Books*. Springer-Verlag, 2009. ISBN: 978-3-540-78546-0

[3] Cambruzzi, W.L., Rigo, S.J. and Barbosa, J.L.V. 2012. A proposal for managing multiple trails in educational environments. In *Proceedings of the 18th Brazilian symposium on Multimedia and the web* (WebMedia '12). ACM, New York, NY, USA, 25-28. DOI=10.1145/2382636.2382645 http://doi.acm.org/10.1145/2382636.2382645

[4] Cazenave, F., Quint, V. and Roisin, C. 2011. Timesheets.js: when SMIL meets HTML5 and CSS3. In *Proceedings of the 11th ACM symposium on Document engineering* (DocEng '11). ACM, New York, NY, USA, 43-52. DOI=10.1145/2034691.2034700 http://doi.acm.org/10.1145/2034691.2034700

[5] Gao, B., Jansen, J., Cesar, P. and Bulterman, D.C.A. 2010. Beyond the playlist: seamless playback of structured video clips. *IEEE Trans. on Consum. Electron.* 56, 3 (August 2010), 1495-1501. DOI=10.1109/TCE.2010.5606288 http://dx.doi.org/10.1109/TCE.2010.5606288

[6] Jansen, J., Cesar, P. Guimarães, R.L. and Bulterman, D.C.A. 2012. Just-in-time personalized video presentations. In *Proceedings of the 2012 ACM symposium on Document engineering* (DocEng '12). ACM, New York, NY, USA, 59-

68. DOI=10.1145/2361354.2361368
http://doi.acm.org/10.1145/2361354.2361368

[7] King, P., Schmitz, P. and Thompson, S. 2004. Behavioral reactivity and real time programming in XML: functional programming meets SMIL animation. In *Proceedings of the 2004 ACM symposium on Document engineering* (DocEng '04). ACM, New York, NY, USA, 57-66. DOI=10.1145/1030397.1030411
http://doi.acm.org/10.1145/1030397.1030411

[8] Marques Neto, M.C. and Santos, C.A.S. 2009. StoryToCode: a model based on components for specifying interactive digital TV convergent applications. In *Proceedings of the XV Brazilian Symposium on Multimedia and the Web* (WebMedia '09). ACM, New York, NY, USA, Article 8, 8 pages. DOI=10.1145/1858477.1858485
http://doi.acm.org/10.1145/1858477.1858485

[9] Melo, E.L., Viel, C.C., Teixeira, C.A.C., Rondon, A.C., Silva, D.P., Rodrigues, D.G. and Silva, E.C. 2012. WebNCL: a web-based presentation machine for multimedia documents. In *Proceedings of the 18th Brazilian symposium on Multimedia and the web* (WebMedia '12). ACM, New York, NY, USA, 403-410. DOI=10.1145/2382636.2382719
http://doi.acm.org/10.1145/2382636.2382719

[10] Piton-Gonçalves, J. and Aluísio, S.M. 2012. An architecture for multidimensional computer adaptive test with educational purposes. In *Proceedings of the 18th Brazilian symposium on Multimedia and the web* (WebMedia '12). ACM, New York, NY, USA, 17-24. DOI=10.1145/2382636.2382644
http://doi.acm.org/10.1145/2382636.2382644

[11] Santanchè, A., Mota, M., Costa, D., Oliveira, N. and Dalforno, C.O. 2009. Componere: component-based in web authoring. In *Proceedings of the XV Brazilian Symposium on Multimedia and the Web* (WebMedia '09). ACM, New York, NY, USA, Article 12, 8 pages. DOI=10.1145/1858477.1858489
http://doi.acm.org/10.1145/1858477.1858489

[12] Santos, J.A.F., Braga, C. and Muchaluat-Saade, D.C. 2013. Automating the analysis of NCL documents with a model-driven approach. In *Proceedings of the 19th Brazilian symposium on Multimedia and the web* (WebMedia '13). ACM, New York, NY, USA, 193-200. DOI=10.1145/2526188.2526214
http://doi.acm.org/10.1145/2526188.2526214

[13] Shrestha, P., de With, P.H.N., Weda, H., Barbieri, M. and Aarts, E.H.L. 2010. Automatic mashup generation from multiple-camera concert recordings. In *Proceedings of the international conference on Multimedia* (MM '10). ACM, New York, NY, USA, 541-550. DOI=10.1145/1873951.1874023
http://doi.acm.org/10.1145/1873951.1874023

[14] Soares, L.F.G., Moreno, M.F., Soares Neto, C.S. and Moreno, M.F. 2010. Ginga-NCL: declarative middleware for multimedia IPTV services. *IEEE Comm. Mag.* 48, 6 (June 2010), 74-81. DOI=10.1109/MCOM.2010.5473867
http://dx.doi.org/10.1109/MCOM.2010.5473867

[15] Viel, C.C., Melo, E.L., Pimentel, M.G. and Teixeira, C.A.C. 2013. Multimedia multi-device educational presentations preserved as interactive multi-video objects. In *Proceedings of the 19th Brazilian symposium on Multimedia and the web* (WebMedia '13). ACM, New York, NY, USA, 51-58. DOI=10.1145/2526188.2526211
http://doi.acm.org/10.1145/2526188.2526211

Anatomy of a Semantic Context Interpreter with Real-time Events Notification Support

Guilherme Melo e Maranhão, Iwens G. Sene Júnior, Renato de Freitas Bulcão-Neto
Instituto de Informática
Universidade Federal de Goiás
Goiânia-GO, Brasil
guilhermemaranhao, iwens, renato@inf.ufg.br

ABSTRACT

In order to deal with the complexity of context-aware applications' development, the literature has reported an increasing demand for intelligent infrastructures which process heterogeneous context information and also provide real-time distributed communication. This paper outlines the *Hermes* software infrastructure to supporting the development of real-time, semantic context-aware applications. The main contribution is the anatomy of the *Hermes Interpreter* component in which the semantics of context is kept decoupled and context changes are notified in real-time. Benefits for applications developers include a reference architecture for context interpreters as well as the reuse of a complex infrastructure providing real-time distributed context notification. We have been working on a scenario of vital signs monitoring towards validating both the infrastructure and the interpreter component.

Categories and Subject Descriptors

D.2.11 [**Software Engineering**]: Software Architectures

General Terms

Algorithms; Design; Experimentation.

Keywords

Context interpretation; OWL; SWRL; real-time; DDS.

1. INTRODUÇÃO

Nos últimos anos, pesquisas em computação sensível a contexto têm abordado constantemente a interpretação de dados coletados de sensores em função do grande volume e heterogeneidade desses dados [1]. O objetivo de grande parte dessas pesquisas é, a partir da interpretação desses dados, oferecer serviços computacionais cada vez mais úteis e adaptados às necessidades de usuários.

Perera et al.[1] enumeram princípios de projeto para nortear o desenvolvimento de sistemas sensíveis a contexto, dentre eles o projeto arquitetural em camadas com componentes reutilizáveis, a extensibilidade e a independência de modelo de contexto, o suporte a múltiplas técnicas de inferência de contexto, o monitoramento e a notificação de eventos e o compartilhamento de dados em tempo real. Bettini et al.[2] adicionam a esses requisitos a verificação de consistência do modelo de contexto e dos fatos instanciados do mesmo.

Nesse interim, este trabalho descreve o projeto e a implementação do *Hermes Interpreter*, um componente para interpretação semântica de informações de contexto e para gerenciamento de eventos distribuídos em tempo real. O *Hermes Interpreter* integra uma infraestrutura de apoio ao desenvolvimento de sistemas sensíveis a contexto, chamada *Hermes*, que engloba as fases de aquisição, modelagem, inferência e distribuição de contexto [1].

A contribuição deste trabalho recai sobre a arquitetura do *Hermes Interpreter*, que baseia-se em diretrizes de projeto propostas na literatura [1] [2] que, do ponto de vista dos desenvolvedores de sistemas sensíveis a contexto, produz dois benefícios diretos: o reuso da arquitetura proposta para desenvolvimento de interpretadores, e o reuso de um componente, em prol de aplicações, que interpreta a semântica de contexto e gerencia a distribuição de eventos em tempo real.

Atualmente, o *Hermes Interpreter* suporta inferência baseada na semântica de modelos de contexto baseados em ontologias e em regras. Para o gerenciamento distribuído de eventos em tempo real, o *Hermes Interpreter* suporta comunicação assíncrona através de paradigma *publish/subscribe*, usando um padrão para comunicação em tempo real.

Para fins de validação, o *Hermes Interpreter* tem sido aplicado para inferência sobre anormalidades de sinais vitais humanos, cenário este em que se pretende evidenciar benefícios para desenvolvimento de sistemas sensíveis a contexto.

Este artigo está assim organizado: a Seção 2 discorre sobre a infraestrutura *Hermes*; a Seção 3 detalha o *Hermes Interpreter*; a Seção 4 apresenta um estudo de caso; a Seção 5 aborda trabalhos relacionados; e a Seção 6 descreve considerações finais e trabalhos futuros.

2. INFRAESTRUTURA HERMES

Hermes provê serviços básicos reutilizáveis, que cobrem o ciclo de vida de aplicações sensíveis a contexto, no sentido de apoiar o desenvolvimento destas. A Figura 1 ilustra seus principais componentes[1]: *Hermes Widget*, que realiza a

---

[1]Por ser o *Hermes Interpreter* foco do artigo e por restrições de espaço, alguns componentes não serão detalhados.

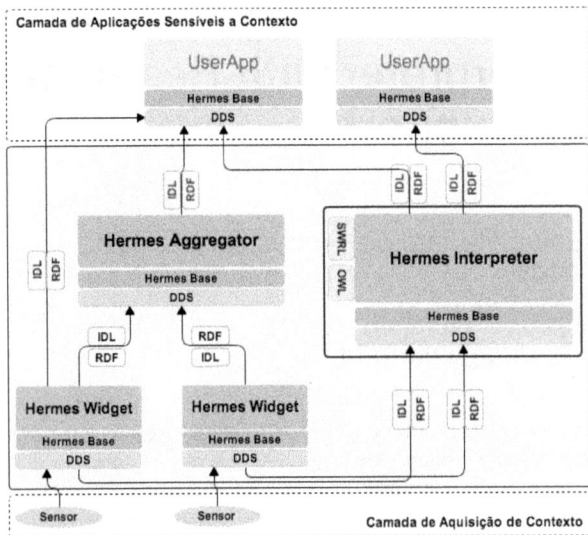

Figure 1: Arquitetura da infraestrutura _Hermes_, com destaque para _Hermes Interpreter_.

aquisição lógica dos dados de sensores e a conversão desses dados para o modelo de contexto corrente; _Hermes Aggregator_, que realiza a fusão de _Hermes Widgets_; e o _Hermes Interpreter_, que interpreta a semântica de contexto de ontologias e regras. Essa subdivisão em camadas com funções delimitadas (aquisição, processamento e acesso a contexto) atende ao requisito de _Arquiteturas em camadas e componentes_, abordado em [1].

Elemento central na distribuição de contexto, o componente _Hermes Base_ fornece uma interface de comunicação entre os componentes supracitados e as aplicações sensíveis a contexto ao _middleware_ de comunicação DDS (_Data Distribution Service_)[2]. A especificação _DDS_ é um padrão OMG para comunicação distribuída em tempo real, que abstrai toda a complexidade de comunicação entre componentes e destes com aplicações via paradigma _publish / subscribe_ com publicação e assinatura de tópicos.

A Figura 1 mostra que o tipo de dado trafegado pelo _middleware_ DDS é o _IDL_ (_Interface Definition Language_), que encapsula as estruturas de dados que conterão as informações para processamento do contexto. Dentre esses dados, o mais relevante é o próprio contexto notificado, cujo formato de intercâmbio escolhido é o _RDF_ (_Resource Description Framework_)[3]. O _RDF_ é o formato padrão para compartilhamento de informações da Web Semântica, no qual os dados são representados na forma de triplas (sujeito, predicado, objeto), formando um grafo cíclico direcionado.

A característica de prover transmissão de dados em tempo real, garantida pela especificação DDS, ocorre a partir de políticas de QoS estabelecidas entre publicadores, tópicos e assinantes. Além disso, por meio do componente _Hermes Base_, a infraestrutura _Hermes_ permite que sejam conectados outros _widgets_, _aggregators_, _interpreters_ e aplicações sem que estes conheçam o _middleware DDS_, ou qualquer outro _middleware_ que proveja a comunicação. Dessa forma, o projeto e a implementação do _Hermes Base_ atende a quatro outros requisitos abordados por [1]: _compartilhamento de_

informações em tempo-real, monitoramento e notificação de eventos_, que são os tópicos registrados pelos componentes, _extensibilidade_ e _fornecimento de API de fácil acesso_.

Por fim, _Hermes_ provê interoperabilidade semântica entre seus componentes e com as aplicações através do suporte de seus componentes à modelagem ontológica de contexto. Essa característica confere _independência_ entre conceitos e regras do domínio modelados e a implementação em si da infraestrutura, pois a maioria das regras de negócio do sistema encontram-se modeladas na ontologia, e não no código-fonte dos componentes. Essa _independência da modelagem_ é um outro requisito apontado por [1].

3. HERMES INTERPRETER

Esta seção descreve em detalhes a anatomia do _Hermes Interpreter_[4], o qual vem sendo concebido por meio da integração de padrões de projeto clássicos para o desenvolvimento de sistemas [3] [4]. A Figura 2 ilustra a arquitetura em camadas do HI, cujos componentes são descritos a seguir:

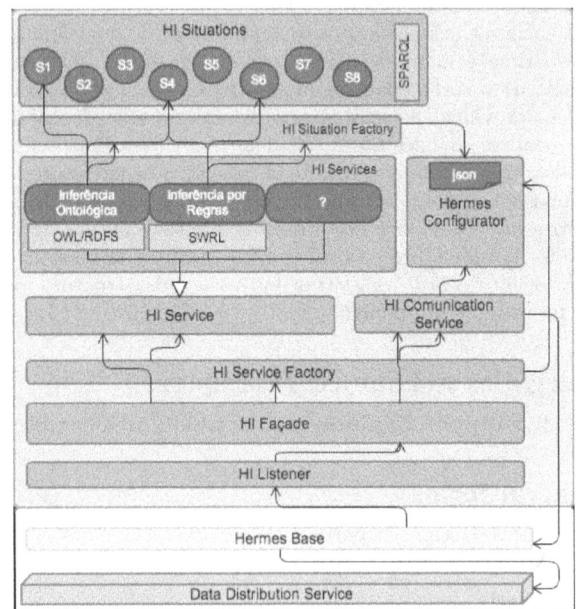

Figure 2: Anatomia do _Hermes Interpreter_.

HI Listener: Componente "cliente" do HI, recebe notificações para inferência de tópicos assinados ou para configuração do HI quanto aos métodos de inferência por tópicos. Para que os dados notificados pelo _Hermes Base_ sejam transmitidos até a camada de inferênca, o HI utiliza a classe _HermesInterpreterInferenciaTO_, que encapsula os seguintes dados: nome do tópico, entidade do contexto, caminho da ontologia que contém o vocabulário do RDF transmitido, fatos contextuais em RDF e tipo de serialização RDF. Objetos dessa classe, portanto, perpassam todas as camadas do componente, aplicando o padrão _Transfer Object_ [3].

HI Facade: Remove dos clientes o acesso direto às camadas de negócio do componente por meio de uma interface com métodos para registro, publicação e assinatura de

---

[2]http://portals.omg.org/dds/
[3]http://www.w3.org/RDF/

[4]Nas próximas seções será abreviado como HI.

tópicos e o método *inferirInformacoesContexto*, cuja entrada é o objeto *Transfer Object* descrito anteriormente. O retorno do método *inferirInformacoesContexto* é o mesmo objeto de entrada contendo uma lista de entidades inferidas, a qual será enviada ao *HI Communication Service*, detalhado a seguir. Esse desacoplamento desobriga o cliente de conhecer detalhes sobre as técnicas de inferência suportadas pelo HI. Esta camada também o torna flexível quanto à manutenção da camada de serviço, responsável pela execução das técnicas de inferência. Além disso, desobriga os *HI listeners* de conhecerem detalhes de como proceder para a publicação dos tópicos, pois o próprio *HI Facade* invoca esse serviço após o retorno da inferência. Esse componente, portanto, implementa o padrão *Session Facade* [3] (ou simplesmente *Facade* [4]).

HI Service Factory / HI Situation Factory: Abstraem detalhes de instanciação dos serviços de inferência ou objetos de situação de contexto da camada solicitante para o tópico corrente. A instanciação ocorre através de invocação ao *Hermes Configurator*, que conhece os detalhes de acesso das configurações do componente. Por essas características, ambos componentes implementam o padrão *Factory* [4].

HI Communication Service: Acessa os serviços de comunicação do componente *Hermes Base*: registro, publicação e assinatura de tópicos. Esse serviço é desacoplado dos serviços de inferência. Por encapsular instâncias globais do componente para acesso ao *middleware*, implementa o *pattern Singleton* [4].

HI Service: Oferece uma interface única para inferência de contexto, na qual a camada *Facade* solicitante faz sua requisição. *HI Service*, a nível de implementação, é uma classe abstrata que possui o método *inferirSituacao*, cuja assinatura é um objeto *HI Transfer Object*, explicado anteriormente. A cada nova técnica de inferência incorporada, é necessário que se estenda essa classe e implemente o respectivo método. No momento, duas técnicas de inferência são suportadas: ontológica e baseada em regras. A camada, dessa forma, implementa o padrão *Strategy* [4].

HI Situation: Encapsula as regras de negócio do contexto descritas na ontologia do domínio corrente. Mapeia situações de contexto de alto nível (atributos, subclasses ou relações ontológicas) cuja ocorrência deve ser verificada após o processamento de inferência executado pelas classes de serviço. Além disso, essas classes contêm consultas na sintaxe SPARQL[5], linguagem padrão para consulta de dados RDF, que serão executadas pelos *HI Services* após o processamento da inferência. Essas consultas verificam a existência de instâncias das subclasses mapeadas no modelo inferido, por exemplo, para o sinal vital frequência respiratória, um *HI Situation* conteria a seguinte consulta SPARQL para verificar se há alarmes para pacientes com taquipnéia: *SELECT ?s WHERE { ?s rdf:type msvh:TachypneaAlarm}*. Por agregar o conhecimento da regra de negócio do contexto, esta camada implementa o padrão *Business Object* [3].

[5]http://www.w3.org/TR/rdf-sparql-query/

O HI foi desenvolvido sobre o arcabouço Apache Jena[6], que oferece APIs para manipulação de dados RDF e de ontologias RDFS[7] e OWL[8], ambos padrões suportados pelo componente *HI Service*. Jena também oferece motores de inferência para processamento da semântica de ontologias nas linguagens citadas, mas para a inferência da semântica de regras, escritas na sintaxe SWRL[9], utilizou-se o motor de inferência *Pellet*[10]. Quanto ao *middleware* que implementa a especificação *DDS*[11], foi utilizada uma licença do *CoreDX DDS*, desenvolvido pela *Twin Oaks Computing*.

4. ESTUDO DE CASO

O cenário escolhido para demonstrar a instanciação da infraestrutura *Hermes* é o de monitoramento de sinais vitais humanos, cenário este que possui características típicas de um ambiente sensível a contexto: múltiplos sensores coletando diferentes tipos de sinais vitais de pacientes com restrições temporais devido à criticidade do contexto. O objetivo do estudo de caso é comprovar o apoio de *Hermes* e *Hermes Interpreter* no desenvolvimento de aplicações sensíveis a contexto através da reutilização de seus serviços.

O contexto semântico é modelado em uma ontologia [5] representada na linguagem OWL, bem como em regras no formato SWRL. As principais mudanças ocorridas no contexto desse cenário são a atualização das medições de sinais vitais e a inferência de anormalidades, expressas em SWRL, dos sinais vitais segundo uma classificação populacional ou individualizada para o paciente. São essas duas mudanças que usaremos para mostrar a orquestração dos componentes integrantes da infraestrutura *Hermes*.

Para demonstrar a atuação do HI frente aos demais componentes de *Hermes*, foram desenvolvidos programas que simulam *Hermes Widgets*, um para cada tipo de sinal vital, que disparam notificações de leitura de sinais em intervalos de tempo pré-configurados. Foi também desenvolvida uma aplicação que assina tópicos associados a anormalidades nas leituras coletadas por *Hermes Widgets*, e que também publica em tópicos detalhes de configuração da técnica de inferência sobre essas leituras de sinais.

O algoritmo a seguir descreve, em alto nível, os passos de interação entre aplicações e a infraestrutura *Hermes* para realização de interpretação de contexto. Por razões de espaço, serão utilizadas os acrônimos HW para *Hermes Widget*; HB para *Hermes Base* e HI para *Hermes Interpreter*. Também foram omitidos os fluxos de configuração de tipos de inferência por tópicos, assinatura de tópicos pela aplicação, publicação de contexto pelo HW e notificação da aplicação.

A interação das aplicações com o *Hermes* no cenário de interpretação de contexto se limitam a configuração de técnicas de inferência por tópico, cuja interface requer apenas os nomes dos tópicos e tipo de inferência e a assinatura de tópicos, cuja entrada são os nomes dos tópicos. São, portanto, interfaces simples e de alto nível. Além da API de fácil acesso, outra vantagem é a flexibilidade do componente, evidenciada no passo de instanciação da técnica de inferência, ocorrida conforme configuração do *Hermes Interpreter*.

[6]https://jena.apache.org/
[7]http://www.w3.org/TR/rdf-schema/
[8]http://www.w3.org/TR/owl-features/
[9]http://www.w3.org/Submission/SWRL/
[10]http://clarkparsia.com/pellet/
[11]http://www.twinoakscomputing.com/coredx

ALGORITHM 1: HI publica anormalidades de sinal vital

Input: Sinais vitais notificados
Output: Anormalidades de sinais vitais publicados
sinais_vitais_publicados ← sinais publicados por HW
while *sinais_vitais_publicados.quantidade* > 0 **do**
    servico_inferencia ← instância de serviço de inferência
    parametrizado para o tópico
    modelo ← modelo ontológico criado segundo
    localização da ontologia do domínio
    modelo ← *modelo*+ sinal vital corrente
    motor_inferencia ← instância do motor *Pellet*
    modelo ← *modelo* + *motor_inferencia*
    situacao ← instância de *HI Situation* do tópico
    for *each sparql in situacao* **do**
        consulta *sparql* em *modelo*
        if *anormalidade detectada* **then**
            publica anormalidade de sinal vital corrente
            HB atribui QoS para publicação
            HB efetua publicação em tópico
        end
    end
    sinais_vitais_publicados.quantidade − −
end
---

5. TRABALHOS RELACIONADOS

EXEHDA-UC [6] e TrailM [7] são arquiteturas para gerenciamento de contexto que fornecem serviços básicos para aplicações. Embora a EXEHDA-UC suporte inferência por regras, assim como o *Hermes Interpreter*, ambos os trabalhos diferenciam-se do *Hermes Interpreter* quanto à modelagem e distribuição do contexto.

Quanto à modelagem, ambos utilizam modelo relacional, com restrições na capacidade de inferência se comparada a inferências sobre ontologias e regras. Quanto à distribuição de contexto, EXEHDA-UC e TrailM utilizam XML-RPC e *web services*, respectivamente, o que não garante transmissão de dados em tempo real, como o padrão *DDS* o faz.

Guermah et al. [8] propõem uma arquitetura para o desenvolvimento de serviços sensíveis a contexto, com destaque para o *Context Reasoning Engine*, que provê inferência baseada em regras construídas utilizando dados de sensores, dados persistidos ou derivados de ambos. Entretanto, não oferece total suporte a inferência ontológica, pois, apesar das regras serem similares às regras SWRL suportadas pelo *Hermes Interpreter*, não são realizadas inferências sobre a semântica das linguagens RDFS e OWL.

Em suma, em nenhum dos trabalhos supracitados são demonstrados padrões arquiteturais para desenvolvimento de interpretadores de contexto, ou alguma preocupação no sentido de apoiar projetistas e desenvolvedores de sistemas comparável à proposta do *Hermes Interpreter*.

6. CONSIDERAÇÕES FINAIS

Este artigo apresentou a infraestrutura *Hermes*, com destaque para o componente *Hermes Interpreter*, que oferece suporte às inferências ontológica e de regras, além de ser configurável quanto às situações de inferência por meio de assinatura e publicação de tópicos. A anatomia do *Hermes Interpreter* segue padrões de projeto, visando torná-lo extensível, flexível e fácil de manter, requisitos que permitem seu reuso e adequação a diferentes demandas na capacidade de inferência e comunicação distribuída em tempo real.

A pesquisa em andamento pretende contemplar o suporte a múltiplas técnicas de inferência por tópico, pois atualmente é possível associar uma única técnica de inferência por tópico publicado/assinado. Isto permitiria combinar as vantagens de cada técnica de inferência, em termos de qualidade e desempenho [2] [1].

Estão em andamento estudos de integração de processo de mineração de dados com inferência ontológica e baseada em regras, utilizando para tal uma base de dados de referência contendo sinais vitais humanos coletados de UTIs. A manipulação de parâmetros de QoS para comunicação entre os componentes *Hermes* e destes com aplicações também é um trabalho que deverá ser explorado em breve.

Para melhorar a capacidade de seleção de contexto pelas aplicações, uma solução é agregar filtros aos tópicos assinados. Para tópicos de interesse, os usuários das aplicações poderiam configurar filtros utilizando a própria ontologia do contexto. Esses filtros seriam *queries SPARQLs* com as quais a infraestrutura *Hermes* consultaria o *RDF* notificado pelos *Hermes Widgets* antes de entregá-lo às aplicações. Se a informação consultada fosse localizada no *RDF*, ele seria transmitido. Caso contrário, o contexto não seria notificado.

7. ACKNOWLEDGMENTS

Apoio financeiro do CNPq ao projeto n. 481402/2011-0.

8. REFERENCES

[1] C. Perera, A. Zaslavsky, P. Christen, and D. Georgakopoulos. Context aware computing for the internet of things: A survey. *IEEE Communications Surveys Tutorials*, 16(1):414–454, 2014.

[2] C. Bettini, O. Brdiczka, K. Henricksen, J. Indulska, D. Nicklas, A. Ranganathan, and D. Riboni. A survey of context modelling and reasoning techniques. *Pervasive and Mobile Computing*, 6(2):161 – 180, 2010.

[3] D. Alur, J. Crupi, and D. Malks. *Core J2EE Patterns*. Elsevier, 2004.

[4] E. Gamma, R. Helm, R. Johnson, and J. Vlissides. *Design Patterns - Elements of Reusable Object-Oriented Software*. Addison-Wesley, 1994.

[5] A.B. Bastos, I.G. Sene Júnior, R.F. Bulcão Neto. Modelagem e inferência baseadas na semântica de monitoramento de sinais vitais humanos. In *20th Brazilian Symposium on Multimedia and the Web*, pages 1–4, João Pessoa-PB, Brazil, 2014.

[6] J. Lopes, M. Gusmão, R. Souza, P. Davet, A. Souza, C. Costa, J. Barbosa, A. Pernas, A. Yamin, and C. Geyer. Towards a distributed architecture for context-aware mobile applications in ubicomp. In *19th Brazilian Symposium on Multimedia and the Web*, pages 43–50, Salvador-BA, Brazil, 2013.

[7] C. Martins, J. Rosa, L. Franco, J. Barbosa, and E. Bezerra. Towards a model to explore business opportunities in trail-aware environments. In *18th Brazilian Symposium on Multimedia and the Web*, pages 143–150, São Paulo-SP, Brazil, 2012.

[8] H. Guermah, T. Fissaa, H. Hafiddi, M. Nassar, and A. Kriouile. Context modeling and reasoning for building context aware services. In *ACS International Conference on Computer Systems and Applications*, pages 1–7, 2013.

Tridimensional Visualization Through Optical Illusion

Vinícius E. M. Silva
Universidade Federal de Pernambuco
Recife – Pernambuco – Brasil
vems@cin.ufpe.br

Mozart W. S. Almeida
Universidade Federal de Pernambuco
Recife – Pernambuco – Brasil
mwsa@cin.ufpe.br

João M. Teixeira
Universidade Federal Rural de Pernambuco
Recife – Pernambuco – Brasil
jmxnt@cin.ufpe.br

Veronica Teichrieb
Universidade Federal de Pernambuco
Recife – Pernambuco – Brasil
vt@cin.ufpe.br

Abstract

Holography is a technique that uses the properties of light as a way of registering and representing three-dimensional scenes and objects. However, holography is not the only technique that makes it possible to visualize in three dimensions. In this work will be detailed another form of three-dimensional visualization based on an invention of the late 19th century. Different applications that use this approach will be presented, as well as their results that are quite similar to those of holography. A solution involving hardware/software for 3D visualization through optical illusion is proposed. Using a prism with specific geometric proportions, is possible project the generated content with the developed tool to visualize objects and even 3D point clouds relating to faces captured with the Microsoft Kinect sensor.

Categories and Subject Descriptors

H.5.1 [**Information Interfaces and Presentation**]: Multimedia Information Systems – *Video*.

General Terms

Documentation, Design, Experimentation.

Palavras Chaves

Holografia; Fantasma de Pepper; Ilusão de Ótica; Kinect; Visualização.

1. Introdução

Holografia (*holos*, de integral, global, e *graphos*, de desenho) é uma técnica teorizada por Dennis Gabor no fim da segunda guerra mundial. Ela consiste no registro de objetos e cenas em três dimensões que, ao serem projetados, permitem uma visão espacial de diferentes ângulos de visão dando uma impressão de realismo [1]. Embora datadas dos anos 40 do século XX, as técnicas holográficas só puderam ser realmente aplicadas nos anos 60. Isto ocorreu por Leith e Upatnieks com o desenvolvimento do laser, uma fonte de luz com as propriedades adequadas (contínua, monocromática e direcional) para o registro holográfico [2].

O processo de holografia pode ser dividido em duas etapas: o registro e a projeção. O primeiro é realizado por um conjunto de um laser, espelhos, lentes e um anteparo. A luz proveniente do laser é dividida em dois caminhos; um deles atinge diretamente o anteparo, enquanto o outro reflete no objeto real antes de atingir o anteparo, que registra a interferência dos dois raios de luz provenientes da mesma fonte e assim forma o holograma. Este esquema é representado na Figura 1. Na projeção, o anteparo contendo os registos das interferências de onda é iluminado diretamente pelo laser. Assim, as frentes de onda de luz refletidas pelo objeto são replicadas, gerando a imagem do objeto [3].

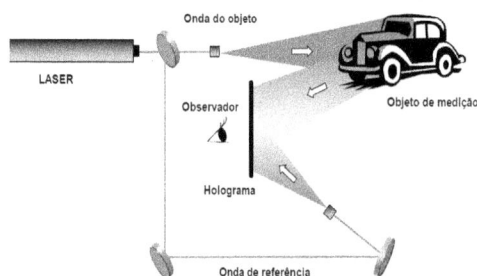

Figura 1. Esquema para a criação de hologramas.

Contudo, a holografia não é a única forma de gerar uma visão tridimensional de uma cena ou objeto. Existem abordagens bem mais antigas que as bases teóricas da holografia que descritas mais a frente. Além disso, existem técnicas ainda em desenvolvimento que são capazes de criar efeitos visuais que dão a impressão de profundidade real a objetos e cenas.

Uma das técnicas de efeitos visuais capaz de passar a impressão de profundidade é o anamorfismo. Tal impressão ocorre dependendo do ângulo que se observa; um exemplo de aplicação desta técnica é uma esfera anamórfica pintada por Andrea Pozzo na catedral de San Ignazio, em Roma. Esta pintura engana o observador, pois dá a impressão de haver uma cúpula na catedral [4]. Atualmente, esta técnica é utilizada por artistas como Nagai Hideyuki para criar imagens com profundidade para certo ângulo de visualização [5].

Lasers também geram efeitos que formam imagens tridimensionais em pleno ar. Isto acontece porque quando um gás é ionizado por lasers de alta potência transforma-se em plasma, estado da matéria formado por íons positivos pela liberação de elétrons [6]. Neste caso uma luz branco-azulada é produzida e, se comportando ordenadamente, gera uma imagem em pleno ar [7].

Visualizações em três dimensões também podem ser formadas por efeitos de reflexão da luz em certas superfícies, em técnicas chamadas de ilusão de ótica. Um exemplo de aplicação desse tipo de técnica pode ser encontrado no Mirascope, um brinquedo que usa reflexões de raios de luz nas suas paredes internas [8].

Outra aplicação de ilusão de ótica foi exibida pela primeira vez no fim do século XIX por um professor chamado John Henry Pepper e por um engenheiro chamado Henry Dircks, criando a ilusão de um fantasma em apresentações teatrais. Ela gera a impressão de uma imagem tridimensional e é baseada na reflexão da luz em um espelho ou superfície semi-refletora. A técnica se baseia na reflexão de um objeto em um espelho inclinado de 45º, gerando uma imagem virtual do mesmo inclinado de 90º, e ficou conhecida como "Fantasma de Pepper" [9].

Este trabalho descreve a utilização do truque de John Pepper em combinação com um sistema hardware/software para assim compor uma nova forma de visualização em três dimensões. Esta solução, pelo seu modelo simples e direto, permite uma variedade de aplicações com resultados satisfatórios.

O restante do artigo é organizado conforme segue. A seção 2 lista os principais trabalhos relacionados, entre eles o que nomeia à técnica do fantasma de Pepper, além de trabalhos semelhantes ao que será apresentado nesse artigo. A seção 3 apresenta a solução hardware/software proposta. Os resultados obtidos e as dificuldades encontradas são discutidos na seção 5. Por fim, a seção 6 conclui o trabalho e aponta direcionamentos para trabalhos futuros.

2. Trabalhos Relacionados

As técnicas de projeção tridimensional são utilizadas em um grande número de aplicações. Uma das primeiras técnicas utilizadas foi um truque de ilusão de ótica que ficou conhecido como o "Fantasma de Pepper" (popularizado no Brasil por um tipo de show, utiliza a mesma ideia da apresentação original, "A Casa de Monga") [10].

Desde as suas primeiras aparições, o truque de Pepper continuou sendo utilizado em várias outras aplicações tanto industriais como ainda na área de entretenimento. Nos dias de hoje, o truque de ilusão de ótica por trás do fantasma ainda é utilizado pela sua eficiência e simples implementação, um posicionamento de espelho ou superfície refletora combinada com uma projeção adequada, como pode ser visto na Figura 2.

Figura 2. "Fantasma de Pepper" original.

O trabalho apresentado em [11] utiliza um conjunto formado por um projetor, uma lente e um espelho para permitir que pilotos tenham um acesso mais rápido às informações do voo. Elas são projetadas diretamente no visor da janela da aeronave, que funciona como superfete refletora para o truque de Pepper, em uma técnica conhecida como Realidade Aumentada Projetiva [12].

O truque de Pepper é utilizado também em algumas apresentações pelo fato de produzir marcantes. Exemplos disso podem ser vistos em [13] onde são apresentados shows que geram efeitos especiais em plena apresentação. Há casos onde toda a banda é projetada, como ocorre com o grupo *Gorillaz*.

Além disso, existem aplicações de entretenimento que utilizam esta técnica como base de desenvolvimento. Em [14], o truque de Pepper transforma um smartphone em uma tela 3D pela combinação de três superfícies parcialmente refletoras trabalhando em conjunto. Outra aplicação pode ser vista em [15], uma ideia semelhante à tratada nesse artigo, e que será explicada posteriormente. Outro dispositivo recentemente desenvolvido e que ainda utiliza o mesmo princípio de Pepper, trabalhando com um conjunto de espelhos parcialmente reflexivos em seu visor, é o Google Glass [16], [17].

3. Desenvolvimento do Sistema

A solução desenvolvida neste trabalho foi criada baseando-se na combinação de um prisma e softwares geradores de conteúdo. O prisma é espelhado e montado na forma de tronco de pirâmide quadrada e os softwares geram conteúdo em um formato que, utilizando o prisma, se tem o efeito tridimensional para o usuário.

3.1 Prisma

O prisma utilizado na solução é formado por quatro faces semi-reflexivas, uma pequena base de apoio e uma base maior que mantém as faces no lugar, representado na Figura 3. As faces do prisma têm uma inclinação de 45º que permite, por efeito de refração da luz, que uma imagem real exibida abaixo do prisma forme uma imagem virtual em um plano com uma inclinação de 90º em relação ao plano da imagem real. Assim o usuário tem a impressão de que há um objeto tridimensional no interior do mesmo. O fato das faces do prisma serem feitas de plástico semi-reflexivo gera uma melhor impressão de realidade, pois qualquer outro material com uma taxa de reflexão muito alta geraria uma imagem virtual não só da imagem real específica, mas também de todo o ambiente externo próximo.

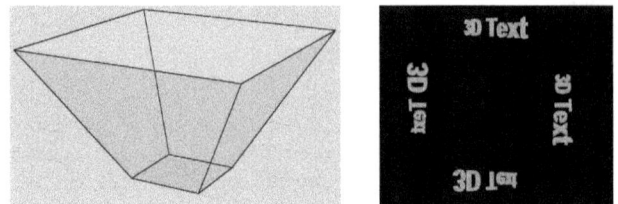

Figura 3. Representação da forma do prisma (esquerda) e visões do objeto 3D a ser projetado (direita).

A reflexão que cria a imagem virtual é possível pelo fato de que o ângulo limite entre o ar e o material utilizado é em torno de 41,5º. Esse ângulo limite é determinado pela lei de refração, descoberta por Willebrord Snell em 1621 e representada na Figura 4. Nela, o seno do ângulo de incidência aparece na equação, e tem valor igual ao arco-seno do índice de refração do meio de entrada do raio de luz dividido pelo índice de refração do meio de saída, quando o ângulo do raio refratado é igual a 90º em relação à reta normal [18]. Com um ângulo de inclinação maior que o ângulo limite, o raio de luz é totalmente refletido e como a imagem virtual tem uma inclinação duas vezes maior que a inclinação do espelho em relação ao plano da imagem real, esta é projetada em um ângulo de 90º em relação ao plano da imagem real, dando assim ao usuário uma visão frontal da imagem virtual.

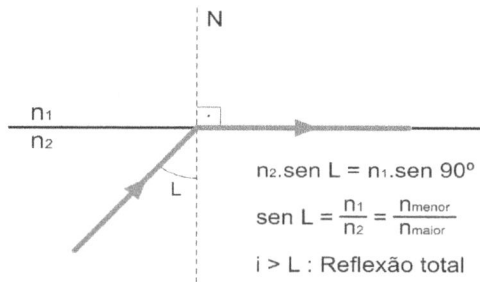

$n_2.\text{sen } L = n_1.\text{sen } 90°$

$\text{sen } L = \dfrac{n_1}{n_2} = \dfrac{n_{menor}}{n_{maior}}$

$i > L : \text{Reflexão total}$

Figura 4. Formulação da Lei de Snell e Representação do ângulo limite.

3.2 Ferramentas de Software Desenvolvidas

Foram desenvolvidas duas ferramentas para a geração de conteúdo. A primeira delas carrega um modelo tridimensional de um objeto e exibe quatro visões distintas do modelo referentes a cada face do prisma. A segunda ferramenta de software faz uso de um sensor de profundidade para que assim possa gerar em tempo real as quatro visões que serão projetadas no prisma.

3.2.1 Modelos 3D

O software recebe um modelo tridimensional completo do objeto que será exibido no prisma e exibe um posicionamento de visão diferente para cada uma das quatro visualizações referentes a cada uma das faces do prisma, como pode ser visto na Figura 3.

O fato do modelo de entrada ser uma representação tridimensional completa dá a liberdade de uma maior movimentação do modelo na sua projeção. Por exemplo, é possível realizar a rotação do modelo em torno do próprio eixo.

3.2.2 Captura com Kinect

O segundo software captura e exibe em tempo real uma representação tridimensional de uma área especifica do corpo do usuário, como o rosto por exemplo.

A área da face do usuário que é capturada é obtida utilizando-se o rastreamento tridimensional do rosto e uma representação em forma de esqueleto do corpo para limitar a área do rastreamento, sendo o rastreamento da face e o esqueleto corporal, feitos pelo Microsoft Kinect [19]. O Kinect é um sensor de profundidade desenvolvido pela Microsoft que contem entre suas ferramentas uma câmera RGB com resolução de 640x480, um emissor e um receptor infravermelho [20].

A câmera RGB é responsável pela captura de características como cores, enquanto a câmera de infravermelho é responsável pela interpretação da profundidade e da forma do ambiente com a formação de uma nuvem de pontos [21].

O Kinect SDK (*software developer kit*) cria um esqueleto do corpo do usuário formado por 20 pontos ou juntas. Dessa forma se pode estimar a localização de alguma junta caso o esqueleto seja reconhecido por completo previamente [22].

Assim como a câmera, os sensores e receptores infravermelhos tem resolução de 640x480, ou seja, em cada quadro capturado é gerada uma nuvem de pontos com 307.200 pontos, em um alcance entre 70 centímetros e 6 metros, e é essa nuvem de pontos que traz informações de profundidade da cena ou objeto. Combinando a câmera RGB com o receptor e emissor infravermelho tem-se, em cada quadro e numa taxa de 30 quadros por segundo, informações de profundidade e de cor que podem ser interpretadas para formar uma reconstrução tridimensional da cena ou objeto desejado [23].

O formato de saída do software que utiliza o Kinect é semelhante ao que trabalha com modelos prontos, mas com adaptações pela falta de uma representação completa do modelo, conforme ilustrado na Figura 5.

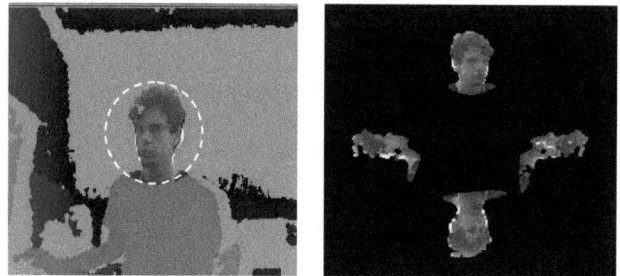

Figura 5. Seleção da área do rosto a ser exibida e sua exibição.

4. Resultados

O sistema proposto neste trabalho gerou resultados com uma boa sincronia de forma entre o que o objeto real e o objeto virtual refletido, alcançando assim o efeito visual desejado. Foram utilizados modelos tridimensionais de um monumento turístico, farol da barra em salvador e uma logomarca representada com profundidade. Parte do resultado pode ser visualizada na Figura 6.

Figura 6. Resultado final: Objeto 3D (acima) e representação do rosto capturado com Kinect (abaixo).

Combinando o prisma com o software que trabalha com o Kinect se tem a exibição de um rosto humano tridimensional, ilustrado pela Figura 6. Esta visualização, levando-se em conta o fato de que não é um modelo completo, possui a mesma qualidade do efeito gerado pelo primeiro software.

Uma dificuldade encontrada está relacionada à forte influência do ambiente externo na projeção sobre o prisma, em que sob uma iluminação mais forte, a imagem projetada fica parcial ou totalmente oculta. Isso acontece porque o prisma não reflete apenas a luz da imagem alvo, mas também toda a luminosidade do ambiente que entra em contato com ele, Outro ponto a ser levado em conta são os limites do aparelho de reconstrução, no caso desde trabalho o Kinect tem uma pequena dificuldade em mantes o rastreamento em um único rosto.

5. Conclusão

Nesse trabalho uma técnica de ilusão de ótica datada do século XIX foi aplicada para gerar visualização de conteúdo tridimensional. Foi proposta a utilização de um prisma em formato de tronco de pirâmide e duas ferramentas capazes de gerar conteúdo para ele, formando assim um sistema de visualização tridimensional. Isso é possível através do efeito de ilusão de ótica baseada na reflexão da imagem em uma superfície semi-reflexiva e na propriedade da ótica geométrica onde uma imagem virtual inclinada em 90º em relação ao plano da imagem real é formada por um espelho inclinado em 45º em relação ao plano da imagem real. O resultado obtido pode ser visualizado em http://youtu.be/fGO21_PZbGI.

O sistema desenvolvido, assim como a ilusão de ótica em que se baseia, tem boa versatilidade e um desenvolvimento de baixo custo o que torna possível sua aplicação em vários outros projetos, o desenvolvimento de várias outras aplicações e um maior desenvolvimento do próprio sistema, principalmente pela possiblidade de se trabalhar com conteúdo em tempo real.

É possível incrementar a experiência do usuário adicionando uma forma de interação com o modelo 3D, em que seria possível mudar o ângulo de visualização do objeto no sistema. Esta funcionalidade poderia ser implementada de várias formas, desde a integração do sistema completo com algum dispositivo de interação ou da adição dessa funcionalidade no próprio sistema.

Uma vez que a projeção tridimensional formada é fiel às imagens que a formam, visto que estas seguem uma escala coerente com a imagem real, sem ou com quase nenhuma distorção, o sistema poderia ser aplicado para gerar uma ferramenta de visualização industrial, onde se tem uma imagem tridimensional de algum componente ou material de utilização industrial. Por exemplo, um componente para visualizar um projeto em escala reduzida, mas com as mesmas características e proporções do elemento original.

Outra possibilidade é a geração de conteúdo exclusivo para o sistema. Com uma nova forma de visualização pode-se gerar vídeos em um formato de exibição adequado, vídeos esses que podem ser publicados na internet e acessados via mobile para serem visualizados com o prisma como uma forma de simples entretenimento ou meio de publicidade.

6. REFERÊNCIAS

[1] Fantin, A. V. 2003 *Holografia Digital Complexa Utilizando um Interferômetro Shearing*. Tese de Doutorado, Universidade Federal de santa Catarina.

[2] J. M. Rebordão. Holografia: Física e Aplicações. Colóquio / Ciências, Vol 4, Fevereiro de 1989. Faculdade de Ciências. Universidade de Lisboa.

[3] Laboratório de ensino de Óptica, Instituto de Física Gleb Wataghin. Universidade Estadual de Campinas. Disponível: http://sites.ifi.unicamp.br/lf22/holografia-2/. Acessado em 6/2014.

[4] J. A. Parrilha, M. C. Danhoni Neves. 2011. A perspectiva anamórfica de Hans Holbein: o início da perspectiva preparatória de Galileo e Cigoli no Sidereus Nuncius. *In VIII Encontro Nacional de Pesquisa em Educação em Ciências* (december 2011, Universidade Estadual de Campinas).

[5] Galeria online de Nagai Hideyuki. Disponível em: http://nagaihideyukiart.jimdo.com/gallery/. Acessado em 06/2014.

[6] Ziebell, L. F.. 2004. O Quarto Estado da Matéria. Em *nº.15*, Ed. Série Textos de Apoio ao Professor de Física. Instituto de Física, Universidade Federal do Rio Grande do Sul (UFRGS), Porto Alegre, RS, 1-30.

[7] Burton Inc. Disponível em: http://burton-jp.com. Acessado em 6/2014.

[8] Groentjes, T. *Holography and Kinect*. Trabalho de conclusão de graduação, LIACS – Leiden Institute of Advanced Computer Science, 2013.

[9] John H. Pepper. 1890. *The true history of the ghost*. Cassell e Compaly.

[10] Medeiros, Alexandre. 2006. *A história e a física do fantasma de Pepper*. Caderno Brasileiro De Ensino De Física. 23 (3): 329-344.

[11] Air Power Australia. THE MODERN FIGHTER COCKPIT. Disponível em: http://www.ausairpower.net/TE-Fighter-Cockpits.html. Acessado em 6/2014.

[12] Roberto, R. A. 2012. *Desenvolvimento de sistema de realidade aumentada projetiva com aplicação em educação*, Tese de mestrado, Universidade Federal de Pernambuco.

[13] MUSION. Disponível em: http://musion.co.uk/. Acessado em 6/2014.

[14] Palm Top Theater. Disponível em: http://www.palmtoptheater.com/. Acessado em 6/2014.

[15] HOLHO. Disponível em: http://www.holhocollection.com. Acessado em 6/2014.

[16] LINS, Caio Novaes. TEIXEIRA, João Marcelo. ROBERTO, Rafael Alves. TEICHRIEB, Veronica. 2014. *Tendências e Técnicas em Realidade Virtual e Aumentada*, vol. 4. (May 2014), 167-188.

[17] Suporte Google Glass. Disponível em: https://support.google.com/glass/. Acessado em 6/2014.

[18] H. Moysés Nussenzveig. 1998. Curso de Física Básica 4. Edgard Blücher.

[19] Silveira, M. A. 2011. *Técnica de Navegação em Documentos Utilizando Microsoft Kinect*. Trabalho de conclusão de graduação, Universidade Federal do Rio Grande do Sul, Instituto de Informática. Curso de Ciências da Computação.

[20] Microsoft Developer Network. Disponível em: http://msdn.microsoft.com/en-us/library/jj131033.aspx. Acessado em 6/2014.

[21] Perafán, D. C. M. 2013. *Reconstrução 3D de Objetos Simétricos a partir de Nuvens de Pontos utilizando Modelos Paramétricos de Superquádricas para Reconhecimento por Visão Robótica*. Tese de Mestrado, Universidade de Brasília, Faculdade de Tecnologia, Departamento de Engenharia Mecânica.

[22] G. S. Cardoso, A. E. Schmidt. 2012. Biblioteca de Funções para Utilização do Kinect em Jogos Eletrônicos e Aplicações NUI. In *XXVI conference on graphics, patterns and images* (august 2013, Arequipa, Peru).

[23] Yamada, F. A. A., Cejnog, L. W. X., Dembogurski, R. A., Vieira, M. B., Souza, R. L. 2013. *Reconstrução de Objetos 3D utilizando Estruturas de Indexação Espacial com o Microsoft Kinect*. Universidade Federal de Juiz de Fora.

Sentiment Analysis for Streams of Web Data:
A Case Study of Brazilian Financial Markets

Bruna
Neuenschwander
UFMG, Belo
Horizonte/Brasil
bruna@dcc.ufmg.br

Adriano Pereira
UFMG, Belo
Horizonte/Brasil
adrianoc@dcc.ufmg.br

Wagner Meira Jr.
UFMG, Belo
Horizonte/Brasil
meira@dcc.ufmg.br

Denilson Barbosa
University of Alberta,
Edmonton/Canada
denilson@ualberta.ca

ABSTRACT

With the rise of Web 2.0 applications, most people started consuming information and sharing opinions and ideas about most aspects of their lives on a variety of social media platforms, creating massive and continuous streams of valuable data. While this opened the door for information extraction and mining techniques that can help us understand different aspects of society, extracting useful information from such streams of Web data is far from trivial. In this setting, sentiment analysis techniques can be convenient as they are capable of summarizing general feeling about entities people care about, such as products and companies. Therefore, they can be quite applicable in scenarios like the stock market, which also has tremendous impact on society. This paper describes and evaluates two different techniques for sentiment analysis applied to the Brazilian stock market data: lexicon-based and machine learning based, considering a wide range of text pre-processing and feature selection approaches.

Keywords

Sentiment Analysis; Social Data; Machine Learning; Web and Social Networks; Lexicon; Brazilian Stock Market

1. INTRODUCTION

Web 2.0 offers a wide diversity of new communication media, varying from news and *blogs* to social media and discussion forums. This allows users not only to express theirs opinions but also to follow different perspectives and contents. In this environment, users are exposed to vast amounts of information, continuously updated in a streaming fashion, even from people they are not related to. Manually tracking information from a great variety of sources has quickly become unfeasible. Consequently, finding a way to optimize user time and knowledge acquired is valuable. In this sense, data mining techniques that work on text can be extremely useful, helping, for instance, to summarize contents, identify trends and opinions, and ultimately helping predict events [11].

One of the most well-known areas of textual data mining is called sentiment analysis. At its core, this problem can be defined as labeling a set of texts as positive or negative. There are two main approaches that can be used for sentiment analysis: machine learning based and lexicon-based. Another possibility is to combine both techniques. This combination could lead to a classifier that is less dependent on context, yielding better precision and recall. It is also important to highlight that for texts written in English there are many different resources available. However, for other languages, such as Brazilian Portuguese, the resources are considerably more scarce.

Sentiment analysis applications vary from identifying society mood regarding brands and products [22] to identifying users political views [19]. This kind of analysis can be extremely useful in contexts like stock market. Stocks markets all around the world are responsible for considerable financial transactions, for instance, the Brazilian stock market was one of the top 20 with higher capitalization value in 2011 [2, 3] and had an average value of daily transactions in 2013 of R$ 7.4 billion [1]. Previous studies showed that the behavior of the market can be modified by news [6] and society's mood measured using Twitter data can predict its fluctuations [5]. Therefore, gathering and analyzing information from different sources can provide not only an overview of specialists and investors expectations but can identify new trends (i.e. fluctuation in the frequency of different terms). In this manner, this work shows how different classifiers (lexicon-based and machine learning based) and different pre-processing techniques can improve sentiment analysis for Brazilian stock market data sets.

2. RELATED WORK

Researchers and investors always have the ambition of better understanding the stock market and many studies try to unveil the forces and patterns that supposedly govern it. Two opposing theoretical lines about stock prices prediction are shown in [8]: the chartist and the random walk. The first proposes that stock prices have patterns that repeat over the time and the second states that prices behave randomly. Stock market behavior can also be affected by different factors, such as consumption, and [7] presents an evaluation of these factors.

The Web 2.0 provides different information sources, that along with news, report the latest indexes, companies accomplishments and losses as well as countries economic situation and general opinions. Those sources of information, not only convey the newest facts and expectations but also could interfere with the behavior of markets. According to [6], investors often do not present a rational response in face of unexpected news, and this overreaction affects the stock market, which can also be seen as motivation for our work. Another interesting discussion in [5] shows that Twitter mood may reflect society's mood and predict stock market changes. Both [5] and [6], reinforce the importance of analyzing data from news and social media and, thereafter, are motivations for applying data mining techniques in this scenario, specially, sentiment analysis.

There is a great variety of publications regarding sentiment analysis such as the survey [16], which is an extensive compilation of applications and techniques for sentiment analysis and opinion mining. On the other hand, [9] is a short review about it and states that there are two main approaches for dealing with sentiment analysis: supervised and unsupervised, both approaches are used in this work.

Among the unsupervised approaches, SOCAL [21] is a prominent lexicon-based method which has been adapted for Brazilian Portuguese [15]. As for the supervised approaches, there is a wide number of machine learning classifiers. In this work, Naive-Bayes classifiers are used along with different pre-processing techniques. Consequently, [17] is very interesting as it shows the performance of three classifiers, including Naive-Bayes, along with pre-processing techniques, which is similar to our work. Furthermore, it shows other possibilities of supervised algorithms and pre-processing techniques that were not explored and could be as future work.

Considering sentiment analysis for Brazilian Portuguese data sets, [20] examines the use of lexicons and negation models for Twitter analysis as well as different heuristics to normalize the texts, for instance, a heuristic to remove repeated vowels. In the context of news, specially in the financial market, [13] describes the construction of a lexicon for financial scenario and application of a lexicon-based classification. [13] is similar to the proposed work since it addresses the same context (Brazilian stock market) and has an unsupervised approach for sentiment analysis. However, it differs from ours, once we deal with two distinct datasets (tweets and news), two different classification approaches (supervised and unsupervised) and the analysis of pre-processing techniques.

3. METHODOLOGY

Sentiment analysis can be viewed as a classification problem with classes that represent the respective sentiment. The process for classifying text instances is well-known and has some main steps that are common to every classification task: data gathering, pre-processing, classifying and analyzing the results. In this work, these steps were followed, according to Figure 1, and are described next.

(a) **Data Gathering** Two different data sets regarding Brazilian stock market were used in the experiments. They contain 922 Twitter messages (tweets) and 373 news written in Brazilian Portuguese.

(b) **Pre-processing** All data sets were pre-processed to remove accents and punctuation marks, to have all words in lower case and to filter stopwords and numbers. Later, different pre-processing techniques were used to verify what was their real impact.

(c) **Classification** In this step, three different classifiers were used: a lexicon-based inspired by SOCAL, Naive-Bayes and Naive-Bayes multinomial. The objective of

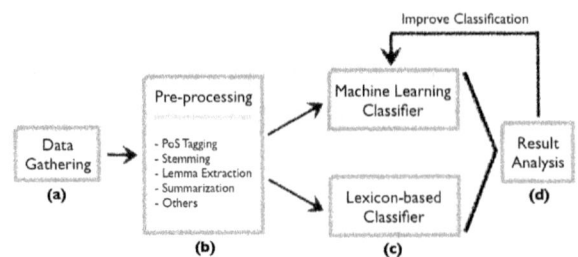

Figure 1: Methodology.

this paper was to compare supervised and unsupervised approaches and, as future work, find a way to combine both techniques. The Naive-Bayes classifiers were chosen because they are commonly used for text classification, have a simple model and yield reasonable precision and recall as shown in [17]. On the other hand, the SOCAL method is usually a reference regarding lexicon classifiers.

- SOCAL: Proposed by [21] consists of calculating a score for each instance, according to words semantic orientations (polarity and strength) found in a dictionary. It also accounts for negation, intensification and modal expressions. For Portuguese, there is an adaptation proposed by [15], which was applied in this work along with the SentiLex-PT polarity dictionary [18]. This method classifies instances in three classes: positive, negative or neutral.

- Naive-Bayes and Naive-Bayes Multinomial: Machine learning classifiers that according to the training set, construct a model based on probabilities of each word occurrence per class. For each test instance, an aggregated probability is calculated for each class and the one with higher probability labels the instance. In this step, the Weka tool [12] was used as the implementation of the classifiers. Usually, for sentiment analysis, the performance with three classes (positive, negative and neutral) is worse and the positive and negative classes are of greater interest. For this reason, a classification with two classes was chosen.

(d) **Result analysis** Three metrics were calculate: precision, recall and F-Measure, as defined in [14].

4. CASE STUDY AND RESULTS

4.1 Data sets

The experiments were performed with two data sets: Brazilian stock market news (SMN) and Brazilian stock market tweets (SMT), both gathered between August and December of 2013. They contain 373 and 922 instances, respectively, were written in Brazilian Portuguese and were manually labeled by a group of finance professionals. For SMN, instances have an average length of 202.10 words and of 17.21 hits in SentiLex-PT per document. Those news were extracted from 52 different sources. For SMT, instances have an average of 11.11 words/document and of 0.82 hits in SentiLex-PT per document. Regarding the users, there are 799 different users and an average of 1.15 tweet/user.

4.2 Pre-processing

As stated in Section 3, all instances of the data sets had accents and punctuation marks removed. For the machine learning classifiers, different pre-processing techniques were applied:

- Lemma extraction: all verbs are reduced to the infinitive form and nouns and adjectives to the singular male form. In this work, we used the tool developed at the NILC USP[1].

- Stemming: this tool reduces each word to its radical. For this, the Python library NLTK [4] was used.

- Part of Speech (PoS) Tagging: the NLPNET Python library [10], which offers a PoS tagger for structured texts, was used.

- Summarization: only the first three lines and the title of the news were considered for the classification step. This is consistent with extractive summarization approaches applied to Web.

4.3 Results

A ten-fold cross-validation was performed for Naive-Bayes classifiers and, for comparison, a random classifier was implemented with equal probabilities for each class. As the data sets have different properties, the results are presented in separate tables. In each row, the first string represents the classifier: Naive-Bayes (NB), Naive-Bayes Multinomial (NBM), SOCAL (SCL) and Random (RDM) and the subsequent words, represent the pre-processing techniques described in 4.2. There are two different ones that are *Title*, which consider only the titles of the news and *Lemma Verb*, which takes into account only the verbs of the instance in its lemma form. For the SCL method, there are different rows that represent the minimum of hits in the dictionary. The results are the weighted mean between the positive and the negative classes. The most relevant experiments, for the news data set (SMN), are reported in Table 1.

Data set	Precision	Recall	F-Measure
NB	0.747	0.74	0.742
NBM	**0.779**	**0.777**	**0.778**
NB Lemma	0.743	0.74	0.741
NBM Lemma	0.764	0.764	0.764
NB Stemming	0.736	0.733	0.734
NBM Stemming	0.751	0.753	0.752
NB Lemma Verb	0.669	0.669	0.669
NBM Lemma Verb	0.69	0.694	0.686
NB Title	0.699	0.702	0.696
NBM Title	0.736	0.724	0.726
NB Summarization	0.711	0.713	0.712
NBM Summarization	0.759	0.759	0.753
SCL 1-word	0.472	0.575	0.518
SCL 5-words	0.478	0.588	0.527
SCL 9-words	0.468	0.596	0.524
RDM	0.377	0.328	0.350

Table 1: Precision, Recall and F-Measure for data set SMN.

Table 1 shows many interesting results. Firstly, having more words in each instance contributes for a better performance of the classifiers, what is clear because summarization and only the title of the news presented worse results compared with the whole text. Another interesting result is that lemma extraction and stemming did not improve the preci-

---

[1]http://www.nilc.icmc.usp.br/nilc/index.php/toolsand-resources

sion or the recall of classifiers. This result could mean that the conjugation of words plays an important role in the classification method. It is also possible to verify that not only verbs, but other PoS are relevant to identify the sentiment of an instance, as the precision and recall were considerably worse when compared with the entire text. Ultimately, the machine-learning classifiers outperformed the lexicon-based approaches. Furthermore, comparing the results for SCL, there was not a significant difference between the results regarding the number of words found. Even though the performance of SCL was not as good as the NB and NBM, it is significantly better than the performance of the Random classifier.

Data set	Precision	Recall	F-Measure
NB	0.651	0.64	0.643
NBM	0.732	0.734	0.732
NB Lemma	0.67	0.663	0.665
NBM Lemma	**0.734**	**0.735**	**0.734**
NB Stemming	0.671	0.662	0.664
NBM Stemming	0.732	0.733	0.732
NB Lemma Verb	0.664	0.655	0.608
NBM Lemma Verb	0.7	0.702	0.689
SCL 1-word	0.522	0.518	0.520
SCL 3-words	0.672	0.676	0.674
RDM	0.369	0.340	0.354

Table 2: Precision, Recall and F-Measure for data set SMT.

Table 2 shows that every pre-processing technique applied to SMT improved NB results. On the other hand, only lemma extraction had a minor gain for the NBM. The improvements of pre-processing techniques could be explained by the fact that lemma extraction and stemming transform the instances in a manner that different words, usually with the same meaning, become the same string. Considering the SCL, it was significantly better than the Random classifier. Furthermore, the results for 3-words were better than some machine learning approaches. However, this is not highly significant because less than 10% of the data set have 3-words or more hits. Ultimately, the overall results for NB and NBM are worse then the ones of news dataset, which was expected as Twitter messages are highly unstructured (commonly, do not follow grammatical rules and word spelling). Another difference is the fact that for the SMN data set, the pre-processing techniques did not yield better precision or recall and, for the SMT, this was observed.

The tag cloud in Figure 2 represents the words and their relations with the classes. The green words are positive and the black words are negative, also the bigger and the thicker the word is, the more positive or negative it is.

Figure 2: Tag cloud.

It is possible to identify words that, as expected, are

clearly positive as *resultar, facilitar* and *aproximar* and others that are clearly negative as *desembolsar, rejeitar* and *despenca*.

5. CONCLUSION

Sentiment analysis techniques can be extremely useful in a great variety of contexts, including the understanding of social media streams. The experiments reported in this paper indicate that sentiment analysis can be successfully applied on Brazilian Portuguese stock market data, despite the scarcity of natural language processing tools. They also showed the impact of different pre-processing techniques and feature choices. Despite the very promising results (0.78 F-score), the techniques described in this paper can be further improved. In particular, investigating whether one can achieve even better results by combining lexicon and machine-learning approaches would be an interesting extension of this work.

Regarding the brazilian stock market data, it would be interesting as a future work trying to find correlation between the sentiment analysis results and stock market indexes such as operations volume.

Acknowledgment

This research was supported by the Brazilian National Institute of Science and Technology for the Web (CNPq grant numbers 573871/2008-6 and 477709/2012-5), CAPES, CNPq, Finep, Fapemig and Mitacs Globalink Program.

6. REFERENCES

[1] Seu futuro bem investido - relatório anual *bm&fbovespa* 2013. http://ri.bmfbovespa.com.br/ptb/2002/RELATORIOWEBPORTUGUESFINAL.pdf. Accessed: 2014-07-20.

[2] Ten largest stock exchanges in the world by market capitalization in 2011. http://www.world-stock-exchanges.net/top10.html. Accessed: 2014-07-20.

[3] World's largest stock exchanges. http://www.relbanks.com/stock-exchanges/largest-stock-exchanges. Accessed: 2014-07-20.

[4] S. Bird, E. Klein, and E. Loper. *Natural Language Processing with Python*. O'Reilly Media, Inc., 1st edition, 2009.

[5] J. Bollen, H. Mao, and X. Zeng. Twitter mood predicts the stock market. *Journal of Computational Science*, 2(1):1 – 8, 2011.

[6] W. F. M. D. Bondt and R. Thaler. Does the stock market overreact? *The Journal of Finance*, 40(3):793–805, 1986.

[7] N.-F. Chen, R. Roll, and S. A. Ross. Economic forces and the stock market. *The Journal of Business*, 59(3):83–403, 1986.

[8] E. F. Fama. The behavior of stock-market prices. *The Journal of Business*, 38(1):34–105, 1965.

[9] R. Feldman. Techniques and applications for sentiment analysis. *Commun. ACM*, 56(4):82–89, Apr. 2013.

[10] E. Fonseca and J. Rosa. A two-step convolutional neural network approach for semantic role labeling. In *Neural Networks (IJCNN), The 2013 International Joint Conference on*, pages 1–7, Aug 2013.

[11] S. Goel, J. M. Hofman, S. Lahaie, D. M. Pennock, and D. J. Watts. Predicting consumer behavior with web search. *Proceedings of the National Academy of Sciences*, 2010.

[12] M. Hall, E. Frank, G. Holmes, B. Pfahringer, P. Reutemann, and I. H. Witten. The weka data mining software: An update. *SIGKDD Explor. Newsl.*, 11(1):10–18, Nov. 2009.

[13] T. J. P. Lopes, G. K. L. Hiratani, F. J. Barth, O. Rodrigues, Jr., and J. M. Pinto. Mineração de opiniões aplicada à análise de investimentos. In *Companion Proceedings of the XIV Brazilian Symposium on Multimedia and the Web*, WebMedia '08, pages 117–120, Vila Velha, Espírito Santo, Brazil, 2008.

[14] C. D. Manning and H. Schütze. *Foundations of Statistical Natural Language Processing*. MIT Press, Cambridge, MA, USA, 1999.

[15] P. P. Balage Filho, T. A. S. Pardo, and S. M. Aluísio. An evaluation of the brazilian portuguese liwc dictionary for sentiment analysis. In *In 9th Brazilian Symposium in Information and Human Language Technology*, Fortaleza, Ceará, 2013.

[16] B. Pang and L. Lee. Opinion mining and sentiment analysis. *Found. Trends Inf. Retr.*, 2(1-2):1–135, Jan. 2008.

[17] B. Pang, L. Lee, and S. Vaithyanathan. Thumbs up?: Sentiment classification using machine learning techniques. In *Proceedings of the ACL-02 Conference on Empirical Methods in Natural Language Processing - Volume 10*, EMNLP '02, pages 79–86, Stroudsburg, PA, USA, 2002. Association for Computational Linguistics.

[18] M. J. Silva, P. Carvalho, and L. Sarmento. Building a sentiment lexicon for social judgement mining. In *Proceedings of the 10th International Conference on Computational Processing of the Portuguese Language*, PROPOR'12, pages 218–228, Berlin, Heidelberg, 2012. Springer-Verlag.

[19] M. J. Silva and R. TEAM. Notas sobre a realização e qualidade do twitómetro. Technical report, University of Lisbon, Faculty of Sciences, LASIGE, Lisbon, Portugal, May 2011.

[20] M. Souza and R. Vieira. Sentiment analysis on twitter data for portuguese language. In H. Caseli, A. Villavicencio, A. Teixeira, and F. Perdigão, editors, *Computational Processing of the Portuguese Language*, volume 7243 of *Lecture Notes in Computer Science*, pages 241–247. Springer Berlin Heidelberg, 2012.

[21] M. Taboada, J. Brooke, M. Tofiloski, K. Voll, and M. Stede. Lexicon-based methods for sentiment analysis. *Comput. Linguist.*, 37(2):267–307, June 2011.

[22] J. Yi, T. Nasukawa, R. Bunescu, and W. Niblack. Sentiment analyzer: Extracting sentiments about a given topic using natural language processing techniques. In *Proceedings of the Third IEEE International Conference on Data Mining*, ICDM '03, pages 427–, Washington, DC, USA, 2003. IEEE Computer Society.

A Metadata-based Framework for Quality Attribute Degradation Analysis in Web Systems

Felipe Pinto[1][2], Uirá Kulesza[1], Leo Silva[1][2], Eduardo Guerra[3]

[1]Universidade Federal do Rio Grande do Norte, Natal, Brasil
[2]Instituto Federal de Educação, Ciência e Tecnologia do Rio Grande do Norte, Natal, Brasil
[3]Instituto Nacional de Pesquisa Espacial, São José dos Campos, Brasil
felipe.pinto@ifrn.edu.br, uira@dimap.ufrn.br, leopontosilva@gmail.com, guerraem@gmail.com

ABSTRACT

This paper presents a metadata-based framework for software architecture evaluation of quality attributes. It implements a scenario-based approach that uses dynamic analysis and code repository mining to provide an automated way to reveal degradations of scenarios on releases of web-based systems. The evaluation process has three phases: (i) dynamic analysis that collects information of scenarios in terms of measurable quality attributes; (ii) degradation analysis that processes and compares the results of the dynamic analysis in term of quality attributes for two or more existing releases of a web-based system to identify degraded scenarios considering the desired quality attributes; (iii) repository mining that looks for development issues and commits associated to code assets of the degraded scenarios. The paper also presents and discusses the obtained results of the framework instantiation for the library module of a large-scale web system.

Categories and Subject Descriptors

D.3.3 [**Programming Languages**]: Language Constructs and Features – *Frameworks*.

General Terms

Measurement, Performance, Reliability, Security.

Keywords

Metadata-based framework; scenario; quality attributes; dynamic analysis; repository mining.

1. INTRODUÇÃO

Manter e evoluir sistemas web de larga escala é uma tarefa que tem se tornado crítica, devido à complexidade de tais sistemas e do surgimento de novos requisitos de clientes e tecnologias. Atributos de qualidade, como desempenho e confiabilidade, são essenciais para que esses sistemas possam cumprir seus objetivos. Ao evoluir esses sistemas, desenvolvedores precisam estar atentos ao impacto das requisições de mudanças, como correção de *bugs* ou adição de novas funcionalidades, na degradação de algum

atributo de qualidade, por exemplo. Dessa forma, pode ocorrer do sistema implementado se afastar do que foi projetado inicialmente em sua arquitetura, ocorrendo o processo de erosão arquitetural [1].

Considerando que a arquitetura de um software é resultado de um conjunto de decisões de projeto [2] que podem afetar diversos elementos do sistema, incluindo sua estrutura e seus atributos de qualidade, podemos afirmar que degradações dos atributos de qualidade contribuem para a erosão arquitetural do sistema. A degradação de um atributo de qualidade ocorre quando, após uma evolução do sistema, o mesmo passa a fornecer experiências de uso inferiores à versão anterior para os mesmos cenários. Um cenário é uma ação de alto nível no sistema, representando a forma que os *stakeholders* esperam que ele seja usado [3].

De forma geral, existem diversas propostas para avaliação de atributos de qualidade em nível arquitetural baseadas em cenários [3][4][5][6] ou que visam lidar com problemas de erosão arquitetural [1]. Entretanto, há uma ausência de trabalhos de pesquisa nessa área que considerem a implementação do sistema para indicar quais mudanças foram responsáveis por degradar os atributos de qualidade durante sua evolução. As abordagens atuais, que trabalham com a implementação, em geral, são voltadas para a verificação da conformidade estrutural do sistema [7][8][9][10]. Outras fazem uso de modelos matemáticos para predição dos atributos de qualidade [11][12] na ausência da implementação. É possível também usar *benchmarks* para análise de atributos de qualidade, como desempenho [13], mas, nesses casos, a análise é feita sem considerar conceitos arquiteturais de mais alto nível, como os cenários relevantes do sistema. Adicionalmente, alguns trabalhos recentes têm dado atenção a determinar como *bugs* de desempenho são tradados no ciclo de desenvolvimento do sistema, ou seja, como eles são descobertos, reportados e corrigidos [14], ou definir e minerar repositórios na tentativa de identificar as causas de variações do desempenho devido às evoluções do sistema [15], ou ainda, supervisionar a evolução da orquestração de serviços web com base na documentação dos requisitos de qualidade [16].

Parte desses trabalhos apresentam aplicações de suas propostas em sistemas web [13][15][16]. Entretanto, nenhum deles aborda uma forma de identificar quais artefatos de código (classes, métodos e pacotes), requisições de mudança (*issues*) e contribuições (*commits*) são responsáveis pelas degradações. Este trabalho apresenta um *framework* baseado em metadados para avaliação de atributos de qualidade através de análise dinâmica e mineração de repositório. O objetivo é revelar de forma automatizada as degradações que ocorreram em cenários relevantes arquiteturalmente em uma nova versão, provendo a avaliação arquitetural contínua em termos de atributos de qualidade. As principais contribuições deste trabalho são: **(i)** uma abordagem para avaliação de atributos de qualidade guiada por cenários através de técnicas de análise dinâmica e mineração de repositório de software; **(ii)** a implementação de um *framework* extensível para automatizar a abordagem; e **(iii)** um estudo de caso que apresenta uma instanciação do *framework* e os resultados de sua aplicação para o SIGAA, um sistema web real de larga escala para gestão acadêmica.

Este trabalho está organizado como segue: a Seção 2 apresenta uma visão geral da abordagem de avaliação; a Seção 3 detalha o *framework* proposto; a Seção 4 apresenta um estudo de caso para o atributo de qualidade de desempenho e análise de conflitos; a Seção 5 discute os resultados do estudo; a Seção 6 reporta os trabalhos relacionados; e a Seção 7 conclui o trabalho.

2. VISÃO GERAL DA ABORDAGEM

A abordagem de avaliação requer o código fonte do sistema integrado com informações de nível arquitetural fornecidas por metadados. Neste trabalho, anotações de código Java foram usadas como fontes de metadados. A função delas na abordagem é identificar métodos chaves para o processo, incluindo aqueles que representam pontos de entrada para a execução de cenários e aqueles que implementam decisões arquiteturais que podem afetar o atendimento aos atributos de qualidade do sistema.

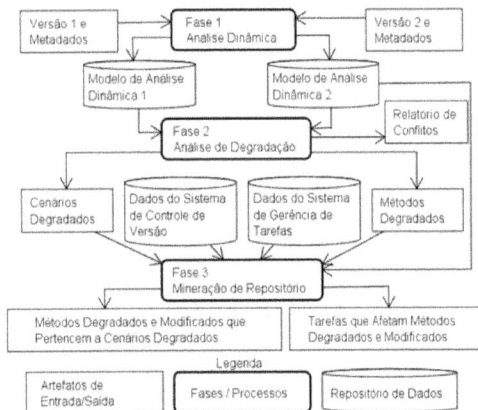

Figura 1. Visão geral da abordagem de avaliação.

A Figura 1 apresenta uma visão geral da abordagem. A primeira fase de análise dinâmica requer a execução dos cenários escolhidos para avaliação através de testes funcionais, manuais ou automatizados. Os métodos de entrada dos cenários e os métodos que implementam decisões arquiteturais que impactam atributos de qualidade são indicados através de anotações. Durante essa fase, é gerado em tempo de execução o modelo de análise dinâmica que deve ser persistido para um banco de dados. Ele contém informações sobre a execução dos cenários modelado através de um grafo de chamadas. Basicamente, o fluxo de execução a partir dos métodos de entrada dos cenários é capturado e mapeado para o grafo, enquanto são calculados os atributos de qualidade. Dessa forma, cada nó no grafo representa a execução de um método (construtor ou método regular).

A análise de degradação é a segunda fase da abordagem. Nesta, ocorre a comparação dos dados extraídos durante a análise cenários e métodos que foram degradados em termos de atributos de qualidade durante a evolução e gera um relatório contendo quais atributos de qualidade afetam os cenários avaliados, com o dinâmica de duas versões do sistema. Essa comparação revela os

objetivo de indicar cenários com potenciais conflitos entre os atributos de qualidade. É importante perceber que durante a análise dinâmica, o tempo de execução dos métodos, por exemplo, é influenciado pelos métodos invocados por ele. Neste caso, a degradação de um método irá afetar todos os nós pais dele no grafo. A análise de degradação irá considerar todos esses métodos como degradados, mas apenas um é a real fonte de degradação. A próxima fase da abordagem busca filtrar, dentre os métodos degradados, os que podem ser responsáveis por isso.

A última fase da abordagem é a mineração de repositório. Ela consiste na mineração de dados nos sistemas de controle de versão e gerência de mudanças que estão relacionados especificamente com os métodos identificados como degradados na fase anterior. Basicamente, os *commits* que introduziram mudanças para cada método degradado são recuperados do sistema de controle de versão. A partir daí, o comentário (*log*) do *commit* é analisado em busca dos números das tarefas (requisições de mudanças) associadas. É feita uma consulta no banco de dados do sistema de gerência de mudanças, de forma a recuperar informações da tarefa, como seu tipo e *status*, por exemplo. Nesta fase, os métodos detectados como degradados, mas que não foram modificados, são descartados, porque eles não representam fontes reais de degradação, tendo sido impactados apenas pela degradação de outros métodos. Como a abordagem é guiada por cenários, métodos só serão considerados no conjunto da solução se eles pertencerem a cenários degradados, mesmo que individualmente tenham sido degradados e modificados.

Assim, a última saída tem como principais artefatos: **(i)** a lista de métodos modificados que contribuíram para degradação de cenários; **(ii)** as modificações (*commits*) e tarefas associadas a esses métodos, responsáveis por introduzir tais mudanças. Essas informações permitem que desenvolvedores analisem o conjunto de tarefas cuja implementação causou degradação, para entender o impacto que elas tiveram na arquitetura.

3. FRAMEWORK PROPOSTO

O *framework* foi implementado na linguagem de programação Java, utiliza AspectJ para interceptar a execução do sistema e anotações de código como fonte de metadados. Atualmente, é capaz de automatizar a abordagem proposta (Seção 2, Figura 1) para os atributos de qualidade de desempenho e confiabilidade, considerando as propriedades de tempo de execução e taxa de falhas, além de prover rastreabilidade de código através de anotações para desempenho, confiabilidade e segurança com indicação de potenciais conflitos. A Figura 2 mostra um diagrama parcial com os principais módulos do *framework*: `DynamicAnalyzer`, `DynamicModel`, `RepositoryMiner` e `ChangeModel`. Classes e interfaces na cor branca representam pontos fixos, enquanto a cor cinza indica pontos de extensão. Classes específicas do exemplo de instanciação do estudo apresentado na Seção 4 são indicadas na cor azul, enquanto as classes na cor cinza podem ser reusadas em outras instanciações.

3.1 Módulo DynamicAnalyzer

O módulo `DynamicAnalyzer` contém recursos relacionados aos metadados e à primeira fase da abordagem (análise dinâmica). A anotação `Scenario` possui um atributo `name` que identifica unicamente cada um dos pontos de entrada anotados no código fonte. A anotação `QualityAttribute` é usada nas anotações

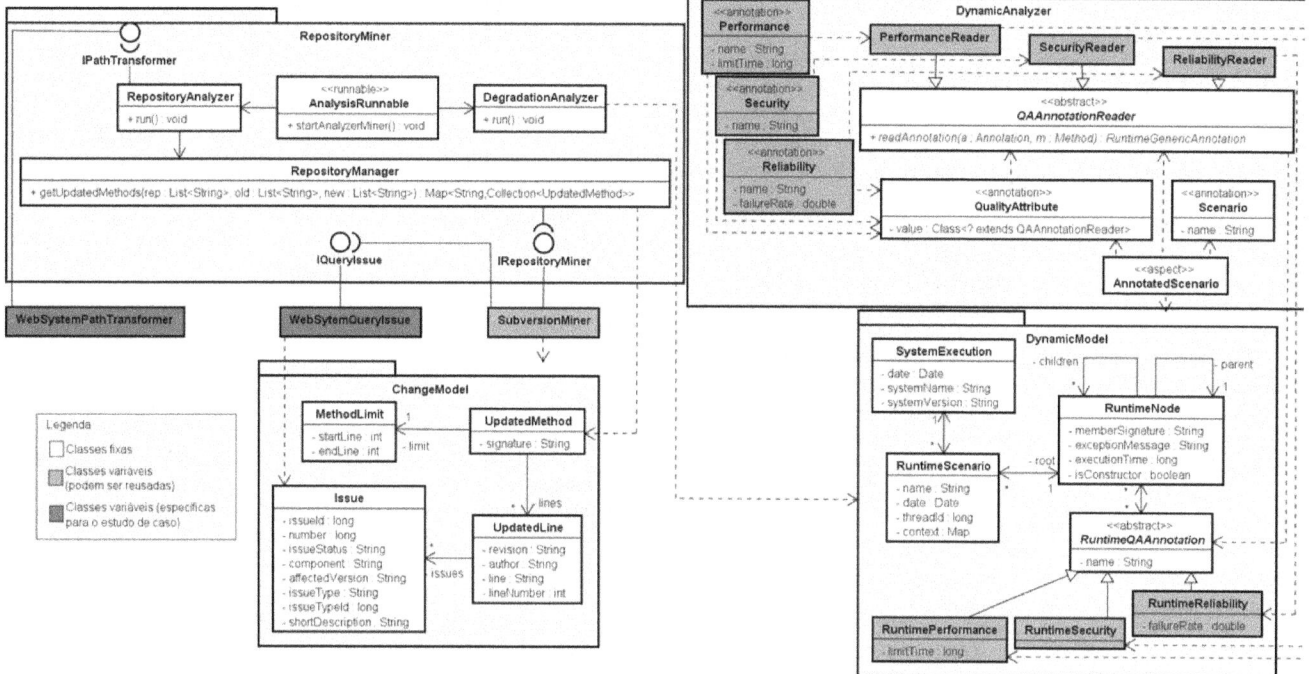

Figura 2. Diagrama de classes parcial do framework proposto.

específicas de atributos de qualidade para indicar a implementação de `QAAnnotationReader` responsável por ler e interpretar aquela anotação. Cada anotação de atributos de qualidade modelada por `Performance`, `Security` e `Reliability` possui outra anotação que indica seu leitor, respectivamente, `PerformanceReader`, `SecurityReader` e `ReliabilityReader`.

A anotação `Performance` tem o atributo `limitTime` usado, opcionalmente, para especificar o tempo máximo esperado para que a execução do método termine. A anotação `Reliability` possui o atributo `failureRate` que especifica a taxa de falhas máxima esperada do método associado. Já a anotação `Security` não possui atributos específicos e é responsável por indicar que a implementação de um determinado método afeta este atributo de qualidade. As anotações de atributos de qualidade são usadas para identificar partes do código que são associadas com eles e que implementam decisões arquiteturais que os afetam. O *framework* pode ser estendido para novas anotações de atributos de qualidade, sendo possível rastrear tais atributos através das anotações, consultando os modelos persistidos e, por exemplo, determinar quais cenários podem potencialmente conter pontos de conflito entre atributos de qualidade, considerando cenários afetados por vários deles. Por exemplo, pode-se supor que em uma rede privada virtual é possível melhorar a segurança do sistema através do aumento da quantidade de bits para encriptação, porém isso requer mais tempo de processamento.

O aspecto `AnnotatedScenario` encontra essas anotações de atributos de qualidade durante a execução do sistema e usa as classes de processamento das anotações para interpretá-las. O aspecto é responsável por popular o modelo de análise dinâmica (módulo `DynamicModel`), durante a fase de análise dinâmica da abordagem, interceptando os fluxos de execução iniciados por métodos marcados como pontos de entrada de cenários, ou seja,

anotados com a anotação `Scenario`. Durante a instrumentação do sistema, o aspecto constrói e armazena em banco de dados o modelo de análise dinâmica, incluindo o grafo de chamadas, progressivamente, ao fim da execução de cada cenário. Além de rastrear tais anotações, atualmente, o aspecto implementado também calcula o desempenho e a confiabilidade para todos os cenários anotados com `Scenario` através do tempo de execução e da taxa de falhas, respectivamente.

3.2 Módulo DynamicModel

O módulo `DynamicModel` representa o modelo de análise dinâmica e modela a execução dos cenários de um determinado sistema. Ele é construído e persistido pelo aspecto `AnnotatedScenario` durante a análise dinâmica. O modelo de análise dinâmica é a saída da primeira fase e entrada da segunda fase da abordagem, de acordo com o ilustrado na Figura 1.

A classe `SystemExecution` representa a execução dos cenários de um sistema particular, indicando o nome e a versão do sistema, bem como a data de execução. Esta classe está associada com as execuções de cenários (`RuntimeScenario`). Todo cenário executado possui um nome (configurado pela anotação `Scenario`), a data de execução, o identificador da *thread* que o executou e o contexto que representa uma requisição web. Neste caso de avaliação para sistemas web, armazenar a requisição é útil para ter uma forma de diferenciá-las.

A classe `RuntimeNode` modela os nós do grafo de chamadas para métodos executados dentro dos cenários. Ela mantém informação sobre a assinatura do método, a mensagem caso alguma exceção tenha sido lançada, o seu tempo de execução e a indicação se o nó representa a execução de um método regular ou de um construtor. Adicionalmente, um nó também pode conter atributos de qualidade associados através das anotações inseridas nos métodos. A Figura 2 mostra três possíveis especializações da classe `RuntimeQAAnnotation` para os atributos de qualidade de desempenho, segurança e confiabilidade, respectivamente,

Performance, Security e Reliability, que são instanciadas pelos seus respectivos leitores no módulo DynamicAnalyzer durante a análise dinâmica.

3.3 Módulo RepositoryMiner

O módulo RepositoryMiner é responsável por acessar os dados dos sistemas de controle de versões e gerência de mudanças, além da análise de degradação, executando a segunda e terceira fases da abordagem. Dois modelos de análise dinâmica (DynamicModel) de duas versões de um sistema são comparados (fase 2) gerando a lista de cenários e métodos degradados e o relatório de conflitos, em seguida, os métodos degradados são minerados nos repositórios de dados (fase 3).

A classe AnalysisRunnable inicia e coordena os processos de análise de degradação e mineração de repositório. Inicialmente, ela usa uma instância de DegradationAnalyzer para executar a análise de degradação através da comparação de dois modelos de análise dinâmica que representam as execuções de duas versões de um mesmo sistema. Ao fim, são produzidas duas listas contendo todos os cenários e métodos degradados para os atributos de qualidade considerados e um relatório contendo os cenários afetados por determinados atributos de qualidade, indicando aqueles com potencias conflitos (Figura 1).

Em seguida, a classe AnalysisRunnable usa uma instância de RepositoryAnalyzer para minerar dados no sistema de controle de versões relacionados aos arquivos que contém as declarações dos métodos presentes na lista de degradados. Cada linha dos arquivos é verificada para descobrir qual *commit* introduziu a última modificação nela para o intervalo de versões considerada. Uma vez que o *commit* é encontrado procura-se na sua mensagem de *log* (comentário) quais os números das tarefas (requisições de mudança) associadas a ele. Finalmente, os números das tarefas são usados para recuperá-las através de consulta ao sistema de gerência de mudanças. Apenas *commits* associados com os métodos degradados são considerados.

O processo descrito acima é executado através do método getUpdatedMethods() da classe RepositoryManager. O primeiro parâmetro rep indica a lista de arquivos localizados no sistema de controle de versões que deverão ser minerados. O segundo e terceiro parâmetros, old e new, representam cópias de trabalho dos arquivos em uma versão passada e nova do sistema. O retorno é uma coleção de informações sobre a atualização dos métodos para cada arquivo minerado. Para finalizar o processo de mineração, a classe RepositoryAnalyzer verifica, para os métodos retornados por RepositoryManager, quais deles pertencem a cenários que foram degradados. Como o processo de avaliação arquitetural é guiada por cenários, não são considerados resultados que não impactam cenários degradados.

As três principais tarefas executadas no módulo RepositoryMiner podem variar de acordo com o sistema analisado: **(i)** minerar classes que declaram métodos degradados; **(ii)** descobrir a localização das classes a partir da assinatura dos métodos degradados; e **(iii)** recuperar tarefas a partir de comentários de *commits* e buscá-los no sistema de gerência de mudanças. Por esse motivo, o *framework* provê pontos de extensão que podem ser especializados para cada instanciação.

A primeira tarefa depende do sistema de controle de versões. Na Figura 2, está ilustrada a classe SubversionMiner que implementa o suporte para repositórios do tipo Subversion. A classe RepositoryManager acessa informações do repositório através da interface IRepositoryMiner.

Na segunda tarefa, é preciso descobrir a localização (caminho completo) de cada classe que declara métodos degradados para que elas sejam mineradas. Para alguns sistemas, essa informação não pode ser extraída apenas da assinatura completa do método, pois os pacotes do sistema podem estar organizados em pastas e subpastas de código. Esse mapeamento deve ser feito para cada sistema analisado implementando-se a interface IPathTransformer. A Figura 2 ilustra a classe WebSystemPathTranformer implementada para o sistema web do estudo que será apresentado.

Na terceira tarefa, para cada *commit* encontrado pela implementação de IRepositoryMiner, é preciso descobrir os números das tarefas associadas analisando o comentário do *commit*. Desenvolvedores de sistemas diferentes usam notações diferentes para indicar as tarefas dentro dos comentários. Em geral, os números podem ser recuperados através de uma busca com expressão regular. Para isso, a implementação de IRepositoryMiner deve usar a interface IQueryIssue. Na Figura 2, a classe WebSystemQueryIssue implementa esta interface, provendo suporte para tal operação no sistema web avaliado. Esta classe também deve consultar o banco de dados do sistema de gerência de mudanças usando o número e recuperar as informações da tarefa, incluindo seu tipo e *status*.

3.4 Módulo ChangeModel

O módulo ChangeModel representa o modelo de análise de repositório, e é formado por uma estrutura de classes que associam as informações dos *commits* e das tarefas aos métodos degradados. É com base nesse modelo que a classe RepositoryAnalyzer gera os relatórios finais do processo de avaliação resultantes da terceira fase da abordagem que contém a lista de métodos que foram degradados e modificados e, além disso, pertencem a cenários degradados durante a evolução. Esse modelo de análise de repositório é construído pelas implementações das interfaces IRepositoryMiner e IQueryIssue, responsáveis pelo acesso aos sistemas de controle de versões e gerência de mudanças, respectivamente.

A classe UpdatedMethod representa métodos degradados que foram modificados. Todo UpdatedMethod é limitado pelo intervalo das linhas de código onde a declaração do método inicia e termina, representado pela classe MethodLimit. O método pode ter tido mudanças em várias linhas, dessa forma, UpdatedLine modela as modificações feitas linha por linha. Finalmente, cada linha pode ter sido modificada por uma ou mais tarefas modeladas pela classe Issue.

4. ESTUDO DE CASO

Esta seção apresenta a aplicação do *framework* em um sistema web real de larga escala chamado SIGAA (Sistema Integrado de Gestão de Atividades Acadêmicas) desenvolvido pela superintendência de informática (SINFO) [17] da UFRN.

4.1 Objetivos e Questões de Pesquisa

Este estudo teve como objetivos: **(i)** avaliar a instanciação do *framework* em um sistema web real; **(ii)** analisar a evolução de um sistema web real de larga escala em termos do atributo de desempenho; **(iii)** analisar a introdução de potenciais novos conflitos durante evolução considerando as anotações de atributos de qualidade providas. Considera-se que o estudo de caso terá sucesso caso seja possível responder as seguintes questões de pesquisa: **(RQ1)** Quais dos cenários analisados sofreram degradação de desempenho? **(RQ2)** Quais módulos/pacotes contém métodos degradados? **(RQ3)** Quais tarefas de desenvolvimento foram responsáveis pelas mudanças nos elementos degradados? **(RQ4)** Houve introdução de potenciais novos conflitos nos cenários analisados?

4.2 Exemplo de instanciação

O alvo da avaliação é o SIGAA, um sistema web para gestão acadêmica. Atualmente, mais de 20 universidades no Brasil usam customizações desse sistema. Sua implementação segue a seguinte estrutura em camadas: *Interface Gráfica de Usuário, Serviços, Negócio* e *Persistência.* Tipicamente, em sistemas web implementados com o *framework Java Server Faces* (JSF), caso deste estudo, as execuções dos cenários iniciam em métodos de *managed beans.* Isso significa que uma vez selecionados os cenários que deseja-se avaliar, deve-se identificar quais métodos nos *managed beans* representam os pontos de entrada de execução das requisições web, marcando-os com a anotação de cenário fornecida pelo *framework.* Para este estudo, os cenários selecionados pertencem ao módulo biblioteca do sistema e foram escolhidos em conjunto com a equipe de desenvolvimento, a qual também auxiliou na identificação dos métodos que representam os pontos de entrada para a execução desses cenários. Os cenários e seus pontos de entrada são mostrados na Tabela 1.

Tabela 1. Cenários selecionados para avaliação.

Nome do Cenário	Ponto de Entrada (Método)
Pesquisa Simples no Acervo	Classe: PublicSearchLibraryMBean Método: simpleSearch()
Emissão de Declaração de Quitação	Classe: VerifyUserSituationLibraryMBean Método: generateStatusCertificate()
Realizar Empréstimo	Classe: CirculationModuleMBean Método: lendItem()
Finalizar Empréstimo	Classe: CirculationModuleMBean Método: returnItem()
Verificar Situação do Usuário	Classe: UserSearchLibraryMBean Método: selectedUser()
Renovar Empréstimo	Classe: CirculationModuleMBean Método: renewItem()

Após anotar os métodos de entrada, alguns outros métodos identificados como críticos para o atendimento de determinados atributos de qualidade foram anotados com as anotações específicas para tal finalidade. Para isso, é necessário estender o *framework* para definir as anotações de atributos de qualidade. Isso é feito através das classes `QAAnnotationReader` e `RuntimeQAAnnotation` de forma a prover um processador (leitor) para a nova anotação e tornar o modelo de análise dinâmica compatível com ela, respectivamente. A nova anotação deve ser anotada com a anotação `QualityAttribute` para indicar seu processador. Um exemplo parcial desse procedimento é mostrado na Figura 3 e na Figura 4 para a anotação `Performance`. Note que a declaração desta anotação (Figura 3) está anotada com `QualityAttribute` que indica qual a classe capaz de processá-la (`PerformanceReader`). O mesmo procedimento foi feito para definir as anotações de `Reliability` e `Security`, como ilustrado na Figura 2. Os métodos associados aos atributos de qualidade foram anotados com o auxílio de um dos desenvolvedores do SIGAA.

```
@Retention(RetentionPolicy.RUNTIME)
@Target(ElementType.METHOD)
@QualityAttribute(PerformanceReader.class)
public @interface Performance {
    public String name();
    public long limitTime() default 0;
}
```

Figura 3. Definição de anotação para atributo de desempenho.

```
public class PerformanceReader
extends QAAnnotationReader {
    public RuntimeQAAnnotation
    readAnnotation(Annotation a, Method m) {...}
}
```

Figura 4. Exemplo de implementação para novo leitor.

Após a anotação do código do sistema, deve-se configurar seu processo de construção para que o aspecto possa interceptar a execução. Em seguida, basta executar o sistema de forma a exercitar os cenários selecionados, por exemplo, através de seus testes, e o aspecto se encarrega do processo de análise dinâmica. Este procedimento precisa ser realizado para as duas versões do sistema, como ilustrado na Figura 1.

A execução da fase de análise de degradação é feita logo após a primeira. Já a fase final de mineração exige que sejam fornecidas implementações para as interfaces `IPathTransformer`, `IQueryIssue` e `IRepositoryMiner` como explicado na Seção 3.3. O SIGAA usa um repositório de código do tipo Subversion e um sistema de gerência de mudanças proprietário da SINFO. As classes `WebSystemPathTransformer`, `WebSystemQueryIssue` e `SubversionMiner` foram implementadas para atender essas necessidades (Figura 2). Vale lembrar que `SubversionMiner` pode ser reusada para qualquer sistema que use Subversion. Essas classes são especificadas em um arquivo de propriedades para cada instância do *framework* e automaticamente instanciadas por ele durante a mineração.

4.3 Procedimentos de execução

As versões analisadas foram 3.11.24 de agosto de 2013 e 3.12.18 de dezembro de 2013. Os cenários selecionados pertencem ao módulo biblioteca do SIGAA. Na versão 3.11.24 o sistema completo e seu módulo biblioteca tem aproximadamente 673.610 e 98.041 linhas de código. Já na versão 3.12.18, os valores são 701.257 e 98.201. A análise dinâmica foi conduzida em um computador Intel Core i7, 16GB de RAM, rodando Windows 7, JBoss SA 4 e Java 7. A análise de degradação foi configurada para considerar degradações de desempenho quando o tempo de execução do cenário ou método analisado na nova versão é maior que 5% do valor na versão antiga. Cada conjunto de testes de execução de cenários foi repetida em torno de 10 vezes para obter uma boa precisão da média do desempenho. Como o sistema web não tinha testes automatizados, a alternativa foi registrar requisições manuais com o JMeter [18] e, em seguida, usá-lo para reproduzir sua execução um certo número de vezes.

4.4 Resultados

(RQ1) Quais dos cenários analisados sofreram degradação de desempenho? O uso do *framework* detectou que todos os seis cenários avaliados foram degradados. Este resultado pode ser visto no gráfico da Figura 5 que mostra o tempo médio de resposta para os cenários nas versões antes e depois da evolução analisada. A maioria dos cenários apresentou degradação de desempenho variando entre 78% e 125%. Apenas *Pesquisa Simples no Acervo* apresentou um pequeno aumento de 13%.

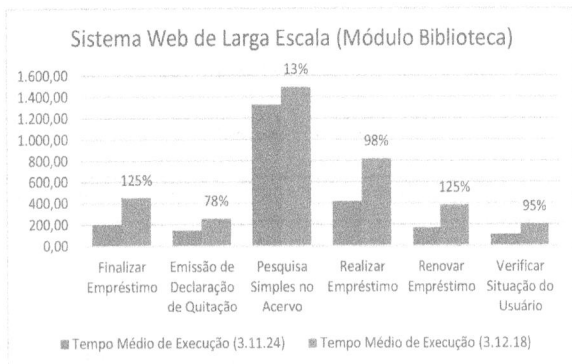

Figura 5. Degradação dos cenários analisados.

(RQ2) Quais módulos/pacotes contém os métodos degradados?
A fase de mineração encontrou nove métodos que foram degradados e modificados durante a evolução do sistema. A Tabela 2 apresenta os métodos degradados, os cenários que eles afetam, o número de outras execuções de métodos que eles impactam e o aumento de seu tempo de execução individual. Já a distribuição desses métodos dentro dos pacotes do sistema é mostrada na Tabela 3. Nesta, pode-se observar o total de métodos degradados em cada pacote e o somatório dos aumentos do tempo de execução de cada método degradado do pacote.

Tabela 2. Impacto de métodos degradados para seus cenários.

Classe e Método Degradado	Cenário Impactado	Métodos Impactados	Tempo (ms)
PerformLoanService execute()	Realizar Empréstimo	6	221,04
RenewLoanService execute()	Renovar Empréstimo	6	160,70
LibraryServiceUtil generateExtendedLoan()	Realizar Empréstimo, Renovar Empréstimo	8	16,55
GenericDAOImpl findByExactField()	Realizar Empréstimo, Finalizar Empréstimo	10	7,54
GenericDAOImpl getSession()	Todos	76	5,32
SessionLogger registerCaller()	Todos	120	5,31
Utils toMD5()	Realizar Empréstimo, Renovar Empréstimo	5	0,81
Utils stackTraceInvocador()	Todos	121	0,22
Course getDescription()	Emissão de Declaração de Quitação, Realizar Empréstimo, Verificar Situação do Usuário	6	0,09

Tabela 3. Distribuição dos métodos degradados nos pacotes do sistema.

Pacote	Número de Métodos	Soma dos Aumentos dos Tempos de Execução (ms)
websystem.core.dao	2	12,87
websystem.core.security	1	5,31
websystem.core.util	2	1,03
websystem.library	3	398,29
websystem.domain	1	0,09

(RQ3) Quais tarefas de desenvolvimento foram responsáveis pelas mudanças nos elementos degradados? Foram encontradas duas tarefas. Uma do tipo correção de *bug* e outra do tipo melhoria. A primeira modificou o método `generateExtendedLoan()` da classe `LibraryServiceUtil` da camada de negócio para reduzir os acessos ao banco de dados

durante o cálculo dos dias extras para retornar um item emprestado considerando finais de semana e feriados, devendo a data ser estendida para o próximo dia útil. Isso implicou alterações nos métodos `execute()` das classes `RenewLoanService` e `PerformLoanService` para manter a compatibilidade. Essas mudanças afetaram os cenários *Realizar Empréstimo* e *Renovar Empréstimo*. Apesar da tentativa de otimizar o método, ele foi impactado por outros métodos degradados. Neste caso, a segunda tarefa modificou o método `getSession()` da classe `GenericDAOImpl` que introduziu uma nova chamada para o método `registerCaller()` da classe `SessionLogger`. Essa simples modificação foi responsável por impactar vários outros métodos e cenários. O método `registerCaller()` foi introduzido para implementar um serviço de auditoria para o sistema, sendo invocado muitas vezes durante a execução dos cenários. Ele chama o método `UtilService.stackTraceInvoker()` responsável por armazenar a pilha de execuções do sistema.

Finalmente, é importante perceber que a introdução de um método, tal como `registerCaller()`, pode impactar o desempenho de muitos outros métodos que dependem dele e mesmo seu aumento de tempo de execução tendo sido pequeno, como indicado na Tabela 2 (5.31ms), ele causa degradações mais severas do que métodos que tiveram aumento de tempo maior, pois a quantidade de outros métodos que dependem de `registerCaller()` e são afetados por ele é bem maior (120 execuções de métodos impactadas).

(RQ4) Houve introdução de potenciais novos conflitos nos cenários analisados? A Tabela 4 mostra o resultado da análise de conflitos obtida através de consultas às anotações armazenadas nos modelos de análise dinâmica. De forma geral, o *framework* considera que cenários que possuem mais de um método cuja implementação afeta um atributo de qualidade podem conter algum tipo de conflito. O objetivo desse tipo de análise é identificar para os desenvolvedores cenários que eles deveriam ter atenção especial quando evoluindo. Em particular, *Realizar Empréstimo* está associado com três atributos de qualidade e teve alta degradação de desempenho (Figura 5). Durante a evolução, não houve modificação nos cenários, em termos de quais atributos de qualidade os afetam.

Tabela 4. Mapeamento entre métodos anotados e cenários.

Métodos Associados com Atributos de Qualidade	Anotações
Cenário: Finalizar Empréstimo	
FacadeDelegate.execute()	Performance
Cenário: Emissão de Declaração de Quitação	
FacadeDelegate.execute()	Performance
ProcessorGeneratorEmission.createRecord()	Security
Cenário: Pesquisa Simples no Acervo	
CatalographicTitle.advancedSearch()	Performance
Cenário: Realizar Empréstimo	
FacadeDelegate.execute()	Performance
Utils.checkRole()	Security
AbstractController.getMBean()	Reliability
Cenário: Renovar Empréstimo	
FacadeDelegate.execute()	Performance
Utils.checkRole()	Security
Cenário: Verificar Situação do Usuário	
FacadeDelegate.execute()	Performance
Utils.checkRole()	Security

5. DISCUSSÃO E LIÇÕES APRENDIDAS

Adequabilidade em relação aos objetivos propostos. O estudo de caso demonstrou que o *framework* proposto foi estendido com sucesso provendo os pontos de extensão necessários para se adaptar ao ambiente de desenvolvimento. Novos estudos serão realizados em outras aplicações com ambientes distintos para procurar identificar novos pontos onde podem haver questões específicas que podem requerer outros tipos de especializações.

Avaliação arquitetural. O *framework* foi instanciado e aplicado com sucesso para identificar fontes de degradação de desempenho em um sistema web de larga escala. Tal avaliação pode ser entendida como arquitetural uma vez que a análise é baseada em cenários arquiteturalmente relevantes para o sistema (Figura 5). Também é possível verificar quais classes e pacotes contém o maior número de métodos degradados (Tabela 2 e Tabela 3). Tais elementos de código, em geral, podem ser mapeados para componentes, identificando-se os artefatos de mais alto-nível que apresentam degradação. A possibilidade de avaliar os atributos de qualidade considerando conceitos de nível arquitetural, como os cenários e módulos do sistema, difere a abordagem proposta de outras que usualmente usam *benchmarks* para avaliar elementos de código isolados.

Precisão na Detecção das Origens das Degradações. A integração das técnicas de análise dinâmica e mineração de repositórios revelou-se uma estratégia interessante para aumentar a precisão na detecção das origens das degradações. A análise dinâmica mostrou que muitos métodos apresentaram degradação do desempenho devido ao impacto de outros métodos. A combinação desses resultados com a mineração do repositório de códigos possibilitou indicar os métodos potencialmente responsáveis pela origem das degradações detectadas, o que representa uma quantidade reduzida deles (Tabela 2).

Análise da Confiabilidade. O estudo também coletou informações sobre o atributo de confiabilidade, através do monitoramento de exceções lançadas pela aplicação para se calcular a taxa de falhas. Apenas o cenário *Realizar Empréstimo* falhou uma vez em cada repetição do conjunto de testes. Como uma repetição do conjunto de testes executa 13 vezes esse cenário, a taxa de falhas foi de 7.69% em ambas as versões. Os métodos indicados pelo *framework* como responsáveis pelas exceções foram `executeTransactionTemplate()` e `equalByPolicyData()` das classes `SystemFacadeBean` e `LoanPolicy`, respectivamente, que sempre falham no empréstimo seguinte, após um empréstimo personalizado. A mineração mostrou que não houve alterações em tais métodos na evolução e, de fato, o estudo descobriu um *bug* do sistema neste caso. Apesar disso, acreditamos que execuções pré-definidas, sejam testes manuais ou automatizados, não são a forma mais adequada de medir tal atributo. Como consequência, novos estudos estão sendo conduzidos considerando a análise de confiabilidade a partir de *logs* da execução dos cenários em ambientes de produção.

Limitações da Abordagem. A anotação manual dos pontos de entrada dos cenários considerados relevantes acaba sendo uma limitação pois requer um conhecimento arquitetural prévio do sistema. Essas anotações deveriam evoluir junto com a implementação permitindo a execução da abordagem em novas versões. Uma possibilidade menos intrusiva para o código fonte seria usar XML como fonte externa de metadados. Outro requisito é o armazenamento e versionamento de todos os artefatos relacionados às versões do sistema, bem como a rastreabilidade entre tarefas de desenvolvimento e as revisões do repositório de códigos, o que pode requerer grande disponibilidade de meios de armazenamento de dados. Finalmente, também é importante a

disponibilidade de testes automatizados que permitam promover a execução dos cenários.

Limitações do Estudo. Apesar da quantidade de informação coletada pela análise dinâmica e pela mineração, não há garantia que os mesmos tipos de tarefas encontrados no estudo sejam os tipos usualmente responsáveis por degradações de desempenho que possam ocorrer em outras evoluções do sistema web analisado ou de outros sistemas do mesmo domínio do analisado.

6. TRABALHOS RELACIONADOS

Esta seção descreve trabalhos de análise de evolução de atributos de qualidade, particularmente o desempenho, e que apresentam estudos para sistemas web, assim como o presente trabalho.

Malik et al [13] propõe estratégias para ajudar analistas de desempenho a comparar testes de carga, permitindo-os encontrar variações de desempenho mais facilmente. Um conjunto de contadores filtrados (medições para uso de processador, memória e outras propriedades) é disponibilizado aos analistas para que eles possam se concentrar apenas nos casos relevantes e detectar as causas da variação de desempenho. Essa filtragem é realizada comparando os resultados de um teste de carga anterior com os resultados do novo. A abordagem avaliou um sistema industrial de larga escala e o sistema *open source* Dell DVD Store (DS2), um protótipo de website para *e-commerce*. Os dados gerados foram fornecidos pela empresa para o sistema industrial, e obtidos com um *benchmark* para o sistema web *open source*. O trabalho trata variações de desempenho em um nível de abstração menor do que o presente trabalho, uma vez que apresentam um número gerenciável de contadores de desempenho para serem analisados, mas não indicam as fontes da variação no nível de cenários. Também não apontam *commits* ou tarefas de desenvolvimento responsáveis por introduzir mudanças que potencialmente tenham causado o problema.

Tibermacine & Zernadji [16] propõem uma abordagem para supervisionar a evolução da orquestração de serviços web. A proposta é baseada na análise de documentação de decisões de projeto que afetam atributos de qualidade. Isso permite entender quais atributos de qualidade são conflitantes, facilitando a análise de como evoluções na arquitetura que afetam determinados atributos podem conflitar com outros existentes. A principal diferença entre esse trabalho e a nossa abordagem é que o primeiro considera apenas os conflitos entre atributos de qualidade em uma evolução, mas não realiza nenhuma medição no sistema, uma vez que a abordagem não monitora a execução do sistema e nem analisa seu código. Nossa abordagem permite indicar automaticamente potenciais cenários com conflitos rastreando os locais das anotações de atributos de qualidade.

Nguyen et al [15] propõem a criação e mineração de repositórios de causas de regressão para auxiliar a equipe de desempenho a identificar causas que levaram o sistema a uma regressão de desempenho. O repositório de causas de regressão contém os resultados dos testes de desempenho e das causas de regressões passadas. A abordagem usa técnicas de aprendizado de máquina para determinar causas de novas regressões analisando o repositório. Entretanto, as causas identificadas são limitadas a um conjunto de situações pré-definidas a partir de relatórios de *bugs*, que representam ações que, frequentemente, causam regressão de desempenho. Elas incluem, por exemplo, adição de lógica executada com frequência, adição de estratégias de entrada/saída bloqueantes, entre outras. O estudo aplicou a proposta para um sistema comercial e também para o sistema *open source* de *e-commerce* Dell DVD Store (DS2). O trabalho de pesquisa de tais autores não indica que artefatos de código, *commits* ou tarefas foram responsáveis pela regressão, da forma como é contemplada na nossa abordagem.

7. CONCLUSÃO

Este trabalho apresentou um *framework* baseado em metadados que automatiza uma abordagem para revelar degradações de cenários arquiteturais em sistemas web com base em técnicas de análise dinâmica e mineração de repositório de software. A descrição da abordagem enfatizou suas três fases: análise dinâmica, análise de degradação e mineração de repositório. Os módulos do *framework* responsáveis pela implementação de cada uma das fases foram detalhados, destacando os pontos de extensão que o adaptam a um dado ambiente de desenvolvimento. Também foi apresentado um estudo de caso para um sistema web de larga escala de gestão acadêmica. Oportunamente, o estudo apresentou as etapas de instanciação do *framework* para tal sistema e os resultados obtidos de sua aplicação, os quais foram posteriormente discutidos.

É interessante reforçar que o *framework* é extensível para permitir a inclusão de novas anotações de atributos de qualidade que podem ser usadas para rastreabilidade de partes do código fonte do sistema dentro dos cenários executados através de consultas aos modelos de análise dinâmica. Igualmente, pode-se incluir suporte para outros sistemas de controle de versões e gerência de mudanças de acordo com a configuração do ambiente do sistema a ser analisado.

Em estudos mais recentes, o *framework* foi instanciado para dois outros sistemas, sendo que uma das instanciações inclui a implementação do minerador para GitHub. Novos estudos estão sendo conduzidos com sistemas web de larga escala para analisar, além do desempenho, o atributo de qualidade de confiabilidade a partir da análise de *logs* de execução. A precisão do *framework* na detecção das origens das degradações também está sendo analisada nesses novos estudos.

Agradecimentos. Este trabalho foi parcialmente financiado pelo National Institute of Science and Technology for Software Engineering (INES), financiado pelo CNPq, processos 573964/2008-4 e Casadinho/Procad 552645/2011-7, e por SINFO/UFRN.

8. REFERÊNCIAS

[1] Silva, L. and Balasubramaniam, D. 2012. Controlling software architecture erosion: A survey. Journal of Systems and Software. 85, 1 (January 2012), 132-151.

[2] Taylor, R. N., Medvidovic, N. and Dashofy, E. M. 2009. Software Architecture: Foundations, Theory, and Practice. Wiley Publishing.

[3] Clements, P., Kazman, R. and Klein, M. 2002. Evaluating Software Architectures: Methods and Case Studies. Addison-Wesley.

[4] Ali Babar, M. and Gorton, I. 2004. Comparison of Scenario-Based Software Architecture Evaluation Methods. In Proceedings of APSEC'04. Washington, DC, USA, 600-607.

[5] Kazman, R., Abowd, G., Bass, L. and Clements, P. 1996. Scenario-Based Analysis of Software Architecture. IEEE Softw. 13, 6 (November 1996), 47-55.

[6] Roy, B. and Graham, T. C. N. 2008. Methods for Evaluating Software Architecture: A Survey. Technical Report No. 2008-545, School of Computing, Queen's University at Kingston. Ontario, Canada.

[7] Ganesan, D., Lindvall, M., Cleaveland, R., Jetley, R., Jones, P. and Zhang, Y. 2011. Architecture Reconstruction and Analysis of Medical Device Software. In Proceedings of WICSA'11. Washington, DC, USA, 194-203.

[8] Ganesan, D., Keuler, T. and Nishimura, Y. 2009. Architecture compliance checking at run-time. Information and Software Technology. 51, 11 (November 2009), 1586-1600.

[9] Abi-Antoun, M and Aldrich, J. 2009. Static extraction and conformance analysis of hierarchical runtime architectural structure using annotations. SIGPLAN Not. 44, 10 (October 2009), 321-340.

[10] Ciraci, S., Sozer, H. and Tekinerdogan, B. 2012. An Approach for Detecting Inconsistencies between Behavioral Models of the Software Architecture and the Code. In Proceedings of COMPSAC'12. IEEE Computer Society, Washington, DC, USA, 257-266.

[11] Gokhale, S. S. 2007. Architecture-Based Software Reliability Analysis: Overview and Limitations. IEEE Ns On Dependable And Secure Computing. 4, 1 (January 2007), 32-40.

[12] Williams, L. G. and Smith, C. U. 2002. PASASM: a method for the performance assessment of software architectures. In Proceedings of WOSP'02. ACM, New York, USA, 179-189.

[13] Malik, H., Hemmati, H. and Hassan, A. E. 2013. Automatic detection of performance deviations in the load testing of large scale systems. In Proceedings of ICSE'13. IEEE Press, Piscataway, NJ, USA, 1012-1021.

[14] Nistor, A., Jiang, T. and Tan, L. 2013. Discovering, reporting, and fixing performance bugs. In Proceedings of MSR'13. IEEE Press, Piscataway, NJ, USA, 237-246.

[15] Nguyen, T. H. D., Nagappan, M., Hassan, A. E., Nasser, M. and Flora, P. 2014. An industrial case study of automatically identifying performance regression-causes. In Proceedings of MSR'14. ACM, New York, NY, USA, 232-241.

[16] Tibermacine, C. and Zernadji, T. 2011. Supervising the evolution of web service orchestrations using quality requirements. In Proceedings of ECSA'11, Ivica Crnkovic, Volker Gruhn, and Matthias Book (Eds.). Springer-Verlag, Berlin, Heidelberg, 1-16.

[17] SINFO: http://www.info.ufrn.br/wikisistemas/doku.php (June 2014).

[18] Apache JMeter: http://jmeter.apache.org (June 2014).

Generating Personalized Algorithms to Learn Bayesian Network Classifiers for Fraud Detection in Web Transactions

Alex G. C. de Sá
Universidade Federal de
Minas Gerais
Belo Horizonte, MG, Brasil
alexgcsa@dcc.ufmg.br

Gisele L. Pappa
Universidade Federal de
Minas Gerais
Belo Horizonte, MG, Brasil
glpappa@dcc.ufmg.br

Adriano C. M. Pereira
Universidade Federal de
Minas Gerais
Belo Horizonte, MG, Brasil
adrianoc@dcc.ufmg.br

ABSTRACT

The volume of electronic transactions has raised a lot in last years, mainly due to the popularization of e-commerce. We also observe a significant increase in the number of fraud cases, resulting in billions of dollars losses each year worldwide. Therefore, it is essential to develop and apply techniques that can assist in fraud detection. In this direction, we propose an evolutionary algorithm to automatically build Bayesian Network Classifiers (BNCs) tailored to solve the problem of detecting fraudulent transactions. BNCs are powerful classification models that can deal well with data features, missing data and uncertainty. In order to evaluate the techniques, we adopt an economic efficiency metric and apply them to our real dataset. Our results show good performance in fraud detection, presenting gains up to 17%, compared to the actual scenario of the company.

Categories and Subject Descriptors

I.2.6 [**Induction and Knowledge Acquisition**]: Learning

General Terms

Algorithms

Keywords

Redes Bayesianas de Classificação; Algoritmos Evolucionários; Detecção de Fraude; Comércio Eletrônico; Web

1. INTRODUÇÃO

O volume de fraudes em cartões de crédito em instituições financeiras não é muito divulgado, pois tal informação pode comprometer a credibilidade destas instituições. Porém, uma pesquisa recente apresentada pela *CyberSource*, durante o *e-Commerce Summit*, mostra que o índice de fraudes no comércio eletrônico, no Brasil e no mundo, gira em torno de 1,2% do total das receitas do setor. Esse estudo foi intitulado *Online Fraud Report* [7].

O cenário do comércio eletrônico no Brasil é promissor, e faturou R$ 28,8 bilhões em 2013, um crescimento nominal de 28% em relação ao ano anterior. Os dados foram apresentados na 29ª edição do relatório [25], realizado pela *e-bit*[1] com o apoio da Câmara Brasileira de Comércio Eletrônico. Atualmente no Brasil, da ordem de 51,3 milhões de pessoas já fizeram, pelo menos uma vez, uma compra online [10]. Porém, esse percentual poderia ser ainda maior.

Em pesquisa da *Fecomércio* [8] de 2011, 52,69% dos entrevistados citaram o medo de fraude como razão para não aderir às compras pela *Web*. No cenário internacional, há países que evitam transacionar com outros, segundo pesquisa da empresa americana *CyberSource* [7], devido aos altos índices de fraudes. Há, inclusive, um *ranking* de países menos seguros, liderado pela Nigéria, no qual o Brasil figura em sétimo lugar. As fraudes no mundo, segundo essa pesquisa, giram em torno de US$ 10 bilhões ao ano e no Brasil representam aproximadamente US$500 milhões.

Comerciantes no mundo real já lidam no dia a dia com diferentes tipo de fraudes, tais como cheques e cartões de crédito roubados. No caso do comércio eletrônico, há muitos desses riscos também e alguns outros, uma vez que não existe certeza com relação à identidade do comprador e à veracidade das informações fornecidas. É possível perceber que as fraudes no meio eletrônico tem aumentado, principalmente devido à popularização do comércio eletrônico, produzindo perdas significativas para os negócios. Portanto, torna-se imprescindível endereçar técnicas para prevenção e a detecção de fraude em transações *Web*.

Neste cenário, existem grandes desafios a tratar, sendo o primeiro o grande volume de dados. As vendas realizadas pela Internet, tanto no Brasil quanto no mundo envolvem milhões de transações por dia. O *Royal Bank of Scotland*, que tem o maior mercado de cartão de crédito na Europa, possui mais de um bilhão de transações por ano. Esse grande volume de informação torna inviável a análise de cada uma das transações com o objetivo de decidir, de forma rápida, se ela é ou não fraudulenta. Um segundo desafio é que as transações de fraude não ocorrem com frequência. Assim, existe um grande desbalanceamento de dados, onde as fraudes, apesar de financeiramente muito representativas, ocorrem em menos de 1% das transações eletrônicas, conforme validamos com dados reais. Em tarefas de classificação de transações como fraude, este cenário torna a solução do problema ainda mais complexa.

Neste contexto delineado, é essencial dispor de técnicas eficazes para identificar anomalias, como fraudes em transações eletrônicas realizadas na *Web*, tipicamente envolvendo cartões de crédito. Segundo a *e-bit*, em 2012 o cartão de

---

[1]http://www.ebit.com.br/

crédito já era a principal escolha do consumidor que compra pela Internet, registrando 73% dos pagamentos realizados.

Este trabalho propõe um algoritmo evolucionário (AE) para evoluir automaticamente *algoritmos* de Redes Bayesianas de Classificação (RBCs) personalizados para o contexto de detecção de anomalia ou fraude no comércio eletrônico. RBCs são modelos de classificação interessantes por serem robustos à falta de dados e incerteza, além de gerarem modelos de classificação interpretáveis.

A vantagem de criar um algoritmo personalizado para o problema é que não precisamos testar manualmente um grande conjunto de algoritmos, para então escolher aquele que gera o melhor modelo de classificação. Essa tarefa é executada automaticamente pelo AE. O AE recebe como entrada uma lista de componentes principais de algoritmos de RBCs e um conjunto de atributos de transações eletrônicas (p. ex., dados do comprador, da transação, do produto). Com esses dois elementos, ele testa diferentes combinações dos componentes, gerando um algoritmo personalizado.

A fim de testar e validar a abordagem proposta, utilizamos um cenário de um sistema para pagamento eletrônico, com dados reais de sistema eletrônico de pagamentos de uma das maiores empresas do segmento da América Latina. Além disso, adotamos um conceito (métrica) de Eficiência Econômica para avaliar o desempenho financeiro das técnicas utilizadas nesse projeto. Os resultados que serão aqui apresentados alcançaram ganhos de até 17% quando comparados ao método atual utilizado pela empresa.

O restante deste artigo está organizado da seguinte forma. A Seção 2 descreve os principais trabalhos correlatos, seguida da Seção 3, que apresenta o método proposto para endereçar o problema de personalização de algoritmos para detecção de fraudes. A Seção 4 apresenta os resultados experimentais, suas análises e desdobramentos. Por fim, a Seção 5 descreve as conclusões e direções de trabalhos futuros.

2. TRABALHOS CORRELATOS

Esta seção descreve alguns trabalhos correlatos, com ênfase às pesquisas de identificação e previsão de fraudes (Seção 2.1), e geração de algoritmos personalizados (Seção 2.2).

2.1 Detecção de Fraude

Existem pesquisas que buscam identificar as classes de fraudes e criam metodologias que permitam a sua classificação [2, 12]. O objetivo dessas pesquisas é compreender melhor o fenômeno das fraudes e identificar aquelas que compartilham alguma similaridade. Thomas *et al.* [22] apresentam uma árvore de decisão bastante simples para identificar classes gerais de fraudes. Eles propõem, também, um primeiro passo para uma taxonomia de fraude. Vasiu & Vasiu [24] definem uma taxonomia para as fraudes de computador e, para isso, fazem uso de uma metodologia em cinco fases. Segundo os autores, a taxonomia apresentada foi elaborada a partir de uma perspectiva de prevenção e pode ser usada de várias formas. Assim, ela pode ser útil como uma ferramenta de conscientização e educação e também pode ajudar os responsáveis pela luta contra a fraude de computador a projetar e implementar políticas para diminuir os riscos.

Existe um trabalho muito completo, Ngai *et al.* [14], o qual realiza uma revisão da literatura sobre a aplicação de técnicas de mineração de dados para a detecção de fraudes financeiras. Embora a detecção de fraudes financeiras (*FFD - Financial Fraud Detection*) seja um tema emergente de grande importância, uma ampla revisão da literatura sobre o assunto ainda não foi realizada. O artigo representa, assim, a primeira revisão da literatura acadêmica sistemática. 49 artigos de revistas sobre o assunto, publicados entre 1997

e 2008, foram analisados e classificados em quatro categorias de fraude financeira (fraude bancária, fraude de seguros, fraudes de títulos e commodities e outras fraudes financeiras relacionadas) e seis classes de técnicas de mineração de dados (classificação, regressão, agrupamento, previsão, detecção de *outlier* e visualização). Os resultados dessa análise mostram que as técnicas de mineração de dados foram aplicadas mais amplamente para a detecção de fraude de seguros, apesar de fraude corporativa e fraude de cartão de crédito também terem atraído muita atenção nos últimos anos. As principais técnicas de mineração de dados utilizadas para FFD são Modelos Logísticos, Redes Neurais, Rede de Crença Bayesiana e Árvores de Decisão, as quais fornecem as soluções com melhores resultados para os problemas inerentes à detecção e classificação de dados fraudulentos.

É importante ressaltar que a escolha da técnica de mineração de dados a ser utilizada depende da metodologia definida bem como da base de dados disponível. No caso de existirem dados já rotulados indicando transações fraudulentas, a aprendizagem supervisionada poderá gerar melhores resultados além de permitir a criação de um modelo preditivo para identificação de futuras fraudes. A maioria das pesquisas de detecção de fraudes se baseiam nessa estratégia. A estratégia não supervisionada tem sido utilizada para identificar desvios de comportamento como por exemplo, em ligações telefônicas ou transações de cartão de crédito e assim rotular possíveis transações fraudulentas. No entanto, a combinação dessas duas abordagens pode permitir uma maior acurácia no modelo, em que técnicas de agrupamento podem permitir uma melhor caracterização dos dados e uma melhor escolha daqueles que são utilizados no treinamento em técnicas supervisionadas.

Nos últimos anos temos visto um grande crescimento no número de pesquisas que utilizam mineração de dados para identificar fraudes [15, 13]. Este aumento é dado pela capacidade que estas técnicas têm de extrair informações relevantes de uma grande quantidade de dados.

No trabalho de Almendra *et al.* [1], é apresentado o problema de classificar fraudes em leilões online. Os autores utilizam a técnica *Boosted-trees* para classificar as transações como legítimas ou não. Os autores também discutem a respeito de alguns problemas e possíveis soluções no processo de classificação: **desbalanceamento dos dados** e o **ponto de corte do *rank*** (*threshold*). Outro ponto importante que podemos citar é proposta do **score propagation**, que propaga o *score* de um usuário quando o mesmo realiza fraude, para assim tentar evitar outras fraudes desse usuário. Os autores obtiveram bons resultados em seu trabalho.

Caldeira *et al.* [4] aplicam técnicas de inteligência computacional em uma base de dados real para impedir fraudes em transações eletrônicas. O trabalho utiliza as técnicas ***Random Forest*** e **Redes Neurais** para classificar as fraudes. Adotam como formas para avaliar a eficiência das técnicas: **Precisão e Revocação**, **Exatidão** e uma medida de **Eficiência Econômica**, similar à aplicada neste trabalho.

2.2 Geração de Algoritmos Personalizados

A escolha do melhor algoritmo de aprendizado de máquina para resolver um problema de classificação ainda é um problema em aberto, pois não existe um algoritmo que seja o melhor para resolver qualquer tipo de problema [27]. Nessa direção, pesquisadores começaram a estudar o uso de algoritmos evolucionários para gerar algoritmos de aprendizado de máquina personalizados para uma dada aplicação. Essa subseção sumariza os trabalhos que lidam com este problema considerando a geração de três tipos diferentes modelos de classificação: redes neurais artificiais [21, 28], algoritmos de indução de regras [16] e árvores de decisão [3]. Além disso, revisamos o trabalho de Thornton *et al.* [23], em que um método de busca distinto foi utilizado e esse considerou diferentes tipos de algoritmos de classificação simultaneamente.

Redes neurais artificiais foram os primeiros métodos a serem automaticamente evoluídos utilizando algoritmos evolucionários. Como discutido por Yao [28], os métodos podem evoluir redes neurais em três níveis de abstração: (i) pesos sinápticos, (ii) design da topologia da rede ou (iii) seleção das regras de aprendizado. Pappa & Freitas [16], por sua vez, propuseram um algoritmo evolucionário baseado em gramática para guiar o processo de gerar automaticamente algoritmos de indução de regras. Os autores consideraram três diferentes componentes: método de busca, avaliação da regra e poda. Um algoritmo de programação genética foi utilizado para permitir a criação de (novos) algoritmos, considerando primitivas de programação tal como laços de repetição e condicionais.

Em relação a árvores de decisão, Barros *et al.* [3] apresentaram o HEAD-DT (*Hyper-heuris-tic Evolutionary Algorithm for Automatically Designing Decision-Tree algorithms*). Os autores identificaram quatro categorias de componentes que podem mudar significativamente os resultados de algoritmos de árvores de decisão: critério de divisão, critério de parada, poda e a forma de lidar com valores faltantes. O algoritmo evolucionário foi então executado para considerar variação dessas quatro categorias principais, e resultados mostraram que os algoritmos gerados automaticamente obtiveram melhores resultados de acurácia em relação a outros algoritmos estado-da-arte em árvores de decisão. Seguindo essa linha, [18] propôs gerar automaticamente algoritmos de RBCs para uma base de dados específica, conforme detalhado na próxima seção.

A respeito de métodos que não são baseados em computação evolucionária, Thornton *et al.* [23] propuseram recentemente o Auto-WEKA para examinar o problema de selecionar um algoritmo de aprendizado e otimizar seus hiper-parâmetros. O Auto-WEKA usa como entrada algoritmos de seleção de atributos e todos os algoritmos de classificação implementados no WEKA [26], sendo portanto mais genérico que as abordagens mencionadas anteriormente. O processo de busca empregado pelo Auto-WEKA é baseado em *Sequential Model-based Optimization*.

3. MÉTODO PROPOSTO

Esta seção apresenta a abordagem proposta para evoluir automaticamente algoritmos de RBCs considerando o cenário de detecção de fraudes em transações Web. A ideia do presente trabalho é gerar RBCs personalizadas a base, ao invés de simplesmente executar experimentos para selecionar um entre vários métodos e testar diferentes configurações de parâmetros. Esse trabalho apresenta uma versão mais completa do método proposto em [18], e sua utilização no contexto de fraudes na Web.

Os modelos criados para lidar com os dados de fraude são baseados em Redes Bayesianas de Classificação (RBCs). RBCs são consideradas ferramentas estatísticas robustas e precisas para solucionar problemas de classificação de dados. Elas possuem fundamentação teórica derivada de Rede Bayesianas e assumem em seu modelo que existem relações de causa e efeito entre os atributos previsores da bases de dados [9]. Uma RBC é representada por um grafo acíclico direcionado e uma tabela de probabilidades condicionais para cada nó. Um nó representa um atributo da base de dados, as arestas dependências entre eles, e as tabelas são consideradas parâmetros da rede.

Existem três motivações principais para se trabalhar com RBCs [11]: (i) RBCs codificam as dependências entre todas as variáveis do problema e, com isso, estão prontas para lidar com uma eventual falta de dados; (ii) RBCs podem ser utilizadas para aprender relacionamentos causais e, portanto, podem ser usadas para ganhar entendimento sobre o domínio do problema e predizer as consequências de eventos; (iii) RBCs são modelos gráficos os quais podem ser interpretados por especialistas de domínio.

Dessa forma, o método aqui proposto possui dois componentes principais: (1) um conjunto de componentes presentes em algoritmos de RBCs estado-da-arte [17]; (2) um método de busca para explorar as diferentes combinações desses componentes. A Figura 1 mostra um esquema do método proposto. O mesmo recebe como entrada uma base de dados do maior serviço brasileiro de pagamento eletrônico e, considerando todos os componentes das RBCs identificados e o método de busca, retorna um algoritmo de RBC personalizado às particularidades dos dados. O algoritmo de RBC retornado pelo método de busca de componentes será adequado ao domínio de dados de entrada, gerando um modelo de classificação condizente para esses dados. Contudo isso não significa que o mesmo algoritmo não possa generalizar para outras bases.

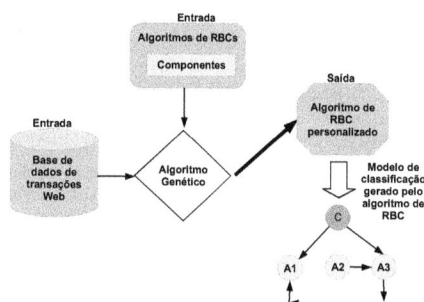

Figure 1: Processo de evolução de algoritmos de RBCs para detectar transações fraudulentas.

O método de busca, segundo componente desta abordagem, é um Algoritmo Genético (AG) com codificação real para explorar o espaço de RBCs. No AG, cada indivíduo representa um algoritmo de RBC (mais detalhes na Seção 3.1), e na primeira geração os indivíduos são aleatoriamente gerados a partir de uma combinação dos componentes disponíveis. Durante a avaliação dos indivíduos, um mapeamento entre o indivíduo e um algoritmo de RBC é realizado (mais detalhes na Seção 3.2) .

Seguindo o processo de evolução, os indivíduos são submetidos aos operadores de cruzamento uniforme e mutação de um ponto para gerar uma nova população. Neste trabalho, também foi feito o uso do elitismo, garantindo que que o melhor indivíduo da população anterior estará presente na atual. Depois de um número pré-definido de gerações, o melhor algoritmo de RBC encontrado pelo AG é retornado. Assim, esse algoritmo de RBC é executado em um conjunto de teste, podendo considerar um domínio de aplicação semelhante ou totalmente distinto.

3.1 Representação do Indivíduo

A representação do indivíduo depende dos componentes identificados como presentes na maioria dos algoritmos de RBC. Em resumo, o processo de aprendizado em redes Bayesianas ocorre geralmente em duas fases: aprendizado da estrutura e aprendizado dos parâmetros. Na fase de aprendizado da estrutura, a ideia é aprender a respeito dos relacionamentos causais entre os atributos da base de dados de entrada, i.e., quais nós (atributos) no grafo (RBC) devem ser conectado a outro nó. Neste tipo de aprendizado, diferentes tipos de algoritmos de RBC irão funcionar de maneiras distintas, como por exemplo: pontuação (*score*), restrições (testes de independência condicional) ou híbridos [6]. Métodos baseados em pontuação usam uma métrica de pontuação, tal como entropia, para guiar o processo de busca, que pode ser executado, em teoria, por qualquer algoritmo de busca. Abordagens baseadas em restrições, em contraste, usam um teste de (in)dependência condicional, tal como o χ^2, para guiar a construção do grafo que representa a RBC. Métodos híbridos combinam as duas abordagens anteriores.

A fase de aprendizado de parâmetros, por sua vez, compreende o cálculo e a construção das Tabelas de Probabilidade Condicional para cada nó da RBC. Essas tabelas são usadas para fazer estimativas a respeito dos dados, como por exemplo, classificar uma dada instância em uma das possíveis classes assumidas por uma base de dados. Entretanto, aprender os parâmetros de uma RBC é um procedimento relativamente direto quando a estrutura da rede é definida com as dependências específicas entre os atributos (variáveis) [20]. Por essa razão, este artigo irá focar no aprendizado da estrutura e irá sempre considerar o mesmo método de estimação de parâmetros. O mesmo usa um estimador simples ajustado de acordo com o parâmetro α, o qual representa a contagem inicial de cada valor de probabilidade e é usado para estimar as tabelas de probabilidade. O valor do α também é calibrado pelo algoritmo genético. Detalhes sobre os componentes utilizados estão disponíveis em [17].

Tendo identificado os componentes das RBCs, o próximo passo é gerar uma representação apropriada. Um indivíduo é um vetor real com 11 posições (genes) e seus valores estão definidos no intervalo [0, 1]. Cada posição do indivíduo representa um componente de algoritmo, considerando que diferentes algoritmos podem variar significativamente em seu número de componentes. Por essa razão, a representação (do fenótipo) do indivíduo é dinâmica e algumas de suas posições podem ser não funcionais.

O menor indivíduo é codificado quando a busca fixa do *Naïve Bayes* (NB) é escolhida, ou seja, quando temos três posições ativas no genoma e as outras são não funcionais (quando uma busca NB é escolhida (gene 1), utiliza-se um NB como estrutura inicial (gene 2) e otimiza-se o α do estimador (gene 3)). Já o maior indivíduo é gerado quando a Busca Tabu é escolhida como primeiro gene, ou seja, quando se tem as 11 posições mapeadas para diferentes componentes. Os demais tamanhos de fenótipos de indivíduos ficam em um meio termo entre NB e Busca Tabu. É importante mencionar que embora o fenótipo do indivíduo seja dinâmico, operações de mutação e cruzamento são aplicadas no genótipo do indivíduo (representação com codificação real de 11 posições) para evitar problemas de indivíduos com tamanhos distintos.

3.2 Função de Avaliação

A fim de avaliar o quão efetivo são os algoritmos de RBC gerados pelo AG, os classificadores representados por cada indivíduo são criados e executados sobre uma base de dados específica ao cenário de detecção de fraudes em transações *Web*, considerando que almeja-se gerar um algoritmo de RBC personalizado que produza um modelo de classificação adequado para esses dados. A Figura 2 mostra o processo completo de avaliação de um dado indivíduo.

Inicialmente, cada indivíduo possui uma representação real, onde cada posição do cromossomo do indivíduo está no intervalo [0, 1] e determina o uso de uma opção específica de um dado componente. O processo consiste em mapear cada posição do indivíduo em um componente de RBCs, usando um arquivo *XML* que descreve os componentes e suas dependências. Para isso, o cromossomo com codificação real

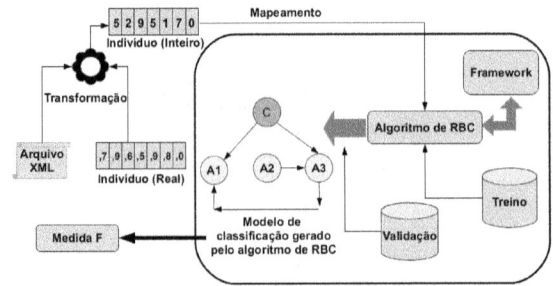

Figure 2: Processo de avaliação de um indivíduo.

é convertido em um cromossomo com codificação inteira de mesmo tamanho. Nessa conversão, o número real do gene é multiplicado pelo número máximo de possíveis escolhas associadas aquele componente (no caso do método de busca, o número de possíveis escolha é igual a 12), resultando em um inteiro arredondado que indica a opção do componente no arquivo *XML*. Quando o processo de mapeamento termina, genes não utilizados recebem valor -1.

Dado o indivíduo com codificação inteira, seu cromossomo é mapeado em um algoritmo de RBC. Para definir o algoritmo de RBC conforme seu respectivo indivíduo, os *frameworks* jBNC [19] e WEKA [26] foram utilizados. É importante ressaltar que as características e algoritmos do jBNC foram incluídos no WEKA, gerando um *framework* robusto para gerar algoritmos de RBC.

No próximo passo, os algoritmos são construídos e executados em um conjunto de treinamento para induzir um modelo de RBC, o qual é avaliado usando um conjunto de validação. A função de *fitness* é gerada do conjunto de validação, usando a medida F1 [26]:

$$F1 = \frac{2 \cdot (\text{Precisão} \cdot \text{Revocação})}{(\text{Precisão} + \text{Revocação})} \quad (1)$$

A medida $F1$ é uma média harmônica entre as medidas precisão e revocação, e é uma métrica interessante porque pondera diferentes níveis de desbalanceamento de classes, o que é muito relevante no cenário de transações *Web*, onde se tem muitas transações definidas como seguras e poucas categorizadas como fraudulentas. No entanto, aquelas que são fraudulentas determinam um grande prejuízo para companhias de vendas eletrônicas.

É válido definir que a precisão do modelo é igual ao número de exemplos corretamente classificados sobre o número total de exemplos na base de dados analisada, enquanto a sua revocação é o número de exemplos corretamente classificados na classe c sobre o total de exemplos classificados como c, desprezando sua classe verdadeira. Além disso, com a finalidade de prevenir *overfitting*, os conjuntos de treinamento e validação são reamostrados a cada n gerações.

4. RESULTADOS EXPERIMENTAIS

Esta seção apresenta os resultados obtidos quando testamos a abordagem evolucionária proposta para personalizar algoritmos de RBCs para detectar anomalias ou transações fraudulentas no cenário real de comércio eletrônico. Particularmente, trabalhou-se com operações de cartão de crédito evidenciadas através das transações em que ocorreram *chargebacks*, que são os estornos no cartão de crédito quando as transações não são reconhecidas como válidas.

Para validar a técnica proposta, utilizou-se de uma base de dados real proveniente do sistema para pagamentos online PagSeguro[2] do grupo Universo Online Inc. (UOL)[3]. O PagSeguro é hoje o sistema de pagamento mais utilizado no Brasil, e a necessidade de detecção de fraudes para poder garantir a segurança nas compras realizadas por usuários é evidente. Além disso, reduzir as perdas financeiras ocasionadas por esse tipo de transações é essencial.

No PagSeguro, cada transação é composta por centenas de atributos dos mais diferentes tipos, sendo um deles o status da transação, que pode ser válida ou considerada uma fraude ou *chargeback*. Devido a um acordo de confidencialidade com a empresa, não podemos divulgar informações quantitativas sobre os dados e seus atributos, mas podemos assegurar que os mesmos são capazes de representar bem o cenário utilizado nessa pesquisa.

A base de dados utilizada apresenta ordenação temporal em termos de transações e considera o período de um mês de dados, com 900.279 transações, das quais 16.115 são consideradas fraude (1,8%) e os 98,2% restantes são ditas seguras pelo sistema de pagamento eletrônico.

Inicialmente, cada transação dessa base era representada por 424 atributos quantitativos, incluindo o identificador de cada transação. Como essa é uma grande quantidade de atributos, aplicou-se um método de seleção de atributos (*Information Gain*) para reduzir a dimensão dos dados. Devido ao alto custo para executar um algoritmo de RBC (Seção 3.2), que também está associado à dimensão dos dados, os 22 atributos mais representativos foram selecionados pelo *Information Gain*, além do atributo de identificação da transação e o status que indica a rotulação de fraude.

A partir da seleção de atributos realizada, dois experimentos foram configurados. Em ambos utilizou-se para treinamento 10% das instâncias de transações fraudulentas e o dobro do valor relativo a essa porcentagem para transações não-fraudulentas. Isso foi feito para que o modelo resultante ao algoritmo de classificação não sofra do efeito de *underfitting*. O conjunto de teste considera os 90% das transações restantes e, desse modo, segue-se essencialmente a distribuição real dos dados.

A diferença básica entre os experimentos A e B é que, enquanto o primeiro considera a ordem temporal das transações fraudulentas (treina com as primeiras 10% e testa nas próximas 90%), o segundo não considera esse aspecto, selecionando aleatoriamente as transações. Como o experimento A percorre os dados temporalmente, ele percorre um número muito maior de instâncias não-fraudulentas para conseguir 10% de instâncias fraudulentas. Com isso, os dados de teste tem um número menor de dados não fraudulentos (uma vez que ignoramos os dados do passado no teste). A Tabela 1 apresenta as configurações dos dois experimentos para treinamento e teste.

Table 1: Definição dos conjuntos de treinamento e teste para os experimentos A e B.

Conjuntos e Instâncias	Experimentos	
Treinamento	A	B
# instâncias fraudulentas	1.611	1.611
# instâncias não-fraudulentas	3.222	3.222
# instâncias	4.833	4.833
Teste	A	B
# instâncias fraudulentas	14.503	14.503
# instâncias não-fraudulentas	817.591	880.844
# instâncias	832.094	895.347

Dadas as etapas de redução da base em termos de atributos e a definição do treinamento e teste, experimentos foram configurados e aplicados sobre o algoritmo genético (AG) no intuito de personalizar um algoritmo de RBC para o cenário de transações *Web*.

Os parâmetros do AG foram configurados em experimentos preliminares, e são os seguintes: 35 indivíduos evoluídos por 35 gerações, torneio de tamanho dois (2) e probabilidade de cruzamento e mutação iguais a 0,9 e 0,1, respectivamente. O número relativamente baixo de indivíduos e gerações são devido a complexidade computacional envolvida no cálculo da *fitness*. Como cada indivíduo representa um algoritmo de RBC completo, o mesmo será treinado e testado em um base de dados específica. Além disso, é importante mencionar que os conjuntos de treinamento e validação do AG possuem respectivamente tamanhos iguais a 70% e 30% do conjunto original. Esses conjuntos são reamostrados a cada cinco gerações a fim de evitar *overfitting*.

Os experimentos comparam o AG com três algoritmos estado-da-arte em RBCs: *Naïve Bayes* (NB) [26], *Tree Augmented Naïve Bayes* (TAN) [9] e K2 [5]. Os algoritmos de classificação mencionados foram escolhidos porque eles assumem diferentes premissas quando constroem um modelo de RBC. Enquanto o NB assume a independência entre os atributos dada a variável classe (o único relacionamento considerado é entre os atributos e a variável classe), o TAN constrói uma árvore para representar os relacionamentos entre os atributos descritivos. O K2, por sua vez, usa um grafo acíclico direcionado menos restritivo para representar as relações dos atributos. Para todos os algoritmos, o valor do parâmetro α foi definido em 0,5. K2 foi configurado para usar uma métrica de pontuação (*scoring*) Bayesiana e no máximo três pais para cada nó na RBC resultante.

As comparações realizadas estão de acordo com a complexidade (número de arestas), precisão, revocação e medida $F1$ do modelo de RBC resultante pelo algoritmo genético. Analisou-se com os valores da precisão do modelo o quanto a empresa poderia ganhar utilizando a técnica proposta neste trabalho. Além disso, com os resultados obtidos pela aplicação dos modelos foi feito um *ranking* pelo grau de indicação de fraude (*score*) para cada transação, onde no topo do *ranking* encontram-se os registros com maior chance de ser uma transação de fraude. Após a construção do *ranking* foi feita uma análise da Eficiência Econômica dos modelos relativa aos resultados originais obtidos pela solução do PagSeguro.

O termo Eficiência Econômica (*EE*) foi utilizado porque em transações *Web* que envolvem valores financeiros o custo de um falso positivo e um falso negativo não é o mesmo. Estima-se que esse custo na grande parte das companhias é de ordem de 3:100. Em outras palavras, perde-se bem mais tentando prevenir que uma operação fraudulenta seja segura do que o contrário. Outro fator para se utilizar da *EE* foi o desbalanceamento da base de dados, tendo um volume muito maior de transações válidas, portanto não poderíamos medir somente a precisão e revocação dos modelos. Já que se classificássemos todas as transações como válidas (não fraude) e medíssemos a precisão, encontraríamos uma precisão muita alta independentemente do modelo utilizado, o que parecia ser uma boa precisão, mas na verdade estaria acarretando um prejuízo de milhares de reais, ao afirmar que 100% das fraudes eram legais. Sendo assim, toda a análise foi feita em escalas do ranking, considerando a função de Eficiência Econômica que está descrita na Equação 2.

$$EE = \sum_{i=1}^{\#\text{Transações}} [(G_i \cdot K) - P_i \cdot (1 - K)] \qquad (2)$$

[2]https://pagseguro.uol.com.br
[3]http://www.uol.com.br/

Na Equação 2, K é uma constante que simboliza o percentual que a empresa fatura em cada transação; G_i é o valor que a empresa arrecadou após a aplicação do modelo para a transação i, ou seja, valores das transações que o modelo previu como confiável e realmente eram confiáveis; P_i é valor que a empresa perdeu após a utilização do modelo para a transação i, ou seja, valores das transações que o modelo previu que eram válidas eram fraudes (falso positivo).

Para comparação dos modelos é preciso descrever o conceito de Eficiência Econômica Máxima (EE_{Max}), que determina o maior valor que poderia ser arrecadado pela empresa, sendo que esse ocorreria em um cenário fictício, em que um modelo ideal teria 100% de precisão e 100% de revocação. Ou seja, o modelo iria prever com sucesso todas as situações de fraudes, e não identificaria nenhuma situação de não fraude como sendo de fraude. Também definimos o conceito de Eficiência Econômica Real(EE_{Real}), que é a eficiência obtida pela corporação na atualidade.

Contudo, não podemos apresentar resultados em valores monetários (moeda R$) devido ao acordo de confidencialidade anteriormente mencionado e questões de privacidade. Por essa razão, os resultados a serem apresentados estão sempre de acordo com uma Eficiência Econômica Relativa ($EE_{Relativa}$) ao cenário atual do UOL PagSeguro. A Equação 3 define a métrica $EE_{Relativa}$.

$$EE_{Relativa} = \frac{(EE - EE_{Real})}{(EE_{Max} - EE_{Real})} \qquad (3)$$

4.1 Experimento A

O algoritmo de RBC gerado pelo genético foi um *Hill Climbing*, combinado com uma métrica de pontuação denominada *Local Criterion*. Além disso, observou-se que o algoritmo de RBC impôs um número menor de restrições quanto a estrutura criada (permitindo, por exemplo, um maior número de relações causais entre os atributos), executou um filtro de descarte de atributos e utilizou para o parâmetro α do estimador o valor 6,712. Para maiores detalhes a respeito dos possíveis algoritmos que podem ser gerados pelo algoritmo genético, veja o trabalho de [17]. Além disso, o algoritmo de RBC deste experimento possui componentes que não são determinísticos. Por essa razão, os resultados do mesmo possuem avaliações sobre média de 10 execuções.

A Tabela 2 apresenta a complexidade (em termos de número de arestas do grafo da RBC), precisão, revocação, medida $F1$ e percentual de ganho relativo à empresa gerados pelo modelo no conjunto de teste para o Experimento A.

Como pode-se notar, o AG proposto conseguiu resultados iguais ou melhores do que aqueles apresentados pelos algoritmos TAN e K2, obtendo a melhor precisão para a classe F (Fraude). Na precisão média, o AG obteve o segundo melhor resultado. Em termos de revocação, o AG obteve a melhor cobertura para classe NF e cobertura um pouco inferior aos outros algoritmos para classe F. A combinação desses resultados gerou a medida $F1$ para o AG. Os resultados mostram também que o algoritmo NB foi o pior em todos os indicadores. Em termos de ganho relativo (eficiência econômica), cabe enfatizar que todos os algoritmos obtiveram bons ganhos em relação ao *baseline* da empresa, obtendo de 9,365% (NB) até 17,414% (AG).

A Figura 3 apresenta o gráfico da $EE_{Relativa}$ para o Experimento A. O gráfico consiste de um *ranking* de transações, ordenadas no topo pela maior chance da transação ser uma fraude. O limite hipotético é a EE_{Max}, que equivaleria a detectar todas as fraudes e não ter nenhuma transação válida bloqueada. Assim, pode-se notar que os *AGs* propostos alcançaram bons resultados, sendo tanto o AG-Melhor quanto o AG-Pior foram superiores em relação à empresa e ao *Naïve*

Table 2: Exp. A – Complexidade, precisão, revocação, medida F1 e ganho relativo à empresa.

Medidas	AG	NB	TAN	K2
Complexidade (arestas)	8,100 (0,994)	23	45	56
Precisão (Classe NF)	0,992 (0,000)	0,992	0,993	**0,994**
Precisão (Classe F)	**0,179 (0,004)**	0,099	0,148	0,162
Precisão média	0,978 (0,000)	0,977	0,978	**0,979**
Revocação (Classe NF)	**0,952 (0,001)**	0,901	0,935	0,940
Revocação (Classe F)	0,595 (0,001)	0,612	0,639	**0,661**
Revocação média	**0,945 (0,001)**	0,896	0,930	0,935
F1 (Classe NF)	**0,972 (0,000)**	0,944	0,963	0,966
F1 (Classe F)	**0,275 (0,005)**	0,170	0,241	0,261
F1 média	**0,960 (0,001)**	0,931	0,951	0,954
Ganho relativo	**17,414% (0,430%)**	9,365%	14,332%	15,799%

Bayes, mas ambas versões do AG não superaram os ganhos obtidos pelo TAN e K2.

Já na Figura 4 temos um *zoom* feito no gráfico anterior da $EE_{Relativa}$ para o Experimento A, de forma a dar destaque na área do gráfico mais significativa, que é onde seriam selecionadas um conjunto de transações suspeitas para serem enviadas para a equipe de especialistas de fraude da empresa, ou mesmo realizado um bloqueio automático de possíveis transações fraudulentas. Nota-se como os algoritmos gerados pelo AG apresentaram resultados competitivos, com uma diferença significativa em relação à empresa e ao NB. Ressalta-se que 6% (NB *versus* AG-Melhor) em termos financeiros equivale aproximadamente à ordem de milhares de reais de redução de perda financeira).

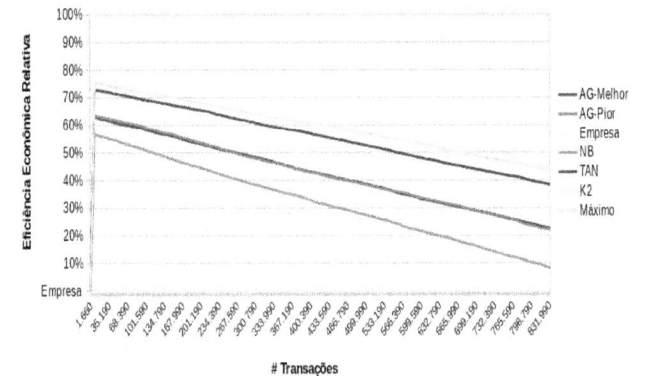

Figure 3: $EE_{Relativa}$ - **Exp. A.**

4.2 Experimento B

O algoritmo de RBC gerado pelo genético também foi um *Hill Climbing*, combinado com uma métrica de pontuação denominada *Leave-One-Out Cross Validation*. Além disso, observou-se que o algoritmo de RBC impôs um número médio de restrições quanto a estrutura criada (permitindo, por exemplo, um número razoável de relações causais entre os atributos), executou uma técnica que permite que arcos invertidos sejam considerados durante a busca e utilizou para o parâmetro α do estimador o valor 3,405 [17].

A Tabela 3 apresenta a complexidade, precisão, revocação, medida F1 e percentual de ganho relativo à empresa gerados pelo modelo no conjunto de teste para o Experimento B. Como observado, o AG proposto conseguiu resultados bem próximos aos algoritmos TAN e K2, tendo também alcançado a melhor precisão para a classe F (Fraude) e um empate

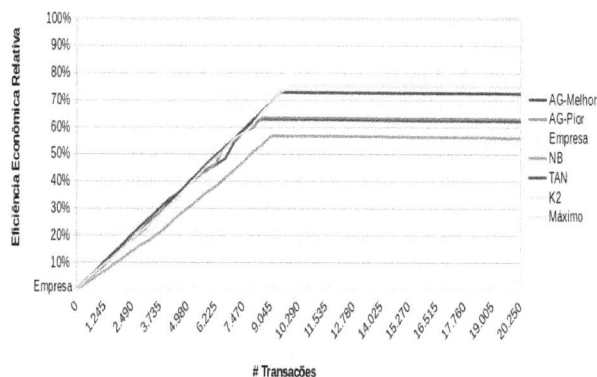

Figure 4: Zoom do gráfico de $EE_{Relativa}$ - Exp. A.

pouco, em termos financeiros, 1% e 2% equivalem a dezenas e centenas de milhares de reais, respectivamente.

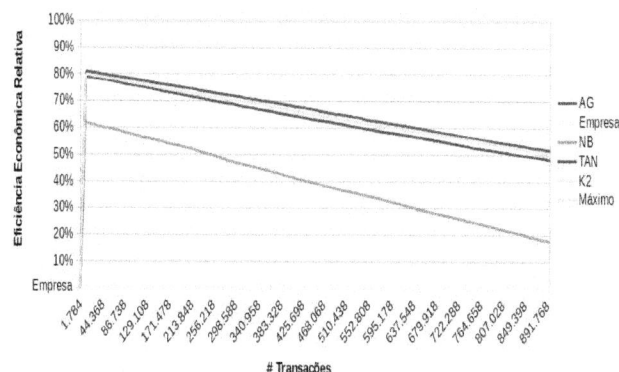

Figure 5: $EE_{Relativa}$ - Exp. B.

no melhor resultado para a classe NF (Não Fraude) com o K2. Na precisão média, obteve o melhor resultado, juntamente com o K2. Em termos de revocação, o AG obteve os melhores resultados em relação a todos os algoritmos, com resultados similares ao K2. A combinação desses resultados gerou uma medida $F1$ bem próxima para os algoritmos gerado pelo AG, TAN e $K2$, tendo ao final uma $F1$ média de 0,948 para o AG, 0,945 para o TAN e 0,947 para o K2, contra apenas 0,916 para o NB. Em termos de ganho relativo (eficiência econômica), cabe enfatizar que todos os algoritmos obtiveram bons ganhos em relação ao *baseline* da empresa, obtendo de 7,473% (NB) até 13,728 % (AG).

Table 3: Exp. B – Complexidade, precisão, revocação, medida F1 e ganho relativo à empresa.

Medidas	AG	NB	TAN	K2
Complexidade (arestas)	88	23	45	58
Precisão (Classe NF)	0,995	0,994	0,994	0,995
Precisão (Classe F)	0,141	0,079	0,126	0,134
Precisão média	0,981	0,979	0,980	0,981
Revocação (Classe NF)	0,928	0,871	0,922	0,926
Revocação (Classe F)	0,722	0,675	0,686	0,697
Revocação média	0,924	0,868	0,918	0,922
F1 (Classe NF)	0,960	0,928	0,957	0,959
F1 (Classe F)	0,236	0,142	0,214	0,225
F1 média	0,948	0,916	0,945	0,947
Ganho relativo	13,728%	7,473%	12,233%	13,018%

A Figura 5 apresenta o gráfico da $EE_{Relativa}$ para o Experimento B, considerando então um *ranking* de transações, ordenadas no topo pela maior chance da transação ser uma fraude. A linha do 100% equivale ao limite de ganho (EE_{Max}) e o 0% ao ponto de referência da empresa. A análise do gráfico permite constatar que o AG apresenta os melhores resultados, sendo consideravelmente superior ao NB e semelhante aos algoritmos TAN e K2.

Na Figura 6 temos um *zoom* feito no gráfico anterior da $EE_{Relativa}$ para o Experimento B, de forma a dar destaque na área do gráfico mais significativa, que é onde seriam selecionadas um conjunto de transações suspeitas para serem enviadas para a equipe de especialistas de fraude da empresa, conforme já foi explicado para o Experimento A. Pode-se notar que o AG obtém um ganho expressivo em relação ao NB e possui semelhança em termos de ganhos em relação aos demais algoritmos. Uma análise detalhada mostra que essa diferença é de aproximadamente 19% para o NB, 2% para o TAN e 1% para K2. Mesmo que pareça

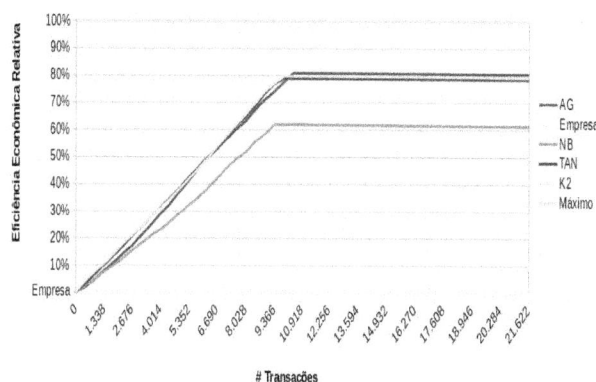

Figure 6: Zoom do gráfico de $EE_{Relativa}$ - Exp. B.

Os resultados e análises aqui descritos demonstram os bons resultados obtidos utilizando Redes Bayesianas de Classificação (RBC) para o problema de detecção de fraude em transações Web. Tanto os algoritmos TAN e K2, quanto a proposta do AG se mostraram muito eficientes e adequadas para endereçar o problema proposta. Os resultados mostraram um ganho significativo ao aplicar as técnicas a todo o conjunto de dados, porém a proposta de gerar um método de corte no *ranking* de transações de acordo com sua chance de ser fraude é bastante promissor, possibilitando em potencial alcançar índices de redução de perda próximos ao limite máximo existente, em termos financeiros. Isso abre margem para novas pesquisas nesta linha, com caráter inovador e com perspectivas promissoras.

5. CONCLUSÃO

Este trabalho propôs um método para evoluir automaticamente algoritmos de Redes Bayesianas de Classificação personalizados para o contexto de detecção de anomalia ou fraude de comércio eletrônico. O método é baseado em um algoritmo genético (AG), que recebe como entrada uma lista de componentes dos principais algoritmos de RBCs e uma base de dados de atributos de transações eletrônicas. O AG testa diferentes combinações dos componentes, gerando um algoritmo de RBC personalizado para esses atributos.

185

O método foi validado em uma base de dados real do maior e mais popular serviço brasileiro de pagamento eletrônico, o UOL PagSeguro. Além disso, os resultados da técnica foram comparados com três algoritmos estado-da-arte em RBCs: *Naïve Bayes* (NB), *Tree Augmented Naïve Bayes* (TAN) e K2. Os resultados obtidos pelo AG foram melhores ou similares aos obtidos pelos algoritmos considerados estado-da-arte.

Além disso, a abordagem proposta neste trabalho foi avaliada em relação ao cenário real da empresa citada. Pode-se observar que os resultados obtidos são significativamente melhores que o cenário atual da empresa de comércio eletrônico. Além disso, a utilização do *ranking* mostrou que a abordagem proposta possui um grande potencial, podendo chegar bem próximo da eficiência econômica máxima, desde que se consiga um método para identificar o melhor ponto de corte no *ranking*. A identificação desse melhor ponto de corte é caracterizado como o primeiro trabalho futuro deste artigo, que demandará novas pesquisas e desenvolvimento.

Dado os resultados encontrados, pretende-se também incluir uma nova proposta de inicialização na primeira população do AG. Essa inicialização poderia tanto considerar os algoritmos estado-da-arte quanto soluções de uma busca gulosa executada previamente. A ideia de inicializar o AG está baseada no pressuposto que o mesmo partiria de regiões promissoras do espaço de busca. Isso pode acelerar a convergência do processo evolucionário e, consequentemente, melhorar os resultados em relação à versão original do método.

Por fim, cabe ressaltar que, mesmo sendo complexa, a solução proposta conseguiu executar em um tempo viável para o conjunto reduzido de atributos, determinados pela técnica de seleção de atributos adotada.

Agradecimentos

Esta pesquisa é parcialmente apoiada pelo Instituto Nacional de Ciência e Tecnologia para a Web (INWEB - CNPq no. 573871/2008-6), CAPES, CNPq, FAPEMIG e FINEP.

6. REFERENCES

[1] V. Almendra. Finding the needle: A risk-based ranking of product listings at online auction sites for non-delivery fraud prediction. *Expert Systems with Applications*, 2013.

[2] G. Alvarez and S. Petrovic. A new taxonomy of web attacks suitable for efficient encoding. *Computers & Security*, 22(5):435–449, 2003.

[3] R. C. Barros, M. P. Basgalupp, A. C. P. L. F. de Carvalho, and A. A. Freitas. Automatic design of decision-tree algorithms with evolutionary algorithms. *Evolutionary Computation (MIT)*, 21:659–684, 2013.

[4] E. Caldeira, G. Brandao, H. Campos, and A. Pereira. Characterizing and Evaluating Fraud in Electronic Transactions. In *Proc. of the Latin American Web Congress*, pages 115–122, 2012.

[5] G. F. Cooper and E. Herskovits. A Bayesian method for the induction of probabilistic networks from data. *Machine Learning*, 9:309–347, 1992.

[6] R. Daly, Q. Shen, and S. Aitken. Learning Bayesian networks: approaches and issues. *The Knowledge Engineering Review*, 26:99 – 157, 2011.

[7] C. Digital, 2013. Acesso em: 15 de junho de 2014.

[8] Fecomercio, 2013. Acesso em : 11 de junho de 2014.

[9] N. Friedman, D. Geiger, and M. Goldszmidt. Bayesian network classifiers. *Machine*, 29:13–163, 1997.

[10] Globo.com, 2013. Acesso em: 15 de junho de 2014.

[11] D. Heckerman. Bayesian networks for data mining. *Data Mining and Knowledge Discovery*, 1(1):79 – 119, Jan. 1997.

[12] U. Lindqvist and E. Jonsson. How to systematically classify computer security intrusions. *Security and Privacy, IEEE Symposium on*, 0:0154, 1997.

[13] R. Maranzato, A. Pereira, M. Neubert, and A. P. do Lago. Fraud detection in reputation systems in e-markets using logistic regression and stepwise optimization. *ACM SIGAPP Applied Computing Review*, 11(1):14–26, 2010.

[14] E. W. T. Ngai, Y. Hu, Y. H. Wong, Y. Chen, and X. Sun. The application of data mining techniques in financial fraud detection: A classification framework and an academic review of literature. *Decis. Support Syst.*, 50(3):559–569, feb 2011.

[15] S. Pandit, D. H. Chau, S. Wang, and C. Faloutsos. Netprobe: A fast and scalable system for fraud detection in online auction networks. In *Proc. of the International Conference on World Wide Web*, pages 201–210, 2007.

[16] G. L. Pappa and A. A. Freitas. *Automating the Design of Data Mining Algorithms: An Evolutionary Computation Approach*. Springer, 2009.

[17] A. G. C. Sá. Evolução automática de algoritmos de redes Bayesianas de classificação. Master's thesis, Universidade Federal de Minas Gerais (UFMG), 2014. Orientadora: G. L. Pappa.

[18] A. G. C. Sá and G. L. Pappa. Towards a method for automatically evolving bayesian network classifiers. In *Proc. of the Conference Companion on Genetic and Evolutionary Computation Conference Companion*, pages 1505–1512, 2013.

[19] J. P. Sacha. *New synthesis of bayesian network classifiers and cardiac spect image interpretation*. PhD thesis, 1999.

[20] K. M. Salama and A. A. Freitas. Extending the ABC-Miner Bayesian classification algorithm. In *Proc. of the Workshop on Nature Inspired Cooperative Strategies for Optimization*, pages 1–12, 2013.

[21] K. O. Stanley and R. Miikkulainen. Evolving neural networks through augmenting topologies. *Evolutionary Computation*, 10:99–127, 2002.

[22] B. Thomas, J. Clergue, A. Schaad, and M. Dacier. A comparison of conventional and online fraud. In *Proc. of the International Conference on Critical Infrastructures*, 2004.

[23] C. Thornton, F. Hutter, H. H. Hoos, and K. Leyton-Brown. Auto-WEKA: Combined selection and hyperparameter optimization of classification algorithms. In *Proc. of KDD*, pages 847–855, 2013.

[24] L. Vasiu and I. Vasiu. Dissecting computer fraud: From definitional issues to a taxonomy. In *Proc. of the Annual Hawaii International Conference on System Sciences*, pages 3625–3629, 2004.

[25] Webshoppers, 2014. Acesso em: 15 de junho de 2014.

[26] I. H. Witten, E. Frank, and M. A. Hall. *Data Mining: Practical Machine Learning Tools and Techniques*. Morgan Kaufmann Publishers Inc., 2011.

[27] D. H. Wolpert and W. G. Macready. No free lunch theorems for optimization. *IEEE Transactions on Evolutionary Computation*, 1(1):67–82, 1997.

[28] X. Yao. Evolving artificial neural networks. *Proc. of the IEEE*, 87:1423–1447, 1999.

A Topic Aware-based Approach to Maximize Social Influence

Daniel Santos
Post-Graduate Program in
Electrical Engineering -
PPgEE - COPELE
Federal University of Campina
Grande (UFCG)
58429-900, Campina Grande -
PB – Brazil
daniel.santos@ee.ufcg.edu.br

Angelo Perkusich
Electrical Engineering
Department (DEE)
Federal University of Campina
Grande (UFCG)
58429-900, Campina Grande -
PB – Brazil
perkusic@dee.ufcg.edu.br

Hyggo Almeida
Systems and Computing
Department (DSC)
Federal University of Campina
Grande (UFCG)
58429-900, Campina Grande -
PB – Brazil
hyggo@dsc.ufcg.edu.br

ABSTRACT

The use of social networks has shown great potential for information diffusion and formation of public opinion. One key problem that has attracted researchers interest is Topic-based Influence Maximization, that refers to finding a small set of users on a social network that have the ability to influence a substantial portion of users on a given topic. The proposed solutions, however, are not suitable for large-scale social networks and must incorporate mechanisms for determining social influence among users on each topic of interest. Consequently, for these approaches, it becomes difficult or even unfeasible to deal quickly and efficiently with constant changes in the structure of social networks. This problem is particularly relevant as the topics of interest of users and the social influence they exert on each other for every topic are considered together. In this work, it is proposed a scalable solution, that makes use of data mining over an information propagation log, in order to directly select the initial set of influential users on a particular topic without the need to incorporate a previous step for learning users social influence with regard to that topic. As an additional benefit, the targeted seed set also offers an approximation guarantee of the optimal solution. Finally, it is presented a design of experiments over a data set containing information propagation data from a real social network. As main results, we have found some evidences that the proposed solution maintains a trade-off between scalability and accuracy.

Categories and Subject Descriptors

H.3.5 [**Online Information Services**]: Web-based services; H.2.8 [**Database Applications**]: Data mining

General Terms

Algorithms, Experimentation, Performance.

Keywords

Topic-based Influence Maximization; Social Influence Analysis; Social Networks; Design Experimentation.

1. INTRODUÇÃO

As redes sociais têm se mostrado um importante meio de comunicação para a propagação de informações, com alcance similar aos canais de mídia de massa, como a televisão, o rádio e os jornais. O seu uso possibilita aos usuários tornarem-se cientes de eventos que estão ocorrendo em qualquer lugar, a qualquer momento. Entretanto, uma vantagem em favor das redes sociais é que as informações podem ser personalizadas por cada usuário - isto é, refletindo as preferências e interesses pessoais deles. Outra vantagem é que as informações são produzidas ou compartilhadas por pessoas que possuem algum tipo de relacionamento social entre si, tornando-as mais relevantes, e mais propensas a serem compartilhadas. Assim, ao adquirirem ciência de um evento de interesse que está ocorrendo, os usuários podem rapidamente propagar informações relacionadas, opinando sobre o evento, quer seja com os amigos ou com quaisquer outros usuários da rede social. Em particular, um problema que tem sido amplamente investigado é o de Maximização de Influência [6], que consiste em selecionar um conjunto de usuários que sejam capazes de propagar informações para uma parcela substancial de usuários de uma rede social.

Do ponto de vista técnico, mudanças constantes na estrutura das redes sociais (e.g., entrada/saída de usuários, surgimento/término de relacionamentos sociais), em conjunto, com a escala dos sistemas de redes sociais (i.e., medida pela quantidade total de usuários e de conexões sociais registradas no sistema) contribuem fortemente para o aumento da complexidade de encontrar de forma rápida uma solução eficiente para o problema de Maximização de Influência. Ao considerar tais desafios, é necessário que soluções para esse problema reflitam rapidamente as mudanças na estrutura da rede social, dos tópicos de interesse dos usuários, e também permitam que a influência social, exercida pelos usuários em cada tópico, seja (re)aprendida rapidamente, enquanto mantém a qualidade do conjunto inicial de usuários encontrado. Analisando as soluções existentes para o problema abordado, não foram identificadas soluções que lidem com tais desafios e que ainda encontrem um conjunto inicial de usuários interessado em um dado tópico, com garantia de aproximação da propagação obtida pela solução ótima.

Neste trabalho é apresentada uma solução escalável para maximizar a propagação de informações em redes sociais online, com base na influência social e nos tópicos de interesse dos usuários. Mais especificamente, a solução apresentada, a partir de um grafo representando uma rede social, um histórico de propagações de informações, um tópico de interesse e um parâmetro k representando a quantidade de usuários a serem encontrados, permite: (i) inferir dinamicamente os tópicos de interesse dos usuários a partir de dados de propagações reais; (ii) inferir o nível de influência social entre os usuários, considerando tópicos de interesses similares; e (iii) minerar diretamente um conjunto de k-usuários que maximiza a propagação de informações na rede social por tópico.

O restante do trabalho está organizado da seguinte forma. Na Seção 2, são apresentados os trabalhos relacionados. Na Seção 3, é formalizado o problema abordado e na Seção 4 é descrita a solução proposta. Na Seção 5, são apresentados os experimentos realizados. Por fim, na Seção 6, apresenta-se as conclusões do trabalho.

2. TRABALHOS RELACIONADOS

Domingos e Richardson [6,14] foram os primeiros a abordarem o problema de selecionar o conjunto inicial de usuários no contexto de *marketing* viral e apresentar uma solução probabilística para o mesmo. Posteriormente, Kempe *et al.* [10], focando nos modelos de difusão *Independent Cascade (IC)* e *Linear Threshold (LT)*, estudaram esse problema como um problema de otimização discreta. Eles também formalizaram o problema, denominando-o de Maximização de Influência (IM): dado um modelo de propagação m (e.g., IC ou LT) e um conjunto inicial $S \subseteq V$, o número esperado de nós ativos no fim do processo é denotado por $\sigma_m(S)$. O problema de Maximização de Influência refere-se a encontrar o conjunto $S \subseteq V$, $|S| = k$, tal que, $\sigma_m(S)$ é máximo.

Kempe *et al.* também provaram que, utilizando os modelos IC e LT, o problema IM é NP-difícil. Todavia, também foi demonstrado que quando uma função $\sigma_m(S)$ é monótona e submodular, então há um algoritmo *Greedy* que em cada iteração acrescenta ao conjunto de nós S, o nó que provê o maior ganho marginal, e produz uma solução com garantia de aproximação de $(1 - 1/e - \epsilon)$, para qualquer $\epsilon > 0$, em relação à propagação obtida pela solução ótima [10].

Uma limitação chave da solução para o problema IM é a ineficiência do algoritmo *Greedy*, quando utilizado sobre redes sociais de larga escala. Isso se deve ao fato de, em cada iteração do algoritmo, serem necessárias execuções de simulações Monte Carlo (MC) para selecionar o nó que provê o maior ganho marginal. Assim, dependendo do tamanho da rede social e do parâmetro k especificado no problema, podem ser necessários vários dias para obter uma solução para o problema IM [7]. Para tornar o desempenho do algoritmo *Greedy* computacionalmente mais eficiente, vários pesquisadores têm contribuído com o desenvolvimento de otimizações [4,5,12] e heurísticas [3–5].

Outra limitação existente na solução proposta por Kempe *et al.* [10] é a indisponibilidade das probabilidades existentes sobre as arestas do grafo. Enquanto as informações sobre a estrutura das redes sociais online estão amplamente disponíveis, as probabilidades existentes sobre as arestas do grafo não são conhecidas *a priori*. Por isso, a maioria dos trabalhos que utilizam os modelos de propagação IC, *Weighted Cascade* e LT, fazem a suposição de que as probabilidades das arestas são fornecidas como entrada do problema, ou ainda, utilizam valores pré-definidos [7].

Recentemente, Goyal *et al.* [7] propuseram uma abordagem alternativa. Nessa abordagem, os autores introduziram um novo parâmetro de entrada ao problema original: os *registros de propagações de ações*. Nesses registros são armazenadas informações sobre quem executou uma determi-

nada ação em um dado intervalo de tempo. Além disso, os autores propuseram um modelo de Distribuição de Créditos, que é alimentado por um processo de mineração direta sobre os registros de propagações de ações. Esse modelo é utilizado para agregar créditos diretos e transitivos aos contatos diretos e indiretos de um usuário, pelo fato deles o terem influenciado na execução de cada ação. Ao utilizar dados de propagações reais, não é necessário incorporar uma etapa de aprendizagem das probabilidades das arestas e, tampouco, executar simulações Monte Carlo. Dessa forma, é possível realizar a construção de uma solução baseada no algoritmo *Greedy* que seleciona rapidamente um conjunto inicial com k-usuários. Adicionalmente, resultados de uma avaliação experimental evidenciam que a solução é escalável para redes sociais de larga escala.

Apesar dos avanços significativos das abordagens anteriores, todas elas têm como base a suposição de que os indivíduos possuem a habilidade de influenciar seus amigos com a mesma intensidade, em qualquer assunto ou tópico. Entretanto, tal suposição não modela com exatidão a realidade, uma vez que contradiz algumas teorias sociológicas sobre o comportamento social coletivo dos indivíduos, como por exemplo a teoria de Granovetter [8]. De acordo com Granovetter, a influência social entre indivíduos distintos depende dos múltiplos tópicos de interesse desses indivíduos e os indivíduos exercem influência social distinta sobre os seus amigos em cada tópico.

Reconhecendo a necessidade de considerar a dependência entre a influência social e os tópicos de interesse dos usuários, vários pesquisadores [1,13,16,18] começaram a estudar essas questões, a partir da observação dos comportamentos dos indivíduos nas redes sociais.

Tang *et al.* [16] e Liu *et al.* [13] foram os primeiros a formalizarem em seus trabalhos um Modelo de Tópicos aplicado a grafos para redes sociais de larga escala, denominado de *Topical Affinity Propagation* (TAP). A partir da utilização de TAP, os autores mostraram que é possível modelar a influência social entre cada par de usuários por tópicos. Além disso, para cada tópico é possível especificar um valor distinto para a influência social entre os usuários. Embora o grafo de influência gerado a partir de TAP satisfaça as especificidades enumeradas anteriormente, tal solução foi utilizada apenas em problemas para encontrar especialistas ou construir subgrafos de influência por tópicos. Portanto, os autores não abordam o problema de Maximização de Influência.

Por sua vez, Zang *et al.* [18] foram os primeiros a abordarem o problema de Maximização de Influência baseado em Tópicos. Em particular, os autores consideram as preferências dos usuários sobre diferentes tópicos. Essas preferências podem ser calculadas a partir da escolha entre duas técnicas alternativas: *Latent Semantic Indexing* (LSI) e *Vector Space Model* (VSM). Para ambas as técnicas é obtido como resultado um vetor de preferências por tópico, onde são armazenados valores reais que representam a importância de cada tópico para o usuário. Esse vetor é passado como parâmetro de entrada para uma versão adaptada do algoritmo *Greedy*, sendo utilizado para ponderar a influência por tópico de interesse de cada usuário.

Recentemente, Barbieri *et al.* [1] estenderam os modelos de propagação IC e LT, tornando-os cientes de tópicos, os quais foram denominados de *Topic-aware Independent Cascade* (TIC) e *Topic-Aware Linear Threshold* (TLT), respectivamente. Também introduziram um novo modelo de propagação de influência, denominado de AIR (*Authoritativeness - Interest - Relevance*), pois além de considerar a influência social, também são considerados a autoridade de um usuário sobre o tópico, o interesse de um usuário sobre o tópico e a relevância de um item para um tópico. Apesar desses modelos utilizarem o conceito de registro de propagações para aprender os parâmetros dos modelos, ainda são utilizadas Simulações Monte Carlo para selecionar o conjunto inicial de usuários. Por fim, diferentemente dos modelos TIC e TLT, o conjunto inicial de usuários obtido com base no modelo AIR não oferece nenhuma garantia de aproximação em relação à solução ótima.

3. FORMALIZAÇÃO DO PROBLEMA

Dados um grafo direcionado representando uma rede social $RS = (U, R)$, um registro de propagações (*Actions*), um tópico $tp \in T$ e um valor k representando a quantidade de usuários a serem selecionados. O problema de Maximização de Influência baseado em Tópicos, refere-se a encontrar um conjunto $S \subseteq U$ em RS, denominado de conjunto inicial, onde $|S| = k$, de modo que o número esperado de usuários interessados no tópico tp, denotado por $\sigma_m^{tp}(S)$, seja máximo.

4. SOLUÇÃO

A solução proposta neste trabalho utiliza uma abordagem para mineração direta do conjunto inicial de usuários, sem a necessidade de executar uma etapa anterior de aprendizagem das probabilidades sobre as arestas do grafo. Além disso, por utilizar um modelo que captura as ações executadas pelos usuários, não necessita de simulações MC para selecionar os usuários que irão compor o conjunto inicial. De acordo, com a análise realizada sobre os trabalhos relacionados, observa-se que as abordagens que utilizam mineração direta do conjunto inicial, contemplam várias das características requeridas para resolver o problema abordado, com exceção da influência relacionada aos tópicos de interesse dos usuários. Logo, consiste de uma extensão de trabalhos dessa linha de pesquisa, onde é considerada a influência social relacionada aos tópicos de interesse dos usuários.

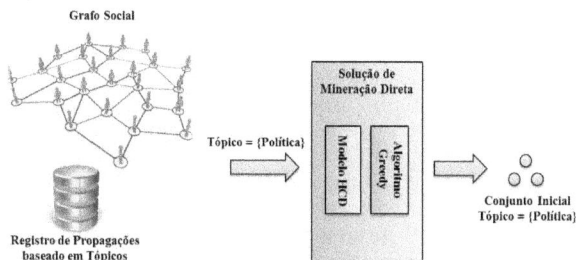

Figura 1: Visão geral da solução.

Especificamente, são adicionadas informações sobre os tópicos relacionados às ações presentes no registro de propagações. A partir dessas informações, é possível induzir grafos de propagação baseados em tópicos. Consequentemente, antes de minerar diretamente o conjunto inicial, também podem ser filtradas as tuplas relacionadas a esses tópicos, que contém os usuários dos respectivos grafos. Uma visão geral da solução proposta é apresentada na Figura 1.

O grafo representando as conexões sociais dos usuários, o registro de propagações baseado em tópicos e um tópico de interesse são fornecidos como entradas para a solução proposta. Inicialmente, o registro de propagações será processado com o intuito de descobrir: (i) quais são os tópicos de interesse dos usuários; (ii) quais usuários propagaram informações referentes a cada tópico existente no registro de propagações e; (iii) como esses usuários influenciam seus amigos

na propagação de informações relacionadas a esses tópicos. Em seguida, dentre os usuários que realizaram propagações relacionadas ao tópico de interesse, será selecionado o conjunto inicial de usuários que maximiza a propagação de informações relacionadas àquele tópico.

4.1 Modelo de Distribuição de Créditos ciente de Tópicos

Um registro de propagações é uma relação *Actions(User, Action, Time)*. Uma tupla (u, a, t) desta relação indica que o usuário u realizou uma ação a no tempo t. Uma importante limitação desta relação é que não é possível determinar o tópico relacionado a uma dada ação. Como resultado, quando as tuplas contidas na relação *Actions* são utilizadas no problema de Maximização de Influência baseado em Tópicos para encontrar os usuários do conjunto inicial S, a influência exercida por esses usuários será a mesma independentemente do tópico considerado.

Na prática, o que ocorre é que cada ação está relacionada a um ou mais tópicos. Por exemplo, considere que uma ação a, realizada por um usuário u, possui a seguinte semântica: "o usuário u avaliou um filme em um dado instante de tempo". Considere ainda que, cada filme avaliado pode estar relacionado a um ou vários gêneros (e.g. os gêneros de Ação e Aventura). Dessa forma, a lista de gêneros poderia ser utilizada como os tópicos relacionados a uma ação a.

Desse modo, ao explorar a noção de que toda ação a está relacionada a pelo menos um tópico, faz-se necessário redefinir a relação *Actions* para acomodar essa nova informação. A seguinte definição estende a definição de registro de propagações apresentada anteriormente.

DEFINIÇÃO 1. *(**Registro de Propagações baseado em Tópicos**) Um registro de propagações baseado em tópicos é definido como uma relação Actions$_T$(User, Action, Topic, Time), com tuplas (u, a, tp, t) indicando que o usuário u realizou uma ação a relacionada ao tópico tp no tempo t.*

Em um registro de propagações baseado em tópicos estão armazenadas tuplas para todas as possíveis ações realizadas por todos os usuários de uma rede social. Neste trabalho, assume-se que o resultado da projeção sobre a primeira coluna da relação *Actions$_T$* está contido no conjunto de usuários U de uma rede social RS. Isto é, os usuários registrados na tabela *Actions$_T$* correspondem aos usuários da rede social. Ainda, o conjunto A denota o universo de ações que podem ser realizadas pelos usuários. Dessa forma, considera-se que o conjunto A representa todas as ações presentes em *Actions$_T$*. Por fim, assume-se que uma projeção sobre a terceira coluna da relação *Actions$_T$* produzirá como resultado o conjunto de tópicos T, que representa todos os tópicos que podem estar relacionados às ações.

Na Tabela 1 está sumarizado um conjunto de tuplas contidas na relação *Actions$_T$*. Nessa relação, as ações $a \in A = \{Movie1, Movie2\}$ são representadas pelos filmes que, por sua vez, estão relacionados a um ou vários tópicos contidos no conjunto de tópicos $T = \{tp_1, tp_2, tp_3\}$, onde $tp_1 = \{Drama\}$, $tp_2 = \{Ação\}$ e $tp_3 = \{Aventura\}$. Observe que uma ação pode estar relacionada a um ou vários tópicos. Por exemplo, $Movie1$ está relacionado aos tópicos tp_2 e tp_3. Além disso, um usuário (e.g. u_2 ou u_3) pode realizar várias ações e essas podem estar relacionadas a tópicos diferentes.

Na seguinte definição é formalizada a propagação de uma ação relacionada a um tópico em uma rede social.

DEFINIÇÃO 2. *(**Propagação de ação**) Uma ação $a \in A$, relacionada a um tópico $tp \in T$, é propagada de um usuário*

Tabela 1: Registro de propagações.

User	Action	Topic	Time
u_3	$Movie1$	$tp_1 = \{Drama\}$	t_1
u_2	$Movie1$	$tp_1 = \{Drama\}$	t_1
u_2	$Movie2$	$tp_2 = \{Ação\},\ tp_3 = \{Aventura\}$	t_2
u_1	$Movie1$	$tp_1 = \{Drama\}$	t_2
u_3	$Movie2$	$tp_2 = \{Ação\},\ tp_3 = \{Aventura\}$	t_3
u_5	$Movie1$	$tp_1 = \{Drama\}$	t_3
u_4	$Movie1$	$tp_1 = \{Drama\}$	t_4
u_5	$Movie2$	$tp_2 = \{Ação\},\ tp_3 = \{Aventura\}$	t_5

u_i para outro usuário u_j $\iff$ $(u_i, u_j) \in R$ e $\exists (u_i, a, tp, t_i)$, $(u_j, a, tp, t_j) \in Actions_T$, com $t_i < t_j$.

Observe que, de acordo com a Definição 2, para que uma ação seja propagada entre dois usuários u_i e u_j, na rede social RS, deve existir uma aresta relacionando u_i e u_j. Além disso, ambos os usuários devem ter realizado a mesma ação, um necessariamente antes do outro. Tal fato, permite que seja construído um grafo de propagação baseado em tópico, utilizando como base a seguinte definição.

DEFINIÇÃO 3. *(Grafo de Propagação baseado em Tópico) Para cada ação $a \in A$, relacionada a um tópico $tp \in T$, tem-se um grafo $PG^{tp}(a) = (U^{tp}(a), R^{tp}(a))$, onde $U^{tp}(a) = \{v \mid \exists (u, a, tp, t) \in Actions_T\}$. Ainda, existe uma aresta direcionada $u_i \underset{\Delta t}{\rightarrow} u_j$ toda vez que uma ação a, relacionada a um tópico tp, for propagada de u_i para u_j, com (u_i, a, tp, t_i), $(u_j, a, tp, t_j) \in Actions_T$, onde $\Delta t = t_j - t_i$.*

Um grafo de propagação baseado em tópico consiste nos usuários que realizaram uma ação relacionada a um tópico específico, onde as arestas que conectam os vértices estão orientadas no sentido da propagação. Observe que cada grafo de propagação baseado em tópico é um grafo acíclico dirigido (DAG), o qual apresenta as seguintes propriedades: (i) cada vértice pode ter mais de um pai; (ii) as arestas são direcionadas no sentido da propagação; (iii) ciclos são impossíveis devido à restrição temporal, que é a base da definição da propagação e; (iv) o grafo de propagação resultante pode ter componentes desconectadas.

Quando observada sob outra perspectiva, a propagação de uma ação relacionada a um tópico $tp \in T$ no grafo $PG^{tp}(a)$, é na verdade um fluxo que se espalha de forma transitiva entre os vértices, cujo o sentido é determinado pelos vértices que realizaram aquela ação. Por sua vez, o registro de propagações baseado em tópicos $Actions_T$ *(User, Action, Topic, Time)* pode ser visto como uma coleção de grafos de propagação baseado em tópico.

Neste trabalho, é assumido que a informação sobre os tópicos foram fornecidas previamente pelos usuários.

4.2 Distribuição de Créditos Diretos utilizando Homofilia

Quando um usuário realiza uma ação a, são distribuídos créditos diretos aos seus amigos que realizaram a mesma ação, por eles terem influenciado o usuário naquela ação. Como restrição, tem-se que o somatório dos créditos diretos, que um usuário distribui aos seus amigos, não pode ser maior do que 1. Em particular, a função de distribuição de créditos diretos é dada pela Equação 1:

$$\gamma_{v,u}^{tp}(a) = \frac{1}{N_{in}^{tp}(u,a)} \cdot \frac{infl_u^{tp} \cdot e^{\left(-\frac{\Delta_{u,v}^{tp}(a)}{\tau_{v,u}^{tp}}\right)} + \sum_{k=1}^{|H|} \Phi}{1 + |H|} \quad (1)$$

O termo $infl_u^{tp}$ representa a influenciabilidade do usuário u na realização de ações relacionadas a um tópico $tp \in T$. Especificamente, a influenciabilidade do usuário u é calculada com base na razão entre o número total de ações relacionadas ao tópico tp realizadas pelo usuário, onde ele não foi o iniciador dessas ações, sobre o número total de ações relacionadas ao tópico tp que foram realizadas pelo usuário.

Adicionalmente, a influenciabilidade de um usuário u também depende do tempo em que o usuário executou a ação. A ideia básica é que quanto maior o intervalo de tempo observado para que u execute a mesma ação realizada por v, menor será a influenciabilidade de u. Para calcular o fator de decaimento, pode-se calcular o tempo médio para que as ações a relacionadas a um tópico $tp \in T$ sejam propagadas do usuário v para o usuário u. Essa informação pode ser calculada utilizando um subconjunto das tuplas contidas no registro de propagações baseado em tópicos.

O outro termo necessário para calcular o fator de decaimento é a função delta, definida na seguinte equação:

$$\Delta_{u,v}^{tp}(a) = t(u,a) - t(v,a) \quad (2)$$

Na Equação 2 é calculada a diferença entre os tempos de execução de uma ação a, relacionada a um tópico tp, por parte dos usuários u e v. O tempo de execução é calculado a partir das funções $t(u,a)$ e $t(v,a)$, respectivamente.

Além de introduzir uma dependência em relação ao tópico na função de distribuição de créditos diretos, também foi adicionada uma dependência em relação às características presentes no arcabouço teórico de homofilia. Do arcabouço teórico de homofilia, sabe-se que os usuários tendem a se relacionar com pessoas que possuem características similares. Por exemplo, as pessoas tendem a formar laços de amizade com outras pessoas que: sejam do mesmo gênero, tenham a mesma idade, sejam da mesma família, trabalhem ou estudem no mesmo local, moram na mesma cidade, sejam da mesma raça, sejam da mesma classe social, etc. Dessa forma, a ideia chave é que a influenciabilidade do usuário possa aumentar ou diminuir, de acordo com a similaridade existente entre o usuário e seus amigos. Por exemplo, considere que os usuários u e v sejam amigos e que o usuário z é um amigo em comum. Ainda, considere que u e v possuem várias características de homofilia em comum (e.g., são da mesma idade e gênero e trabalham no mesmo local). Assim, supõem-se que, quando v realiza uma ação e compartilha a mesma com sua rede de amigos, o usuário u estará mais propenso a realizar a mesma ação do que o usuário z.

Especificamente, a dependência em relação às características de homofilia foi introduzida na Equação 1, a partir do somatório de seus fatores, dado por $\sum_{k=1}^{|H|} \Phi(H_{k_v}, H_{k_u})$. Neste trabalho, foram utilizadas apenas as informações relacionadas ao gênero e a idade dos usuários, como conceitos encontrados no arcabouço teórico de homofilia, para a definição da função de distribuição de créditos diretos. O cálculo da similaridade da idade e do gênero pode ser realizado com base na centralidade de Katz [17].

Adicionalmente, o fator $1 + |H|$ é utilizado para garantir que a soma entre a influenciabilidade do usuário e os fatores relacionados à homofilia varie dentro do intervalo $[0, 1]$. Para garantir que o somatório dos créditos diretos não seja maior do que 1, os créditos são normalizados entre os vizinhos $v \in N_{in}^{tp}(u,a)$ do usuário u, que realizaram a ação antes dele (i.e, os potenciais influenciadores do usuário u).

4.3 Distribuição de Créditos Totais

Além de créditos diretos, também são distribuídos créditos de forma transitiva entre os usuários que realizaram uma ação relacionada ao tópico $tp \in T$. Dessa forma, quando um usuário v, que é amigo direto de u, recebe créditos diretos por ter influenciado u na realização de uma ação relacionada ao tópico tp, ele também deve distribuir esses créditos entre os seus amigos que realizaram aquela ação.

Na Equação 3, é definido como calcular o crédito total recebido pelo conjunto inicial $S \subseteq U^{tp}(a)$, devido aos usuários pertencentes ao conjunto terem influenciado o usuário u na realização de uma ação a relacionada ao tópico tp.

$$\Gamma_{S,u}^{tp}(a) = \sum_{w \in N_{in}^{tp}(u,a)} \Gamma_{S,w}^{tp}(a) \cdot \gamma_{w,u}^{tp}(a) \qquad (3)$$

Caso $u \in S$, então $\Gamma_{S,u}^{tp}(a) = 1$.

O crédito total recebido por um conjunto inicial $S \subseteq U^{tp}(a)$, devido aos usuários pertencentes ao conjunto terem influenciado o usuário u na realização de todas as ações $a \in A$, relacionadas ao tópico $tp \in T$, pode ser calculado utilizando a Equação 4:

$$\kappa_{S,u}^{tp} = \frac{1}{A_u^{tp}} \sum_{a \in A} \Gamma_{S,u}^{tp}(a) \qquad (4)$$

Por fim, o crédito total recebido por um conjunto inicial $S \subseteq U^{tp}(a)$, devido aos usuários pertencentes ao conjunto terem influenciado todos os usuários do grafo G na realização de ações relacionadas ao tópico tp (i.e. $U^{tp} \subseteq U$), pode ser calculado utilizando a Equação 5:

$$\sigma_{hcd}^{tp} = \sum_{u \in U^{tp}} \kappa_{S,u}^{tp} \qquad (5)$$

A Equação 5 corresponde à função objetivo que é maximizada por um algoritmo Greedy com otimização CELF [7].

4.4 Garantia de Aproximação

No trabalho de Goyal *et al.* [7] foi demonstrado que o problema de Maximização de Influência utilizando o modelo de Distribuição de Créditos é NP-difícil e também que a função objetivo, definida sobre todas as ações, independentemente do tópico, é monótona e submodular. Conforme argumentado anteriormente, o modelo HCD é um caso particular do modelo CD, onde todas as ações de um mesmo tópico estão agregadas. Assim, considerando o conjunto de tópicos $T = \{tp_1, tp_2, tp_3\}$, se apenas as ações relacionadas a um tópico específico forem utilizadas, por exemplo, $tp_1 = \{Drama\}$, então, o modelo HCD se comportará de modo similar ao modelo CD para o tópico escolhido e apresentará as mesmas propriedades deste modelo.

Com base no resultado anterior e também em [10], é possível construir uma solução baseada no algoritmo *Greedy*, para encontrar o conjunto inicial S, com garantia de aproximação de $(1 - 1/e)$ em relação à solução ótima.

5. AVALIAÇÃO EXPERIMENTAL

Nesta seção, apresenta-se os experimentos conduzidos para avaliar a acurácia do modelo HCD, a qualidade do conjunto inicial encontrado, o tamanho das propagações obtidas e o tempo necessário para encontrar o conjunto inicial.

Os seguintes modelos foram foco do projeto experimental:

- **Modelo Topic-Aware Homophily-based Credit Distribution (HCD)**: modelo proposto, onde os créditos diretos são calculados utilizando a Equação 1;

- **Modelo CD**: implementação do modelo de Distribuição de Créditos (CD) [7]. Os créditos diretos foram calculados utilizando a Equação 1, desconsiderando os fatores relacionados à homofilia;

- **Modelo IC**: implementação do modelo IC, no qual as probabilidades das arestas são aprendidas a partir do conjunto de treinamento, utilizando o método *Expected Maximization* (EM) [15]. Em todos os experimentos foram executadas 10k simulações MC;

- **Modelo LT**: implementação do modelo LT. Também requer a execução de 10k simulações MC. As probabilidades das arestas são calculadas como $p_{v,u} = A_{v2u}/N$, onde A_{v2u} representa o número de ações propagadas de v para u, dentro do conjunto de treinamento; e N, que corresponde ao número de amigos de v que realizaram a ação antes dele, é utilizado como fator de normalização para assegurar que o somatório das probabilidades sobre as arestas incidentes a v seja 1.

Em alguns experimentos foram utilizados os seguintes *baselines*: seleção aleatória (**Random**), maior grau de entrada (**HighDeg**), **PageRank (PR)** [2] e **HITS** [11].

Nos experimentos, foi utilizado o conjunto de dados do *Flixster*[1]. O *Flixster* é um sistema de rede social que possibilita aos usuários cadastrados avaliarem filmes e compartilharem as avaliações com os seus amigos. Foi utilizada a versão do conjunto de dados disponibilizada publicamente no trabalho de Jamali & Ester [9].

O registro de propagações baseado em tópicos, representado pela relação *Actions$_T$ (User, Action, Topic, Time)*, foi construído com base nas informações contidas no arquivo que armazena as entradas sobre os filmes avaliados por cada usuário, em um dado instante de tempo. De modo que, cada filme distinto representa uma propagação (i.e. uma ação na relação *Actions$_T$*) e o conjunto de usuários que avaliaram um mesmo filme fazem parte de uma mesma propagação. A ordem dos usuários que realizaram uma mesma propagação é dada pelos tempos de realização da ação, em ordem crescente. Por sua vez, a informação sobre os gêneros de cada filme foi obtida a partir de um processo de *web crawlling* sobre a base *online* de filmes do *Rotten Tomatoes*[2].

Por fim, o conjunto de dados original foi reduzido e dividido em um conjunto de treinamento (80%) e um conjunto de teste (20%), seguindo a metodologia apresentada no trabalho de Goyal *et al.* [7].

Na Tabela 2 estão sumarizadas as estatísticas para os conjuntos de dados relacionados aos tópicos de Ação e Drama.

Tabela 2: Estatísticas do *Cluster* por tópico.

	Ação	Drama
#Vértices	32.517	32.194
#Arestas Direcionadas	625.082	623.718
Grau Médio	33	33
#Propagações	7.198	16.488
#Propagações (Treinamento)	5.758	13.190
#Propagações (Teste)	1.440	3.298
#Tuplas	1.845,436	1.899,684
#Tuplas (Treinamento)	1.494,119	1.487,600
#Tuplas (Teste)	351.317	412.084

---

[1] http://www.flixster.com
[2] http://developer.rottentomatoes.com/

5.1 Acurácia dos Modelos

Neste experimento, pretendeu-se compreender quão bons são os métodos comparados em relação à predição do tamanho das propagações esperadas. Assim, foi avaliada a acurácia dos modelos HCD, CD, IC e LT. O resultado forneceu evidências sobre qual é o modelo que possui melhor acurácia. Como métrica sendo comparada, foi utilizado o *Root Mean Squared Error* (RMSE).

Para um dado conjunto inicial S e um modelo $m \in M = \{CD, HCD, IC, LT\}$, foi computada a propagação esperada, denominada $\sigma_m(S)$. Em seguida, a propagação esperada foi comparada com a propagação real produzida pelo conjunto S. O valor da propagação real foi calculado como a quantidade total de usuários que realizaram aquela ação (i.e. que avaliaram o filme), também denominado de tamanho da propagação, no registro de propagações baseado em tópicos.

Uma vez calculados os valores reais e esperados dos tamanhos das propagações do conjunto de teste, o método utilizado para calcular o erro é bastante direto. Inicialmente, cada propagação contida no conjunto de teste foi classificada de acordo com o seu valor de $\sigma_m(S)$ em grupos. Em seguida, para cada grupo, foi computado o RMSE.

Na Figura 2 é apresentado um gráfico de dispersão que relaciona o tamanho real das propagações em função do erro, representado através do RMSE calculado sobre cada grupo.

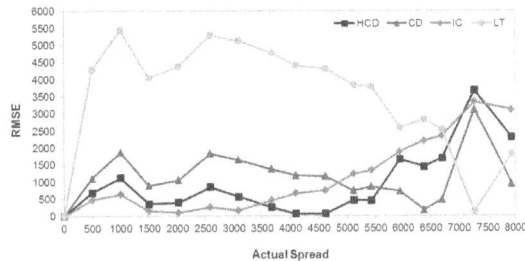

Figura 2: Avaliação da acurácia (Ação).

Com base nos resultados apresentados na Figura 2, pode-se afirmar que o modelo HCD apresentou acurácia próxima ao do modelo IC, sendo melhor a partir de propagações com tamanho superior a 3500. Por ser uma extensão do modelo CD já era esperado que os dois modelos tivessem acurácia muito próxima. Entretanto, especialmente no conjunto de dados contendo propagações relacionadas ao tópico de Ação, a diferença de acurácia entre os modelos foi mais evidente em favor do modelo HCD. Esse resultado fornece evidências iniciais de que a adição das informações relacionadas à homofilia na equação de distribuição de créditos diretos do modelo HCD, produziu uma melhoria na acurácia das predições desse tipo de modelo.

5.2 Similaridade entre os Conjuntos Iniciais

Neste experimento, foi avaliada a similaridade entre os conjuntos iniciais encontrados pelo algoritmo *Greedy*, utilizando os modelos HCD, CD, IC e LT, respectivamente. Como *baselines* foram adicionados: *Random*, *High Degree*, *PageRank* e *HITS*. Para cada modelo, foram selecionados 50 usuários ($k = 50$) para compor o conjunto inicial S, contendo apenas usuários que realizaram propagações relacionadas aos tópicos de Ação ou Drama, respectivamente. Para calcular a similaridade foi utilizada a Equação 6:

$$sim(X,Y) = \left(1 - \left(\frac{1}{N(N-1)} \sum_{i=1}^{N} |a_i - b_i|\right)\right) \frac{|W|}{N} \quad (6)$$

Onde:

- O vetor $W = \{w_1, w_2, \ldots, w_k\}$ $|w_i \in X \wedge w_i \in Y$, $k \leq N$, armazena os elementos comuns a X e Y;

- Os vetores $A = \{a_1, a_2, \ldots, a_n\}$ e $B = \{b_1, b_2, \ldots, b_n\}$ armazenam os *rankings* dos elementos contidos no vetor W, referentes aos vetores X e Y, respectivamente. O *ranking* dos elementos que não fazem parte de W, isto é, $(X \cup Y) - W$, é igual a zero.

Como resultado, é obtido um valor real, definido no intervalo $[0, 1]$, onde o valor igual a zero indica que os elementos presentes nos vetores são completamente distintos e o valor igual a 1 indica uma correspondência perfeita entre todos os elementos e seus respectivos *rankings* nos vetores originais.

Nas Tabela 3 estão sumarizados o número de interseções entre os conjuntos iniciais e o valor da similaridade (valor apresentado dentro do parênteses) para o conjunto de dados contendo propagações relacionadas ao tópico de Drama.

Com base nesses resultados, observa-se que houve uma similaridade significativa entre os conjuntos iniciais dos modelos HCD, CD e LT; e, em menor grau, desses modelos com a heurística *HighDeg*. Esse resultado fornece evidências de que os usuários com maior quantidade de amigos estão presentes no conjunto inicial. Todavia, outros fatores parecem ser mais determinantes para a escolha dos usuários que farão parte do conjunto inicial. A similaridade entre os conjuntos iniciais dos demais modelos não foi significativa.

Ainda, pode-se observar que, apesar do modelo HCD ser baseado no modelo CD, os fatores de homofilia, utilizados pelo modelo HCD, produziram uma impacto na forma como o algoritmo *Greedy* selecionou os usuários pertencentes aos conjuntos iniciais desses dois modelos. Especificamente, foi encontrada uma diferença de cerca de 22% a 26% entre os elementos dos conjuntos iniciais. O impacto dessa diferença foi avaliado no experimento sobre o tamanho da propagação produzida pelos conjuntos iniciais.

Adicionalmente, também foi avaliada a similaridade entre os conjuntos iniciais encontrados pelo algoritmo *Greedy*, fixando um mesmo modelo (e.g. modelo HCD com HCD ou modelo CD com CD), para os conjuntos de dados contendo propagações relacionadas aos tópicos de Ação e Drama. Na Tabela 4 são apresentados os resultados dessa análise.

Tabela 4: Similaridade dos conjuntos iniciais.

Modelo/Ação	Modelo/Drama	Similaridade
HCD	HCD	37 (0,68)
CD	CD	38 (0,67)
IC	IC	30 (0,53)
LT	LT	32 (0,57)
Random	Random	0 (0)
HighDeg	HighDeg	44 (0,74)
PR	PR	38 (0,68)
HITS	HITS	42 (0,79)

De modo geral, observa-se que, em todos os modelos, houve uma interseção de pelo menos 50% dos usuários presentes nos conjuntos iniciais (exceção do método *Random*) para os tópicos de Ação e Drama. Adicionalmente, esses resultados fornecem evidências de que: (a) a influência social exercida pelos usuários é dependente dos tópicos que estão sendo avaliados e; (b) os usuários selecionados possuem influência social distinta em cada tópico. Por exemplo, o usuário **696615** foi selecionado na segunda posição no conjunto de dados contendo propagações relacionadas ao tópico de Drama e apenas na nona posição, no conjunto de dados contendo propagações relacionadas ao tópico de Ação.

Tabela 3: Similaridade entre as soluções para o tópico de Drama.

Modelo	HCD	CD	IC	LT	Random	HighDeg	PR	HITS
HCD	50 (1,0)	37 (0,67)	3 (0,06)	36 (0,62)	0 (0)	11 (0,2)	3 (0,06)	2 (0,04)
CD	-	50 (1,0)	2 (0,04)	27 (0,48)	0 (0)	5 (0,1)	3 (0,06)	1 (0,02)
IC	-	-	50 (1,0)	4 (0,08)	0 (0)	6 (0,12)	1 (0,02)	1 (0,02)
LT	-	-	-	50 (1,0)	0 (0)	5 (0,1)	2 (0,04)	0 (0)
Random	-	-	-	-	50 (1,0)	1 (0,02)	1 (0,02)	0 (0)
HighDeg	-	-	-	-	-	50 (1,0)	16 (0,29)	13 (0,24)
PR	-	-	-	-	-	-	50 (1,0)	1 (0,02)
HITS	-	-	-	-	-	-	-	50 (1,0)

5.3 Tamanho da Propagação

Neste experimento, foi avaliado qual modelo produz o maior tamanho de propagações relacionadas aos tópicos de Ação e Drama. Para comparar o tamanho das propagações produzidas pelos conjuntos iniciais de cada modelo, foi necessário primeiramente determinar um modelo comum, denominado de modelo de referência. Uma vez que, o modelo HCD foi aquele que apresentou melhor acurácia no primeiro experimento, esse foi escolhido como o modelo de referência para execução dos experimentos.

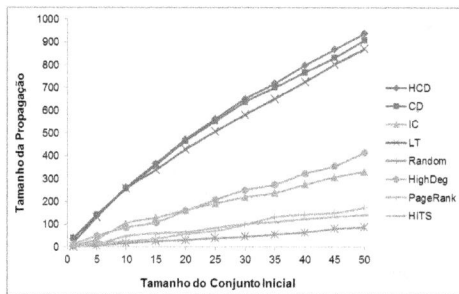

Figura 3: Tamanho das propagações (Drama).

Assim, para cada modelo comparado, uma instância do conjunto inicial S, onde $|S| = k$, foi fornecida isoladamente como entrada para o modelo de referência. Sendo, em seguida, observado o valor predito para o tamanho da propagação produzida por esse conjunto inicial. Esse procedimento foi repetido, variando-se o valor do parâmetro k, em cinco unidades inteiras, no intervalo [1, 50]. Os resultados desse experimento são apresentados na Figura 3.

Conforme pode ser observado na Figura 3, referente ao conjunto de dados contendo propagações relacionadas ao tópico de Drama, os conjuntos iniciais de usuários encontrados com base nos modelos HCD, CD e LT foram os que produziram propagações com a maior quantidade de usuários.

No experimento anterior, foi encontrada uma diferença de cerca de 22% a 26% entre os usuários contidos nos conjuntos iniciais, obtidos a partir dos modelos HCD e CD. Analisando os dados detalhadamente, observa-se que essa diferença está localizada próxima às regiões onde o parâmetro $k \geq 25$ e $k \geq 30$, respectivamente. Avaliando o impacto dessa diferença sobre o tamanho total da propagação, utilizando como base os usuários dos conjuntos iniciais dessas regiões, observa-se que houve um aumento de 7,4% em favor do modelo HCD em relação ao modelo CD. No entanto, quando considerado todo o conjunto inicial, o aumento do tamanho total da propagação sofrerá uma amortização para 3% em favor do modelo HCD. A princípio, tal aumento não parece ser tão substancial. Entretanto, considerando uma rede social com milhões de usuários, se um anunciante X consegue propagar um anúncio sobre *smartphones* para 1

milhão de pessoas. Então, um aumento de 3% sobre o tamanho total dessa propagação poderá resultar na adição de 30 mil potenciais consumidores do produto.

5.4 Tempo de Execução

Neste experimento, o objetivo foi avaliar o tempo necessário para que uma instância do algoritmo *Greedy* (com implementação CELF), utilizando os modelos HCD, CD, IC e LT, encontrasse um conjunto inicial S com tamanho k.

Assim, para cada modelo sendo comparado, uma instância do algoritmo *Greedy* foi executada sobre um grafo G, representando as conexões sociais presentes nos conjuntos de dados de propagações relacionadas aos tópicos de Ação e Drama, respectivamente e um parâmetro k. Como resultado, foi encontrado um conjunto inicial S, onde $|S| = k$. Cada experimento foi repetido, variando-se o valor do parâmetro k, dentro do intervalo [1, 50].

Os experimentos foram executados em uma máquina Intel(R) Core(TM) i7-2670QM CPU @2.20GHz, com 8 GB de memória RAM e Sistema Operacional Ubuntu 12.04. Os algoritmos foram implementados em C++, com base nos modelos de influência implementados e disponibilizados publicamente[3] por Goyal *et al.* [7]. Os resultados são apresentados na Figura 4, em escala logarítmica.

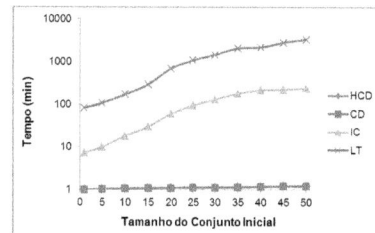

Figura 4: Tempo de execução (Drama).

Uma análise dos resultados apresentados na Figura 4 mostra que os modelos HCD e CD são várias ordens de magnitude mais rápidos do que os modelos IC e LT. Isso se deve ao fato daqueles modelos não requererem a realização de uma etapa para aprender as probabilidades das arestas e, tampouco, executar simulações MC para selecionar o conjunto inicial S, como ocorre nos modelos IC e LT. Também é possível observar que o algoritmo *Greedy*, utilizando como base os modelos IC ou LT, é muito ineficiente para encontrar o conjunto inicial, quando o parâmetro k aumenta. Por exemplo, considerando as propagações relacionadas ao tópico de Ação, o algoritmo *Greedy*, utilizando o modelo IC, necessitou de quase 12 horas para encontrar um conjunto inicial com 50 usuários. Ao utilizar o modelo LT foram necessários 2 dias e 4 horas. De forma contrária, o algoritmo *Greedy*,

---

[3]http://www.cs.ubc.ca/~goyal/code-release.php

utilizando como base os modelos HCD ou CD, necessitou de poucos minutos para completar a mesma tarefa.

6. CONCLUSÕES

Neste trabalho foi realizada uma análise experimental para avaliar o impacto da utilização do modelo HCD e de propagações baseadas em tópico no problema de Maximização de Influência baseada em Tópico. Especificamente, utilizando um conjunto de dados contendo informações sobre a estrutura e histórico de propagações de um sistema de rede social real, foi conduzido um conjunto de experimentos para avaliar os modelos HCD, CD, IC e LT em relação a: acurácia, similaridade dos conjuntos iniciais encontrados, tamanho das propagações produzidas pelo conjunto inicial e o tempo necessário para o algoritmo *Greedy* encontrar o conjunto inicial. Com base nos principais resultados apresentados, foram fornecidas evidências de que: (1) o modelo HCD é o modelo que, no geral, possui melhor acurácia; (2) os conjuntos iniciais encontrados pelo algoritmo *Greedy*, utilizando os modelos comparados, são diferentes; (3) o conjunto inicial encontrado utilizando o modelo HCD produz as maiores propagações e; (4) o modelo HCD é equiparável ao modelo CD, em relação ao tempo necessário para encontrar os k-usuários do conjunto inicial e, portanto, continua sendo ordens de magnitude mais rápido do que os modelos que utilizam simulações MC.

Como resultado adicional, também foram encontradas evidências de que a influência exercida pelos usuários é dependente do tópico que está sendo considerado. E também que os usuários exercem influência distinta em tópicos diferentes. Esses resultados reforçam algumas das suposições encontradas na teoria sobre o comportamento social coletivo, presentes no trabalho de Granovetter [8].

7. AGRADECIMENTOS

Este trabalho foi apoiado pelo Conselho Nacional de Desenvolvimento Científico e Tecnológico (CNPq).

8. REFERÊNCIAS

[1] N. Barbieri, F. Bonchi, and G. Manco. Topic-aware social influence propagation models. *Knowl. Inf. Syst.*, 37(3):555–584, 2013.

[2] S. Brin and L. Page. The anatomy of a large-scale hypertextual web search engine. *Comput. Netw. ISDN Syst.*, 30(1-7):107–117, Apr. 1998.

[3] W. Chen, C. Wang, and Y. Wang. Scalable influence maximization for prevalent viral marketing in large-scale social networks. In *Proceedings of the 16th ACM SIGKDD international conference on Knowledge discovery and data mining*, KDD '10, pages 1029–1038, New York, NY, USA, 2010. ACM.

[4] W. Chen, Y. Wang, and S. Yang. Efficient influence maximization in social networks. In *Proceedings of the 15th ACM SIGKDD international conference on Knowledge discovery and data mining*, KDD '09, pages 199–208, New York, NY, USA, 2009. ACM.

[5] W. Chen, Y. Yuan, and L. Zhang. Scalable Influence Maximization in Social Networks under the Linear Threshold Model. In *Proceedings of the 2010 IEEE International Conference on Data Mining*, ICDM '10, pages 88–97, Washington, DC, USA, 2010. IEEE Computer Society.

[6] P. Domingos and M. Richardson. Mining the network value of customers. In *Proceedings of the seventh ACM SIGKDD international conference on Knowledge*

[7] A. Goyal, F. Bonchi, and L. V. S. Lakshmanan. A data-based approach to social influence maximization. *Proceedings of the VLDB Endowment*, 5(1):73–84, Sept. 2011.

[8] M. Granovetter. Threshold Models of Collective Behavior. *American Journal of Sociology*, 83(6):1420–1443, 1978.

[9] M. Jamali and M. Ester. A matrix factorization technique with trust propagation for recommendation in social networks. In *Proceedings of the fourth ACM conference on Recommender systems*, RecSys '10, pages 135–142, New York, NY, USA, 2010. ACM.

[10] D. Kempe, J. Kleinberg, and E. Tardos. Maximizing the spread of influence through a social network. In *Proceedings of the ninth ACM SIGKDD international conference on Knowledge discovery and data mining*, KDD '03, pages 137–146, New York, NY, USA, 2003. ACM.

[11] J. M. Kleinberg. Authoritative sources in a hyperlinked environment. In *Proceedings of the Ninth Annual ACM-SIAM Symposium on Discrete Algorithms*, SODA '98, pages 668–677, Philadelphia, PA, USA, 1998. Society for Industrial and Applied Mathematics.

[12] J. Leskovec, A. Krause, C. Guestrin, C. Faloutsos, J. VanBriesen, and N. Glance. Cost-effective outbreak detection in networks. In *Proceedings of the 13th ACM SIGKDD international conference on Knowledge discovery and data mining*, KDD '07, pages 420–429, New York, NY, USA, 2007. ACM.

[13] L. Liu, J. Tang, J. Han, M. Jiang, and S. Yang. Mining topic-level influence in heterogeneous networks. In *Proceedings of the 19th ACM international conference on Information and knowledge management*, CIKM '10, pages 199–208, New York, NY, USA, 2010. ACM.

[14] M. Richardson and P. Domingos. Mining knowledge-sharing sites for viral marketing. In *Proceedings of the eighth ACM SIGKDD international conference on Knowledge discovery and data mining*, KDD '02, pages 61–70, New York, NY, USA, 2002. ACM.

[15] K. Saito, R. Nakano, and M. Kimura. Prediction of Information Diffusion Probabilities for Independent Cascade Model. In *Proceedings of the 12th international conference on Knowledge-Based Intelligent Information and Engineering Systems, Part III*, KES '08, pages 67–75, Berlin, Heidelberg, 2008. Springer-Verlag.

[16] J. Tang, J. Sun, C. Wang, and Z. Yang. Social influence analysis in large-scale networks. In *Proceedings of the 15th ACM SIGKDD international conference on Knowledge discovery and data mining*, KDD '09, pages 807–816, New York, NY, USA, 2009. ACM.

[17] S. Wasserman and K. Faust. *Social Network Analysis: Methods and Applications*. Structural Analysis in the Social Sciences. Cambridge University Press, 1994.

[18] Y. Zhang, J. Zhou, and J. Cheng. Preference-based top-k influential nodes mining in social networks. In *Proceedings of the 2011IEEE 10th International Conference on Trust, Security and Privacy in Computing and Communications*, TRUSTCOM '11, pages 1512–1518, Washington, DC, USA, 2011. IEEE Computer Society.

Timeline Alignment of Multiple TV Contents

Ricardo Mendes C. Segundo
Universidade Federal do Espírito Santo
Campus Goiabeiras, Avenida Fernando Ferrari, S/N
Goiabeiras,29060-970 Vitoria, ES, Brasil
rmcosta@inf.ufes.br

Celso A. S. Santos
Universidade Federal do Espírito Santo
Campus Goiabeiras, Avenida Fernando Ferrari, S/N
Goiabeiras,29060-970 Vitoria, ES, Brasil
+ 55 27 4009 2654 Ramal: 2130
saibel@inf.ufes.br

ABSTRACT

The concept of Viewer usually specifies someone who watches, listens and receives information available on his TV. However, the addition of the ability to run applications and access the Internet into TVs changes this concept, since the content shown in TV receivers are no longer under the total control of the TV stations and a viewer can access and view on the screen of your TV (or on a second screen) extra contents related to the program that they are watching. In fact, each viewer decides how to integrate these multiple contents generating unique and individual experiences. However, as these experiences are based on the access to different content sources, it becomes necessary to synchronize this content locally on each user's reception platform. This paper proposes a generic model to synchronize content from different sources with a TV show on each client, independently of middleware and platform used. The model foresees the generation of sync points from the (main) content of a program, which are sent to customers and used locally to synchronize the different extra content accessed by the viewer with the main content. A proof-of-concept application is presented to evaluate the model. In the application, different audio streams and text related to a TV show are aggregated, reaching a high accuracy when synchronized.

Categories and Subject Descriptors

H.5.1 [**Multimedia Information Systems**]: Audio input/output, Evaluation/methodology, Video;

General Terms

Algorithms, Design, Experimentation.

Keywords

Synchronization; Multiple-Contents; Multiple-Sources; Temporal Couplers;

1. INTRODUÇÃO

O perfil dos telespectadores da TV mudou há alguns anos e isso forçou que produtores e conteúdos se adaptassem a essa nova situação. O chaveamento de analógico para digital, as diversas tentativas de uso de plataformas interativas, as TVs conectadas, investimentos de grandes nomes como Google e Apple e o uso de múltiplos dispositivos durante a experiência televisiva são exemplos de tal mudança. Como resultado, a forma de prover interação com a TV também está evoluindo.

Atualmente, a produção de conteúdo televisivo segue o modelo *produce–deliver–consume*, no qual uma rede de TV tem controle sobre todo o conteúdo enviado aos receptores sintonizados na frequência do seu canal [1]. Por outro lado, a facilidade de geração e acesso a conteúdos digitais permite que os conteúdos para TV sejam produzidos seguindo um modelo *edit-share-control*, no qual outros atores, além das radiodifusoras, poderiam participar deste ciclo de produção [1]. Outro ponto a ser observado é que o usuário não mais está limitado a consumir apenas o conteúdo fornecido pelas radiodifusoras na tela da sua TV. Ele também pode acessar conteúdos digitais de outras fontes usando um ou mais dispositivos para compor seu ambiente de apresentação. Estes conteúdos podem variar de objetos de mídia complementares acessados via Web (por exemplo, as estatísticas de uma partida de tênis sendo transmitida no momento) a fluxos de mídia transmitidos em *broadcast* (por exemplo, ouvir a narração de um jogo de futebol apresentado na TV pelo rádio).

Por outro lado, estes conteúdos são provenientes de fontes terceiras que não estão, necessariamente, sob o controle da emissora que transmite o programa de TV. A sincronização destes conteúdos no ambiente do usuário pode ser comprometida, inviabilizando o seu consumo de forma fortemente integrada. Isto acontece porque cada ator fornece seu próprio conteúdo de maneira independente e não há nenhuma regra de sincronização previamente definida que os vincula. Por exemplo, uma emissora de TV e uma de rádio podem transmitir uma mesma partida de futebol, de forma independente uma da outra e pensando num consumo único e exclusivo de cada um dos seus conteúdos. Entretanto, apesar das evoluções tecnológicas nas transmissões, ainda não é possível assistir ao jogo pela TV e ouvir a narração do mesmo jogo pelo rádio de maneira simples e sincronizada. Este tipo de cenário permitiria ao espectador criar seu próprio conteúdo multimídia, escolhendo o áudio que gostaria de escutar (áudio original da TV, de outra emissora ou até mesmo de alguma rádio) enquanto vê a imagem da emissora de TV com a melhor qualidade de imagem. Neste caso, temos duas fontes que geram conteúdos contínuos e dependentes do tempo, mas seguindo relógios diferentes e não necessariamente sincronizados. Conforme proposto em [16], se o usuário ajustasse o atraso entre os sinais de áudio e vídeo (normalmente, atrasando o primeiro), teria a sensação de que ambos os conteúdos estariam sincronizados em seu ambiente de apresentação. Note ainda que o ambiente de apresentação neste caso é composto por dois dispositivos (TV e rádio). Guardadas as devidas proporções, a situação anterior é semelhante àquela na qual um usuário está assistindo à TV enquanto acessa (ou gera) conteúdos associados ao programa que assiste através de um ou mais dispositivos, como *smartphones*, *tablets*, *netbooks*, etc.

WebMedia'14, November 18–21, 2014, João Pessoa, Brazil.
Copyright © 2014 ACM 978-1-4503-3230-9/14/11...$15.00.
http://dx.doi.org/10.1145/2664551.2664575

Quando o controle da produção e entrega do conteúdo apresentados na TV é exercido de forma exclusiva pelas radiodifusoras, não há nenhum mecanismo explícito para permitir a integração sincronizada de conteúdos de terceiros ao programa de TV assistido pelo telespectador. O problema estudado neste artigo está ligado exatamente a este tipo de sincronização. A proposta apresentada é genérica e pode ser implementada em cada receptor e para cada um dos conteúdos extras a serem integrados, a partir das informações dos conteúdos dos programas de TV sendo veiculados no momento. O principio da proposta é criar acopladores temporais para sincronizar os conteúdos extras acessados pelo usuário com o conteúdo principal apresentado na TV. Esta combinação, no entanto, traz uma importante questão a ser respondida: Como sincronizar estes múltiplos conteúdos para cada usuário em seu ambiente, uma vez que o conteúdo é proveniente de diferentes canais e fontes que não estão sincronizadas entre si?

Em linhas gerais, a abordagem proposta neste artigo está baseada na integração de três entidades principais, denominadas *Content Supplier* (*CS*), *Main Content Provider* (*MCP*) e *User Device* (*UD*). Além disso, ela assume dois pressupostos gerais:

1. O *MCP* se refere a um provedor de conteúdo televisivo, sendo que este conteúdo não oferece qualquer informação temporal explícita para permitir a sincronização de conteúdos provenientes de outros atores (grupo de *CS*);
2. É possível gerar âncoras temporais relacionadas com o conteúdo de um programa de TV (ou seja, o conteúdo provido pelo *MCP*), processando de forma automática ou manual seu conteúdo (vídeo, áudio ou metadados). Estas âncoras são usadas para sincronizar o conteúdo fornecido por outros atores (CS) diferentes do *MCP*.

A sequência do texto detalha a proposta e suas limitações, sendo organizado da seguinte forma: a seção 2 define o cenário de estudo; a seção 3 mostra como usar os acopladores temporais para fornecer sincronização de múltiplos conteúdos; a seção 4 apresenta uma implementação de uma prova de conceito para validar a proposta, seguida da seção 5, que apresenta alguns trabalhos relacionados ao tema sincronização; finalmente, a seção 6 apresenta as conclusões do trabalho.

2. INTEGRAÇÃO DE MÚLTIPLOS CONTEÚDOS NA TV

Na abordagem de sincronização proposta, o conteúdo da TV pode ser visto como a integração de conteúdos, serviços e dispositivos apresentados de uma forma coordenada. A descrição da solução está baseada nos seguintes conceitos:

1. **Conteúdo**: conjunto de informações, serviços e experiências que podem fornecer valor para o usuário final/público em contextos específicos;
2. **Conteúdo principal** (*Main Content* ou *MC*): conteúdo usado como base para gerar outros conteúdos (estatísticas sobre uma partida, legendas de um filme, etc.);
3. **Dispositivo**: máquina ou ferramenta que é capaz de executar uma tarefa específica. No âmbito deste trabalho, um dispositivo recebe um conteúdo e produz uma saída perceptível a partir da decodificação dos seus dados;
4. **Ambiente de Apresentação**: conjunto de dispositivos, tecnologias e aplicações disponíveis para que o usuário acesse e apresente os conteúdos;
5. **Fonte**: o ponto de origem de um conteúdo.

Até algumas décadas atrás, um cenário habitual de acesso a **conteúdos** audiovisuais era composto por um **ambiente de apresentação** composto por um único **dispositivo** (a TV) capaz de receber, processar e apresentar um único tipo de **conteúdo** (**principal** ou *MC*), codificado e provido por uma **fonte** única (a radiodifusora de TV). Num cenário mais atual, pode-se imaginar um **ambiente de apresentação** composto por uma TV (com conexão Internet) e outros **dispositivos** (*smartphone, tablets*), ambos capazes de receber, processar e apresentar vários tipos de **conteúdos** providos por diferentes **fontes**. Nesta última visão, o usuário acessa um *mashup* de conteúdos digitais, que na maioria das vezes não possuem nenhuma relação de sincronização explicitamente definida.

2.1 Um Mashup de Conteúdos

Um *mashup* pode ser visto como um aplicativo gerado pela combinação de conteúdos, apresentações ou funcionalidades de uma aplicação a partir de fontes distintas. O objetivo de um *mashup* é combinar estas fontes para criar novas aplicações ou serviços [6]. Um serviço pode ser descrito como a oferta e o consumo de dados entre dois dispositivos.

Atualmente, usando um receptor de TV, um telespectador pode consumir outros serviços capazes de melhorar a sua experiência enquanto assiste a um programa. Além disso, outras fontes além das radiodifusoras podem prover conteúdos principais (*MCs*) às TVs. Entres estas fontes estão os servidores de *streams* de vídeo (netflix.com; hulu.com,...), repositórios Web (youtube.com; vimeo.com...), TV a cabo e outros. Neste novo ambiente de apresentação, um usuário torna-se capaz de combinar diferentes serviços para criar *mashups* em seus dispositivos: ele pode assistir ao seu filme favorito (*MC*) provido por uma emissora de TV, Netflix ou até mesmo de seu dispositivo de armazenamento local; as legendas podem ser providas pela estação de TV ou por um servidor Web, que fornece legendas em idiomas que o usuário solicita para fins de aprendizado ou necessidades especiais.

Essa combinação de serviços, no entanto, apresenta um desafio: como sincronizar estes conteúdos múltiplos para cada usuário em seu próprio ambiente de apresentação, uma vez que os conteúdos são provenientes de diferentes fontes e transmitidos sobre canais diferentes não necessariamente sincronizados? O modelo de sincronização detalhado na próxima seção é a solução apresentada neste trabalho para solucionar esta questão.

3. ALINHAMENTO DE *TIMELINE*S PARA SINCRONIZAÇÃO DE MÚLTIPLOS CONTEÚDOS

O conceito de sincronização multimídia está associado à apresentação de múltiplos conteúdos de forma coerente e orquestrado sobre uma plataforma. O modelo proposto neste artigo permite que qualquer provedor de conteúdo ofereça conteúdo extra de forma síncrona com um *MC*, independentemente de qualquer sincronização explícita com o provedor do *MC*.

Os seguintes conceitos são usados para descrever o funcionamento do modelo de sincronização:

1. *Timeline* **local**: linha de tempo num ambiente específico referente ao *MC* que é apresentado naquele ambiente;
2. *Timestamp* **local**: valor do tempo em uma *timeline* local em um instante específico;
3. **Relógio local**: contador da progressão do tempo para um determinado dispositivo de apresentação;

4. **Relógio global**: contador da progressão do tempo para todas as entidades envolvidas;
5. **Cena**: situação e/ou condição determinada que ocorre no conteúdo principal em um tempo específico durante a apresentação deste conteúdo;
6. **Amostra**: parte, pedaço ou segmento que identifica uma cena no conteúdo;
7. **Acoplador**: define uma relação temporal entre uma cena e o relógio local de uma entidade, sendo utilizado para especificar as regiões de sincronização dos conteúdos;
8. **Notificação**: sinalização gerada quando o conteúdo principal está sob uma condição específica, isto é, quando um evento específico é identificado no *MC*.

Formalmente, uma notificação *N* é constituída pela *tupla*

$$N = \{id, ts, ação, conteúdo\}$$

onde: *id* identifica a ordem de sequência da notificação enviada; *ts* contém o tempo quando uma determinada condição ocorreu no *Content Supplier*; *ação* identifica o tipo de notificação enviada para o aplicativo (reproduzir um vídeo, atualizar uma estatística, etc.); *conteúdo* é uma informação complementar que é usada na execução da ação. Pode ser um dado específico para o aplicativo ou um URI para um conteúdo digital ou fluxo de mídias.

3.1 As Entidades do Modelo

O modelo para sincronização no tempo de múltiplos conteúdos de fontes diferentes é composto de três entidades: *Content Supplier* (*CS*); *Main Content Provider* (*MCP*); e *User Device* (UD). Estes componentes, mostrados na Figura 1 serão descritos nos próximos parágrafos. Note que cada dispositivo em um ambiente de apresentação implementará um dispositivo *User Device*.

1. O *MC Provider* fornece o *MC*, que funciona como uma referência única para o acoplamento de todos os conteúdos extras no aplicativo do usuário. Esse *MC* é usualmente um fluxo de vídeo transmitido para um canal acessível aos usuários (através de um *UD*) e *Content Suppliers*.

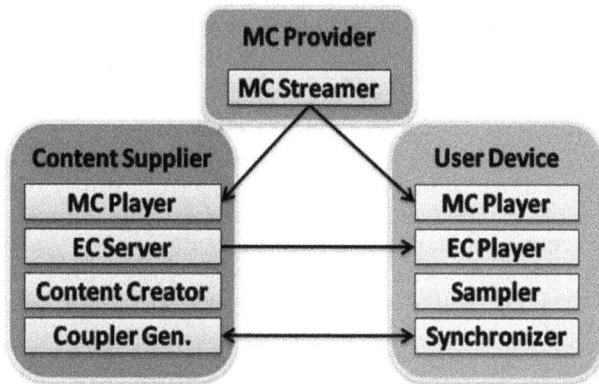

Figura 1. Composição das entidades para a sincronização

2. O *Content Supplier* (CS) é responsável por fornecer conteúdos extras relacionados a um *MC* para os dispositivos dos usuários (*UD*). O *MC Player* é utilizado para reproduzir/analisar o *MC* e serve como entrada para o *Coupler Generator* e o *Content Creator*. O *EC Server* fornece o conteúdo extra gerado pelo *CS* para os usuários. Estes conteúdos são tratados como notificações enviadas

pelo *CS* ao usuário. Elas contêm todas as informações necessárias para tocar e sincronizar o conteúdo extra e principal. O *Content Creator* gera o conteúdo extra fornecido aos usuários. Ele pode ser gerado: (i) manualmente, por um operador que observa o *MC* e deriva novos conteúdos; (ii) automaticamente, pela análise direta do *MC* [13]; ou (iii) através de um *software*, que conecta um conteúdo previamente existente para o *MC*, oferecendo-o como um serviço, tal como legendas, faixas de áudio ou serviços de acessibilidade. O *Coupler Generator* cria pontos de sincronização (acopladores temporais) que conectam o *MC* apresentado com o relógio local do usuário. Muitas técnicas podem ser usadas para gerar estes acopladores. Algumas dependem do *MC Provider*, como o uso de marcas d'água em áudio e vídeo e a extração dos tempos de apresentação das mídias. No entanto, outras técnicas, tais como as técnicas de *fingerprinting* em áudio e vídeo [10], são independentes de informações temporais explícitas do conteúdo.

3. O *User Device* (*UD*) é responsável por controlar um ou mais serviços fornecidos por *CSs* ou executar o *MC*. O *MC Player* toca o *MC*. O *EC Player* é responsável pela execução do conteúdo extra fornecido pelo *CS*. O *Sampler* extrai uma amostra do conteúdo a ser usado no processo de sincronização do *MC*. Essa amostra será utilizada para relacionar o relógio local do usuário com o relógio do *Content Supplier* extra. O *Synchronizer* usa a amostra extraída pelo *Sampler* para executar a sincronização se comunicando com o *Coupler Generator* do *CS*.

3.2 A Sincronização de *Timeline*s Locais

O método de sincronização descrito nesta seção considera que: (i) qualquer *CS* pode fornecer conteúdo sincronizado para a aplicação do usuário sem depender de uma especificação enviada pelo *MCP*; (ii) o método pode ser implementado no nível de aplicação ou inferior, não dependendo de um *middleware* específico ou plataforma; (iii) vários conteúdos podem ser sincronizados no mesmo ambiente, sem comunicação direta entre *Suppliers* (CSs); (iv) todos os *CSs* têm acesso ao *MC*; (v) cada componente tem um relógio local diferente (ou seja, nenhuma entidade está previamente sincronizada com qualquer outra).

A Figura 2 ilustra o o funcionamento do mecanismo para a sincronização de vários conteúdos nos *User Devices* a partir do alinhamento de *timelines*. Na figura, um *MC* é entregue às entidades *CS* e *UD*, mas as suas chegadas nestas entidades ocorrem em instantes diferentes , devido à variação do tempo de transmissão ou ao diferente tempo de inicio do *MC* localmente. Além disso, estes instantes de chegada, assim como o tempo que uma notificação gasta para ir do *CS* até cada *UD* são desconhecidos.

Ainda na mesma figura: S_X são cenas encontradas no *MC* que acontecem, algum tempo mais tarde, no *CS* e no *UD* onde *x* é a indicação de uma cena específica; T_{ij} é o *timestamp* da hora local, quando uma cena ou notificação ocorre ou é recebida em uma entidade, onde *i* indica a qual entidade está relacionada e *j* indica a sequência de *timestamps* gerados. Se uma notificação NT_k (k identifica a sequência de notificações) estiver relacionada a uma cena de S_X, esta notificação será enviada para o dispositivo do usuário (*UD*).

Asynchronous Synchronizing Synchronized

Global Clock

Scene	S.TimeStamp
S_A'	T_{11}
S_B'	T_{12}
S_X'	T_{1i}

S_A' S_B' S_C'

Content Supplier

MC'

Local Timeline

$T_{11} \rightarrow NT_1$ T_{12} $T_{13} \rightarrow NT_2$

S_A'' S_B'' S_C''

MC''

User Device

Local Timeline

??? δ

NT_1 NT_2

T_{21} T_{22} T_{23} T_{24} T_{25} T_{26}

??? Communication Delay

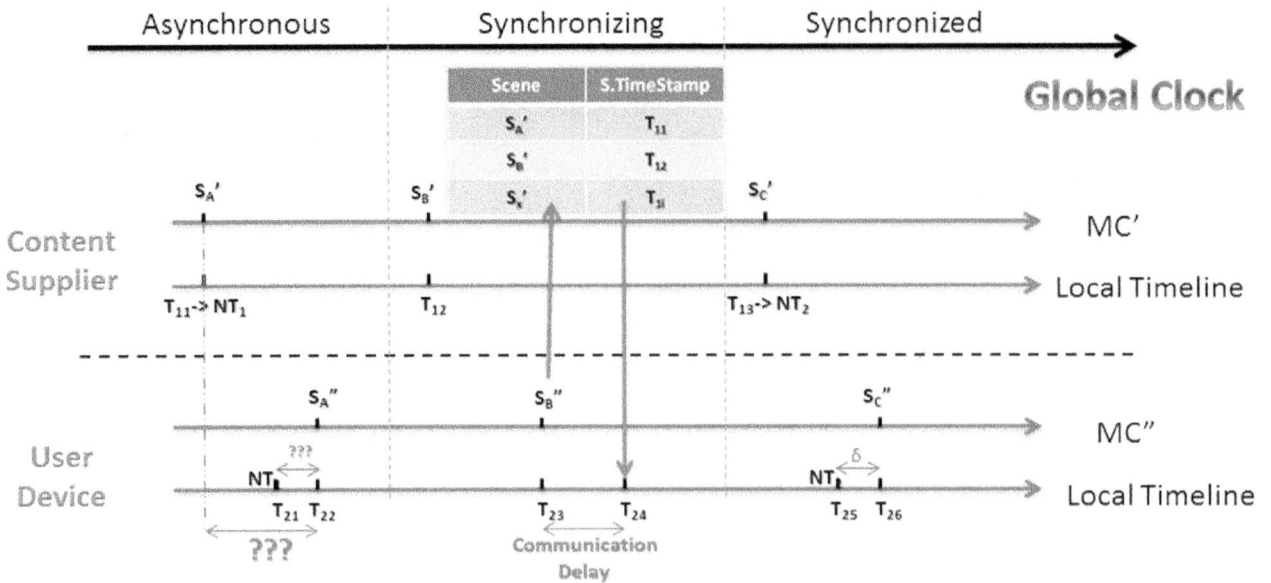

Figura 2. Esquema de sincronização proposto. À esquerda período onde não há sincronia entre os conteúdos; ao centro, ocorre a troca de notificações para alinhamento da *timeline* do usuário; à direita com as *timelines* alinhadas é possível executar o conteúdo

Sem qualquer informação sobre os atrasos de transmissão e sem sincronização prévia entre as entidades *CS* e *UD*, não é possível calcular a diferença temporal entre a apresentação de S_A' e S_A'' (representação de uma cena *A* em *CS* e *UD*, respectivamente). Também não é possível calcular, a partir de T_{21}, quanto tempo levará para que o *UD* atinja o tempo de apresentação de S_A'' (T_{22}). Desta forma, não há nenhuma garantia de que a notificação NT_1 será apresentada sincronamente com o *MC* no *User Device*, como foi determinado em sua geração no *Content Supplier*.

Por outro lado, é sabido que T_{11} é o tempo de apresentação de S_A', que T_{21} ocorre quando da apresentação da cena S_A'' e ainda, que $T_{21} \neq T_{11}$ devido à diferença no atraso de transmissão com relação ao relógio Global. Entretanto, deve-se ressaltar que o objetivo da proposta não é sincronizar ambos os fluxos no relógio Global; o objetivo é apresentar notificações síncronas geradas pelo *CS* em cada ambiente de cada usuário que requereu o conteúdo fornecido pelo *CS*. Uma solução para isso é alinhar a *timeline* do *CS* com a *timeline* do *User Device*, usando o *MC* como referência para isto. Neste caso, calcula-se o *timestamp* local do usuário em que uma cena S_B'' ocorre. O *CS* também possuirá o *timestamp* local em que a cena S_B' ocorreu localmente. Assim, será possível a partir desta cena alinhar as duas *timelines* (de *CS* e *UD*) em relação ao *MC*. Após o alinhamento, se uma cena S_X' ocorreu no T_{1i} em CS, a cena correspondente S_X'' irá ocorrer em $T_{2i} = T_{1i}$ no usuário (*UD*). Desta forma, é possível saber quanto tempo uma notificação que chega aos usuários está atrasado ou adiantado para sua apresentação à cena relacionada no *MC*.

O alinhamento temporal descrito pode ser implementado da seguinte forma: para cada cena S_X apresentada, *CS* cria um acoplador do tipo {S_X, *timestamp* da cena}, que identifica a hora local (*timestamp*) em que a cena ocorreu em sua *timeline* local. No *UD*, uma amostra de uma cena de S_B'' é capturada e enviada para o *CS*, que por sua vez retorna para o *UD* o tempo quando a cena S_B correspondente ocorreu no *CS*. O *UD* então recalcula sua *timeline* local (*Time_{local}*) usando a Eq.(1). Nesta equação, *curTime* é o relógio Local quando a amostra foi extraída e enviada; *comTime* é a diferença de tempo entre o envio da amostra e a

resposta de *CS*; e *respTime* é o tempo contido na resposta (*timestamp* da cena na tabela de *CS*).

$$\text{Time}_{local} = \text{Time}_{local} + \text{curTime} - \text{comTime} - \text{respTime} \quad \textbf{Eq.(1)}$$

Com a sincronização entre as *timelines* realizada, é possível agora calcular quanto tempo esta notificação *i* está adiantada ou atrasada e assim apresentá-la de forma síncrona com o *MC* no usuário assim que uma notificação *NTi* for recebida por ele. Este cálculo é feito utilizando a Eq.(2), onde: *ts* de uma notificação NT_K é o tempo quando ela ocorre na *timeline* local de um *CS*, significando que a notificação deve ser apresentada nesse mesmo tempo na *timeline* local do *UD*; $rcptTime_K$ é o *timestamp* local, quando a notificação NT_K chegou ao usuário; δ_K é então o atraso ou o avanço da notificação NT_K na *timeline* local do usuário.

$$\delta_K = NT_K.ts - rcptTime_K$$

Eq.(2)

Se $\delta_K \geq 0$, NT_k chegou com antecedência em relação ao *MC* e deve esperar δ_K para ser executada. Se $\delta_K < 0$, a notificação NT_k está atrasada. Ela pode ser descartada, apresentada imediatamente ou provocar o adiamento da apresentação de *MC* no *User Device* para que as próximas notificações possam ser apresentadas de forma síncrona, isto é, para que os próximos δ_k calculados sejam positivos.

Quando um usuário requisitar múltiplos conteúdos extras, a aplicação no *UD* deverá prover um alinhamento com cada um dos *CSs* utilizados. A aplicação deve criar para cada conteúdo, uma nova *timeline* local, que será responsável pela apresentação das notificações correspondentes àquele *CS* integrado à apresentação.

Se um determinado *CS* (CS_1) não for capaz de gerar acopladores, ele pode atuar parcialmente como um usuário, alinhando sua própria *timeline* local com outro *CS* (CS_2). Neste caso ele poderia importar a tabela de acopladores de CS_2 ou encaminhar uma solicitação de sincronização de um *User Device* (UD_1) para CS_2 e após o alinhamento, CS_1 poderá enviar suas notificações com conteúdos.

Como a cena *S1* é apresentada com o mesmo *timestamp* em cada entidade (CS_1, CS_2 e UD_1), é possível apresentar conteúdos de CS_1

sincronizados em UD_1 através das informações de sincronização fornecidas pelo CS_2. Assim, a *timeline* de CS_2 é propagada para CS_1 e UD_1 para atingir a sincronização. Isso implica que, se uma entidade Y se alinhou com X e Z se alinhou com Y, implicará que Z também está alinhado com X.

4. PROVA DE CONCEITO

Esta seção apresenta uma prova de conceito (*Proof of Concept* ou PoC) da abordagem apresentada para demonstrar a sua viabilidade e avaliar se os conceitos podem ser usados com situações reais envolvendo a sincronização de conteúdos multimídia. A PoC foi feita através da implementação de uma aplicação que sincroniza diversos conteúdos de origens em fontes diferentes com um fluxo de vídeo. Na verdade, a *PoC* pretende simular um cenário real de ambiente de apresentação, como uma transmissão de um filme na TV, para o qual o usuário pode selecionar faixas de áudio e legendas não fornecidas pela emissora ou um evento esportivo onde estatísticas e destaques são fornecidos por terceiros para personalização com base no perfil do usuário.

A aplicação *PoC* foi desenvolvida em HTML5 para os aplicativos executados no *User Device* e *Content Suppliers* (CS). Para o *streaming* de vídeo, um servidor VLC (videolan.org) foi instanciado para fornecer o fluxo de vídeo HTTP em formato OGG (Theora + Vorbis). Esta configuração permite compatibilidade com plataformas do tipo PC, *smartphone* e *tablet*, dado que todas possuem navegadores compatíveis com padrões HTML5 e *players* de vídeo OGG.

Dois serviços foram oferecidos para o aplicativo cliente na *PoC*, que executa no *User Device*: múltiplas faixas de áudio em diferentes linguagens (fluxos mp3 do *CS* para cada usuário conectado) e legendas (notificações que contém o texto a ser apresentado na tela). Cada cliente pode escolher as legendas e idiomas para acompanhar a apresentação do *MC*. Cada conteúdo extra é provido por um *CS* diferente, sendo assim a aplicação no UD gerência a apresentação dos conteúdos extras através de duas *timelines*, uma para cada conteúdo.

A Figura 3 mostra a interface do aplicativo para sincronização de *timelines* localmente no usuário. A interface é dividida em oito partes: (1) o valor do *timestamp* local durante a apresentação do *MC*. É apresentado no formato [h:min:seg:mseg] e serve para auxiliar nos testes de sincronização; (2) tela para desenho das legendas; (3) área de apresentação do *MC* (*player* de vídeo HTML5); (4) legendas embutidas no *MC* para verificação de sincronização; (5) botões de sincronização que permite ao cliente sincronizar ou não o conteúdo extra. Isto permite analisar a aplicação antes e depois do processo de sincronização; (6) seleção do idioma de áudio e legendas (conteúdos providos pelos *CSs*); (7) *player* das faixas de áudio extra (*player* de áudio HTML5); (8) área com marca d'água. A marca d'água é usada como a amostra do *MC* no modelo proposto e permite a avaliação da precisão de sincronização durante os testes. Cada marca d'água é uma sequência de *pixels* que identifica unicamente cada *frame* do vídeo do *MC*.

Para verificar o comportamento correto do mecanismo de sincronização, foram realizadas duas verificações: (i) uma correlação de *frames* para avaliar se o alinhamento de *timelines* sincronizou corretamente os relógios locais de cada cliente com o *MC*; e (ii) um teste de precisão para avaliar a precisão do serviço de legendas, comparando este com as legendas já presentes no vídeo.

Para a correlação de *frames*, dois clientes em dois dispositivos diferentes (um *Galaxy* Tab 2 7,0' e um 10,1' executando o

navegador *Mozilla FireFox* para *Android*) foram filmados a uma taxa de 30fps durante a transmissão de um filme pelo servidor de vídeos. No início da transmissão, o mecanismo de sincronização não é aplicado e assim, devido a diferenças na inicialização e transmissão do vídeo, os clientes não estão sincronizados. Algum tempo depois o mecanismo de sincronização é aplicado e em seguida pode-se perceber que cada usuário está localmente sincronizado com o *MC*.

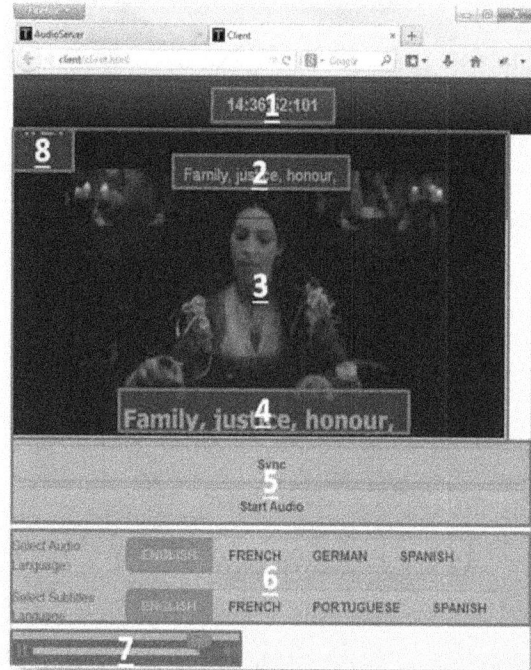

Figura 3. Interface da aplicação do usuário integrando os diversos conteúdos

As Figuras 4 e 5 apresentam fotos do aplicativo sendo executado em paralelo em dois *User Devices* (*User₁* e *User₂*). À esquerda (a) estão as telas em um tempo X, enquanto que à direita (b), a figura apresenta a foto dos dispositivos em um tempo X + α. Este tempo, α, corresponde ao intervalo de tempo que leva para o dispositivo *User₂* exibir a mesma cena de *User₁* no tempo X. Então α é o atraso de apresentação entre a apresentação do conteúdo principal nos dispositivos *User₁* e *User₂*. Nestas figuras, as elipses em vermelho destacam o relógio local dos dispositivos quando apresentam a mesma cena. Os retângulos vermelhos ampliam a imagem da marca d'água para mostrar a identificação de cada cena. Na Figura 5, o retângulo laranja mostra o relógio do dispositivo, indicando que o alinhamento da *timeline* não modifica o relógio do sistema.

Na Figura 4 é mostrado o aplicativo na fase de pré-sincronização. À esquerda (a), através da imagem do *MC*, é possível perceber que ambos os dispositivos não estão sincronizados no que diz respeito ao relógio Global. No entanto isto não é suficiente para concluir que não eles não possuem suas *timelines* locais sincronizadas. Para isso é necessário analisar o valor do relógio local quando uma mesma cena ocorre em cada dispositivo (um quadro específico). Na *PoC*, é usada a marca d'água visível para ajudar nesta identificação, que identifica unicamente cada *frame*. Assim é possível verificar visualmente quando a mesma cena ocorre em cada usuário e analisar se seus relógios estão alinhados.

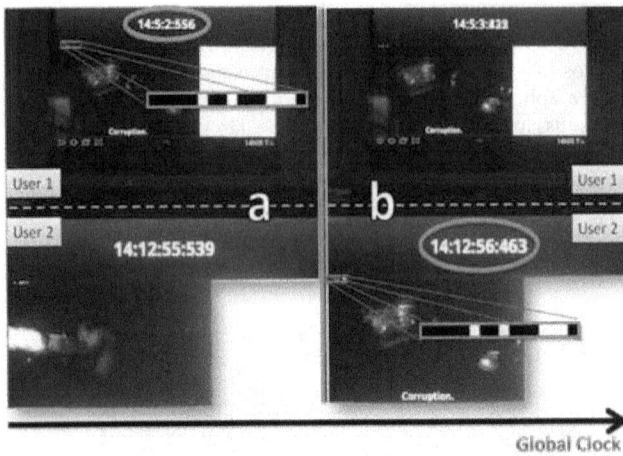

Figura 4. Dispositivos sem sincronização entre os conteúdos (pré-sincronização)

Na Figura 4, o *timestamp* local para o *User*1 na cena 1166 (valor da marca d'água decodificada) é 14:05:02:556. Em (b) o valor do *timestamp* do *User*2 para a mesma cena é 14:12:56:364. A diferença de 7min 54s 309ms entre os *timestamps* do *User*1 e *User*2 na S_{1166} implica que suas linhas temporais não estão alinhadas com *CS* e que se eles receberem um conteúdo extra para ser exibido, este não será apresentado no instante correto (ou seja, sem sincronização) com o *MC* em pelo menos um dos usuários.

No entanto, após a aplicação da sincronização esse status será alterado. A Figura 5 apresenta o mesmo cenário da Figura 4, mas após a aplicação do mecanismo de sincronização proposto. Olhando novamente para o conteúdo principal de cada usuário (tela à esquerda) é possível ver que ambos os dispositivos não estão sincronizados com relação ao relógio Global. Mas desta vez, analisando os *timestamps* de cada usuário quando eles apresentam a mesma cena (S_{1550}), os valores encontrados são: 14:12:05:445 para *User*1 e 14:12:05:458 para *User*2. A diferença entre os relógios locais do *User*1 e *User*2 para o mesmo *frame* do *MC* agora é de cerca de 13ms. Essa diferença é justificada (e considerada aceitável nesta avaliação) pela imprecisão dos temporizadores utilizados para medir o atraso de comunicação e exibição em tela, além de possíveis atrasos na implementação do mecanismo de sincronização.

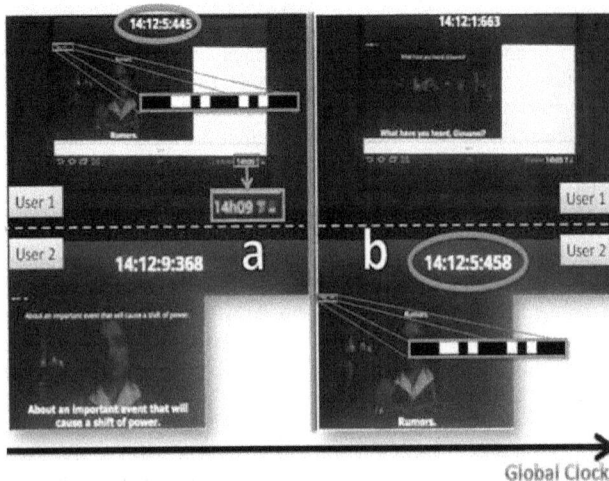

Figura 5. Dispositivos com sincronização entre os conteúdos (pós-sincronização)

A avaliação de precisão foi realizada em um computador com processador *i5* e *Windows* 7, tornando mais fácil o registro da tela com uma maior taxa de quadros do que no teste anterior, onde foi necessário usar uma câmera para filmar os dispositivos. Para este experimento um gravador de área de trabalho foi utilizado: o FRAPS recorder (fraps.com), ferramenta utilizada para obter 100 *frames* por segundo de taxa de captura para analise da precisão do modelo. Para esta analise, o serviço de legendas foi escolhido devido à possibilidade de se comparar visualmente sua apresentação com as legendas adicionadas previamente ao *MC* usando o software FFMPEG (ffmpeg.org). O registro foi analisado quadro a quadro com o uso do software VirtualDub (virtualdub.org).

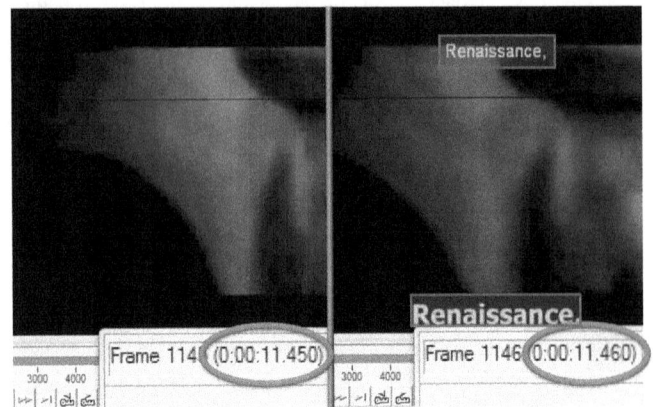

Figura 6. Amostra da analise de *frames* para identificar a precisão da apresentação do serviço de legendas

A Figura 6 mostra o resultado do modo de exibição de quadro a quadro do registro do experimento. À esquerda, é visível no frame que nem as legendas do serviço, nem aquelas inseridas no fluxo do vídeo são exibidas. No entanto, no *frame* seguinte, ambas as legendas (uma codificada no *MC* e outra provida por um servidor) são exibidas simultaneamente. O período de captura dos *frames* do vídeo gravado é de 10ms, indicando que o erro de sincronização poderia ser de até 10ms. Porém, a taxa de quadros da captura é mais rápida que a do próprio vídeo (30 fps). Isto implica que as legendas dentro do vídeo do *MC* tem uma taxa de atualização de 33ms. Isto pode significar que a legenda do vídeo já poderia ter sido exibida se houvesse uma maior taxa de exibição do *MC*. Tomando o pior caso onde a legenda deveria ser mostrada no exato momento após a atualização do *frame* do *MC* e a legenda provida pelo *CS* é mostrada apenas no inicio do quadro seguinte (momento onde as duas seriam exibidas como visto na figura 6), o erro entre suas apresentações seria de 33ms. Então, pode-se afirmar que a precisão deste experimento foi inferior a 33ms.

Esta precisão implica que o serviço de legendas seria considerado síncrono pelo usuário, uma vez que, em termos de *QoS*, o atraso entre vídeo e texto deve estar compreendida entre ±250ms [8]. Isto também significa que qualquer outra relação com uma exigência de sincronia maior a 33ms poderia ser considerada neste cenário de sincronização, incluindo a Lip-Sync (±80ms).

5. TRABALHOS RELACIONADOS

Diversos trabalhos encontrados na literatura possuem contribuições e definições diretamente relacionadas às apresentadas neste trabalho. Os parágrafos a seguir descrevem sucintamente alguns destes trabalhos.

Matsumura e Evans [9] descrevem um estudo para o desenvolvimento de um sistema para personalização de conteúdo de radiodifusão utilizando a Internet. No sistema, a emissora oferece conteúdos adicionais para personalização através da Internet, que é sincronizada com o programa de radiodifusão que esta sendo transmitido. O receptor combina os dois tipos de conteúdo para gerar uma apresentação personalizada. Ambos os conteúdos são produzidos e distribuídos pela emissora e a sincronização entre legendas, áudio e vídeo é feita usando *timestamp*s. Para garantir a sincronização entre os conteúdos um buffer no receptor do usuário é utilizado, assim o conteúdo transmitido em broadcasting aguarda a chegada do conteúdo extra provido pela emissora. Neste caso, ambos conteúdos são diretamente controlados pela emissora.

Howson et. Al. [10] propõe um sistema, para a implantação de serviços personalizados de segunda tela para TV. A abordagem permite a exibição de múltiplos conteúdos de forma sincronizada nos dispositivos dos usuários, sendo eles entregues independentemente através de redes de banda larga e radiodifusão. A forma de sincronizar estes conteúdos baseia-se na adição de um componente (uma *timeline*) às mídias. Grupos de mídias que precisam ser sincronizadas recebem a mesma *timeline*. Na solução tanto o provedor de conteúdo e a emissora precisam adicionar a linha de tempo adicional diretamente em seus fluxos de mídia.

Soursos e Doulamis [11] propõe um *frame*work para a criação de uma solução híbrida para a sincronização do conteúdo principal e extra. O *frame*work permite aos usuários finais enriquecer o conteúdo principal com conteúdos provindos da Internet para que e personalizar a sua experiência televisiva. Para sincronizar os conteúdos são adotadas estratégias de sincronização de rede para que os fluxos vindos da internet possam ser sincronizados com o conteúdo principal.

Fink et. Al. [12] descreve um *frame*work para a combinação de meios de comunicação em massa com conteúdos web. Os aplicativos são personalizados usando o áudio no ambiente proveniente da televisão. Os testes apresentados no artigo mostram a viabilidade do uso das aplicações propostas em um ambiente real, podendo assim o áudio ser uma fonte de amostras para diversos métodos de sincronização.

O trabalho [14] apresenta uma revisão sistemática que visa o levantamento de pesquisas existentes na sincronização de programas televisivos TV com outros conteúdos. Na revisão os trabalhos são classificados tendo em conta o tipo de sincronização, forma de transporte, canais utilizados, esquemas de controle, localização e as informações sobre os conteúdos. Trabalhos relacionados com as relações de tempo consideram que vários conteúdos devem ser apresentados em um limitado intervalo de tempo para estarem sincronizados e estão diretamente relacionados ao escopo deste trabalho, sendo esse tipo de artigo presente em 69% das obras da revisão. Importantes desta revisão foram: a maioria dos trabalhos (85%) não apresenta a precisão de sincronização; 53% dos trabalhos multiplexam os pontos de sincronização dentro do conteúdo principal, enquanto apenas 16% usam um canal adicional como a Internet; os artigos consideram quatro pontos para realizar o processo de sincronização: no servidor (40%), cliente (43%), com uma pré-sincronização (13%) e por terceiros (4%).

Embora essas obras influenciaram na concepção do modelo e implementação deste trabalho, cada uma tem suas próprias contribuições originais e limitações. Tanto nos artigos quanto na revisão sistemática, a sincronização de conteúdo de terceiros é pouco explorada e a maioria dos trabalhos tem foco em plataformas e tecnologias específicas. Porém, a abordagem apresentada aqui traz a possibilidade de sincronizar o conteúdo de múltiplas fontes sem a dependência de uma tecnologia específica.

6. CONSIDERAÇÕES FINAIS

Tendências para TV envolvem tecnologias para permitir que usuários de TV possam consumir não apenas conteúdos transmitidos pelas emissoras, mas também poder acessar conteúdos de uma ou várias fontes usando um ou mais dispositivos para compor seu ambiente de apresentação, incorporando estes conteúdos de forma complementar em uma experiência única para os telespectadores. No entanto, quando o controle da produção e entrega do conteúdo apresentados na TV é exercido de forma exclusiva pelas radiodifusoras, não há mecanismo explícito para permitir a integração sincronizada de conteúdos de terceiros ao programa de TV assistido. Uma solução óbvia seria utilizar informações temporais atreladas aos sinais transmitidos, como por exemplo, as informações das tabelas EIT transmitidas junto com a programação da emissora. Entretanto, estas informações não são confiáveis, além de não permitirem uma granularidade mais fina em termos de sincronização. Assim, é necessário se pensar em um forma genérica de acoplar, de forma sincronizada, estes conteúdos providos por terceiros aos programas de TV providos pelas radiodifusoras.

Neste trabalho foram propostos acopladores temporais que sincronizam cada um dos conteúdos acessados pelo usuário, com o conteúdo principal que é apresentado na TV. O alinhamento de *timeline*s permite sincronizar estes múltiplos conteúdos para cada usuário em seu próprio ambiente. Isso é feito gerando um ponto de sincronização entre a *timeline* do ambiente do usuário e a *timeline* do provedor de conteúdos extras (*CS*). Para isso uma amostra do *MC* no ambiente do usuário é coletada e enviada para o *CS*, onde pode ser identificada e assim descoberta qual a relação temporal entre as duas *timeline*s. Ao final da sincronização, cada cliente em seu próprio ambiente poderá receber conteúdos extras sincronizados com o conteúdo principal que esta sendo apresentado na TV. Mesmo que cada cliente receba o conteúdo principal em um tempo Global diferente (devido ao delay de transmissão), os conteúdos extras irão se adaptar a cada ambiente de usuário garantindo uma sincronia local.

Os próximos esforços da pesquisa têm como objetivo trabalhar a publicação e descoberta destes serviços de conteúdos extra pelos *CS*s para os telespectadores e o uso de áudio como forma de coleta de amostras para o método de sincronização, utilizando técnicas para fornecer amostras menos invasivas ao usuário em seu ambiente. Tais pontos não foram focos iniciais, pois diversos trabalhos abordam problemas semelhantes [5], [7], [10], [11], [12], [13] e [15], cujas soluções poderão e deverão ser implantadas junto ao método de sincronização abordado neste artigo.

7. REFERÊNCIAS

[1] P. Cesar and K. Chorianopoulos. *The Evolution of TV Systems, Content, and Users Toward Interactivity*, *Trends Hum.-Comput. Interact.* 2, 4 (April 2009), 373-95. DOI=http://dx.doi.org/10.1561/1100000008

[2] M. Gawlinski. Interactive Television Production. Focal Press: 288, 2003.

[3] P. Cesar and D. Geerts. "Past, present, and future of social TV: A categorization" Consumer Communications and Networking Conference (CCNC), 2011 IEEE , vol., no., pp.347,351, 9-12 Jan. 2011 DOI: 10.1109/CCNC.2011.5766487

[4] Nielsen Newswire. Action Figures: How Second Screens are Transforming TV Viewing. 2013. URL: http://www.nielsen.com/us/en/newswire/2013/action-figures--how-second-screensare-transforming-tv-viewing.html

[5] R. Malhotra. "Hybrid Broadcast Broadband TV: The Way Forward for Connected TVs," Consumer Electronics Magazine, IEEE, vol.2, no.3, pp.10,16, July 2013 DOI: 10.1109/MCE.2013.2251760

[6] Jin Yu, B. Benatallah, F. Casati and F.Daniel. "Understanding Mashup Development,". Internet Computing. IEEE , vol.12, no.5, pp.44,52, Sept.-Oct. 2008 DOI: 10.1109/MIC.2008.114

[7] M. de Castro, D. Carrero, L. Puente and B. Ruiz, B. "Real-time subtitle synchronization in live television programs,". Broadband Multimedia Systems and Broadcasting (BMSB), 2011 IEEE International Symposium on , vol., no., pp.1,6, 8-10 June 2011.
DOI: 10.1109/BMSB.2011.5954889.

[8] G. Blakowski and R. Steinmetz. A media synchronization survey: Reference model, specification, and case studies. IEEE J. Sel. Areas Commun., v.14, n.1, pp.5–35, 1996.

[9] R. Steinmetz. "Human perception of jitter and media synchronization," Selected Areas in Communications, IEEE Journal on , vol.14, no.1, pp.61,72, Jan 1996 DOI: 10.1109/49.481694.

[10] K. Matsumura, M.J. Evans, Y. Shishikuia and A. MCParland. "Personalization of broadcast programs using synchronized internet content," Consumer Electronics (ICCE), 2010 Digest of Technical Papers International Conference on , vol., no., pp.145,146, 9-13 Jan. 2010 DOI: 10.1109/ICCE.2010.5418823.

[11] C. Howson, E. Gautier, P.Gilberton, A. Laurent and Y. Legallais. "Second screen TV synchronization," Consumer Electronics - Berlin (ICCE-Berlin), 2011 IEEE International Conference on , vol., no., pp.361,365, 6-8 Sept. 2011. DOI: 10.1109/ICCE-Berlin.2011.6031815.

[12] S. Soursos and N. Doulamis. "Connected TV and beyond," Consumer Communications and Networking Conference (CCNC), 2012 IEEE , vol., no., pp.582,586, 14-17 Jan. 2012. DOI: 10.1109/CCNC.2012.6181009.

[13] M. Fink, M .Covell and S. Baluja. "Social and Interactive Television: Applications Based on Real-Time Ambient-Audio Identification". In: Proc. EuroITV 2006, Athens U. of Economics and Business (2006) 138-146.

[14] R.M.C. Segundo and C. A. S. Santos . "Systematic Review of Multiple Contents Synchronization in Interactive Television Scenario". ISRN Communications and Networking, v. 2014, p. 1-17, 2014.

[15] K. Nahrstedt, B. Yu, et al, "Hourglass Multimedia Content and Service Composition Framework for Smart Room Environments", Elsevier Pervasive and Mobile Computing J., Vol. 1, No. 1, Mar. 2005, pp. 43-75

[16] R.M.C. Segundo and C. A. S. Santos . "Second screen event flow synchronization," Broadband Multimedia Systems and Broadcasting (BMSB), 2013 IEEE International Symposium on , vol., no., pp.1,7, 5-7 June 2013 doi: 10.1109/BMSB.2013.6621761

Facial Modeling for Interactive 3D Reconstruction in Web Applications

Josivan Silva, Geiza Caruline Costa, João Melo, Iann Vicari Mascarenhas, Celso S. Kurashima

Universidade Federal do ABC (UFABC)

Santo Andre, SP, 09210-580, Brasil

{josivan.silva, celso.kurashima}@ufabc.edu.br

ABSTRACT

A recent kind of Web application incorporates three-dimensional image content, which allows interactivity and new visual experiences to the users. However, rendering 3D video content has been a research challenge due to modeling complexity and visual content definition. This paper proposes an interactive Web application that shows 3D modeled human faces that were captured by depth cameras, and using HTML5 and JavaScript resources for 3D reconstruction and interactivity. The 3D modeling process is realized with a triangulation algorithm called Convex Hull. We propose a method that divides the model into four parts in order to achieve improvements on visual details around the concave areas. The final model mesh is saved into an XML file, which is readable by any Web browser. The implemented viewer resulted in image visual enhancements, simple synchronized integration of video and audio content, and friendly interactivity capabilities.

Categories and Subject Descriptors

I.3.5 [**Computer Graphics**]: Computational Geometry and Object Modeling – *Geometric algorithms, languages, and systems.*

I.3.7 [**Computer Graphics**]: Three-Dimensional Graphics and Realism – *Color, shading, shadowing, and texture.*

I.4.8 [**Image Processing and Computer Vision**]: Scene Analysis – *Depth cues.*

General Terms

Algorithms; Measurement; Performance; Experimentation.

Keywords

3D Reconstruction; Image-Based Modeling; Multimedia Processing.

WebMedia'14, November 18–21, 2014, João Pessoa, Brazil

Copyright 2014 ACM 978-1-4503-3230-9/14/11...$15.00

http://dx.doi.org/10.1145/2664551.2664580

1. INTRODUCTION

The 3D reconstruction of human body may be applied in many areas, such as medical visualization, telecommunication, movie special effects and so on. Currently, the main 3D reconstruction techniques based on point clouds and depth images that have been developed are the Voronoi diagrams [1], the Delaunay triangulation, [2] and the Convex Hull [3]. One interesting approach for reconstruction of 3D objects are the algorithms based on Computational Geometry, such as the convex hull method, because these can generate polygonal mesh models instead of using large number of points of the object surface, as described in [4].

Depth cameras, e.g. the Microsoft's Kinect device[1], can provide a point cloud of the mapped environment while images are being captured. The Kinect's depth sensor supplies three-dimensional information of the real world in the form of a depth map image. Also, Kinect has four microphones that permits environmental audio capturing.

It is possible to generate a 3D-mesh that represents a surface model by using a point cloud data set [4]. The ability to present 3D contents to the Web is of particular interest to allow Internet users to navigate and interact with the three-dimensional models.

This paper proposes an interactive Web application that renders images of 3D objects from user defined viewing points. More specifically, we investigate human face reconstruction and its integration with actual voice signal of testing subjects. The target application is a future implementation of free viewpoint 3D video and telepresence applications on the Web.

In our modeling approach, the points obtained from the depth camera are triangulated by the convex hull algorithm forming a 3D model. Then, the triangles list is written into an XML (eXtensible Markup Language), file, which can be stored or transmitted to the viewer. As in [5] we conclude that XML is a standard file format for data exchange manipulation of structured documents. We also propose the use of HTML5 and JavaScript languages to implement interactive 3D visualization applications, because of their interaction resources and multimedia objects manipulation tools.

This article is organized as the following: Section 1 discusses the contextualization. The second section presents related works. Section 3 shows the methodology employed in this paper and Section 4 reports the results and future task.

---

[1]Microsoft Kinect. Available online: <http://www.xbox.com/pt-BR/Kinect/Home-new?xr=shellnav>

2. RELATED WORK

This section presents related work to our three-dimensional image-based modeling and reconstruction approach for real-time purpose.

The work called ProForma - Probabilistic Feature-based on-line Rapid Model Acquistion [6], performs fast reconstruction with point cloud data and the Delaunay tetrahedralization algorithm, based in a 2D Delaunay triangulation for 3D points. Firstly in their process of reconstruction, a point cloud of an object is generated. After this, a tetrahedralization process is used to construct a mesh of the object surface to obtain the object 3D model. In comparison to our project one difference is the modeling algorithm. We investigate modeling human face with a modified Convex Hull algorithm. Instead of applying the algorithm on all cloud points, we partitioned the points into four clusters. This approach has potential to provide a more detailed 3D mesh for the object surface model, than using the tetrahedralization algorithm with the full point cloud at once.

In the work called Efficient 3D Reconstruction for Face Recognition [7], 3D object models are built from images with a 2D to 3D method. Also, it performs face recognition in complex conditions of PIE (pose, illumination and expression). In this method, the captured face image is processed by 2D alignment and mixed to a human 3D database in order to get the shape model [7]. Then, texture is introduced to perform the face reconstruction for recognition purposes. The difference of this method to our approach is that instead of alignment with 3D data we directly use captured 3D points of the face followed by mesh triangulation. This reduces image processing time, and is more suitable for online purposes. To our knowledge, these are the closest works to our proposed method. Other methods that also use convex hull algorithm are available in the literature, e.g. [8].

3. METHODOLOGY

3.1 Capture and triangulation architecture

The general system goal is to achieve an interactive Web application that renders captured human face for interactive and natural conversation between remote people. The current system provides interactivity with video content with free viewpoint, i.e. the user can watch the content from any desired angle or viewer position. A free-viewpoint is like a 3D computer graphics rendering engine able to generate novel views based on natural images [9].

In this prototype, we used Kinect: A motion sensor developed by Microsoft and PimeSense, and which has a depth sensor that allows the capture of images from the environment in three dimensions. This device is also able of capturing audio and video at the same time.

The first developed application software interfaces with Kinect camera to capture face images, and then to perform segmentation and triangulation tasks, as illustrated in Figure 1(a). Java language was used within Processing[2] environment. Due to emission of infrared (IR) rays from Kinect, the system captures the point cloud in three dimensions with the IR sensor in the form of an image. With the Kinect RGB camera, we can capture images with 640x480 pixel resolution, and save them into JPEG format files in order to use as texture in reconstruction stage. Moreover, image

---

[2] Processing is a framework for visual programming that enables the development in its own platform, or uses libraries with a set of available methods and visual effects.

---

segmentation is done around the captured face contour, as shown in Figure 1(b), so that fewer pixels need to be loaded and processed.

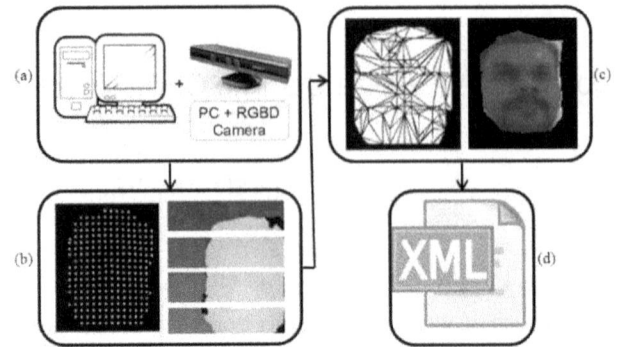

Figure 1. Capture and triangulation process

According to [10] the depth map is a grayscale image mapped to a depth information according the pixels value. The depth map and the points cloud are the same information in different format. So, the partition of the points cloud and the partition of the depth map are equivalent. The points cloud and the segmented image are used to perform frontal face identification and partitioning.

With a reduced points cloud and a texture image of 170 by 170 pixels, the convex hull triangulation technique is applied to generate a polygonal mesh, as can be observed in Figure 1(c). After this, the segmented image is used as the texture applied to the triangles formed in the face mesh by UV texture mapping method.

As indicated in Figure 1(d), a XML structure is used for data storage and transport. The XML file contains the coordinates from reduced points cloud and corresponding audio time stamp to each frame. Figure 2 shows an example of our proposed XML structure for 3D points and audio time stamp in milliseconds.

```
<triag3D>
<point3D>193.0,185.0,-419.4304</point3D>
<point3D>169.0,185.0,-215.47209</point3D>
<point3D>145.0,185.0,-217.11691</point3D>
</triag3D>
<voiceTimeMillis>743</voiceTimeMillis>
</frame3DStore>
```

Figure 2. Example of 3D point in a XML structure

The XML files are generated with variable time intervals (depending on duration of triangulation time) and exported to a local repository with audio file and texture image.

In the results and discussion section, two algorithms used in the capture software and triangulation are presented. Also, their impact on performance about processing time and surface final quality are discussed.

3.2 Presentation software architecture

As presentation software, we propose a web-based application using HTML5 and JavaScript resources. This application was developed with Processing JS, which is an adaptation from Processing framework for JavaScript [11].

The web-application receives the XML file, the audio file and texture image file, as shown in Figure 3(a). Next, the 3D mesh rendering is performed using OpenGL-Style Canvas 3D, provided by Processing JS, as illustrated in Figure 3(b).

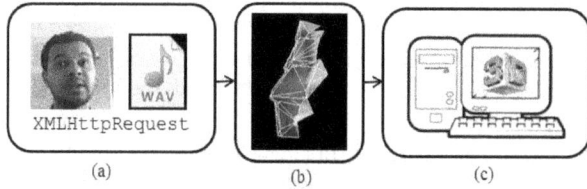

Figure 3. Execution block diagram of the Presentation software

The application running in a browser creates a scene with free viewpoint and enabled zoom, as illustrated in Figure 3(c). The user can interact with the video, using a mouse, by selecting the a desired angle of view. Interaction functions are created by HTML5 calls, which is convenient for real-time applications in the Web.

3.3 Modified Convex Hull algorithm

Convex hull algorithm is a traditional method applied for triangulation, but this algorithm prioritizes the shortest route and avoiding obstacles [3]. As a result, a low fidelity mesh is generated, especially in areas with concavity information on human face surfaces.

An adaptation of convex hull is proposed, as presented in Figure 1(b), where the face is partitioned into four parts, which are later joined back in the rendering process. Thus, concavity areas have minimized error, providing a mesh with possibly better surface details in comparison with the application of traditional convex hull algorithm. The next section presents the results of this comparison.

4. RESULTS AND DISCUSSION

In order to compare the conventional convex hull to our modified method, we have analyzed the reconstruction time, and also the number of points and number of triangles resulting from both methods of reconstruction. Table 1 shows the result of average 3D reconstruction time for conventional convex hull algorithm (method 1) and for the modified convex hull algorithm (method 2) is presented. The experiences were conducted with five people and 300 image samples from each person. The table also shows the average number of points and the average number of the generated triangles.

Table 1. Average of frame data per person

Person	Method 1 (avg.)			Method 2 (avg.)		
	Time (ms)	Points (#)	Triangles (#)	Time (ms)	Points (#)	Triangles (#)
1	211	135	491	620	160	695
2	353	159	452	1016	176	695
3	370	149	519	768	170	719
4	379	164	544	948	176	754
5	378	169	544	1274	176	754

It is noticeable in Table 1 that the reconstruction time of the method 2 is longer compared to method 1 but the second method provides a higher number of points and triangles. According to [12], the quantity of points and triangles is directly related with the detail degree of the 3D polygonal mesh. Figure 4 shows a comparative graph between both methods for the overall average of the total 1500 frames used to 3D reconstruction.

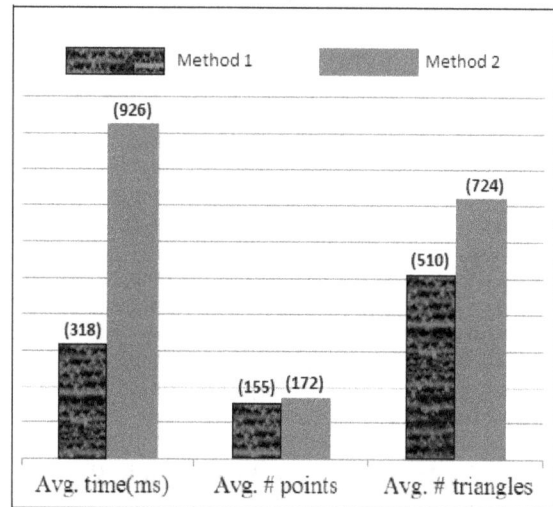

Figure 4. Overall averages of frame data

Method 1 resulted in a reconstruction time total average of 318 ms, while rendering with our method achieved 925 ms. This indicates that our triangulation is about three times slower. The total average of points is higher with the second method, with a total average of approximately 155 points to the first procedure against 171 points to the second technique. This shows an improvement of 11%. In terms of triangles, the average number is 510 for method 1, against approximately 724 for method 2, resulting in an improvement of almost 42%.

The presentation and manipulation software was tested on the web browsers Google Chrome version 36.0.1985.125m, Mozilla Firefox version 30, Microsoft Internet Explorer version 11.0.9600.17126, and Opera version 23.0.1522.

Figure 5 shows the implementation of the two methods in Google Chrome. The mesh on the left is the result of method 1, while method 2 is to the right side. There are more face details in method 2, since the 3D view is rendered with more triangles.

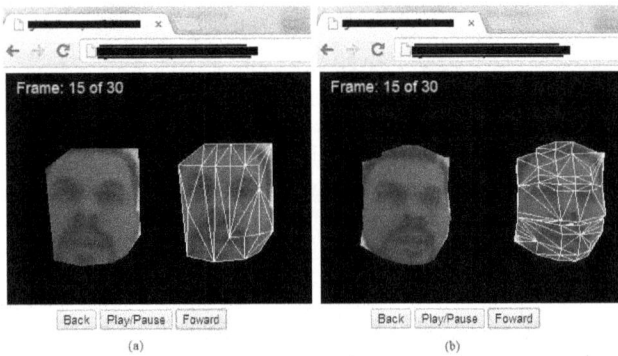

Figure 5. Example of face 3D model rendering: (a) method 1; and (b) method 2.

This web-application, shown in Figure 5, allows the user to pause, jump to the previous or next 3D frame, rotates the face mesh and apply zoom in or zoom out manipulations. In Figure 5(a) the resulting mesh shows a surface with few information in eyes, nose and mouth areas. Differently, the mesh in Figure 5(b) demonstrates more information in main areas of the face, resulting in a better approximation to the original face compared with the mesh of the left. Thus the UV mapping of the texture can be more precise in this kind of application. As pointed in [13], a free-view point system should provide the freedom for users to interact and navigate inside the scene selecting the viewpoint desirable. Our system provides a novel lateral view of the face, as can be observed in Figure 3(b), without capturing lateral face images. By adding the possibility of viewing angle selection by the user select, and the zoom-in and -out features, our web-application test shows satisfactory results and near of a free-viewpoint system.

The voice tests are made with a .wav file format captured by the Kinect array of microphones. This was implemented with the Minim audio library for Processing framework. The audio files were recorded with 8000 sample rate and bit depth of 16 bits. To play the audio file correctly, we have used the information inside the "<voiceTimeMIllis>" tag, as shown in Figure 2.

5. CONCLUSIONS AND FUTURE WORK

This paper presents an interactive Web application that renders images of 3D modeled human faces that are captured by depth cameras. Our proposed approach modifies the convex hull algorithm, by dividing the 3D model into four parts, which results in better visual details around concave areas. Our method requires more processing time compared to convex hull algorithm, because it generates more points and triangles. The goal of reducing the visual information error generated by concavities areas in the face was fulfilled. The execution of 3D viewer application in a browser, by use of HTML5, results in better visualization and allows interaction of users with the 3D model video. Future work includes real-time implementation of 3D capture, modeling, Internet transmission, and 3D reconstruction in the Web. In the future, we will also develop Web applications of free viewpoint 3D video and telepresence.

6. ACKNOWLEDGMENTS

This work was supported in part by CAPES under grant #33144010004P6, and in part by CNPq under Global-ITV Project #490088/2013-9.

7. REFERENCES

[1] dos Santos, N.P. and Escobar, L.P., 2006. Application of Voronoi and Delaunay Diagrams in Gravimetric Geoid Determination. In *Proceedings 3rd International Symposium on Voronoi Diagrams in Science and Engineering*, July 2006, ISVD '06, 252-257.

[2] Dahu, S.; and Zhongke, L. 2012. A fast surface reconstruction algorithm based on Delaunay. In *Computer Science and Information Processing,* August 2012, 981-984.

[3] Berg, M.; Cheong, O.; Kreveld, M.; and Overmars, M. Computational Geometry. Algorithms and Application. Spring, 2008.

[4] Silvestre, I.; Rodrigues, J.I.; Figueiredo, M.J.G.; and Veiga-Pires, C., 2013. Cave Chamber Data Modeling and 3D Web Visualization. In *Information Visualisation,* July 2013, London, 468-473.

[5] Zhang, H.; and Yuan, X., 2009. Schemas Extraction for XML Documents by XML Element Sequence Patterns. In *Information Science and Engineering,* December 2009, ICISE 5096-5099.

[6] Pan, Q.; Reitmayr, G.; Drummond, T. 2009. ProFORMA: Probably Feature-based On-line Rapid Model Acquisition. In *Proceedings of the British Machine Conference*, September 2009, 112.1-112.11.

[7] Jiang, D.; Hu, Y.; Yan, S.; and Zhang, L., 2005. Efficient 3D Reconstruction for Face Recognition. In *Pattern Recognition*, Volume 38, issue 6. June, 2005, 787-798.

[8] Manekar, A. S.; Nagle, M.; Kawadkar, P.; and Gupta, H. 2013. Sifting of a Potent Convex Hull Algorithm for Scattered Point Set Using Parallel Programming. In *Proceedings of the 2013 5th International Conference on Computational Intelligence and Communication Networks* (CICN '13). IEEE Computer Society, 556-560.

[9] Kuster, C.; Popa, T; Zach, C.; Gotsman, C.; Gross, M. 2011. FreeCam: A Hybrid Camera System for Interactive Free-Viewpoint Video. In *Proceedings of Vision, Modeling, and Visualization (VMV)* (Berlin, Germany, October 4-6, 2011), pp. 17-24.

[10] Sung-Yeol Kim; Eun-Kyung Lee ; Yo-Sung Ho. 2008. Generation of ROI Enhanced Depth Maps Using Stereoscopic Cameras and a Depth Camera. In *IEEE Transactions on Broadcasting*, Volume 54, Issue 4 , pp. 732-740.

[11] Almeida, C. S. B.; Apolinário Júnior, A. L., 2012. OpenedEyes: developing an information visualization framework using web standards and open web technologies. In *Proceedings of the 18th Brazilian Symposium on Multimedia and the Web*, WebMedia '12. ACM, New York, USA, 59-66.

[12] Schroeder, W. J.; Zarge J. A.; and Lorensen, W. E. 1992. Decimation of triangle meshes. In *Proceedings of Computer Graphics* SIGGRAPH '92, pp. 65-70.

[13] Morvan, Y.; Farin, D.; de With, P.H.N. 2008. System architecture for free-viewpoint video and 3D-TV. In *IEEE Transactions on Broadcasting*, Volume 54, Issue 2, pp 925-932.

Framework for Automatic Generation of Hypermedia Applications in Runtime

Luiz Fernando G. Soares
Depto. de Informática PUC-Rio
Rio de Janeiro, RJ, Brasil

lfgs@inf.puc-rio.br

Carlos de Salles S. Neto
Depto. de Informática UFMA
São Luís, MA, Brasil

csalles@deinf.ufma.br

José Geraldo de Sousa Junior
Depto. de Informática PUC-Rio
Rio de Janeiro, RJ, Brasil

jgeraldo.sousa@gmail.com

ABSTRACT

The automatic generation of hypermedia documents is a subject that is still little explored. This paper deals with authoring of dynamic hypermedia documents based on templates. A framework to support the automatic generation of these documents at runtime is proposed and detailed. As an example of use, the framework is instantiated for the automatic development of NCL dynamic applications, also bringing a discussion of the available resources and the native support provided by the Ginga middleware for managing such application types.

RESUMO

A geração automática de documentos hipermídia é uma área ainda pouco explorada. Este artigo aborda a autoria de documentos hipermídia dinâmicos baseado em templates. Um framework para suporte a geração automática desses documentos em tempo de execução é proposto e detalhado. Como exemplo de uso, o framework é instanciado no desenvolvimento automático de aplicações NCL dinâmicas, trazendo também uma discussão sobre os recursos disponíveis e o suporte nativo do middleware Ginga para manipulação desse tipo de aplicações.

Categories and Subject Descriptors

I.7.2 [**Document Preparation**]: Languages and systems, Hypertext/hypermedia, Markup languages, Standards.

General Terms

Management, Design, Languages.

Keywords

Dynamic Hypermedia Applications, NCL, Ginga, Digital TV.

1. INTRODUÇÃO

Existem diversas ferramentas para autoria de aplicações hipermídia. Essas ferramentas, ou ambientes, em geral pressupõem a clara separação do ciclo de vida de uma aplicação em duas fases distintas: o tempo de autoria (nos provedores de aplicações) e o tempo de exibição (nos receptores clientes). Durante o tempo de autoria, a aplicação é planejada, documentada e desenvolvida. Posteriormente, durante o tempo de exibição, a aplicação é apresentada nos dispositivos dos usuários finais. Usualmente, durante o tempo de exibição a aplicação não sofre mais alterações em sua estrutura, apesar de ser comum certo "pseudo-dinamismo", como o suporte à adaptação de conteúdo

para atender melhor às necessidades do usuário final e do ambiente de processamento/comunicação em que ele está inserido. O suporte à adaptação de conteúdo precisa nesse caso, contudo, ser planejado ainda em tempo de autoria.

Assim, na maioria das vezes, as ferramentas de autoria são usadas para a criação de aplicações completas, ou seja, com todas as mídias e seus relacionamentos e regras de apresentação pré-definidos, mesmo quando a adaptação de conteúdo é contemplada. Entretanto, isso só é possível se todas as ações do usuário e o conteúdo a ser apresentado puderem ser previstos e antecipados durante a autoria, o que nem sempre corresponde à realidade. A alternativa envolve a continua construção em tempo de exibição de documentos hipermídia dinâmicos.

Mais precisamente, chamamos aplicações hipermídia dinâmicas aquelas que podem sofrer *modificações em seu código*, ou mesmo ser criadas, de acordo com o estado do ambiente de execução ou pela ação de eventos recebidos durante sua execução. Em outros termos, aplicações hipermídia dinâmicas são aquelas que são construídas parte em tempo de autoria e parte em tempo de exibição.

Quando aplicações hipermídia dinâmicas são transmitidas, eventos de edição ao vivo podem ser gerados tanto no lado do servidor quanto no lado do cliente, para modificar tais aplicações.

Alguns exibidores (*players*) hipermídia, em especial sistemas de middleware para TV digital, disponibilizam diversos recursos que permitem a alteração do conteúdo da apresentação em tempo de execução. Entretanto, quando eventos de edição são gerados no lado do cliente, eles devem ser codificados na própria aplicação enviada, sendo seu uso muito trabalhoso para desenvolvedores com pouca experiência em programação [1].

Este artigo endereça o problema por meio de um mecanismo para suporte a criação *automática* de aplicações dinâmicas. O paradigma orientado a *templates com restrição* foi escolhido, por simplificar o processo de geração das aplicações por meio do uso de modelos pré-definidos e por garantir que certas características estruturais e de comportamento da aplicação se manterão intactas. A utilização do framework para geração de aplicações hipermídia declarativas é apresentada de forma geral, brevemente descrita para a linguagem HTML e detalhada na instanciação do framework na geração de famílias de aplicações NCL (Nested Context Language) [2] baseadas em *templates* definidos na linguagem TAL (*Template Authoring Language*) [3], para guiar o desenvolvimento da aplicação e garantir sua consistência (correção).

O restante deste artigo está organizado do seguinte modo. Na Seção 2 são apresentados trabalhos relacionados a documentos hipermídia dinâmicos. A Seção 3 apresenta os diversos componentes do framework proposto, chamando a atenção sobre seus pontos de flexibilização. Ainda nessa seção, alguns desses pontos de flexibilização são preenchidos, em uma instanciação parcial tendo como alvo aplicações desenvolvidas na linguagem

NCL, quando então os principais recursos disponibilizados pelo middleware Ginga [4], que possibilitam a edição de aplicações hipermídia em tempo de execução, são apresentados. Na Seção 4 alguns casos de uso são discutidos, na geração de famílias de aplicações, onde exemplos de aplicações dinâmicas são apresentados. Finalmente, a Seção 5 discute os resultados obtidos, apresenta as conclusões e possíveis trabalhos futuros.

2. TRABALHOS RELACIONADOS

Diversos trabalhos tratam da geração dinâmica de aplicações web no servidor. Por exemplo, WAVES [5] é uma abordagem em que desenvolvedores criam a lógica do lado servidor da aplicação e usam técnicas e ferramentas para sintetizar automaticamente a lógica correspondente no lado cliente. O WAVES também sintetiza interfaces interativas no lado cliente que incluem chamadas assíncronas ao servidor.

A geração de aplicações dinâmicas ou adaptação de conteúdo em aplicações multimídia pode, no entanto, se dar tanto no lado servidor, quanto no lado cliente. Quando se adapta o conteúdo no servidor, a aplicação é dinamicamente alterada antes de ser transmitida ao agente do usuário (*user agent*). Dessa forma, no lado cliente, uma aplicação final é recebida pronta para exibição. A escolha por uma abordagem no lado cliente exige maior processamento no agente do usuário, mas torna mais escalável o processo de adaptação. Em cenários onde as aplicações são enviadas para grupos de usuários, e não individualmente para cada um, e nas quais em cada usuário uma adaptação pode ocorrer, a adaptação no lado servidor é praticamente inviável. Esse cenário corresponde exatamente ao caso de provedores de aplicações (por exemplo, uma emissora de TV, vídeos interativos na Web etc.) enviando por broadcast/multicast o conteúdo para a casa dos usuários. Esse fato motivou a abordagem do lado do cliente adotada neste artigo, a mesma também adotada nos demais trabalhos discutidos nesta seção.

Hipermídia adaptativa [6] [7] [8] pode ser citada como um caso particular de documentos hipermídia dinâmicos gerados no lado cliente. Sistemas adaptativos fazem parte do conjunto de sistemas que se moldam às preferências ou necessidades dos usuários. Essa área foca, por consequência, no uso de modelos do comportamento do usuário. A coleta de dados dos usuários serve para distingui-los e apresentar, por exemplo, buscas relacionadas aos seus perfis e preferências. De acordo com a interação com o sistema, o usuário pode alterar sua navegação, o conteúdo da aplicação ou até mesmo sua forma de apresentação.

Um guia eletrônico de programação que sofre atualizações dinamicamente em tempo de exibição é apresentado em [9]. A arquitetura adotada está associada ao oferecimento de um meta-serviço que adapta a aplicação para corresponder aos meta-dados disponibilizados pela rede de transmissão. A abordagem possibilita a customização tanto do leiaute como do comportamento da aplicação. O guia adaptativo foi construído como uma aplicação nativa sobre a plataforma de TV digital brasileira Ginga-NCL [10], usando suporte tanto da abordagem declarativa como da manipulação imperativa através de scripts NCLua.

Alguns sistemas provêm a adaptação baseada em frameworks (ou templates). UML-Guide [11], um sistema baseado em UML que gera guias do lado cliente para a adaptação de aplicações Web é um exemplo. Em [12] é apresentado um sistema que se adapta às muitas condições de visualização ou à seleção do conteúdo. A abordagem proposta pode construir documentos hipermídia dinamicamente, pela compilação de diversos conteúdos da web.

Templates são empregados para tornar o leiaute da apresentação mais flexível e ainda assim consistente. Tais templates, no entanto, não definem restrições nas alterações permitidas no documento. Isso significa que o documento original, que antes de sofrer adaptações de fato seguia a especificação de um template, pode ficar não-conforme com o mesmo, depois que as alterações forem feitas.

O problema central das abordagens de templates em hipermídia adaptativa é que elas não empregam nenhum tipo de restrição na forma como os documentos podem ser modificados, nem mesmo garantem que as aplicações seguirão uma mesma família depois de modificadas. Em outros termos, as aplicações geradas não são restritas à especificação de um template e, assim, torna realmente difícil para um autor prever que tipo de alteração pode ser feita. Na presente proposta, por outro lado, aplicações são especificadas com base em templates, que além de determinar um padrão de design para a aplicação, determinam regras de restrição para preenchimento desse padrão. Aplicações geradas são checadas frente a essas regras, garantindo, assim, que as alterações de conteúdo na aplicação a manterão conforme à especificação.

Em [13] é apresentado um framework que gerencia conteúdos personalizados de vídeos interativos na Web. O servidor armazena os conteúdos de modo estruturado, e os relaciona por meio de meta-dados. Quando da apresentação, as informações do usuário são cruzadas com os meta-dados, cabendo ao framework determinar quais partes do vídeo devem ser inclusas para o usuário em questão. A partir de então, o servidor gera dinamicamente um documento na linguagem SMIL [14], representando o conteúdo personalizado, construído em resposta à requisição do usuário. Os meta-dados de fato definem restrições, embora essas não sejam testadas na construção do documento final. Comparativamente, a solução por nós proposta neste artigo não extrai uma especificação implícita a partir de meta-dados, mas requer a definição explícita de templates como entidades de primeira ordem. Isso é especialmente útil para facilitar a autoria de aplicações onde a especificação de famílias de documentos é explícita.

A autoria orientada a templates com restrições, usada em nossa proposta, pode ser empregada para a geração semiautomática de aplicações com as vantagens já citadas. Linguagens de autoria de templates como XTemplates 3.0 [15] e TAL [3] para documentos hipermídia NCL, e os templates usados pela ferramenta LimSee3 [16] precisam de somente algumas informações complementares para instanciar aplicações multimídia completas. Em [17] é apresentado uma aplicação interessante da autoria orientada a templates na especificação de programas NCL com suporte a leiaute adaptativo.

Templates LimSee3 são documentos hipermídia incompletos, com marcações que indicam as posições que devem ser alteradas ou incluídas durante o processo de instanciação. A criação do documento final pode ser feita por etapas, onde, a cada passo, marcações podem ser removidas ou adicionadas ao template. Quando todas as marcações são removidas e outras adicionadas, o processo de autoria é encerrado. Esse é um processo semelhante ao provido na solução por nós proposta, ao permitir sucessivas alterações do documento hipermídia base. A diferença fundamental é que os templates do LimSee 3 não são documentos hipermídia que possam ser prontamente executados, como exposto nas próximas seções.

Ressalta-se, como uma consequência importante da presente proposta, a simplificação esperada na verificação de correção na autoria orientada a templates quando se compara a mecanismos complexos para checagem de outras abordagens, como em [18].

3. FRAMEWORK PROPOSTO

O *framework* proposto compreende um conjunto de serviços que visa oferecer suporte para a geração automática e dinâmica de aplicações hipermídia declarativas no lado do receptor das aplicações. Esses serviços são implementados por um processador de *templates* e por outros objetos com código imperativo, que farão parte da aplicação declarativa, como exposto a seguir.

Para garantir a correção e consistência da nova aplicação hipermídia gerada, a geração das aplicações dinâmicas segue padrões explicitamente pré-definidos com seus agentes modificadores seguindo restrições controladas. Para tanto, a arquitetura de componentes apresentada na Figura 1 é utilizada, como uma especialização da arquitetura mais geral proposta em [1].

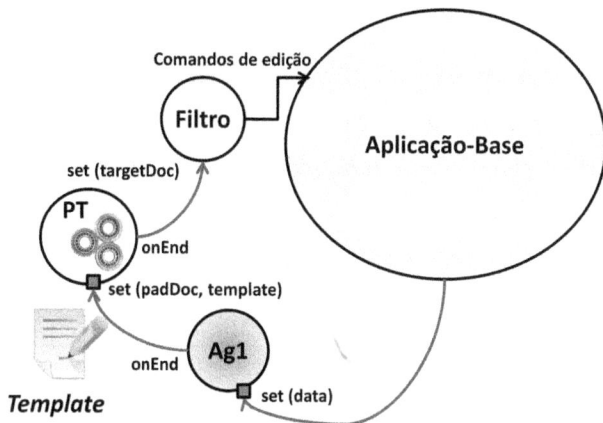

Figura 1. Componentes da geração de aplicações dinâmicas baseadas em templates.

Na arquitetura, templates são responsáveis pela especificação dos padrões de projeto a serem seguidos e pelas restrições que os agentes preenchedores dos pontos de flexibilização devem seguir, sob o controle do processador de templates (PT na figura) que, em conjunto com o componente Filtro, representam os componentes obrigatórios do framework proposto, embora seus códigos sejam pontos de flexibilização.

A Figura 2 apresenta mais claramente o diagrama de sequência do framework que passamos a descrever.

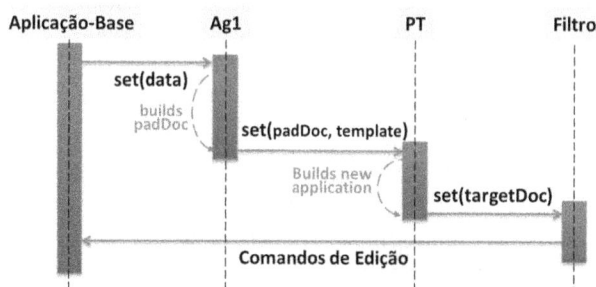

Figura 2. Diagrama de sequência.

Eventos gerados pela Aplicação-Base (a que sofrerá atualizações dinâmicas) dão partida no processamento do agente Ag1. O evento pode ser resultado de interações do usuário final da aplicação; da apresentação de um conteúdo específico (como seu início, fim, pausa, retomada ou aborto); de atribuições de valores a

propriedades de um conteúdo (por exemplo, estabelecendo uma nova posição de sua apresentação); do processamento de código imperativo (scripts) etc.

O evento de disparo de Ag1 pode vir com algum parâmetro de entrada. Por exemplo, ele pode reportar uma interação do usuário e qual objeto foi selecionado na interação. Baseado no parâmetro recebido, Ag1 pode começar a reconstruir a aplicação, seguindo um dado *template*, também exibido na Figura 1. Como resultado do processamento de Ag1 teremos um "documento de preenchimento" (*padDock* na Figura 1) dos pontos em aberto definidos no *template*. Tanto os procedimentos de construção do documento de preenchimento quanto o template a ser seguido são pontos de flexibilização do framework.

Ao terminar sua tarefa, Ag1 chama os serviços do Processador de Templates (PT), passando como parâmetros o template utilizado e o documento de preenchimento gerado. O Processador de Templates poderá então iniciar a modificação dinâmica da aplicação, totalmente sob seu controle.

O template é processado juntamente com o documento de preenchimento, dando origem a um novo documento hipermídia que, garantidamente, seguirá todas as restrições especificadas no template. Salienta-se assim que cabe ao PT a geração dinâmica da nova aplicação, e não ao agente Ag1, o que garante a consistência e a correção da aplicação. A Figura 3 ilustra o processo.

Os procedimentos de geração do novo documento, conforme mencionado, são pontos de flexibilização do framework. Ao terminar seu processamento, PT dá partida nos procedimentos do Filtro, que compara o novo documento gerado com aquele em exibição. A partir das diferenças, Filtro cria os comandos de edição necessários para atualizar dinamicamente a aplicação antiga (Aplicação-Base na Figura 1). Note, assim, que a construção feita por esse componente imutável do framework livra o autor da aplicação do conhecimento sobre como gerar comandos de edição ao vivo, para alteração da aplicação corrente.

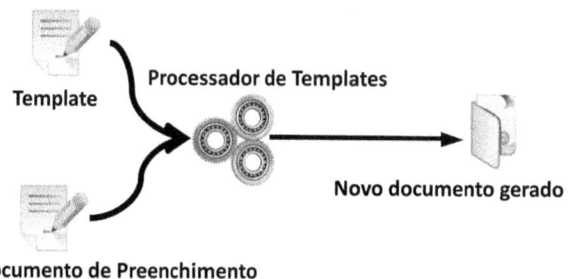

Figura 3. Geração do novo documento NCL.

Devemos enfatizar que a granularidade dos componentes do framework foi definida para deixar claro o processo da geração dinâmica. Uma implementação não precisa, no entanto, seguir estritamente os componentes definidos, mas apenas suas funcionalidades. Por exemplo, pode ser mais eficiente incorporar as funções do componente Filtro ao processador de template PT, que criaria os comandos de edição diretamente. Isso não foi feito em nossa implementação, discutida nas próximas seções, para que o reúso do processador de template fosse feito em todas as instanciações do framework e em outras aplicações.

A separação dos componentes Ag1 e PT deve, no entanto, ser sempre mantida, pois é ela quem garante a correção da aplicação, uma vez que o componente Ag1 pode conter erros, já que sua autoria será feita pelo mesmo autor da Aplicação-Base inicial. Os componentes `TP` e `Filtro`, além do documento do *template*, devem ser de responsabilidade de outro ator: aquele que é responsável pela garantia que qualquer modificação dinâmica da aplicação esteja de acordo com o template definido.[1]

Devemos enfatizar ainda que o componente `Filtro` pode ter uma implementação muito simples, apenas substituindo a antiga Aplicação-Base pela nova. Nossa experiência mostra que isso não é uma boa opção, como comentado nas conclusões.

3.1 Frameworks para Linguagens Específicas

Alguns pontos de flexibilização do framework proposto podem ser instanciados gerando um novo framework específico para geração de aplicações hipermídia especificadas em uma linguagem alvo. Como exemplo, visando aplicações exibidas em *browsers* HTML, poderíamos implementar todo o framework como uma única aplicação HTML, que conteria a aplicação HTML-base como filha, bem como os demais componentes da Figura 1 (Ag1, PT e Filtro), que seriam implementados em JavaScript. PT poderia se um processador que recebesse templates especificados em TAL [3]. Tanto o documento de preenchimento, quanto o documento gerado por PT, quanto a aplicação alvo poderiam também ser especificados em HTML. `Filtro` geraria comandos que modicariam a árvore DOM da aplicação em curso.

Para validar nossa proposta, entretanto, instanciamos o framework para geração de aplicações NCL. Utilizamos TAL como linguagem de template, NCL como linguagem de preenchimento (documento gerado por Ag1), e implementamos todos os componentes (Ag1, PT e Filtro) como objetos de mídia NCL contendo código Lua, mais especificamente, usando a biblioteca NCLua do padrão ITU-T [2]. Todos os componentes, incluindo a aplicação-base NCL, são incluídos como objetos de mídia filhos de uma aplicação NCL mãe. O suporte a comandos de edição NCL e à linguagem de script NCLua são nativos nos padrões ITU-T e ISDB-T [4].

Comandos de edição NCL permitem criar ou alterar aplicações, antes ou em tempo de execução. Eles podem, por exemplo, determinar a inclusão ou exclusão de um determinado conteúdo ou relacionamento na aplicação.

Em um ambiente de exibição NCL, as aplicações e os documentos hipermídia são organizados em uma estrutura de dados chamada "base privada" [4]. O módulo Gerenciador de Bases Privadas [10] é responsável por receber e realizar as alterações definidas nos comandos de edição, não importando se as aplicações sendo alteradas estão em exibição no momento de sua edição. Comandos de edição podem ser recebidos pelo mesmo canal (de difusão, *multicast* ou *unicast*) pelo qual a aplicação foi transmitida, por outras redes, ou ainda serem gerados por scripts NCLua. O grupo de comandos de edição utilizado é aquele cujos comandos permitem adicionar (*add command*) e remover (*remove command*) elementos em documentos NCL. O uso do comando *add* pode servir também para atualizar um elemento. Isso acontece quando ele é usado especificando um identificador já existente no

documento. Esses são os comandos mais utilizados pelo componente `Filtro`.

A Tabela 1 traz um resumo dos pontos de flexibilização preenchidos na construção do novo framework específico.

Tabela 1. Preenchimento de pontos de flexibilização.

PT	É utilizado o processador TAL [3], implementado em Lua para construção de documentos NCL, a partir de documentos de preenchimento em NCL e templates especificados em TAL.
AG1	Ainda permanece um ponto de flexibilização do novo framework, mas deve ter como saída documentos de preenchimento em NCL. Deve ser implementado como objeto de mídia NCL com código Lua.
Filtro	Implementado como objeto de mídia NCL com código Lua. Para cada diferença entre a nova aplicação gerada e a anterior, comandos de edição NCL são enviados, passo a passo.
Template	Deve ser especificado em TAL, mas permanece ponto de flexibilização no novo framework.

4. CASOS DE USO

Como casos de uso, o framework da Seção 3.1 foi instanciado para geração de três *famílias* de aplicações NCL [19], como descrito na Tabela 2.

Tabela 2. Casos de Uso.

Famílias de aplicações	Descrição
Caso1	Conjunto de serviços para geração automática de aplicações NCL contendo um vídeo, ao qual são agregadas legendas especificadas em SRT (Subrip subtitle format). Além da agregação de legendas, a aplicação agrega um menu (automaticamente gerado) com vídeos semanticamente relacionados ao vídeo em apresentação, provenientes de repositórios de conteúdos disponíveis na Web. A seleção de um desses vídeos substitui o vídeo em exibição, gerando dinamicamente uma nova aplicação, que segue mesmo padrão.
Caso2	Conjunto de serviços para geração automática de aplicações NCL pela incorporação de comentários, em áudio ou texto, a uma aplicação, por meio de uma API NCLua de manipulação de I/O.
Caso3	Conjunto de serviços para geração automática de aplicações NCL contendo, como parâmetro de entrada, vídeo ou aplicações NCL geradas no Caso 1, Caso 2, ou mesmo no Caso 3, em execução anterior. A esse conteúdo, o gerador de aplicações pode agregar (aninhar) outras aplicações NCL, sincronizadas com o vídeo principal da aplicação corrente (sincronização com ou sem a interação do usuário), contendo informações adicionais: propagandas, *widgets* etc.

As próximas subseções descrevem cada uma das famílias exemplo. Maiores detalhes de implementação são apresentados para o Caso 1. As demais famílias têm implementações semelhantes e, portanto, são descritas em menos detalhes.

---

[1] Em uma programação orientada a templates, usualmente temos o autor do template, usualmente um especialista, e o autor do documento de preenchimento, que usualmente não precisa saber detalhes da aplicação gerada, que são escondidos pelo código do template. No caso de uma geração automática, a autoria do documento de preenchimento é, de fato, realizada indiretamente, pela autoria do código do gerador desse documento.

4.1 Caso 1

A Aplicação-Base dessa família de aplicações é apresentada, na visão estrutural da Figura 4, como um elemento NCL <contexto id="AplicacaoBase"> aninhado na aplicação NCL mãe, que representa toda a família, na qual todos os objetos NCL apresentados na Figura 1 são aninhados.

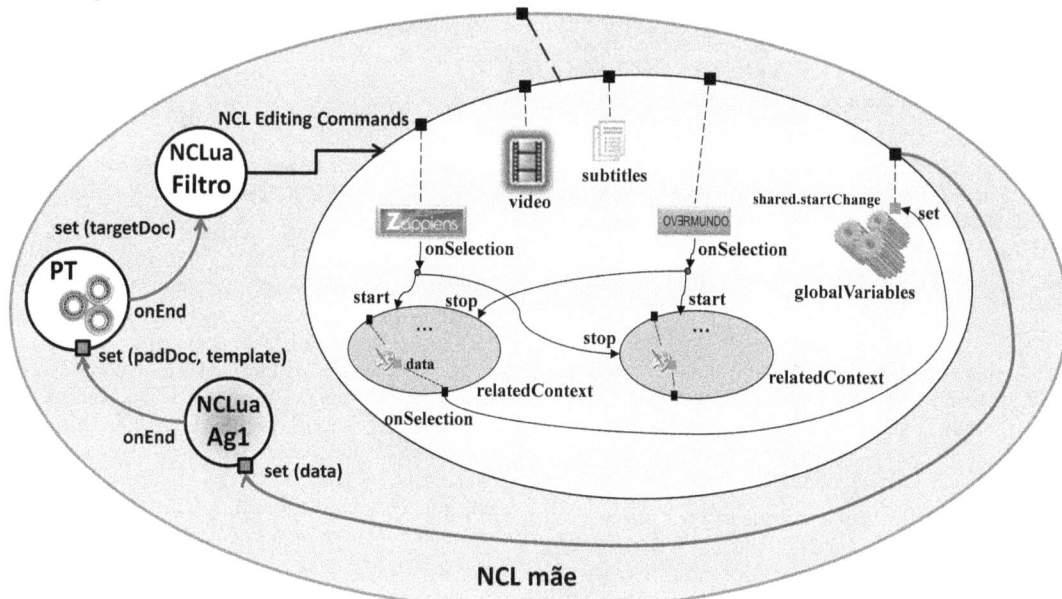

Figura 4. Aplicação NCL.

O início da exibição da aplicação apresenta um falso vídeo e uma falsa legenda (elementos NCL sem conteúdo, isto é, sem definir o atributo *src*), além de "2" ícones representando os sites de repositórios na Web usados em um elemento (a instanciação sendo descrita) da família. A seleção de um ícone exibe um menu com todos os vídeos presentes no site que o ícone representa. Os sites acessíveis são um ponto em aberto do template dessa família de aplicações. Os sites "Zappiens" [20] e "Overmundo" [21] foram, no entanto, utilizados em todos os nossos exemplos de instanciação. Nossos casos de uso foram inicialmente integrados a esses repositórios, e ao repositório aberto Clube NCL [22], porém é importante ressaltar que eles não se limitam a esses sites. Algumas outras possibilidades para fornecimento de conteúdo são os sites de emissoras de TV, ou qualquer outro site de conteúdo audiovisual.

A seleção de um vídeo do menu atribui um valor, identificando o vídeo selecionado, à variável global "shared.startChange" do objeto de mídia NCL "globalVariables" (type= "application/x-ncl-settings). Essa atribuição dispara o objeto com código Lua que representa o componente Ag1 na Figura 4.

De posse da informação de qual vídeo foi selecionado, o "NCLuaAg1" realiza uma pesquisa nos vários sites, buscando as referências de todos os vídeos semanticamente relacionados ao vídeo selecionado. O procedimento de pesquisa é outro ponto de flexibilização dessa família de aplicações, que foi instanciado de forma muito simples, conforme discutido na Seção5. A partir dos dados obtidos, "NCLuaAg1" constrói o documento de preenchimento contendo uma lista de ícones para os vídeos relacionados, o vídeo selecionado e a legenda a ele correspondente. Esse documento é passado ao objeto de mídia NCLua "PT" (por meio da ativação de um elemento <link> com condição de atribuição) que, a partir do template previamente especificado para esse caso de uso, gera a nova aplicação NCL, com estrutura idêntica à da Aplicação-Base utilizada no processo, mas com novos conteúdos para os objetos de mídia.

Ao terminar seu processamento, PT dá partida no objeto "NCLuaFiltro", que envia comandos de edição NCL parando o elemento <contexto id="AplicacaoBase">, substituindo (comandos de adição) objetos nesse contexto (todos os objetos, exceto os objetos de mídia que representam os ícones, os contextos correspondentes aos sites e o objeto "globalVariables"), e dando partida novamente na execução do elemento <contexto id="AplicacaoBase">, o que faz com que um novo vídeo com legendas seja iniciado (o vídeo anteriormente escolhido), bem como a apresentação dos ícones representando os diversos sites que, quando selecionados, agora exibirão um menu de todos os vídeos, presentes nos sites respectivos, que estejam semanticamente relacionados ao vídeo sendo apresentado. A seleção de um novo vídeo reinicia todo o processo.

A Figura 5 apresenta um instante de uma aplicação dinâmica da família desse Caso 1 de uso.

Figura 5. Aplicação de vídeo com legendas e com os respectivos vídeos relacionados provenientes da seleção do site Zappiens.

4.2 Caso 2

Para permitir a entrada de dados durante a execução de uma aplicação NCL, e para permitir o armazenamento de aplicações e seus conteúdos, foram incorporadas APIs de entrada e saída (I/O) e de armazenamento à biblioteca NCLua da implementação de referência do middleware Ginga [10]. Essa nova biblioteca NCLua é a base para o gerador automático do Caso 2.

A API NCLua incorporada oferece uma interface simplificada para acesso a comandos de edição ao vivo do Ginga-NCL, estendendo suas funcionalidades nativas. Além disso, fornece funções que possibilitam salvar dados em arquivos, utilizando os módulos I/O de Lua, conforme as Normas ABNT 15606-2 e a Recomendação H.761 do ITU-T. Essa API pode, portanto, salvar as alterações realizadas sobre o código NCL em um arquivo.

Utilizando as novas APIs, é possível a adição de comentários de texto ou de áudio, sincronizados com o tempo de exibição de um vídeo isolado (na instanciação implementada, limitado aos sites "Zappiens", "Overmundo"), ou do vídeo de aplicações geradas através dos Casos 1 ou 3, discutido na próxima seção (na instanciação implementada, limitado ao site "ClubeNCL").

Inicialmente, o usuário indica qual é o vídeo (ou a aplicação NCL), de forma análoga à escolha inicial do Caso 1. A seleção do vídeo (ou aplicação) atribui um valor, identificando a seleção, à variável global "shared.startChange" do objeto de mídia NCL "globalVariables" (type= "application/x-ncl-settings). Essa atribuição dispara o objeto com código Lua que representa o componente Ag1. De posse da informação de qual vídeo (ou aplicação) foi selecionado, o "NCLuaAg1" permite que o usuário também escolha, de um repositório de comentários, o arquivo com um conjunto de comentários que devem ser exibidos sincronizados com o vídeo (ou aplicação NCL) escolhido. Na verdade, esse arquivo é um documento de preenchimento anteriormente gerado, como veremos. O arquivo é passado ao objeto de mídia NCL "PT" (por meio da ativação de um elemento <link> com condição de atribuição) que, a partir do template previamente especificado para as aplicações do Caso 2, e juntamente com o componente "NCLuaFiltro", gera a aplicação NCL incluindo todos os comentários e seus pontos de sincronização com o vídeo (ou aplicação NCL) escolhido. Em seguida, é dada a partida nessa aplicação.

Iniciada a aplicação, o processo de inserção de novos comentários (em áudio ou texto) sincronizados com o vídeo (ou aplicação) escolhido, é realizado utilizando objetos NCLua que têm como suporte a nova API NCLua descrita no início desta seção. Um objeto NCLua da Aplicação-Base permite a geração de arquivo com comentários de texto e outro com comentários de áudio. Ao finalizar a entrada de um comentário, o objeto NCLua atribui um valor, identificando o arquivo de comentário gerado, à variável global "shared.startChange" do objeto de mídia NCL "globalVariables" (type= "application/x-ncl-settings). Essa atribuição dispara o objeto com código Lua que representa o componente Ag1 na Figura 1.

De posse da informação do novo arquivo de comentário gerado, o "NCLuaAg1" constrói, paulatinamente, o novo documento de preenchimento, contendo o vídeo (ou a aplicação NCL) anteriormente escolhido, todos os comentários anteriores inseridos e sincronizados, e o comentário corrente. O componente "NCLuaAg1" também inclui no documento de preenchimento uma imagem (ícone), indicando a existência do comentário inserido, cuja exibição começará no ponto do tempo, relativo ao vídeo (ou aplicação), em que o comentário começou a ser gerado.

Essa imagem será exibida por um tempo determinado pelo autor do comentário. Se a imagem for selecionada, o comentário correspondente será exibido. Esse novo documento de preenchimento gerado é então gravado em um arquivo.

Esse procedimento é realizado a cada comentário de forma que, ao final da exibição, um novo documento de preenchimento seja gerado, com todos os novos comentários, e suas respectivas imagens de acionamento (idênticas, mas posicionadas em diferentes instantes), incluídos. Entre outros usos, note que esse documento poderá alimentar a próxima exibição do vídeo (ou da aplicação) escolhido, mas isso ainda não é tudo.

Podemos ter dois comportamentos nas novas aplicações criadas. No primeiro caso, o final da geração de um comentário (objeto de áudio ou texto) só se dá em ponto adiantado do vídeo com relação ao ponto onde a geração foi iniciada. Nesse caso, o componente "NCLuaAg1" passará o novo documento de preenchimento criado ao objeto de mídia NCLua "PT" (por meio da ativação de um elemento <link> com condição de atribuição) somente quando for notificado do fim da exibição do vídeo (ou aplicação NCL) escolhido. O componente "PT", a partir do template previamente especificado, e juntamente com o componente "NCLuaFiltro", gera então a nova aplicação NCL com todos os comentários anteriores e todos os novos comentários inseridos e sincronizados.

No segundo caso, os mesmos objetos NCLua utilizados para gravação de comentários pausam o vídeo (ou aplicação NCL) escolhido no início de cada comentário. O final da geração de um comentário (objeto de áudio ou texto) faz com que o componente "NCLuaAg1" passe o novo documento de preenchimento, criado pela inserção do novo comentário, imediatamente ao objeto de mídia NCLua "PT" (por meio da ativação de um elemento <link> com condição de atribuição) que, a partir do template previamente especificado, gera a nova aplicação NCL com todos os comentários anteriores, mais o novo comentário inserido (e apenas ele) e a respectiva imagem para seleção sincronizada ao vídeo (ou aplicação). Quando da inclusão de cada novo comentário pelo componente "NCLuaFiltro", um comando de edição NCL é enviado retomando a exibição pausada.

Nos dois casos, entretanto, ao final da exibição do vídeo (ou da aplicação NCL aninhada) e depois de gerado a última atualização dinâmica, as imagens associadas a todos os comentários são novamente exibidas, para seleção e o posterior acionamento de exibição de algum comentário.

4.3 Caso 3

O terceiro caso de uso trata da geração automática de aplicações NCL a partir de aplicações iniciais contendo apenas vídeos (na instanciação implementada, limitado aos sites "Zappiens", "Overmundo"), ou aplicações iniciais oriundas das famílias de aplicações dos Casos 1 ou 2, em execução anterior (na instanciação implementada, limitado àquelas armazenadas no site "ClubeNCL"). O gerador de aplicações dessa terceira família de aplicações agrega (aninha) à aplicação inicial outras aplicações NCL que contenham informações adicionais ao vídeo principal em exibição, propagandas, widgets, ou outros tipos de conteúdo. As aplicações adicionadas são sincronizadas no tempo com o vídeo principal da aplicação original, para uma exibição cuja partida pode ser disparada por uma interação do usuário, ou independente de interação.

Como entrada, o gerador automático recebe a aplicação NCL em exibição, a nova aplicação NCL a ser embutida (aninhada) na aplicação original, o momento escolhido para sua exibição, e se ela se dará com ou sem a intervenção do usuário. Se for exibida pela interação, deve ser também informado o tempo em que a intervenção do usuário estará habilitada. Um objeto com código NCLua é responsável por todo o tratamento.

As Figuras 6 e 7 ilustram um instante das aplicações geradas usando o framework depois de instanciado. Na Figura 6, uma aplicação sobre a previdência é aninhada em uma aplicação NCL contendo apenas o vídeo principal. A aplicação permite o acesso a diversos serviços oferecidos aos contribuintes, como: consulta ao calendário e à tabela de pagamentos da Previdência Social; indicação da agência mais próxima do contribuinte baseado no seu CEP; etc.

Figura 6. Aplicação hipermídia sobre a previdência.

Na Figura 7, uma aplicação sobre a Copa do Mundo de Futebol é apresentada, onde o usuário pode obter informações sobre os locais de realização das competições, pontos turísticos das cidades que vão realizar o evento e dados gerais sobre o transporte nas cidades sedes.

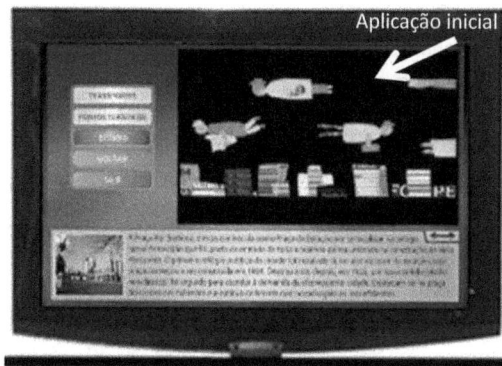

Figura 7. Aplicação hipermídia sobre a Copa 2014.

5. CONCLUSÃO

O framework proposto visa, principalmente, facilitar o trabalho do autor de aplicações hipermídia, ao fazer a integração com conteúdo originário de diversas fontes integradoras, de forma dinâmica e automática. O desenvolvimento de aplicações dinâmicas com processamento do lado do cliente é um trabalho difícil para autores de aplicações. Facilitar esse trabalho com a ajuda do framework é nossa intenção.

Além de ajudar a autoria dessas aplicações, o framework também se preocupa com a correção e consistência das aplicações geradas. Para tanto, ele faz uso de templates, na nossa implementação na linguagem TAL, onde não apenas padrões de projetos são oferecidos, mas também restrições sobre o preenchimento de seus pontos em aberto. A geração automática, componente do framework, garante que essas restrições são obedecidas.

Para ilustrar o uso do framework, ele foi primeiro especializado para geração de aplicações NCL. Três casos de uso foram então apresentados, gerando famílias de aplicações utilizando vídeos e aplicações armazenados em três repositórios de conteúdo diferentes: o Zappiens, o Overmundo e o Clube NCL.

Uma dificuldade encontrada foi a falta de meta-dados, associados aos conteúdos dos sites utilizados, que permitissem uma melhor indexação e busca. Mesmo que quiséssemos, nosso agente de modificação, componente do framework, não poderia ser mais sofisticado do que o implementado. Isso, no entanto, não era o ponto focal do nosso trabalho. Fica a sugestão como trabalho futuro.

Outro importante aspecto do framework é a possibilidade de convidar o usuário final da aplicação a ser autor de novas aplicações. Isso foi exemplificado no Caso 2 de uso, onde, ao usuário final, foi permitido comentar, anotar sua navegação pela aplicação, e ser ele próprio o publicador de conteúdo. Note que no Caso 2, ao agregar comentários, uma nova aplicação é de fato publicada. Exemplos bem mais complexos do que os descritos poderiam ser gerados, mas não era esse nosso objetivo. Essa capacidade de tornar o usuário final um autor de aplicações não apenas enriquece a experiência do usuário, mas também estende o conjunto de aplicações e recursos possíveis suportados por um ambiente de exibição hipermídia.

A inserção de comentários em tempo de exibição por múltiplos usuários de uma dada comunidade fica como trabalho futuro. Entretanto, o compartilhamento desses comentários já é contemplado no trabalho corrente, uma vez que os arquivos de comentários podem ser armazenados em um site compartilhado.

No trabalho exposto neste artigo, não foi nossa intenção avaliar qualitativamente os casos de uso. Vários trabalhos na literatura já o fazem para as aplicações mencionadas. Nosso ponto central foi apresentar aplicações cujo conteúdo pode ser dinamicamente alterado quando a aplicação já está executando. Nosso trabalho realmente não avalia a semântica do conteúdo e nem nos envolvemos em questões referentes à forma que esse conteúdo é apresentado. O que asseguramos é que o programador, usando o framework, pode garantir, por meio de uma especificação de template, que seu conteúdo final vai seguir certas restrições impostas. Algumas dessas restrições podem ser voltadas a garantir uma melhor usabilidade, mas outros aspectos podem também ser atendidos pelas restrições.

Nossa intenção foi, assim, apenas criar condições para possibilitar a geração automática de aplicações dinâmicas. Nesse sentido, medidas do tempo de resposta ao evento de partida da geração das aplicações mostraram que esse tempo é comparável ao de outros eventos concomitantes, por exemplo, o tempo de resposta do exibidor de vídeo quando um vídeo é iniciado. Isso tem mostrado que o tempo de resposta na geração de aplicações não impacta na experiência do usuário. Talvez em algoritmos muito complexos, executados pelo componente Ag1, isso possa trazer algum problema em terminais com pouco recurso de processamento, mas isso não foi fato nos casos de uso de nossos exemplos.

Com relação à edição ao vivo, é comentado no final da Seção 3 que o framework poderia permitir uma implementação bem simples para o componente Filtro, que poderia apenas substituir a antiga Aplicação-Base pela nova. Essa opção tem a vantagem de explorar minimamente os comandos de edição NCL, que muitas vezes não são suportados por completo em middlewares não conformes com a Norma ABNT 15606-2 [4]. Nossa experiência mostrou que isso geralmente não é uma boa opção e que algumas vezes pode levar a problemas indesejados de QoE (*Quality of Experience*), como flicks, uma vez que a aplicação não mudaria suavemente. Problemas de QoE podem ser minimizados substituindo gradativamente cada elemento da aplicação, fazendo inclusive uso de efeitos de transição e animação proporcionados pelo middleware Ginga. Essa opção foi a escolhida, e executou bem na implementação de referência ITU-T [2] do middleware Ginga. Como dito, a existência do componente `Filtro` não é um ponto de flexibilização do framework (para garantir a correção e consistência das aplicações geradas), mas fica como outro trabalho futuro experimentar algoritmos mais sofisticados que os triviais usados em nossa implementação, pois não era objetivo imediato de nosso trabalho tornar o mais suave possível as mudanças dinâmicas de uma aplicação.

Ainda como outro trabalho futuro, pretendemos estender o conjunto de serviços do framework no sentido de evidenciá-los como uma ferramenta de autoria extensível voltada para a criação dinâmica de aplicações. Nessa direção, uma proposta é incorporá-lo como plug-in da ferramenta de autoria NCL Composer [23]. A partir de então, poderemos também partir para uma avaliação analítica do uso do framework por desenvolvedores não especialistas em programação.

6. AGRADECIMENTOS

Os autores gostariam de agradecer ao MCT (Ministério de Ciência e Tecnologia) e ao CETIC/RNP pelo suporte financeiro no desenvolvimento do framework.

7. REFERÊNCIAS

[1] Soares, L.F.G.; Soares Neto, C.S.; Souza, J.G. Architecture for Hypermedia Dynamic Applications with Content and Behavior Constraints. Proc. of the *12th ACM symposium on Document engineering*. Paris, França. Setembro de 2012; pp.217-226.

[2] ITU-T Recommendation H.761, (2009). Nested Context Language (NCL) and Ginga-NCL for IPTV Services. Geneva. Junho de 2011.

[3] Soares Neto, C. S.; Soares, L. F. G.; Souza, C. S. TAL - Template Authoring Language. *Journal of the Brazilian Computer Science*. Vol. 18, No. 3, pp. 185-199. Setembro de 2012.

[4] ABNT. Digital Terrestrial Television - Data Coding and Transmission Specification for Digital Broadcasting - Part 2: GingaNCL for fixed and mobile receivers - XML application language for application coding. *ABNT NBR 15606-2*. Brasil, 2nd ed., 2011.

[5] Skrupsky, N.; Monshizadeh, M.; Bisht, P.; Hinrichs, T.; Venkatakrishnan, V. N.; Zuck, L. WAVES: Automatic Synthesis of Client-side Validation Code for Web Applications. Proc. of *International Conference on Automated Software Engineering*. Essen, Alemanha. Setembro de 2012.

[6] Brusilovsky, P. Adaptive Navigation Support: From Adaptive Hypermedia to the Adaptive Web and Beyond. *PsychNology Journal*, v.2 n.1, 2004.

[7] Brusilovsky, P.; Sosnovsky, S.; Yudelson, M. Addictive links: The motivational value of adaptive link annotation.

New Review of Hypermedia and Multimedia 15 (1), 97-118. 2009

[8] Smits, D., & De Bra, P. GALE: A Highly Extensible Adaptive Hypermedia Engine. Proceedings of the *22nd ACM Conference on Hypertext and Hypermedia*, Eindhoven, Holanda (pp. 63-72). Junho de 2011.

[9] Moreno, M. F., Soares Neto, C. S., Nagato, F., Soares, L. F. G. Uma Abordagem Declarativa para Geraçao e Adaptaçao de Aplicações de Guias Eletrônicos de Programação. Proceedings of the *14th Brazilian Symposium on Multimedia and the Web*, pp. 99-106. Outubro de 2008.

[10] Soares, L.F.G.; Rodrigues, R.F.; Moreno, M.F. Ginga-NCL: the Declarative Environment of the Brazilian Digital TV System. *Journal of the Brazilian Computer Society*, vol. 12; No. 4, pp. 37-46. ISSN: 0104-6500. Março de 2007.

[11] Ceri, S.; Dolog, P.; Matera, M.; Nejdl, W. Model-Driven Design of Web Applications with Client-Side Adaptation. *Lecture Notes in Computer Science*. Vol. 3140, pp 201-214. 2004

[12] Schrier, E., Dontcheva, M., Jacobs, C., Wade G., Salesin D., (2008) Adaptive Layout for Dynamically Aggregated Documents. Proc. of the *13th international conference on Intelligent user interfaces*. Gran Canaria, Espanha. 2008.

[13] Hjelsvold, R., Vdaygiri, S., Léauté, Y. Web-based Personalization and Management of Interactive Video. Proc. of the *10th international conference on World Wide Web*, p.129-139. Hong Kong. Maio de 2001,

[14] Bulterman Dick C. A., Rutledge L. W. *SMIL 3.0 - Flexible Multimedia for Web, Mobile Devices and Daisy*. Talking Books. 2nd ed. Springer. 2009. ISBN: 978-3-540-78546-0.

[15] Santos, J. A. F.; Muchaluat-Saade, D. C. XTemplate 3.0: spatio-temporal semantics and structure. *Multimedia Tools and Applications*. 2011.

[16] Deltour, R.; Roisin, C.. The Limsee3 Multimedia Authoring Model. Proc. of the *ACM Symposium on Document Engineering*, p. 173-175, Nova York, Estados Unidos. 2006.

[17] Amorim, G.; Santos, J.; Muchaluat-Saade, D. Adaptive layouts for authoring NCL programs. In Proc. of the *19th Brazilian Symposium on Multimedia and the Web*, pp. 205-208. 2013.

[18] Machado, E.; Claro, D.; Andrade, A. Generating Correct Compositions of Semantic Web Services with Respect to Temporal Constraints. Proc. of the *18th Brazilian Symposium on Multimedia and the Web*, pp. 197-206. 2012.

[19] Sousa Jr, J. G. Tese de Mestrado; PUC-Rio - Depto. de Informática. Uma Arquitetura para Aplicações Dinâmicas NCL Baseadas em Famílias de Documentos. Novembro de 2011.

[20] Zappiens. Disponivel em: http://www.zappiens.br. Acessado em 02 de junho de 2014.

[21] Overmundo. Disponivel em: http://www.overmundo.com. Acessado em 02 de junho de 2014.

[22] Clube NCL. Disponivel em: http://www.clubencl.org.br. Acessado em 02 de junho de 2014.

[23] Azevedo, R.G.A.; Araújo, E.C.; Lima, B.; Soares, L.F.G.; Moreno, M.F. Composer: Meeting Non-functional Aspects of Hypermedia Authoring Environment. *Multimedia Tools and Applications*. Vol. 51, No. 13. ISSN: 1380-7501. Setembro de 2012.

Contextual Information Improving IPTV and Digital TV: A Systematic Review

Marcelo Fernandes de Sousa
Informatics Center, CIn
Federal University of Pernambuco, UFPE
Recife, Brazil
+55 81 2126 8430
mfs4@cin.ufpe.br

Raoni Kulesza
Informatics Center, CI
Federal University of Paraíba, UFPB
João Pessoa, Brazil
+55 83 3216 7093
raoni@lavid.ufpb.brgh

Carlos André Guimarães Ferraz
Informatics Center, CIn
Federal University of Pernambuco, UFPE
Recife, Brazil
+55 81 2126 8430
cagf@cin.ufpe.br

ABSTRACT

This paper presents the results obtained from a systematic literature review that aimed at mapping current research studies that use contextual information to improve the TV watching experience or propose some interesting approach using the TV environment. We followed the orientations of literature for elaboration of three Research Questions: What contextual elements are used IPTV/DTV services? How contextual information used by IPTV/DTV services is acquired? Which types of solutions are being proposed in those approaches? We end the paper presenting our conclusions and opportunities for further work.

Categories and Subject Descriptors

H.3.3 [**Information Search and Retrieval**]: *Information filtering – context-aware systems, multimedia systems*

General Terms

Measurement, Documentation, Design.

Keywords

Digital TV; IPTV; Smart TV; Mobile TV; Context-awareness

1. INTRODUCTION

The TV watching experience is one of the favorite pastimes in every home around the world. The technology evolved over the years and the television became digital, interactive and ubiquitous. Nowadays we come across terms such as: Digital TV, IPTV, Smart TV, and mobile TV.

However, regardless the environment, the evolution of the TV also brought some problems. For example, choosing an interesting TV program has become extremely hard since we can find an enormous variety of TV content. Because of that,

WebMedia'14, November 18–21, 2014, João Pessoa, Brazil.
Copyright © 2014 ACM 978-1-4503-3230-9/14/11...$15.00.
http://dx.doi.org/10.1145/2664551.2664565

the activity of zapping TV content is so annoying that discourages users to turn the TV on. Besides, the interaction with Digital TV applications is also troublesome because of the remote control limitations. An audience used to a passive behavior would not interact to any kind of application that requires too much effort from the users.

Context-aware systems are used to promote recommendations, monitoring, adaptations and assistance. They are a promising solution to situations like those previously mentioned. A classic definition of context was proposed by [1]: "Context is any information that can be used to characterize the situation of an entity. An entity is a person, place, or object that is considered relevant to the interaction between a user and an application, including the user and applications themselves". Context information as user profile, network status, and device capabilities has been used by in the TV environment to support content recommendations, target advertising, display adaptation and other alike approaches.

This paper presents the results obtained from a systematic review that aimed at mapping current research studies that use contextual information to improve the TV watching experience or just propose some interesting approach using the TV environment. In this paper context, we can understand by TV watching experience any approach related to iDTV, IPTV, Smart TV, Mobile TV and so on.

Our work is structured as follows: section 2 presents the concepts underlying systematic reviews, how they were applied and a description of the analysis protocol employed, section 3 outlines the results of the analysis, and section 4 summarizes and discusses the opportunities identified in this review. Finally, section 5 presents our conclusions and opportunities for further work.

2. METHOD

A Systematic Review aims to provide an exhaustive summary of the available studies. According to [2] it can be seen as the process of interpretation and assessment of current literature that are related to a research question or topic of interest. Besides, according to the same author, synthesizing available studies about an approach or technology, identifying new research questions and helping steer the investigations towards unexplored or interesting areas within the topic of interest are some of the most important reasons to conduct a systematic review.

In the following, we present how we have instantiated the 5 steps proposed by [2] in our Systematic Review about context-aware IPTV/Digital TV services.

2.1 Research Questions

Defining the research questions is one of the first things to focus the use of contextual information to improve the TV watching experience, this work followed the orientations of [2] for elaboration of three research questions (RQ) with the goal to determine the content and conception of the systematic revision. The following RQ were proposed:

- RQ1: What contextual elements are used to improve the TV watching experience?

- RQ2: How contextual information used by TV environment is acquired?

- RQ3: Which types of solutions are being proposed in those approaches?

2.2 Research Strategy

We performed an automated search through a search string used in the following databases:

- IEEE Xplore
- ACM Digital Library
- ScienceDirect
- Elsevier Scopus

The automated search strategy using search strings is widely used in systematic reviews. This step has the objective to recover only the research studies that are relevant considering the research questions to be answered.

The search string was made up of keywords from each area of research, combined through the use of the Boolean operators "OR" and "AND forming the following filter rule:

{[(key-words for Digital TV and IPTV) AND (key-words for context-aware)]} in the title or abstract or keywords in the article. Resulting on the following Search String:

(("DTV" OR "iDTV" OR "IPTV" OR "SmartTV" OR "ITV" OR "HbbTV" OR "HybridTV" OR "Television" OR "TV") AND ("context-awareness" OR "context-aware" OR "awareness" OR "context-sensitive" OR "context-adaptive" OR "context" OR "ubiquitous" OR "Adapt*" OR "Personal*" OR "Predict*"))

It is worth to mention that the search strings for the four digital libraries were similar but not the same. The reason is because of the different functions and features of search engines that require all search strings are calibrated according to the requirements and characteristics of each search engine.

2.3 Criteria and Selection Procedures

After collecting the studies in previously step, we performed a relevance analysis classifying each study according to the following inclusion (I) and exclusion (E) criteria:

- (I) Academic only studies
- (I) IPTV/DTV studies that operate with contextual information;

- (I) The publication should have a proposed solution

- (E) IPTV/DTV that do not operate with contextual information;

- (E) Context-aware studies that do not targeted to IPTV/DTV

- (E) Studies that do not that make clear that it concerns to context-aware approaches in IPTV/DTV field

- (E) Duplication of publication.

- (E) Publication not written in either English or Portuguese;

- (E) Journals not accessible online.

- (E) Publications that only bring a revision or approach, without a proposal of solution.

- (E) Publications that is not a short neither a full paper.

The four steps used in this process were: (i) reading the titles and abstracts of the papers, noting the inclusion criteria and applying the exclusion, thus eliminating the studies that were irrelevant to the research questions under investigation; (ii) eliminating papers that do not concerns to context-awareness; (iii) reading selected articles in the previous step in full, again applying the same criteria; (iv) selecting and documenting the remaining papers following a predetermined method, described in the following sections.

It is worth to say that most of the papers found in the research are recommendations or perform some adaptation. These kinds of applications could be implemented by different techniques, like data mining for example. So, step (ii) is necessary to restrict our research to context-aware approaches.

2.4 Quality Assessment

In this systematic review, quality assessment was used in order to minimize errors when interpreting results. Besides, it guided the interpretation of results for the data analysis and synthesis. This quality assessment did not qualify the studies with an overall quality score. Only criteria defined by [3] were used for classification in a binary scale. The criteria were:

a. Is the paper based on research or is it merely a "lessons learned" report based on expert opinion?

b. Is there a clear statement of the aims of the research?

c. Is there an adequate description of the context in which the research was carried out?

d. Was the recruitment strategy adequate with respect to the aims of the research?

e. Was the research design appropriate to address the aims of the research?

f. Was there a control group with which to compare treatments?

g. Was the data collected in a way that addressed the research issue?

h. Was the data analysis sufficiently rigorous?

i. Has the relationship between researcher and participants been adequately considered?

j. Is there a clear statement of findings?

k. Is the study of value for research or practice?

2.5 Data Extraction and Synthesis

The research questions were answered with the support of a data extraction form designed in order to gather the required information to address the objectives of this systematic review.

The following information was extracted from each study: author, title, source, year, volume, pages, summary, keywords, and whether or not they adhered to the inclusion criteria. Once all of the studies had been cataloged, we analyzed them both qualitatively and quantitatively. Sections 3 and 4 presents the results of such analyses allowed us to identify properties and characteristics related to answering the research questions posed in this review.

3.   RESULTS

This systematic review was conducted over the course of six months, from January 2014 to June 2014, according to the procedure presented in Section 2. After performing the steps described in Section 2.1, 2.2 and 2.3, a total of 38 studies were selected, as shown in Figure 1.

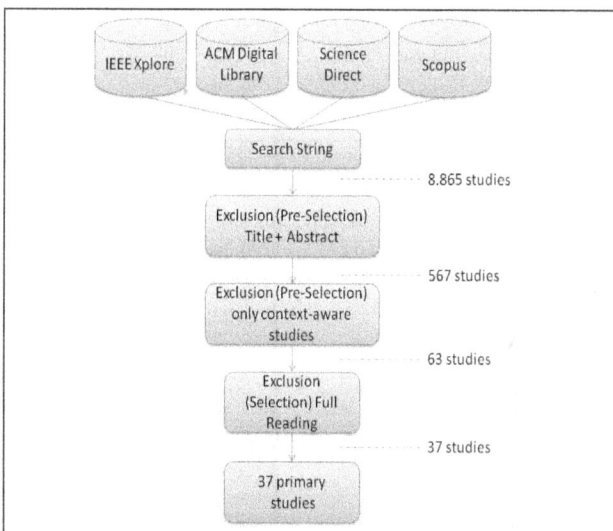

Figure 1. Research Studies Filtering Process

Furthermore, the automated search on engines from research studies repositories resulted in a total of 8.865 studies. After performing a pre-selection amongst those, done by reading their titles, abstracts, and keywords, 567 studies were selected. Performing preselection by considering on studies that make clear that it concerns to context-aware approaches in IPTV/DTV field, 63 articles were selected; and finally, after the full reading step was completed, 37 studies were selected for analysis. The 38 studies selected for this review are presented in the Further Reading section, with numbers preceded by SS (Selected Studies) to distinguish them from the reference numbering.

Most studies are equally distributed in IEEE Xplore and in ACM Digital Library. Both of them have 39,5% as we can observe in Figure 2 that shows the number of papers found

according the literary sources. Elsevier Scopus has 21% of the selected papers and ScienceDirect does not contributed to the systematic review.

We considered papers from 2007 to 2013, since 2007 was the beginning of the Brazilian Digital TV. Observing Figure 3 we can notice that context-awareness in Digital TV field still is a hot topic. The year in which the largest number of studies was published is 2013 equaling the number of articles published in 2010. The results show an increase in research.

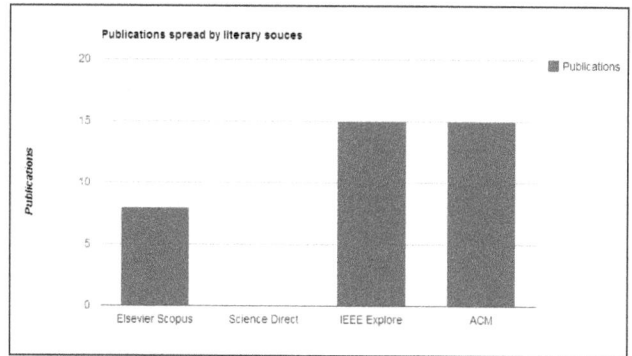

Figure 2. Publications spread by literary sources

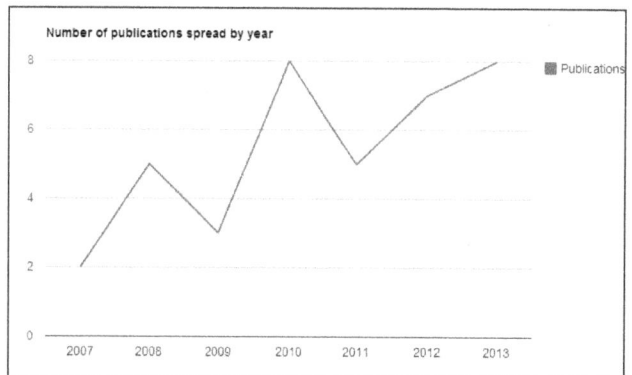

Figure 3. Number of publications spread by year

Table 1 presents the application of the 11 criteria chosen for assessing the quality of study, with the symbols (v) indicating "yes" and (x) indicating "no". The list of criteria is described in Section 2.4.

4.   DISCUSSION

This section analyzes and extracts relevant information of the 38 studies selected in this systematic review in order to answer the research questions proposed in Section 2.1.

4.1   Result Obtained From RQ1

A contextual element is any data, information or knowledge, which allows characterizing an entity in a domain. So, we can understand the context of the interaction between an agent and an application as the set of instantiated contextual elements that are needed to support the current task [4].

Table 1. Qualitative Assessment

Ref.	a	b	c	d	e	f	g	h	i	j	k
[SS 01]	v	v	v	v	v	x	v	v	x	v	v
[SS 02]	v	v	v	v	v	x	v	v	v	v	v
[SS 03]	v	v	v	v	v	x	v	v	v	v	v
[SS 04]	v	v	v	v	v	x	v	x	x	v	v
[SS 05]	v	v	v	v	v	x	x	x	x	x	v
[SS 06]	v	v	v	v	v	x	x	x	v	v	v
[SS 07]	v	v	x	x	x	x	x	x	v	x	x
[SS 08]	v	v	v	v	v	x	x	x	x	v	v
[SS 09]	v	v	v	v	v	x	v	v	v	v	v
[SS 10]	v	v	v	v	v	x	x	x	x	x	v
[SS 11]	v	v	v	v	v	x	x	x	x	v	v
[SS 12]	v	v	v	v	v	v	x	x	x	v	v
[SS 13]	v	v	v	v	v	x	v	x	x	v	v
[SS 14]	v	v	v	v	v	x	v	v	x	v	v
[SS 15]	v	v	v	v	v	v	v	v	v	v	v
[SS 16]	v	v	v	v	v	x	v	v	x	v	v
[SS 17]	v	v	v	v	v	x	x	x	x	x	v
[SS 18]	v	v	v	v	v	x	x	x	x	v	v
[SS 19]	v	v	v	v	v	v	v	v	v	v	v
[SS 20]	v	v	v	v	v	x	v	v	x	v	v
[SS 21]	v	v	v	v	v	x	x	x	x	v	v
[SS 22]	v	v	v	v	v	x	x	x	x	v	v
[SS 23]	v	v	v	v	v	x	x	x	x	v	v
[SS 24]	v	v	v	v	v	x	v	v	x	v	v
[SS 25]	v	v	v	v	v	x	x	x	x	v	v
[SS 26]	v	v	v	v	v	x	x	x	x	v	v
[SS 27]	v	v	v	v	v	x	v	v	v	v	v
[SS 28]	v	v	v	v	v	x	v	v	x	v	v
[SS 29]	v	v	v	v	v	x	x	x	x	v	v
[SS 30]	v	v	v	v	v	x	x	x	x	v	v
[SS 31]	v	v	v	v	v	x	x	x	x	x	v
[SS 32]	v	v	v	v	v	x	x	x	x	x	v
[SS 33]	v	v	v	v	v	v	v	v	v	v	v
[SS 34]	v	v	v	v	v	v	v	v	v	v	v
[SS 35]	v	v	v	v	v	x	x	x	x	x	v
[SS 36]	v	v	v	v	v	v	v	v	x	v	v
[SS 37]	v	v	v	v	v	x	v	v	x	v	v

Table 2. Contextual information considered in selected studies

Type	Contextual Information	Studies	Fq.
static	user´s profile	[SS 03], [SS 07], [SS 08], [SS 09], [SS 14], [SS 16], [SS 17], [SS 18], [SS 19], [SS 20], [SS 21], [SS 22], [SS 23], [SS 24], [SS 25], [SS 26], [SS 27], [SS 28], [SS 29], [SS 30], [SS 32], [SS 34], [SS 35], [SS 36], [SS 37]	25
	user´s device profile	[SS 04], [SS 08], [SS 12], [SS 14], [SS 16], [SS 19], [SS 20], [SS 21], [SS 22], [SS 25], [SS 27], [SS 28], [SS 29], [SS 32],[SS 34], [SS 36], [SS 37]	17
	TV program (service)´s profile	[SS 02], [SS 03], [SS 05], [SS 08], [SS 12], [SS 19], [SS 20], [SS 22], [SS 23], [SS 25], [SS 27], [SS 29], [SS 30], [SS 35], [SS 36], [SS 37]	16
	user´s watched programs	[SS 14], [S31]	2
	channel´s profile	[SS 04], [SS 19]	2
	social network information	[SS 01], [SS 19], [SS 31], [SS 07]	4
	type of day (work day, weekend or holiday),	[SS 02], [SS 24], [SS 33]	3
	user´s physical activities	[SS 13],	1
	user´s favorite content types	[SS 08], [SS 14]	2
	tourist information	[SS 09]	1
	network charging and billing information	[SS 16]	1
	bank account profile	[SS 18]	1
dynamic	current time/date	[SS 16], [SS 19], [SS 21], [SS 22], [SS 23], [SS 24], [SS 25], [SS 26], [SS 27], [SS 35], [SS 36]	11
	current user´s location	[SS 07], [SS 09], [SS 12], [SS 14], [SS 16], [SS 17], [SS 19], [SS 21], [SS 22], [SS 23], [SS 24], [SS 25], [SS 26], [SS 27], [SS 28], [SS 31], [SS 33], [SS 36], [SS 37]	19
	current QoS network parameters	[SS 08], [SS 12], [SS 16], [SS 25], [SS 27], [SS 28], [SS 34]	7
	current user´s medical (health) profile or emotions	[SS 13], [SS 21], [SS31], [SS 34]	4
	current TV program	[SS 01], [SS 03], [SS 32], [SS 34]	4
	current device status and/or log	[SS 08], [SS 16], [SS 33]	3
	current environment data (temperatute, weather, light, noise)	[SS 12], [SS 21], [SS 26], [SS 07], [SS 21], [SS 31]	6
	on-platform actions (dwell time, etc.)	[SS 05], [SS 22]	2
	current tourist attractions' profile	[SS 09]	1
	current oven status	[SS 17]	1

According to to previously contextual element definition, we investigated the selected studies and detected that many use static contextual information while dynamic data are handled in a small scale. As shown in Table 2, the three types of static contextual information most explored are user profile, device profile and TV program´s profile.

By user's profile we mean name, address, age, gender, region, phone number, favorite TV content, favorite brand, preferred genre, occupation, disabilities, and so on. The device profile information refers to device type, capabilities, hardware and software information, characteristics like brand, serial number, CPU speed, memory capacity, battery life, OS name, etc. Finally, the TV program's profile gathers information about program description (sports, drama, entertainment, music, etc.), important entities (actors, directors, places, scriptwriters, etc), and so on. With these context elements, the applications can offer more personalized services, adapting and recommending content to users.

On the other hand, when it refers to dynamic context information, current user's location is the context element most explored by the selected papers. By using the user's location is possible to infer its position inside the house or if the user is at work, shopping in the mall or travelling.

The second most used dynamic information observed is the current time and date. By using them, it is possible to recommend or adapt applications inferring how much time a user spend watching a specific TV program, if it is its birthday, a normal work day or if is a weekend day or a holiday. Depending on the time of the day and the kind of day, the user could prefer to watch a soccer game, the news, a movie to relax or it can not watch TV because it has to work. So, time and day are crucial contextual information in digital TV field.

Another contextual element worth to be mentioned is the quality of service network parameters. This information is crucial for an application adapts itself and changes its behavior in the absence of network or against poor connectivity conditions and has been considered by a lot of researches.

4.2 Result Obtained From RQ2

The context acquisition refers to the process of monitoring, capturing and extracting contextual elements from different context sources [4]. It can be done by physical sensors in the environment, logical sensors (embedded software, database, etc) [SS 09] [SS 17] or by processing raw context data in order to produce more meaningful context information in a procedure called inference or reasoning [SS 08]. The use of various types of sensors, both physical and logical, contributes for a more personal and ubiquitous experience.

Observing Table 3, we noticed that Content Metadata is the most explored way to obtain context information in the selected papers. Metadata is used to describe and efficiently represent information about their users, services and transmitted multimedia contents. MPEG-7, MPEG-21 and TV-Anytime are some patterns based on XML most employed in the field [SS 14]. Metadata Information is extremely necessary for context-awareness applications as recommender systems. For example, with the user profile and the current program profile, the application could do the inference process and present proper recommendations to TV users according to their preferences.

Another way to acquire context information that deserves to be highlighted is user's feedback. The applications could use the explicit information about how the user feels in relation to some specific content to calibrate next recommendations. We could also find approaches asking for applications subscription form through the users input their profile and personal preferences. We also find approaches asking users to fill a subscription form used to express their personal data and preferences. However, the ideal scenario for a ubiquitous TV experience should require less effort from the user. It should explore all kind of environment sensors (cameras, GPS,

microphones, etc) and use advanced reasoning techniques capable to identify the user and its preferences without any direct input from it.

Inferred information is essential to accomplish this ideal scenario previously mentioned. By gathering some specific contextual elements it is possible to deduce information and then use it to recommend content or adapt the application. For example, by analyzing the user's face though a video camera it's possible to deduce the current user's disposition towards the content (mood, attention, etc)[SS 05]. Also, through cameras or microphones is possible to infer the current user physical state (alone, with company) [SS 05] [SS07], the number of person in front of the TV [SS 18], the current device proximity with respect to user [SS 08], the user's current room of the house [SS 17], and so on.

We decided to dedicate more attention on inferred information by applications in future remarks. We intend to answer research questions related the inferred information to identify what kind of information has been inferred and what inference engine has been used.

Table 3. Acquisition of Contextual Information in Selected Studies

Acquisition of Contextual Information	Studies	Fq.
GPS or GSM cellular systems	[SS 09], [SS 12], [SS 26], [SS 36]	4
Medical sensor	[SS 13], [SS 21], [SS 34]	3
RFID Reader	[SS08], [SS 37]	2
TV or STB	[SS 02], [SS 08], [SS 21], [SS 22], [SS 23], [SS 24], [SS 26], [SS 29]	8
User's Feedback	[SS 02], [SS 03], [SS 09], [SS 14], [SS 19], [SS 26], [SS 30], [SS 34], [SS 35]	9
Social Network	[SS 01], [SS 12], [SS 19], [SS 22], [SS 31]	5
RSS Reader	[SS 12]	1
Logical Sensor	[SS 09], [SS 17], [SS 24], [SS 27]	4
Web Information	[SS 05], [SS 09], [SS 18]	3
Content Metadata	[SS 01], [SS 03], [SS 04], [SS 05], [SS 08], [SS 14], [SS 19], [SS 20], [SS 23], [SS 29], [SS 30], [SS 35], [SS 36]	13
LOD (Linked Open Data) Datasets;	[SS 05], [SS 19]	2
Subscription Form	[SS 03], [SS 14]	2
Expert Information Database	[SS 13]	1
Cameras	[SS 08], [SS 18], [SS31], [SS 32]	4
Smart phones	[SS 08], [SS 26], [SS 27], [SS 28], [SS 36]	5
Microphones	[SS 08], [SS 32]	2
Wifi Access Point	[SS 24]	1
Bluetooth Tags	[SS 24]	1
Historical Information	[SS 19], [SS 24], [SS 26], [SS 28], [SS 35], [SS 37]	6
Unspecified Sensor data-related	[SS 05], [SS 13], [SS 17], [SS 32]	4
Not Discussed	[SS07], [SS 25]	2

4.3　　Result Obtained From RQ3

Table 4 show to us that context-awareness have been most used in Digital TV field to realized personalized recommendations. Since we are burdened with a huge amount of channels and programming, recommendation systems plays an important role in Digital TV field providing personalized content. This way, this kind of application avoids users to spend precious minutes zapping through channels looking for an interesting program and consequently degrade its TV watching experience. For example, [SS 12] presents a novel IPTV service that allow users to receive a multimedia streaming that is automatically and specifically composed for them. Moreover, [SS 02] introduces a personalized EPG (electronic program guide) based on neural network that uses context information to speed the learning process up and reduces the cold start phase.

Table 4. Approaches provided through Contextual Information

Goal	Studies	Fq.
Recommender System	[SS 01], [SS 02], [SS 03], [SS 04], [SS 08], [SS 09], [SS 10], [SS 11], [SS 12], [SS 14], [SS 15], [SS 19], [SS 20], [SS 23], [SS 24], [SS 26], [SS 29], [SS 30], [SS 31], [SS 34], [SS 35], [SS 36], [SS 37]	23
Personalized Services	[SS 08], [SS 14], [SS 15], [SS 25], [SS 27], [SS 28], [SS 37]	7
Personalized Video Annotation	[SS 22]	1
User Profile Management	[SS 16]	1
Context Modeling	[SS 05], [SS 06], [SS 07]	3
Context-aware DTV Application development	[SS 17], [SS 18]	2
Context-aware user interface	[SS 32], [SS 33]	2
Health Care Information System	[SS 13], [SS 21]	2

Target advertising is another interesting approach explored in [SS 03]. This paper proposes a TV advertising architecture that takes advantage of context elements to perform a more efficient campaign inspired on business models of online advertising. Still on this matter, [SS 09] presents a tourism recommendation system that automatically infers the tourism resources the users might appreciate based on TV contents they enjoyed in the past.

In this systematic review context, we are considering personalized services as dynamic video adapting [SS 08] [SS 25], personalized TV functions (volume, image bright and contrast, sound effect, etc.),

A context model represents what contextual information should be considered in a domain or application and how this information relates to the behavior of the system [4]. In this systematic review, we found researches specifically handling with context modeling. [SS 05] and [SS 07] proposes ontology based approaches while [SS 06] presents a system modeling methodology based on Timed Colored Petri Net (Timed CPN).

Finally, we could observe that most research defines context models or architecture elements, but [SS 17] proposes a framework to support a formal and integrated approach for the development of context-aware applications in the Brazilian Digital TV System (SBTVD). Besides, [SS 18] ensures the inclusion of context-aware rules into interactive TV applications such that they can be reactive to the user´s context and alter their behavior according to rules referring to events and conditions from the user´s environment.

5.　　CONCLUSION

The evolution of the TV brought some problems like picking an interesting TV program when we have an enormous variety of TV content available or interact with an application using just the remote control. Context-awareness can be the answer to these issues by promoting recommendations, monitoring, adaptations and assistance in the TV environment.

This paper presented the results obtained from a systematic review that aimed at mapping current research studies that use contextual information to improve the TV watching experience or just propose some interesting approach using the TV environment. A systematic review aims to evaluate and interpret all available research related to a research question or topic of interest through a rigorous and reliable methodology [2]. The results were presented in two phases: a first quantitative evaluated end a second qualitatively evaluated. As a result of this work, we can identify the following research opportunities:

- since we noticed that static contextual information is most explored, we suggest the development of Digital TV approaches that make use of a larger amount of both dynamic and inferred contextual information to improve the TV watching experience;

- very few works considered user´s disabilities information. We should consider using context-awareness to improve accessibility issues.

- having video cameras in each room of the house or other kind of sensors is not common. Even the arising of new smart TVs with different built-in sensors (cameras, moving sensors, voice recognition, etc) it not yet present in every living room around the world. Because of that, easy access sensors like those present in smart phones (camera, microphone, etc) deserve a better use;

- most studies dealing with the manipulation of contextual do so either by defining context models or architecture elements [SS 17]. We should consider propose a formal and integrated approach for the development of context aware applications;

- we noticed most of the research fail test stage in perform a sufficiently rigorous data analysis, avoiding simulation environments and considering the relationship between researcher and participants. Thus, we should consider perform more rigorous tests in real environment to produce representative results;

- finally, Digital TV environment is a robust platform allowing great applications diversity. We should consider explore more than entertainment and be a useful tool for different fields like [SS 09] in Tourism and [SS 13] in Home Telecare. Therefore, we should consider other approaches like a personalized education experience, for example.

For future remarks, we will include other databases in the automated search. Besides, we will perform a manual search in Conferences, Workshops, and Journals aiming to capture full articles focusing on IPTV/DTV services written in English or Portuguese. We also intend to answer other research questions related to model system and the inferred information by applications. We will investigate how the TV systems have been dealing with context model (ontology, graphic models, etc), what kind of information has been inferred by applications and what inference engine has been used.

6. REFERENCES

[1] Abowd, G. D., Dey, A. K., Brown, P. J., Davies, N., Smith, M., Steggles, P. 1999. Towards a Better Understanding of Context and Context-Awareness, *In Proceedings of the 1st international symposium on Handheld and Ubiquitous Computing*, September 27-29, Karlsruhe, Germany, 304-307.

[2] Kitchenham, B. A. 2007. *Guidelines for performing systematic literature reviews in software engineering*, Technical report, EBSE-2007-001, UK. 1-57.

[3] Dyba, T., Dingsoyr, T. and Hanssen, G.K. 2007. Applying systematic reviews to diverse study types: An experience report, *In Proceedings of the 1st International Symposium on Empirical Software Engineering and Measurement* (ESEM'07), IEEE Computer Society, Madrid, Spain, 225 – 234.

[4] Vieira, V., Souza, D., Salgado, A. C., Tedesco, P. 2006. *Uso e Representação de Contexto em Sistemas Computacionais, Tópicos em Sistemas Interativos e Colaborativos,* Cap. 4, São Carlos: UFSCAR. , 127-166.

7. FUTHER READING

[SS 1] Wang, X., Sun, L., Wang, Z. and Meng, D. 2012. Group recommendation using external followee for social TV, *In Multimedia and Expo (ICME), 2012 IEEE International Conference on.* IEEE ICME. 37-42.

[SS 2] Krstic, M. and Bjelica, M. 2012. Context-aware personalized program guide based on neural network, *Proc. IEEE Transactions on Consumer Electronics*, 1301 - 1306

[SS 3] Redondo, R.P.D., Vilas, A.F., Arias, J.J.P., Cabrer, M.R., Solla, A.G. and Duque, J.G. 2012. Bringing Content Awareness to Web-Based IDTV Advertising. *IEEE Transactions on Systems, Man, and Cybernetics, Part C: Applications and Reviews.* v. 42, n. 3, p. 324.

[SS 4] Vasudevan, V., Wickramasuriya, J., Chiricescu, S. and Drieu, G. 2013. Can context tame web TV? Reconciling infinite choice and zero effort. In. *IEEE International Conference on Pervasive Computing and Communications Workshops (PERCOM Workshops).* 43-38.

[SS 5] Tsatsou, D., Mezaris, V. and Kompatsiaris, I. 2012. Semantic Personalization in Networked Media: Determining the Background Knowledge, *In Seventh International Workshop on Semantic and Social Media Adaptation and Personalization (SMAP).* IEEE. 101-106.

[SS 6] Hu, Z., Lu, T. and Zhao, Z. 2013. Context-aware service system modeling using timed CPN, *In 10th International Conference on Service Systems and Service Management (ICSSSM).* 164-169.

[SS 7] Thyagaraju, G. and Kulkarni, U. 2010. Modeling user context for interactive context aware TV. *In Computational Intelligence and Computing Research (ICCIC).*1-5.

[SS 8] Dabrowski, M., Gromada, J. and Moustafa, H. 2012. Context-Awareness for IPTV Services Personalization*, Proc. Sixth International Conference on Innovative Mobile and Internet Services in Ubiquitous Computing (IMIS).* 37-44.

[SS 9] Blanco-Fernández, Y. 2010. Exploiting digital TV users' preferences in a tourism recommender system based on semantic reasoning. *In IEEE Transactions on Consumer Electronics*, vol. 56, no. 2, 904-912.

[SS 10] Thyagaraju, G.S. and Kulkarni, U.P. 2010. Interactive Democratic Group Preference Algorithm for Interactive Context Aware TV. *In. IEEE International Conference on Computational Intelligence and Computing Research (ICCIC).* 1-5.

[SS 11] Naudet, Y., Mignon, S., Lecaque, L., Hazotte, C., and Groues, V. 2008. Ontology-Based Matchmaking Approach for Context-Aware Recommendations. *In Automated solutions for Cross Media Content and Multi-channel Distribution(AXMEDIS).* 218-223.

[SS 12] Rodrigues, J., Salvador, P., Nogueira, A. 2011. Multimedia content aggregator applied to an IPTV content-zapping service. *Proceedings. EUROCON 2011, IEEE International Conference on Computer as a Tool.* 1-4.

[SS 13] Kuusik, A., Reilent, E., Lõõbas, I., Parve, M. 2010. Semantic Formal Reasoning Solution For Personalized Home Telecare, *Proc. of 2010 Int. Conf. on Mechanical and Electrical Technology.*72-76.

[SS 14] Nathan, M., Harrison, C., Yarosh, S., Terveen, L., Stead, L., & Amento, B. 2008. CollaboraTV: making television viewing social again. *In Proceedings of the 1st international conference on Designing interactive user experiences for TV and video.* ACM. 85-94.

[SS 15] Yang, K. and Cho, S. 2013. Probabilistic Modeling for Context-Aware Service in Smart TV. *In 4th International Conference on Intelligent Systems Modelling & Simulation (ISMS).* 78-83.

[SS 16] Chellouche, S. A., Arnaud, J. and Negru, D. 2010. Flexible user profile management for context-aware ubiquitous environments, *Proc. IEEE 7th Conf. Commun. Networking.* 980 -984.

[SS 17] Salviato, T.P., Costa, P.D., Filho, J.G.P. and Vale, I.M. 2011. Framework for Context-Aware Applications on the Brazilian Digital TV. *In 4th International Conference on Ubi-Media Computing (U-Media).* 112-117.

[SS 18] Costa, P.D., Almeida, J.P.A., Vale, I.M. and Mielke, I.T. 2011. A Model-Driven Approach for Incorporating Reactive Rules in Declarative Interactive TV Applications, *In. IEEE International Symposium on Policies for Distributed Systems and Networks (POLICY).* 165-168.

[SS 19] Bellekens, P., Houben, G., Aroyo, L., Schaap, K. and Kaptein, A. 2009. User model elicitation and enrichment for context-sensitive personalization in a multiplatform TV environment. *In Proceedings of the seventh european conference on European interactive television conference.* 119-128.

[SS 20] Yong, S. J., Lee, H. D., Yoo, H. K., Youn, H. Y. and Song, O. 2011. Personalized Recommendation System Reflecting User Preference with Context-Awareness for Mobile TV, *In Ninth IEEE International Symposium on Parallel and Distributed Processing with Applications Workshops (ISPAW)*. 232-237.

[SS 21] Oliveira, M., Hairon, C., Andrade, O., Moura, R., Sicotte, C., Denis, J.-L., Fernandes, S., Gensel, J., Bringel, J. and Martin, H. 2010. A context-aware framework for health care governance decision-making systems: A model based on the Brazilian Digital TV. *In. IEEE International Symposium on a World of Wireless Mobile and Multimedia Networks (WoWMoM)*. 1-6.

[SS 22] Junior, R. F., Maximino, F., Furtado, B., Junior, J. M., Cattelan, R. G. and Pimentel, M. G. 2009. A context information structure using peer-to-peer networks with the TV users. *In WebMedia '09 Proceedings of the XV Brazilian Symposium on Multimedia and the Web*. p. 14.

[SS 23] Aroyo, L., Bellekens, P., Bjorkman, M., Houben, G., Akkenrmans, P. and Kaptein, A. 2007. SenSee framework for personalized access to TV content. *In Proceedings of the 5th European conference on Interactive TV: a shared experience*. 156-165.

[SS 24] Thyagaraju, G.S. and Kulkarni, U.P. 2012. Rough Set Theory Based User Aware TV Program and Settings Recommender. *In International Journal of Advanced Pervasive and Ubiquitous Computing (IJAPUC)*. v. 4, n. 2, p. 48-64.

[SS 25] Rodrigues, P., Chellouche, S.A., Bromberg, Y.-D., Reveillere, L. and Negru, D. 2012. XTalk: A middleware for personalized service discovery in Future Internet. *In International Conference on Telecommunications and Multimedia (TEMU)*. 83-88.

[SS 26] Naudet, Y., Schwartz, L., Mignon, S. and Foulonneau, M. 2010. Applications of user and context-aware recommendations using ontologies. *In. Conference Internationale Francophone sur I'Interaction Homme-Machine*. 165-172.

[SS 27] Arnaud, J., Négru, D., Sidibé, M., Pauty, J. and Koumaras, H. 2011. Adaptive IPTV services based on a novel IP Multimedia Subsystem. *In Multimedia Tools and Applications*. 333-352.

[SS 28] Eisinger, R., Romero, R.A.F. and Goularte, R. 2008. Machine Learning Techniques Applied to Dynamic Video

Adapting. *In Seventh International Conference on Machine Learning and Applications (ICMLA'08)*. 819-822.

[SS 29] Moreno, M. F., Neto, C. S. S. and Soares, L. F. G. 2009. Adaptable software components in an electronic program/service guide application architecture for context aware guide presentation. *In International Journal of Advanced Media and Communication*. 351-364.

[SS 30] Engelbert, B., Blanken, M.B., Kruthoff-Bruwer, R. and Morisse, K. 2011. A user supporting personal video recorder by implementing a generic Bayesian classifier based recommendation system. *In. IEEE International Conference on Pervasive Computing and Communications Workshops (PERCOM Workshops)*. 567-571.

[SS 31] Tsatsou, D., et al. 2012. Contextualised user profiling in networked media environments. In *UMAP Workshops*.

[SS 32] Moon, J., et al. 2013. A Framework for Dynamic Context-Awarable User Interfaces of the Second Screen Devices in a Home Network Environment. In *Proceedings of the 2013 IEEE 37th Annual Computer Software and Applications Conference*. IEEE Computer Society. 284-285.

[SS 33] Song, I. J., & Cho, S. B. 2013. Bayesian and behavior networks for context-adaptive user interface in a ubiquitous home environment. *Expert Systems with Applications*, 40(5), 1827-1838.

[SS 34] Flizikowski, A., Majewski, M., Puchalski, D., Hassnaa, M., & Choraś, M. 2013. A Concept of Unobtrusive Method for Complementary Emotive User Profiling and Personalization for IPTV Platforms. In *Image Processing and Communications Challenges 4*. Springer. Berlin Heidelberg. 269-281.

[SS 35] Said, A. 2010. Identifying and utilizing contextual data in hybrid recommender systems. *In Proceedings of the fourth ACM conference on Recommender systems*. ACM. 365-368.

[SS 36] Vaguetti, L., & Gondim, P. 2008. Hierarchical intra-context handoff awareness approach to personal recommender systems: a mobile DTV case study. *In Applications of Digital Information and Web Technologies 2008. (ICADIWT 2008). First International Conference on the*. IEEE. 168-173.

[SS 37] Moon, A., Kim, H., Kim, H., & Lee, S. 2007. Context-aware active services in ubiquitous computing environments. *In ETRI journal*, 29(2), 169-178.

A Contribution to the Sensor Network Management for Context Awareness in Ubicomp

Rodrigo Souza, João Lopes
Cláudio Geyer
Universidade Federal do Rio Grande do Sul
Porto Alegre – RS, Brasil
{rssouza, jlblopes, geyer}@inf.ufrgs.br

Ana Pernas, Adenauer Yamin
Gizele Gadotti
Universidade Federal de Pelotas
Pelotas – RS, Brasil
{marilza, adenauer}@inf.ufpel.edu.br
gizele.gadotti@ufpel.edu.br

ABSTRACT

One of the central aspects of Ubiquitous Computing (Ubicomp) is associated with tight integration between computer systems and the environment. In this sense, one of the main research challenges in the area is to provide mechanisms for context awareness that promote the development of applications that respond itself according to the dynamics of the physical environment of user's interest. This paper presents the EXEHDA-SN, a software architecture managed by rules that provides the interaction of UbiComp systems with the physical environment by sensors networks and actuators. This work is being developed as part of research efforts related to EXEHDA Middleware. To assess the functionality of the EXEHDA-SN, we present a case study in agricultural area, highlighting the prototypes and tests performed.

Categories and Subject Descriptors

C.2.4 [**Computer Systems Organization**]: Computer-Communication Networks—*Distributed Systems*

General Terms

Design; Experimentation; Management

Keywords

Ubiquitous Computing; Context Awareness; Sensor Networks

1. INTRODUÇÃO

Uma das premissas da Computação Ubíqua (Ubicomp) é a busca pela integração dos seus serviços com os aspectos do ambiente [4]. Isso tem surgido com a intenção de viabilizar a reação das aplicações do usuário aos seus contextos de interesse [11]. Esse modelo de computação, conhecido como computação consciente do contexto, vem sendo considerado um dos pilares da Computação Ubíqua. A Ubicomp, proposta por Mark Weiser na década de 90, indica que as interações do usuário com os sistemas computacionais devem ocorrer de maneira pouco intrusiva de modo que estes possam se concentrar em suas atividades de interesse [19].

As aplicações conscientes do contexto tem como premissa a constante troca de informações entre si e com o meio a fim de manter conhecimento sobre o ambiente [10]. Isso aponta para a utilização de sensores de diferentes naturezas e fisicamente distribuídos, de forma a viabilizar a captura dessas informações. O suporte tecnológico no atendimento a essa premissa vem se materializando devido aos recentes avanços, sobretudo nas áreas de microeletrônica e de comunicações sem fio de baixo consumo que têm proporcionado a redução de custos de sensores inteligentes, e por consequência das Redes de Sensores Ubíquas (USN) [7] [9].

A revisão de literatura aponta que a construção do suporte à consciência do contexto para as aplicações ubíquas apresenta diversos desafios, dentre eles: (*i*) a aquisição de informações contextuais a partir de fontes heterogêneas e distribuídas; (*ii*) o tratamento das informações de contexto adquiridas e a respectiva atuação sobre o meio físico; e (*iii*) a disseminação dessas informações aos consumidores interessados de forma distribuída e no momento oportuno [2][3][10]. Considerando esses desafios, para dar suporte ao desenvolvimento e execução das aplicações da Computação Ubíqua vem sendo desenvolvido o *Middleware* EXEHDA [13].

Este artigo apresenta o EXEHDA-SN, o qual foi concebido com os objetivos de: (*i*) promover a distribuição dos mecanismos de gerenciamento de contexto do EXEHDA e, (*ii*) bem como proporcionar a integração de redes de sensores e atuadores ao mesmo. A proposta consiste em uma abordagem na qual as responsabilidades de coleta e tratamento das informações contextuais acontece de forma distribuída na arquitetura, sendo gerenciadas através de regras. A expectativa é que esta arquitetura seja capaz de atuar de forma proativa tanto na captura de informações contextuais do meio físico, como na atuação remota sobre o mesmo.

A organização do texto contempla na segunda seção uma descrição do middleware EXEHDA. Na terceira seção é apresentada a arquitetura proposta detalhando os módulos que a constituem. O protótipo bem como os testes realizados são tratados na quarta seção. Na quinta seção são discutidos os trabalhos relacionados e, na sexta seção são apresentadas as considerações finais.

2. MIDDLEWARE EXEHDA

O EXEHDA é um *middleware* baseado em serviços que visa criar e gerenciar um ambiente ubíquo, bem como pro-

WebMedia'14, November 18–21, 2014, João Pessoa, Brazil.
Copyright 2014 ACM 978-1-4503-3230-9/14/11$15.00.
http://dx.doi.org/10.1145/2664551.2664564.

mover a execução de aplicações sobre esse ambiente. Seu foco é permitir que as aplicações distribuídas possam obter informações do seu contexto de interesse, possibilitando um comportamento reativo em relação às modificações do mesmo.

A estrutura de software do EXEHDA contempla um núcleo mínimo e serviços carregados sob demanda, os quais estão organizados nos seguintes subsistemas: (*i*) Reconhecimento do Contexto e Adaptação, (*ii*) Acesso Ubíquo, (*iii*) Execução Distribuída e (*iv*) Comunicação (vide Figura 1) [13]. As contribuições centrais do trabalho apresentado neste artigo estão associadas ao Subsistema de Reconhecimento do Contexto e Adaptação.

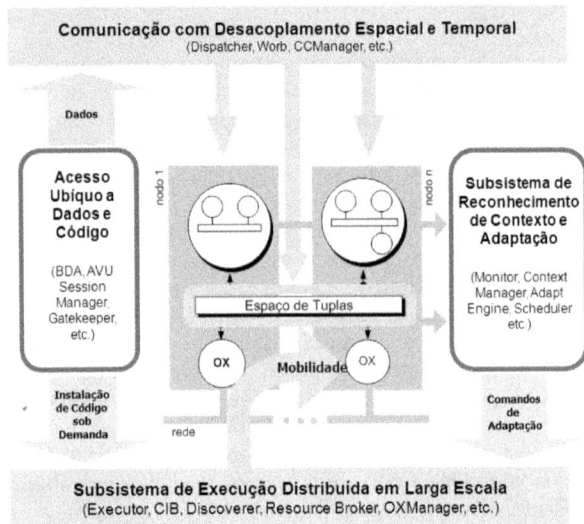

Figure 1: Visão Geral dos Subsistemas do EXEHDA

O Subsistema de Reconhecimento do Contexto e Adaptação do EXEHDA é organizado em dois tipos de servidores, são eles: Servidor de Contexto e Servidor de Borda. O software do Servidor de Borda, elemento central da especificação do EXEHDA-SN, se destina a gerenciar a interação com o meio físico através de sensores e atuadores. O Servidor de Contexto, por sua vez, atua no armazenamento e processamento das informações contextuais [12].

3. EXEHDA-SN: CONCEPÇÃO E MODELAGEM

Na proposta do EXEHDA-SN o ambiente computacional é constituído por células em que se distribuem os dispositivos computacionais, conforme mostra a Figura 2. Os componentes básicos deste ambiente são: (*i*) o EXEHDAbase que consiste no elemento central da célula responsável por todos serviços básicos e referência para os demais elementos; (*ii*) o EXEHDAnodo que corresponde aos dispositivos computacionais responsáveis pela execução das aplicações; (*iii*) o EXEHDAnodo móvel, um subcaso do anterior, que corresponde aos dispositivos tipicamente móveis que podem se deslocar entre as células do ambiente ubíquo, como *notebooks*, *tablets* ou *smartphones*, por exemplo; e (*iv*) o EXEHDAborda que consiste no elemento de borda do ambiente ubíquo, responsável por fazer a interoperação entre os serviços do middleware e as redes de sensores e atuadores.

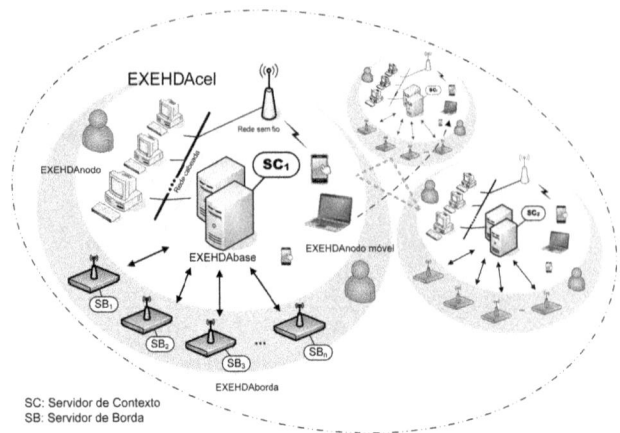

Figure 2: Organização Celular do Ambiente Ubíquo

A arquitetura do Servidor de Borda, elemento central da especificação do EXEHDA-SN, está apresentada na Figura 3. Nessa figura, além dos diversos módulos que constituem o Servidor de Borda está identificada a relação dos mesmos com o Servidor de Contexto e com os dispositivos que interagem com o ambiente físico. O software do Servidor de Borda é instanciado no EXEHDAborda, e sua arquitetura permite gerenciar dispositivos de diferentes naturezas, como nodos sensores heterogêneos, sensores não programáveis e atuadores.

Os nodos sensores, enquanto dispositivos programáveis, além da capacidade de mensurar grandezas físicas, possuem capacidade computacional, dispõem de Sistemas Operacionais embarcados e *frameworks* de programação. Tipicamente, os nodos sensores possuem severas restrições de recursos, como processamento, memória, banda de rede e energia [9]. Além disso, muitos nodos sensores diferem entre si em aspectos de hardware e software. Portanto, as estratégias de gerenciamento adotadas na arquitetura do Servidor de Borda procuram considerar as características intrínsecas de cada dispositivo que constitui a rede de sensores alvo.

Os sensores não programáveis são suportados pelo Servidor de Borda através de *drivers* que encapsulam os aspectos tecnológicos envolvidos no seu acesso. Para permitir a modificação de estados indesejados do meio físico a arquitetura proposta também contempla o gerenciamento de atuadores, os quais são acessados pelo Servidor de Borda através de *drivers* específicos.

A arquitetura proposta tem por premissa atuar de forma autônoma tanto na captura e processamento dos dados de contexto quanto na atuação sobre o meio, visto que os dados contextuais continuam a ser gerenciados mesmo nos períodos nos quais as aplicações interessadas no seu uso estejam inoperantes.

3.1 Níveis de Gerenciamento

Grande parte dos desafios enfrentados ao longo dos anos quando da utilização de redes de sensores como provedoras de informações contextuais, estão associados à lacuna existente entre os requisitos de alto nível das aplicações ubíquas e as operação de gerência das redes de sensores [18]. Nesse sentido, na concepção do EXEHDA-SN foi adotada uma estratégia de gerenciamento em dois níveis a fim de promover a separação das preocupações.

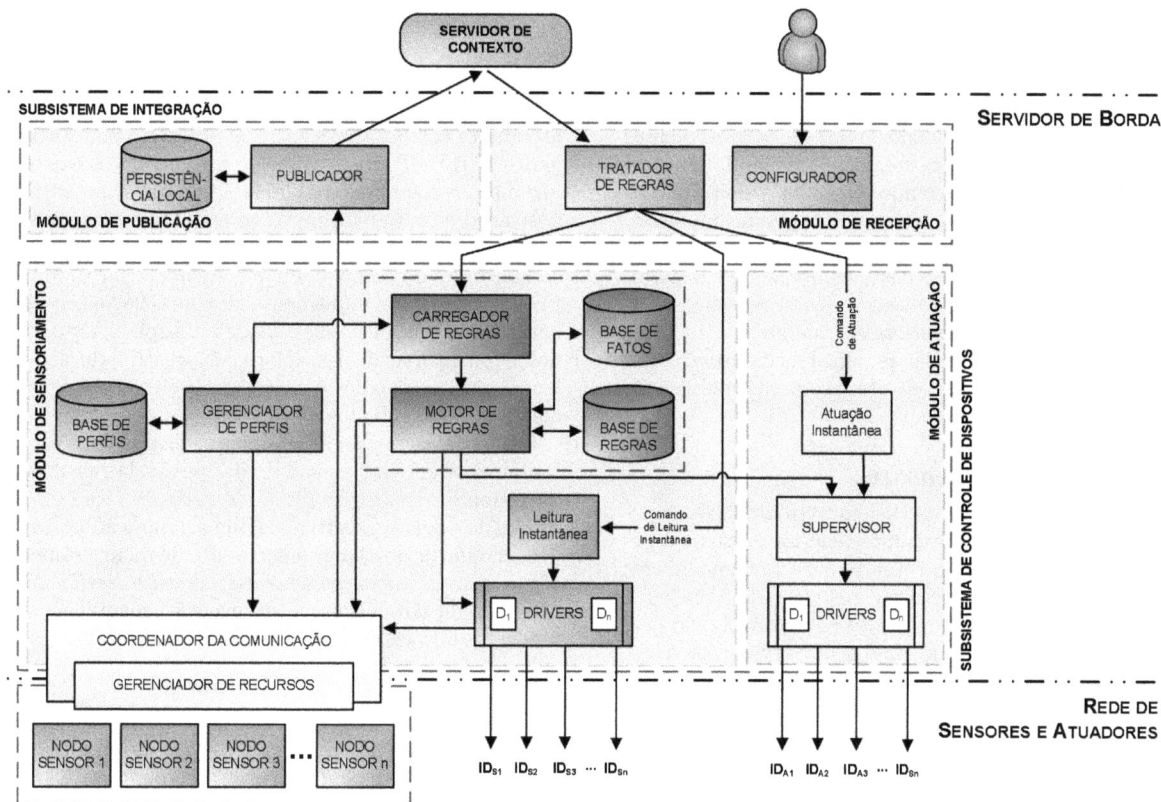

Figure 3: Arquitetura do EXEHDA-SN

O primeiro nível de gerenciamento é direcionado ao desenvolvedor de aplicações para o usuário final. Esse primeiro nível foi concebido tendo como premissa promover a abstração das características estruturais da rede de sensores a fim de oportunizar ao mesmo uma visão *top-down* do gerenciamento. Isso possibilita que o desenvolvedor possa concentrar-se nas demandas do usuário quando da implementação das funcionalidades da aplicação.

A estratégia de gerenciamento adotada nesse nível teve como base o modelo de regras proposto em [16], o qual foi concebido para tratar eventos considerando uma especificação do comportamento autônomo esperado por parte da rede de sensores. Estes eventos podem ser produzidos por alterações no tráfego de dados, frequência de aquisição e valores contextuais aquisitados. Todas estas informações, de forma combinada ou não, são tratadas através de regras, a quais são elaboradas considerando as necessidades da aplicação destinada ao usuário final. Neste primeiro nível de gerenciamento todo processamento acontece no Servidor de Borda.

Os nodos sensores típicos possuem recursos escaços, o que implica na necessidade da utilização de códigos otimizados para a plataforma que se destinam [9]. Além disso, as Redes de Sensores Ubíquas podem ser constituídas por uma elevada quantidade de dispositivos heterogêneos distribuídos pelo ambiente a ser monitorado. Portanto, considerando a complexidade inerente a combinação de elevadas escalabilidade e heterogeneidade, seria oneroso ao desenvolvedor das aplicações ubíquas envolver-se diretamente na especificação dos códigos que devem estar em execução nos diferentes nodos sensores ativos no momento. Esses aspectos motivaram

a concepção do segundo nível de gerenciamento que é direcionado ao desenvolvedor do EXEHDA-SN.

Este segundo nível está associado ao suporte automatizado necessário à execução dos processos nos nodos sensores. Através desse nível de gerenciamento são especificados quais códigos devem ser disparados nos nodos sensores considerando sua atuação combinada com as correspondentes regras no Servidor de Borda. Portanto, tendo por base a necessidade de integração dos dois níveis de gerenciamento, o desenvolvedor do EXEHDA-SN quando da implementação dos códigos para os nodos sensores, deve considerar as relações existentes entre estes códigos e as regras correspondentes.

3.2 Tratamento da Distribuição

O Subsistema de Integração do EXEHDA-SN foi concebido com o objetivo de promover a interoperação entre o Servidor de Borda e os demais serviços do *Middleware*. Além disso, através desse subsistema são oferecidos mecanismos para a configuração dos componentes da arquitetura. Suas tarefas são operacionalizadas pelos módulos de Publicação e de Recepção. O Módulo de Publicação é formado pelos componentes Publicador e Persistência Local, enquanto o Módulo de Recepção pelo Tratador de Regras e pelo Configurador.

O *Publicador* consiste no elemento que realiza o envio dos dados para as demais camadas do *middleware*, interoperando com a interface de aquisição do Servidor de Contexto. Considerando as possíveis falhas de comunicação entre o Servidor de Borda e o Servidor de Contexto se faz necessário um mecanismo de persistência para garantir o armazenamento temporário dessas informações até que as mesmas sejam publicadas. O elemento da arquitetura desenvolvido para prover esse armazenamento é o componente *Persistência Local*. O componente *Tratador de Regras*, por sua vez, é responsável pelo recebimento dos comandos e das regas provenientes do Servidor de Contexto bem como pelo encaminhamento dos mesmos aos respectivos componentes da arquitetura.

Todas as configurações necessárias para o funcionamento do Servidor de Borda são operacionalizadas através do componente *Configurador*. Através deste componente é disponibilizada uma interface Web através da qual é possível gerenciar a remoção e inclusão de sensores e atuadores, configurar *drivers* de dispositivos, gerenciar as regras de controle, configurar o endereço do Servidor de Contexto para a publicação dos dados sensoreados, entre outros.

3.3 Tratamento de Sensores

O Subsistema de Controle de Dispositivos viabiliza a operação da rede de sensores e atuadores considerando as especificidades de cada dispositivo, tendo suas funcionalidades organizadas nos Módulos de Sensoriamento e de Atuação.

O *Motor de Regras* é o componente responsável pelo processamento das regras submetidas pelo Servidor de Contexto. As regras suportadas pelo Servidor de Borda são armazenadas na Base de Regras. A arquitetura do Servidor de Borda não se se restringe a um conjunto específico de regras. Conforme a necessidade das aplicações ubíquas o conjunto de regras pode ser expandido através da inclusão de novas elementos na Base de Regras e na Base de Perfis. Para servir de suporte ao processamento das regras, o componente Base de Fatos tem por função registrar alguns aspectos necessários às execuções das mesmas, como por exemplo o estado dos sensores e os eventos que já ocorreram.

Para adequar-se ao dinamismo do ambiente que se reflete no comportamento das aplicações da Ubicomp, na concepção do Servidor de Borda foram utilizados mecanismos de reprogramação dinâmica. Através desta abordagem pretende-se adaptar o comportamento dos processos em execução nos nodos sensores conforme as demandas das aplicações. Na arquitetura proposta, esse processo é realizado de forma coordenada entre os componentes Carregador de Regras, Gerenciador de Perfis e Base de Perfis. Toda regra submetida ao Servidor de Borda é avaliada pelo componente *Carregador de Regras* o qual tem a função de ativar na arquitetura os elementos necessários ao seu processamento. Se a regra envolver apenas sensores não programáveis, os quais são acessados através de *drivers* específicos, ela é imediatamente encaminhada ao *Motor de Regras* para o seu processamento. No caso da regra envolver nodos sensores, o Carregador de Regras orienta o componente *Gerenciamento de Perfis* quanto aos códigos disponíveis na *Base de Perfis* que devem ser distribuídos aos nodos sensores para dar suporte a tal regra. Assim que todos os códigos estiverem em execução nos nodos sensores, o Carregador de Regras submete a nova regra ao Motor de Regras para que este possa processá-la.

Os *Drivers*, enquanto componentes arquiteturais, são responsáveis pelo acesso aos valores das grandezas físicas medidas pelos sensores. Eles encapsulam e controlam os sensores de maneira individualizada, o que evita que as diferenças operacionais dos sensores se projetem nos demais componentes da arquitetura. O componente *Leitura Instantânea* tem o objetivo de permitir a leitura de um determinado sensor sob demanda das aplicações a qualquer momento. O componente faz a recepção assíncrona das solicitações e, a partir do ID do sensor, dispara o *driver* correspondente.

Pela natureza das USNs, é esperado que sejam executadas atividades colaborativas entre os processos em execução nos nodos [7][14]. Por isso torna-se importante a existência de um mecanismo que simplifique a comunicação entre os nodos sensores e destes com o Servidor de Borda. No modelo do Servidor de Borda, essa funcionalidade é operacionalizada através do componente *Coordenador da Comunicação*. Este componente implementa um modelo de coordenação baseado na abstração de Espaço de Tuplas [15] que simplifica a programação das aplicações, abstraindo aspectos de baixo nível associados com a troca de informações entre os dispositivos envolvidos.

Em Redes de Sensores Ubíquas os dispositivos estão constantemente entrando e saindo da rede, seja por decorrência de término de energia, perda de sinal de rádio ou pela inserção de novo dispositivo, devido à reposição por avaria ou necessidade de adicionar outro ponto de monitoramento [20]. Neste sentido, o componente *Gerenciador de Recursos* tem a função de administrar esses eventos, mantendo a consistência da infraestrutura da rede como um todo.

3.4 Tratamento de Atuadores

O Módulo de Atuação do Servidor de Borda, cuja estrutura é apresentada na Figura 3, agrupa os componentes que fazem o controle dos atuadores. O componente *Atuação Instantânea* tem um funcionamento análogo ao componente de Leitura Instantânea. Ele recebe comandos com o ID do atuador e os correspondentes padrões de operação (tempo de duração, potência de ativação, etc.), os quais são repassados ao componente Supervisor para tratamento.

O componente *Supervisor* aglutina os comandos de atuação. Uma vez recebidos os parâmetros para controle da atuação, o componente Supervisor, após avaliar eventuais conflitos entre as regras oriundas das diferentes fontes, ativa o respectivo *driver* do atuador envolvido. Os *Drivers* dos atuadores têm objetivo similar aqueles dos sensores, ou seja, encapsulam os procedimentos específicos de cada atuador, na maioria das vezes empregando bibliotecas e/ou softwares disponibilizados por fabricantes.

4. PROTOTIPAÇÃO E TESTES

O estudo de caso realizado foi conduzido com o propósito de atender as demandas do Projeto AMPLUS (*Automatic Monitoring and Programable Logging Ubiquitous System*). O AMPLUS foi desenvolvido com o objetivo de promover soluções de Computação Ubíqua para o Laboratório Didático de Análise de Sementes (LDAS) da FAEM/UFPEL. O LDAS integra o Programa de Pós Graduação em Ciência e Tecnologia de Sementes do Departamento de Fitotecnia, sendo utilizado em pesquisas e atividades de pós-graduação.

Para que os objetivos das análises realizadas no LDAS sejam atingidas, são necessários equipamentos adequados e a aplicação de métodos e procedimentos uniformes. Porém, grande parte dos equipamentos do Laboratório possuem volume interno relativamente pequeno (em torno de 340 litros), portanto se existir uma grande diferença entre o ambiente interno e externo, a variação das condições internas é rápida devido a pouca inércia térmica. Isso exige, entre outros aspectos, o monitoramento e controle da temperatura e umidade das sementes ao longo de todo período de análise e ação rápida no caso de algum dos valores excederem as faixas especificadas. Nessa perspectiva, o Projeto AMPLUS mostrou-se oportuno para avaliar características importantes do Servidor de Borda. Os aspectos avaliados nesse cenário foram: (i) coleta de dados do ambiente; (ii) atuação pró-ativa sobre o meio; e (iii) publicação dos dados sensoreados no Servidor de Contexto.

O protótipo do Servidor de Borda foi escrito em Phyton sobre o Sistema Operacional Raspbian, sendo usado como hardware a Raspberry PI [1]. A tecnologia central utilizada na implementação do Tratador de Regras e do Publicador foi XML-RPC[2]. O Motor de Regras executa em *loop* todas as regras existentes na Base de Regras. A leitura de um dado sensor é disparada sempre que uma das condições definidas nas regras é satisfeita. Esta leitura é efetivada por *drivers* específicos que tratam cada sensor individualmente, segundo as particularidades tecnológicas de cada um. As regras de gerenciamento do Servidor de Borda, que controlam a leitura dos sensores, a publicação dos seus valores no Servidor de Contexto bem como a supervisão dos atuadores, também são escritas em Phyton.

A fim de avaliar as funcionalidades da arquitetura proposta optou-se por utilizar no LDAS um conjunto de dispositivos constituído por nodos sensores e por sensores não programáveis. Os sensores não programáveis selecionados para o estudo de caso são baseados na tecnologia 1-Wire[3]. Essa tecnologia caracteriza-se como uma rede de transmissão de dados, baseada em dispositivos eletrônicos endereçáveis, e tem se destacado por sua versatilidade e facilidade de implementação. Por sua vez, os nodos sensores adotados nos testes são do tipo Telos, revisão B com sistema operacional Contiki [4], os quais têm sido amplamente utilizados em pesquisas envolvendo redes de sensores. O Telos faz parte da linha de *motes* desenvolvida pela Universidade da Califórnia, Berkeley, e vem sendo fabricado pela empresa Memsic [5].

Para monitorar as variáveis físicas mais importantes para a operação do LDAS foram utilizados 15 sensores 1-Wire e 3 nodos sensores Telos B. Para explorar a característica reativa da arquitetura, foi utilizado um alerta luminoso, que é acionado sempre que, no processamento de uma regra de contexto de interesse, é identificada a necessidade da atenção dos laboratoristas para com algum dos equipamentos. Conforme as regras estabelecidas à operação do LDAS, os dados sensoreados são publicados periodicamente no Servidor de Contexto para que sejam armazenados para posterior utilização. Os processamentos realizados pelo Servidor de Borda se dão de forma autonômica, mantendo-se operacional independentemente das aplicações interessadas estarem em execução.

Nesse cenário de testes foram utilizadas regras que tratam condições que contemplam dois critérios distintos: (i) critério de tempo, em que a ação é disparada em função da passagem de um tempo especificado, o qual é usado para publicar dados contextuais periodicamente para registro histórico; (ii) critério de valor, em que uma ação é disparada quando um contexto de interesse (temperatura) extrapolou uma determinada faixa de valores, sendo que nesse caso a

ação consiste no acionamento de um alerta luminoso seguido da publicação do valor sensoreado e o envio de e-mail ou SMS.

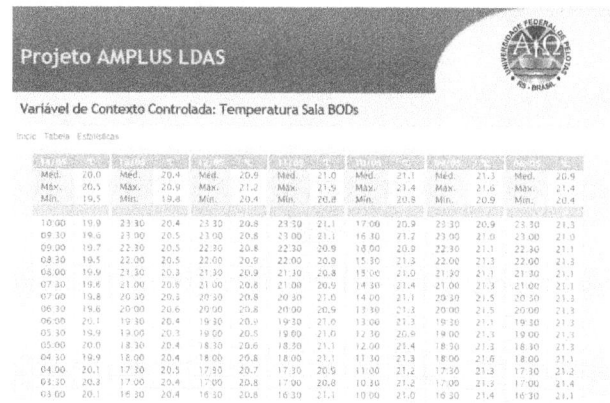

Figure 4: Projeto AMPLUS: Relatório Textual dos Dados Sensoriados

Para acompanhar o comportamento da arquitetura, foi desenvolvida uma ferramenta para a visualização dos valores das variáveis físicas coletados pelos sensores gerenciados pelo Servidor de Borda. A interface da aplicação possibilita a seleção do contexto de interesse a ser exibido, disponibilizando um relatório textual com os dados coletados pertinentes a última semana (vide Figura 4). Na parte superior da aplicação é disponibilizado um menu que permite selecionar os outros modos de visualização oferecidos.

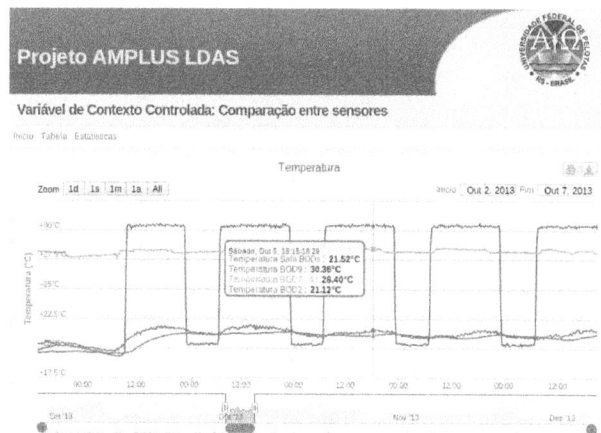

Figure 5: Projeto AMPLUS: Visualização Gráfica dos Dados Sensoriados

Na Figura 5 é apresentado o modo gráfico da ferramenta desenvolvida, em que é possível visualizar simultaneamente as curvas de variação dos valores de vários sensores utilizados no LDAS. A seleção dos sensores a serem visualizados é feita a partir de um menu com suporte a múltipla seleção. Também é disponibilizado um recurso de inspeção que permite a comparação dos valores em um determinado instante do tempo. A janela de tempo dos dados que estão sendo visualizados pode ser definida pelo usuário através da mesma interface gráfica que exibe os valores sensoreados. Esse módulo da ferramenta possibilita ao pesquisador do laboratório

---

[1] http://www.raspberrypi.org
[2] http://www.xmlrpc.com
[3] http://www.maximintegrated.com
[4] http://www.contiki-os.org/
[5] http://www.memsic.com/

comparar as variações de temperatura e umidade ocorridas durante o processo de germinação das sementes.

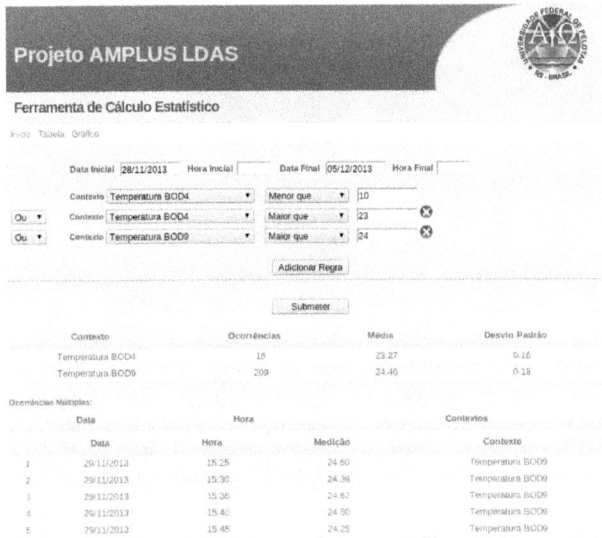

Figure 6: Projeto AMPLUS: Cruzamento de Dados Sensoriados

Por demandas das pesquisas realizadas no LDAS foi concebido um módulo para a consulta de dados contextuais a partir do cruzamento de múltiplos sensores através de diferentes regras. A manipulação destas regras e de seus parâmetros é feita através do módulo conforme é apresentado na Figura 6, sendo disponibilizado como resultado os valores que satisfazem as condições submetidas e alguns dados estatísticos a eles associados.

A comparação dos contextos de interesse registrados, visualizados através da ferramenta desenvolvida, com os demais eventos produzidos pelo protótipo do Servidor de Borda (acionamento do alerta luminoso, envio de e-mail e SMS recebidos) possibilitou avaliar o comportamento da arquitetura. Durante o período analisado, considerando as definições estabelecidas nas regras utilizadas, foi possível observar que todos os eventos monitorados do ambiente tem sido identificados pela arquitetura.

4.1 Avaliação de Aceitação

Esta seção apresenta um detalhamento do experimento e os resultados obtidos com a avaliação de aceitação da ferramenta desenvolvida. O estudo envolveu 10 voluntários, entre professores, alunos e técnicos, com atividades relacionadas ao LDAS. Cada participante utilizou um desktop para acessar a ferramenta. Após a realização de um treinamento básico, os participantes utilizaram a ferramenta de visualização e responderam um questionário de avaliação, considerando a experiência de uso.

O questionário foi construído com base no Modelo de Aceitação de Tecnologia (TAM), usando uma escala de Likert [21]. Para a aceitação da ferramenta o modelo TAM considera: (i) Facilidade de uso: grau em que o usuário avalia que a ferramenta pode reduzir seu esforço; e (ii) Percepção de utilidade: grau em que o usuário avalia que a ferramenta pode melhorar a sua experiência.

As tabelas 1 e 2 contêm, respectivamente, o questionário aplicado aos usuários e as respostas obtidas para facilidade de uso e percepção de utilidade. Em ambas tabelas, a primeira coluna corresponde a questão, as seguintes cinco colunas apresentam os resultados obtidos em cada escala, em graus relativos e absolutos, e a última coluna mostra a média consolidada da percentagem, variando de 0 a 5.

Analisando os resultados pode-se observar que a solução desenvolvida para o LDAS obteve aprovação, tanto para facilidade de uso, como para percepção de utilidade. Entretanto, ocorreram resultados na escala "indiferente" nas duas últimas questões da percepção de utilidade. Isso pode ser interpretado como uma preocupação com o controle da qualidade dos experimentos desenvolvidos no LDAS, em função do uso de mecanismos autônomos, sem a usual intervenção humana, para a emissão de alertas para estados contextuais que exijam uma atuação imediata. Nesse caso, uma estratégia que pode ser adotada é intensificar os testes e validações com os usuários e iniciar uma implantação gradativa das aplicações.

5. TRABALHOS RELACIONADOS

Tendo como base as premissas que motivaram o desenvolvimento da arquitetura proposta nesse artigo, o estudo da literatura da área proporcionou identificar alguns trabalhos relacionados, dentre os quais foram selecionados os seguintes: CARE [1], CoCA [8], HiCon [6], Solar [5], WComp [17]. Os aspectos considerados importantes na seleção de tais trabalhos foram: (i) suporte a redes de sensores e atuadores; (ii) aquisição autonômica dos dados de contexto; (iii) suporte ao tratamento de regras; e (iv) suporte a atuação distribuída sobre o meio.

A arquitetura proposta para o Servidor de Borda foi concebida de forma a gerenciar redes de sensores e atuadores. Com isso, pode ser otimizado o gerenciamento tanto da aquisição dos dados de contexto a partir de vários tipos de sensores, usual nos ambientes computacionais para provimento de aplicações ubíquas, como na atuação distribuía sobre o meio físico. Tal característica é encontrada em parte nos projetos CoCA e HiCon, que têm suporte a redes de sensores. O projeto WComp, por sua vez, permite atuação sobre o meio, entretanto, não suporta o gerenciamento de redes de atuadores.

Com exceção dos projetos CARE e Solar, os demais preveem o emprego de mecanismos específicos para aquisição do contexto. Estes mecanismos adotam uma estratégia de separação entre a obtenção e o uso do contexto. Essa estratégia também é adotada no trabalho apresentado neste artigo, pois a arquitetura proposta para o Servidor de Borda gerencia a coleta e atuação sobre o meio físico de maneira integrada ao Servidor de Contexto, porém é auto gerida. Desta maneira, proporciona outro diferencial em relação aos projetos relacionados, pois atua de forma autônoma na aquisição dos dados de contexto, ou seja, de forma independente das aplicações interessadas.

O suporte ao tratamento de regras é encontrado na maioria dos trabalhos identificados na literatura, porém distribuição deste tratamento entre os Servidores de Contexto e de Borda é um diferencial em relação aos demais projetos. Enquanto no Servidor de Contexto são tratadas regras elaboradas que fazem o cruzamento de diferentes informações, incluindo dados históricos, os quais demandam maior poder computacional, o Servidor de Borda trata as regras de contingência. Esta funcionalidade de processamento de con-

Table 1: Avaliação da Facilidade de Uso

Questão	Discordo Totalmente	Discordo Parcialmente	Indiferente	Concordo Parcialmente	Concordo Totalmente	Média
1. A ferramenta é fácil de entender.	0,0%(0)	0,0%(0)	0,0%(0)	40,0%(4)	60,0%(6)	4,6
2. A ferramenta é fácil de usar.	0,0%(0)	0,0%(0)	0,0%(0)	30,0%(3)	70,0%(7)	4,7
3. As opões são claras e objetivas.	0,0%(0)	0,0%(0)	10,0%(1)	20,0%(2)	70,0%(7)	4,6
4. Com pouco esforço consigo selecionar um contexto de interesse.	0,0%(0)	0,0%(0)	0,0%(0)	20,0%(2)	80,0%(8)	4,8
5. Com pouco esforço consigo acessar os relatórios gráficos.	0,0%(0)	0,0%(0)	0,0%(0)	30,0%(3)	70,0%(7)	4,7

Table 2: Avaliação da Percepção de Utilidade

Questão	Discordo Totalmente	Discordo Parcialmente	Indiferente	Concordo Parcialmente	Concordo Totalmente	Média
1. As opções apresentadas são relevantes.	0,0%(0)	0,0%(0)	0,0%(0)	30,0%(3)	70,0%(7)	4,7
2. A ferramenta facilita a obtenção de dados de contexto envolvendo múltiplos sensores.	0,0%(0)	0,0%(0)	0,0%(0)	40,0%(4)	60,0%(6)	4,6
3. A ferramenta facilita a atuação imediata a partir da emissão de um alerta ou mensagem.	0,0%(0)	0,0%(0)	30,0%(3)	30,0%(3)	40,0%(4)	4,1
4. Eu usaria essa ferramenta no meu trabalho.	0,0%(0)	0,0%(0)	30,0%(3)	20,0%(2)	50,0%(5)	4,2

texto, nos trabalhos relacionados, usualmente está restrita a um único equipamento.

6. CONSIDERAÇÕES FINAIS

O trabalho apresentado neste artigo resume os esforços de pesquisa associados à concepção do EXEHDA-SN, o qual procura estabelecer mecanismos para o gerenciamento da aquisição de dados contextuais, assim como a atuação no meio. A arquitetura proposta é baseada em regras e atua proativamente de forma conjunta aos demais serviços de Consciência do Contexto do *Middleware* EXEHDA.

A principal contribuição deste trabalho e o que o diferencia em relação aos trabalhos relacionados diz respeito ao nível de detalhamento da arquitetura de coleta e atuação, que possibilita gerenciar de maneira autonômica e através de regras, dispositivos de diferentes naturezas, como sensores não programáveis, nodos sensores e atuadores.

A avaliação da arquitetura proposta se deu através de um protótipo desenvolvido para suprir demandas do projeto AMPLUS que vem sendo executado junto ao Laboratório Didático de Análise de Sementes da FAEM/UFPEL. O estudo de caso vem apresentando resultados promissores tanto no que tange a concepção do modelo arquitetural, como às tecnologias utilizadas. Os resultados positivos apresentados na avaliação de aceitação do EXEHDA-SN, realizada com os usuários do projeto AMPLUS, estão sendo fundamentais para a consolidação da pesquisa desenvolvida.

Com trabalho futuro, um segundo estudo de caso, envolvendo viticultura de precisão, está sendo avaliado. Nesse sentido, foi realizado um estudo bibliográfico a fim de identificar as principais demandas atuais dessa área. Baseado no estudo realizado, um cenário de testes vem sendo concebido. As observações iniciais vêm indicando que as demandas da viticultura de precisão vão ao encontro das funcionalidades propostas para a arquitetura do EXEHDA-SN, apontando para resultados promissores na continuidade do trabalho que vem sendo realizado.

7. REFERENCES

[1] A. Agostini, C. Bettini, and D. Riboni. Hybrid reasoning in the CARE middleware for context awareness. *International Journal of Web Engineering and Technology*, 5(1):3, 2009.

[2] P. Bellavista, A. Corradi, M. Fanelli, and L. Foschini. A survey of context data distribution for mobile ubiquitous systems. *ACM Computing Surveys*, 44(4):1–45, Aug. 2012.

[3] C. Bettini, O. Brdiczka, K. Henricksen, J. Indulska, D. Nicklas, A. Ranganathan, and D. Riboni. A survey of context modelling and reasoning techniques. *Pervasive and Mobile Computing*, 6(2):161–180, Apr. 2010.

[4] R. Caceres and A. Friday. Ubicomp Systems at 20: Progress, Opportunities, and Challenges. *IEEE Pervasive Computing*, 11(1):14–21, 2012.

[5] G. Chen, M. Li, and D. Kotz. Data-centric middleware for context-aware pervasive computing. *Pervasive and Mobile Computing*, 4(2):216–253, Apr. 2008.

[6] K. Cho, I. Hwang, S. Kang, B. Kim, and J. Lee. HiCon: a hierarchical context monitoring and composition framework for next-generation context-aware services. *Network, . . .*, 22(4):34–42, July 2008.

[7] Y.-H. Choe, T. Kelly, and M. Adolph. Ubiquitous Sensor Networks (USN) - ITU-T Technology Watch Report 4. Technical Report February, International Telecommunication Union (ITU), 2008.

[8] D. Ejigu, M. Scuturici, and L. Brunie. Hybrid Approach to Collaborative Context-Aware Service Platform for Pervasive Computing. *Journal of Computers*, 3(1):40–50, Jan. 2008.

[9] M. O. Farooq and T. Kunz. Operating systems for wireless sensor networks: a survey. *Sensors (Basel, Switzerland)*, 11(6):5900–30, Jan. 2011.

[10] M. Knappmeyer, S. L. Kiani, E. S. Reetz, N. Baker, and R. Tonjes. Survey of Context Provisioning Middleware. *IEEE Communications Surveys & Tutorials*, 15(3):1492–1519, Jan. 2013.

[11] J. Krumm, R. Want, J. Bardram, A. Friday, M. Langheinrich, A. J. B. Brush, A. S. Taylor, A. Quigley, A. Varshavsky, S. Patel, and A. K. Dey. *Ubiquitous Computing Fundamentals*. Chapman & Hall/CRC, 2010.

[12] J. a. Lopes, R. Souza, C. Geyer, C. Costa, J. Barbosa, M. Gusmão, P. Davet, A. Souza, A. Pernas, and A. Yamin. Towards a Distributed Architecture for Context-Aware Mobile Applications in UbiComp. In *Brazilian Symposium on Multimedia and the Web (WebMedia)*, pages 43–49, Salvador, 2013.

[13] J. a. L. Lopes, R. S. Souza, C. R. Geyer, C. A. Costa, J. V. Barbosa, M. Z. Gusmão, and A. C. Yamin. A model for context awareness in Ubicomp. In *Proceedings of the 18th Brazilian symposium on Multimedia and the web - WebMedia '12*, page 161, New York, New York, USA, 2012. ACM Press.

[14] L. Mottola and G. P. Picco. Programming Wireless Sensor Networks: Fundamental Concepts and State of the Art. *ACM Computing Surveys*, 43(3):1–51, Apr. 2011.

[15] R. S. D. Souza, J. a. L. B. Lopes, G. I. Gadotti, A. Yamin, and C. Geyer. Um Modelo de Coordenação Escalável e Proativo para Aplicações Ubíquas. In *Simpósio Brasileiro de Computação Ubíqua e Pervasiva (SBCUP)*, 2012.

[16] K. Terfloth. *A Rule-Based Programming Model for Wireless Sensor Networks*. PhD thesis, Freie Universität Berlin, 2009.

[17] J.-Y. Tigli, S. Lavirotte, G. Rey, V. Hourdin, D. Cheung-Foo-Wo, E. Callegari, and M. Riveill. WComp middleware for ubiquitous computing: Aspects and composite event-based Web services. *annals of telecommunications - annales des télécommunications*, 64(3-4):197–214, Jan. 2009.

[18] M. Wang, J. Cao, J. Li, and S. K. Dasi. Middleware for Wireless Sensor Networks: A Survey. *Journal of Computer Science and Technology*, 23(3):305–326, June 2008.

[19] M. Weiser. The Computer for the 21st Century. *Scientific American*, 265(3):94–104, Sept. 1991.

[20] J. Yick, B. Mukherjee, and D. Ghosal. Wireless sensor network survey. *Computer Networks*, 52(12):2292–2330, Aug. 2008.

[21] C. Yoon and S. Kim. Convenience and TAM in a ubiquitous computing environment: The case of wireless LAN. *Electronic Commerce Research and Applications*, 6(1):102–112, Mar. 2007.

Combining Multiple Metadata Types in Movies Recommendation Using Ensemble Algorithms

Bruno Cabral
Department of Computer
Science
Federal University of Bahia
Salvador, Brazil
bruno.cabral@ufba.br

Renato D. Beltrão
Mathematics and Computing
Institute - University of São
Paulo
São Carlos, SP – Brazil
rdompieri@usp.br

Marcelo G. Manzato
Mathematics and Computing
Institute - University of São
Paulo
São Carlos, SP – Brazil
mmanzato@icmc.usp.br

Frederico Araújo Durão
Department of Computer Science
Federal University of Bahia
Salvador, Brazil
freddurao@dcc.ufba.br

ABSTRACT

In this paper, we analyze the application of ensemble algorithms to improve the ranking recommendation problem with multiple metadata. We propose three generic ensemble strategies that do not require modification of the recommender algorithm. They combine predictions from a recommender trained with distinct metadata into a unified rank of recommended items. The proposed strategies are Most Pleasure, Best of All and Genetic Algorithm Weighting. The evaluation using the HetRec 2011 MovieLens 2k dataset with five different metadata (genres, tags, directors, actors and countries) shows that our proposed ensemble algorithms achieve a considerable 7% improvement in the Mean Average Precision even with state-of-art collaborative filtering algorithms.

Categories and Subject Descriptors

H.3.3 [**Information Search and Retrieval**]: Information Filtering

General Terms

Design, Algorithms

Keywords

recommendation; ensemble; metadata; movie; collaborative filtering

1. INTRODUCTION

Recommender systems have become increasingly popular and widely adopted by many sites and services. They are

important tools in assisting users to filter what is relevant in this complex information world. There are a number of ways to build recommender systems; they are classified as content-based filtering, collaborative filtering or the hybrid approach, which combines both filtering strategies [1, 5].

Content-based filtering recommends multimedia content to the user based on a profile containing information regarding the content, such as genre, keywords, subject, etc. These metadata are weighted according to past ratings, in order to characterize the user's main interests. However, this approach has problems such as over-specialization [1] and limited performance due to metadata scarcity or quality. An alternative to this problem is the collaborative filtering, which is based on clusters of similar users or items. One disadvantage of collaborative filtering is the computational effort spent to calculate similarity between users and/or items in a vectorial space composed of user ratings in a user-item matrix.

Such limitations have inspired researchers to use matrix factorization techniques, such as Singular Value Decomposition (SVD), in order to extract latent semantic relationships between users and items, transforming the vectorial space into a feature space containing topics of interest [20, 11, 17, 10]. Nevertheless, other challenges have to be dealt with, such as sparsity, overfitting and data distortion caused by imputation methods [10].

Considering the limitations and challenges depicted above, hybrid recommenders play an important role because they group together the benefits of content based and collaborative filtering. It is known that limitations of both approaches, such as the cold start problem, overspecialization and limited content analysis, can be reduced when combining both strategies into a unified model [1]. However, most recent systems which exploit latent factor models do not consider the metadata associated to the content, which could provide significant and meaningful information about the user's interests. Another issue of current metadata aware recommenders is that usually they support only one type of item attribute at a time. To overcome this issue, Beltrão et al. [3] analyzed the performance of a recommender using multiple types of metadata, by concatenating the different pieces of information, and although the performance improved, the results were still modest.

Similarly to Beltrão et al. [3], this paper proposes a different approach for handling multiple metadata, using ensemble algorithms. We use three different ensemble strategies to combine different metadata, but with the advantage that it does not require the algorithm to be modified, or to be trained multiple times with the same dataset, and therefore, it can be used in all current Recommender Systems.

This work is structured as follows: in Section 2 we review related works that use ensemble algorithms; in Section 3 we briefly describe the models considered in this evaluation; in Section 4 we detail our proposed Ensemble framework and strategies; Section 5 presents the evaluation and validation of the approach with HetRec dataset with 855598 ratings, and analysis of the performance of the three proposed strategies; and finally, in Section 6 we discuss the final remarks, future work and acknowledgments.

2. RELATED WORK

An ensemble method combines the predictions of different algorithms, or the same algorithm with different parameters to obtain a final prediction. Ensemble algorithms have been successfully used, for instance, in the Netflix Prize contest consisting of the majority of the top performing solutions. [23, 18].

Most of the related works in the literature point out that ensemble learning has been used in recommender system as a way of combining the prediction of multiple algorithms (heterogeneous ensemble) to create a stronger rank [9], in a technique known as *blending*. They have been also used with a single collaborative filtering algorithm (single-model or homogeneous ensemble), with methods as *Bagging* and *Boosting* [2]. However, those solutions do not consider the multiple metadata present in the items, and are often not practical to implement in a production scenario because of the computational cost and complexity. In the case of heterogeneous ensemble, it needs to train all models in parallel and treat the ensemble as one big model, but unfortunately training 100+ models in parallel and tuning all parameters simultaneously is computationally not feasible [23]. In contrast, the homogeneous ensemble demands the same model to be trained multiple times, and some methods such as Boosting requires that the underlying algorithm be modified to handle the weighted samples. Beltrão et al. [3] tried a different approach and combined multiple metadata by concatenating them, with a modest performance increase.

In comparison to the above approaches, our method uses three different ensemble strategies to combine distinct metadata, but with the advantage that it does not require the algorithm to be modified, or to be trained multiple times with the same dataset, and therefore, it can be used in all of the current Recommender Systems. This is because our method uses the user prediction (which is the least possible information in any Recommender System). Our approach involves two voting strategies and a weighted strategy where the parameters are optimized using a Genetic Algorithm approach.

3. CONSIDERED MODELS

In this section we describe in more details the models used to study and compare the different types of metadata considered in this paper. In the next three subsections, we present a set of metadata aware algorithms which use the Bayesian Personalized Ranking (BPR) framework [6] to personalize a ranking of items using only implicit feedback. These techniques will be considered in our evaluation in the context of movies recommendation.

3.1 Notation

Following the same notation in [10, 12], we use special indexing letters to distinguish users, items and attributes: a user is indicated as u, an item is referred as i, j, k and an item's attribute as g. The notation r_{ui} is used to refer to explicit or implicit feedback from a user u to an item i. In the first case, it is an integer provided by the user indicating how much he liked the content; in the second, it is just a boolean indicating whether the user consumed or visited the content or not. The prediction of the system about the preference of user u to item i is represented by $\hat{r}_{ui}$, which is a floating point value calculated by the recommender algorithm. The set of pairs (u, i) for which r_{ui} is known is represented by the set $K = \{(u, i) | r_{ui} \text{ is known}\}$.

Additional sets used in this paper are: $N(u)$ to indicate the set of items for which user u provided an implicit feedback, and $\bar{N}(u)$ to indicate the set of items that is unknown to user u.

3.2 BPR-Linear

The BPR-Linear [6] is an algorithm based on the Bayesian Personalized Ranking (BPR) framework, which uses item attributes in a linear mapping for score estimation. The prediction rule is defined as:

$$\hat{r}_{ui} = \phi_f(\vec{a}_i) = \sum_{g=1}^{n} w_{ug} a_{ig} \ , \tag{1}$$

where $\phi_f : \mathbb{R}^n \to \mathbb{R}$ is a function that maps the item attributes to the general preferences $\hat{r}_{ui}$ and $\vec{a}_i$ is a boolean vector of size n where each element a_{ig} represents the occurrence or not of an attribute, and w_{ug} is a weight matrix learned using LearnBPR, which is variation of the stochastic gradient descent technique [7]. This way, we first compute the relative importance between two items:

$$
\begin{aligned}
\hat{s}_{uij} &= \hat{r}_{ui} - \hat{r}_{uj} \\
&= \sum_{g=1}^{n} w_{ug} a_{ig} - \sum_{g=1}^{n} w_{ug} a_{jg} \\
&= \sum_{g=1}^{n} w_{ug} (a_{ig} - a_{jg}) \ .
\end{aligned}
\tag{2}
$$

Finally, the partial derivative with respect to w_{ug} is taken:

$$\frac{\partial}{\partial w_{ug}} \hat{s}_{uij} = (a_{ig} - a_{jg}) \ , \tag{3}$$

which is applied to the LearnBPR Algorithm considering that $\Theta = (w_*)$ for all set of users and descriptions.

3.3 BPR-Mapping

The BPR-Mapping was also proposed by Gantner et al. [6]; the key difference is that it uses the linear mapping depicted in Subsection 3.2 to enhance the item factors which will be later used in an extended matrix factorization prediction rule. Such an extension of matrix factorization is optimized for Bayesian Personalized Ranking (BPR-MF) [19] that can deal with the cold-start problem, yielding accurate and fast attribute-aware item recommendation. Gantner et al. [6] address the case where new users and items are added by first computing the latent feature vectors from attributes like the user's age or movie's genres, and then using those estimated latent feature vectors to compute the score from the underlying matrix factorization (MF) model.

The model considers the matrix factorization prediction rule:

$$\hat{r}_{ui} = b_{ui} + p_u^T q_i = b_{ui} + \sum_{f=1}^{k} p_{uf} q_{if} \; , \tag{4}$$

where each user u is associated with a user-factors vector $p_u \in \mathbb{R}^f$, and each item i with an item-factors vector $q_i \in \mathbb{R}^f$. The baseline b_{ui} is defined as $b_{ui} = \mu + b_u + b_i$ and indicates the distinct estimates of users and items in comparison to the overall rating average μ.

From this model, the item factors are mapped according to their attributes as:

$$\hat{r}_{ui} = b_{ui} + \sum_{f=1}^{k} p_{uf} \phi_f(\vec{a}_i) \; , \tag{5}$$

where $\phi_f(\vec{a}_i)$ has the same definition as in Equation 1.

3.4 MABPR

One disadvantage of the previous BPR algorithms is that they are not able to infer any conclusion when the items i and j are known (or both are unknown). In other words, if an item has been viewed by the user, it is possible to conclude that this content is preferred over all other unknown items, as it aroused a particular interest to him than the others. On the other hand, when both items are known (or both are unknown), it is not possible to infer which one is preferred over the other because the system only has the positive/negative feedback from the user. Consequently, those pairs which belong to the same class (positive or negative) will not be able to be ranked accordingly, as the model will be learned only by using the specific case where one item is known and the other is not.

To overcome this limitation, Manzato et al. [13] proposed an extension to the BPR technique which also considers metadata from items in order to infer the relative importance of two items.

It starts by redefining the set D_K which contains the data used during training to $D'_K := \{(u, i, j) | i \in N(u) \ \& \ j \in \bar{N}(u) \textbf{ or } i \in N(u) \ \& \ j \in N(u) \cup \bar{N}(u) \ \& \ |G(i)| > 0 \ \& \ |G(j)| > 0\}$ to consider the metadata available in the specified case, while also considering items without descriptions.

Figure 1 shows how the proposed extension affects the relationship between items i and j with respect to the preferences of user u. Because items i_2, i_4 and i_5 are known, the system has to analyze their metadata to infer which one is preferred over the other. This is the role of function $\delta(i,j)$, which is defined as:

$$\delta(i,j) = \begin{cases} + & \text{if} & \varphi(u,i) > \varphi(u,j), \\ - & \text{if} & \varphi(u,i) < \varphi(u,j), \\ ? & \text{otherwise,} \end{cases} \tag{6}$$

where $\varphi(u,.)$ is defined as:

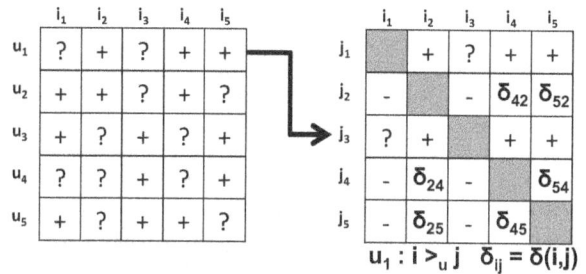

Figure 1: As an extension to Rendle et al. approach, Manzato et al. also consider the metadata describing items i and j when both are known $(i \in N(u) \ \& \ j \in N(u))$. The function $\delta(i,j)$ returns positive whether user u prefers the description of item i over the description of item j, and negative otherwise.

$$\varphi(u,.) = \frac{1}{|G(.)|} \sum_{g \in G(.)} w_{ug} \; , \tag{7}$$

and w_{ug} is a weight indicating how much u likes a description $g \in G(.)$.

This approach enhances the BPR algorithm with further insight about the user's preferences by considering his personal opinions about particular descriptions of items. Such metadata can be of any type: genres of movies/music, keywords, list of actors, authors, etc.

The mechanism used to infer such opinions w_{ug} by analyzing only the training data is accomplished by adopting the same linear attribute-to-feature mapping described in Subsection 3.2.

3.5 MostPopularByAttributes

This is a simple algorithm similar to the "Same artist - greatest hits" baseline presented on McFee et al. [15]. It recommends a ranked item list ordered by popularity, considering attributes that the user had seen previously, followed by the remaining items also ordered by popularity. For instance, if the user had listened to only Rock music, it will recommend first the most popular Rock songs, followed by other genres.

4. PROPOSED ENSEMBLE ALGORITHMS

The algorithms presented in Section 3 support only one metadata per item. This is a point of improvement, as it is common for an item to have multiple metadata. In a previous work, we studied this problem of using multiple metadata by concatenating the different types of attributes as a single metadata x item list [?]; however, the performance improvement was moderate. In this paper, the proposed ensemble framework consists of training the recommender system for each different item metadata and combining them with one of the three ensemble strategies presented next.

The strategies elicited here were inspired by group decision-making strategies that combine several users' preferences to aggregate item-ranking lists. According to Senot et al [21] there are three categories of strategies, namely majority-based, which strength the "most popular" choice among the group, e.g. Borda Count and Plurality Voting strategies;

Consensus-based strategies, which average somehow all the available choices, e.g. Additive Utilitarian and Average without Misery; and borderline strategies, also known as role-based strategies, which only consider a subset of choices based on user roles or any other relevant criterion, e.g. Dictatorship, Least Misery and Most Pleasure strategies.

Before introducing the ensemble algorithms, we need to recall that our recommenders produce a ranking of items. For generating the recommendations, this *Ranking-Oriented Recommender* receives as an input a dataset of ratings as a tuple $\langle u, i, r \rangle$, and outputs a matrix M_{UI}, where U is the set of all users and I is the set of all items known by the recommender system. Each row of the matrix M is composed of a vector of tuples $\langle i, \hat{r}_{ui} \rangle$, ordered by the item score prediction $\hat{r}_{ui}$ for the user u. The ensemble algorithms proposed in this paper can be formally defined as a function $f : M^K \to M$, where the input is a vector of k-predictions and the output is a matrix of the combined predictions.

In Subsection 4.1 we present the Most Pleasure, the simplest ensemble strategy, that combines predictions based on score. In Subsection 4.2, we describe the Best of All strategy, that determines a preferred metadata for a user and uses it to create the ensemble, and finally, in Subsection 4.3 the Weighting strategy is presented; it uses multiple metadata and weighs them with a Genetic Algorithm optimizing the Mean Average Precision (MAP).

4.1 Most Pleasure Strategy

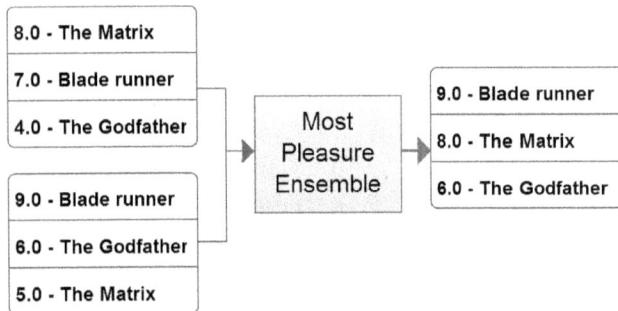

Figure 2: Most Pleasure Strategy.

The Most Pleasure strategy is a classic aggregation method, often used for combining individual ratings for group rating [14]. It takes the maximum of individual ratings for a specific item and creates a unified rank. Figure 2 illustrates the Most Pleasure strategy, in which the output comprehends a ranked list of movies with highest ratings from two distinct input sets.

Algorithm 1 shows that it only needs the generated prediction vector as an input. This vector is composed of the predictions from the recommender algorithm trained with one of the item metadata. For each user, a new prediction is created, selecting the highest score of an item among all the individually-trained algorithms.

The idea behind this strategy is that differently trained algorithms have a distinct knowledge about the user's preferences, and the predicted score can be considered an indicator of the algorithm's confidence. So the created ensemble is a list of items whose the distinct algorithms have more confidence to recommend.

```
Input:  Vector of predictions, P
Output: Predictions ensemble M
for u = 1,...,#Users do
    for i = 1,...,#Items do
        Select highest r̂ui for the item i among the
        K-predictions for the user u
        Mui ← (i, r̂ui) //Store the highest score
    end
    Sort Mu by r̂ui
end
```

Algorithm 1: Most Pleasure algorithm.

4.2 Best of All Strategy

The Most Pleasure strategy gives the same weight for different types of metadata. However, it is natural to assume that different types of metadata can affect users differently. In contrast, the Best of All strategy considers the recommendation algorithm that provides the best results for a specific user, and uses this algorithm to provide future predictions as illustrated in Figure 3.

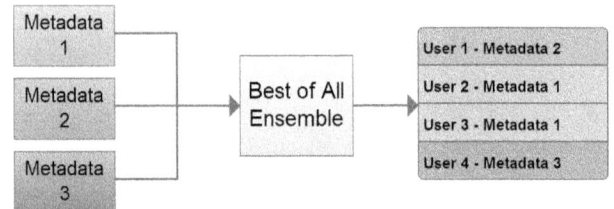

Figure 3: Best of All Strategy.

Algorithm 2 requires as an input the i) recommendation algorithm, ii) a training dataset, iii) a probe dataset, and iv) the vector of item's metadata. Differently from the Most Pleasure strategy, this one requires a probe run to determine which is the best performing algorithm. Therefore, the dataset is divided in training and probe. The algorithm is primarily trained using each of item metadata individually. Then, for each user, a probe is made to determine the metadata with the highest performance. This performance is indicated by the Mean Average Precision (MAP) metric [8], often used for ranked recommendations. Finally, the algorithms are retrained using all data (including the probe set), and the final ensemble is the result of the combination of predictions using, for each user, the prediction from the algorithm with the highest performance in the probe test.

The idea behind this algorithm is that a single metadata can greatly influence the user's preferences, and this should be used for future predictions. For instance, if a User A enjoys films from a particular genre such as "horror", and other User B enjoys films of some specific theme such as "bloody films", the ensemble will contain predictions from the recommendation algorithm trained with both: the genre metadata for User A, i.e. "horror", and a keyword metadata for user B, i.e. "bloody".

4.3 Weighting Strategy

One drawback of the Best of All strategy is that it considers that only one metadata influences the user preference.

```
Input:  T - Training dataset of rating <U,I,R>
Input:  P - Probe dataset of rating <U,I,R>
Input:  A - Vector of Metadata
Input:  PredAlg - the Base prediction algorithm
Output: Predictions ensemble M
for m = 1,...,#Metadata do
   |  K_m ← PredAlg Trained with T dataset and A_u
end
for u = 1,...,#Users do
   |  Evaluate all K algorithms against the P dataset
   |  and select the one with highest MAP for the user u
   |  as highest_u
end
for m = 1,...,#Metadata do
   |  K_m ← PredAlg Trained with T+P dataset and A_u
end
for u = 1,...,#Users do
   |  r̂_u ← K_{highest_u} u
   |  M_u ← r̂_u
end
```

Algorithm 2: Best of All algorithm.

```
Input:  T - Training dataset of rating <U,I,R>
Input:  P - Probe dataset of rating <U,I,R>
Input:  A - Vector of Metadata
Input:  PredAlg - the Base prediction algorithm
Output: Predictions ensemble M
for m = 1,...,#Metadata do
   |  K_m ← PredAlg Trained with T dataset and A_u
end
for u = 1,...,#Users do
   |  Get weights w_u for all K algorithms against the P_u
   |  dataset for the user u using a Genetic Algorithm,
   |  where the MAP is the Fitness function.
end
for m = 1,...,#Metadata do
   |  K_m ← PredAlg Trained with T+P dataset and A_u
end
for u = 1,...,#Users do
   |
   |  r̂_{ui} ← Σ_{i=1}^{Metadata} w_{ui} K_i / Metadata
   |  M_{ui} ← r̂_{ui}
end
```

Algorithm 3: Weighting algorithm.

However, it is natural to assume that the interests of a user may be influenced by more than one metadata, and with different levels. The Weighting strategy considers all available metadata assigning different weights for each prediction as illustrated in Figure 4.

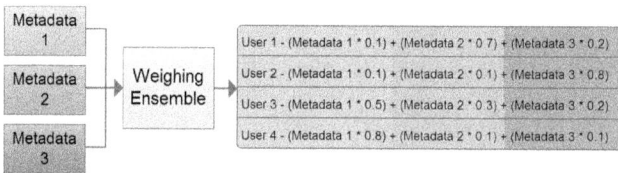

Figure 4: Weighting Strategy.

Similarly to the previous strategy, the Algorithm 3 requires as an input the i) recommendation algorithm, ii) a training and probe dataset, and iii) the vector of item metadata. After training the algorithm using each of item metadata individually, a probe run is also needed; however, the objective is to determine the optimal weights for each user. This is an optimization problem and was solved using a Genetic Algorithm (GA). GA is particularly appealing for this type of problem due to its ability to handle multi-objective problems. In addition, the parallelism of GA allows the search space to be covered with less likelihood of returning local extremes [16].

The probe part consists of running the GA to find out the optimal weights. We implemented our algorithm using the GA Framework proposed by Newcombe [16], where the weights are the chromosomes, and the fitness function is the MAP score against the probe dataset. Other GA characteristics includes the use of 5% of Elitism, Double Point crossing-over, and Binary Mutations. Finally, the algorithms are retrained using all data (including the probe set), and the final ensemble uses, as the item score, the sum of individual predictions multiplied by the weights found in the probe phase and divided by the total number of metadata.

The idea behind it is that the different types of metadata influence differently the user preference. Still in the context of movies, let us consider two users: User A, that enjoys films from a determinate set of genres, but do not care about the production country and User B, that does not care about film genre or country of production. For the User A, the ensemble should give a higher weight for the film genre, and a lower weight for the production country. In contrast, to the User B, the ensemble should equally distribute the weights between those metadata.

5. EVALUATION

In the evaluation presented in this paper, we compared the combination of five different types of metadata: actors, directors, genres, tags and countries using the recommendation algorithms previously described in Section 3 and the ensemble algorithms described in Section 4. All algorithms were implemented using the MyMediaLite library [7], which provides the needed infrastructure such as matrix factorization algorithms and error measure methods. To measure the accuracy of recommendations, we used the Mean Average Precision (MAP).

All tests were executed with the HetRec 2011 MovieLens 2k dataset [4], an extension of MovieLens10M dataset, which contains personal ratings and tags about movies. In the dataset, MovieLens movies are linked to the Internet Movie Database (IMDb) [1] and RottenTomatoes (RT) [2] movie review systems. Each movie has its IMDb and RT identifiers, English and Spanish titles, picture URLs, genres, directors, actors (ordered by "popularity"), countries, filming locations, and RT audience' and experts' ratings and scores. The dataset was composed of 2113 users with 855598 ratings on 10197 movies, including the relation between 20 movie genres, 4060 directors, 95321 actors, 72 countries and 13222 tags.

---

[1]Internet Movie Database, http://www.imdb.com
[2]Rotten Tomatoes, movie critic reviews, http://www.rottentomatoes.com

The three matrix factorization algorithms from Section 3 were evaluated using a fixed latent factor of 10, and as a preliminary run, they achieved the highest MAP score for the majority of cases. The Genetic Algorithm (GA) uses a population of size 40 with 90 generations, a crossover probability of 80% and a mutation probability of 8%. Usually a higher number of generations is used for convergence; however, due to the size of our dataset, a moderated number was used.

Figure 5: Dataset Split.

We split the dataset randomly in an 80:20 proportion and used as training and evaluation respectively. However, due to the need of a probe run in some of the ensemble strategies presented in section 4, 25% of training dataset was split again to the probe run, resulting in a 60:20:20 split as illustrated in Figure 5. It is important to note that during the evaluation the algorithm is trained with the full training dataset. To summarize, the ensemble was created with an algorithm trained with the 60% dataset and evaluated with the 20% probe dataset, later with the ensemble created, the algorithm was trained again, this time with the full 80% training dataset and evaluated with the evaluation dataset.

Finally, we executed for each algorithm, eight different runs, resulting in total 32 runs. The first five are runs where the algorithm is trained with one of the metadata individually, and are used as baseline for performance evaluations of three ensemble strategies. Thus, we compared the best MAP scores in each algorithm and each metadata. The obtained results are listed in the Table 1.

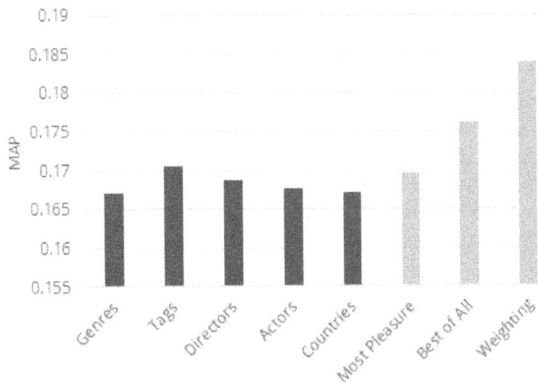

Figure 6: MAP score results using the MABPR algorithm. The first five bars are the results for the MABPR recommender algorithm using only one type of metadata, whereas the last three bars are the results for the proposed ensemble algorithms.

Our results indicate the following: We were able to significantly improve the baseline results of using a single metadata in our work. The improvement level was between 1.5% and 7.2%. These improvements were significant as increasing the MAP is a difficult problem, and every increment in MAP is difficult to achieve. Surprisingly, the improvement level was

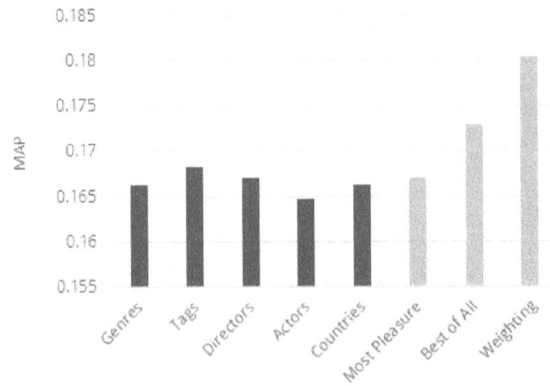

Figure 7: MAP score results using the BPR-Mapping algorithm. The first five bars are the results for the BPR-Mapping recommender algorithm using only one type of metadata, whereas the last three bars are the results for the proposed ensemble algorithms.

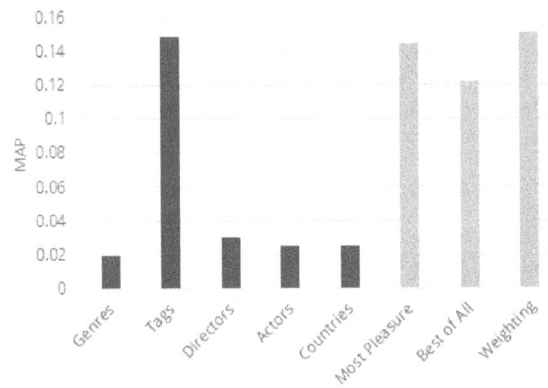

Figure 8: MAP score results using the BPR-Linear algorithm. The first five bars are the results for the BPR-Linear recommender algorithm using only one type of metadata, whereas the last three bars are the results for the proposed ensemble algorithms.

similar among simpler and the complex models, with approximately 7% of improvement discarding the *Tags* metadata outlier in BPR-Linear algorithm as shown in Figure 8. The Weighting strategy generated the best recommendation for three of the four algorithms, and had the MABPR as the best algorithm to use. The values returned by the algorithms MABPR (Figure 6) and BPR-Mapping (Figure 7) are generally much better than those achieved by the other two algorithms. This is due to the fact that they are state-of-art recommender algorithms. They generated very similar results with a maximum MAP of 0.1838 for MABPR and 0.1803 for BPR-Mapping. On the other hand, the BPR-Linear and MostPopular (Figure 9) achieved a lower MAP, of 0.1510 and 0.1124, respectively. They are simpler algorithms and were used to analyze the ensemble behavior in different contexts.

Indeed, none of the evaluated ensemble method was optimal for all given scenarios. Consequently, one should look

Table 1: Algorithms MAP scores

Metadata	MABPR	BPR-Mapping	BPR-Linear	MostPopular
Genre	0.1671	0.1662	0.0190	0.0186
Tags	0.1704	0.1682	0.1486	0.0155
Directors	0.1687	0.1670	0.0303	0.0504
Actors	0.1675	0.1646	0.0254	0.0202
Countries	0.1671	0.1662	0.0250	0.1051
Most Pleasure	0.1695	0.1670	0.1444	**0.1124**
Best of All	0.1761	0.1729	0.1217	0.1081
Weighting	**0.1838**	**0.1803**	**0.1510**	0.0598
Improvement	7.2817%	7.1981%	1.5674%	6.8860%

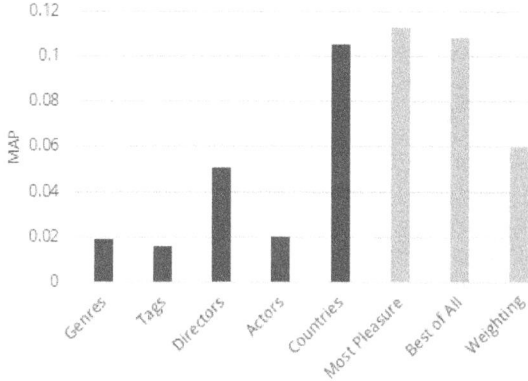

Figure 9: MAP score results using the MostPopular algorithm. The first five bars are the results for the MostPopular recommender algorithm using only one type of metadata, whereas the last three bars are the results for the proposed ensemble algorithms.

for the (base model, ensemble) pair that achieves the best results for the dataset at hand. However, the Weighting ensemble strategy showed as the most effective on three of four scenarios and may be considered as a good candidate to implement in a real world scenario. This is because this strategy uses all metadata to make predictions, and it assigns different weights to the most relevant metadata according to the taste of each individual user. The only scenario in which Weighting did not returned the best results, with the MostPopular algorithm, may be explained by the fact revealed in recent studies from different recommender domains that popular items could highly dominate the recommendation performance[22]. As the most popular movies are often made in the U.S.A, the Countries metadata with the MostPopular algorithm just recommends the general popular movies, a combination what is known to produce an artificially high MAP.

While the Weighting strategy got promising results, the other two strategies should also be considered depending on the scenario. For instance, the MostPleasure strategy is the simplest and straightforward to implement, with a very low overhead as a probe run is not need. Moreover, it got a good performance improvement on the weaker algorithms, and almost did not affect negatively the more complex algorithms. Likewise, the Best of All did produce an even higher

improvement, and although it needs a probe run, it do require the GA weight optimization, an expensive step in the process.

Considering only the metadata individually, the *Tags* is the metadata that returned the best recommendations for three of the four analyzed algorithms, and in BPR-Linear yielded a similar result compared to the ensemble algorithms. This is probably because the Tags contains a more diverse set of information, and, sometimes, may even simulate a combination of metadata. The tags referenced information such keywords, actors, genres, directors, producers. Recommending movies based on a combination of metadata, as seen in Beltrão [3], generates better combinations than with a single metadata.

Finally, we conclude that ensemble algorithms significantly improved the recommender prediction performance, with the Weighting strategy standing out with higher performance on most of the scenarios.

Additionally, the algorithm MABPR obtained the best for the tested data.

6. FINAL REMARKS

In this paper, we have presented a novel approach for combining multiple metadata in recommender systems. Our approach consisted of three different strategies that do not require modification of the recommender algorithm, namely Most Pleasure, Best of All and Genetic Algorithm Weighting. The considered recommender algorithms did not take advantage of multiple item metadata and our ensemble algorithm was able to enable those recommenders to take advantage of this metadata. Most Pleasure, the simplest strategy, consisted of combining the predictions based on score. Best of All determined a single metadata that was more preferred for a user, and finally the Weighting strategy uses multiple metadata and weights them with a Genetic Algorithm that optimizes the MAP.

Empirical evaluation showed a considerable MAP improvement between 1.5% and 7.2% when using the ensemble algorithms, with the Weighting strategy producing the best recommendation for the majority of scenarios. These encouraging results indicate that ensemble algorithms can be used to enhance the recommenders algorithms with multiple metadata.

As future work, we plan to implement more complex ensemble strategies and evaluate the algorithms with a higher number of metadata in order to verify whether multimodal information can generate better recommendations. In order to do so, it will be necessary to find a more extensive dataset and to evaluate the algorithms runtime performance with this increased work.

7. REFERENCES

[1] G. Adomavicius and A. Tuzhilin. Toward the Next Generation of Recommender Systems: A Survey of the State-of-the-Art and Possible Extensions. *IEEE Transactions on Knowledge and Data Engineering*, 17(6):734–749, 2005.

[2] A. Bar, L. Rokach, G. Shani, B. Shapira, and A. Schclar. Improving simple collaborative filtering models using ensemble methods. In *Multiple Classifier Systems*, pages 1–12. Springer, 2013.

[3] R. Beltrão, M. Manzato, B. Cabral, and F. Durao. Personalized ranking of movies: Evaluating different metadata types and recommendation strategies using multiple metadata. *BRACIS*, in press.

[4] I. Cantador, P. Brusilovsky, and T. Kuflik. 2nd workshop on information heterogeneity and fusion in recommender systems (hetrec 2011). In *Proceedings of the 5th ACM conference on Recommender systems*, RecSys 2011, New York, NY, USA, 2011. ACM.

[5] M. D. Ekstrand, J. Riedl, and J. A. Konstan. Collaborative filtering recommender systems. *Foundations and Trends in Human-Computer Interaction*, 4(2):175–243, 2011.

[6] Z. Gantner, L. Drumond, C. Freudenthaler, S. Rendle, and L. Schmidt-Thieme. Learning attribute-to-feature mappings for cold-start recommendations. In *2010 IEEE 10th International Conference on Data Mining (ICDM)*, pages 176–185, dec. 2010.

[7] Z. Gantner, S. Rendle, C. Freudenthaler, and L. Schmidt-Thieme. MyMediaLite: A free recommender system library. In *Proceedings of the 5th ACM Conference on Recommender Systems*, RecSys '11, pages 305–308, New York, NY, USA, 2011.

[8] A. Goodrum. Image information retrieval: An overview of current research. *Informing Science*, 3:2000, 2000.

[9] M. Jahrer, A. Töscher, and R. Legenstein. Combining predictions for accurate recommender systems. In *Proceedings of the 16th ACM SIGKDD International Conference on Knowledge Discovery and Data Mining*, KDD '10, pages 693–702, New York, NY, USA, 2010. ACM.

[10] Y. Koren. Factor in the neighbors: Scalable and accurate collaborative filtering. *ACM Trans. Knowl. Discov. Data*, 4(1):1:1–1:24, Jan. 2010.

[11] M. Kurucz, A. A. Benczúr, and B. Torma. Methods for large scale svd with missing values. In *KDD Cup Workshop 2007*, 2007.

[12] M. G. Manzato. gSVD++: supporting implicit feedback on recommender systems with metadata awareness. In *Proceedings of the 28th Annual ACM Symposium on Applied Computing*, SAC '13, pages 908–913, New York, NY, USA, 2013. ACM.

[13] M. G. Manzato, M. A. Domingues, and S. O. Rezende. Optimizing personalized ranking in recommender systems with metadata awareness. In *Proceedings of the 2014 IEEE/WIC/ACM International Conference on Web Intelligence*, 2014.

[14] J. Masthoff. Group recommender systems: Combining individual models. In *Recommender Systems Handbook*, pages 677–702. Springer, 2011.

[15] B. McFee, T. Bertin-Mahieux, D. P. Ellis, and G. R. Lanckriet. The million song dataset challenge. *Proceedings of the 21st international conference companion on World Wide Web - WWW '12 Companion*, page 909, 2012.

[16] J. Newcombe. Intelligent radio: An evolutionary approach to general coverage radio receiver control. Master's thesis, DeMontfort University, UK, 2013.

[17] A. Paterek. Improving regularized singular value decomposition for collaborative filtering. In *Proc. KDD Cup Workshop at SIGKDD'07, 13th ACM Int. Conf. on Knowledge Discovery and Data Mining*, pages 39–42, 2007.

[18] M. Piotte and M. Chabbert. The pragmatic theory solution to the netflix grand prize. *Netflix prize documentation*, 2009.

[19] S. Rendle, C. Freudenthaler, Z. Gantner, and L. Schmidt-Thieme. BPR: Bayesian personalized ranking from implicit feedback. In *Proceedings of the Twenty-Fifth Conference on Uncertainty in Artificial Intelligence*, UAI '09, pages 452–461, Arlington, Virginia, United States, 2009. AUAI Press.

[20] B. M. Sarwar, G. Karypis, J. A. Konstan, and J. T. Riedl. Application of Dimensionality Reduction in Recommender System – A Case Study. In *Proceedings of ACM SIGKDD Conference on Knowledge Discovery in Databases*, Boston, MA, USA, 2000.

[21] C. Senot, D. Kostadinov, M. Bouzid, J. Picault, A. Aghasaryan, and C. Bernier. Analysis of strategies for building group profiles. In *User Modeling, Adaptation, and Personalization*, volume 6075 of *Lecture Notes in Computer Science*, pages 40–51. Springer, 2010.

[22] H. Steck. Item popularity and recommendation accuracy. In *Proceedings of the Fifth ACM Conference on Recommender Systems*, RecSys '11, pages 125–132, New York, NY, USA, 2011. ACM.

[23] A. Töscher, M. Jahrer, and R. M. Bell. The bigchaos solution to the netflix grand prize. *Netflix prize documentation*, 2009.

System of Quality monitoring for IP Telephony Services

Murilo Vetter, Roberto Willrich

Programa de Pós-Graduação em Ciência da Computação (PPGCC)
Departamento de Informática e Estatística (INE)
Universidade Federal de Santa Catarina (UFSC)
88040-900 – Florianópolis – SC – Brasil
murilo@pop-sc.rnp.br, roberto.willrich@ufsc.br

ABSTRACT

IP telephony is a consolidated service that has been growing steadily, driven by its various advantages. However, maintaining the quality of this service is still a challenge. As the telephony is an essential service for various organizations, the IP telephony must maintain reasonable call qualities. Therefore, the quality offered by the IP telephony service must be constantly monitored to guide maintenance actions. This paper proposes an end-to-end quality monitoring system for IP telephony services based on the reporting package RTCP-XR and using the SIP signaling protocol. A use case of the proposed system on an IP telephony production service of a university shows its effectiveness and versatility.

Categories and Subject Descriptors

C.2.3 [**Computer-Communication Networks**]: D.3.3 [**Programming Languages**]: Network Operations – *Network Monitoring.*

General Terms

Management, Measurement, Performance, Experimentation, Human Factors.

Keywords

Voice over IP, Quality of Service, Monitoring, SIP, RTCP-XR.

1. INTRODUÇÃO

A popularização dos serviços de comunicação que se baseiam na transmissão de dados multimídia vem crescendo vertiginosamente, graças ao constante avanço das tecnologias envolvidas. Um destes serviços é a telefonia IP, definida como sendo a aplicação da tecnologia de Voz sobre IP (VoIP) que atenda requisitos de garantia de qualidade e apresente funcionalidades equiparáveis ao serviço de telefonia comutada convencional. Nessa tecnologia, utiliza-se o protocolo de sinalização SIP [1] para estabelecer as chamadas VoIP e o protocolo RTP/RTCP [2] para empacotar, transmitir e controlar as transmissões de pacotes de amostras de voz sobre as redes IP.

Para diversas organizações, a telefonia é um serviço essencial, que caso seja interrompido e/ou ofereça baixa qualidade, pode provocar consequências graves. Portanto, é importante manter a

WebMedia'14, November 18–21, 2014, João Pessoa, Brazil.
Copyright © 2014 ACM 978-1-4503-3230-9/14/11…$15.00.
http://dx.doi.org/10.1145/2664551.2664554

qualidade deste serviço, um problema em locais sem atendimento de redes não congestionadas e no caso de utilização de redes sem fio [3].

Hoje garantir a qualidade em telefonia IP ainda é um desafio. A própria composição do serviço torna o sistema complexo para se gerenciar. Este serviço minimamente é composto por *proxies* de sinalização e de mídia, telefones IP, *softphones* e *gateways* PSTN (*Public Switched Telephone Network*) ([4], [5]). Esta complexidade do serviço torna o gerenciamento de qualidade da telefonia IP desafiador e de real interesse de estudo.

Existem duas medidas complementares para garantir a qualidade do serviço de telefonia IP: a primeira é realizada pelos próprios componentes do serviço, que podem tomar medidas para se adaptarem a Qualidade de Serviço (QoS) oferecida pela rede [6]; e a segunda é realizar ações de configuração e manutenção da infraestrutura de rede para oferecer um serviço adequado. Este artigo aborda a segunda medida, e oferece suporte a decisões de configuração e manutenção da rede.

Existem diversas técnicas de aferição de qualidade do serviço de telefonia IP, que podem ser classificadas de diferentes pontos de vista [7]. A primeira forma de classificação é quanto à utilização ou não de tráfego sintético na rede. Neste ponto de vista, uma técnica pode ser classificada como intrusiva ou não intrusiva. As técnicas intrusivas são aquelas que inserem tráfego artificial na rede para aferir a qualidade oferecida para este tráfego. Já as técnicas não intrusivas aferem a qualidade com base no tráfego VoIP real, que é gerado pelos clientes do serviço.

Conforme [7], as técnicas não intrusivas e objetivas são mais adequadas para serem utilizadas na aferição de qualidade em telefonia IP, pois elas: podem gerenciar e monitorar sessões ativas de VoIP, exigem menor poder computacional de processamento e não necessitam de acesso ao conteúdo da mídia (maior segurança).

A segunda forma de classificação é quanto à métrica de qualidade adotada. Neste caso, as técnicas podem ser classificadas como técnicas de medição subjetivas ou objetivas. Em geral, a QoS oferecida pela rede é medida usando métricas objetivas, em termos de parâmetros de desempenho da rede, como atraso, variação de atraso e taxa de perda de pacotes. Estas medidas não se baseiam na opinião dos usuários do serviço. As medidas subjetivas se referem a quantificar a qualidade utilizando métricas psicológicas, que se baseiam na opinião do usuário. O MOS [8] é uma medida utilizada há décadas na telefonia como forma de medir subjetivamente a qualidade do ponto de vista dos usuários do serviço. Originalmente, o MOS era determinado apenas a partir de medidas subjetivas com base em avaliações realizadas por usuários reais. Com o passar dos anos, surgiram técnicas para estimar o MOS com base em medidas objetivas. Uma destas técnicas é o E-Model [9], que define um modelo computacional para determinação de um fator R (variando de 0 a 100), sendo que este fator pode ser convertido em um MOS estimado.

Diversos trabalhos ([7], [10]) já destacam que a QoS para telefonia IP deve ser avaliada utilizando métricas subjetivas. Jelassi et. al. [7] reiteram que se utilizar apenas de métricas de rede para aferir qualidade, os gestores do serviço de telefonia IP tendem a ignorar o seu real impacto causado nos clientes. Um desafio nesse contexto, é mapear os parâmetros de QoS oferecido pela rede para parâmetros subjetivos. Em [11], esse problema foi tradado utilizando tecnologias da Web Semântica.

Alguns trabalhos ([12], [13], [14] e [15]) propõem técnicas de aferição de qualidade fim-a-fim não intrusiva com medição quantitativa que utilizam os relatórios de qualidade de transmissor e receptor oferecidos pelo protocolo de controle RTCP. Esses relatórios RTCP já oferecem meios para as aplicações medirem os parâmetros de rede que afetam a qualidade das chamadas VoIP.

A RFC 3611 [16] define uma extensão do RTCP, especificando um novo pacote de relatórios, chamado de XR (*eXtended Reports*). Essa extensão complementa as métricas objetivas já existentes do RTCP, incluindo medidas do fator R e de MOS. Outra ação da IETF para ampliar o uso de pacotes RTCP-XR foi a definição de um pacote de eventos SIP, chamado de vq-rtcp-xr [17]. Esses pacotes encapsulam as métricas contidas nos relatórios RTCP-XR em mensagens SIP.

Este artigo propõe um sistema de aferição de qualidade não intrusivo das chamadas de telefonia IP utilizando os relatórios RTCP-XR e o protocolo SIP. Um diferencial desta proposta é que os terminais da telefonia IP podem transmitir pacotes vq-rtcp-xr para um servidor de monitoramento de qualidade central, que gera diversos relatórios de qualidade do serviço, sem a necessidade da captura da mídia transmitida nas chamadas. Esta centralização permite a realização do monitoramento da qualidade, sendo que este artigo foca na criação de relatórios de análise consolidados, na forma de uma análise diária e gerência da matriz de tráfego de voz por rede. Para efetividade e versatilidade do sistema proposto, este artigo também apresenta um caso de uso em um ambiente real de serviço de telefonia IP em uma universidade.

O restante deste artigo está organizado na forma que segue. A seção 2 apresenta os principais protocolos relacionados a telefonia IP. Em seguida, a seção 3 apresenta os trabalhos relacionados. Na sequência, o sistema proposto para aferição de qualidade é apresentado na seção 4. A seção 5 apresenta um estudo de caso em um ambiente de produção de telefonia IP de uma universidade. Finalmente, a seção 6 apresenta as conclusões.

2. PROTOCOLOS DA TELEFONIA IP

Existem diversos protocolos de comunicação utilizados na telefonia IP. O RTP (*Real-time Transport Protocol*) [2], aplicado a VoIP, permite a transferência de pacotes de áudio entre os equipamentos VoIP. O trafego de áudio de uma chamada VoIP é chamado aqui de fluxo RTP.

O protocolo companheiro do RTP é o RTCP (*Real Time Control Protocol*) [2], que controla as informações sobre os fluxos RTP. Uma das principais funções do RTCP é prover relatórios de QoS na distribuição dos pacotes de voz. Esses relatórios de QoS do RTCP são enviados periodicamente pela fonte e destino do tráfego de voz. Os parâmetros de qualidade disponíveis no RTCP são: atraso, variação de atraso e perda de pacote.

A RFC 3611 [16] define uma extensão ao protocolo RTCP na forma de um novo formato de pacote de relatório, chamado de relatório XR (*Extended Reports*) que complementa as métricas já existentes nos relatórios RTCP. Ao todo foram definidos 7 formatos de blocos de relatórios XR, sendo que o bloco descritor de monitoração VoIP é particularmente importante para este trabalho. Dentre outras métricas, o relatório XR utiliza parâmetros de qualidade, como fator R definido na RFC 3611 e fator R definido no E-Model [9], e MOS [8] para qualidade conversacional (MOS-CQ) e para qualidade na escuta (MOS-LQ).

O pacote de eventos SIP vq-rtcp-xr (*Session Initiation Protocol Event Package for Voice Quality Reporting*) [17] (RFC 6035) trata-se de um relatório de qualidade de voz utilizando o protocolo SIP. Este novo pacote de eventos incorpora as métricas reportadas pelas aplicações utilizando os relatórios XR em mensagens SIP.

3. TRABALHOS RELACIONADOS

Existem diversas propostas de sistemas para aferição da qualidade de telefonia IP. Esses sistemas utilizam estratégias diferentes, porém muitas vezes complementares, onde cada um possui suas particularidades e visões específicas sobre a temática de qualidade. Esta seção analisa exclusivamente estratégias não intrusivas com instrumentação de equipamentos de telefonia IP.

Birke [12] propõe um sistema de medição não intrusivo para aferir a qualidade das chamadas de telefonia IP, testado em um ambiente de um provedor de acesso comercial. Sua estratégia foi instalar dois servidores de gerenciamento de qualidade em dois Pontos de Presença (PoPs) de rede distintos. No primeiro PoP, todo o tráfego da rede (entrada e saída do PoP), inclusive o tráfego da telefonia IP (sinalização e voz), são espelhados para um servidor de qualidade. No segundo PoP, apenas o tráfego (entrada e saída) que passa no *gateway* PSTN é espelhado para o outro servidor de qualidade. Em ambos os cenários, os dois servidores de qualidade realizam a filtragem do tráfego de voz, processamento e cálculo de estatísticas. Uma limitação desse sistema é que a análise fim-a-fim não é escalável, de um lado pela própria natureza da rede empregada para o serviço e pelo fato de se ter muitos telefones IP espalhados em diferentes redes, necessitando de muitos servidores de qualidade para realizar a análise.

Kim at al [13] uma solução de monitoramento de qualidade fim-a-fim para NGN (*Next Generation Networking*) que se baseia em agente integrado aos terminais IPs de áudio e vídeo que realizam a medições de QoS, estas medições são relatadas para o par da chamada usando uma extensão do relatório RTCP-XR. O monitoramento de QoS se baseia no espelhamento de todo o tráfego SIP, RTP e RTCP para servidores ligados diretamente no switch. Esta proposta apresenta as mesmas desvantagens de [12].

De Lima et al [14] propõem um sistema que se baseia na utilização de uma ferramenta que coleta diversos parâmetros dos terminais de telefonia IP durante as chamadas VoIP, como hora da chamada, perda de pacotes e atraso. Esses parâmetros são armazenados em um banco de dados centralizado e são utilizados em análises estatísticas. Um agente SNMP [18] mapeia os dados do banco de dados relacional para uma estrutura de uma árvore MIB SNMP e disponibiliza os dados para aplicações de gerência.

Cardeal et al. [15] descrevem ArQoS, um sistema de aferição de qualidade da rede e dos serviços de telecomunicações, utilizado em uma operadora de Telecom. O sistema ArQoS é composto por dois tipos de agentes: o agente ativo, que intrusivamente gera diferentes tipos de chamadas de testes, simulando as atividades típicas dos usuários em diferentes tipos de redes (fixa/móvel/IP); e o agente passivo, que coleta, analisa e processa o tráfego VoIP de testes e real (sinalização e pacotes de voz) próximos dos componentes como telefones IP, *gateways* e *proxies* VoIP, gerando estatísticas de qualidade.

Diferentemente da proposta de Birke et al. [12], que realiza o monitoramento através da técnica de espelhamento de portas; da proposta de De Lima et al. [14], que se utiliza de uma ferramenta de análise de *traces* de aplicações VoIP; e da proposta de Kim et al. [13] que implementa um agente no terminal IP com uma extensão ao protocolo RTCP-XR para enviar os dados de qualidade para um servidor central de qualidade; neste artigo se propõe um sistema distribuído, instrumentado nos equipamentos de telefonia IP capazes de gerar pacotes de eventos SIP vq-rtcp-xr para um servidor de monitoramento de qualidade central. O uso do pacote vq-rtcp-xr é o diferencial que permite simplificar o sistema de monitoramento, sem a necessidade de estender o protocolo RTCP-XR para este fim.

Em termos de complexidade, ele não exige componentes junto aos clientes VoIP (como requerida em [14] ou instrumentada por [13]), e demanda menos recursos computacionais para cálculo das métricas de qualidade. Isto, pois os equipamentos responsáveis pela aferição da qualidade das chamadas são os próprios clientes VoIP, graças a compatibilidade com a RFC 6035.

Note que o uso do sistema proposto possibilita o monitoramento da qualidade apenas em componentes suportando o SIP vq-rtcp-xr. Por se tratar de um protocolo recente, poucos fabricantes de componentes da telefonia IP implementam essa extensão. Contudo, na vanguarda de sua implementação, estão os grandes fabricantes de equipamentos de telefonia IP, como Polycom e Cisco. Assim, espera-se que o SIP vq-rtcp-xr seja suportado pela maioria dos equipamentos em um futuro próximo.

4. SISTEMA DE AFERIÇÃO DE QUALIDADE EM SERVIÇOS DE TELEFONIA IP

A Figura 1 ilustrada um sistema mínimo de telefonia IP proposto de aferição de qualidade em serviços de telefonia IP. Este sistema é composto pelos seguintes componentes: (i) telefones IP ou *Softphones*: são os agentes usuários, responsáveis, dentre outros serviços, por iniciar e receber uma chamada; (ii) PBX-IP: responsável por gerenciar, registrar, encaminhar e contabilizar chamadas entre os agentes usuários da telefonia IP; (iii) *Gateway* TDM: faz a interface entre a telefonia IP e a telefonia convencional, provendo também serviços de interconexão entre as duas redes.

Como apresentado na Figura 1, a sinalização SIP ocorre entre os telefones IP/*softphones* e PBX-IP para registros e estabelecimentos das chamadas VoIP. Essa sinalização ocorre também entre a PBX-IP e o *Gateway* TDM. Depois de estabelecida a chamada, o fluxo de áudio pode ser encaminhado diretamente entre os telefones IP/*softphones*, ou passando pela PBX-IP e/ou *Gateways* TDM (no caso de chamadas envolvendo telefones IP e telefones convencionais).

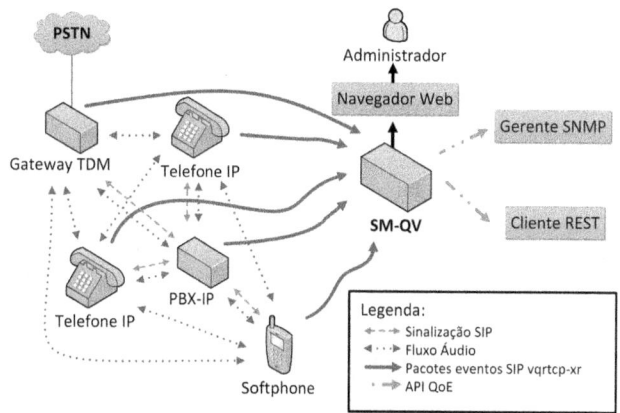

Figura 1. Sistema de Aferição de Qualidade em Serviços VoIP

O sistema proposto inclui na estrutura de telefonia IP um Servidor de Monitoramento de Qualidade VoIP (SM-QV) e Agentes Externos. O SM-QV é o novo componente que centraliza as informações de qualidade através dos pacotes de eventos SIP vq-rtcp-xr. Os Agentes Externos são ferramentas capazes de fazer consultas SNMP [18] e REST [19].

4.1 Servidor SM-QV

O Servidor de Monitoramento de Qualidade VoIP (SM-QV) é o elemento central do sistema de monitoramento de qualidade proposto neste trabalho. Os telefones IP/*sofphones*, PBX-IP e *Gateways* TDM (com habilidade de ser *gateway* de voz) capazes de gerar pacotes de eventos SIP vq-rtcp-xr devem ser configurados para encaminhar esses pacotes ao SM-QV (como ilustrado na Figura 1). Os relatórios podem ser enviados em períodos frequentes e também ao final da ligação. O servidor armazena em uma base de dados relacional os dados das chamadas, incluindo relatórios de qualidade.

A Figura 2 apresenta a arquitetura de *software* do SM-QV. Os pacotes SIP vq-rtcp-xr são recebidos por um serviço de *proxy* SIP, em seguida são encaminhados ao *parser* vq-rtcp-xr. Esse *parser* analisa os pacotes de evento SIP vq-rtcp-xr e armazena diversos campos do relatório na base de dados relacional.

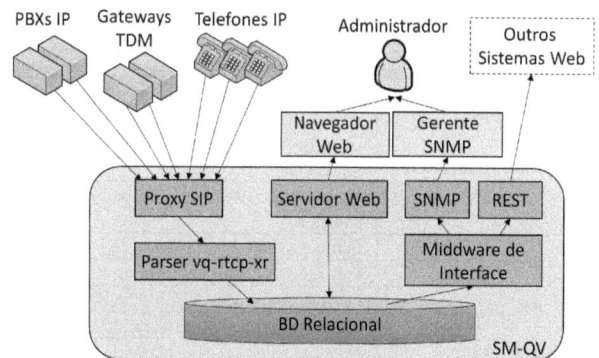

Figura 2. Arquitetura de *Software* SM-QV

Os campos dos relatórios SIP vq-rtcp-xr registrados no servidor SM-QV são agrupados em oito classes distintas (Tabela 1), são elas: (i) Descrição da Chamada: dados que descrevem a chamada; (ii) Identificação dos pares da chamada: dados de rede que descrevem os endereços IP e portas utilizadas; (iii) Buffer de Variação de Atraso: dados incluindo medidas de variação de atraso nominal, taxa de buffer de variação de atraso, valor mínimo e máximo absoluto de variação de atraso, além da informação se os agentes usuários utilizam ou não algoritmos adaptativos; (iv) Perda de Pacotes: dados referentes à taxa de perda de pacotes na rede e taxa de descarte de pacotes no buffer de apresentação nos agentes usuários; (v) Perda em Rajada: dados referentes a perdas em rajada, contendo informações sobre a densidade e duração da perda, densidade e duração da rajada e limiar mínimo de rajada a se considerar; (vi) Atraso: dados de atraso, incluindo atraso unidirecional e de ida-e-volta de rede, e o atraso medido pelo telefone IP/*softphone*; (vii) Eco: dado referente à perda residual de retorno de eco e; (viii) Qualidade: são as medidas de qualidade computadas pelo telefone IP/*softphone* em termos de fator R (RLQ e RCQ) e MOS (MOS-LQ e MOS-CQ).

Tabela 1. Lista dos dados disponibilizados pelo SM-QV

Classe	Campo	Descrição
Descrição da Chamada	CallID	Identificação da chamada
	SessionID	Identificação da sessão
	UA	Agente do usuário
	TimeStart	Tempo de começo da chamada
	TimeStop	Tempo de término da chamada
	PT	Tipo de payload identifica CODEC usado
	PPS	Quantia de pacotes por segundo enviados
	SSUP	Uso ou não de supressão de silêncio
	FromID	Identificação do originador
	ToID	Identificação do destinatário
Pares da Chamada	LaIP	Endereço IPv4 Local
	LaPORT	Porta Local
	LaSSRC	SSRC Local
	RaIP	Endereço IPv4 Remota
	RaPORT	Porta Remota
	RaSSRC	SSRC Remota
Buffer de Variação de Atraso	JBA	Buffer Adaptativo de Variação de Atraso
	JBR	Taxa de Buffer Variação de Atraso
	JBN	Buffer Nominal de Variação de Atraso
	JBM	Valor Máximo de Buffer para *Jitter*
	JBX	Valor Máximo Absoluto do Buffer *Jitter*
Perda de Pacotes	NLR	Taxa de Perda de Pacotes na Rede
	JDR	Taxa de Buffer de Variação de Atraso Descartada
Perda em Rajada	BLD	Densidade da Perda
	BD	Duração da Perda
	GLD	Densidade da Rajada
	GD	Duração da Rajada
	GMIN	Mínimo Limiar de Rajada
Atraso	RTD	Atraso Bidirecional da Rede da Chamada
	ESD	Atraso Sentido pelo Sistema Final (Telefone IP/*softphone*)
	OWD	Atraso Unidirecional
	IAJ	Variação de Atraso entre os pacotes de chegada
Eco	RERL	Perda residual de retorno de eco
Qualidade da Chamada	RLQ	Fator R da ligação definido no E-Model
	RCQ	Fator R da ligação definido na RFC 3611
	MOS-LQ	MOS da chamada considerando a escuta
	MOS-CQ	MOS da chamada considerando a conversação

Uma vez armazenados, os dados das chamadas podem ser utilizados pelo servidor Web SM-QV. Esse servidor disponibiliza aos administradores do sistema, via qualquer navegador web, relatórios de qualidade, os quais podem ser classificados em:

- **Relatórios Descritivos de Qualidade:** nesta classe de relatórios o administrador do sistema terá uma visão geral do estado da qualidade da Telefonia IP. Ele pode aplicar filtros por seleção da faixa de data de início e data de término de análise e/ou faixa de dias e/ou horas. Nessa classe estão os relatórios: **Visão Geral** e **Análise Diária**. O primeiro apresenta valores totais do serviço e estatísticos gerais do serviço desde o início do monitoramento em termos de tipos de chamadas e qualidade. O relatório Análise Diária detalha os mesmos dados da Visão Geral, mas com análise sobre o período de tempo indicado pelo administrador.

- **Relatórios de Qualidade por Usuário/Terminal:** são relatórios que qualificam a qualidade que o sistema oferece a um dado usuário/telefone IP ou grupo. O administrador do sistema pode aplicar filtros por seleção de usuário origem e/ou destino, grupo de usuários origem e/ou destino, seleção da faixa de data de início e data de término de análise, dias e/ou horas úteis e parâmetros a serem apresentados, como taxa de perda de pacotes, atraso bidirecional, atraso unidirecional, MOS, entre outros. Nessa classe estão os relatórios: **Análise por Usuário/Terminal** e **Tendência da Qualidade por Usuário/Terminal**. O primeiro apresenta estatísticas qualitativas referentes a um dado usuário/terminal, como quantidade de ligações satisfatórias, quantidade de ligações com algum tipo de perda, entre outros dados. O relatório Tendência da Qualidade por Usuário/Terminal apresenta dados de qualidade históricos sobre dado usuário/terminal, apresentando gráficos de tendências de MOS, perdas, atraso unidirecional e variação de atraso;

- **Relatórios de Qualidade por Rede:** são relatórios que examinam a qualidade oferecida pelas redes aos usuários conectados a elas. Nesses relatórios tem-se a qualidade oferecida em cada rede, permitindo que o administrador realize a comparação de rede para rede para avaliar o tráfego de voz entre as redes. Nessa classe estão os relatórios: **Perdas nas Redes de Telefonia IP** e **Matriz de Tráfego de Voz**. O primeiro apresenta uma matriz de rede vs rede, sendo que as células mostram as perdas máximas em cada interseção em dado período selecionado. O relatório Matriz de Tráfego de Voz apresenta uma matriz de rede vs rede, sendo que as células mostram a qualidade do serviço de telefonia IP nesta interseção sob a perspectiva da qualidade.

4.2 Agentes Externos

Os administradores do sistema podem fazer uso das informações geradas pelo sistema SM-QV via um browser web. Adicionalmente, os dados das chamadas armazenados pelo SM-QV são expostos a uma série de agentes externos via um middleware de interface. Esse middleware disponibiliza os dados através do protocolo de monitoramento SNMP ou através de chamadas de serviço Web do padrão REST.

O servidor SM-QV atua como um agente SNMP, oferecendo os dados coletados a qualquer gerente SMNP. Uma MIB Experimental é disponibilizada (Figura 3) baseada na Tabela 1. Nessa MIB, *vqTable* define o conjunto de ligações existentes para serem disponibilizadas e *vqEntry* é de fato a descrição de cada ligação com seus respectivos atributos. Com a primeira interface pode-se utilizar ferramentas como CACTI [20], NAGIOS [21] e ZABBIX [22] para a geração dos relatórios.

A Figura 4 apresenta a interface REST [19], seguindo padrão JSON [23], adotada pelo SM-QV, a qual também foi baseada na Tabela 1. A adoção da tecnologia REST permite ao SM-QV compartilhar os dados de qualidade da telefonia IP a outros sistemas Web, os quais podem consumir esses dados e trabalhá-los conforme necessidade específica. Nesta interface é definido o acrônimo vq (*voip quality*) como sendo raiz, seguido de uma descrição do objeto Chamada, seguido com uma identificação única para a chamada ID_UNICO. Abaixo desta identificação, classificam-se os campos conforme classes propostas na Tabela 1 seguindo com o nome do campo e seu respectivo valor.

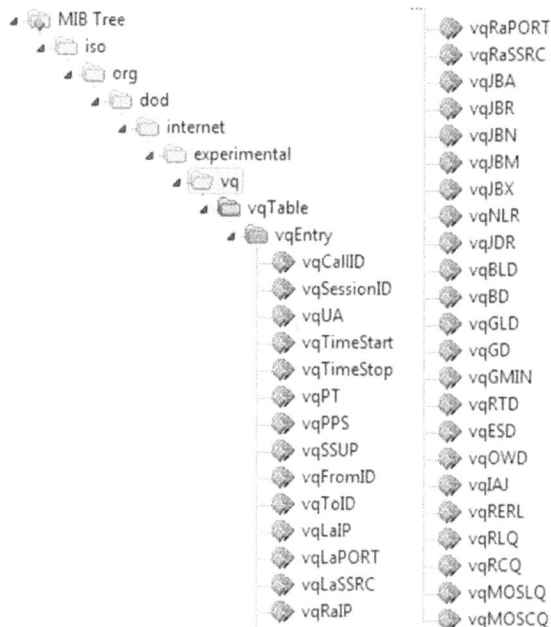

Figura 3. MIB VoIP Qualidade apresentada por [24]

{"vq":{"Chamada":{"**ID_UNICO**":{
"**DescricaoDaChamada**":{"CallID":"Valor CallID","SessionID":"Valor SessionID","UA":"Valor UA","TimeStart":"Valor TimeStart","TimeStop": "Valor TimeStop","PT":"Valor PT","PPS":"Valor PPS","SSUP":"Valor SSUP","FromID":"Valor From ID","ToID":"Valor To ID"},
"**ParChamada**":{"LaIP":"Valor LaIP","LaPORT":"Valor LaPORT", "LaSSRC":"Valor LaSSRC","RaIP":"Valor RaIP","RaPORT":"Valor RaPORT","RaSSRC":"Valor RaSSRC"},
"**BufferVA**":{"JBA":"Valor JBA","JBR":"Valor JBR","JBN":"Valor JBN", "JBM":"Valor JBM","JBX":"Valor JBX"},
"**PerdaPacotes**":{"NLR":"Valor NLR","JDR":"Valor JDR"},
"**PerdaRajada**":{"BLD":"Valor BLD","BD":"Valor BD","GLD":"Valor GLD", "GD":"Valor GD","GMIN":"Valor GMIN"},
"**Atraso**":{"RTD":"Valor RTD","ESD":"Valor ESD","OWD":"Valor OWD", "IAJ":"Valor IAJ"},
"**Eco**":{"RERL":"Valor RERL"},
"**Qualidade**":{"RLQ":"Valor RLQ","RCQ":"Valor RCQ", "MOSLQ":"Valor MOSLQ", "MOSCQ":"Valor MOSCQ"}}}}}

Figura 4. Dados em formato JSON fornecidos pelo SM-QV

5. ESTUDO DE CASO

Nesta seção será descrita a implementação do sistema de aferição de qualidade em serviços VoIP apresentado na seção anterior, e o seu uso no ambiente de produção de telefonia IP da Universidade Federal da Santa Catarina (UFSC).

Inicialmente, esta seção apresenta o ambiente de telefonia IP da UFSC. Em seguida, será descrita como o sistema de aferição de qualidade em serviços VoIP foi implementado. E por fim, serão apresentados os resultados e análise do ambiente.

5.1 Ambiente de Telefonia IP da UFSC

A UFSC é uma universidade multicampi, sendo um campus principal na cidade de Florianópolis (C1) e mais dois campi com unidades remotas nas cidades Joinville (C2), Araranguá (C3) e mais dois campi na própria cidade de Florianópolis (C1) - LCM (C1A) e REMAS (C1B). O serviço de telefonia IP da UFSC, apresentado na Figura 5, atende a todos os campi da UFSC.

Como visto na Figura 5, o sistema de Telefonia IP da UFSC está integrado ao serviço de telefonia IP da RNP (fone@RNP) [25] e também possui *gateways* para interoperabilidade com o serviço de telefonia comutada (Operadora PSTN) em todos os campi. Destaca-se que este serviço atende a mais de 3000 usuários e os mesmos foram utilizados no experimento deste artigo.

A arquitetura do serviço de Telefonia IP da UFSC pode ser mais bem representada classificando os componentes nas seguintes classes:

- **Telefones IPs/*Softphones*/FAX:** são pouco mais de 3000 telefones IP registrados nas PBX-IPs corporativas (sendo que 200 telefones IPs estão alocados em unidades remotas), 2000 *softphones* registrados na PBX-IP acadêmica, 500 ramais analógicos e 100 equipamentos de fax.
- **Componentes de infraestrutura:** a infraestrutura do serviço VoIP da UFSC é composta por duas PBX-IP corporativas que operam de forma redundante, uma PBX-IP acadêmica, dois roteadores SIP que operam de forma redundante, 11 *gateways* TDM (sendo que 4 operam em unidades remotas), e algumas centrais legadas.
- **Troncos:** o sistema possui 9 conexões diretas com 30 canais ISDN por conexão configurados com a operadora, 4 troncos IP remotos com canais ISDN conectados na operadora PSTN configurados no ambiente da unidade remota, 1 tronco de conexão IP com o ambiente fone@RNP e 3 conexões diretas passando através de *Gateways* Transparentes que desviam as ligações de saída para a PSTN local que tenham rotas cadastradas para o ambiente fone@RNP passem a sair via IP ao invés da utilizar a saída local via PSTN.

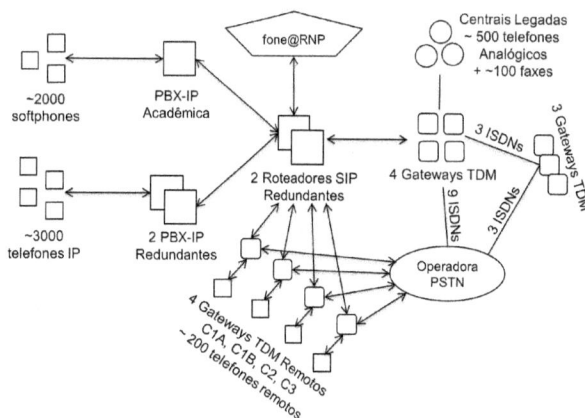

Figura 5. Arquitetura do serviço de telefonia IP da UFSC

A Tabela 2 lista os possíveis tipos de ligações que podem existir no ambiente de telefonia da UFSC. Nesta tabela, são detalhados os componentes envolvidos nas pontas das ligações. A forma de encaminhamento das chamadas não é relevante para o contexto deste artigo.

Devido ao grande número de componentes, o sistema de telefonia da UFSC é complexo para ser gerenciado. Portanto, é importante que a equipe de TI da universidade seja apoiada por ferramentas de monitoramento do serviço de telefonia, em particular em termos da qualidade oferecida aos seus usuários.

5.2 Implementação do Protótipo do SM-QV

Para fins de avaliação da presente proposta, o sistema de aferição de qualidade apresentado na Seção 4 foi implantado no ambiente de produção de telefonia IP da UFSC. Tendo como restrição que apenas os telefones IPs registrados nas PBX-IPs Corporativas suportar o pacote de eventos SIP vq-rtcp-xr, o sistema de monitoração implantado consistiu na análise das ligações em que pelo menos umas das pontas fosse um telefone IP registrado nas PBX-IPs Corporativas. Mais especificamente, para este protótipo, baseado na Tabela 2, pôde-se aferir a qualidade dos seguintes tipos de ligações: Interna 1, Interna 4, Interna 5, Operadora 1 e Fone@RNP 1.

Tabela 2. Tipos de chamadas no serviço VoIP da UFSC

Tipo chamada	Ponta A	Ponta B
Interna 1	Telefone IP Corporativo	Telefone IP Corporativo
Interna 2	*Softphone*	*Softphone*
Interna 3	Telefone Analógico	Telefone Analógico
Interna 4	Telefone IP Corporativo	*Softphone*
Interna 5	Telefone IP Corporativo	Telefone Analógico
Interna 6	*Softphone*	Telefone Analógico
Operadora 1	Telefone IP Corporativo	Telefone Operadora PSTN
Operadora 2	Telefone Analógico	Telefone Operadora PSTN
Operadora 3	*Softphone*	Telefone Operadora PSTN
Fone@RNP 1	Telefone IP Corporativo	Serviço fone@RNP
Fone@RNP 2	Telefone Analógico	Serviço fone@RNP
Fone@RNP 3	*Softphone*	Serviço fone@RNP

O protótipo do servidor SM-QV foi desenvolvido em um computador com o sistema operacional GNU/Linux Debian [26]. Seguindo a proposta de arquitetura de *software* descrita na Seção 4, o *proxy* SIP foi implementado utilizando o *software* OpenSIPs [27]. Nesse protótipo, o OpenSIPs foi programado para processar somente as mensagens dos pacotes SIP vq-rtcp-xr, invocando o Parser vq-rtcp-xr ao receber um pacote SIP vq-rtcp-xr. O Parser vq-rtcp-xr é um componente externo desenvolvido para realizar a análise dos pacotes de evento SIP vq-rtcp-xr e a inserção dos dados em base de dados relacional MySQL.

O serviço de aprovisionamento da PBX-IP foi estendido para configurar o endereço do servidor SM-QV como servidor de qualidade dos telefones IP e foi definido que os mesmos devem somente enviar os pacotes SIP vq-rtcp-xr ao final da ligação. Os telefones IP, ao reiniciarem buscavam as configurações no servidor de aprovisionamento, juntamente com as informações referentes ao SIP vq-rtcp-xr e começavam a enviar os pacotes SIP vq-rtcp-xr para o SM-QV conforme fossem sendo realizadas ligações nos mesmos.

Para realizar a análise dessa massa de dados, foi implementado um servidor Web SM-QV como prova de conceito. Os relatórios oferecidos pelo servidor são baseados nas classes de relatórios definidas na Seção 4.1, nos limites para os parâmetros de rede definidos em [10] e na tabela de qualidade subjetiva de voz (MOS) apresentada em [28] em que valores inferiores a 4,0 não condizem com serviços de VoIP satisfatórios. Abaixo são descritos cada relatório:

- **Visão Geral**: Apresenta uma visão geral do serviço de telefonia IP, contendo informações referentes ao número total de ligações analisadas, tempo total das ligações,

CODECs utilizados, taxa de utilização de rede (PPS), número de ligações com atraso unidirecional superiores a 150ms, número de ligações com variação de atraso superiores a 30ms, número de ligações com perdas na rede, número de ligações com descartes por exceder o *jitter buffer* e o número de ligações com MOS inferiores a 4,0. Estes valores limites são apontados na literatura, mas podem ser alterados via configuração do servidor;

- **Análise Diária**: Apresenta uma análise por dia, contendo informações referentes ao número de chamadas realizadas, tempo das ligações no dia, número de ligações com atraso unidirecional superiores a 150ms no dia, número de ligações com perdas na rede e número de ligações com descartes por exceder o buffer de apresentação;

- **Matriz Tráfego de Voz**: Apresenta uma matriz por rede, segregando os diversos telefones IPs nas devidas redes que cada um pertence. Para criar este relatório foi necessário cadastrar os segmentos de rede pertencentes à UFSC em uma base auxiliar. Como resultado deste relatório tem-se uma análise qualitativa da rede através da monitoração realizada utilizando o SIP vq-rtcp-xr. Com esta matriz consegue-se saber aonde existe o tráfego de interesse entre as diferentes redes da UFSC, além de apresentar uma análise qualitativa do tráfego de rede para rede. Este relatório permite obter-se uma visão mais holística da situação do serviço de telefonia IP implantado, principalmente para instituições multicampi.

Com base nos relatórios pode-se ter uma análise em um sentido e dois sentidos. Somente as ligações do tipo Interna 1 (Tabela 2) são ligações com análise nos dois sentidos, pois cada ponta da ligação possui um telefone IP que implementa o pacote de eventos SIP vq-rtcp-xr. Os demais tipos de ligações podem ser analisados em um sentido (somente o tráfego de entrada no telefone IP, ou seja, o áudio que é escutado no telefone IP).

5.3 Resultados e Análise

Para este protótipo, foi realizada a coleta dos pacotes de eventos SIP vq-rtcp-xr durante 4 meses, de 11 de setembro de 2013 a 11 de janeiro de 2014. Os pacotes coletados são gerados pelos terminais quando do seu uso para os seguintes tipos de ligações: Interna 1, Interna 4, Interna 5, Operadora 1 e Fone@RNP 1 (Tabela 2). As demais chamadas realizadas entre equipamentos sem suporte ao pacote de eventos SIP vq-rtcp-xr não tiveram a qualidade monitorada.

5.3.1 Relatório de Visão Geral

A Figura 6 apresenta o relatório Visão Geral oferecido pelo protótipo desenvolvido. Em Dados Gerais, o administrador pode verificar o período da análise, e o total de ligações analisadas. Como apresentado na Figura 6, foram analisadas 402.272 chamadas, sendo que 70.813 (17,6%) são chamadas do tipo Interna 1 (análise nos dois sentidos). Na média, foram analisadas 3.350 chamadas por dia. Nota-se que no ambiente de telefonia da UFSC como um todo houve mais chamadas realizadas neste mesmo período.

Com base no relatório Visão Geral, o administrador pode verificar dados referentes aos parâmetros de configuração. Como visto na Figura 6, não há utilização de supressão de silêncio no sistema avaliado e majoritariamente há a utilização dos CODECs G.711u e G.711a. A taxa de transmissão da rede dos agentes usuários está em 33 pps e 50 pps (pacotes de voz de 30ms e 20ms, respectivamente).

No que tange a parâmetros de rede, obteve-se para chamadas do tipo 1: 0,83% atrasos superiores a 150ms, 0,03% variação de atraso superiores a 30ms, 4,14% com perdas na rede e 1,33% com descartes por exceder o *jitter buffer*. Para as demais chamadas, obteve-se: 1,08% atrasos superiores a 150ms, 0,02% variação de atraso superiores a 30ms, 3,06% com perdas na rede e 0,95% com descartes por exceder o *jitter buffer*.

Para os valores de qualidade, obteve-se para chamadas do tipo 1: 1,08% com MOS-LQ inferiores a 4,0 e 1,37% com MOS-CQ inferiores a 4,0. Para as demais, obteve-se: 0,77% com MOS-LQ inferiores a 4,0 e 1,0% com MOS-CQ inferiores a 4,0.

```
Visão Geral                              Utilização Rede (PPS)
                                         33 PPS: Um Sentido 105525 / Dois Sentidos 126
Resumo                                   50 PPS: Um Sentido 225934 / Dois Sentidos 70687
Dados Gerais                             Atrasos unidirecionais superiores a 150ms
Período de Análise: 2013-09-11 a 2014-01-11   Ligações Um Sentido: 3594 (1.08%)
Total de Ligações: 402604 (100.00%)      Ligações Dois Sentidos: 589 (0.83%)
Ligações Descartadas da Análise: 332 (0.08%)   Variação de atraso superiores a 30ms
Supressão de Silêncio: Não habilitado em todas   Ligações Um Sentido: 52 (0.02%)
RERL: Indefinido                         Ligações Dois Sentidos: 23 (0.03%)
                                         Perdas de rede
Ligações de Análise                      Ligações Um Sentido: 10140 (3.06%)
Ligações                                 Ligações Dois Sentidos: 2933 (4.14%)
Total de Ligações: 402272 (100%)         Descartes por exceder o jitter buffer
Tempo Total: 48517724 s (13477:8:44 h)   Ligações Um Sentido: 3155 (0.95%)
Ligações com Um Sentido: 331459 (82.4%)  Ligações Dois Sentidos: 941 (1.33%)
Ligações com Dois Sentidos: 70813 (17.6%)   MOS-LQ menores que 4.0
CODECs                                   Ligações Um Sentido: 2555 (0.77%)
G.711u: Um Sentido 96522 / Dois Sentidos 31699   Ligações Dois Sentidos: 762 (1.08%)
G.711a: Um Sentido 234905 / Dois Sentidos 39114   MOS-CQ menores que 4.0
G.729: Um Sentido 8 / Dois Sentidos 0    Ligações Um Sentido: 3328 (1%)
Outros: Um Sentido 24 / Dois Sentidos 0  Ligações Dois Sentidos: 972 (1.37%)
```

Figura 6. Relatório de Visão Geral

5.3.2 Relatório de Análise Diária

A partir do relatório de Análise Diária, apresentado na Figura 7, percebeu-se que o fluxo de chamadas telefônicas ocorre com maior frequência nos dias úteis (segunda a sexta). Entretanto, percebe-se que mesmo com pouco fluxo nos finais de semana, ainda se tem degradação de qualidade e indica a necessidade de investigação na rede de telefonia IP para isolar os problemas. Esta análise fica clara quando observada na Figura 7, a qual destaca que se tem perdas no final de semana dos dias 21 e 22 de dezembro de 2013, tanto para ligações do tipo Interna 1 (8 e 3 ligações com perdas respectivamente) quanto para as demais ligações (1 e 1 ligações com perdas respectivamente).

Análise Diária

Data	Dia da Semana	N. Ligações (1)	N. OWD > 150 ms (1)	N. Perda (1)	N. Descarte (1)	N. Ligações (2)	N. OWD > 150 ms (2)	N. Perda (2)	N. Desc. (2)
2013-12-09	Segunda	5634	95	129	77	1149	11	29	11
2013-12-10	Terça	5449	41	93	36	1143	6	24	10
2013-12-11	Quarta	5312	83	116	78	1089	19	34	10
2013-12-12	Quinta	4736	26	89	40	1080	6	38	21
2013-12-13	Sexta	4499	25	91	5	1002	5	22	3

Figura 7. Relatório de Análise Diária

5.3.3 Relatório de Matriz de Tráfego de Voz

A Figura 8 apresenta a interface da matriz de tráfego implementada no protótipo do servidor Web SM-QV. Este relatório pode auxiliar na busca de problemas e na priorização das filas de atendimento para resolução de problemas. Nessa matriz, são apresentadas nas linhas e colunas todas as subredes que a rede

da universidade possui. Cada célula permite ao administrador acessar dados de qualidade medidos nos terminais quando das chamadas realizadas entre as duas subredes (da linha e coluna da célula). Passando-se o *mouse* sobre uma célula é possível ver informações detalhadas da intersecção.

As cores das células da Figura 8 seguem uma escala de cores gradual de qualidade obtida: cinza (não há tráfego de voz entre as subredes), verde escuro (subredes sem problemas com muita ocorrência de chamadas), verde claro (subredes sem problemas com pouca ocorrência de chamadas), amarelo escuro (subredes com poucos problemas com muita ocorrência de chamadas), amarelo claro (subredes com poucos problemas com pouca ocorrência de chamadas), vermelho escuro (subredes com muitos problemas e com muitas chamadas) e vermelho claro (subredes com muitos problemas e com poucas chamadas). O intuito desta escala de cores é permitir a rápida identificação de problemas e assim realizar a priorização na fila de atendimento para resolução do problema entre as subredes e também permitir verificar em quais locais o serviço é atendido com excelência.

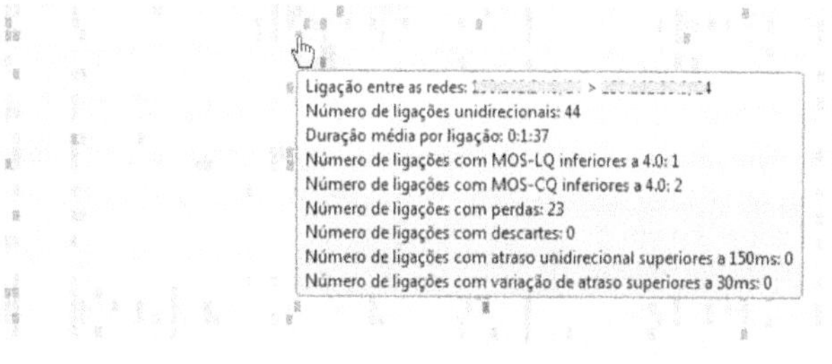

Figura 8. Relatório de Matriz de Tráfego de Voz

Os parâmetros considerados para avaliação de qualidade desta matriz foram: número de ligações com MOS-LQ inferiores a 4,0; número de ligações com MOS-CQ inferiores a 4,0; número de ligações com perdas na rede; número de ligações com buffer de variação de atraso descartado; número de ligações com atraso unidirecional superior a 150ms; e número de ligações com variação de atraso superior a 30ms.

Para definir a graduação das cores, foi necessário definir o significado de poucas e muitas chamadas (uma parametrização do Servidor Web SM-QV). Este significado depende do sistema e da duração do período de avaliação. No caso da Universidade avaliada, avaliando o número de terminais, configurou-se da seguinte forma: intersecções com nenhuma chamada são definidas como cinza; com os parâmetros de qualidade zerados com mais de 100 ligações como verde escuro e com menos de 100 ligações como verde claro; com menos de 10% de ocorrência em todos os parâmetros de qualidade com mais de 100 ligações eram definidas como amarelo escuro e com menos de 100 ligações como amarelo claro; e com mais de 10% em qualquer parâmetro de qualidade com mais de 100 ligações como vermelho escuro e com menos de 100 ligações como vermelho claro.

5.3.4 Considerações finais dos testes

Como visto anteriormente, uma das limitações da adoção da presente proposta é a necessidade dos componentes do sistema de telefonia IP gerarem pacotes de eventos SIP vq-rtcp-xr. Na rede da Universidade Federal de Santa Catarina (UFSC) são ao todo aproximadamente 3.000 telefones IP da Polycom que têm suporte ao pacote de eventos SIP vq-rtcp-xr. Dessa forma, o estudo de caso cobriu uma amostra muito significativa do número de chamadas do sistema de telefonia IP. Com isso, por amostragem, podem-se verificar os problemas existentes na estrutura de rede em termos de manutenção da qualidade do sistema como um todo.

Quanto à complexidade de implantação deste protótipo, vê-se que é de baixa complexidade, quando se tem o devido suporte do pacote de eventos SIP vq-rtcp-xr nas aplicações utilizadas e tem uma infraestrutura com uma PBX-IP com suporte a aprovisionamento.

6. CONCLUSÕES

Com a implementação da arquitetura proposta se vê a real utilidade de se ter o pacote de eventos SIP vq-rtcp-xr implementado nos componentes da infraestrutura de telefonia IP. Percebe-se que, com a sua implementação, se reduz drasticamente a complexidade de infraestrutura necessária para monitorar os serviços de telefonia IP.

Através deste estudo de caso, onde o sistema de telefonia IP cobre vários campi, observou-se baixo impacto no uso de banda e pouca necessidade de mudanças na estrutura do serviço, não necessitando realizar espelhamento de tráfego nem instrumentar a rede com observadores junto aos telefones IP.

Percebe-se também que, com a implementação do SM-QV, a monitoração de redes e serviços é elevada a outro nível. Agora tem-se monitoração da qualidade o mais próximo do usuário final, não necessitando a intervenção e nem da subjetividade do mesmo. A análise se torna mais abrangente, conseguindo inferir a qualidade do telefone IP.

Destaca-se também que, para fins de segurança, esta abordagem de aferição é totalmente transparente. Isso porque o que é processado em si são os relatórios de qualidade fornecidos pelo pacote de eventos SIP vq-rtcp-xr. O tráfego de voz em si, mais especificamente o tráfego RTP, não é capturado e não é feita nenhuma análise extra em cima dele.

Para finalizar, vê-se um potencial grande quanto à utilização do pacote de eventos vq-rtcp-xr para aferir qualidade de experiência em chamadas de telefonia IP. Destaca-se que a maior dificuldade para implantação desta arquitetura é a implementação do mesmo nos telefones IP/*softphones* e nos componentes da infraestrutura. Todavia, vê-se que já tem grande valia realizar a análise das chamadas entre aparelhos de telefones IPs que já tenham suporte ao pacote de eventos SIP vq-rtcp-xr.

7. REFERÊNCIAS

[1] Handley, et al. 1999. SIP: Session Initiation Protocol. RFC 2543.

[2] Schulzrinne, et al. 2003. RTP: A Transport Protocol for Real-Time Applications. RFC 3550.

[3] Conceição, A. F., Li, J. and Florêncio, Dinei A. 2006. Transmissão de voz sobre redes IEEE 802.11: um levantamento dos principais problemas e restrições. In *Anais do XII Simpósio Brasileiro de Sistemas Multimídia e Web*, 422-432.

[4] ITU-T Rec. E.720. 1988. ISDN grade of service concept.

[5] ITU-T Rec. E.771. 1996. Network grade of service parameters and target values for circuit-switched public land mobile services.

[6] Moura, N. T. et al. 2006. adaMOS: Algoritmo MOS-Adaptativo para Fontes VoIP. In *Anais do XII Simpósio Brasileiro de Sistemas Multimídia e Web*, 223-232.

[7] Jelassi, et al. 2012. Quality of experience of VoIP service: A survey of assessment approaches and open issues. *IEEE Communication Surveys Tutorials*, 14(2), 491–513.

[8] ITU-T recommendation P.800. 1996. Methods for subjective determination of transmission quality.

[9] ITU-T Recommendation G.107. 2014. The E-model: a computational model for use in transmission planning.

[10] Mancas, c. and Mocanu, M. 2013. QoS Optimization in Congested Multimedia Networks. In *proc. of the 36th International Conference on Telecommunications and Signal Processing*, 38-42.

[11] Ce Junior, J., Prudêncio, A.C., Scheibel, M. L., Willrich, R., Silva, M. P. 2010. Uma Abordagem Semântica para Especificação de QoS de Serviços de Comunicação usando Parâmetros de QoE. In *Anais do Simpósio Brasileiro de Sistemas Multimídia e Web*, 67-74.

[12] Birke, R. et al. 2010. Experiences of VoIP traffic monitoring in a commercial ISP. *International Journal of Network Management* 20, 5, 339-359.

[13] Kim, C., et al. 2006. End-to-end qos monitoring tool development and performance analysis for NGN. In *Management of Convergence Networks and Services*. Springer Berlin Heidelberg, 332-341.

[14] De Lima, A.F.M. et al. 2005. Monitoramento baseado em análise estatística para avaliação da qualidade da fala em um ambiente de voz sobre IP. In *Workshop de Gerência e Operação de Redes e Serviços*, 21-32.

[15] Cardeal, S., et al. 2011. ArQoS®: System to monitor QoS/QoE in VoIP. In *proc. of the International Conference on Computer as a Tool*.

[16] Friedman, et al. 2003. RTP Control Protocol Extended Reports (RTCP-XR). RFC 3611.

[17] Pendleton, et al. 2010. Session Initiation Protocol Event Package for Voice Quality Reporting. RFC 6035.

[18] Case, et al. 1990. A Simple Network Management Protocol (SNMP). RFC 1157.

[19] Fielding, R. T., and Taylor, R. N. 2002. Principled design of the modern Web architecture. *ACM Transactions on Internet Technology (TOIT)*, 2(2), 115-150.

[20] Cacti. 2014. http://www.cacti.net/.

[21] Nagios. 2014. http://www.nagios.org/.

[22] Zabbix. 2014. http://www.zabbix.com/.

[23] Bray, T. 2014. The JavaScript Object Notation (JSON) Data Interchange Format. RFC7159.

[24] Mg-soft. 2014. http://www.mg-soft.si/.

[25] Fone@RNP. 2014. http://portal.rnp.br/web/servicos/fone-rnp/.

[26] Debian. 2014. http://www.debian.org/.

[27] OpenSIPS. 2014. http://www.opensips.org/.

[28] Alavi, M., and Nikmehr, H. 2010. A New Computational Model to Evaluate the Quality of Perceptual Voice Using E-Model in VOIP Communications. In *Networked Digital Technologies*, 594-603.

Author Index